AF799294

Verhandlungen

des

Vierundzwanzigsten Deutschen Juristentages.

Herausgegeben

von

dem Schriftführer-Amt der ständigen Deputation.

Vierter Band.

(Verhandlungen.)

Berlin SW. 48.
Wilhelmstraße 119/120.
Commissions-Verlag von J. Guttentag, Verlagsbuchhandlung, G. m. b. H.
1898.

Inhalts-Verzeichniß.

Statut
des
deutschen Juristentages.

§ 1.

Der Zweck des deutschen Juristentages ist: eine Vereinigung für den lebendigen Meinungsaustausch und den persönlichen Verkehr unter den deutschen Juristen zu bilden; auf den Gebieten des Privatrechts, des Processes und des Strafrechts den Forderungen nach einheitlicher Entwickelung immer größere Anerkennung zu verschaffen, die Hindernisse, welche dieser Entwickelung entgegenstehen, zu bezeichnen und sich über Vorschläge zu verständigen, welche geeignet sind, die Rechtseinheit zu fördern.

§ 2.

Der deutsche Juristentag tritt in der Regel alljährlich zusammen, doch ist die ständige Deputation ermächtigt, aus Gründen der Zweckmäßigkeit ausnahmsweise die Wiedereinberufung des Juristentages erst in dem auf dessen letzten Zusammentritt folgenden zweiten Kalenderjahre vorzunehmen.

§ 3.

Zur Mitgliedschaft berechtigt sind die deutschen Richter, Staatsanwälte, Advocaten und Notare, die Aspiranten des Richteramts, der Anwaltschaft und des Notariats, sowie jeder, der nach seinen Landesgesetzen zum Richteramte, zur Anwaltschaft oder zur Ausübung des Notariats für befähigt erkannt ist, ferner die Lehrer an den deutschen Hochschulen, die Mitglieder der gelehrten Academien, die Doctoren der Rechte und die rechtsgelehrten Mitglieder der Verwaltungsbehörden.

§ 4.

Die Mitgliedschaft beginnt mit dem Empfange der Mitgliedskarte. Sie berechtigt zur Theilnahme an den Verhandlungen und an der Abstimmung.

§ 5.

Der Beitrag der Gesellschaftsmitglieder beträgt Sechs Mark jährlich und ist innerhalb vier Wochen nach Beginn des neuen Jahres zu entrichten, widrigenfalls derselbe durch Postvorschuß eingezogen wird. Nimmt ein Mitglied den mit Postvorschuß beschwerten Brief nicht an, so wird dies einer ausdrücklichen Austrittserklärung gleich erachtet. — Für die am Orte des Juristentages selbst zu lösende Anmeldungskarte sind Drei Mark zu entrichten.

§ 6.

Den Plenarverhandlungen des deutschen Juristentages gehen der Regel nach Abtheilungsberathungen voraus. Zu diesem Zwecke werden durch freiwillige Einzeichnungen der Mitglieder folgende vier Abtheilungen gebildet:

1) Abtheilung für Privatrecht, insbesondere Obligationen- und Pfandrecht, juristisches Studium und praktische Ausbildung.
2) Abtheilung für Handels-, Wechsel-, See- und internationales Recht.
3) Abtheilung für Strafrecht, Strafproceß und Gefängnißwesen.
4) Abtheilung für Gerichtsverfassung und Civilproceß.

Die Abtheilungen wählen ihre Vorsitzenden, Schriftführer, Berichterstatter und benachrichtigen den Vorsitzenden der Plenarversammlung (§ 7), sobald ihre Berathungen über einzelne Gegenstände geschlossen sind; ihre Anträge sind schriftlich zu fassen. In jeder Abtheilung stimmen nur Diejenigen mit, welche sich in die betreffende Abtheilung bereits eingezeichnet haben.

Sämmtliche Beschlüsse der Abtheilungen werden in der Plenarversammlung mitgetheilt. Es findet jedoch eine Erörterung und Entscheidung im Plenum nur dann statt, wenn dieselbe von der betreffenden Abtheilung vorgeschlagen, oder wenn sie von mindestens zehn Mitgliedern beantragt und von der Plenarversammlung beschlossen wird. Ueber die Vorfrage, ob dem von mindestens zehn Mitgliedern gestellten Antrage auf Plenarentscheidung stattzugeben, wird nur einem der Antragsteller und dem Berichterstatter das Wort ertheilt.

§ 7.

Die Verhandlungen der Plenarversammlung leitet ein Vorsitzender, welcher für die Dauer eines jeden Juristentages in der ersten Plenarversammlung durch Stimmzettel oder Acclamation gewählt wird. Derselbe benennt zwei bis vier Stellvertreter und vier Schriftführer. Er bestimmt die Tagesordnung und kann einzelne Gegenstände, ohne Vorberathung in den Abtheilungen (§ 6), unmittelbar zur Plenarberathung stellen. Auch ist er befugt, Nichtmitglieder als Zuhörer zuzulassen.

§ 8.

Bei allen Beschlüssen der Plenarversammlung und der Abtheilungen entscheidet einfache Majorität der anwesenden Mitglieder, bei allen Wahlen relative Majorität und im Falle der Stimmengleichheit das Loos.

§ 9.

Wird Schluß der Debatte beantragt, so wird über diesen Antrag sofort abgestimmt. In der Plenarversammlung sind alle Anträge mit Ausnahme des Antrages auf Schluß der Debatte schriftlich zu stellen.

§ 10.

Vor dem Schlusse eines jeden Juristentages wird von der Plenarversammlung durch Acclamation oder in einem einzigen Scrutinium durch Stimmzettel eine aus neunzehn Mitgliedern und dem Präsidenten des letzten Juristentages als Ehrenpräsidenten bestehende ständige Deputation gewählt. Die Liste der zur Acclamation vorzuschlagenden Personen wird durch den Präsidenten der Plenarversammlung, seine Stellvertreter und je zehn von jeder Abtheilung gewählte Vertrauensmänner gemeinschaftlich festgestellt.

Die ständige Deputation hat folgende Befugnisse und Obliegenheiten:

1) sie sorgt für die Ausführung der von dem Juristentage gefaßten Beschlüsse, veranlaßt nach eigenem Ermessen den Druck der Protocolle und Vorlagen, bewirkt die Vertheilung der Drucksachen an die Mitglieder und verwahrt alle Acten und Schriftstücke des Juristentages;

2) sie bestimmt Zeit und Ort des nächsten Juristentages, trifft die für denselben nöthigen Vorbereitungen, erläßt die Einladungen, stellt die vorläufige Tagesordnung auf, wobei sie in der Regel nur die bis zum 31. Mai des laufenden Jahres eingegangenen Vorlagen zu berücksichtigen hat, und bereitet Abänderungsvorschläge in Betreff der Geschäftsordnung für die Plenarversammlung vor;

3) sie nimmt die Beitrittserklärungen neuer Mitglieder entgegen, fertigt die Mitgliedskarten aus, empfängt die Beiträge, bestreitet die Ausgaben und legt der folgenden Deputation Rechnung;

4) sie ergänzt sich selbst, falls eins oder mehrere Mitglieder während des Geschäftsjahres ausscheiden.

Die Deputation wählt aus ihrer Mitte einen Vorsitzenden, einen Schriftführer, welcher ein von der Deputation festzusetzendes Pauschquantum für baare Auslagen erhält, und einen Cassirer. Der Letztere ist verpflichtet, der ständigen Deputation bei ihrem jedesmaligen Zusammentritt einen Cassenabschluß vorzulegen. Die Deputation läßt durch eines oder mehrere ihrer Mitglieder die Rechnung prüfen und die Casse revidiren.

Die Deputation bestimmt Ort und Zeit ihrer Zusammenkunft. Zur Gültigkeit ihrer Beschlüsse ist die Einladung sämmtlicher Mitglieder, sowie die Mitwirkung von wenigstens fünf Mitgliedern erforderlich.

§ 11.

Abänderungen dieses Statuts können zwar von der Plenarversammlung durch einfache Stimmenmehrheit, jedoch nur auf schriftlichen Antrag, der vier Wochen vor dem Zusammentritt des Juristentages der ständigen Deputation (§ 10) überreicht worden, beschlossen werden.

Der

XXIV. Deutsche Juristentag

soll am

12., 13. und 14. September 1898 zu Posen

stattfinden.

Begrüßungs-Abend Sonntag, den 11. September Abends 8 Uhr in Mylius-Hotel.

Vorsitzender des Ortsausschusses in Posen:
Herr Oberlandesgerichtspräsident Dr. Gryczewski.

Alle Gesuche um Unterkunftsvermittelungen werden bis spätestens 20. August 1898 erbeten an die Adresse des Herrn Justizrath Dr. Lewinski in Posen.

Vorläufige Tagesordnung:

I. Erste Plenarsitzung:

Montag, den 12. September, Vormittags 9 Uhr.

1. Wahl des Vorsitzenden und Ernennung seiner Stellvertreter und der Schriftführer.
2. Vertheilung der Berathungsgegenstände an die Abtheilungen.
3. Bericht des Schriftführers Geheimen Justizrath Wilke-Berlin über die Rechtsentwickelung in Deutschland seit dem letzten Juristentag.
4. Antrag der ständigen Deputation auf Bewilligung eines Beitrags für das dem Geheimen Rath Dr. Pape in Brilon zu errichtende Denkmal.
5. Geschäftliche Mittheilungen.

II. Sitzungen der Abtheilungen:
Montag, den 12., und Dienstag, den 13. September.
Berathungsgegenstände:

A. Für die erste Abtheilung:

1. Empfiehlt es sich, zum Schutze der Bauhandwerker die Ertheilung der Bau-Erlaubniß an den Unternehmer von einer durch diesen zu bestellenden Sicherheit (oder Sicherheitshypothek) abhängig zu machen?

   Gutachten des Justizraths Dr. Eckels-Göttingen und des Landgerichtsraths Thinius-Berlin.

   Referenten: Geheimer Justizrath Professor Dr. Brunner-Berlin und Geheimer Justizrath Wilke-Berlin.

2. Nach welchem örtlichen Rechte sind auf Grund internationalen Privatrechts die Vertragsobligationen zu beurteilen?

   Gutachten des Professors von Seeler-Kiew und des Rechtsanwalts Dr. Hugo Neumann-Berlin.

   Referenten: Geheimer Justizrath Professor Dr. Enneccerus-Marburg und Professor Dr. Mitteis-Wien.

3. Welche Stellung ist in dem zu erwartenden Versicherungsgesetze den Versicherungsgesellschaften auf Gegenseitigkeit zu gewähren?

   Gutachten des Professors Dr. Ehrenberg-Göttingen.

   Referenten noch unbestimmt.

4. Ist nach den Vorschriften des Bürgerlichen Gesetzbuchs die Verfolgung des dinglichen Rechts auch gegen den mittelbaren Besitzer zulässig?

   Gutachten des Professors Dr. Wendt-Tübingen und des Geheimen Justizraths Professor Dr. Gierke-Berlin.

   Referenten: Professor Dr. Strohal-Leipzig und Oberlandesgerichtsrath Dr. Meisner-Posen.

5. Werden durch das Bürgerliche Gesetzbuch die Vorschriften der Landesrechte über den Übergang und die Führung adliger Namen berührt?

   Gutachten des Reichsgerichts-Senatspräsidenten Freiherrn von Bülow-Leipzig, des Professors Dr. Brückmann-Greifswald und des Privatdocenten Dr. Opet-Bern.

   Referent: Geheimer Justizrath Professor Dr. Gierke-Berlin.

B. Für die zweite Abtheilung:

6. Empfiehlt sich die Einführung eines Heimstättenrechts, insbesondere zum Schutze des kleinen Grundbesitzes gegen Zwangsvollstreckung?

Gutachten des Professors Dr. Max Weber-Freiburg i. Br. und des Dr. Carl Grünberg-Wien.

Referent: Regierungsrath Meyer-Bromberg.

7. Ist die Vorschrift des § 296 der Civilproceßordnung für das Deutsche Reich, kraft welcher der Richter bei der Schöpfung des Versäumnißurteils gegen eine vom letzten Termine weggebliebene Partei Alles ignoriren muß, was sie in früheren Terminen vorgebracht hat, oder die Bestimmung des § 399 der Oesterreichischen Civilproceß-Ordnung, welche in diesem Falle Vollversäumniß nicht annimmt, innerlich gerechtfertigt?

Gutachten des Dr. Hans Sperl-Graz und des Rechtsanwalts Emil Koffka-Berlin.

Referent: Privatdocent Dr. Christoph Schwarz-Berlin.

8. Empfiehlt sich die gesetzliche Regelung des Gewerbes der Grund- und Hypotheken-Makler?

Gutachten des Dr. Friedrich Tezner-Wien und des Privatdocenten Dr. Johannes Burchard-Berlin.

Referenten: Justizrath Dr. Goldschmidt-Berlin und Rechtsanwalt Dr. Ludwig Fuld-Mainz.

9. Ist die reichsgesetzliche Regelung des Hypothekenbankwesens und die der gemeinsamen Rechte der Besitzer von Schuldverschreibungen zu empfehlen?

Gutachten des Geheimen Hofraths Dr. Felix Hecht-Mannheim.

Referent: Justizrath Dr. Rießer-Berlin.

C. Für die dritte Abtheilung:

10. Die Behandlung des dolus eventualis im Strafrechte, beziehungsweise im Strafproceß.

Gutachten des Reichsgerichtsraths Stenglein-Leipzig und des Professors Dr. von Liszt-Halle a. S.

Referenten: Reichsgerichtsrath Dr. Olshausen-Leipzig und Geh. Justizrath Professor Dr. Kahl-Berlin.

11. Soll zur Verjährung der Strafverfolgung der bloße Ablauf einer gesetzlich bestimmten Frist seit Verübung der Strafthat genügen, oder soll diese Verjährung auch noch an andere Bedingungen geknüpft werden?

Gutachten des Staatsanwaltsvertreters Dr. Hugo Hoegel-Graz und des Professors Dr. Lammasch-Wien.

Referenten: Ober-Reichsanwalt Hamm-Leipzig und Landgerichtsdirector Felisch-Berlin.

12. Empfiehlt sich der Versuch der Deportation nach Kolonien als Strafe?

und

empfiehlt sich der Vorschlag bedingter Begnadigung für den Fall der Auswanderung?

Gutachten des Professors Dr. Bornhak-Berlin und des Regierungsraths Freund-Coblenz.

Referenten: Professor Dr. Bruck-Breslau und Rechtsanwalt Dr. Korn-Berlin.

III. Zweite Plenarsitzung:

Mittwoch, den 14. September, Vormittags 9 Uhr.

a) Mittheilung der Beschlüsse der Abtheilungen.

b) Wahl der Mitglieder der ständigen Deputation.

Berlin, den 14. Juli 1898.

Der Schriftführer
Geheimer Justizrath **Richard Wilke.**

Verzeichniß der Mitglieder
der
ständigen Deputation
nach der Wahl des 24. Juristentags 1898.

Nr.	Name.	Stand.	Wohnort.
1	Dr. Brunner	Geh. Justizrath, Professor	Berlin.
2	Dr. Eck	Geh. Justizrath, Professor	Berlin.
3	Dr. Enneccerus	Geh. Justizrath, Professor	Marburg.
4	Dr. Gierke	Geh. Justizrath, Professor	Berlin.
5	Dr. Goldschmidt	Justizrath	Berlin **(Schatzmeister).**
6	Dr. Gryczewski	Oberlandesgerichts-Präsident	Posen.
7	Hamm	Ober-Reichsanwalt	Leipzig.
8	Dr. Olshausen	Reichsgerichtsrath	Leipzig.
9	Freiherr von Pechmann	Director der Handelsbank	München.
10	Dr. Pfaff	Professor	Wien.
11	Pfaff	Landgerichts-Präsident	Tübingen.
12	Dr. Reatz	Justizrath	Gießen.
13	Dr. Stenglein	Reichsgerichtsrath	Leipzig (Vorsitzender des 24. Juristentages).
14	Dr. Strohal	Professor	Leipzig.
15	Dr. v. Stößer	Oberlandesgerichts-Senats-Präsident	Karlsruhe.
16	Dr. Struckmann	Wirklicher Geheimer Ober-Justizrath, Oberlandesgerichts-Präsident	Cöln.
17	Thinius	Landgerichtsrath	Berlin.
18	Thomsen	Landgerichts-Präsident	Münster in Westphalen.
19	Vierhaus	Geheimer Ober-Justizrath	Berlin.
20	Wilke	Geheimer Justizrath	Berlin **(Schriftführer).**

Alphabetisches Verzeichniß

derjenigen

Mitglieder des deutschen Juristentages

welche

dem Verein im Jahre 1898 angehören.

Name.	Stand.	Wohnort.
Abel	Justizrath	Hannover, Kanalstr. 4.
Abt, F.	Rechtsanwalt	Colmar (Elsaß), Judengasse.
Ackermann, Max	Justizrath	Berlin.
Ackermann, Fr.	Geh. Ober-Justizrath	Dessau.
Ackermann, Gustav	Geheimer Hofrath	Dresden, Marienstr. 22.
Adams, Hubert	Notar	Aachen, Wilhelmstraße.
Dr. Aegidi	Geh. Legationsrath z. D., Professor	Berlin.
Albinus	Landgerichtsrath	Posen.
Albrecht	Amtsrichter	Ostrowo.
Albrecht	Landgerichtsdirector	Potsdam.
Allonas	Notar	Straßburg (Elsaß), Johannisstaden.
Alsleben	Staatsanwalt	Posen.
Alster, G.	Justizrath	Cassel, Ständeplatz 13.
Andersson	Regierungsrath	Posen, Ritterstr. 16.
Dr. Andrae	Landgerichtsdirektor	Landsberg a d. Warthe.
Dr. André	Geh. Regierungsrath, Oberbürgermeister	Chemnitz (Sachsen).
Anhaeuser	Oberlandesgerichtsrath	Cöln a. Rhein, Eintrachtstr. 101.
Annus	Stadtrath	Posen.
Anschütz, E.	Justizrath	Leipzig.
Dr. Anschütz, Reinh.	Rechtsanwalt	Leipzig.
Antonetty	Rechtsanwalt	Cöln a. Rhein.
Dr. Apelt	Geh. Regierungsrath	Dresden, Eliasstr. 22.

Name.	Stand.	Wohnort.
Dr. Arndt, C.	Oberlandesgerichtsrath	Hamburg, Sophienterrasse 5.
Arndts	Justizrath	Berlin.
Arndts	Geheimer Justizrath	Leipzig.
Arnold	Gerichtsassessor	Posen.
Aron, Erich	Amtsrichter	Straßburg (Elsaß), Schillerstr. 4
Aronsohn	Rechtsanwalt	Bromberg.
Asch	Rechtsanwalt	Pleschen.
Dr. Asch	Rechtsanwalt	Posen.
Ascher	Präsident der Königl. General-Kommission	Münster (Westfalen).
Dr. Aschrott	Landgerichtsrath	Berlin.
Asemissen, Oscar	Rechtsanwalt	Detmold.
v. Auer	Justizrath	München, Herrenstr. 13.
Dr. Auerbach, C.	Rechtsanwalt	Frankfurt a. Main, Zeil 19.
Dr. Aulhorn	Ober-u. Corpsauditeur	Posen, Unter Mühlenstr. 13.
Ausner	Generallandschaftsrath	Posen.
Averdunk	Rechtsanwalt	Potsdam.
Dr. Baasch, Ernst	Bibliothekar der Commerz-Bibliothek	Hamburg, Börsen-Arkaden.
Bab	Rechtsanwalt	Posen.
Balan	Konsistorialrath	Posen.
Dr. v. Bar	Geh. Justizrath, Prof.	Göttingen.
Dr. Baer, M. H.	Justizrath	Frankfurt a. Main, Börsenstr. 15.
Barckhausen	Amtsgerichtsrath	Geestemünde.
Baruch	Referendar	Posen.
Bärwald	Rechtsanwalt	Bromberg.
Bärwinkel, O.	Justizrath	Arnstadt.
Bärwinkel, Emil	Justizrath	Leipzig.
Dr. de Bary	Justizrath	Frankfurt a. Main.
Bauer, Ludwig	Rechtsanwalt	Augsburg.
Bauer	Justizrath	Höchst a. Main.
Bauer	Amtsrichter	Obornik (Posen).
Dr. Baumann	Rechtsanwalt	Berlin.
Dr. Baumert	Rechtsanwalt	Spandau, Potsdamerstraße.
Bechtel, Jakob	Landgerichtsrath	Frankenthal (Pfalz).
Beck, Ferd.	Rechtsanwalt	Baden-Baden.
Beck, Hugo	Rechtsanwalt	Leipzig, Plauenschestr. 2.
Dr. Becker, Robert	Justizrath	Düsseldorf.
Dr. Beckh, Herm.	Justizrath	Nürnberg.
Dr. Beck	Landgerichtsdirector	Hamburg, Eilenau 31.
Dr. Beer, Max	Rechtsanwalt	Steglitz bei Berlin.

Name.	Stand.	Wohnort.
Behr	Rechtsanwalt	Posen.
Behr	Referendar	Posen.
Behrend	Rechtsanwalt	Danzig, Brodbänkengasse 17.
Beleites	Landesgerichtspräsident	Nordhausen.
Berendes	Oberlandesgerichtsrath	Frankfurt a. Main, Savignystr. 50.
Dr. Berg	Intendanturrath	Posen.
Berger, Julius	Justizrath	Leipzig.
Bering	Geh. Regierungsrath	Erfurt, Hochheimerstr. 1.
Berlein	Rechtsanwalt	Rotenburg a. d. Fulda.
Dr. Berlin, Max	Landgerichtsrath	Nürnberg, Hallplatz 23.
Bernhard	Amtsrichter	Lesum.
Dr. Berolzheimer	Justizrath	Nürnberg, Ludwigstr. 3.
Bertschy	Amtsgerichtsrath	Posen.
Dr. Beschütz	Oberlandesgerichtssecretair	Hamburg, Oberstr. 83.
Dr. Beseler	Oberlandesgerichtspräsident	Kiel.
Beutler, Carl Emil	Rechtsanwalt	Reichenbach (Voigtland).
Dr. Bierling	Geh. Justizrath, Prof.	Greifswald.
Dr. Biermann	Professor	Gießen.
v. Biernacki	Rechtsanwalt	Labischin.
Bindewald	Justizrath	Magdeburg.
Dr. Bingner	Senatspräsident	Leipzig, Beethovenstr. 12.
Birkenbihl	Amtsrichter	Usingen im Taunus.
Dr. Birkmeyer	Professor	München, Osterwaldstr. 95.
Bischoff	Dr. jur.	Leipzig, Ferdinand Rhodestr. 7.
Bittner	Gerichtsassessor	Stargard (Pommern).
Blume	Erster Staatsanwalt	Stettin.
Dr. Blumenfeld	Rechtsanwalt	Hamburg, gr. Bleichen 5.
Boecking	Senatspräsident	Colmar (Elsaß).
Bodenstein	Regierungsrath	Posen.
Bodländer	Rechtsanwalt	Berlin, Potsdamerstr. 23.
Böhm, Gustav	Justizrath	Augsburg.
Dr. Boisselier, C. Th.	Rechtsanwalt	Bremen, Soyastr. 19.
Bojunga	Justizrath	Hannover.
Dr. Boner, F. A.	Dispacheur	Bremen, Börsen-Nebengebäude.
v. Bonhöffer	Landgerichtspräsident	Ulm a. d. Donau.
Dr. v. Bönninghausen	Rechtsanwalt	Hamburg.

Name.	Stand.	Wohnort.
Dr. Borchardt, Osc.	Assessor	Berlin.
Borchers, Ad.	Justizrath	Celle.
Dr. Bornhak	Amtsrichter, Professor	Berlin.
Bötzow	Staatsanwalt	Essen a. d. Ruhr, Kaiserstr. 49.
Bourwieg	Justizrath	Stettin, Lindenstr. 13.
Boyens	Justizrath	Leipzig.
Bozi	Landrichter	Aurich.
Brachvogel	Landrichter	Zabern (Elsaß).
Dr. Brackenhoeft	Rechtsanwalt	Hamburg, Neuerwall 10.
Dr. Brasseur, Xaver	Advocat	Luxemburg.
Dr. Braun	Justizrath	Berlin.
Dr. Braunbehrens	Gerichtsassessor	Gnesen.
Braunbehrens	Reichsgerichtsrath	Leipzig.
Brennemehl	Referendar	Bromberg.
Breslauer	Rechtsanwalt	Rawitsch.
Dr. Brink, L.	Notar	Mayen.
Brink	Rechtsanwalt	Nakel.
Broich	Notar	Kerpen (Bezirk Cöln a. Rh.).
Browe	Landgerichtsrath	Berlin.
Dr. Bruch, Ludwig	Rechtsanwalt	Mainz, Kaiserstr. 10.
Dr. Brück	Professor	Breslau, Alexanderstr. 18.
Dr. Brück	Justizrath	Wiesbaden.
Dr. v. Brüger, Carl	Wirklicher Geheimer Rath, Oberlandes-gerichts-Präsident	Jena.
Brühl	Oberlandesgerichts-rath	Dresden, Dippoldiswalderstraße.
Brüll	Amtsrichter	Obornik (Posen).
Brümmer, W.	Senator	Rostock (Mecklenburg).
Brunnemann	Justizrath	Stettin, Auguststr. 12.
Dr. Brunnemann	Referendar	Stettin.
Dr. Brunner	Geh. Justizrath, Prof.	Berlin.
Brzezinski	Rechtsanwalt	Königsberg (Preußen).
Dr. Buchenau	Rechtsanwalt	Bremen.
Budden	Landgerichtsdirector	Greifswald.
Buddenberg	Rechtsanwalt	Nienburg a. d. Weser.
Bülau, Ernst	Rechtsanwalt	Zwickau (Sachsen).
Dr. Freih. v. Bülow	Reichsgerichtsrath	Leipzig, Münzstr. 28.
Bunsen, Friedrich	Amtsrichter	Rostock (Mecklenburg).
Dr. Burchard, Joh.	Privatdocent	Berlin.
Burgheim, Paul	Rechtsanwalt	Minden (Westfalen).
Dr. Bürkle	Staatsanwalt	Posen.
Dr. Busch, Eduard	Justizrath	M. Gladbach.

Name.	Stand.	Wohnort.
Bussenius	Geheimer Justizrath	Leipzig.
Dr. van Calker	Professor	Straßburg (Elsaß).
Dr. Callmann	Rechtsanwalt	Cöln a. Rh., Mohrenstr. 5.
Callomon, Hugo	Justizrath	Breslau.
Cappell	Landgerichtsdirector a. D.	Wiesbaden.
Dr. Carlebach	Notar	Ars (Mosel).
Cäsar	Justizrath	Homburg v. d. Höhe.
Dr. Caspari, F.	Justizrath	Frankfurt a. M., gr. Pfingstweidestr. 12.
Dr. Chormann	Rechtsanwalt	Mülhausen (Elsaß), Hoffnungstr. 9.
Cichowicz	Rechtsanwalt	Posen.
Dr. Cilickovski	Referendar	Posen, Markt 78.
Dr. Cillis	Rechtsanwalt	Bonn.
Citronn	Rechtsanwalt	Schrimm.
Claaßen	Oberlandesgerichtsrath	Marienwerder (Westpreußen).
Clauß	Landgerichtspräsident	Gnesen.
Dr. Claußen	Rechtsanwalt	Bremerhaven.
Dr. Cohen, Max	Rechtsanwalt	Hamburg.
Dr. Cohn, L.	Rechtsanwalt	Bremen.
Dr. Cohn, Ludwig	Justizrath	Breslau, Museumstr. 11.
Cohn	Rechtsanwalt	Rogasen.
Dr. Cohn, Georg	Professor	Zürich (Schweiz), Minervathor 46.
v. Coellen	Justizrath	Cöln a. Rhein.
Conrad	Staatsanwalt	Posen.
Cordes	Richter	Bremen.
Dr. Cosack	Professor	Bonn.
Courtin	Landgerichtsrath	Freiburg (Baden), Fahnenbergplatz 4.
Cramer, Theodor	Rechtsanwalt	Emden.
Dr. Crome, Carl	Professor	Charlottenburg, Knesebeckstr. 8/9.
Dr. Crone	Amtsrichter	Schubin.
Dr. Crusen	Gerichtsassessor	Berlin.
Dalcke	Ober-Staatsanwalt	Stettin.
Dr. Dambach	Wirklicher Geheimer Rath, Professor	Berlin.
Damm	Amtsgerichtsrath	Wongrowitz.
Danielcik	Landgerichtsrath	Berlin.
Daus, J.	Justizrath	Altona (Elbe).
David, Cornelius	Justizrath	Frankenthal (Pfalz).
David, Hugo	Rechtsanwalt	Frankenthal (Pfalz).
Dr. Degenkolb	Geh. Hofrath, Prof.	Leipzig, Bismarckstr. 16.
Dr. Deiß	Rechtsanwalt	Leipzig, Bismarckstr. 2.
Delbrück	Landgerichtsrath	Groß-Lichterfelde, Sternstr. 15.

Name.	Stand.	Wohnort.
Dr. Delbrück	Rechtsanwalt	Stettin, Reifschlägerstr. 14.
Denso	Landgerichtsdirector	Berlin.
Dr. Dernburg	Geh. Justizrath, Prof.	Westend=Charlottenburg, Kirschenallee.
Dr. Detmold	Professor	Göttingen.
Dr. Dickel	Amtsgerichtsrath	Berlin.
Dr. Dickel	Kammer=Assessor	Wernigerode.
Dietrich	Rechtsanwalt	Prenzlau.
Dinkgräve	Rechtsanwalt	Aurich.
Dr. Dittmar	Staatsminister der Justiz	Darmstadt.
Dohrn, Eugen	Rechtsanwalt	Itzehoe.
Dölitzsch, Arthur	Justizrath	Altenburg (Sachsen=Altenburg).
Dr. Donnaudt, M.	Richter	Bremen.
Dorgerloh	Regierungsrath	Posen.
Dorner, E.	Geheimer Ober=Regierungsrath	Karlsruhe (Baden), Karlstr. 38.
Dose, Wolf	Justizrath	Neustadt (Holstein).
Dove, Heinrich	Landgerichtsrath	Charlottenburg.
Dr. Dreyer	Reichsgerichtsrath	Baden=Baden, Langestr. 6.
Dr. Drucker	Rechtsanwalt	Leipzig.
Duesberg, Otto	Justizrath	Bochum.
Dumreicher	Landgerichtsdirector	Elberfeld.
Dunst	Amtsrichter	Karthaus.
Dunst	Landgerichtsdirector	Meseritz.
Dürr	Justizrath	München, Promenadenstr. 13.
Dr. v. Dziembowski	Landeshauptmann	Posen.
Dr. v. Dziembowski	Rechtsanwalt	Posen.
Dr. Dziorobek	Rechtsanwalt	Schrimm.
Eberhard, L.	Justizrath	Hanau.
Dr. Eck	Geheimer Justizrath, Professor	Berlin.
Eckels, Hermann	Handelsrichter	Posen.
Dr. Eddelbüttel, F.	Rechtsanwalt	Hamburg, Heuberg 11.
Edzard, E.	Rechtsanwalt	Bremen, Steinbrücke 1.
Dr. Eichelmann	Staatsrath, Professor der Rechte	Kiev (Rußland).
Eichner	Amtsgerichtsrath	Wongrowitz.
Eisele, A.	Rechtsanwalt	Ellvangen.
Elenz	Geh. Ober=Justizrath	Berlin.
Eller	Landgerichtsrath	Berlin.
Elsperger	Landgerichtspräsident	Hof (Bayern).
Eltzbacher, Carl	Rechtsanwalt	Cöln a. Rh., Unter=Sachsenhausen 11/15.
Elven	Justizrath	Cöln a. Rh., Robertstr. 15.

Name.	Stand.	Wohnort.
Elze, Curt	Stadtrath, Rechtsanwalt	Halle a. d. Saale.
Enderlein, E.	Rechtsanwalt	Ansbach, D. 380.
Engel, J.	Oberlandesgerichtsrath	Hamburg-Hohenfelde, Eilenau 34.
Engel	Amtsrichter	Rogasen (Posen).
Dr. Enneccerus	Geh. Justizrath, Prof.	Marburg (Hessen).
Dr. Enzmann	Justizrath	Chemnitz (Sachsen).
Dr. Epstein, Emil	Rechtsanwalt	Augsburg.
Dr. Epstein	Rechtsanwalt	Breslau, Schweidnitzerstr. 31.
Erhard, Heinrich	Rechtsanwalt	Nürnberg, Königstr. 29.
Erler	Oberlandesgerichtsrath	Marienwerder (Westpreußen).
Erythropel	Justizrath	Leipzig.
Esche	Divisionsauditeur	Posen, Friedrichstr. 21.
Eschenbach, Aug.	Rechtsanwalt	Berlin.
Esser, Rob.	Justizrath	Cöln a. Rhein, am Hof 20.
Dr. Eulitz	Rechtsanwalt	Dresden, Johannisstaden 23.
Evers	Geheimer Justizrath	Celle.
Eysoldt, Arthur	Rechtsanwalt	Dresden-Altstadt, Moritzstr. 15.
Dr. v. Faber	Staatsminister	Stuttgart, Karlstr. 8.
Fahle	Rechtsanwalt	Posen.
Falk	Rechtsanwalt	Cöln a. Rhein.
Dr. Falk	Referendar	Posen, Markt 53/54.
Falkenbach	Justizrath	Merzig.
Falkmann	Kammergerichtsrath	Berlin.
Dr. Fastenrath	Hofrath	Cöln a. Rhein, Christophstr. 12.
Faull, K.	Rechtsanwalt	Ellwangen.
Dr. Antoine-Feill sen., H. F. A.	Rechtsanwalt	Hamburg, Adolphsbrücke 4.
Dr. Antoine-Feill, H. R.	Rechtsanwalt	Hamburg, Adolphsbrücke 4.
Feldmann	Rechtsanwalt	Swinemünde.
Dr. Felisch	Landgerichtsdirector	Berlin.
Dr. Felsmann	Landgerichtsdirector	Posen.
Fenal	Amtsgerichtsrath	Schwelm.
Fenner	Justizrath	Leipzig.
Ferber	Rechtsanwalt	Danzig.
Dr. Fester, Adolf	Justizrath	Frankfurt a. Main.
Fiedler	Rechtsanwalt	Lehe bei Bremerhaven.
Dr. Finger	Staatsminister	Darmstadt.
Finke	Amtsgerichtsrath	Schroda.
Dr. Finkelnburg	Assessor	Lüneburg.

Name.	Stand.	Wohnort.
v. Fischer, Ludwig	Erster Bürgermeister	Augsburg.
Dr. Fischer, Otto	Geh. Justizrath, Professor, Oberlandesgerichtsrath	Breslau.
Fischer I, J. J.	Justizrath	Cöln a. Rhein, Burgmauer 31.
Fischer II, G.	Rechtsanwalt	Cöln a. Rhein, Burgmauer 31.
Fischer	Landgerichtsrath	Gnesen.
Fleck, Hugo	Amtsrichter	Mülheim a. Rhein.
Dr. Fleck, Otto	Amtsrichter	Rheydt (R.-B. Düsseldorf).
Fließ	Rechtsanwalt	Fraustadt.
Fließ	Rechtsanwalt	Stettin, Schützenstr. 33/34.
Foertsch	Reichsgerichtsrath	Leipzig, Windmühlenstr. 49.
Dr. Fösser, R.	Justizrath	Frankfurt a. Main, Roßmarkt 6.
Francke	Amtsgerichtsrath	Alfeld (Hannover).
Dr. Frank, Reinh.	Professor	Gießen.
Franke	Referendar	Posen, Luisenstr. 21.
Fränkel	Rechtsanwalt	Berlin.
Freege	Erster Staatsanwalt	Görlitz.
Frenkel	Justizrath	Leipzig, Katharinenstr. 29.
Dr. Freund	Amtsgerichtsrath	Breslau, Kaiser Wilhelmstr. 68.
Freund	Geheimer Justizrath	Breslau, Altbüßerstr. 2.
Frey	Justizrath	Wiesbaden.
Freytag, Otto, Emil	Rechtsanwalt	Leipzig, Nicolaistr. 17.
Dr. Friedberg	Geh. Hofrath, Prof.	Leipzig, Karl Tauchnitzstraße.
Dr. Friede, Hugo	Rechtsanwalt	Hamburg, gr. Theaterstr. 12.
Friedländer, S.	Rechtsanwalt	Berlin.
Dr. Friedländer	Bankdirector	Weimar.
Dr. Friedleben, Fritz	Rechtsanwalt	Frankfurt a. Main.
Dr. Friedrichs	Rechtsanwalt	Verden (Hannover).
Frischbier	Referendar	Pudewitz.
Fröhlich	Justizrath	Cöln a. Rhein, Richmodstraße.
Dr. Frommhold	Professor	Greifswald.
Fuchs, Eugen	Rechtsanwalt	Berlin, Hedemannstr. 15.
Fuchs I, Max	Rechtsanwalt	Berlin.
Dr. Fuchs	Rechtsanwalt	Berlin.
Fuchs	Amtsgerichtsrath	Illkirch-Grafenstaden.
Dr. Fuld, L.	Justizrath	Frankfurt a. Main.
Dr. Fuld, L.	Rechtsanwalt	Mainz, Bahnhofstr. 6.
Fürst	Rechtsanwalt	Heidelberg.
Gäbel	Rechtsanwalt	Schneidemühl.
Dr. Gaitzsch	Rechtsanwalt	Chemnitz (Sachsen).
Gall, Alfred	Rechtsanwalt	Danzig.

Name.	Stand.	Wohnort.
Galland	Referendar	Adelnau.
Gaenßler	Justizrath	München, Salvatorstr. 18.
Gattens, R.	Amtsrichter	Rostock (Mecklenburg).
Dr. Gebhard	Geheimrath, Prof.	Charlottenburg, Hardenbergstr. 24.
Gebhard, Carl	Landgerichtspräsident	Traunstein (Oberbayern).
Gebhard	Rechtsanwalt	Frankfurt a. d. Oder.
Dr. Geiger, B.	Justizrath	Frankfurt a. Main, Zeil 19.
Dr. Gelpke, Max	Rechtsanwalt	Berlin.
Dr. Gentsch	Rechtsanwalt	Leipzig, Katharinenstraße.
Gerhard, Otto	Justizrath	Braunschweig.
Gerichten, Friedrich	Ober-Amtsrichter	Pirmasens.
Gesenius	Geh. Regierungsrath	Berlin.
Dr. Gierke	Geh. Justizrath, Prof.	Charlottenburg, Carmerstr. 12.
Gisevius	Geh. Ober-Justizrath, Landgerichtspräsident	Posen.
v. Gizycki	Oberregierungsrath	Posen.
Dr. Glas	Rechtsanwalt	Schneidemühl.
v. Glebocki	Rechtsanwalt	Posen.
Gliemann	Erster Staatsanwalt	Meseritz.
Dr. Glöckner	Rechtsanwalt	Frankfurt a. Main.
Glogowski	Rechtsanwalt	Rawitsch.
Dr. Glücksmann	Referendar	Oels (Schlesien).
Goecke	Justizrath	Cöln a. Rhein.
Dr. Goldenring	Landgerichtsrath	Straßburg (Elsaß), Vogesenstr. 18.
Dr. Goldfeld, Julius	Rechtsanwalt	Hamburg, ABC-Straße 6.
Dr. Goldschmidt, J.	Justizrath	Berlin.
Dr. Goldschmidt, L.	Landgerichtsrath	Bochum.
Göllnitz	Rechtsanwalt	Kötschenbroda.
Dr. Gordan, F.	Erster Staatsanwalt	Duisburg.
Dr. Gorius	Rechtsanwalt	Cöln a. Rhein.
Goerrig	Rechtsanwalt	Cöln a. Rhein.
Gotthein, Georg	Bergrath	Breslau.
Gotthelf	Justizrath	München, Salvatorstraße.
Gottschalk, Leop.	Rechtsanwalt	Cöln a. Rhein, Komödienstraße.
Dr. Gottschalk	Amtsgerichtsrath	Solingen.
Goetz, A.	Notar	Weißenburg (Elsaß).
Dr. Gradenwitz	Professor	Königsberg (Preußen).
Gräfe	Oberlandesgerichtsrath	Posen.
Dr. vom Grafen	Rechtsanwalt	Cöln a. Rhein.
Dr. Graven	Gerichtsassessor	Cöln a. Rhein, Eintrachtstr. 1.
Gregor	Amtsgerichtsrath	Posen.
Griese	Gerichtsassessor	Posen, Provinzialständische Verwaltung.

Name.	Stand.	Wohnort.
Grieser	Justizrath	Colberg.
Grieving	Rechtsanwalt	Düsseldorf.
v. d. Groeben	Konsistorialpräsident	Posen.
Gronau	Rechtsanwalt	Berlin.
Groß	Rechtsanwalt	Mergentheim.
Dr. Freiherr v. Groß	Staatsminister	Weimar.
Großmann	Rechtsanwalt	Genthin.
Dr. Grote, H.	Richter	Bremen, Gerichtshaus.
Dr. Grueber, Erw.	Professor	München, Leopoldstr. 79.
Gruner, Fr.	Justizrath	Berlin.
Grünspach	Referendar	Posen.
Dr. Gryczewski	Oberlandesgerichts-präsident	Posen.
Dr. Guhrauer	Rechtsanwalt	Berlin, Kommandantenstr. 68/69.
Gülde, G.	Rechtsanwalt	Rochlitz (Sachsen).
Gumpert	Rechtsanwalt	Berlin, Kronenstr. 48.
Gunck, Franz	Rechtsanwalt	Odenkirchen.
Gunzenhäuser	Justizrath	Fürth (Bayern).
Dr. Güterbock	Geh. Justizrath, Prof.	Königsberg (Preußen).
Dr. Gutfleisch	Rechtsanwalt	Gießen.
Dr. Guthauer	Referendar	Posen, Breslauerstr. 2.
Guttmann, Julius	Rechtsanwalt	Berlin, Alexanderstr. 28.
Guttmann, Eduard	Rechtsanwalt	Magdeburg.
Guttmann	Rechtsanwalt	Wiesbaden.
Dr. Haase	Landrichter	Posen.
Dr. Haase	Referendar	Posen, Friedrichstr. 1.
Haber	Rechtsanwalt	Leipzig, Bismarckstr. 18.
Dr. Häberlein, E. J.	Rechtsanwalt	Frankfurt a. Main.
Dr. Hachenburg, Max	Rechtsanwalt	Mannheim C. 2 N. 23.
Häckermann	Rechtsanwalt	Greifswald.
Hahn	Justizrath	Wongrowitz.
Hamburger	Rechtsanwalt	Berlin.
Dr. Hamburger	Geheimer Justizrath	Frankfurt a. Main.
Hamburger, Naphtali	Handelsrichter	Posen.
Hamburger	Rechtsanwalt	Posen.
Dr. Hamm	Ober-Reichsanwalt	Leipzig.
Hammacher	Dr. jur.	Berlin.
Hammer	Justizrath	Chemnitz (Sachsen).
Handt	Oberlandesgerichts-rath	Celle.
Hannemann	Erster Staatsanwalt	Lissa (Posen).

Name.	Stand.	Wohnort.
Hansch	Amtsrichter	Labischen.
Hänsel	Rechtsanwalt	Bergen auf Rügen.
Dr. Harburger	Staatsanwalt, Prof.	München.
v. Harder, Alexander	Rechtsanwalt	Mannheim N. 2. 1.
Dr. Harmening	Rechtsanwalt	Jena.
Dr. Harnier, Aug.	Geh. Regierungsrath	Berlin, Passauerstraße.
Dr. Harnier, Ed.	Rechtsanwalt	Cassel.
Harseim	Wirkl. Geh. Kriegsrath	Berlin.
Dr. Hartmann, K. A.	Landgerichtspräsident	Plauen (Voigtland).
Hase, Otto	Justizrath	Altenburg (Sachsen-Altenburg).
Dr. Haselau	Regierungsrath	Posen.
Hasse	Landgerichtsdirector	Schneidemühl.
Dr. Hasselbach	Rechtsanwalt	Wiesbaden.
Hattenbach	Landgerichtspräsident a. D.	Oldenburg (Großherzogthum).
Hauck	Justizrath	Cöln a. Rhein, Elisenstr. 6.
Häusler	Geheimer Justizrath	Braunschweig.
Hausmann, W.	Rechtsanwalt	Berlin.
Dr. Hayum	Rechtsanwalt	Tübingen.
Dr. Hecht, L.	Rechtsanwalt	Frankfurt a. Main, Neue Zeil 53.
Dr. Hecht, Felix	Geheimer Hofrath	Mannheim.
Dr. Heck	Professor	Halle a. d. Saale.
Heilpern, S.	Rechtsanwalt	Leipzig, Katharinenstraße.
Heim, Michael	Rechtsanwalt	Würzburg, Paradeplatz.
Dr. Heimann, Alfr.	Rechtsanwalt	Berlin.
Dr. Heink, Paul Friedrich	Advocat	Zürich (Schweiz), Sonnenquai.
Dr. Heinsheimer, Julius	Landgerichtsrath	Karlsruhe (Baden).
Heiser, Fritz	Referendar	Frankfurt a. Main, Feldstr. 20.
Ritter v. Heller	Staatsrath	München, Müllerstr. 45a.
Hellmann	Landgerichtsrath	Burtscheid-Aachen.
Dr. Hellmann, Friedr.	Professor	München, Gabelsbergerstr. 1a.
v. Hellmann	Polizeipräsident	Posen.
Hempel	Geheimer Justizrath	Posen
Henckel	Rechtsanwalt	Nienburg a. d. Weser.
Dr. Ritter v. Henle, S.	Geheimer Hofrath	München, Bükleinstr. 14.
Hennig, G.	Amtsgerichtsrath	Gommern (Povinz Sachsen).
Dr. Henning	Rechtsanwalt	Greiz.
Henrich	Justizrath	Völklingen a. d. Saar.
Hentschel, Oscar	Amtsrichter	Augustusburg b. Schellenberg (Sachsen).
Herhaus	Gerichtsassessor	Hillesheim.

Name.	Stand.	Wohnort.
Hermes	Bürgermeister	Röbel (Mecklenburg).
Dr. Hermstedt	Referendar	Posen, Wronkeplatz 4/5.
Herr	Justizrath	Leipzig, Leplaystr. 1.
Dr. Hertz, G.	Senator	Hamburg, Magdalenenstr. 3.
Dr. Herz	Justizrath	Wiesbaden.
Herzfeld	Justizrath	Halle a. d. Saale.
Herzfeld	Referendar	Lobsens.
Dr. Hesdörffer, M. H.	Rechtsanwalt	Frankfurt a. Main, gr. Bockenheimstr. 25.
Dr. Hesekiel	Landgerichtsrath	Berlin.
Heß, Ernst	Landgerichtsrath	Augsburg.
Dr. Heß, Ludwig	Rechtsanwalt	Ellwangen.
Dr. Heumann	Rechtsanwalt	Bremen.
van der Heyde	Rechtsanwalt	Rüdesheim a. Rhein.
Dr. Heyden, C.	Syndicus a. D.	Essen a. d. Ruhr, Lindengut 154.
Dr. Heyl	Syndicus	Bremen, Lübeckerstr. 19.
Heym	Erster Staatsanwalt	Gnesen.
Heymann	Justizrath	Altona (Elbe).
Dr. Heymann, S.	Rechtsanwalt	Hamburg, Gerhofstr. 19.
Dr. Hick	Landgerichtsrath	Karlsruhe (Baden).
Dr. Hiedemann	Rechtsanwalt	Cöln a. Rhein, Berlich 43.
Hielscher	Rechtsanwalt	Bentschen.
Hildebrand, H. C. F.	Senator	Bremen.
Hilf	Justizrath	Limburg a. d. Lahn.
Hilpert	Justizrath	Nürnberg, Hauptmarkt 26.
Dr. Hilse, Benno	Kreisgerichtsrath a. D., Syndicus	Berlin.
Dr. Hilse, Carl	Syndicus, Rechtslehrer	Berlin.
Dr. Himberg, A.	Rechtsanwalt	Barmen, Berlinerstr. 31.
Dr. Hinschius, P.	Geh. Justizrath, Prof.	Berlin.
Dr. v. Hippel, R.	Professor	Rostock (Mecklenburg).
Dr. Hirl	Bezirksgerichtsrath a. D.	München, Thorwaldstr. 12.
Hirsch, Felix	Rechtsanwalt	Berlin, Prinzenstr. 32.
Hirsch	Rechtsanwalt	Schwelz a. d. Weichsel.
Dr. Hirschberg	Rechtsanwalt	Berlin, Jerusalemerstr. 40.
Hirschberg	Landrichter	Thorn.
Hirschhorn, R.	Rechtsanwalt	Gießen.
Hirt	Referendar	Samter.
v. Hochstetter	Landgerichtspräsident	Ellwangen.
Hoffmann, Max	Landgerichtsrath	Augsburg.
Dr. Hoffmann, E.	Geheimer Ober-Regierungsrath	Berlin.

Name.	Stand.	Wohnort.
Hoffmann, Th.	Oberlandesgerichtsrath	Nürnberg, Bayreutherstr. 46.
Hoffmann	Oberamtsrichter	Stuttgart, Alexanderstr. 59.
Hofmann	Amtsrichter	Rennerod.
Hoegg	Justizrath	Wollstein.
Hohensee	Referendar	Posen.
Dr. Hölder	Geh. Hofrath, Prof.	Leipzig.
Dr. Holdheim, Paul	Justizrath	Frankfurt a. Main.
Holland, W.	Amtsrichter	Vechelde bei Braunschweig.
Holz	Rechtsanwalt	Berlin.
Holzmann	Amtsgerichtsrath	Inowrazlaw.
Honig	Rechtsanwalt	Gnesen.
Höniger	Justizrath	Inowrazlaw.
Dr. Horwitz	Justizrath	Berlin.
Dr. Horwitz, O.	Rechtsanwalt	Hamburg, gr. Reichenstr. 15/17.
Dr. Hübler	Geheimer Ober-Regierungsrath, Prof.	Berlin.
Dr. Hübener, O.	Rechtsanwalt	Hamburg, Adolphsbrücke 4.
Hübner	Oberlandesgerichtsrath	Posen.
Dr. Huch	Rechtsanwalt	Braunschweig.
Dr. Humser	Justizrath	Frankfurt a. Main.
Hundt, Carl	Justizrath	Krefeld.
Jacobi	Rechtsanwalt	Bergen auf Rügen.
Dr. Jacobi	Justizrath, Professor	Charlottenburg, Knesebeckstr. 18/19.
Jacobsohn	Rechtsanwalt	Posen.
Jaffé	Stadtverordneter	Posen.
Dr. Jäger, Otto	Notar	Rombach (Lothringen).
v. Jagow	Regierungspräsident	Posen.
Dr. Jahn	Rechtsanwalt	Bremerhaven.
Jahns	Rechtsanwalt	Gnesen.
Jarecki	Rechtsanwalt	Posen.
Jelito, Emil	Oberamtsrichter	Landau (Pfalz).
Jentzsch, C.	Landgerichtsrath	Magdeburg, Augustastraße.
Jerusalem, A.	Landgerichtsrath	Saarbrücken.
Dr. Immerwahr	Privatdocent	Berlin, Regentenstr. 9.
Dr. Indig	Referendar	Posen, Wilhelmplatz 10.
Joachim	Rechtsanwalt	Berlin.
Jockisch	Amtsrichter	Birnbaum.
Jonas	Rechtsanwalt	Berlin.
Joseph	Rechtsanwalt	Berlin, Lindenstr. 73.
Dr. Josephson, C. M.	Rechtsanwalt	Hamburg, Neuer Wall 14.

Name.	Stand.	Wohnort.
Josephthal, Gustav	Justizrath	Nürnberg, Karolinenstr. 6.
Joesten, Philipp	Notar	Aachen.
Dr. Jouvenal	Rechtsanwalt	Cassel.
Isaacsohn	Amtsgerichtsrath	Jarotschin.
Dr. Isenbiel	Erster Staatsanwalt	Posen.
Dr. Israel, A.	Rechtsanwalt	Hamburg.
Dr. Israel, John	Rechtsanwalt	Hamburg.
Dr. Israel, Simon	Rechtsanwalt	Hamburg, gr. Bleichen 5.
Jüdel, Otto	Justizrath	Hannover.
Jung, Thomas	Justizrath	Augsburg.
Junge	Oberlandesgerichtsrath	Posen.
Jüßen, Peter	Rechtsanwalt	Cöln a. Rhein, Habsburgerring 10.
Kah	Landgerichtsdirector	Gnesen.
Dr. Kahl	Geh. Justizrath, Prof.	Berlin, Kurfürstenstr. 114.
Kaliski	Referendar	Posen.
Kalkowski	Landesrath	Posen.
Dr. Kämpfer	Rechtsanwalt	Posen.
Kapferer	Rechtsanwalt	Cöln a. Rhein.
Kassel, Eduard	Rechtsanwalt	Schweidnitz.
Kastan	Oberlandesgerichtsrath	Posen.
Dr. Alexander-Katz, R.	Rechtsanwalt	Berlin.
Dr. Katz, Edwin	Rechtsanwalt	Berlin.
Kaufmann, Felix	Justizrath	Berlin.
Kaufmann	Amtsgerichtsrath	Straßburg (Elsaß), Zürcherstr. 1.
Kaulla, Max	Rechtsanwalt	Stuttgart, Moserstr. 20.
Kayser	Notar	Zabern (Elsaß).
Keferstein	Oberbürgermeister	Lüneburg.
Keibel	Amtsrichter	Birnbaum.
Dr. Keller, A.	Justizrath	Straßburg (Elsaß), Schlossergasse 25.
Kempner, M.	Rechtsanwalt	Berlin.
Kerckhoff	Notar	Diedenhofen.
Kielhorn	Gerichtsassessor	Posen.
Dr. Kilzer, W.	Justizrath	Frankfurt a. Main, Göthestr. 17.
Dr. Kipp	Professor	Erlangen.
Dr. Kirch	Justizrath	Königswinter.
Dr. v. Kirchenheim	Professor	Heidelberg.
Kirchgeßner, Gottfr.	Oberlandesgerichtsrath	Würzburg.
Kirschner	Rechtsanwalt	Posen.
Kirschner	Referendar	Posen.

Name.	Stand.	Wohnort.
Dr. Kirsten	Amtsrichter	Posen.
Kitz	Erster Staatsanwalt	Verden (Hannover).
Kleckow	Rechtsanwalt	Grünberg (Schlesien).
Klemann	Referendar	Posen.
Dr. Klein	Rechtsanwalt	Düsseldorf.
Klein	Referendar	Posen.
Dr. Kleinfeller	Professor	Kiel.
Dr. Klewitz, A.	Amtsrichter	Altena (Westfalen).
Dr. Klöppel, P.	Justizrath	Leipzig.
Klossowski	Rechtsanwalt	Gnesen.
Klüpfel	Finanzassessor, Fabrikdirector	Essen a. d. Ruhr, Hohenzollernstr. 17.
Knappe	Amtsgerichtsrath	Samter.
Knein, H.	Amtsgerichtsrath	Aachen.
Dr. Kniep	Professor	Jena.
Knitter	Landrichter	Posen.
Knöpfler	Justizrath	Marienwerder (Westpreußen).
Koch	Justizrath	Buchholz (Sachsen).
Koch, Adolf	Rechtsanwalt	Jever.
Dr. Kockerols	Notar	Coblenz.
Dr. Koffka	Kammergerichtsrath	Berlin.
Dr. Köhler	Oberamtsrichter	Waldshut.
Dr. Köhne, Paul	Amtsgerichtsrath	Berlin.
Koelle	Amtsrichter	Clausthal.
Dr. Kollenscher	Referendar	Wronke.
Koenig	Landgerichtsdirector	Prenzlau.
Könnemann	Landgerichtsrath	Posen.
Köppel	Rechtsanwalt	Belgard (Pommern).
Köppen	Rechtsanwalt	Bromberg.
Dr. Korn, Alfr.	Rechtsanwalt	Berlin.
Kortum, Karl	Justizrath	Naumburg a. d. Saale.
Dr. v. Köstlin, Th.	Geheimrath, Oberlandesgerichtspräsident	Stuttgart.
Krah	Oberlandesgerichtspräsident	Celle.
Krampf, Jos.	Rechtsanwalt	Würzburg.
Krapp	Landgerichtsrath	Regensburg, Reichstraße.
Dr. Krause	Stadtrath	Posen, Königsplatz 10a.
Kraußold	Justizrath	München, Museumstraße.
Kreich	Oberlandesgerichtsrath	Posen.
Kremer, Ludwig	Oberlandesgerichtsrath	München, Leopoldstraße 26.

Name.	Stand.	Wohnort.
Kreppel, Fr. Ludw.	Justizrath	Bamberg, Judengasse 12.
Dr. Freiherr v. Kreß	Justizrath	Nürnberg, Füll 12.
Dr. Kretschmar, Paul	Rechtsanwalt	Leipzig, Carlstraße 12.
Krieg, Emil	Rechtsanwalt	Leipzig, Peterstraße 15.
Kritzler	Regierungsassessor	Posen.
Dr. Kronecker	Kammergerichtsrath	Berlin.
Kronecker, W.	Assessor	Berlin.
Dr. Kronfeld	Rechtsanwalt	Berlin.
Dr. Krückemann	Professor	Greifswald.
Krüger, E.	Justizrath	Halberstadt.
Krüger	Referendar	Posen.
Dr. Krüger	Landrichter	Saargemünd.
Krüll, Georg	Rechtsanwalt	Elberfeld,
Krumbiegel	Notar	Elberfeld.
Küchendahl	Justizrath	Stettin.
Kühbacher, Wilhelm	Rechtsanwalt	Bensberg.
Kühn	Landgerichtsrath	Gnesen.
Kühn, E.	Rechtsanwalt	Meerane (Sachsen).
Kühn	Justizrath	Trachenberg (Schlesien).
Kulemann, W.	Landgerichtsrath	Braunschweig.
Dr. Kulenkampff, Jul.	Rechtsanwalt	Bremen
Kulenkampff, Herm.	Rechtsanwalt	Bremen, Domsheide 3.
Kummerfeld	Amtsrichter	Tremessen.
Kumreuther	Rechtsanwalt	Frankfurt a. Main.
Kunkel	Rechtsanwalt	Landsberg a. d. Warthe.
Dr. Kurlbaum, C.	Wirklicher Geheimer Ober-Justizrath, Oberlandesgerichtspräsident	Stettin, Schillerstraße 11.
Kuntze	Amtsrichter	Colmar (Posen).
Kunz	Referendar	Posen.
Künzer	Bürgermeister	Posen.
Kusel, A.	Rechtsanwalt	Karlsruhe (Baden), Kaiserstraße 82.
Labroisse, L.	Rechtsanwalt	Gießen.
Lähr	Amtsgerichtsrath	Belgard (Pommern).
Lamp	Rechtsanwalt	Elmshorn.
Dr. Lamprecht	Landrichter	Hamburg, Sophienterrasse 3.
Dr. Landau, Felix	Rechtsanwalt	Berlin.
Dr. Landsberg, J.	Gerichtsassessor	Offenbach a. Main, Ludwigstraße 2.
Landsberg	Rechtsanwalt	Posen.

Name.	Stand.	Wohnort.
Landsberger	Rechtsanwalt	Oels (Schlesien).
Dr. v. Lang, H.	Landgerichtspräsident	Rottweil.
Dr. Langbein, Osc.	Justizrath	Leipzig, Schloßgasse.
Lange	Rechtsanwalt	Straßburg (Elsaß), Marktgasse 8.
Langenmayer	Rechtsanwalt	Pinne.
Lasker	Justizrath	Landsberg a. d. Warthe.
Laue, Walter	Rechtsanwalt	Berlin.
Lazarus	Rechtsanwalt	Berlin.
Dr. Lebin	Justizrath	Berlin.
Dr. Lehfeldt	Regierungsreferendar	Posen, Victoriastraße 8.
Dr. Lehmann, Rud.	Rechtsanwalt	Hamburg, gr. Reichstraße 67.
Dr. Lehmann, Karl	Professor	Rostock (Mecklenburg).
Lehnebach	Rechtsanwalt	Straßburg (Elsaß), Münstergasse 22.
Leiber	Justizrath	Straßburg (Elsaß), Steinstraße 14.
Leipheimer	Rechtsanwalt	Stuttgart.
Dr. Lenel	Professor	Straßburg (Elsaß), Goethestraße 9.
Dr. Lennig	Rechtsanwalt	Straßburg (Elsaß), Blauvolkengasse 2.
Dr. Leonhard	Geh. Justizrath, Prof.	Breslau.
Dr. Leoni	Ministerialrath	Straßburg (Elsaß), Sturmstaden 97.
Dr. Frhr. v. Leonrod	Staats- und Justizminister	München, v. d. Tannstraße 7.
Lentze	Regierungsrath	Posen.
Lesse	Geheimer Justizrath	Berlin.
Lesser	Reichsgerichtsrath a. D.	Berlin.
Lettgau	Senatspräsident	Berlin.
Leuchert	Notar	St. Avold.
Levi	Rechtsanwalt	Bonn.
Dr. Levi, Siegmund	Rechtsanwalt	Mainz.
Levi	Rechtsanwalt	Stuttgart.
Levot	Rechtsanwalt	Cöln a. Rhein.
Dr. Levy	Advokat	Amsterdam.
Levy, Leopold	Gerichtsassessor	Berlin, Belle-Allianceplatz 4.
Levysohn	Rechtsanwalt	Lissa (Posen).
Lewald, C.	Justizrath	Leipzig, Simsonstraße 2.
Lewin	Amtsrichter	Grüneberg (Schlesien).
Dr. Lewin	Rechtsanwalt	Stettin, Breitestraße 33.
Dr. Lewinski	Justizrath	Posen.
Lewinsohn	Amtsrichter	Zehlendorf (Kreis Teltow).
Leyser	Rechtsanwalt	Charlottenburg, Bismarckstraße 110.
Lezius	Geheimer Justizrath	Köthen (Anhalt).

Name.	Stand.	Wohnort.
Licht, Ernst	Rechtsanwalt	Cöln a. Rhein.
Liebster, Arno	Justizrath	Leipzig, Salzgasse 1.
Liepmann	Gerichtsassessor	Posen.
Dr. Lilia	Gerichtsassessor	Trier, St. Marien.
Dr. v. Lilienthal	Professor	Heidelberg.
Dr. Linckelmann	Rechtsanwalt	Hannover.
Lindemann	Gerichtsassessor	Verden (Hannover).
Dr. Lippmann, Jul.	Rechtsanwalt	Hamburg, Neust. Fuhlentwiete 31.
Dr. Lisco	Geheimer Ober-Justizrath	Berlin, Landgrafenstraße 3.
Dr. v. Liszt, Franz	Geheimer Justizrath, Professor	Halle a. d. Saale, Geiststr. 32.
Litthauer	Justizrath	Berlin, Lindenstraße.
Löhmann, R.	Oberlandesgerichtsrath	Hamburg, Uhlenhorstweg 11.
Lohmann	Geh. Ober-Justizrath, Senatspräsident	Posen.
Dr. Lohse, G.	Hofrath	Leipzig, Katharinenstr. 20.
Dr. Lorey	Justizrath	Frankfurt a. Main, Hirschengraben 8.
Löser, Ottomar	Rechtsanwalt	Frankfurt a. Oder.
Dr. Lossen	Landgerichtsrath	Straßburg (Elsaß), Manteuffelstr. 17.
Löwe	Landgerichtsrath	Berlin.
Löwenberg	Oberlandesgerichtsrath	Posen.
Löwenstein I, Leop.	Rechtsanwalt	Stuttgart.
Löwenthal, Otto	Rechtsanwalt	Altona, Königstr. 11.
Löwenthal, F.	Rechtsanwalt	Schwerin (Mecklenburg).
Löwissohn	Referendar	Posen, Grabenstr. 5.
Dr. Lubszinski, Jul.	Rechtsanwalt	Berlin.
Lucas	Amtsrichter	Oligs.
Lucke	Referendar	Posen.
Dr. Ludolph	Landgerichtsrath	Detmold.
Lüdtke	Landgerichtsrath	Graudenz.
Ludwig	Königl. Hoheit Prinz von Bayern	München.
Lührs, H.	Referendar	Celle.
Dr. Lürmann	Senator	Bremen.
Lustig	Rechtsanwalt	Gleiwitz.
Dr. Mäder	Referendar	Posen, Wilhelmstr. 1.
Mahla, Friedrich	Rechtsanwalt	Landau (Pfalz).
Mahlstedt	Landgerichtsrath	Flensburg.
Mainhard	Oberamtsrichter	Karlsruhe (Baden).

Name.	Stand.	Wohnort.
Dr. v. Mandry	Professor	Tübingen.
Dr. Mann	Rechtsanwalt	Stettin.
Mannheimer	Rechtsanwalt	Posen.
Dr. Mansfeld	Landrichter	Braunschweig, Maschstr. 48.
Martell	Oberlandesgerichtsrath	Posen.
v. Martens, C.	Oberamtsrichter	Geislingen (Württemberg).
Dr. Martin, R.	Oberlandesgerichtsrath	Hamburg, Werderstr. 29.
Martins	Oberbürgermeister	Glogau.
Matter	Justizrath	Hochfelden.
Matthaei, F.	Amtsgerichtsrath	Düren (Rheinland).
Maurer, Carl	Landgerichtsrath	Mannheim L. 8. Nr. 10.
Dr. May, V.	Rechtsanwalt	Frankfurt a. Main, Bleidenstr. 1.
Dr. May, Hermann	Rechtsanwalt	Hamburg, gr. Bleichen 42.
Dr. May, Hugo	Rechtsanwalt	Hamburg, gr. Bleichen 42.
Dr. Mayer, Carl	Rechtsanwalt	Cöln a. Rhein, Georgstr. 5a.
Dr. Mayer	Amtsrichter	Dresden-Altstadt, Theresienstr. 16.
Mayer, F.	Landgerichtsdirector a. D.	Eichstätt.
Dr. Mayer, Moritz	Rechtsanwalt	Frankenthal (Pfalz).
Dr. Mayer, F. Carl	Justizrath	Gotteszell (Württemberg).
Dr. Mayer, F. P.	Rechtsanwalt	Mainz.
Dr. Mayer, Otto	Professor	Straßburg (Elsaß), Schlossergasse.
Mecke, W.	Gerichtsassessor	Bonn.
Mecke, W.	Geheimer Justizrath	Leipzig, Salomonstr. 5.
Dr. Meier, G.	Referendar	Bremen.
Meier, Heinrich	Geheimer Justizrath	Kiel.
Meiners	Referendar	Bremen.
Dr. Meinertz	Regierungsassessor	Posen.
Meinhard	Justizrath	Gießen.
Meisner, L.	Justizrath	Bamberg, Kapuzinerstraße.
Dr. Meisner	Oberlandesgerichtsrath	Posen, Neumannstr. 13.
Meister	Rechtsanwalt	Stettin, Bismarckstr. 6.
Melchior, Victor	Justizrath	Dortmund.
Mende	Regierungsrath	Posen.
Dr. Menzen, Carl Degenhard	Amtsgerichtsrath	Frankfurt a. Main, Leerbachstr. 37.
Merckle	Rechtsanwalt	Frankenthal (Pfalz).
Dr. Merkel, R.	Professor	Freiburg (Baden).
Dr. Meschelsohn	Rechtsanwalt	Berlin.
Metz, August	Rechtsanwalt	Gießen.

Name.	Stand.	Wohnort.
v. Metzsch, Hugo	Rechtsanwalt	Leipzig.
Dr. Meurer	Professor	Würzburg.
Meuser, Paul	Rechtsanwalt	Cöln a. Rhein, Hansaring 46.
Mewes	Referendar	Posen.
Meyer, Sigmund	Justizrath	Berlin.
Meyer, Alfred	Regierungsrath	Bromberg.
Meyer, Wilhelm	Notar	Coblenz.
Dr. Meyer	Rechtsanwalt	Danzig.
Dr. Meyer, Fritz	Justizrath	Frankfurt a. Main, Töngesgasse 5.
Dr. Meyer, Max	Rechtsanwalt	Frankfurt a. Maim, Zeil 44.
Dr. Meyer	Geheimer Hofrath, Professor	Heidelberg.
Meyer	Justizrath	Ostrowo.
Meyer	Amtsrichter	Schrimm.
Michaelis	Landgerichtsrath	Zabern (Elsaß).
Michaelsohn	Rechtsanwalt	Posen.
Dr. v. Michalkowsky	Rechtsanwalt	Bremen.
Milch	Stadtrath	Breslau.
Milentz	Amtsgerichtsrath	Stettin, Lindenstr. 12.
Dr. Minden	Syndicus des Pfandbriefamtes	Berlin.
Dr. Mirus	Rechtsanwalt	Leisnig.
Dr. Mittelstraß, A.	Rechtsanwalt	Hamburg, gr. Bleichen 42.
Dr. Mittermaier, W.	Privatdozent	Heidelberg, Karlstr. 8.
Dr. Mohr	Landgerichtsdirector	Bremen.
Mohr, O.	Rechtsanwalt	Rudolstadt.
Mohrmann	Justizrath	Verden (Hannover).
Dr. Moll, H.	Justizrath	Berlin.
Moll	Landgerichtsrath	Berlin.
Möller	Oberlandesgerichtsrath	Breslau, Palmstr. 40.
Montigny	Oberlandesgerichtsrath	Cöln a. Rhein, Hansaring 49.
Morsbach	Rechtsanwalt	Bonn.
Mörschel	Justizrath	Würzburg.
Moses	Gerichtsassessor	Glogau.
Moßdorf, Henry	Rechtsanwalt	Erfurt, Eimergasse.
Moßler	Notar	Straßburg (Elsaß).
Motty	Rechtsanwalt	Grätz (Posen).
Motty	Amtsgerichtsrath	Posen.
Mügel	Geh. Ober-Justizrath	Berlin.
Dr. Mühsam, Benno	Rechtsanwalt	Berlin.

Name.	Stand.	Wohnort.
Müller	Landgerichtspräsident	Bielefeld.
Dr. Müller, Gustav	Rechtsanwalt	Bremen.
Müller, L.	Rechtsanwalt	Erfurt.
Müller, Ed.	Oberlandesgerichtsrath	Karlsruhe (Baden), Westendstraße.
Müller	Senatspräsident	Karlsruhe (Baden).
Dr. Müller, Ernst	Rechtsanwalt	Metz, Esplanaden 4.
Müller	Geh. Ober-Justizrath, Senatspräsident	Posen.
Muller	Referendar	Posen.
Muller, C. H.	Rechtsanwalt	Rostock (Mecklenburg).
Müller, Julius	Rechtsanwalt	Verden (Hannover).
Dr. Mumm	Rechtsanwalt	Straßburg (Elsaß), Odilienstraße 5.
Dr. Munck	Amtsrichter	Forst (Lausitz).
Munk	Landgerichtsdirector	Berlin.
Dr. Muskat, Eugen	Amtsrichter	Gottesberg (Schlesien).
Mylius	Landgerichtsrath	Posen.
Naumann, L.	Justizrath	Lüneburg.
Naumann	Referendar	Posen.
Naumann	Amtsrichter	Pudewitz.
Neitzel	Rechtsanwalt	Zabern (Elsaß).
Nentwig	Erster Staatsanwalt	Beuthen (Oberschlesien).
Neubauer	Senatspräsident	Berlin.
Neuer, Wilhelm	Rechtsanwalt	Cöln a. Rhein.
Dr. Neukirch	Rechtsanwalt	Frankfurt a. Main, gr. Eschenheimerstr. 7.
Neumann I., S.	Rechtsanwalt	Berlin.
Dr. Neumann, Hugo	Rechtsanwalt	Berlin.
Neumann, Ad.	Justizrath	Sorau (Niederlausitz).
v. Neumayer, Jos.	Geheimer Hofrath	Kaiserslautern.
Neundorfer	Landgerichtsrath	Mainz, Gartenfeldstraße 17.
Niemand	Landpfennigmeister	Heide (Holstein).
Dr. Niemeyer	Professor	Kiel.
Dr. Nienholdt	Rechtsanwalt	Leipzig, Schlossergasse 24.
Dr. Nokk, Wilhelm	Ministerialpräsident	Karlsruhe (Baden).
Dr. Noltenius	Rechtsanwalt	Bremen, Buchstraße 16.
Nürnberg	Rechtsanwalt	Lissa (Posen).
Obuch, Carl	Rechtsanwalt	Graudenz.
Oehme, O. F.	Justizrath	Leipzig.
Oldenburg, Heinr.	Dr. iur.	Hamburg, Hohe Allee 14.
Ollendorf	Rechtsanwalt	Breslau, Zwingerplatz 2.
Ollmann	Rechtsanwalt	Greifswald.
Dr. Olshausen	Reichsgerichtsrath	Leipzig, Lessingstraße 1.
Omeis, Gottl.	Justizrath	Nürnberg, Färberstraße 5.

Name.	Stand.	Wohnort.
Dr. Opet, Otto	Gerichtsassessor, Privatdocent	Bern (Schweiz).
Opolski	Amtsgerichtsrath	Posen.
Dr. Oppe	Rechtsanwalt	Chemnitz (Sachsen).
Dr. Oppenheim	Professor	London, W.L. 3 The Albany Piccadilly.
Dr. Oppenheim, L.	Rechtsanwalt	Mainz.
Dr. Oppenhoff	Geheimer Ober-Justizrath	Aachen.
Oppler	Landrichter	Metz.
Orgler	Geheimer Justizrath	Posen.
Dr. Orgler	Rechtsanwalt	Posen.
Dr. Oertmann, Paul	Professor	Villencolonie Grunewald, Königsallee 34.
Oßwald	Oberbürgermeister	Altenburg (Sachsen-Altenburg).
Dr. Oswalt	Justizrath	Frankfurt a. Main, Neue Mainzerstr. 68.
Ott, Heinrich	Rechtsanwalt	Straßburg (Elsaß), Bahnhofstr. 2.
Dr. Otto, Victor	Geheimer Justizrath	Dresden, Karolastraße 7.
Dr. v. Oven	Senator	Frankfurt a. M., Hiedemannstraße 39.
Packscher	Rechtsanwalt	Berlin, Potsdamerstraße 5.
Pade	Landrichter	Schneidemühl.
Dr. Pappenheim	Professor	Kiel.
Pauli, Emil	Landgerichtsrath	Stettin, Philippstraße 74.
Dr. Pauli	Landgerichtspräsident	Straßburg (Elsaß).
Pavenstedt, Joh.	Rechtsanwalt	Bremen, U. L. Fr. Kirchhof 14.
Freiherr v. Pechmann, W.	Director der Bayerischen Handelsbank	München.
Dr. Pechwell, Alfr.	Oberkriegsgerichtsrath	Dresden, Mathildenstraße 81.
Dr. Peine	Amtsrichter	Hamburg, Oberstraße 81.
Peiser, Georg	Rechtsanwalt	Breslau, Schweidnitzerstraße 34/35.
Peiser	Amtsgerichtsrath	Danzig.
Peiser	Rechtsanwalt	Wreschen.
Peltasohn	Landgerichtsrath	Bromberg.
Peltasohn, Leopold	Justizrath	Liegnitz.
Dr. Pernice	Geheimer Justizrath, Professor	Berlin.
Dr. Pescatore	Professor	Greifswald.
Dr. Peter, A.	Rechtsanwalt	Leipzig.
Peters	Rechtsanwalt	Dülken.
Peters	Stadtrath	Posen.
Dr. Peters	Regierungsassessor	Posen.
Dr. Petersen, Jul.	Reichsgerichtsrath	Leipzig, Schützenstraße.
Peterssohn	Gerichtsassessor	Posen.

Name.	Stand.	Wohnort.
Petrich	Oberlandgerichtsrath	Breslau.
Petrich	Rechtsanwalt	Samter.
Pfaff	Landgerichtspräsident	Tübingen.
Pfannenstiel	Justizrath	Colmar (Elsaß).
Pfitzner	Amtsgerichtsrath	Tremessen.
Dr. Pflüger	Professor	Bonn.
Dr. Pietrowski	Referendar	Posen, Wilhelmstraße 27.
Dr. Pilling, Carl	Justizrath	Dresden, Dippoldiswalderstraße 19.
Pinner	Rechtsanwalt	Kosten.
Placzek	Rechtsanwalt	Posen.
Dr. Planck	Wirklicher Geheimer Rath, Professor.	Göttingen.
Dr. v. Planck	Geheimrath, Professor	München, Barerstraße 48.
Plünnicke	Gerichtsassessor	Braunsberg (Ostpreußen).
Pohl	Amtsrichter	Pudewitz.
Pohlmann	Amtsrichter	Rawitsch.
Pomorski	Rechtsanwalt	Ostrowo.
Pöppel	Rechtsanwalt	Driesen.
Dr. Preuß	Privatdocent	Berlin.
Preuß	Regierungsassessor	Posen.
Priber	Rechtsanwalt	Frankenberg (Sachsen).
Protzen	Amtsgerichtsrath	Ratibor.
Pürckhauer	Notar	München, Kaufingerstr. 16.
v. Puttkamer	Staatssecretär	Straßburg (Elsaß), Kleberstaaden.
Putz, Walther	Rechtsanwalt	Opladen.
Rabe	Ober-Staatsanwalt	Cöln a. Rhein.
Rabenhofer, Jul.	Landgerichtsrath	München, Sonnenstraße 3.
Rachner	Konsistorialassessor	Posen, Victoriastraße.
Raddatz	Landgerichtsrath	Posen.
Raht	Justizrath	Weilburg.
Raemisch	Landgerichtsdirector	Posen.
Dr. Rau	Justizrath	München, Niedermarkt 6.
Rausnitz	Rechtsanwalt	Berlin.
Dr. Reatz	Justizrath	Gießen.
Dr. Regelsberger	Geheimer Justizrath, Professor	Göttingen.
Dr. Regensburger	Rechtsanwalt	Karlsruhe (Baden)
Dr. Rehm, Paul	Professor	Charlottenburg, Fasanenstraße 19.
Reich	Geheimer Justizrath	Magdeburg, Kaiserstraße 97.
Reichensperger	Landgerichtsdirector	Cöln a. Rhein, Steinfeldergasse.
Dr. Reinach, Carl	Justizrath	Mainz.
Dr. Reinach	Rechtsanwalt	Mühlhausen (Elsaß)
Dr. Reinartz	Justizrath	Düsseldorf, Eckstraße 15.

Name.	Stand.	Wohnort.
Reincke	Reichsgerichtsrath	Leipzig.
Reinholdt	Justizrath	Frankenberg (Sachsen)
v. Reinken, Joh.	Rechtsanwalt	Bremen.
Reisner	Rechtsanwalt	Liegnitz.
Reisner	Referendar	Posen, Ritterstraße 3.
Reiß, Paul	Justizrath	Frankfurt a. Main, Neue Mainzerstraße 31.
Dr. Reuling	Justizrath	Berlin.
Rheinwald	Oberlandesgerichtsrath	Stuttgart.
Richter	Amtsgerichtsrath	Graudenz.
Rieck	Landgerichts-Präsident	Bromberg.
Dr. Riedel	Amtsrichter	Berlin.
Dr. Riemenschneider	Rechtsanwalt	Bremerhaven.
Dr. Riesenfeld, C. E.	Handelskammersyndicus	Breslau, Höfchenstraße 55 II.
Rieß	Justizrath	Cassel.
Dr. J. Rießer	Justizrath, Bankdirector	Berlin, Schinkelplatz 1/2.
Rieth	Justizrath	Cöln a. Rhein.
Riff	Rechtsanwalt	Straßburg (Elsaß), Gr. Steinstraße 30.
Riffart	Justizrath	Cöln a. Rhein, Berlich.
Ring	Landgerichtsrath	Berlin.
Rittleng sen., Alfr.	Notar	Straßburg (Elsaß), Blauvolkengasse.
Dr. Rocholl, A.	Regierungsassessor	Stettin, Berliner Thor 9.
Roeder	Justizrath	Halberstadt.
Röder	Justizrath	Züllichau.
Dr. Rodewald, C.	Rechtsanwalt	Celle.
Rodewyk	Amtsgerichtsrath	Lehe.
Dr. Roedler	Geheimer Justizrath, Landgerichtsdirector	Metz.
Roedlinger	Landgerichtsrath	Posen.
Dr. Rohde	Oberlandesgerichtsrath	Posen.
Dr. v. Rohland, W.	Professor	Freiburg (Baden).
Röhrig	Rechtsanwalt	Berlin, Kanonierstraße 25.
Romberg	Geheimer Justizrath	Leipzig, Sternwartenstraße 79.
Roeppel	Eisenbahndirections-Präsident	Posen.
Dr. Roscher, Th.	Rechtsanwalt	Hannover.
v. Rose	Gerichtsassessor	Hildesheim.

Name.	Stand.	Wohnort.
Dr. Rosenfeld	Gerichtsassessor, Privatdocent	Halle a. d. Saale.
Dr. Rosenfeld	Rechtsanwalt	Mannheim.
Dr. Rosenthal, Ed.	Professor	Jena.
Dr. Rosenthal, F.	Rechtsanwalt	München, Perusastraße 1/2.
Dr. Rosin	Geheimrath Professor	Freiburg (Baden).
Roß	Rechtsanwalt	Posen.
Dr. Rothschild, Paul	Landrichter	Cöln a. Rhein, Herwartstraße 22.
Rothschild	Gerichtsassessor	Wadern (Bez. Trier).
Dr. Rudke	Landesrath	Posen.
Dr. Rumpf, Ernst	Senatspräsident	Cassel, Victoriastraße 15.
Russack	Referendar	Posen.
Saaßen, J. H.	Justizrath, Notar	Bonn.
Sachau, A.	Rechtsanwalt	Hamburg, Gr. Bleichen 5.
Sachs, Emil	Justizrath	Leipzig.
Dr. Salinger, Ludwig	Rechtsanwalt	Berlin.
Salinger	Rechtsanwalt	Wollstein.
Dr. v. Salis	Professor	Bern (Schweiz).
Dr. Salomon	Rechtsanwalt	Berlin.
Salomon, A.	Dr. iur.	Berlin.
Salomon	Justizrath	Posen.
Salz	Rechtsanwalt	Posen.
Dr. Samter	Rechtsanwalt	Berlin.
Dr. Sammer, K.	Bankdirector	Gotha.
Sanger	Rechtsanwalt	Ulm a. d. Donau.
v. Saucken	Staatsanwalt	Posen.
Schafer, Wilhelm	Amtsgerichtsrath	Inowrazlav.
Schäfer	Landgerichtsdirector	Ostrowo.
Schäfer	Amtsrichter	Schönlanke.
Dr. Schall, R.	Rechtsanwalt	Stuttgart, Büchsenstraße.
Dr. Scharlach	Rechtsanwalt	Hamburg, Nobelshof.
Freiherr v. Scheele	Kammergerichtsassessor	Posen, Ansiedlungskommission.
Dr. Scheiff	Rechtsanwalt	Cöln a. Rhein.
Schenke, Friedr.	Amtsrichter	Alsleben a. d. Saale.
Scherer	Justizrath	Aschaffenburg.
Dr. Scherer	Rechtsanwalt	Bremen, Markt 18.
Dr. Scherer, M.	Rechtsanwalt	Leipzig, Nürnbergerstraße 40.
Dr. Scherer	Rechtsanwalt	Mainz, Closestraße 6.
Scheuer	Amtsgerichtsrath	Aachen.
Scheuffler, Lebrecht	Rechtsanwalt	Leipzig, Neumarkt 40.

Name.	Stand.	Wohnort.
Scheuner	Regierungsrath	Posen.
Dr. Schlauch, Walter	Gerichtsassessor a. D.	Berlin.
Schleuß	Amtsrichter	Jarotschin.
Schlieckmann, Alb.	Geheimer Justizrath	Halle a. d. Saale.
Schlieper	Geheimer Justizrath	Gunnowitz b. Nakel.
Schloß	Rechtsanwalt	Heilbronn.
Dr. Schloßmann	Professor	Kiel.
Schlüter	Amtsgerichtsrath	Wollstein (Posen).
Schmid	Oberlandesgerichtsrath	Celle, Bahnhofstraße 14.
Schmidt	Generalpostdirectionsrath a. D.	Cassel, Ständeplatz 23.
Dr. Schmidt-Polex, C.	Rechtsanwalt	Frankfurt a. Main.
Dr. Schmidt, Carl	Rechtsanwalt	Fürth (Bayern).
Schmidt	Amtsrichter	Lobsens.
Dr. Schmidt	Erster Staatsanwalt	Mainz, Ludwigstraße 4.
Schmidt	Ministerialdirector	Schwerin (Mecklenburg).
Dr. Schmit, Florian	Rechtsanwalt	Luxemburg, Nenthor-Allee.
Schmitz, Emil	Rechtsanwalt	Cöln a. Rhein, Gereonsdriesch 11a.
Schmitz	Intendanturassessor	Posen.
Schnackenburg	Stadtrath	Posen.
Dr. Schneegans	Justizrath	Straßburg (Elsaß), Gewerbslaube 9.
Schneider	Amtsrichter	Grotyn.
Schneider	Amtsgerichtsrath	Meseritz.
Schnell	Ministerialrath	München, Königstraße 9.
Dr. Schöller	Landrichter	Düsseldorf.
Scholtz	Magistrats-Assessor	Posen.
Scholtz	Referendar	Posen, Gartenstraße 3.
Dr. Scholz	Oberverwaltungsgerichtsrath	Berlin.
Schönfeld	Referendar	Posen.
Schönlank	Rechtsanwalt	Posen.
Schorcht	Justizrath	Hameln a. d. Weser.
Schöttländer	Rechtsanwalt	Posen.
Dr. Schramm	Rechtsanwalt	Bremen.
Schramm, G.	Divisionsauditeur	Leipzig-Eutritzsch, Petschauerstraße 1.
Dr. Schreiner	Justizrath	Cöln a. Rhein.
Dr. Schrock, E.	Rechtsanwalt	Marienwerder (Westpreußen).
Schröder	Justizrath	Eisleben.
Dr. Schröder, R.	Geheimer Hofrath, Professor	Heidelberg.

Name.	Stand.	Wohnort.
Schroetter	Landgerichtsrath	Meseritz.
Schubert	Staatsanwalt	Erfurt.
Schüler	Rechtsanwalt	Dortmund.
Dr. Schultz	Justizrath	Hagen (Westfalen).
Schultz, Alfred	Rechtsanwalt	Schönlanke.
Dr. Schultze, Alfred	Professor, Oberlandesgerichtsrath	Jena.
Dr. Schulz	Professor, Bibliothekar	Leipzig, Jakobstraße 10.
Schulz	Regierungsassessor	Posen.
Schumacher	Rechtsanwalt	Cöln a. Rhein.
Schumann, Heinr.	Rechtsanwalt	Mösbach (Baden).
Schwabach	Regierungsrath	Hamburg-Pöseldorf, Schultzweg 9.
Schwalbe	Referendar	Posen, Mühlenstraße 11.
Schwartz	Oberamtsrichter	Ludwigsburg.
Schwartz, Martin	Referendar	Steglitz-Berlin, Schloßstraße 30.
Dr. Schwartz, Jos. Christ.	Docent	Potsdam, Neue Königstraße 18a.
Dr. v. Schwarze, Joh.	Landgerichtspräsident	Freiberg (Sachsen).
Schwarzschulz	Rechtsanwalt	Obornik (Prov. Posen).
Schwindt	Erster Bürgermeister	Gnesen.
Dr. v. Seeger	Professor	Tübingen.
Seeler, H.	Rechtsanwalt	Berlin, Friedrichstraße 131.
Dr. v. Seeler, Wilh.	Professor	Kiev (Rußland), Lipki Elisabethstraße 6.
Dr. Seelig	Justizrath	Leipzig, Schreberstraße 13.
Dr. Segalla	Rechtsanwalt	Hamburg.
Seibert	Amtsrichter	Bremerhaven.
Dr. Seitz, Carl Josef	Landgerichtsrath a. D.	München, Liebigstraße 21.
Seligmann, Moritz	Handelsrichter	Cöln a. Rhein, Kaiserstraße.
Dr. Seligsohn	Rechtsanwalt	Berlin.
Dr. Seligsohn	Rechtsanwalt	Wiesbaden.
Senff	Rechtsanwalt	Berlin.
Dr. Senfft	Garnisonauditeur	Posen, St. Martin 22.
Dr. Seuffert, H.	Geheimer Justizrath, Professor	Bonn.
Seyfert, C. H.	Senatspräsident	Dresden, Stephanienstraße 30.
v. Sicherer, Theodor	Landgerichtspräsident	Augsburg, Steffenstraße 12.
Dr. v. Sicherer	Professor	München, Königinstraße 11.
Dr. Siebert	Justizrath	Frankfurt a. Main, Alte Rathhofstr. 10.
Siebert, Fritz	Rechtsanwalt	Wiesbaden.
Siegel I	Rechtsanwalt	München.
Dr. Sieger, F.	Rechtsanwalt	Frankfurt a. Main.
Sieveking	Justizrath	Altona (Elbe).

Name.	Stand.	Wohnort.
v. Sikorski	Rechtsanwalt	Wirsitz.
Dr. Siméon	Landrichter	Landsberg a. d. Warthe.
Dr. Simon, H. V.	Rechtsanwalt	Berlin.
Simon	Oberlandesgerichtsrath	Posen.
Dr. Simonis, Adolf	Bürgermeister	Rostock (Mecklenburg).
Simons, W.	Landrichter	Meiningen.
Simonson	Landgerichtsrath	Berlin.
Dr. v. Simson	Wirklicher Geheimer Rath, Reichsgerichts-Präsident a. D.	Berlin.
Sitz, Wilhelm	Notar	Barr (Elsaß), Taufliebstraße.
Dr. Slavyk, Vincenz	Rechtsanwalt	Halle a. d. Saale, gr. Steinstraße 13.
Slawski	Landgerichtsrath	Posen.
Smoschover	Rechtsanwalt	Posen.
Dr. Sobernheim	Justizrath	Berlin.
Söldner, Wilhelm	Erster Bürgermeister	Schweinfurt.
Dr. Spahn	Reichsgerichtsrath	Leipzig, Gustav Adolphstraße 5.
Spangenberg	Rechtsanwalt	Hannover, Georgstraße 13.
Dr. Frhr. v. Spiegel v. u. z. Pechelsheim	Landgerichtsdirector	Cöln a. Rhein.
v. Spreckelsen	Rechtsanwalt	Bremen.
Springer	Referendar	Posen.
Springer	Amtsgerichtsrath	Tremessen
Dr. Stachow	Rechtsanwalt	Bremen, Domsheide 10/12.
Stapff, A.	Justizrath	Weimar.
Dr. Staub I, H.	Rechtsanwalt	Berlin.
v. Staudy	Generallandschaftsdirector	Posen.
Steinbach	Geheimer Justizrath	Magdeburg.
Stelling	Amtsgerichtsrath	Rotenburg (Hannover).
Stellmacher	Reichsgerichtsrath	Leipzig.
Dr. Frhr. v. Stengel	Professor	München, Georgenstraße 25.
Dr. Stenglein	Reichsgerichtsrath a. D.	Leipzig, Seeburgstraße 44.
Stern, Jaques	Referendar	Angermünde.
Stern, Max	Amtsrichter	M.-Gladbach.
Dr. Stern	Rechtsanwalt	Mannheim.
Sternberg	Amtsrichter	Zielenzig.
Stoehr	Landesrath	Posen.
Dr. v. Stößer	Senatspräsident	Karlsruhe (Baden), Stephanienstraße 71.

Name.	Stand.	Wohnort.
Dr. Strack	Rechtsanwalt	Hamburg.
Dr. Kekule v. Stradonitz, S.	Fürstlich Schaumburg. Kammerherr	Groß-Lichterfelde (Berlin), Marienstr. 16.
Straube	Landrichter	Meseritz.
Strelitz	Rechtsanwalt	Stettin, Reifschlägerstraße 4.
Dr. Strohal, Emil	Professor	Leipzig.
Strohschein	Referendar	Posen.
Dr. Strube, Aug.	Referendar	Bremen.
Strube	Landgerichtsrath	Halberstadt.
Dr. Struckmann	Amtsrichter	Berlin.
Dr. Struckmann	Geheimer Ober-Regierungsrath	Berlin.
Dr. Struckmann	Wirklicher Geheimer Ober-Justizrath, Oberlandesgerichts-Präsident	Cöln a. Rhein, Hansaring.
Strützki	Geheimer Justizrath	Charlottenburg, Kantstraße 146.
Stryck	Rechtsanwalt	Cöln a. Rhein.
Stüler, Ludw.	Amtsgerichtsrath	Heiligenstadt (Eichsfeld).
Stumpff	Landgerichtspräsident	Wiesbaden.
Dr. Suling, W.	Rechtsanwalt	Bremen.
Süpfle, H.	Oberamtsrichter	Heidelberg.
Süpfle, Julius	Rechtsanwalt	Karlsruhe (Baden), Linkenheimerstraße 9.
Dr. Süpfle, Robert	Rechtsanwalt	Karlsruhe (Baden), Kaiserstraße 109.
Sutro	Justizrath	Bochum.
Syring	Rechtsanwalt	Danzig, Langer Markt 6.
Szafranski	Rechtsanwalt	Pudewitz.
Tafel, Herm.	Rechtsanwalt	Stuttgart.
Dr. Tebelmann	Referendar	Bremen.
Teichen	Syndicus	Berlin.
Dr. Teuscher	Justizrath	Sommerfeld, Bez. Frankfurt a. d. Oder.
Thalmann	Rechtsanwalt	Frankenthal (Pfalz).
Theremin	Landgerichtsrath	Schweidnitz.
Thiel	Justizrath	Wreschen.
Thiele	Landgerichtsrath	Stettin, König Albertstraße 12.
Thinius	Landgerichtsrath	Berlin.
Thomsen	Amtsgerichtsrath	Emden.
Dr. Thomsen	Oberlandesgerichtsrath	Hamburg, Moorweidtstraße 26.
Dr. Thomsen	Privatdocent	Kiel, Rawenthor-Allee 5.
Thomsen	Landgerichtspräsident	Münster (Westfalen).
Thon	Ober-Präsidialrath	Posen.

Name.	Stand.	Wohnort.
Throner	Notar	Bad Kissingen.
Thurm, E.	Justizrath	Cöln a. Rhein, Margarethenkloster.
Dr. Tiktin, G.	Justizrath	Berlin.
Timendorfer	Rechtsanwalt	Berlin.
Tomaszkievicz	Referendar	Posen.
Tonn	Rechtsanwalt	Mogilno.
v. Trampczynski	Rechtsanwalt	Posen.
Traub, Bernh.	Landgerichtsrath	Mannheim.
Trogisch	Gerichtsassessor	Schneidemühl.
Dr. Trömel	Rechtsanwalt	Dresden-Altstadt.
Dr. Tröndlin	Justizrath, Bürgermeister	Leipzig, Rathhaus.
Trummler	Landgerichtsrath	Verden (Hannover).
Dr. v. Tuhr, A.	Professor	Basel, Schützengrube 24.
Tunmann	Referendar	Posen.
Dr. Türck	Amtsgerichtsrath	Battenberg.
Türk	Rechtsanwalt	Berlin, Zimmerstraße 87.
Türk	Rechtsanwalt	Gnesen.
Uecker	Referendar	Posen, Gartenstraße 3.
Uhde	Oberstaatsanwalt	Posen.
Ulex	Oberlandesgerichtsrath	Hamburg.
Dr. Ullmann, E.	Professor	München, Ludwigstraße 29.
Ullmann	Rechtsanwalt	Posen.
Dr. Ulrichs	Amtsrichter	Bremen, Dobben 130.
Ulrici	Oberlandesgerichtsrath	Posen.
v. Valtier	Gerichtsassessor	Thorn.
Varenkamp, Carl	Rechtsanwalt	Düsseldorf.
Velde	Justizrath	Diez a. d. Lahn.
Dr. Versmann	Bürgermeister	Hamburg, Alsterterrasse.
Vierhaus	Geheimer Ober-Justizrath	Berlin.
Viëtor	Landgerichtsrath	Hildesheim (Hannover).
Le Viseur	Rechtsanwalt	Posen.
Vleugels	Notar	Saarburg (Reg.-Bez. Trier).
Voigt	Landrichter	Posen.
Voß	Rechtsanwalt	Birnbaum.
Dr. Wach	Professor	Leipzig.
Wächter	Amtsgerichtsrath	Hameln a. d. Weser.
Wagner	Notar	Niederbronn.
Waldstein	Rechtsanwalt	Altona a. d. Elbe.
Walther, K.	Landgerichtsrath	Frankfurt a. Main, Epsteinerstraße 37.

Name.	Stand.	Wohnort.
Dr. Warburg, J.	Rechtsanwalt	Altona a. d. Elbe, Palmallee 3.
Warschauer	Rechtsanwalt	Tremessen.
Wasser	Rechtsanwalt	Züllichau.
Wassermeyer	Justizrath	Bonn.
Dr. Weber	Justizrath	München.
Dr. Weber, Herm.	Justizrath	Offenbach a. Main.
Wedekind	Landgerichtsrath	Danzig.
Wedemeyer	Referendar	Celle.
Wegener	Amtsrichter	Kosten.
Wegner	Justizrath	Berlin.
Wegner	Rechtsanwalt	Berlin, Friedrichstraße 131 a.
Weichsel, O.	Reichsgerichtsrath	Leipzig.
Weidig	Amtsgerichtsrath	Darmstadt.
Weißleder	Amtsgerichtsrath	Posen, Luisenstraße 9.
Weitzenmüller	Geheimer Justizrath Landgerichtsrath	Posen.
Weitzenmüller	Amtsrichter	Schroda.
Wellenstein	Amtsrichter	Fiddichow (Pommern).
Wendelstadt, Adolf	Geheimrath	Berlin.
Wenning	Rechtsanwalt	Cassel.
Wenzig	Amtsrichter	Berlin, Dessauerstraße 20.
Werner	Geheimer Justizrath	Berlin.
Werner	Landgerichtspräsident	Lissa (Posen).
Werner, Emil	Rechtsanwalt	Magdeburg, Kaiserstraße 13.
Werner	Justizrath	Naumburg a. d. Saale.
Werren	Justizrath	Aschersleben.
Werry v. Limont, Emil	Amtsrichter	Opladen.
Dr. Werthauer	Rechtsanwalt	Leipzig, Markt 13.
Dr. Wertheimer	Rechtsanwalt	Baden-Baden.
Werther, Franz	Amtsrichter	Frankfurt a. Main.
Wesling	Referendar	Posen, Paulikirchstraße 9.
Dr. Westerkamp	Geheimer Justizrath, Professor	Marburg (Hessen).
Dr. Weyer	Landgerichtsdirector	Straßburg (Elsaß), Universitätsplatz 5.
Dr. Weyl, Ludwig	Rechtsanwalt	Karlsruhe (Baden), Lammstraße 4.
Dr. Weyl, R.	Professor	Kiel.
Dr. Wiegand	Lloyddirector	Bremen.
Dr. Wielandt, Fr.	Präsident des evang. Oberkirchenraths	Karlsruhe (Baden), Stephanienstraße 12.
Wielandt, K.	Reichsgerichtsrath	Leipzig, Plagwitzerstraße 11.
Wieruszowski	Landrichter	Elberfeld.
Wiethaus	Landgerichtsdirector	Dortmund.

Name.	Stand.	Wohnort.
Freiherr von Wilamowitz-Möllendorff	Ober-Präsident	Posen.
Dr. Wildhagen	Rechtsanwalt	Leipzig, Liebigstraße 26/28.
Wilke	Geheimer Justizrath	Berlin, Eichhornstraße 4.
Wilke, Karl	Rechtsanwalt	Berlin, Eichhornstraße 4.
Winter	Rechtsanwalt	Neuburg a. d. Donau.
Wintterlin	Präsident	Stuttgart, Olgastraße 73.
Witte	Landgerichtspräsident	Düsseldorf.
Dr. Wittelshöfer	Rechtsanwalt	Fürth (Bayern).
Witting	Oberbürgermeister	Posen.
Witzmann	Landgerichtsrath	Bromberg.
Wize	Rechtsanwalt	Posen.
Wojtowski	Amtsgerichtsrath	Schrimm.
Dr. Wolf, Eduard	Rechtsanwalt	Dresden, Johannisstraße 19.
Wolfen	Rechtsanwalt	Bromberg.
Wolfenstetter, Andr.	Oberlandesgerichtsrath	Bamberg.
Wolff, Eugen	Rechtsanwalt	Berlin, Friedrichstraße 39.
Dr. Wolff	Rechtsanwalt	Berlin, Potsdamerstraße 132.
Wolff, Wilh.	Gerichtsassessor a. D., Bankier	Posen.
Wolff	Referendar	Posen, Ritterstraße 17.
Wolffsohn	Landgerichtsrath	Posen.
Wolinski	Rechtsanwalt	Posen.
Wollburg	Referendar	Posen, St. Adalbert 16.
Wreschner I, Ludwig	Rechtsanwalt	Berlin.
Wronker	Rechtsanwalt	Berlin.
Wunder, August	Justizrath	Bischheim a. d. S. bei Straßburg (Elsaß).
Wüstenfeld	Reichsgerichtsrath	Leipzig.
Zacher	Polizeirath	Posen.
Zaeschmar	Oberlandesgerichtsrath	Posen.
Zborowski	Amtsgerichtsrath	Inowrazlaw.
Zborowski	Landgerichtsrath	Posen.
Zborowski	Referendar	Posen.
Zehe	Landgerichtsrath	Posen.
Dr. Zehme, F.	Rechtsanwalt	Leipzig.
Zelter	Gerichtsassessor	Stettin.
Zernecki	Landrichter	Gnesen.
Dr. Ziegler, A. Gottfr.	Privatier	Würzburg, Paradeplatz 4.

Name.	Stand.	Wohnort.
Ziehm, H.	Syndicus	Friedland (Mecklenburg).
Ziemssen	Kammergerichtsrath	Berlin.
Dr. Zinkeisen, Max	Gerichtsassessor	Hamburg-Uhlenhorst, Zimmstraße 31.
Zinkeisen, Alex.	Justizrath	Leipzig, Kl. Burgstraße 4.
Dr. Zirndorfer	Rechtsanwalt	Frankfurt a. Main.
Dr. Zitelmann	Professor	Bonn.
Zoelch	Amtsrichter	Bruck b. F'feld (Bayern).
Dr. Zorn	Geheimer Justizrath, Professor	Königsberg (Preußen), Königstraße 82.
Zschucke, Th.	Amtsrichter	Leipzig, Floßplatz 34.
Zückler	Justizrath	Glauchau.
Züllchauer	Referendar	Posen.
Zündorf, Friedr.	Rechtsanwalt	Cöln a. Rhein, Elisenstraße 19.
Zutt, Adolf	Rechtsanwalt	Karlsruhe (Baden).
Zutt, Otto	Rechtsanwalt	Mosbach (Baden).

Niederländischer Juristenverein, z. H. des Herrn Professor Dr. G. A. van Hamel, Amsterdam, 48 Nicolas Witsenkade.

Verzeichniß

der

österreichisch-ungarischen Mitglieder des Deutschen Juristentages im Jahre 1898.

Name.	Stand.	Wohnort.
Baumeister, Johann	Landgerichtsrath	Scheibbs (N.-Ö.)
Dr. Benedikt, Edmund	Hof- und Gerichtsadvocat	Wien.
Dr. Beran, Wladimir	k. k. Staatsanwalt, Stellvertreter	Graz.
Dr. Berger, Samuel	Landes- und Wechselgerichtsadvocat	Kaposvar.
Dr. Beurle, Carl	Advocat	Linz.
Dr. Biach, Wolf	Hof- und Gerichtsadvocat	Wien.
Dr. von Boschan, Eugen	Hof- und Gerichtsadvocat	Wien.
Dr. von Bozoki	Königl. Rath, Director der königl. Rechtsacademie	Großwardein.
Dr. Brandstötter	Advocat	Friesach (Kärnten).
Dr. Brezina, Josef	Hof- und Gerichtsadvocat	Wien.
Buchtel, Alfred	k. k. Gerichtsadjunkt	Scheibbs (N.-Ö.)
von Csemeghi, Carl	Wirkl. Geh. Rath, Senatspräsident am obersten Gerichtshof, Excellenz	Budapest.
Dr. Czuka, Eduard	Advocat	Sa. Ujhely (Ungarn).
Dr. Dworschak	Advocat	D. Landsberg.
Dr. Ehrenzweig, Armin	Privatdocent	Wien.
Dr. Feigl, Oskar	Hof- und Gerichtsadvocat	Wien.
Dr. Feistmantel, Carl Ritter von	Hof- und Gerichtsadvocat	Wien.
Dr. Finger, August	a. o. Universitätsprofessor	Prag.
Dr. Finschger, Josef	Hof- und Gerichtsadvocat	Graz.
Dr. Foltanek	k. k. Notar	Wien.
Dr. Frankl, David	Hof- und Gerichtsadvocat	Wien.
Dr. Frankl, Emil	Hof- und Gerichtsadvocat	Wien.
Dr. Frankl, Otto	Professor an der deutschen Universität	Prag.
Dr. Freund, Gustav	Advocat	Prag.
Dr. Fried, Alfred	Advocat	Wien.
Dr. Friedmann, Otto	Gerichtsadjunct und Universitäts-Docent	Wien.
Dr. Fröhlich, Eugen, Ritter v. Fröhlichsthal	k. k. Hofrath	Graz.

Name.	Stand.	Wohnung.
Dr. Fürst, Max	Hof- und Gerichtsadvocat	Wien.
Dr. Geller, Leo	Hof- und Gerichtsadvocat	Wien.
Gerichtszeitung, österreichische, zu Händen Dr. Karl Schreiber	k. k. Sectionsrath im Eisenbahnministerium	Wien.
Dr. Goldschmied	Advocat	Prag.
Dr. Greistorfer, Carl	Hof- und Gerichtsadvocat	Graz.
Dr. Groß	Hof- und Gerichtsadvocat	Wien.
Dr. Gschmeidler, Edler von	Advocot	O. Hollabrunn.
Dr. Haberler, Ritter v.	Hof- und Gerichtsadvocat	Wien.
Dr. Hanausek, Gustav	a. o. Professor a. d. Universität	Graz.
Dr. Heilpern, Gustav	Hof- und Gerichtsadvocat	Wien.
Dr. Heinrich	k. k. Hofrath beim obersten Gerichtshof	Wien.
Dr. Heller	Professor	Wien.
Dr. Herz, Ludwig	Hof- und Gerichtsadvocat	Wien.
Dr. Hiller	Professor	Czernowitz.
Dr. Hoffmann, Herm.	Advocat	Salzburg.
Dr. Hohenburger, Victor Ritter v.	Hof- und Gerichtsadvocat	Graz.
Dr. Huber, Ludwig Josef	Hof- und Gerichtsadvocat	Wien.
Dr. Hugelmann	k. k. Sectionsrath	Wien.
Dr. Hundegger, Leop.	Advocat	Fürstenfeld.
Dr. Hye-Glunek, Freiherr v.	Landesgerichtsrath	Wien.
Dr. Jaeger	Advocat	Salzburg.
Juristische Gesellschaft		Troppau.
Dr. Kaiser	Advocat	Ung. Hradisch
Dr. Kaiserfeld, Wilhelm, Edler von	Kanzleidirector der steierm. Sparkassa	Graz.
Dr. Kauffmann	Advocat	Znaim.
Dr. Kindinger, Ritter v.	k. k. Hofrath und Landesgerichtspräsident	Triest.
Dr. Klein, Franz	Universitätsprofessor und Ministeriasecretair i. Justizministerium	Wien.
Dr. Klima, Anton	Hof- und Gerichtsadvocat	Graz.
Dr. Kolbe, Dominik	Hof- und Gerichtsadvocat	Wien.
Dr. Környei	Advocat	Budapest.

Name.	Stand.	Wohnung.
Dr. Kosjek	Hof- und Gerichtsadvocat	Graz.
Dr. Krasnopolski, Horaz	Professor und k. k. Hofrath	Prag.
Dr. Künwald	Hof- und Gerichtsadvocat	Wien.
Dr. Lammasch	Professor	Wien.
Dr. Lautner, Franz	Statthaltereirath	Graz.
Dr. Lichtenstern, Ludw.	Hof- und Gerichtsadvocat	Wien.
Dr. Links	Hof- und Gerichtsadvocat	Wien.
Dr. Löw, Gustav	Advocat	Mähr. Schönberg.
Dr. Löwy, M.	Hof- und Gerichtsadvocat	Wien.
Dr. Luggin, Josef	Präs. d. Advocatenkammer	Klagenfurt.
Dr. Machek	Advocat	Chrudim.
Dr von Menger, Max	Hof- und Gerichtsadvocat	Wien.
Dr. Merk, Carl	Hof- und Gerichtsadvocat	Graz.
Michelitsch, Josef	k. k. Bezirksrichter	Schönstein.
Dr. Millanich	Hof- und Gerichtsadvocat	Wien.
Dr. Mitteis	—	Wien.
Dr. Mitscha, Ritter v.	Regierungsrath	Wien.
Dr. Moosmann, Martin	Advocat	U. Ravelsbach (N.-Ö.)
Dr. Neumann, Hermann	Advocat	Budapest.
Dr. Neußer	Advocat	Troppau.
Dr. Nicoladoni, J. U. Alexander	Hof- und Gerichtsadvocat	Linz.
Dr. Pfaff, Ivo	—	Prag-Weinberge.
Dr. Pfaff, Leopold	k. k. u. ö. Professor des römischen Rechtes	Wien.
Dr. Pfersche, Emil	k. k. Universitätsprofessor	Prag-Weinberge.
Dr. Prischl, F.	Advocat	Wels (O.-Ö.)
Dr. Reich, Max	k. k. Notar	Leoben.
Dr. Reif	Hof- und Gerichtsadvocat	Wien.
Dr. Reiser	Hof- und Gerichtsadvocat	Wien.
Dr. Reißig	Advocat	Brünn.
Dr. Richter, Julius	k. k. Notar	Wien.
Dr. Riehl	Advocat	Wr. Neustadt.
Dr. Rintelen, Ant.	Hof- und Gerichtsadvocat	Graz.
Dr. Rosenbacher, Arnold	Advocat	Prag.
Dr. Rosian	Advocat	Salzburg.
Dr. Schiffner	Professor	Innsbruck.
Dr. Schlesinger, Richard	Hof- und Gerichtsadvocat	Wien.
Dr. Schmettan	Advocat	Freiwaldau.
Dr. Schloffer, Alois	Präs. der Advocatenkammer	Graz.

Name.	Stand.	Wohnort.
Dr. Schmeykal	Advocat	Prag.
Dr. Schmidt	Advocat	Elbogen (Böhmen).
Dr. Schostall, Felix	—	Wien.
Dr. Schrutka-Rechtenstamm, Emil Edl. v.	Professor	Wien.
Dr. Schulz, Paul	Ministerialsecretair im Handelsministerium, Patentbureau	Wien.
Dr. Seidler, Gustav	Professor	Wien.
Dr. Spiegel, L.	Privatdocent	Prag.
Dr. Stahl, Ritter v.	Ministerialsecretair a. D.	Wien.
Dr. Straßer	k. k. Notar	Ried (Innkreis)
Dr. Strauß	Hof- und Gerichtsadvocat	Wien.
Dr. Thanner	Professor an der Universität	Graz.
Dr. Tanzer, Conrad	Advocatscanditat	Bruck a. d. Mur.
Dr. Theumer	Notar	Elbogen (Böhmen).
Dr. Thumin, Nathaniel	Hof- und Gerichtsadvocat	Wien.
Dr. Unger	Wirklicher Geheimer Rath, Präsident des Reichsgerichtes, Excellenz	Wien.
Dr. Vaszary, von	Advocat	Kaposvar.
Dr. Vock, Franz	k. k. Notar	Laibach.
Dr. Wahlberg	Professor und Hofrath	Wien.
Dr. Wallaschek, Carl, jun.	Advocat	Brünn.
Dr. Wallerstein, Max	Hof- und Gerichtsadvocat	Wien.
Dr. Wehli, Albert	beim Bezirksgerichte I, II. Sektion	Wien.
Dr. Weil, Friedr.	Hof- und Gerichtsadvocat	Wien.
Dr. Weißel, Edmund	Hof- und Gerichtsadvocat	Wien.
Dr. Weitloff	Hof- und Gerichtsadvocat	Wien.
Dr. Wien, Franz	Advocat	Prag.
Dr. Winter, Josef	Verteidiger in Strafsachen	Ung. Hradisch.
Dr. Wlassics, von	Universitätsprofessor	Budapest.
Dr. von Wurmser, Anton	k. k. Landesgerichtsrath	Cilli.
Dr. Zelinka, Theodor	k. k. Notar	Wien.

Kassenabschluß
des deutschen Juristentags
per 27. December 1898.

	M	₰
A. **Effecten** (im Depot der Deutschen Bank):		
1. $3^1/_2$ procent. landschaftl. Central-Pfandbriefe .	5 300	—
2. $3^1/_2$ procent. Pommersche Pfandbriefe . . .	6 000	—
3. 4 procent. Bayerische Prämien-Pfandbriefe . .	900	—
4. 4 procent. Badische Prämien-Pfandbriefe . .	2 100	—
5. 3 procent. Pommersche Pfandbriefe	3 000	—
B. **Kassenbestand:**		
Guthaben auf Depositen-Conto bei der Deutschen Bank	1 463	—
in Summa . . .	18 763	—

Berlin, am 28. December 1898.

Dr. **Goldschmidt**, Justizrath,
Schatzmeister des deutschen Juristentags.

Stenographische Berichte.

Erste Plenarsitzung
des
Vierundzwanzigsten Deutschen Juristentages
im
Saale des Hotels zum Stern zu Posen
am 12. September 1898.

(Beginn Vormittags 9 Uhr.)

Geh. Justizrath Prof. Dr. **Brunner** (Berlin): M. H., ich eröffne die erste Plenarsitzung des 24. Deutschen Juristentages.

Nach dem Statut ist der Vorsitzende zu wählen entweder durch Acclamation oder durch Stimmzettel. Bisher ist er stets mit Acclamation gewählt worden. Ich bin überzeugt, daß ich Ihrer Aller Zustimmung sicher bin, wenn ich im Auftrage der ständigen Deputation Ihnen als Vorsitzenden des 24. Deutschen Juristentages vorschlage Herrn Reichsgerichtsrath a. D. Dr. Stenglein aus Leipzig.

(Lebhafte Bravorufe.)

Ich bitte Herrn Reichsgerichtsrath Dr. Stenglein, das Amt zu übernehmen.

Reichsgerichtsrath a. D. Dr. **Stenglein**: M. H., ich nehme mit Dank die ehrenvolle Würde an, die Sie mir angeboten haben. Ich glaube, wo es gilt, für deutsche Rechtswissenschaft und deutsches Recht einzutreten, ist es Pflicht eines jeden Mannes, den Posten nach Kräften auszufüllen, der ihm angewiesen wird, und in diesem Sinne will ich das Präsidium übernehmen und hoffe, es zu Ihrer Zufriedenheit auszuführen. Ich bitte dabei um Ihre allseitige Unterstützung, denn nur dann kann ja die Verhandlung so gedeihlich ausfallen, wie wir es für das Wohl unseres Vaterlandes wünschen.

M. H., es liegt mir nach den Statuten vor Allem die Pflicht ob, das Bureau zu constituiren und dabei zuerst die Vicepräsidenten zu designiren. Ich schlage Ihnen vor, als Vicepräsidenten zu wählen: Herrn

Geheimrath Dr. Brunner aus Berlin, Herrn Ober-Landesgerichtspräsidenten Dr. Gryczewski aus Posen, Herrn Geh. Justizrath Orgler aus Posen und Herrn Oberlandesgerichtsrath Dr. Meisner aus Posen.

(Bravo!)

Ich denke, die Versammlung wird damit einverstanden sein, und ich bitte die Herren, an meiner Seite Platz zu nehmen.

Sodann möchte ich vorschlagen, als Schriftführer zu bestellen Herrn Amtsrichter Dr. Kirsten von hier, Herrn Staatsanwalt Alsleben von hier, Herrn Dr. Weyl aus Königsberg und Herrn Dr. Grünberg aus Wien. — Ich bitte auch diese Herren, diesen Posten zu übernehmen.

Ich ertheile sodann Herrn Geh. Oberjustizrath Dr. Lisco das Wort, welcher dasselbe im Namen des Kgl. Preuß. Justizministeriums zu ergreifen wünscht.

Geh. Oberjustizrath Dr. **Lisco** (Berlin): Hochgeehrte Herren. Von meinem Herrn Chef, dem preußischen Justizminister, ist mir der ehrenvolle Auftrag zu Theil geworden, den 24. Deutschen Juristentag in der Hauptstadt dieser preußischen Provinz herzlich willkommen zu heißen. Der Herr Justizminister bedauert es lebhaft, nicht persönlich an Ihren Verhandlungen theilnehmen zu können; er hat mich aber ermächtigt, Ihnen zu versichern, daß er mit großem Interesse Ihren Berathungen folgen werde. Auch er weiß sich Eins mit Ihnen in der tiefen Trauer über das große nationale Unglück, welches den mit dem Deutschen Reiche so befreundeten Nachbarstaat soeben durch ruchlose Mörderhand betroffen hat.

M. H., wer heute beim Beginn Ihrer Verhandlungen, den voraussichtlich letzten in dem zur Neige gehenden Jahrhundert, zurückschaut auf das Jahr 1860, auf das Jahr, dem der Juristentag seine Entstehung verdankt, der wird es nicht thun können ohne ein Gefühl des Dankes für alle die Männer, die damals diese große Vereinigung ins Leben gerufen haben. Der Gedanke der Rechtseinheit ging im Jahre 1860 erst auf dem Gebiete des Handelsrechts seiner Verwirklichung entgegen, aber bereits der erste Deutsche Juristentag hielt es für seine Aufgabe und seine Pflicht, seinen Ruf zu erheben nach einem allgemeinen deutschen Strafgesetzbuche, nach einem auf dem Principe der Oeffentlichkeit und Mündlichkeit aufgebauten Civilprocesse, nach der Errichtung eines höchsten Gerichtshofes. Es war ein glückverheißendes Zeichen für den Juristentag, daß von vornherein sich die Männer der Praxis und der Theorie in großer Zahl zu dieser gemeinsamen Arbeit zusammenfanden, und es ist wohl diesem innigen Zusammenwirken von Theoretikern und Praktikern besonders zu danken, daß die Berathungen der Juristentage sich stets so befruchtend erwiesen haben auf die Fortentwickelung unseres heimischen Rechts in der Gesetzgebung der Einzelstaaten und des Reiches. Wer die vielen Bände der Gutachten und der Verhandlungen der Juristentage durchblättert und sich gleichzeitig vergegenwärtigt die großen Gesetzeswerke, die in den letzten vier Jahrzehnten entstanden sind, und welche die damals nur ersehnte Rechtseinheit immer mehr zur Wirklichkeit erhoben haben, der muß auch das Bewußtsein empfinden, daß eine Fülle von Anregungen von allen einzelnen Juristentagen ausgegangen ist.

M. H., Namens des Herrn Justizministers darf ich der Hoffnung Ausdruck geben, daß auch Ihre diesjährigen Berathungen, welche eine Klärung wichtiger gesetzlicher Fragen erwarten lassen, sich förderlich erweisen werden für die Fortentwickelung unseres einheimischen Rechts und damit zugleich für das Wohl unseres großen und schönen Vaterlandes.

(Bravo!)

Präsident: Ich gebe Herrn Geh. Oberregierungsrath Struckmann aus Berlin das Wort, welcher im Namen des Reichsjustizamts zu sprechen wünscht.

Geh. Oberregierungsrath **Struckmann** (Berlin): M. H., mein Herr Chef, der Staatssekretär des Reichsjustizamts, hat mich beauftragt, für die an ihn ergangene Einladung zur Theilnahme an den diesjährigen Verhandlungen des Deutschen Juristentages seinen verbindlichsten Dank auszusprechen und zugleich seinem lebhaften Bedauern darüber Ausdruck zu geben, daß in Folge dienstlicher Verhinderung es ihm nicht vergönnt ist, das Interesse der Reichsjustizverwaltung an den Verhandlungen des Deutschen Juristentages durch sein persönliches Erscheinen zu bethätigen. M. H., ich brauche wohl kaum zu versichern, daß die Reichsjustizverwaltung von jeher mit besonderem Interesse die Verhandlungen des Deutschen Juristentages verfolgt hat. Kommen doch die Bestrebungen des Juristentages mit den Aufgaben der Reichsjustizverwaltung in dem Ziele zusammen, die Rechtseinheit zu fördern und das Recht in einer den praktischen Bedürfnissen des Lebens und dem deutschen Rechtsbewußtsein entsprechenden Weise auszugestalten; hat doch die Reichsjustizverwaltung bei den zahlreichen Arbeiten, die in den letzten Jahrzehnten ihr obgelegen haben, aus der Fülle von Anregungen und Lebenserfahrungen, die in den Verhandlungen des Deutschen Juristentages niedergelegt sind, werthvolles Material geschöpft und insbesondere sich bei der Herstellung des Bürgerlichen Gesetzbuchs der thatkräftigsten Unterstützung des Deutschen Juristentages zu erfreuen gehabt. M. H., in jahrelanger ernster Arbeit haben die deutschen Juristen, die Männer der Theorie und die Männer der Praxis, die Bausteine geliefert, aus denen schließlich das Gebäude des Bürgerlichen Gesetzbuchs errichtet worden ist. M. H., von anderer Seite — ich meine, wenn ich nicht irre, von Seiten des Herrn Prof. Sohm — ist mit Recht betont worden, daß das Bürgerliche Gesetzbuch ein Gesammtwerk der deutschen Juristen sei. M. H., es gebührt daher vor Allem der Dank der Gesammtheit der deutschen Juristen und ihrem Organ, dem Deutschen Juristentag für die erfolgreiche, unermüdliche Mitwirkung an dem großen Werk. Die Reichsjustizverwaltung hofft und zweifelt nicht daran, daß auch die diesjährigen Verhandlungen des Juristentages den weiteren gesetzlichen Aufgaben, die noch der Erledigung harren, in reichem Maße zu Gute kommen werde.

(Lebhafter Beifall.)

Präsident: M. H., Ihr Beifall zeigt, daß ich in Ihrem Sinne spreche, wenn ich den obersten Justizbehörden des Reiches und des Staates, in dem wir tagen, unsern besten Dank dafür ausspreche, daß sie den Juristentag in dieser freundlichen Weise begrüßt und ihr Interesse an den Arbeiten des Juristentages an den Tag gelegt haben. Unser Dank gebührt diesen hohen Stellen umsomehr, als dadurch in glänzender Weise widerlegt ist, wie man zuweilen den Gedanken auftauchen hörte, daß der Juristentag mit dem Abschlusse des gemeinsamen deutschen Rechts sich eigentlich überlebt habe, daß die Aufgabe erfüllt sei, welche er von Anfang an angestrebt hat und welche nun in einer allseitig zufriedenstellenden Weise gelöst ist. Das was de lege ferenda vielleicht früher anzustreben war und die Thätigkeit des Juristentages ausgefüllt hat, das bietet sich jetzt in anderer Form in der Auslegung des Rechts, womit auch wir uns bereits beschäftigen werden, in der Anstrebung von verschiedenen Verbesserungen, die unser gemeinsames Recht wohl benöthigt hat, nachdem es ja theilweise in jahrzehntelangem Gebrauch gestanden ist, und darin wird dem Deutschen Juristentag immer eine schöne Aufgabe blühen; er wird dieser Aufgabe gerecht zu werden suchen in Uebereinstimmung mit den höchsten Stellen, und hoffentlich mit der Anerkennung auch in Zukunft, daß er bei der Ausbildung des deutschen Rechts seine volle Pflicht erfüllt, daß er dem gemeinsamen deutschen Vaterlande genützt hat. Ich danke also den höchsten Justizstellen für die freundliche Begrüßung, die sie uns zu Theil haben werden lassen, und ertheile nunmehr das Wort dem Herrn Oberbürgermeister Dr. Witting von Posen.

Oberbürgermeister **Witting:** M. H, die Stunde, in welcher mir die Ehre zufällt, den 24. Deutschen Juristentag Namens der Stadt Posen zu begrüßen, ist eine bedeutsame und ereignißvolle nicht minder für uns,

m. H., als für Sie, die Vertreter deutscher Rechtspflege und Rechtswissenschaft. Mit der beinahe schon legendär gewordenen, nun aber doch endlich zu einem glücklichen Abschluß und Ende gediehenen Codification des Bürgerlichen Rechts ist die deutsche Juristenwelt vor einen entscheidenden Wendepunkt ihrer Entwickelung gestellt. Eine kommende Zeit wird lehren, ob der große Wurf gelungen, ob der Versuch geglückt ist, die Rechtsideen einer gährenden, sturmbewegten, von gewaltigen Problemen des Gesellschafts- und Wirthschaftslebens erfüllten Zeit in dem Rahmen eines Gesetzbuches zu codificiren und gleichzeitig ihre organische Weiterentwickelung zu ermöglichen. Auch wir, m. H., die Stadt Posen, das Land Posen, ja ein großer Theil des preußischen Ostens stehen in dieser Stunde vor folgenschweren Entscheidungen. Unter dem Beifall aller sachkundigen, einsichtsvollen, vaterländisch gesinnten Männer greift man zurück für diese unsere engere Heimath auf die bewährten ruhmreichen Traditionen friedericianischer Staatskunst, aus der ja auch das geordnete Rechtsleben für dieses Land hervorgegangen ist. Man ist an entscheidender Stelle Willens und entschlossen, durch eine weitausschauende Politik culturfördernder Mittel und Maßnahmen dieses so lange stiefmütterlich behandelte Land immer fester und fester auch innerlich anzugliedern an die höher entwickelten Gebietstheile der Monarchie

(Bravo!)

und auf diesem Wege in traditioneller Versöhnlichkeit und Toleranz, aber auch mit zielbewußter Stetigkeit den preußischen Staatsgedanken zum entscheidenden und endgiltigen Siege zu führen.

(Bravo!)

M. H., es war unter dem Eindruck dieser für uns so überaus bedeutsamen Wendung, daß wir uns zu dem Wagniß entschlossen haben, den Deutschen Juristentag nach Posen einzuladen. Es war ein Wagniß, m. H., dessen sind wir uns in den Februartagen dieses Jahres wohl bewußt gewesen. Denn, m. H., es kann das nicht oft genug wiederholt werden, an dem diesmaligen Ort Ihrer Tagung lockt nicht des Meeres Zauber und winken nicht Berge und Hügel und alle Reize einer gütigen und verschwenderischen Natur, hier finden Sie auch nicht, m. H., den durch jahrhundertelange alte Cultur gefestigten Glanz städtischen Bürgerthums. Das Gemeinwesen, in das Sie, m. H., gekommen sind, ist ein unter besonders schwierigen Lebensbedingungen mühsam und schrittweise sich emporringendes, und es wird rastloser und unermüdlicher Arbeit bedürfen, um die Schäden langer Jahrzehnte schweren inneren Haders wettzumachen und zu überwinden. Sie werden es aber auch, meine hochgeehrten Herren, unter diesen Umständen begreiflich finden, daß das, was wir Ihnen entgegenbringen, weit, weit mehr ist, als das herkömmliche Gefühl gastfreundlicher Gesinnung. Wir sind nicht allzusehr verwöhnt durch die Theilnahme und das Interesse aus dem Reich, und deshalb, m. H., bedeutet für uns der Zusammentritt des Deutschen Juristentages in Posen gleichsam symbolisch den Beginn einer neuen Aera, an die wir glauben und auf die wir hoffen, glauben und hoffen müssen, wenn wir nicht muthlos werden sollen. Darum aber, m. H., erfüllt uns auch Alle das Gefühl herzlicher und aufrichtiger, aus der Seele kommender Dankbarkeit dafür, daß Sie diese unsere Einladung angenommen haben, daß Sie hierher gekommen sind. Es beseelt uns Alle der einmüthige Wunsch, daß es doch freundliche Eindrücke sein möchten, die Sie mit sich heimnehmen aus des Reiches Ostmark in Ihre nähere oder fernere Heimath. Mich aber, meine hochgeehrten Herren, der ich als junger Rechtsbeflissener und später als preußischer Justizbeamter stets ehrfürchtigen Sinnes aufgeblickt habe zu dieser hochansehnlichen Vereinigung, in der man alle Zeit die glänzendsten Namen juristischer Theorie und Praxis vereinigt fand, mich erfüllt es mit freudigem Stolz, daß es mir vergönnt ist, heute als Oberhaupt dieser Stadt Ihnen den Willkommengruß aus bewegtem Herzen entgegenrufen zu dürfen.

(Stürmischer anhaltender Beifall.)

Präsident: M. H., ihr lang andauernder Applaus zeigt, in wie fruchtbare Herzen die freundlichen und herzlichen Begrüßungsworte, die wir soeben gehört haben, gefallen sind. Wenn wir zu Gunsten deutscher Wissenschaft und deutschen Rechts uns versammeln, so suchen wir, wenn sie auch als angenehme Beigabe willkommen sind, nicht schöne Gegenden, wir suchen nur das Eine, daß wir treue freundliche Herzen finden an dem Ort, an dem der Juristentag tagt, mögen sie einer Nationalität angehören, welcher sie wollen.

Uns alle vereinigt der deutsche Reichsgedanke, uns alle vereint das gemeinsame Gefühl für Recht und Gerechtigkeit; wenn wir diese pflegen können, dann haben wir unser Ziel erreicht. Das können wir aber, wenn wir in so freundlicher Weise Aufnahme gefunden haben, wie wir gestern schon empfunden haben, daß es in Posen der Fall ist, wie wir es aber heute noch viel mehr durch die freundlichen Worte des Herrn Oberbürgermeisters gefühlt haben.

Wir sind gern in die Ostmark gekommen, und nicht weil wir der Ostmark vielleicht weniger Interesse entgegentragen, sondern nur durch Zufälligkeiten war es verhindert, daß bis jetzt der Deutsche Juristentag den Osten von Deutschland noch nicht so aufgesucht hat wie andere Landestheile.

Wir freuen uns aber der herzlichen Aufnahme, die wir hier gefunden haben, und es wird das ein neues Band im Deutschen Reiche zwischen Ost und West, zwischen Nord und Süd bilden.

Ich danke nochmals der Stadt Posen im Namen des Deutschen Juristentages für die freundliche Aufnahme.

(Lebhafter Beifall und Händeklatschen.)

M. H., ehe wir in unsere Geschäfte eintreten, gestatten Sie mir, noch einen Rückblick zu werfen auf eine längere Periode, von dem letzten Juristentage bis zu dem heutigen, dem XXIV., als sie bisher stattgefunden hat. Statutengemäß soll ja mindestens alle 2 Jahre ein Juristentag stattfinden. Aeußere Verhältnisse haben es mit sich gebracht, daß dieses Mal eine dreijährige Periode stattgefunden hat, und in diese dreijährige Periode ist so vieles, was den Juristentag berührt, gefallen, daß ein Rückblick allerdings nothwendig erscheint.

Das Erste ist ein bereits erwähntes, für den Juristen doppelt freudiges Ereigniß: Es ist der Abschluß des Bürgerlichen Gesetzbuches, damit der Abschluß der Rechtseinigung in Deutschland. Mit welchem Stolze und mit welchem Gefühle ein Jurist auf dieses Ereigniß zurücksehen muß, m. H., ich glaube, ich brauche es Ihnen nicht zu schildern.

Sodann fällt aber unser Blick, wenn wir auf diese dreijährige Periode zurücksehen, auf zwei traurige Ereignisse. In dem Herzen eines jeden Deutschen zittert wohl noch der Schmerz über den Verlust des größten Staatsmannes nach, den Deutschland je besessen hat, des Staatsmannes, der durch die Gründung des Deutschen Reiches die Möglichkeit geschaffen hat eines gemeinsamen deutschen Rechts, und der während der langen Laufbahn, die er an der Spitze der deutschen Verwaltung geführt hat, für das deutsche Recht, für das gemeinsame Recht so sehr viel gethan hat, daß auch vom juristischen Standpunkte, nicht nur von dem des Deutschen, ihm alle Herzen entgegenschlagen müssen. Wir mußten ihn nun begraben, aber unser aller Gefühl ist ihm auf die Bahre gefolgt.

Das zweite Ereigniß, wovon ich sprechen wollte, ist ein Ereigniß in einem Nachbarstaate, der mit uns im Juristentage eng verbunden ist. Der Deutsche Juristentag ist ja ein Deutsch-Oesterreichischer Juristentag, und die österreichischen Juristen nehmen mit vollem Rechte an unseren Arbeiten und Bestrebungen Antheil. Das österreichische Reich wurde aber durch eine Frevelthat in den letzten Tagen in Bekümmerniß versetzt, und wir können unseren österreichischen Genossen, den österreichischen Juristen, wie dem ganzen österreichischen Staaate nur versichern, daß, wie sie an unserem Schmerze theilgenommen haben, wir an ihrem Schmerze ebenso lebhaft und warm theilnehmen, daß wir den schweren Verlust, den sie erlitten haben, voll mitfühlen.

(Bravo!)

Wende ich mich danach zurück zu dem engeren Kreise, in dem wir uns befinden, zum Deutschen Juristentage, so haben wir auch in ihm eine Reihe schmerzlicher Verluste zu beklagen. Die ständige Deputation als Repräsentanz des Deutschen Juristentages hat in diesen 3 Jahren Verluste erlitten wie wohl nie zuvor. Kurz nach dem letzten Juristentage starb uns Prof. Dr. Merkel in Straßburg, von dessen Alter wir hoffen konnten, daß er lange noch eine Koryphäe der Wissenschaft sein werde, daß er lange noch an unserer Seite mit uns gemeinsam arbeiten und streben würde. Einen unnatürlichen Tod hat unser Deputationsmitglied Justizrath Dr. Levy erlitten, wie Sie alle wissen, und auch ihn beklagen wir auf's Tiefste. Sodann starb unser langjähriger Geschäftsführer, Geh. Rath Dr. v. Wilmowski, es starb weiter einer der Begründer des Juristentages, der seine volle Thätigkeit dem Juristentage gewidmet hat, ein theuerer und inniger Freund von uns allen, Justizrath Dr. Makower; endlich starb der vieljährige Präsident des Deutschen Juristentages, der insbesondere diese Würde in den letzten Jahren eingenommen hat, Geh. Rath Reichsgerichts-Senatspräsident Dr. Drechsler, und zum Schlusse auch ein altes Mitglied, ein Mitbegründer des Juristentages, Präsident Dr. Becker in Oldenburg.

Es ist das eine Reihe von Verlusten, wie gesagt, wie wir sie in früheren Juristentagen nie zu beklagen hatten, und ich bitte Sie, m. H., sich als Zeichen der stummen Theilnahme für unsere Verstorbenen zu erheben.

(Geschieht.)

Ich danke Ihnen, m. H., für dieses Zeichen der Theilnahme.

Zu erwähnen habe ich nur noch, daß von allen den Gründern, die im Jahre 1860 den Juristentag gestiftet haben, in der ständigen Deputation nur noch einer, der leider heute nicht bei uns ist, Dr. v. Stößer in Karlsruhe, übrig ist. Hoffentlich wird er mit derselben Kraft und mit derselben Liebe wie früher an unseren künftigen Juristentagen theilnehmen.

(Beifall.)

Ich kann nunmehr zu den Geschäften schreiten, und das ist die Vertheilung der Berathungsgegenstände. Die ständige Deputation hat geglaubt, die heutige Arbeit damit vorbereiten zu sollen, daß sie bereits eine vorläufige Vertheilung der aufgestellten Fragen und der begutachteten Fragen an die Abtheilungen vorgenommen hat. Die Versammlung ist natürlich vollständig souverän, diese Ordnung abzuändern oder es dabei zu belassen. Es liegen auf Seite 18 des Buches, welches das Localcomité die Güte hatte an uns zu vertheilen, diese sämmtlichen Fragen in der vorläufig vorgeschlagenen Ordnung vor. Danach soll der 1. Abtheilung zufallen die Frage der Ertheilung — — Ich bitte, das vorlesen zu wollen, meine Augen sind leider zu schwach, um bei dieser Beleuchtung die feine Schrift zu lesen.

(Folgt Verlesung der Frage I.)

A. Für die erste Abtheilung.

1. Empfiehlt es sich zum Schutze der Bauhandwerker die Ertheilung der Bauerlaubniß an den Unternehmer von einer durch diesen zu bestellenden Sicherheit (oder Sicherheitshypothek) abhängig zu machen?

2. Nach welchem örtlichen Rechte sind auf Grund internationalen Privatrechts die Vertragsobligationen zu beurtheilen?

3. Welche Stellung ist in dem zu erwartenden Versicherungsgesetze den Versicherungsgesellschaften auf Gegenseitigkeit zu gewähren?
   Gutachten des Prof. Dr. Ehrenberg-Göttingen.
   Referenten noch unbestimmt.

4. Ist nach den Vorschriften des Bürgerlichen Gesetzbuchs die Verfolgung des dinglichen Rechts auch gegen den mittelbaren Besitzer zulässig?
   Gutachten des Prof. Dr. Wendt-Tübingen und des Geheimen Justizraths Prof. Dr. Gierke-Berlin.
   Referenten: Prof. Dr. Strohal-Leipzig und Oberlandesgerichtsrath Dr. Meisner-Posen.

5. Werden durch das Bürgerliche Gesetzbuch die Vorschriften der Landesrechte über den Uebergang und die Führung adliger Namen berührt?
   Gutachten des Reichsgerichts-Senatspräsidenten Frhrn. v. Bülow-Leipzig, des Prof. Dr. Krückmann-Greifswald und des Privatdozenten Dr. Opet-Bern.
   Referent: Geh. Justizrath Prof. Dr. Gierke-Berlin.

Sind die Herren damit einverstanden, daß die erste Abtheilung sich mit diesen fünf Fragen beschäftigt? — Da eine Einwendung nicht erfolgt, so nehme ich an, daß die Versammlung genehmigt, daß dieses die Geschäftsaufgabe der ersten Abtheilung bilden wird.

B. Für die zweite Abtheilung.

6. Empfiehlt sich die Einführung eines Heimstättenrechts, insbesondere zum Schutze des kleinen Grundbesitzes gegen Zwangsvollstreckung?

Gutachten des Professors Dr. Max Weber-Freiburg i. Br. und des Dr. Carl Grünberg-Wien.

Referent: Regierungsrath Meier-Bromberg.

7. Ist die Vorschrift des § 296 der Civilproceßordnung für das Deutsche Reich, kraft welcher der Richter bei der Schöpfung eines Versäumnißurtheils gegen eine vom letzten Termine weggebliebene Partei Alles ignoriren muß, was sie in früheren Terminen vorgebracht hat, oder die Bestimmung des § 399 der österreichischen Civilproceß-Ordnung, welche in diesem Falle Vollversäumniß nicht annimmt, innerlich gerechtfertigt?

Gutachten des Privatdocenten Dr. Hans Sperl-Graz und des Rechtsanwalts Emil Koffka-Berlin.

Referent: Privatdocent Dr. Christoph Schwarz-Berlin.

8. Empfiehlt sich die gesetzliche Regelung des Gewerbes der Grund- und Hypothekenmakler?

Gutachten des Privatdocenten Dr. Friedrich Tetzner-Wien und des Privatdocenten Dr. Johannes Burchard-Berlin.

Referenten: Justizrath Dr. Goldschmidt-Berlin und Rechtsanwalt Dr. Ludwig Fuld-Mainz.

9. Ist die reichsgesetzliche Regelung des Hypothekenbankwesens und die der gemeinsamen Rechte der Besitzer von Schuldverschreibungen zu empfehlen.

Gutachten des Geheimen Hofraths Dr. Felix Hecht-Mannheim.

Referent: Justizrath Dr. Rießer-Berlin.

Die Fragen würden statutenmäßig theils vor die zweite, theils vor die vierte Abtheilung gehören, beide sind aber in der Regel in eine (die zweite) Abtheilung vereinigt worden und deswegen sind die Fragen dieser vereinigten Abtheilung zugedacht. Ist die Versammlung damit einverstanden? (Zustimmung.)

C. Für die dritte Abtheilung.

10. Die Behandlung des dolus eventualis im Strafrechte, beziehungsweise im Strafproceß.

Gutachten des Reichsgerichtsraths Stenglein-Leipzig und des Professors Dr. von Liszt-Halle a. S.

Referenten: Reichsgerichtsrath Dr. Olshausen-Leipzig und Geh. Justizrath Professor Dr. Kahl-Berlin.

11. Soll zur Verjährung der Strafverfolgung der bloße Ablauf einer gesetzlich bestimmten Frist seit Verübung der Strafthat genügen, oder soll diese Verjährung auch noch an andere Bedingungen geknüpft werden?

Gutachten des Staatsanwaltsvertreters Dr. Hugo Hoegel-Graz und des Professors Dr. Lammasch-Wien.

Referenten: Ober-Reichsanwalt Hamm-Leipzig und Landgerichts-Director Felisch-Berlin.

12. Empfiehlt sich der Versuch der Deportation nach Colonien als Strafe?

und

empfiehlt sich der Vorschlag bedingter Begnadigung für den Fall der Auswanderung?

Gutachten des Professors Dr. Bornhak-Berlin und des Regierungsraths Freund-Coblenz.

Referenten: Professor Dr. Bruck-Breslau und Rechtsanwalt Dr. Korn-Berlin.

Ich bemerke daß in dieser Abtheilung in den Personen der Referenten einige Abänderungen eingetreten sind. Leider sind die Referenten zur 10. Frage, Reichsgerichtsrath Dr. Olshausen-Leipzig und Geh. Justizrath Professor Dr. Kahl-Berlin, verhindert, hier zu erscheinen, und die Folge davon war, daß für den Moment ein Referent überhaupt nicht vorhanden war. Herr Ober-Reichsanwalt Hamm hatte aber die Freundlichkeit, das Referat zu übernehmen, und so wird diese Frage noch erledigt werden können. Bezüglich der 12. Frage ist Herr Professor Dr. Bruck nicht hier anwesend, an seiner Stelle wird Herr Rechtsanwalt Karl Wilke das Referat übernehmen. Ich frage nun, ob die Herren einverstanden sind, wenn diese drei Fragen der dritten Abtheilung zugewiesen werden.

(Zustimmung.)

M. H., die Aufgabe der Abtheilungen ist nicht nur die Berathung der Gegenstände, welche ihnen zugewiesen sind, wobei ich die Herren Vorsitzenden, die in den Abtheilungen selbst zu wählen sind, nur bitten muß, sobald eine Frage erledigt ist, dem Büreau Mittheilung davon zu machen, insbesondere ob eine Verweisung an das Plenum oder die bloße Mittheilung beschlossen worden ist, und die Formulirung des Beschlusses gleichzeitig mitzutheilen; sodann liegt den Abtheilungen ob, die Vertrauensmänner zu wählen, welche die ständige Deputation des Juristentages zu bestimmen haben. Ich bitte also die Herren Vorsitzenden, sich daran zu erinnern und rechtzeitig die Vertrauensmänner auswählen zu lassen, entweder durch Acclamation oder durch Stimmzettel, und ebenfalls dem Büreau Mittheilung zu machen, wer die Vertrauensmänner der einzelnen Abtheilungen sind. Der Vorsitzende der Abtheilung ist eo ipso Vertrauensmann. Die sämmtlichen Vertrauensmänner bitte ich aber, sich am dritten Tage unserer Berathung vor der zweiten Plenarversammlung um $^1/_2$ 9 Uhr in diesem Saale zu versammeln, um die Bestimmung der ständigen Deputation vorzunehmen.

Die ständige Deputation hat beschlossen, vorbehältlich der Genehmigung des nächsten Juristentages, eine Summe von Eintausend Mark für ein Monument, welches dem verewigten Dr. Pape errichtet werden soll, zu genehmigen. Die pecuniären Mittel des Vereins gestatten dies, wie Sie aus einem demnächstigen Cassenbericht werden entnehmen können. Ich brauche wohl in einem Kreise deutscher Juristen nicht zu betonen, welches Verdienst Dr. Pape um das Zustandekommen des Bürgerlichen Gesetzbuchs gehabt hat, wie sehr also der Deutsche Juristentag veranlaßt ist, sein Andenken zu ehren. Ich stelle die Frage, ob der Deutsche Juristentag mit dieser Zuwendung einverstanden ist, zur Discussion. — Da Niemand das Wort ergreift, so schließe ich die Discussion und bitte diejenigen Herren, welche damit einverstanden sind, sitzen zu bleiben und aufzustehen, welche anderer Meinung sind. — Es ist einstimmig genehmigt.

Es bleibt uns noch übrig, den Bericht des Schriftführers über die Rechtsentwickelung in Deutschland entgegenzunehmen, und ich bitte Herrn Geh. Justizrath Wilke, dieses Amtes zu walten.

I.

Geh. Justizrath **Wilke:** Der letzte Juristentag vor 3 Jahren in Bremen begann mit der in der Begrüßungsrede des Herrn Bürgermeisters Bärmann ausgesprochenen Hoffnung: die nächste oder doch die 25. Versammlung des Juristentages werde den Geburtstag des Bürgerlichen Gesetzbuches feiern können; der Juristentag schloß mit dem nahezu einstimmig angenommenen Beschlusse der Plenarversammlung, Inhalts dessen der Deutsche Juristentag als wünschenswerth erklärte,

> daß Bundesrath und Reichstag das baldige Zustandekommen des Bürgerlichen Gesetzbuches herbeiführen möchten.

Der damals ausgesprochene Wunsch ist in Erfüllung gegangen.

Schon am 18. August 1896 hat der Kaiser das Bürgerliche Gesetzbuch publicirt und in weniger als 16 Monaten steht das ganze Deutsche Reich unter seiner Geltung.

Inzwischen sind auch die zur Anwendung des neuen Privatrechts unerläßlichen weiteren Reichsgesetze ergangen:

die Grundbuchordnung,

das Gesetz über die Zwangsvollstreckung in das unbewegliche Vermögen,

das Gesetz über die freiwillige Gerichtsbarkeit und die Aenderungen des Gerichtsverfassungsgesetzes und der Civilproceßordnung, sowie der Concursordnung, welche Gesetze am 1. Januar 1900 gleichzeitig mit dem Bürgerlichen Gesetzbuch in's Leben treten.

Der Deutsche Juristentag hat sich in seinem Statute die Aufgabe gestellt:

auf den Gebieten des Privatrechts, des Processes und des Strafrechts den Forderungen nach einheitlicher Entwickelung immer größere Anerkennung zu verschaffen und sich über Vorschläge zu verständigen, welche geeignet sind, die Rechtseinheit zu finden,

eine Aufgabe, welche unser jetziger Reichskanzler auf dem Straßburger Juristentage charakterisirte, als die Bereitung des festesten Kittes, der die Staaten zusammenhält — die Einheit des bürgerlichen Rechts. Diese Rechtseinheit ist nunmehr in der Hauptsache erreicht, und wenn die in 23 Versammlungen gefaßten Beschlüsse des Juristentages mit dem Inhalte der Reichsgesetze verglichen werden, so darf ohne Ueberhebung gesagt werden, daß seine Vorschläge für die Rechtseinheit förderlich gewesen sind.

Neben dem Bürgerlichen Gesetzbuche kommen vornehmlich zwei andere Reichsgesetze von größter Bedeutung in Betracht:

das Handelsgesetzbuch vom 10. Mai 1897

und

die Militär-Strafgerichtsordnung.

Indessen die letztere muß noch außer Besprechung bleiben, weil sie zwar vom Reichstage angenommen, aber noch nicht publicirt ist. Das Handelsgesetzbuch ist ein neues Gesetzbuch. Das vierte Buch, welches das Seerecht enthält, hat allerdings mit nur wenigen Aenderungen das den Seehandel betreffende fünfte Buch des bisherigen Handelsgesetzbuchs wieder aufgenommen, dagegen die anderen Bücher des jetzigen Handelsgesetzbuches enthalten zahlreiche und erhebliche Neuerungen. Es waren die handelsgesetzlichen Vorschriften in Einklang zu bringen mit denen des Bürgerlichen Gesetzbuchs, ferner waren diejenigen Ergänzungen und Aenderungen vorzunehmen, welche sich nach den Erfahrungen im Laufe der

Zeit als wünschenswerth herausgestellt haben; endlich aber ist der zu weit gehenden Unterwerfung der Nichtkaufleute unter die handelsgesetzlichen Vorschriften, wie sie das geltende Handelsgesetzbuch vorschreibt, entgegengetreten. Das hat um so weniger Bedenken, als die zur Zeit der Herstellung des Handelsgesetzbuchs von 1861 herrschende Vielgestaltigkeit des bürgerlichen Rechts aufgehört hat, welche damals nothwendig machte, in dem Handelsgesetzbuche selbst in gewissem Umfange eine gemeinsame Grundlage auch bezüglich solcher Verhältnisse zu schaffen, welche an sich dem bürgerlichen Rechte angehören. Diese Aufgabe ist jetzt durch das Bürgerliche Gesetzbuch gelöst und damit für das Handelsgesetzbuch weggefallen. Das Bürgerliche Gesetzbuch selbst hat sich aber bei der in Betracht kommenden Frage vielfach den Grundsätzen des bisherigen Handelsgesetzbuchs angeschlossen. Das Handelsgesetzbuch soll das Recht der Kaufleute enthalten, und deshalb unterstehen ihr grundsätzlich nur die handeltreibenden Kreise, andere Personen aber nur ausnahmsweise, soweit sie sich auf Handelsgeschäfte einlassen, welche nicht nur für den Verkehr von Kaufleuten untereinander Bedeutung haben. Der Bestand des Handelsgesetzbuchs, was die allgemeine Begrenzung der darin behandelten Gegenstände betrifft, ist im Großen und Ganzen unverändert geblieben. Insbesondere sind das Verlagsrecht und das Versicherungsrecht darin nicht geregelt, sondern besonderen Gesetzen vorbehalten. Als neue Rechtsstoffe sind nur aufgenommen besondere Titel über Handlungsagenten und über das Lagergeschäft, ferner sind die Verhältnisse der Privathandelsmakler geregelt und sehr eingehend, in einer für den wirthschaftlich schwächeren Theil fürsorglich eintretenden Art, die Verhältnisse der Handelsgehilfen und Handlungslehrlinge.

Die letzteren Bestimmungen sind für so wichtig erachtet, daß sie bereits seit 1. Januar 1898 in Kraft getreten sind, während das Handelsgesetzbuch im Uebrigen erst gleichzeitig mit dem Bürgerlichen Gesetzbuch in Kraft treten soll.

Anlangend die systematische Anordnung, so ist die Actiengesellschaft jetzt glücklicher Weise nicht mehr als Anhang der so viel weniger wichtigen Commanditgesellschaft behandelt, sondern umgekehrt.

Von den sonstigen Reichsgesetzen betreffen das Privatrecht 1. das Gesetz vom 29. März 1897, welches das in der Civilproceßordnung § 749 der Ehefrau und den ehelichen Kindern des Schuldners für ihre Unterhaltsansprüche gegen die sonstige Unpfändbarkeit gewisser Sachen und Forderungen des Schuldners gewährte Privilegium ausdehnt, beziehungsweise einschränkt auf die kraft Gesetzes dem Ehegatten, dem früheren Ehegatten, allen unterhaltsberechtigten Verwandten und auch dem unehelichen Kinde zu entrichtenden Unterhaltsbeiträge, ferner 2. das Gesetz zur Bekämpfung des unlauteren Wettbewerbs und 3. die sogenannten Börsengesetze.

Das Gesetz zur Bekämpfung des unlauteren Wettbewerbs vom 27. Mai 1896 will verschiedenen Erscheinungsformen des unzulässigen Geschäftsgebahrens entgegentreten — theils durch Zwang auf Unterlassen, theils durch Zuerkennen eines Schadensersatzanspruchs für den Verletzten, theils durch Strafen. Als Fall des unlauteren Wettbewerbs werden gekennzeichnet:

1. Das Machen unrichtiger Angaben thatsächlicher Art in einer für einen größeren Kreis bestimmten Form über die eigenen geschäftlichen Verhältnisse, wenn die Angaben geeignet sind, den Anschein eines besonderen günstigen Angebots hervorzurufen. Dem entgegen können jeder einzelne Interessent und auch Verbände zur Förderung gewerblicher Interessen, das Unterlassen solcher unrichtigen Angaben fordern. Wenn aber die Angaben vorsätzlich oder fahrlässiger Weise unrichtig gemacht sind, so tritt Pflicht zum Schadensersatz ein, welche Pflicht auch Redacteure, Verleger, Drucker oder Verbreiter periodischer Druckschriften dann haben, wenn sie unter Kenntniß von der Unrichtigkeit der Angaben solche verbreiten.

Außerdem ist Geldstrafe und im Rückfalle Freiheitsstrafe angedroht, wenn die unwahren oder zur Irreführung geeigneten Angaben wissentlich und in der Absicht gemacht sind, den Anschein eines besonders günstigen Angebots hervorzurufen.

2. Zweitens kann, wer zu Zwecken des Wettbewerbs über das Geschäft, die Person, die Waaren oder die gewerblichen Leistungen eines Andern Behauptungen thatsächlicher Art aufstellt oder verbreitet, welche geeignet sind, den Betrieb des Geschäfts oder den Credit zu schädigen, gleichfalls auf Unterlassung und auf Schadensersatz von dem Verletzten in Anspruch genommen werden, wenn nicht der Mittheilende oder der Empfänger der Mittheilung an ihr ein berechtigtes Interesse haben. Handelt der Thäter aber wider besseres Wissen und die Behauptungen sind geeignet, den Geschäftsbetrieb zu stören, so tritt daneben Geld- oder Gefängnißstrafe ein.

3. Auf Schadensersatz und Unterlassung seines Thuns kann in Anspruch genommen werden, wer im geschäftlichen Leben einen Namen, eine Firma oder die besondere Bezeichnung eines Erwerbsgeschäfts, eines gewerblichen Unternehmens oder einer Druckschrift in einer Weise benutzt, welche darauf berechnet oder geeignet ist, Verwechselungen mit Namen,

Firma oder besonderer Bezeichnung hervorzurufen, deren sich ein Anderer befugter Weise bedient.

4. Der Verrath von Geschäftsgeheimnissen während der Geltungsdauer des Dienstverhältnisses ist mit Geldstrafe bis zu 3000 Mk. oder Gefängniß bis zu 1 Jahr bedroht. Dieselbe Strafe trifft denjenigen, welcher den Verrath benutzt, und ähnliche Strafe steht auf Verleitung zum Verrath.

Daneben ist in dem Gesetze bestimmt, daß der Bundesrath festsetzen darf, daß gewisse Waaren im Einzelverkaufe nur in vorgeschriebenen Einheiten der Zahl, der Länge oder des Gewichtes oder mit einer auf der Waare oder ihrer Aufmachung anzubringenden Angabe über Zahl, Länge oder Gewicht gewerbsmäßig verkauft werden dürfen. Zuwiderhandlungen gegen diese Festsetzung sind mit Geldstrafe bis zu 150 Mk. oder Haft bedroht.

Will das eben besprochene Gesetz den loyalen Geschäftsmann schützen gegen Machinationen einer gewissenlosen Concurrenz, so soll das Gesetz vom 5. Juli 1896, betreffend die Pflichten der Kaufleute bei Aufbewahrung fremder Werthpapiere, das Publicum sichern gegen die Gefahren, welche sich im Geschäftsverkehre bezüglich der uneigentlichen Depots herausgestellt und große Verluste herbeigeführt hatten. Das Gesetz ordnet an, daß ein Kaufmann, welchem im Betriebe seines Handelsgewerbes vertretbare Werthpapiere unverschlossen zur Verwahrung oder als Pfand übergeben sind, verpflichtet ist,

1. diese Werthpapiere unter äußerlich erkennbarer Bezeichnung jedes Hinterlegers oder Verpfänders gesondert aufzubewahren,
2. ein Handelsbuch zu führen, in welches diese Werthpapiere einzutragen sind,
3. die Werthpapiere in denselben Stücken zurückzugeben, sofern nicht vereinbart ist, daß die Rückgabe auch in gleichartigen Werthpapieren erfolgen dürfe. Solche Vereinbarung ist, falls der Hinterleger oder Verpfänder nicht gewerbsmäßig Bank- und Geldwechselgeschäfte betreibt, nur giltig, wenn sie für das einzelne Geschäft schriftlich getroffen ist.

Ferner giebt das Gesetz eine Reihe von besonderen Vorschriften für den Commissionär, der den Auftrag zum Einkauf oder Umtausch oder zur Geltendmachung eines Bezugsrechts von Werthpapieren ausführt, und legt dem Kaufmanne, der im Betriebe seines Handelsgewerbes dergleichen fremde Werthpapiere einem Dritten aushändigt oder einem Dritten den Auftrag zur Anschaffung weiter giebt, die Verpflichtung auf, dem Dritten dieses Verhältniß mitzutheilen, was die Rechtswirkung hat, daß alsdann der Dritte ein Pfand- oder Zurückbehaltungsrecht an seinen Auftraggeber nur geltend machen kann wegen solcher Forderungen, welche mit Bezug auf diese Papiere entstanden sind.

Wer den Vorschriften dieses Gesetzes zuwiderhandelt, verfällt in eine Geldstrafe bis zu 3000 Mk. und Gefängnißstrafe bis 1 Jahr, auf welche Strafe gleichzeitig oder wahlweise erkannt werden kann. Im Falle des nachfolgenden Concurses erhöht sich die Strafe bis zu 2 Jahren Gefängniß oder Zuchthaus.

In gewisser Beziehung zu diesem Gesetze steht das Börsengesetz vom 22. Juli 1896. Das Börsengesetz schafft für das gesammte Börsen- und Maklerwesen eine neue Organisation unter staatlicher Aufsicht, ordnet die Zulassung von Werthpapieren zum Börsenhandel an und die Feststellung der Course, giebt neue einschneidende Bestimmungen über den Börsenterminhandel und modificirt das Eintrittsrecht des Einkaufs- und Verkaufscommissionärs als Selbstcontrahenten.

Für das Privatrecht von Bedeutung sind folgende Bestimmungen:

1. Als Börsenpreis ist derjenige Preis festzusetzen, welcher der wirklichen Geschäftslage des Verkehrs an der Börse entspricht. Die Feststellung erfolgt durch den Börsenvorstand unter Mitwirkung der Coursmakler, welche die Vermittelung von Börsengeschäften in den betreffenden Waaren oder Werthpapieren betreiben müssen und vereidigt werden. Ein Anspruch auf Berücksichtigung bei der amtlichen Feststellung kann nur erhoben werden, wenn Geschäfte durch Vermittelung eines Coursmaklers abgeschlossen sind, während der Börsenvorstand allerdings berechtigt ist, auch andere Geschäfte zu berücksichtigen.

Die Coursmakler treten an die Stelle der Handelsmakler des Handelsgesetzbuchs. Sie sollen nicht selbst für eigene Rechnung in den betreffenden Geschäftszweigen Geschäfte machen, auch kein sonstiges Handelsgewerbe direct oder indirect betreiben.

2. An jeder Börse wird eine Commission unter dem Namen „Zulassungsstelle“ gebildet, welche über Zulassung oder Nichtzulassung von Werthpapieren zum Börsenhandel entscheidet, auch berechtigt ist, bereits zugelassene Werthpapiere auszuschließen. Die Zulassungsstelle hat die Aufgabe und die Pflicht, die Urkunden, welche die Grundlage einer beabsichtigten Emission bilden, einzusehen und zu prüfen. Sie muß solche Emissionen ablehnen, bei denen eine Schädigung von erheblichen allgemeinen Interessen oder eine Uebervortheilung des Publicums zu befürchten steht. Die Ablehnung ist den anderen deutschen Börsen mitzutheilen und wirkt dort unter Umständen präcludirend. Die Zulassung von Actien eines zur Actiengesellschaft oder Commanditgesellschaft auf

Actien umgewandelten Unternehmens darf erst ein Jahr nach Eintragung der Gesellschaft ins Handelsregister und nicht vor Veröffentlichung der Ergebnisse des ersten Geschäftsjahres erfolgen; die Zulassung von Antheilscheinen oder staatlich nicht garantirten Obligationen ausländischer Erwerbsgesellschaften ist davon abhängig, daß die Emittenten sich für 5 Jahre verpflichten, Bilanz sowie Gewinn- und Verlustrechnung jährlich in einer deutschen Zeitung zu veröffentlichen.

Bei nicht zugelassenen Papieren — die überdies von der Benutzung der Börseneinrichtungen ausgeschlossen sind — darf weder eine amtliche Preisfeststellung geschehen, noch die Vermittelung von Geschäften durch die Coursmakler.

Bei unrichtigen Angaben im Prospect tritt im Falle Verschuldens Haft ein für Schadensersatz, ebenso bei Unvollständigkeit des Prospects, wenn sie auf böslichem Verschweigen oder böslichem Unterlassen ausreichender Prüfung beruht.

3. Als Börsentermingeschäfte in Waaren oder Werthpapieren gelten Anschaffungsgeschäfte auf eine festbestimmte Lieferungszeit oder mit einer festbestimmten Lieferungsfrist, wenn sie nach Geschäftsbedingungen geschlossen werden, die von dem Börsenvorstande für den Terminhandel festgesetzt sind, und wenn für die an der betreffenden Börse geschlossenen Geschäfte solcher Art eine amtliche Feststellung von Terminpreisen erfolgt.

Verboten ist der Börsenterminhandel in Getreide und in Mühlenfabrikaten, ferner in Antheilen an Bergwerks- und Fabrikunternehmungen — bei Antheilen anderer Erwerbsgesellschaften ist er nur dann gestattet, wenn das Kapital der Gesellschaft wenigstens 20 Millionen Mk. beträgt.

Beim Börsenterminhandel in Waaren geräth der Verkäufer sofort in Erfüllungsverzug, wenn er nach erfolgter Kündigung uncontractliche Waare liefert, auch wenn die Lieferungsfrist noch nicht abgelaufen ist.

Durch ein Börsentermingeschäft wird ein Schuldverhältniß nicht begründet, wenn nicht beide Contrahenten zur Zeit des Geschäftsabschlusses für den betreffenden Geschäftszweig in ein Börsenregister eingetragen sind. Die Unwirksamkeit erstreckt sich auf die bestellten Sicherheiten und auf die abgegebenen Schuldanerkenntnisse. Dagegen kann von den im Börsenregister eingetragenen Personen bei diesen Geschäften kein Einwand mehr darauf gegründet werden, daß die Erfüllung der Lieferung der Waaren oder Werthpapiere vertragsmäßig ausgeschlossen war.

4. Für das Selbsteintrittsrecht des Commissionärs sind verschiedene Cautelen, die nicht durch Vertrag abgeändert werden dürfen, zu Gunsten des Committenten eingeführt. Als Zeit der Ausführung des Geschäfts gilt der Zeitpunkt, in welchem der Commissionär die Anzeige von der Ausführung behufs Absendung an den Committenten abgegeben hat, und der Commissionär muß auch beim Selbsteintritt dem Committenten einen günstigeren Preis in Rechnung stellen, wenn er bei Anwendung pflichtmäßiger Sorgfalt den Auftrag zu einem günstigeren Preise ausführen konnte.

5. Den Schluß machen eine Reihe weitgreifender Strafbestimmungen.

Ergänzend zu diesem Gesetze, auf Grund des § 42 des Gesetzes hat der Bundesrath laut Bekanntmachung vom 11. December 1896 Bestimmungen erlassen, betreffend die Zulassung von Werthpapieren zum Börsenhandel, aus denen ich nur die meines Erachtens wichtigste hervorheben will, nämlich die Feststellung der drei Voraussetzungen der Zulassung,

a) daß die Werthpapiere, mit Ausnahme derjenigen der Versicherungsgesellschaften, voll eingezahlt sein müssen,
b) daß sie mindestens auch auf deutsche Währung lauten, und
c) daß die Zinsen und die ausgeloosten Stücke (soweit nicht die Zulassungsstelle in geeigneten Fällen ausnahmsweise davon absieht) an einem deutschen Börsenplatze zahlbar sein müssen.

Es ist bekannt, daß das Börsengesetz, im Zusammenhange mit den Vorschriften der preußischen Regierung über die Zusammensetzung des Vorstandes der Productenbörsen, in Berlin zu heftigen Kämpfen geführt hat.

Von den sonstigen Reichsgesetzen führe ich an, ohne näher auf den Inhalt einzugehen, das Gesetz vom 12. August 1896 betreffend die Abänderung des Gesetzes über die Erwerbs- und Wirthschaftsgenossenschaften vom 1. Mai 1889 sowie den Geschäftsbetrieb der Consumanstalten

ferner

das Gesetz vom 6. August 1896 betreffend die Abänderung der Gewerbeordnung

und

das Gesetz wegen Verwendung überschüssiger Reichseinnahmen vom 16. April 1896.

Im Gebiete des Strafrechts beziehungsweise des Strafprocesses ist außer der schon oben besprochenen Reichs-Militär-Strafgerichtsordnung zu erwähnen das Reichsgesetz, betreffend die Entschädigung der im Wiederaufnahmeverfahren freigesprochenen Personen, vom 20. Mai 1898.

Wer im Wiederaufnahmeverfahren freigesprochen oder in Anwendung eines milderen Strafgesetzes mit einer geringeren Strafe belegt ist, kann, wenn die erkannte Strafe auch nur theilweise vollstreckt ist, Entschädigung vom Staate verlangen. Auch diejenigen, denen der Verurtheilte zum Unterhalte verpflichtet ist, haben Anspruch auf Entschädigung. Voraussetzung ist, daß in dem Verfahren die Unschuld des Angeschuldigten festgestellt oder kein Verdacht mehr gegen ihn geblieben ist. Ueber die Ersatzpflicht des Staates wird durch besonderen, unanfechtbaren Beschluß im Wiederaufnahmeverfahren bestimmt. Keinen Anspruch hat, wer seine Verurtheilung vorsätzlich oder grobfahrlässiig herbeigeführt hat, wobei das Unterlassen der Einlegung eines Rechtsmittels nicht als Fahrlässigkeit gilt. Der Anspruch, welcher bis zur entgiltigen Feststellung weder übertragbar noch pfändbar ist, muß binnen kurzen Fristen geltend gemacht werden. Es entscheidet darüber die oberste Behörde der Landesjustizverwaltung vorbehaltlich des Rechtsweges.

In den **deutschen Schutzgebieten** hat in den letzten Jahren die Rechtsentwickelung einen mächtigen Schritt vorwärts gethan.

Durch Gesetz vom 7. Juli 1896 ist eine zusammenfassende Codification geschaffen über die Verhältnisse der kaiserlichen Schutztruppen in den ostafrikanischen Schutzgebieten und in Südwestafrika und über die Wehrpflicht in den Schutzgebieten.

Die deutschen Angehörigen der Schutztruppen scheiden danach aus dem Heere oder der Marine aus, sie unterstehen dem Reichskanzler (Auswärtiges Amt, Colonial-Abtheilung, nicht mehr Reichsmarineamt) und in weiterer Folge dem Gouverneur oder Landeshauptmann des betreffenden Schutzgebietes. Für die in Afrika lebenden Deutschen ist die Möglichkeit geschaffen, ihrer militärischen Dienstpflicht in den Schutztruppen zu genügen und es ist eine militärische Controle eingerichtet über die dem Beurlaubtenstande des deutschen Heeres angehörigen, in den Schutzgebieten lebenden Personen. Die innere Organisation der Schutztruppen ist gefestigt durch zwei Verordnungen vom 26. Juli 1896, welche die deutschen Militärstrafgesetze und die preußische Militärstrafgerichtsordnung mit verschiedenen, den dortigen irregulären Verhältnissen angepaßten Besonderheiten einfügen.

Nach dem Vorbilde der für Ostafrika schon früher ergangenen Bestimmungen sind durch Verordnung vom 9. August 1896 jetzt die Rechtsverhältnisse der Landesbeamten für alle Schutzgebiete geordnet. Zugleich sind als entscheidende Disciplinarbehörden eingesetzt ein Disciplinarhof und eine Disciplinarkammer, beides mit dem Sitze in Berlin.

Die Ausübung der Strafgerichtsbarkeit und der Disciplinargewalt über die Eingeborenen ist auf Grund einer kaiserlichen Verordnung vom 25. Februar 1896 eingehend geordnet durch Verfügungen des Reichskanzlers vom 27. Februar und 12. April 1896, und es ist dadurch die rechtliche Möglichkeit begründet, Uebergriffe und Mißbräuche in Behandlung der Eingeborenen auch strafrechtlich zu ahnden.

Endlich hat die sich immer reger gestaltende Thätigkeit auf dem Gebiete des Plantagenbaus in Ostafrika und in Kamerun zu einer näheren Regelung der Landfrage geführt. In der kaiserlichen Verordnung vom 26. November 1895 über die Schaffung, Besitzergreifung und Veräußerung von Kronland und über den Erwerb und die Veräußerung von Grundstücken, war für Ostafrika der Grundsatz aufgestellt worden, daß herrenloses Land als Kronland der Verfügung des Gouvernements unterstehe. In Ausführung dieses Grundsatzes und unter seiner Ausdehnung auf Kamerun, regeln die Ausführungsverordnungen des Reichskanzlers vom 27. November 1895 und des Gouverneurs vom 4. December 1896 die Ermittelung des Kronlandes und seine Veräußerung sowie die Festsetzung der Eingeborenen-Reserven.

II.

Für die Ziele des Deutschen Juristentags haben die Gesetzgebungen der einzelnen Bundesstaaten jetzt nur noch insoweit Bedeutung, als sie in den den Reichsgesetzen nicht unterliegenden Rechtsgebieten die Verschiedenheiten der bisherigen Landesrechte allmählich ausgleichen und dadurch den Umfang der Rechtseinheit im Reiche ausdehnen — oder insofern die Landesgesetze in jenen Materien von solcher Bedeutung sind, daß sie die Grundlage abgeben können für künftige Reichsgesetze.

Die den Landesgesetzgebungen obliegenden Ausführungsgesetze zum Bürgerlichen Gesetzbuche und zu den damit im Zusammenhange stehenden Reichsgesetzen sind erst zum kleinen Theile ergangen. Den Bericht darüber unterlasse ich; er gehört besser vor den nächsten Juristentag, welcher die gesammten Ausführungsgesetze aller Bundesstaaten vor sich haben wird.

Aus den Gesetzgebungen der Bundesstaaten ist verhältnißmäßig wenig vorzutragen, da es sich hier meistens um Gegenstände des Staatsrechts, des Kirchenrechts oder des Völkerrechts handelt, welche mit den Zwecken des Juristentages in nur entfernter Verbindung stehen, oder um Gesetze, welche wegen Beschränkung des Gebietes auf Provinzen, Kreise und sonstige kleinere Gebiete mehr locales als allgemeines Interesse haben.

In **Preußen** ist von Bedeutung das Gesetz, betreffend das Pfandrecht an Privateisenbahnen und Kleinbahnen und die Zwangsvollstreckung in dieselben, vom 19. August 1896.

Das Gesetz ist dem Bedürfniß entsprungen, den Kleinbahn- und Privateisenbahn-Unternehmungen eine Grundlage für den ihnen wünschenswerthen Real-Kredit zu verschaffen. Die Möglichkeit dazu wird gegeben durch Aufstellung des Begriffes der Bahneinheit. Die gedachten Eisenbahnen, deren Unternehmer verpflichtet sind, für die Dauer der ihnen ertheilten Genehmigung das Unternehmen zu betreiben, bilden mit dem dem Unternehmen gewidmeten Vermögen als Einheit einen Gegenstand des unbeweglichen Vermögens. Es werden darüber Bahngrundbücher geführt. Auf den Erwerb des Eigenthums und auf die sonstigen dinglichen Rechte an der Bahneinheit finden die in den Grundbuchgesetzen für Grundstücke gegebenen Vorschriften Anwendung. Die Bahnpfandschulden können auch auf den Inhaber ausgestellt werden. In die Bahneinheit findet die Zwangsvollstreckung, abgesehen von unwesentlichen Punkten, nach den allgemeinen Bestimmungen über Zwangsvollstreckung in unbewegliches Vermögen statt. Erlischt die Genehmigung für das Bahnunternehmen, so wird zur Befriedigung der Bahnpfandgläubiger die Zwangsliquidation eröffnet, welche im Gesetz eigenartig geregelt ist.

Das Gesetz, betreffend das Anerbenrecht bei Renten und Ansiedelungsgütern vom 8. Juni 1896 führt das Anerbenrecht ein für alle Rentengüter und Ansiedlerstellen, welche in Gemäßheit des Ansiedelungsgesetzes vom 26. April 1886 zum Eigenthum ausgegeben, oder gemäß der Gesetze vom 27. Juni 1890 und 7. Juli 1891 durch Vermittelung der General-Commission begründet oder der Rentenbank rentepflichtig geworden sind. Die Güter werden Anerbengüter durch Eintragung dieser Eigenschaft ins Grundbuch und verlieren die Eigenschaft durch die Löschung der Eigenschaft im Grundbuche. Eintragung und Löschung erfolgen auf Antrag der zuständigen Behörden — auch von Amtswegen, aber nach Anhören des Eigenthümers.

Das Verfügungsrecht des Eigenthümers über das Gut unterliegt gewissen Beschränkungen: Zertheilungen bedürfen der Genehmigung der General-Commission, ebenso die Veräußerungen an Fremde; es soll jedoch die Genehmigung nur dann versagt werden, wenn Aufhebung der wirthschaftlichen Selbständigkeit zu befürchten ist. Das Anerbengut fällt, wenn nicht ein Testament anderes bestimmt, nur einem Erben (dem Anerben) zu. Die Reihenfolge der Berufenen ist so geordnet, daß zunächst, nach ihrem Alter, die männlichen Nachkommen nach den Grundsätzen der Primogeniturordnung herankommen, beim Fehlen des Mannesstammes die weiblichen Abkömmlinge, aber mit der Maßgabe, daß die ältere Tochter des älteren Sohnes den Vorzug hat vor der älteren Tochter des Erblassers. Sind keine Abkömmlinge da, so kommen die Geschwister und deren Abkömmlinge — unter sich nach Maßgabe derselben Folgeordnung.

Entmündigte Kinder und solche, die unter Aberkennung der bürgerlichen Ehrenrechte zu Zuchthaus verurtheilt sind, stehen den anderen Kindern nach.

Bei der Uebernahme des Anerbengutes erhält der Anerbe einen Theil der Erbschaft — eventuell ein Drittel des Anrechnungswerthes (über dessen Berechnung eingehende Bestimmungen gegeben sind) — als Voraus; muß aber bei einem späteren, vor Ablauf von 20 Jahren erfolgenden Verkaufe des Gutes an Fremde, diesen Voraus wieder herausgeben und zur Nachtheilung bringen.

Die Miterben erhalten ihre Erbtheile, wenn sie nicht minimal sind, in Gestalt einer ihrerseits unkündbaren Geldrente (Erbabfindungsrente). Die Ablösung dieser Renten wird erleichtert dadurch, daß die Rentenbanken sie auf Antrag übernehmen sollen.

Letztwillig unter wesentlich erleichterten Formen kann der Erblasser unter den Miterben die Person des Anerben abweichend von der Reihenfolge des Gesetzes bestimmen, kann anordnen, daß die Miterben standesgemäße Erziehung und Unterhalt auf dem Anerbengute für den Nothfall, bei Ruhen der Rente, erhalten sollen, es kann auch für die leiblichen Eltern des Anerben bis zu dessen Großjährigkeit ein Nießnutzungsrecht ausgemacht werden.

Die Rechte der Ehegatten des Erblassers sind besonders geordnet.

Auf ähnlichen Grundsätzen beruht das im Einklange mit einem Beschlusse des letzten Juristentages stehende Gesetz, betreffend das Anerbenrecht bei den Landgütern in der Provinz Westphalen und in den Kreisen Rees, Essen, Duisburg, Ruhrort und Mühlheim a. d. Ruhr, von dessen Besprechung ich jedoch wegen seiner nur provinzialen Geltung absehe.

Das Privatrecht wird noch berührt von dem Gesetze vom 27. April 1896, welches durch Aufhebung der veralteten Taxordnungen für approbirte Aerzte und Zahnärzte Raum schaffte für eine angemessene Neuordnung, die denn auch erfolgt ist, und endlich von dem Gesetze vom 29. April 1897, welches als Novelle zu den in den verschiedenen

Gebietstheilen geltenden Jagdgesetzen — entgegen der herrschenden Rechtsprechung — festsetzt, daß Eisenbahnen den Zusammenhang nicht trennen, welcher erfordert wird zur Ausübung der Jagd auf eigenem Grund und Boden.

Endlich ist zu erwähnen, wegen ihrer Bedeutung für die Rechtsentwickelung wohl über die preußischen Grenzen hinaus, die im Einverständnisse mit dem Unterrichts-Minister ergangene Allgemeine Verfügung des Justizministers vom 18. Januar 1897, betreffend die erste juristische Prüfung.

An der Spitze steht der Satz: „Es kommt darauf an, das deutsche bürgerliche Recht in den Mittelpunkt des Unterrichts zu stellen."

Für Aenderung des Systems der juristischen Universitäts-Vorlesungen ist folgendes Programm als Leitfaden aufgestellt:

1. Einführung in die Rechtswissenschaft;
2. Römische Rechtsgeschichte und System des römischen Privatrechts;
3. Deutsche Rechtsgeschichte und Grundzüge des deutschen Privatrechts;
4. Deutsches bürgerliches Recht (Bürgerliches Gesetzbuch nebst reichs- und landesrechtlichen Ergänzungen) in eingehender dogmengeschichtlicher Entwickelung;
5. Uebersicht über die Rechtsentwickelung in Preußen.

Daneben wird besonderes Gewicht gelegt auf die Abhaltung von exegetischen, praktischen oder sonstigen Uebungen. Zum Nachweise der wissenschaftlichen Vorbildnng sollen künftig gehören:

a) in der ersten Hälfte der Studienzeit mindestens eine, mit schriftlichen Arbeiten verbundene Uebung im deutschen bürgerlichen Recht;

b) in der zweiten Hälfte mindestens zwei mit schriftlichen Arbeiten verbundene Uebungen im deutschen Recht und im Civilproceß.

Es ist in Aussicht genommen, für den nächsten Juristentag die Frage auf die Tagesordnung zu setzen, wie fernerhin das Universitätsstudium und der Vorbereitungsdienst der Juristen gemeinsam für das Deutsche Reich zu ändern sei.

In **Bayern** ist durch Gesetz vom 18. März 1896 in Abänderung des Notariatsgesetzes vom 10. November 1861 zugelassen, daß die Errichtung des Nachlaßinventars vom Verlassenschaftsgericht auch dem

Gerichtsschreiber übertragen werden darf, wenn der Werth des Nachlasses ohne Abzug der Schulden 2000 Mk. nicht erheblich übersteigt.

Wichtig ist ferner das, einige Bestimmungen über die Inhaberpapiere betreffende Gesetz von gleichem Datum, welches (Artikel 1—15) die Kraftloserklärung der Inhaberpapiere durch Aufgebot ordnet, ferner (Artikel 16, 17) mit staatlicher Genehmigung Schuldverschreibungen auf den Inhaber zuläßt, in welchen die Zahlung bestimmter Geldsummen versprochen wird, und (Artikel 18—37) die hypothekarische Sicherstellung für solche Papiere regelt.

Ein Gesetz vom 2. Februar 1898, betreffend die Fortsetzung der Grundentlastung, gestattet die nachträgliche Uebernahme der im Jahre 1898 nicht rechtzeitig angemeldeten Grundlasten durch die Ablösungskasse des Staats. Die Bodenzinsen werden um $^1/_8$ reducirt und können durch Annuitäten getilgt werden.

Endlich ist zu erwähnen das Gesetz vom 12. Mai 1898, betreffend die Ergänzung des Polizeistrafgesetzbuches von Bayern.

Sachsen ist durch das Gesetz, die Sicherung der Baugewerken und der Bauhandwerker vom 18. Mai 1896 an die Lösung einer Frage herangetreten, die trotz langjähriger Erörterungen anderswo noch nicht hat zu einem abschließenden Ergebnisse hat gebracht werden können. Es wird in einem in das sächsische Bürgerliche Gesetzbuch eingefügten § 393a dem Uebernehmer eines Bauwerks wegen seiner Forderungen aus dem Vertrage ein Rechtstitel auf Erwerbung einer Hypothek gewährt, und für den Antrag auf Eintragung solcher Bauhandwerker-Hypothek soll die Glaubhaftmachung der Unterlagen genügen.

Ein Gesetz vom 18. April 1896 ändert das Gesetz über Zusammenlegung der Grundstücke von 1861 in einigen, kein allgemeines Interesse bietenden Punkten ab.

Die Gesetzgebung von **Württemberg** ist in den letzten Jahren wenig rege gewesen. Erwähnenswerth sind nur das Gesetz, betreffend das Disciplinarverfahren gegen evangelische Geistliche vom 18. Juli 1895, und vielleicht das Gesetz, betreffend die allgemeinen Fortbildungsschulen und die sonstigen Schulen ꝛc. vom 22. März 1895, welches die gedachten Schulen als Fortsetzung der Volksschule einführt und auf 2 Jahre ihren Besuch vorschreibt — mit Zulassung von Befreiungen. Von Interesse ist noch eine Ministerialverfügung vom 19. April 1896, welche in sehr zweckmäßiger Weise das Einschreiten gegen Geisteskranke regelt, wenn sie der Entmündigung bedürfen.

Baden hat einer alten parlamentarischen Forderung Genüge geleistet durch das Gesetz vom 3. März 1896, die Zuziehung von Hilfsrichtern bei den Landgerichten betreffend, in welchem bestimmt ist, daß an die Landgerichte nur ständig angestellte Richter und ordentliche öffentliche Lehrer an einer badischen Universität als Hilfsrichter berufen werden dürfen. Von Interesse ist, daß das im Jahre 1872 aufgehobene Landgericht Heidelberg durch Gesetz vom 17. März 1898 wieder errichtet ist. Es umfaßt 4 Amtsgerichtsbezirke mit 143 271 Gerichtseingesessenen in 88 Gemeinden, und nunmehr ist die alte Universitätsstadt Heidelberg nicht mehr die einzige Universitätsstadt im Reiche, in welcher nicht ein Kollegialgericht seinen Sitz hat.

Durch Gesetz vom 3. März 1886, den Vollzug der Einzelhaft bei jugendlichen Sträflingen betreffend, ist die frühere Beschränkung der Dauer der Haft für jugendliche Gefangene unter 18 Jahre aufgehoben.

Die Vorbereitung für den höheren öffentlichen Dienst in der Justiz und in der inneren Verwaltung wird durch die Verordnung vom 21. September 1897 aus Anlaß der Einführung des Bürgerlichen Gesetzbuchs neu geregelt. Es sollen künftig gegenüber dem deutschen bürgerlichen Rechte das römische, das deutsche, das französisch-badische Privatrecht zurücktreten und statt der bisher über letztere gehaltenen Vorlesungen Vorlesungen über die Rechtsgeschichte und die Grundzüge jener außer Geltung tretenden Rechte besucht und zum Gegenstande der Prüfungen gemacht werden.

Zur Vorbereitung der Einführung des Bürgerlichen Gesetzbuches sind verschiedene Gesetze und Verordnungen in den Grenzen des Grund- und Pfandbriefwesens ergangen, deren Einzelheiten vorzutragen ich mir leider versagen muß wegen Kürze der mir zu Gebote stehenden Zeit.

Aus **Hessen** sind nur zu erwähnen das Gesetz vom 4. April 1896, die allgemeinen Feiertage im Sinne der deutschen Wechselordnung in der Provinz Rheinhessen betreffend, welches als allgemeine Feiertage in dem gedachten Sinne außer den überall geltenden Feiertagen bezeichnet den Frohnleichnamstag, Mariä-Himmelfahrt und den Allerheiligentag, und das Gesetz vom 11. April 1896, welches mit Strafe bedroht den Handel mit Antheilen von Loosen zu Lotterien und Ausspielungen in geringeren Apoints, als worauf die Originale lauten.

Mecklenburg-Schwerin hat, veranlaßt dadurch, daß in letzter Zeit die Versuche, Steinsalze und verwandte Abraumsalze aufzusuchen und zu gewinnen, sich vermehrt haben, durch Verordnung vom 19. Juni

1896 das Rechtsinstitut der Gewerkschaft eingeführt, welches Anwendung findet, sobald das betreffende Regal an mehrere Betheiligte übertragen wird.

Ferner ist durch Verordnung vom 25. April 1896 das Verfahren zur Feststellung der Wildschäden neu geordnet.

In **Mecklenburg-Strelitz** ordnet eine Verordnung vom 31. März 1896 die Anlage öffentlicher Schuldenbücher für Eisenbahngesellschaften an mit der Bestimmung, daß den Inhabern von Schuldverschreibungen einer inländischen Eisenbahn-Actiengesellschaft durch die Eintragung der Anleihe in das öffentliche Schuldbuch im Concurse der Gesellschaft ein Vorrecht vor allen nicht bevorrechtigten Concursgläubigern gewahrt wird.

Aus **Oldenburg** ist nur zu erwähnen das Jagdgesetz vom 17. April 1897. Dasselbe spricht grundsätzlich jedem Eigenthümer auf seinem Eigenthum, auch wenn es noch so klein ist, die Jagd zu. Stehen die Grundstücke aber im Eigenthume einer Gemeinde, einer Corporation oder einer Werkgenossenschaft, so muß die Jagd ruhen oder sie muß verpachtet oder durch besonders legitimirte Personen ausgeübt werden.

In **Sachsen-Weimar** und den anderen Thüringischen Bundesstaaten und in Anhalt sind (in Sachsen-Weimar, Sachsen-Coburg-Gotha, Sachsen-Altenburg und Anhalt) im Wesentlichen gleichlautende Gesetze ergangen betreffend die Aufsuchung und Benutzung von Säuren, Gas- und Mineralquellen, und die Gewinnung von Steinsalz und Abraumsalzen, wonach diese Nutzungen für Regalien erklärt und den bergrechtlichen Bestimmungen unterworfen werden. In Reuß jüngere Linie ist das im geltenden Vereins- und Versammlungsrecht enthaltene Verbot der Verbindung politischer Vereine untereinander aufgehoben durch Gesetz vom 10. April 1897, und durch Gesetz vom 12. April 1897 ist unter anderen Aenderungen des Volksschulgesetzes vom 4. November 1870 die Anordnung getroffen, daß verwahrloste oder der Verwahrlosung ausgesetzte Kinder, sofern die der Schule zu Gebote stehende Mittel ohne Erfolg bleiben, der Zwangserziehung überwiesen werden können.

Auch Schwarzburg-Sondershausen hat das Verbot der Verbindung mehrerer Vereine untereinander aufgehoben durch das Gesetz vom 14. August 1896, betreffend das Vereins- und Versammlungswesen, welches dafür die Versammlungen unter freiem Himmel und die Versammlungen, in denen öffentliche Angelegenheiten erörtert werden, gewissen Beschränkungen unterwirft.

Braunschweig hat ein Gesetz, betreffend die Realgenossenschaften vom 26. Mai 1896 erhalten.

Es gehören dazu sowohl die bestehenden Realgemeinden, Werkgenossenschaften, Gemeinheiten-, Weide-, Holz-Interessenschaften, deren Mitglieder zur Nutzung befugt sind, als auch die Gesammtheit derjenigen Personen, welche zur Nutzung von den bei Gemeinheitstheilung ungetheilt gebliebenen Gegenständen berechtigt sind.

Diese Realgenossenschaften sind kraft Gesetzes juristische Personen.

Ihre Verfassung richtet sich nach dem Herkommen, es kann aber jedes Mitglied unter Vermittelung der Kreisdirection die Regelung durch ein Statut fordern.

Ein Gesetz vom 24. August 1896 verbietet unter Strafe den Vertrieb von Loosen einer im Herzogthume nicht zugelassenen Lotterie.

Aus **Waldeck** ist zu erwähnen das Gesetz vom 14. December 1896, welches die Hypotheken- und lastenfreie Abschreibung veräußerter Trennstücke vom Grundbuchblatt des Hauptgutes auf Grund des Unschädlichkeitsattestes der preußischen General-Commission zu Cassel gestattet.

In **Schaumburg-Lippe** ist unterm 23. März 1896 ein Gesetz ergangen, betreffend die Enteignung von Grundeigenthum, und am 20. October 1896 eine Verordnung, betreffend die Außer- und Wiederinkraftsetzung der auf den Inhaber lautenden Papiere.

Im Fürstenthum **Lippe** (Detmold) ist der sogenannte Thronstreit in Folge des unter Vorsitz des Königs von Sachsen ergangenen Schiedsspruchs erledigt. Auch im Uebrigen beschäftigen sich die Gesetze mit Gegenständen des öffentlichen Rechts. Nur das Gesetz vom 29. April 1897 hat theilweise privatrechtlichen Charakter, es betrifft den Bergbau auf Steinsalz und spricht das Recht darauf sowie auf die mit demselben auf der nämlichen Lagerstätte vorkommenden Salze sowie die Befugniß, Salze und Soolquellen aufzusuchen, allein dem Staate zu.

Die Gesetzgebung der freien Städte **Lübeck, Bremen** und **Hamburg** ist zwar eine recht ergiebige gewesen, aber hauptsächlich auf den Gebieten des öffentlichen Rechts. Zu erwähnen sind nur folgende sich auf das Privatrecht erstreckende Gesetze und Verordnungen:

1. Die Gesetze, welche in Ausführung des Reichsgesetzes betreffend die privatrechtlichen Verhältnisse der Binnenschiffahrt, die in das Register eingetragenen Schiffe in Ansehung der Zwangsvollstreckung für unbewegliches Vermögen erklären.

2. Das Bremer Gesetz vom 12. April 1896, welches das Grundeigenthum der anzulegenden Straßen in der Stadt dem Staate, im Landgebiete der betreffenden Gemeinde zuspricht.

3. In Lübeck das Berggesetz vom 28. October 1895, welches sich eng an das preußische allgemeine Berggesetz anschließt und durch Vorfinden von Kalisalzen im Landgebiete veranlaßt ist. Das Schürfen der dem Verfügungsrechte des Grundbesitzers entzogenen Mineralien ist im Allgemeinen zwar Jedem gestattet, die Mineralien aber sind auch hier dem Staate vorbehalten.

4. Endlich regelt in Lübeck ein Gesetz vom 11. Mai 1896 die gewerblichen Fischereiverhältnisse an den öffentlichen Gewässern.

Aus dem Reichslande **Elsaß-Lothringen** ist anzuführen das Gesetz vom 14. Juli 1896, welches das ausschließliche Privilegium der Notare in allen Grundeigenthums- und Hypothekensachen beseitigt und den Notariatsurkunden in diesen Sachen gleichstellt: gerichtliche Urkunden und Urtheile, gerichtlich bestätigte Privaturkunden und alle Urkunden, bei deren Errichtung der Reichsfiskus, der Landesfiskus, ein elsaß-lothringischer Bezirk oder eine elsaß-lothringische Gemeinde als Erwerber oder Veräußerer mitgewirkt haben.

Mit diesem Gesetze in unmittelbarem Zusammenhange steht ein Gesetz vom gleichen Tage, betreffend die Abänderung des die Einrichtung von Grundbüchern betreffenden Gesetzes vom 22. Juni 1891.

Als gewisse Ausgleichung für die durch das zuerst genannte Gesetz erfolgte Beeinträchtigung des Privilegiums der Notare kann angesehen werden die durch Gesetz vom 16. November 1896 den Notaren beigelegte Befugniß, ihr Amt im ganzen Lande auszuüben.

III. Oesterreich.

Es würde die mir zugemessene Zeit überschreiten, wollte ich versuchen, den umfangreichen Inhalt der österreichischen Gesetzgebung vorzutragen, auch nur soweit sie sich auf die mit den Zielen des Juristentages in Verbindung stehenden Rechtsgebiete beziehen; ich beschränke mich auf Hervorhebung der wichtigsten Punkte.

An der Spitze steht die Reform des österreichischen Civilproceßrechts, vollzogen durch zwei von ausführlichen Einführungsgesetzen begleitete Gesetze vom 1. August 1895, enthaltend die Jurisdictionsnorm, beziehungsweise die Civilproceßordnung, ein drittes Gesetz vom 27. Mai 1896, enthaltend die Executionsordnung, und das Gerichtsorganisationsgesetz vom 27. November 1896. Das erste Gesetz regelt die sachliche und örtliche Zuständigkeit der ordentlichen Gerichte. Die bisher sachlich allgemein zuständig gewesenen, monokratisch organisirten ländlichen Bezirksgerichte werden auf Streitigkeiten über Gegenstände bis zu 500 Gulden Werth herabgedrückt, während die Streitigkeiten über höhere Werthe vor die collegialisch organisirten Landes- und Kreisgerichte gehören. Der Instanzenzug geht vom Bezirksgericht an das Collegialgericht erster Instanz und von diesem an den obersten Gerichtshof, während bisher die Oberlandesgerichte auch in bezirksgerichtlichen Sachen zweite Instanz waren, was sie jetzt nur in den collegialgerichtlichen Sachen bleiben.

In dem neuen Verfahren ist von besonderer Bedeutung die erste Tagsatzung, welche den Zweck hat, zu constatiren, ob ein Streit unter den Parteien durchgeführt werden muß, und wenn das der Fall ist, die Verhandlung des Streits vorzubereiten. Diese Verhandlung ist dann eine mündliche, dazu bestimmt, das thatsächliche und das Beweismaterial in sich aufzunehmen. Das Protocoll über die Verhandlung soll das auf den Sachverhalt sich beziehende beiderseitige Vorbringen in gedrängt zusammenfassender Darstellung aufnehmen, und sein Inhalt muß von Amtswegen beachtet werden. Das Princip der freien Wahrheitswürdigung ist umfassender als im deutschen Recht, indem es von dem pflichtmäßigen Ermessen des Richters abhängt, ob er der eidlichen Aussage einer Partei Glauben schenken will oder nicht.

Aus der Executionsordnung ist hervorzuheben die Vorschrift, daß die Hypothekengläubiger zur Erklärung aufzufordern sind, ob sie Befriedigung ihrer Forderungen durch Baarzahlung oder Uebernahme der Schuld durch den Ersteher unter Befreiung des alten Schuldners wollen, und daß die Gläubiger mit Letzterem einverstanden gelten, wenn sie nicht bis acht Tage vor dem Bietungstermin Berichtigung durch Baarzahlung fordern.

Das Organisationsgesetz erschwert die Richteramtsprüfung, indem es den Vorbereitungsdienst auf drei Jahre verlängert und die Prüfung ausdehnt auch auf Normen des Staats-, Finanz- und Verwaltungsrechts.

Durch Gesetz vom 26. December 1895 ist das Urheberrecht an Werken der Literatur, Kunst und Photographie einheitlich behandelt unter völliger Ablehnung der Theorie vom geistigen Eigenthume. Nach dem Gesetz handelt es sich um Rechtsschutz für höchst persönliche Leistungen des Urhebers, der nur soweit und solange gerechtfertigt ist, als es erforderlich ist, dieser geistigen Arbeit ihren Lohn zu sichern. Das Urheberrecht kann, solange es dem Urheber oder seinen Erben zusteht, durch Arrest oder Execution nicht verkümmert werden. Das Mehreren gemeinschaftlich zustehende Urheberrecht unterliegt nur der gemeinschaftlichen Verfügung Aller. Auch wenn alle übertragbaren Ausflüsse des Urheberrechts auf einen Andern übergegangen sind, behält der Urheber das Recht, die Anonymität oder Pseudonymität des Werkes aufzuheben.

Das bisher noch unter dem Gesichtspunkte des Privilegialrechts stehende Erfinderrecht ist umgestaltet durch das sich den Hauptgrundsätzen des deutschen Rechts nähernde Patentgesetz vom 11. Januar 1897, und auch das Markenrecht hat durch Gesetz vom 30. Juli 1895 wichtige Ergänzungen erhalten.

Die Regelung der Raten- (Abzahlungs-) Geschäfte sucht das Gesetz vom 27. August 1896 vorwiegend durch privatrechtliche Mittel. Der Verkäufer, wenn er von dem ihm vorbehaltenen Rücktrittsrechte Gebrauch macht, muß den empfangenen Theil des Kaufgeldes mit Zinsen zurückgewähren und sich mit angemessener, nicht im Voraus zu vereinbarender Vergütung für Benutzung der Sachen begnügen; der Käufer hat den unverzichtbaren Einwand der laesio enormis und der Verkäufer muß ihm bei Vermeidung einer Geld- oder Arreststrafe ein Exemplar des etwa vorhandenen Ratenbuchs bis zur Uebergabe der Waare aushändigen, auch muß der Verkäufer alle auch nur mündlichen Zusagen gegen sich gelten lassen.

Sehr interessant ist das Gesetz vom 6. Juli 1896 über Meliorationsdarlehen, welches in gewisser Art ein Vorbild werden kann für die den Schutz der Bauhandwerker betreffende Gesetzgebung, indem es gewissen zu Bewässerungs- und Entwässerungsanlagen gegebenen, in Renten rückzahlbaren Darlehen in Ansehung des ameliorirten Grundstücks den Vorrang giebt vor den darauf haftenden Eintragungen.

Das Gesetz vom 7. Juli 1896 ermöglicht die Einräumung von Nothwegen für Liegenschaften, welche der für ihre ordentliche Benutzung erforderlichen Verbindung mit dem öffentlichen Wege entbehren.

Die sonstigen Gesetze haben nicht allgemeines Interesse.

Damit schließe ich und danke Ihnen für die Geduld, mit der sie mich angehört haben.

(Lebhafter Beifall.)

Präsident: Ich danke dem Herrn Vorredner für die klare und vollständige Weise, in der er seiner Aufgabe als Schriftführer der ständigen Deputation nachgekommen ist. Das ausgezeichnete Werk wird ohne Zweifel gedruckt in Ihre Hände gelangen.

Die Tagesordnung ist nunmehr erschöpft, ich habe Sie also zu bitten, sich in die Abtheilungen zu verfügen, wovon die 1. Abtheilung hier in diesem Saale tagen wird, die 2. Abtheilung im Provinzial-ständehause, die 3. Abtheilung im Hotel Mylius.

Ich erlaube mir aber, Sie darauf aufmerksam zu machen, daß, wenn die Herren einer leiblichen Stärkung bedürfen, in jedem dieser Lokale ein Büffet errichtet ist und die Benutzung derselben wohl zur angemessenen Vertheilung dienen wird.

Wenn keine weitere Anregung erfolgt, so schließe ich die heutige Sitzung. Ich bitte, in die Abtheilungen hinzugehen und um $^1/_2$12 Uhr in die Berathungen einzutreten.

(Schluß der Sitzung 10 Uhr 40 Min.)

Erste Sitzung der ersten Abtheilung
am 12. September 1898.

(Beginn 11 1/2 Uhr.)

Auf Vorschlag des Geh. Justizraths Prof. Dr. Brunner-Berlin wird Landgerichtspräsident Thomsen-Münster zum Vorsitzenden gewählt, und als Stellvertreter fungiren Geh. Justizrath Dr. Brunner-Berlin und Geh. Justizrath Dr. Enneccerus-Marburg, als Schriftführer Landrichter Dr. Haase-Posen und Rechtsanwalt Landsberg-Posen.

Vorsitzender: Die erste Frage, welche vermöge Beschlusses der Plenarversammlung für die erste Abtheilung bestimmt ist, lautet:

> Empfiehlt es sich, zum Schutze der Bauhandwerker die Ertheilung der Bauerlaubniß an den Unternehmer von einer durch diesen zu bestellenden Sicherheit (oder Sicherheitshypothek) abhängig zu machen?

Ich ersuche den Herrn Berichterstatter, Geh. Justizrath Prof. Dr. Brunner, das Wort zu nehmen.

Berichterstatter Geh. Justizrath Prof. Dr. **Brunner** (Berlin): Mit dem Schutze der Bauhandwerker beschäftigt sich der Deutsche Juristentag heute nicht zum ersten Mal. Schon vor neun Jahren verhandelte darüber in Straßburg die zweite Abtheilung des Juristentags. Damals stand zur Erörterung die Frage:

> Ist und inwieweit ist das Pfandrecht des Werkmeisters aus § 574 des Entwurfs auf unbewegliche Sachen auszudehnen?

§ 574 des ersten Entwurfs entspricht dem § 647 des B.G.B. Er sollte dem Werkmeister ein gesetzliches Pfandrecht gewähren an den von ihm hergestellten beweglichen Sachen, soweit dieser sie noch inne hat. Die Ausdehnung dieses gesetzlichen Pfandrechts auf unbewegliche Sachen ist 1889 von der zweiten Abtheilung des Straßburger Juristentags mit

21 gegen 20 Stimmen abgelehnt worden. Das Plenum hat sich in Straßburg mit der Sache nicht befaßt.

Ich führe diese Thatsachen hier nur an, um darzuthun, daß der Straßburger Abtheilungsbeschluß unserer heutigen Verhandlung in keiner Weise präjudicirt. Heute haben wir es nicht mit der Ausdehnung des gesetzlichen Pfandrechts in § 647 des B.G.B. auf Immobilien zu thun, sondern mit der ganz anderen Frage:

> Empfiehlt es sich, zum Schutze der Bauhandwerker die Ertheilung der Bauerlaubniß an den Unternehmer von einer durch diesen zu bestellenden Sicherheit (oder Sicherheitshypothek) abhängig zu machen?

Für die Entscheidung dieser Frage haben wir trotz des Straßburger Beschlusses heute völlig freie Hand.

Das Bedürfniß, die Bauhandwerker gegen Bauschwindel gesetzlich zu schützen, ist im letzten Jahrzehnt gewachsen. Lebhafter und eingehender denn früher hat die öffentliche Meinung und haben die gesetzgebenden Factoren sich damit befaßt. Das allein ist ein Grund für den Juristentag, sich auf's Neue mit der Frage zu beschäftigen und wenn irgend möglich zu einem anderen als zu einem rein negativen Ergebnisse zu gelangen.

Bekanntlich ist der Bauschwindel in den größeren Städten in ein festes System gebracht worden, welches darauf hinausläuft, daß die Bauhandwerker durch ihre Leistungen die Gläubiger des Bauherrn bezahlen. Insolvente Personen, mitunter Strohmänner eines Speculanten, vielfach Leute, die in anderer Berufssphäre verkracht sind, kaufen Baustellen auf Credit und werden Bauherren. Die Solidität des Käufers kommt für den Verkäufer nicht in Betracht. Je unsolider desto eher ist der Käufer geneigt, einen Preis zu bewilligen, der über den wahren Werth der Baustelle hinausgeht. Eine Anzahlung wird nicht gemacht, oder sie ist nur sehr gering. Für das creditirte Kaufgeld wird eine Hypothek auf die Baustelle eingetragen.

Um bauen zu können, schließt der Bauherr einen Baugeldervertrag. Das ist ein eigenartiger Vertrag. In den Lehrbüchern des Privatrechts sucht man ihn vergebens. Wohl aber hatte das Reichsgericht Anlaß, sich darüber zu äußern. Für die Gesammtsumme der Baugelder wird eine Hypothek auf die Baustelle eingetragen. Baugeldgeber ist entweder der Verkäufer der Baustelle selbst, oder das Baugeld giebt ein Dritter, häufig eine Baubank oder ein sonstiges Geldinstitut. Die Baugelder werden nicht sofort ausgezahlt, sondern vorerst nur ein Theil, der

Rest in Raten gemäß dem Fortschreiten des Baus. Da der Bauherr sich um die Rückzahlung keine Sorge macht, bewilligt er dem Baugeldgeber die höchsten Ansprüche in Bezug auf Zinsen und Provisionen. Aus den Baugeldern bestreitet er den Aufwand für seinen Lebensunterhalt, zum Theil verwendet er ihn zur Abtragung älterer Verbindlichkeiten oder er bringt sie auf irgend eine Art so zur Seite, daß sie der gerichtlichen Execution entzogen sind.

Der Bauhandwerker muß dem Bauherrn creditiren. Er hat ja erst nach erfolgter Leistung Anspruch auf Vergütung. Sicherstellung kann er wegen der drohenden Concurrenz nicht verlangen. Die Leistungen der Bauhandwerker werden Bestandtheil des Gebäudes, das Gebäude Bestandtheil des Grundstücks, also Eigenthum des Eigenthümers der Baustelle. Ist der Bau vollendet, so werden die Handwerker nicht bezahlt. Kommt es zur Zwangsversteigerung, so ersteht ein Hypothekengläubiger das Grundstück. Das Meistgebot deckt besten Falls die Subhastationskosten und die Hypotheken für Baugelder und Kaufgeldrest. Die Forderungen der Bauhandwerker fallen aus. Noch bequemer kann die Verkürzung der Bauhandwerker erreicht werden, wenn der Bauherr das bebaute Grundstück verkauft. Den Bauhandwerkern ist allerdings der Bauherr persönlich haftbar. Allein dieser ist insolvent und leistet ohne Bedenken den Manifestationseid. So haben im schließlichen Effect die Handwerker zu Gunsten der Hypothekengläubiger unentgeltliche Frohnden geleistet. Denn soweit die Hypotheken durch den Werth der Baustelle nicht gedeckt werden, finden sie ihre Deckung in den Leistungen der Handwerker.

Allerdings giebt das B.G.B. im Einklange mit dem Rechte, wie es in dem größten Theile Deutschlands gilt, den Bauhandwerkern wenigstens einen Pfandrechtstitel, d. h. die Befugniß, ohne Zuthun des Bauherrn die Eintragung einer Hypothek für die Bauforderungen zu erwirken. Allein diese hilft den Handwerkern blutwenig, wenn das Grundstück schon mit älteren Hypotheken für Baugelder ꝛc. überlastet ist. Und selbst eine solche — sogenannte Schornsteinhypothek ist unmöglich, wenn der Bauherr, mit dem die Handwerker contrahirten, das Grundstück veräußert, so daß nunmehr ein Anderer als der Contrahent Eigenthümer ist.

Bei solchen Verhältnissen ist es nicht zu verwundern, daß seit einem Jahrzehnt eine energische Agitation zu Gunsten der Bauhandwerker im Gange ist. Besonders lebhaft wurde sie seit 1894. Den Anstoß gaben mehrere Selbstmorde, insbesondere der des Malermeisters Seeger in Berlin. Die öffentliche Meinung betrachtete die Selbstmörder als Opfer des Bauschwindels und rief um Abhilfe. Aus juristischen Kreisen und aus Laienkreisen tauchten zahllose Reformvorschläge auf. Im preußischen Justizministerium sind nicht weniger als fünf verschiedene Gesetzentwürfe nach verschiedenen legislativen Grundgedanken ausgearbeitet worden. Je mehr man dem Probleme näher trat, desto größer zeigte sich die Schwierigkeit, dem Bauschwindel zu steuern ohne die Bauthätigkeit dem Großcapitale als Monopol in die Arme zu treiben und ohne die Grundpfeiler unseres Hypothekenrechts und damit die Sicherheit des Bodencredits zu zerstören.

Es ist schlechterdings unmöglich, im Rahmen eines Referats die einzelnen Reformvorschläge aufzuzählen, geschweige denn zu erörtern. Näheres Eingehen verlangt aber ein vom preußischen Abgeordnetenhause auf Beschluß vom 18. Mai 1896 gebilligter Vorschlag, der auf einen Antrag des Abgeordneten Wallbrecht zurückgeht und für den der eine der beiden Herren Gutachter mit Entschiedenheit eintritt.

Der Antrag Wallbrecht will jeden Einbruch in den öffentlichen Glauben des Grundbuchs vermeiden. Er setzt als Hebel gegen den Bauschwindel die polizeiliche Bauerlaubniß ein. Wo ein Ortsstatnt das vorschreibe, soll vor der Ertheilung der Bauerlaubniß ein Bauschöffenamt gehört werden. Dieses besteht aus Bauschöffen, welche die Gemeinde bestellt. Die Polizei ertheilt die Bauerlaubniß ohne Weiteres, wenn die Bauschöffen erklären, daß kein Bedenken obwaltet. Haben sie aber Bedenken gegen die Zuverlässigkeit oder Zahlungsfähigkeit des Bauherrn, so erhält er die Bauerlaubniß nur dann, wenn er zur Sicherstellung der Bauhandwerker eine Caution stellt, deren Höhe die Bauschöffen nach ihrem Ermessen bestimmen. Außerdem soll nach dem Antrage Wallbrecht der Bauherr persönlich haften zu Gunsten aller Handwerker, Lieferanten und Arbeiter, deren Lieferungen oder Arbeiten auf den Bau verwendet worden sind.

Die Commission des Abgeordnetenhauses, welche über den Antrag Wallbrecht berieth, hat diesen in einzelnen Punkten modificirt. Insbesondere ersetzte sie das Ortsstatut der Gemeinde durch landesherrliche Verordnung.

Als Arten der Caution sollten zulässig sein: Bürgschaft, Baugeld, Werthpapiere und Hypothek. In der Commission wurde der Antrag gestellt, den Bauhandwerkern eine Vorrechtshypothek einzuräumen. Die Commission ging auf diesen Vorschlag nicht ein. Man müsse den Versuch machen, den Bauhandwerkern zu helfen ohne in das bestehende Hypothekenrecht einzugreifen, schon mit Rücksicht auf die ablehnende Stellung, welche die Staatsregierung dem Vorrechtspfande gegenüber bisher eingenommen habe.

Z. Th. auf dem Antrage Wallbrecht, z. Th. auf den Vorschlägen der Commission des Abgeordnetenhauses, z. Th. auf Vorschlägen, die in dieser Commission keine Mehrheit fanden, z. Th. auf selbständigen Gedanken beruht ein sorgfältig ausgearbeiteter und begründeter Entwurf eines Reichsgesetzes, betreffend die Sicherung der Bauforderungen, und der Entwurf eines preußischen Ausführungsgesetzes, die Ende vorigen Jahres veröffentlicht wurden. Die beiden Entwürfe haben nicht den Charakter amtlicher Regierungsentwürfe. Das Staatsministerium hat dazu nicht Stellung genommen. Es hat aber die Veröffentlichung der Entwürfe beschlossen und hofft, daß Juristen und Interessenten mit Urtheilen und Vorschlägen zur Verwerthung für die weitere Beschlußfassung über die Entwürfe hervortreten.

Gleich dem Antrage Wallbrecht will der Entwurf seine Neuerungen nicht auf das ganze Gebiet des Deutschen Reiches ausdehnen, sondern auf das örtliche Bedürfniß beschränkt wissen. Landesherrliche Verordnung soll bestimmen können, daß in Neubaubezirken eine besondere Sicherung der Bauforderungen stattfinden müsse. Abgesehen von städtischen Neubaubezirken wird es also bei dem gemeinen bürgerlichen Recht sein Bewenden haben. Nur in Bezirken, die der Bauschwindel bereits verseucht hat oder zu verseuchen droht, sollen die Neuerungen Platz greifen. Gleich dem Antrage Wallbrecht knüpft der Entwurf die Sicherstellung der Baugläubiger an Bedingungen, von welchen die Ertheilung der Bauerlaubniß abhängig gemacht wird.

Die Bauerlaubniß darf nämlich nur ertheilt werden unter der Bedingung, daß im Grundbuch ein Bauvermerk eingetragen werde. Erst wenn die Erfüllung dieser Bedingung der Polizei nachgewiesen ist, darf die Ausführung des Baues beginnen. Der Bauvermerk wird auf Antrag des Eigenthümers eingetragen und muß die Angabe des Baustellenwerthes enthalten. Wer den Baustellenwerth festsetzen solle, bestimmt das Landesrecht (Gesetz oder Verordnung). Nach dem Entwurf eines preußischen Ausführungsgesetzes stellt ihn das Bauschöffenamt fest. Und zwar soll es in der Regel für jede einzelne Straße des Neubaubezirks einen Einheitssatz pro Quadratmeter der Baustelle aufstellen und publiciren. Dem Eigenthümer und ebenso dem Hypothekengläubiger steht es aber frei, eine individuelle Abschätzung der Baustelle zu beantragen, die jedoch nur gegen Gebühr erfolgt.

Hat nach Vollendung des Baues die baupolizeiliche Abnahme stattgefunden, so hat die Polizei dies dem Grundbuchamte mitzutheilen. Von da ab läuft eine sechsmonatliche Frist, binnen welcher die Baugläubiger ihre Bauforderungen bei dem Grundbuchamte anmelden können. Damit die Anmeldung wirksam sei, ist eine schriftliche Zustimmung des Grundeigenthümers oder eine einstweilige richterliche Verfügung nöthig, welche die Anmeldung für zulässig erklärt.

Liegen nach Ablauf der Frist wirksame Anmeldungen nicht vor, so wird der Bauvermerk von Amts wegen gelöscht. Liegen wirksame Anmeldungen vor, so trägt das Grundbuchamt von Amts wegen eine Bauhypothek ein in Höhe des Gesammtbetrags der angemeldeten Bauforderungen. Die Bauhypothek ist Sicherungshypothek im Sinne des Bürgerlichen Gesetzbuchs. Sie wird zwar nicht auf die Namen der einzelnen Baugläubiger eingetragen. Trotzdem steht die Hypothek jedem Baugläubiger für seine Bauforderung in der Höhe des angemeldeten und bei der Eintragung berücksichtigten Betrages zu.

Baugläubiger sind im Sinne des Entwurfs nur die Unternehmer des Bauwerks oder eines Theiles davon und jene Personen, die auf Grund eines Dienstvertrags an der Herstellung des Bauwerks betheiligt sind, also die eigentlichen Bauhandwerker und Bauarbeiter. Aber auch diese sind es nur, wenn die Werk- oder Dienstverträge von dem Eigenthümer der Baustelle oder für dessen Rechnung geschlossen sind. Baugläubiger sind also nicht die Lieferanten von Baumaterialien, z. B. von Steinen, Holz, Ziegeln, Kalk. Baugläubiger sind ferner nicht die Bauhandwerker und Arbeiter, mit welchen nicht der Eigenthümer selbst, sondern ein Dritter im eigenen Namen und nicht für Rechnung des Eigenthümers, sondern für eigene Rechnung contrahirt hat. Die Baugläubiger können auf ihre Rechte aus dem Gesetze vor Beginn der Anmeldefrist nicht verzichten. Der Bauherr kann also die Bestellung nicht etwa von einem Verzichte auf die Anmeldung abhängig machen.

Die Bauhypothek hat im Verhältniß zu anderen Belastungen den Rang, der sich aus der Eintragung des Bauvermerks ergiebt. Der Bauvermerk hat also den Charakter der Vormerkung. Die Bauhypothek ist aber auch eine Vorrechtshypothek. Kommt es zur Zwangsversteigerung, so gehen ihr voreingetragene Rechte nur vor bis zur Höhe des Baustellenwerthes. Soweit sie den eingetragenen Baustellenwerth übersteigen, treten sie hinter die Bauhypothek zurück. Den Baugläubigern haftet also thatsächlich die Baumasse, d. h. die Wertherhöhung, die das Grundstück über den Werth der Baustelle hinaus durch die Herstellung des Gebäudes erreicht hat.

Der Baugeldgeber, für den eine Baugeldhypothek vor der Eintragung des Bauvermerks eingetragen war, steht also möglicher Weise den Baugläubigern nach. Wenn er aber Baugelder zum Zweck der Tilgung einer Bauforderung leistet, so erhöht sich um den Betrag dieser Zahlung der Baustellenwerth nach § 16 des Entwurfs.

Die durch die Bauhypothek gesicherten Bauforderungen haben unter sich gleichen Rang. Unter den Baugläubigern besteht sonach im Falle der Zwangsvollstreckung eine Gläubigergemeinschaft. Sie haben Anspruch auf gemeinschaftliche und gleichmäßige Befriedigung aus der Baumasse.

Soviel vom Entwurfe.

Er ist im Ganzen ein wohldurchdachtes Werk und empfiehlt sich als eine geeignete Grundlage für eine legislative Reform. Mit Vorbehalt einiger Aenderungen und Ergänzungen ist er einerseits dem geltenden Rechte vorzuziehen, andererseits dem Antrage Wallbrecht, dessen Schwächen Thinius m. E. in überzeugender Weise nachgewiesen hat.

Man bemängelt wohl nicht ohne Grund die sechsmonatliche Anmeldungsfrist und will sie durch kürzere Fristen, 6 Wochen, 2 oder 3 Monate ersetzt wissen. Vielleicht dürfte sich empfehlen, daß das Reichsgesetz bei Bemessung der Frist dem Landesrechte einen gewissen Spielraum läßt.

Man tadelt den Ausschluß der Lieferanten aus dem Kreise der Baugläubiger. Der Entwurf schließt sie aus im Interesse der Bauhandwerker, weil dann der Werth der Baumasse durch die Bauforderungen nicht völlig erschöpft werde. Andererseits will Thinius die Lieferanten gerade im Interesse der Bauhandwerker unter die Baugläubiger aufgenommen wissen; er hofft nämlich, die Lieferanten würden bei der Zwangsversteigerung dahin wirken, daß ein die ganze Bauhypothek deckendes Gebot erzielt werde. Auch könne der Ausschluß der Lieferanten von diesen leicht vereitelt werden, indem sie entweder an die Bauhandwerker liefern oder die Arbeitsleistungen der Bauhandwerker übernehmen. Dieses Argument schlägt durch und spricht auch gegen den naheliegenden Gedanken, den Lieferanten innerhalb der Bauhypothek den Rang hinter den eigentlichen Bauhandwerkern zu geben.

Gerügt wird mit Recht die Vorschrift des § 16 des Entwurfs, daß Zahlungen, die ein Baugeldgeber zur Tilgung von Bauforderungen leistet, den Werth der Baustelle erhöhen. Die Vorschrift widerspricht dem Gedanken einer unter den Baugläubigern bestehenden Gläubigergemeinschaft und schädigt unter Umständen einen Theil der Baugläubiger zu Gunsten des Baugeldgebers. § 16 wäre nur gerechtfertigt, wenn unter den Baugläubigern eine bestimmte Rangordnnng bestände und die befriedigte Bauforderung den ersten Rang hätte. Allein die Baugläubiger haben innerhalb der Bauhypothek gleichen Rang. Wer eine Zahlung zur Befriedigung eines Baugläubigers leistet, darf an dem Grundstücke nicht mehr Rechte erwerben, als der befriedigte Baugläubiger hatte. Er kann sonach nur in die Gläubigergemeinschaft eintreten mit den Rechten des Vormanns. Z. B. die Kaufgeldrente, die bei der Subhastation auf die Bauhypothek fällt, wirft nur 50 pCt. ab, nur 50 000 statt 100 000 Mark. Jeder Baugläubiger hat Anspruch auf 50 pCt. seiner Bauforderung. Hat aber der Baugeldgeber seinerseits 50 000 Mk. ausgezahlt, so erhält er nach dem Entwurf 100 pCt., die übrigen Baugläubiger fallen vollständig aus.

Lebhafte Bedenken erhebt man gegen die Taxirung des Baustellenwerthes von Seiten der Bauschöffen. Der Einwurf, daß das Grundstück ohne Antrag, ja gegen den Willen des Eigenthümers taxirt werde, ist sachlich nicht begründet. Der Bauvermerk wird ja auf Antrag des Eigenthümers in das Grundbuch eingetragen und damit auch der schöffenamtlich taxirte Werth der Baustelle. Ohne Taxe kommt man nicht durch, wenn man nicht etwa den Baugläubigern ein unbedingtes Vorrecht vor allen Hypothekengläubigern geben will. Geht man dagegen von dem Grundsatz aus, daß nur die Baumasse für Bauforderungen vorzugsweise hafte, so ist man genöthigt, entweder die Baustelle oder die Baumasse oder beide zu taxiren. Daß das Bauschöffenamt, bei dessen Zusammensetzung, nebenbei gesagt, auch die Handwerkskammern zu hören wären, nicht in der Lage sein würde, baureife Grundstücke in zutreffender Weise zu taxiren, halte ich mit dem Gutachten Thinius für eine übertriebene Besorgniß.

Großen und wie ich glaube verhängnißvollen Widerspruch ruft die bedingte Vorrechtshypothek des Entwurfs hervor. Denn wie man die Sache auch drehen und wenden mag, sie legt eine Bresche in den festgefügten Bau unseres Hypothekenrechtes. Dieses beruht auf dem Grundsatze der publica fides des Grundbuchs. Auf das Grundbuch muß man sich verlassen können. Wer Geld auf ein Grundstück leiht, soll sicher sein, daß ihm kein Recht, weder ein gegenwärtiges noch ein zukünftiges, vorgehen kann, das nicht aus dem Grundbuche apparirt. Allein nach dem Entwurfe läuft unter Umständen auch ein Gläubiger, der in keiner Weise auf die Wertherhöhung des Grundstücks durch dessen Bebauung speculirt hat, Gefahr, daß seine Forderung oder ein Theil davon hinter die Bauhypothek zurücktritt.

Dieser Einwurf ist nicht in den Wind zu schlagen. Die Geschichte des römischen und des französischen Pfandrechts sind ein warnendes Beispiel, wohin man mit dem Systeme der privilegirten Pfandrechte gelangt. Jedenfalls darf der Gesetzgeber zur Vorrechtshypothek nur dann seine Zuflucht nehmen, wenn es keine anderen Wege giebt, die zu gleichem Ziele führen. Ein solcher Weg liegt offen, das Hypothekenrecht bleibt völlig intact, wenn man die bedingte Vorrechtshypothek ersetzt durch eine Differenzcaution.

Ergiebt sich, daß die Belastungen, die vor dem Bauvermerk in das Grundbuch eingetragen sind, den Werth der Baustelle überschreiten, dann darf der Eigenthümer nur bauen, wenn er eine Caution stellt, durch welche die Differenz zwischen dem Baustellenwerth und der Belastung der Baustelle gedeckt wird. Z. B. Werth der Baustelle 100 000 Mk., Hypotheken, die dem Bauvermerk vorausgehen, 120 000 Mk. Der Bauherr kann erst bauen, wenn er eine Caution von 20 000 Mk. bestellt hat. Außer der Caution haftet den Baugläubigern erforderlichenfalls das Grundstück in der Höhe der Bauhypothek, aber nur so, daß die Bauhypothek keinen Vorrang genießt vor den Vorhypotheken. Soweit die Vorhypotheken die künftige Baumasse zu ergreifen dürfen, wird das Deficit der Baumasse ergänzt durch die Differenzcaution. Die Caution ist zu Gunsten der Baugläubiger rechtlich wie eine Wertherhöhung des Grundstücks, wie ein Theil der Baumasse, gewissermaßen als ein Zubehör des Grundstücks zu behandeln, das davon nicht getrennt werden kann. Sie wird miterfaßt von der Bauhypothek. Bei der Zwangsversteigerung wird sie wie ein Theil des Versteigerungserlöses zu Gunsten der Baugläubiger verwendet. Sind Bauforderungen nicht angemeldet oder weniger als die Caution beträgt, so wird der Bauvermerk gelöscht und der etwaige Ueberschuß der Caution wird frei. Eine Bauhypothek wird nur eingetragen, soweit der Betrag der angemeldeten Bauforderungen die Caution überschreitet.

Das Erforderniß der Differenzcaution wird die praktische Folge haben, daß ein Theil der Baugelder zur Stellung der Caution verwendet wird. Der Realcredit wird in keiner Weise gefährdet und es bedarf nicht erst künstlicher Mittel, wie der Entwurf und das Gutachten Thinius für nöthig halten, um das Capital zur Bewilligung von Baugeldern zu animiren.

Die Differenzcaution würde auch die vielfach bemängelte Publication der schöffenamtlichen Taxe des Baustellenwerthes entbehrlich machen. Statt der Taxe braucht der Bauvermerk nur die Höhe der Caution anzugeben.

Ich befürworte also den Bauvermerk und die Bauhypothek des Entwurfs, will aber das Vorrecht der Bauhypothek hinter dem taxirten Baustellenwerthe durch die Differenzcaution ersetzt wissen.

Einer wesentlichen Correctur bedarf der Entwurf noch in einem anderen Punkte. Der Entwurf läßt, wie ich bereits bemerkte, Bauforderungen nur aus solchen Verträgen entstehen, die im Namen oder für Rechnung des Eigenthümers geschlossen worden sind. Mit Recht wendet man ein, daß dadurch dem Bauschwindel Thür und Thor geöffnet werde, um die Absichten des Gesetzentwurfs zu vereiteln. Schon jetzt kommt es vor, daß der Bauherr mit einem Unternehmer auf eine feste Summe accordirt, den Bau wie man sagt in Entreprise giebt. Der Bauherr will nur dem Unternehmer nicht auch den Bauhandwerkern und Bauarbeitern haften. Mit ihnen schließt der Unternehmer in eigenem Namen und für eigene Rechnung ab. Da ist es denn eine naheliegende Gefahr, daß unter der Herrschaft des Entwurfs der Bauschwindel sich auf die Form des Entreprisebaus wirft. Die Verträge mit den Bauhandwerkern werden nicht im Namen oder für Rechnung des Bauherrn abgeschlossen, sondern dieser schiebt einen Strohmann zwischen sich und die Bauhandwerker ein. Die Bauhandwerker sind dann nicht in der Lage, ihre Forderungen als Bauforderungen anzumelden.

Der Entwurf hat es abgelehnt, die Forderungen der Hintermänner gemäß dem Vorschlage Wallbrecht unter die Bauforderungen aufzunehmen, weil der Bauherr sonst für jede Forderung so oftmals haften würde als unbezahlte Hinterleute vorhanden sind. Das ist richtig. Wenn etwa der Bauherr den Bauleiter bezahlt hat, dem er den Bau in Entreprise gegeben, so könnte er hinterher genöthigt sein, auch den Zimmermeister und, wenn dieser die Zimmerleute nicht abgelohnt hat, auch diese zu befriedigen. Bei Werkverträgen geht es eben nicht an, aus dem Gesichtspunkte der Versio in rem eine Haftung des Bestellers für die Ansprüche der Hinterleute zu construiren. Auf den Rock, den ich dem Schneidermeister bezahlte, hat dessen Geselle seine Arbeit verwendet. Wohin kämen wir, wenn ich nachträglich noch den nicht abgelohnten Arbeiter befriedigen müßte!

Das Gutachten Thinius will bei dem Entreprisebau eine Haftung des Bauherrn zu Gunsten der Handwerker und Lieferanten statuirt wissen. Dagegen schließt es mit Rücksicht auf die praktisch unerträglichen Consequenzen jede Haftung des Bauherrn gegen die Arbeiter aus, mit denen ein Subcontrahent abgeschlossen hat. Auch die Bauhandwerker und Lieferanten müssen die an den ersten Unternehmer geleisteten Zahlungen gegen sich gelten lassen, es sei denn, daß der Zahlende wüßte oder den Umständen nach wissen mußte, daß das Gezahlte nicht zur Tilgung von Bauforderungen verwendet werden würde. Abgesehen von den Schwierigkeiten der juristischen Construction und abgesehen von den Bedenken gegen die Formulirung des Beweisschemas glaube ich, daß solche Haftung den Bauhandwerkern wenig helfen würde, da sie im einzelnen Falle das Wissen oder Wissenmüssen beweisen müssen. Auch wäre mit der Möglichkeit zu rechnen, daß zwischen den ersten Unternehmer und die Bauhandwerker eine weitere Zwischenperson eingeschoben wird.

Meines Erachtens kann man den Hintermännern eine pfandrechtliche Sicherheit nur verschaffen, indem man ihnen ein Pfandrecht an den angemeldeten Bauforderungen der Vormänner gewährt, welches durch wirksame Anmeldung bei dem Grundbuchamte begründet wird.

Solches Pfandrecht setzt natürlich voraus, daß der Zwischenmann selbst seine Forderung angemeldet hat. Nun kann aber in der Absicht, die Bauhandwerker zu schädigen eine Zwischenperson eingeschoben werden, die keine oder nur eine geringe Bauforderung anmeldet.

Wie schon das Gutachten Thinius ausführt, würde in solchem Falle § 826 des B.G.B., auf den der Entwurf verweist, schwerlich zum Ziele führen. „Wer in einer gegen die guten Sitten verstoßenden Weise einem Andern vorsätzlich Schaden zufügt, ist dem Andern zum Ersatz des Schadens verpflichtet. Wirksamer wäre eine ausdrückliche civilrechtliche Vorschrift, die den Bauherrn in Collusionsfällen und etwa auch bei culpa in eligendo zum Schadenersatze verpflichtet, und eine Strafsetzung, die den Bauherrn und den Strohmann wegen Dolus strafbar macht. Sehr zweckmäßig und wohl auf Neubaubezirke zu beschränken wäre eine Vorschrift, wie sie kürzlich in Sachsen angeordnet worden ist, daß auf dem Neubau ein Anschlag anzubringen sei, welcher den Namen und Stand des Unternehmers angiebt, der den Bauhandwerkern unmittelbar haftet.

Nach dem Rechte von New-York können Bauhandwerker, die mit einer Zwischenperson contrahirt haben, von dem Eigenthümer des Grundstücks Vorlegung der von ihm geschlossenen Contracte und Auskunft über die auf Grund derselben noch geschuldeten Beträge verlangen. Verweigerung oder falsche Mittheilungen machen ihn schadenersatzpflichtig. Die Vorschrift verdient nachgeahmt zu werden. Außerdem müßte es den Bauhandwerkern und Bauarbeitern gestattet werden, bei dem Bauherrn die Auszahlung einer Forderung des Zwischenmannes, die nicht als Bauforderung angemeldet ist, gegen Glaubhaftmachung ihrer Ansprüche bis zur Höhe derselben wirksam zu sperren.

Weiter zu gehen und das Grundstück oder den Bauherrn oder beide für die Forderungen der Hintermänner schlechtweg haften zu lassen, würde schon aus dem Grunde nicht rathsam sein, weil eine solche Haftung schließlich zum Nachtheile der Bauhandwerker ausschlagen würde. Die Bauthätigkeit würde in Neubaubezirken ein Monopol des Großkapitals werden, ein Monopol von Banken und Terraingesellschaften, die als Bauherren ihre Arbeiter bis zum letzten Steinträger hinab unmittelbar in Dienst nehmen und den mittleren Bauhandwerker vollständig ausschalten. Dem Bauhandwerk wäre damit wenig geholfen.

Uebrigens dürfen wir nicht erwarten, daß wir ein Gesetz erhalten, das alle Uebelstände sofort beseitigt. Auf das Bedürfniß von Novellen müssen wir gefaßt sein. Lehrreich ist in der Beziehung das Beispiel von New-York, wo das Gesetz von 1885 durch nicht weniger als drei Novellen ergänzt werden mußte, um die Maschen enger zu ziehen, durch welche der Bauschwindel hindurch zu schlüpfen dachte. Auch bei uns wird es vermuthlich ohne Experimente nicht abgehen. Zunächst gilt es, daß überhaupt ein Anfang gemacht werde.

Mitberichterstatter Geh. Justizrath **Wilke** (Berlin): Nach den vorliegenden Gutachten und nach dem Vortrage des Herrn Berichterstatters wird auf der einen Seite anerkannt werden müssen, daß im Baugewerbe Mißstände herrschen, zu deren Beseitigung die Gesetzgebung einzuschreiten hat; auf der anderen Seite aber, daß jeder der vielen Vorschläge, welche gemacht sind, große Bedenken hervorruft.

Die Hilfe kann nicht beschafft werden ohne Abweichen von gewissen bewährten Rechtsgrundsätzen, jeder Vorschlag hat etwas Willkürliches, und es bleibt die Gefahr, daß mit der daraus gehofften Besserung der Rechtsverhältnisse der Baugläubiger vielleicht größere Nachtheile für die Bauherren, die Bauunternehmer, ja auch für die Bauhandwerker selber verbunden sein können. Von diesem Gesichtspunkte aus halte ich es für geboten, dem Vorschlage zuzustimmen, welcher sich von dem geltenden Rechte am wenigsten entfernt.

Am wirksamsten würde helfen und am einfachsten auszuführen wäre der Eckels'sche Vorschlag, der die Sicherung der Bauhandwerker herbeiführen will durch Beschränkung der Bauconcession auf zuverlässige oder auf solche Bauunternehmer, welche für die Forderungen der Baugläubiger Kaution bestellen. Aber dadurch würde meiner Ansicht nach einmal in die als großes Gut anzusehende Gewerbefreiheit zu sehr eingegriffen, und andererseits das Baugewerbe ganz in die Hände wohlhabender Bauunternehmer gedrängt, der großen Masse tüchtiger, aber unbemittelter Maurermeister, Zimmermeister und sonstiger Bauunternehmer würde es erschwert, wenn nicht unmöglich gemacht, ihre Selbständigkeit zu erhalten.

Besser ist der in dem Thinius'schen Gutachten gemachte, sich an den Entwurf des Reichsgesetzes anschließende Vorschlag, die Rechte der Hypothekengläubiger auf den Werth der bloßen Baustelle zu beschränken und den Baugläubigern für ihre Forderungen eine sich unmittelbar dahinter rangirende Hypothek zu gewähren. Gegen diesen Vorschlag, den man allenfalls acceptiren könnte, fallen allerdings zwei Umstände stark ins Gewicht:

1. daß die Baugläubiger in der Zwangsversteigerung, wenn sie nicht das Geld zur Deckung des Hypothekengläubigers bis zur Höhe des Baustellenwerthes beschaffen können, dennoch wie jetzt, mit ihren vollen Forderungen ausfallen;
2. daß die Hypothekengläubiger in ihren Rechten verkürzt werden durch Beschränkung ihrer Hypothek auf einen bloßen Taxwerth, dessen noch so unrichtige oder willkürliche Ermittelnng sie nicht einmal im Rechtswege sollen angreifen dürfen.

Aber das richtige Princip jenes Vorschlages, nämlich, daß bei Collision der Hypothekengläubiger mit den Baugläubigern Ersteren der Grund und Boden allein, Letzteren die durch den Bau bewirkte Werthserhöhung haften, kann ohne die oben gedachten Nachtheile zu einer befriedigenden Lösung führen, wenn, wie ich vorschlagen würde, bei jeder Zwangsversteigerung der Erlös zwischen den Hypothekengläubigern und den Baugläubigern repartirt wird nach dem Verhältnisse des Werthes des bebauten Grundstücks zu dem Werthe des unbebauten Grundstücks.

Nach diesem Vorschlage ist der Hypothekengläubiger nicht der Gefahr ausgesetzt, sich einer unanfechtbaren Taxe zu unterwerfen zur Beschränkung seines Hypothekenrechts, sondern erst, wenn durch eine nicht den vollen Betrag seiner Hypothek und die Bauforderungen deckende Zwangsversteigerung eine Schätzung des Baustellenwerthes nothwendig wird, muß er sich diese Schätzung zugleich mit der Schätzung des durch den Bau erhöhten Mehrwerths gefallen lassen. Solche Schätzung, auch wenn sie unrichtig ist, greift, da sie nur auf die verhältnißmäßige Theilung des Kaufgeldes einwirkt, nie so tief in seine Rechte ein, wie die absolute Schätzung des Baustellenwerths, und vor allen Dingen haben die Betheiligten gegen die Schätzung den Rechtsweg, welcher ihnen den möglichsten Schutz gegen unrichtige Schätzungen bietet.

Andererseits hat der Baugläubiger bei der von mir vorgeschlagenen Regelung den Vortheil, immer, auch wenn der Kaufpreis nicht einmal den Werth der bloßen Baustelle erreicht, einen verhältnißmäßigen Antheil vom Kaufpreise zu erhalten, während er jetzt und auch nach dem Entwurfe des Reichsgesetzes bei jedem, den Baustellenwerth nicht übersteigenden Kaufpreise leer ausgeht. Dieser Fall wird aber sehr häufig eintreten, da die Hypothekenforderung bis zum Baustellenwerthe den ersten Rang behalten soll, also von jedem Anderen überboten werden müßte, während bei meinem Vorschlage die Baugläubiger, da sie zu den an erster Stelle aus den Kaufgeldern mit zu befriedigenden Gläubigern gehören, bei ihren Geboten die nur auf der Baustelle haftenden Hypotheken nicht mit zu übernehmen haben.

Bei meinem Vorschlage wird nur in den einen, aus dem Römischen Rechte entnommenen, aus dem wirklichen Rechte garnicht mit Nothwendigkeit folgenden Rechtsgrundsatz eingegriffen:

Solo cedit quod solo inaedificatur,

welcher Grundsatz sich aus praktischen Gründen allerdings empfiehlt, aber zu Unbilligkeiten da führt, wo die Inädification nicht mit Mitteln des Eigenthümers, sondern eines Dritten erfolgt.

Der Vorschlag führt zu einer billigen Lösung der entgegenstehenden Interessen der Hypothekengläubiger und der Baugläubiger, welche beide nur dann Verlust erleiden, wenn der Erlös des bebauten Grundstücks nicht den Betrag der Hypotheken zuzüglich der Forderungen der Baugläubiger deckt. In diesem Falle haben eben die Hypothekengläubiger dem Werthe des Grund und Bodens zuviel creditirt, und die Baugläubiger haben den Werth ihrer Leistungen zu hoch geschätzt. Es ist in der Ordnung, daß jeder den Schaden seiner zu hohen Creditirung trägt.

Wenn dagegen nach dem Entwurfe des Reichsgesetzes der Erlös des bebauten Grundstücks nur die Höhe des Baustellenwerths erreicht, so ist es unbillig, daß dieser Erlös, der in so hoch doch nur geboten ist wegen der Bebauung oder weil die Baugläubiger nicht im Stande waren, die Hypothek zu decken, ganz dem Hypothekengläubiger allein zu Gute kommt.

Allein, so richtig von dem Grundsatze der Gerechtigkeit aus mein Vorschlag gewiß ist, so muß ich zugeben, daß seine Verwirklichung Schwierigkeiten macht. Die Baugläubiger sollen kein Hypothekenrecht haben, auch nicht nach Art der Liedlöhner einen Anspruch auf bevorzugte Befriedigung aus dem Grundstücke, sondern nur Anspruch auf bevorzugte Befriedigung aus einem verhältnißmäßigen Antheile des in Zwangsversteigerung erzielten Kaufpreises. Daraus folgt, daß binnen einer nicht zu lang bemessenen Frist die Zwangsversteigerung herbeigeführt werden muß, was die Baugläubiger ja durch Ausklagung ihrer Forderungen erreichen können, und daß nach Ablauf der Frist unter Löschung des Bauvermerks im Grundbuch alle Rechte der Baugläubiger daraus erlöschen müssen, unbeschadet ihrer sonstigen Rechte, insbesondere des Rechts auf hypothekarische Eintragung gemäß § 648 des B.G.B. — Um die Hypothekengläubiger vor ungerechter Benachtheiligung zu schützen, würde es genügen, die Eintragung des Bauvermerks und somit die Zulässigkeit der Bebauung von Zustimmung der bereits eingetragenen Hypothekengläubiger abhängig zu machen. Das Gesetz könnte sich auf folgende Bestimmungen beschränken:

I. Die Erlaubniß zu einem Neubau darf erst ertheilt werden, wenn auf dem Grundbuchblatte der Vermerk (Bauvermerk) eingetragen ist, daß das Grundstück bebaut werden soll.

II. Dieser Vermerk wird nach Ablauf von . . . Jahren, beginnend mit dem Eingange der Mittheilung der Baupolizeibehörde über Vollendung des Baus, von Amtswegen gelöscht.

III. Jeder Baugläubiger hat binnen 6 Monaten, beginnend mit demselben Zeitpunkte, seine Forderung zu den Grundacten schriftlich anzumelden.

IV. Kommt es vor Ablauf der unter II bestimmten Frist zur gerichtlichen Zwangsversteigerung, so gebührt den Baugläubigern, welche ihre Forderung gemäß Nr. III angemeldet haben, für den nachzuweisenden Betrag ihrer Forderungen vorzugsweise Befriedigung aus dem durch Abschätzung vorbehaltlich des Rechtswegs zu ermittelnden Theile des Kaufgeldes, welcher verhältnißmäßig der durch den Bau bewirkten Werthserhöhung des Grundstücks entspricht.

V. Der Grundstückseigenthümer kann schon vor dem zu II gedachten Zeitpunkte die Löschung des Bauvermerks verlangen, wenn er die Zustimmung aller angemeldeten Baugläubiger (Nr. III) beschafft.

Nicht erwarten darf ich, verehrte Herren, für diesen, zu den vielen Vorschlägen hinzugebrachten neuen Vorschlag gleich Zustimmung zu finden, ich bescheide mich, wenn nur wenigstens das Princip gebilligt wird.

Die Frist, nach deren Ablaufe der Bauvermerk seine Wirkung verliert, müßte so bemessen werden, daß jeder Gläubiger im Stande ist, innerhalb derselben seine Forderung auszuklagen und wegen der Forderung die gerichtliche Zwangsversteigerung herbeizuführen.

Von einem *Antrage* nach der Richtung meines Vorschlags sehe ich ab, ich bitte Sie aber, die Nr. 2 des Antrags des Herrn Referenten abzulehnen, weil mir die Bemessung der Caution nach der Differenz zwischen Werth und Belastung des Grundstücks willkürlich erscheint, ich auch die Tragweite des Antrags nicht zu übersehen vermag.

Dagegen würde ich den Anträgen zu Nr. 1 und 3 zustimmen, insbesondere sehe ich in Abhängigmachung der Bauerlaubniß von Eintragung des Bauvermerkes einen gesunden Gedanken, wie auch schon *daraus* hervorgeht, daß der Bauvermerk *in allen Vorschlägen* wiederkehrt.

Vielleicht wird es genügen, wenn nur dieser Bauvermerk erreicht und die Sicherung der Baugläubiger an diesen Vermerk in der Weise verknüpft wird, daß spätere Verpfändungen und Veräußerungen des Grundstücks den Baugläubigern nicht nachtheilig sein dürfen.

Kreisgerichtsrath a. D. Dr. Benno **Hilse** (Berlin): Hochverehrte Herren! Wenn ich mich zum Worte gemeldet habe, gegen jeden dieser Vorschläge der beiden Herren Berichterstatter und der beiden Herren Begutachter mich zu äußern, so geschieht es, weil ich gewissermaßen in der Praxis stehend vom praktischen Standpunkte aus den Grund des Bauschwindels erkannt habe, sowie die Mittel, wodurch ihm allein abgeholfen werden kann.

Der Herr Begutachter Thinius war so liebenswürdig, eine Arbeit von mir theilweise zu benutzen, welche ich der ständigen Deputation des Juristentages unter dem 17. Februar d. J. zu dem Zwecke überreicht habe, sie den Herren Berichterstattern und den Herren Gutachtern vorzulegen. Der Bauschwindel beruht auf dem Beschlusse des Reichstages des Norddeutschen Bundes vom 21. October 1867, welcher das freie Spiel der Kräfte geschaffen hat mit der Einführung der Gewerbefreiheit und der Freizügigkeit. Er beruht weiter auf einem Mangel unseres Actienrechts, welches neben dem Bauschwindel auch noch einen Hypothekenbankschwindel erzeugt hat. Und nur das Zusammenwirken des Bauschwindels und des Hypothekenbankschwindels ermöglicht die ungesunden Zustände, die wir allerdings jetzt in den entwickelten Großstädten bereits haben. Der Herr Verfasser des 5. Gesetzentwurfs des Preußischen Justizministeriums, der verstorbene Oberlandesgerichtspräsident dieses Ortes Herr Dr. Eichholz, führte seiner Zeit in der Commission des Abgeordnetenhauses aus, daß die Bauhandwerker selbst die Hauptschuld daran tragen, daß der Bauschwindel so arg grassire; und das hat zum Theil seine Richtigkeit. Die Entwürfe, die neuerdings vorgelegt worden sind, der 6. unter dem 15. December v. J. veröffentlicht, sollen nach glaubhafter Mittheilung auch bereits zurückgezogen sein, und man soll im Reichsjustizamt an die Lösung der Aufgabe durch einen 7. herangetreten sein. Zurückgezogen ist er aus zweifachen Gründen. Es haben sich dagegen geäußert die capitalistischen Kreise, nämlich sämmtliche Börsen. Das Aeltestencollegium der Berliner Kaufmannschaft findet in dem Entwurfe, welcher auf der Abschätzung der Grundstücke und der bevorrechteten Hypothek der Bauhandwerker beruht, eine Schädigung des gesammten Grundbesitzes, und aus diesem Grunde hat dasselbe sich dagegen erklärt. Es haben auch die zunächst betheiligten Kreise, und dazu gehört der Innungsverband der deutschen Baugewerksmeister, dem man doch zutrauen muß, daß er weiß, was dem Baugewerbe nutzt und frommt, sich gegen den Entwurf gewendet und an zuständiger Stelle beantragt, diesem Entwurfe die gesetzliche Zustimmung nicht zu ertheilen.

Der Kernpunkt des heutigen Bauschwindels liegt einfach und allein darin, daß das Grundstück weitergeschoben und überschuldet wird durch simulirte und frauduloſe Rechtsgeschäfte und daß es auf diesem Wege dem Bauhandwerker unmöglich gemacht wird, sich an das Baugrundstück durch Eintragung seiner Ansprüche zu halten und eine Befriedigung für dasjenige zu bekommen, was er in das Grundstück hineingewendet hat. Hilfe wird geleistet durch einige weniger gewissenhafte Hypothekenbanken, welche durch verschleierte Provisionsansprüche und andere Abzüge, durch Verwendung der Baucapitalien zu anderen Zwecken z. B. Gegenaufrechnung mit Zinsverpflichtungen des Schuldners das Baugeld so weit kürzen, daß auf eine Befriedigung der Bauhandwerker nicht gerechnet werden kann.

Bei Hingabe eines Baugelddarlehns zu einem Berliner Bau wurde in dem Darlehnsvertrage festgesetzt, daß die Bank den Fortschritt des Baues zu revidiren hätte durch einen von ihr bestimmten Bauhandwerker. Dieser Bauhandwerker erhielt von dem dargeliehenen Capitale $2^1/_2$ pCt., das machte bei 1 Million 25 000 Mk. aus. Um diese Summe von 25 000 Mk., die der Schwiegersohn des Bankdirektors für die fünfmalige Unterschrift seines Namens bekam, verringerten sich natürlich die zur Verfügung stehenden Baugelder. Auch bei vollständiger Zahlung des Baugelddarlehns würde zwar eine volle Abhilfe sich nicht in allen Fällen schaffen lassen, jedoch eine Besserung der Verhältnisse.

Bauhandwerker und Baugewerksmeister sind zwei ganz verschiedene Berufszweige, was nicht verkannt werden darf. Letztere führen den Rohbau, erstere den inneren Ausbau aus. Beide werden gegen Werklohnverluste geschützt, wenn ein Bauvermerk eingetragen ist, welcher Grundstücksschiebungen und Ueberverschuldungen hindert, was in meinen von Herrn Landgerichtsrath Thinius erwähnten Ausführungen auch hervorgehoben ist und Herr Berichterstatter Wilke so freundlich war als ersten Punkt seiner Sätze aufzustellen.

Um auf die Vorschläge zur Abhilfe des Bauschwindels näher einzugehen, so wird jedem der Herren bewußt sein, daß noch nie ein Bauanschlag sich mit einer Bauabrechnung gedeckt hat, sondern daß beide stets sehr auseinander gehen; und dieser Umstand ist das wesentlichste Bedenken gegen Verwirklichung der Wallbrecht'schen Idee, welche in dem sogenannten Gesetze Wallbrecht betreffend die Einführung der Bauschöffenämter von dem Preußischen Abgeordnetenhause am 19. März 1896 gut geheißen und in dem Gutachten des Herrn Justizraths Eckels befürwortet, jedoch etwas ganz anderes sind, als die Schätzungscollegien des preußischen Ausführungsgesetzes vom 15. December v. J. Hinzu tritt, daß es sich nicht empfiehlt, auf dem Gebiete des öffentlichen Rechts den Bauherrn in der Weise zu bevormunden und in seinem Credite zu gefährden, daß einem Bauschöffenamte, also einer Verwaltungsbehörde, das Recht zustehen soll, die Entscheidung über Fehlen oder Vorhandensein der Creditfähigkeit eines Bauherrn oder Baugewerksmeisters zu treffen, ohne ein Rechtsmittel hiergegen zu haben. Weil Verwaltungswillkür und nicht Verwaltungsrecht hierfür ausschlaggebend sein kann, so liegt hierin der entscheidende Grund, welchen sowohl die capitalistischen Interessenten, als auch die Kreise der Baugewerksmeister dem Antrage Wallbrecht entgegengesetzt haben. Uebrigens hat diesen Antrag Wallbrecht auch das Reichsjustizamt am 27. März 1897, sowie am 10. Mai 1897 der preußische Justizminister für nicht annehmbar erklärt, was auch die Motive zu dem Reichsgesetzentwurf vom 15. December v. J. ausführen.

Der zweite Vorschlag, der gebracht worden ist, auf dem Gebiete des öffentlichen Rechts Abhilfe zu schaffen, geht dahin, ein Baugeldamt zu schaffen, d. h. den Grundbesitzer zu verpflichten, die Baugelder an eine bestimmte Stelle einzuzahlen und von da aus die Befriedigung der Baugläubiger zu bewirken. Auch hiergegen erklären sich die zunächst betheiligten Kreise, weil sie der Ueberzeugung sind, daß dann der kleine Mann überhaupt nicht mehr bauen und ein unbemittelter Bauhandwerker sich nicht mehr heraufarbeiten kann; es kann nur der Großcapitalist bauen. Der Unbemittelte, wirthschaftlich Schwächere ist verpflichtet, mit einem Großcapitalisten oder mit einer Bank in Verbindung zu treten. Die Bank wird aber nicht als Zwischenunternehmer den Bauhandwerker und Baugewerksmeister beschäftigen, sondern sie wird ihrerseits durch selbst angenommene Kräfte im Regiebaue die Arbeiten ausführen. Dies führt zu dem socialpolitisch gefährlichsten Spiele der Kräfte. Auf diese Weise wird der geachtete Mittelstand des Bauhandwerkers und Baugewerksmeisters von der Bildfläche verschwinden, und die Kluft zwischen Capital und zwischen Arbeit wird weiter gezogen werden.

Es fragt sich nun, soll eine bevorrechtete Hypothek eingetragen werden, und da erklären die baugewerklichen und capitalistischen Kreise sich dagegen. Nach ihrer Ueberzeugung und ihren Erfahrungen genügt es vollständig, wenn auf das Baugrundstück ein Bauvermerk eingetragen wird, welcher Bauvermerk mit der Wirkung auszustatten ist, daß alle Rechtshandlungen, welche der Eigenthümer des Grundstücks an dem Baugrundstücke vornimmt oder an den dargeliehenen Baugeldern, den Bauhandwerkern gegenüber rechtsunnachtheilig bleiben und daß jede aus den

Baugeldern geleistete Zahlung rechtsunverbindlich ist, wenn sie zu einem anderen Zwecke als zur Tilgung der Baukosten nachweisbar ihre Verwendung findet. Solche Zahlungen können nach der rechtlichen Natur des Baugeldvertrages zwar nicht geleistet werden, meint die Theorie, beweist die Praxis aber doch. In der Praxis wird das Baugeldgeschäft so gemacht Seitens der Banken, die mit Bauschwindlern in Verbindung treten: dem A, als Besitzer des Baugrundstückes und Empfänger der Baugeldhypothek, der ein Grundstück, wollen wir sagen, in der Wilhelmstraße, gebaut hatte, werden auf 4 Jahre gegen Abschlußprovision die Hypothekenzinsen seines Hauses Wilhelmstraße gestundet. Er baut dann ein Haus in der Friedrichstraße, nimmt von derselben Bank die Baugelder auf. Dann zieht die Bank zunächst die rückständigen Zinsen für das Haus in der Wilhelmstraße ab; um diese Summe wird also das verfügbare Baugeld verkürzt, und hierin liegt der Grund des Bauschwindels.

Wenn Herr Geh. Justizrath Brunner hervorgehoben hat, daß gerade so viele kleine Bauhandwerker, insonderheit Maler und dergleichen durch den Bauschwindel ruinirt wurden, so findet dies seinen einfachen Grund darin, daß bei jeder normalen Bauausführung der Rohbau die eine Hälfte und der innere Ausbau die andere Hälfte der Baukosten beansprucht. Die Herren Baugewerksmeister und Handwerker werden bezahlt nach der Reihenfolge der Fertigstellung ihrer Arbeit, danach wird die Fälligkeit der einzelnen Baugelderraten bestimmt. Die Baugewerksmeister und Lieferanten der Baumaterialien kommen mit ihrer Vorleistung zuerst und werden deshalb meist befriedigt. Dies ist der Grund, weshalb nicht aus den Kreisen der Baugewerksmeister nach Hilfe gerufen wird, sondern aus den Kreisen der Bauhandwerker. Und da der Maler derjenige ist, der erfahrungsgemäß zuletzt in jedem Hause mit seiner Arbeit an die Reihe kommt, so ist er es, welcher am öftesten ausfällt. Und hierin können Sie die Aufklärung dafür finden, weshalb, wenn der Verein für Hebung des Mittelstandes oder die Schutzgenossenschaft der Bauhandwerker mit Lamentos kommen und wenn der von Herrn Brunner Ihnen erwähnte Fall Seeger, der sich in Berlin ereignete, so weit aufgebauscht und herangezogen wurde als Nothwendigkeit zur Einführung von Schutzmaßregeln, daß gerade der Maler in Betracht kam, aber kein Baugewerksmeister in Betracht kommen konnte.

Die Einrichtung von Neubaubezirken, welche der Entwurf vorsieht und die Abschätzung von Grundstücken nach Zonen bringt die Gefahr, daß weil sie von Amts wegen erfolgt, ein Jeder, also auch Derjenige, der gar nicht bauen will, verpflichtet ist, solche Abschätzungen vornehmen und gegen sich gelten zu lassen, und zwar mit dem von dem Herrn Berichterstatter hervorgehobenen Nachtheile, daß es keine Abhilfe giebt, wenn die Herren zu wenig schätzen, zu einer höheren Schätzung zu gelangen, was auf Veräußerung und Beleihung des Grundbesitzes sich ungünstig äußern muß. Dazu tritt, daß durch zufällige Umstände z. B. in einen Neubaubezirk verlegte Verkehrsanstalten der Werth der Baugebäude steigt, in Folge geschaffener mit Rauch- oder Geräuschbelästigung verbundener gewerblicher Anlagen derselben aber fällt, also einem steten Wechsel unterliegt. Es wäre aber noch gefährlicher, dem Belieben einer Verwaltungsbehörde zu überlassen, ob Jemand eine Caution bestellen soll oder nicht. Denn es kann sich leicht bei jedem Bauschöffenamte eine gewisse Gevatterschaft herausbilden.

(Sehr wahr!)

Es läßt sich nun annehmen, daß als Bauschöffen zunächst Baugewerksmeister bezw. Handwerker bestellt werden. Es ist nun möglich, daß — zwar nicht alle, aber doch einzelne dieser —, je nachdem ob ein Freund oder ein gefährlicher Concurrent von ihnen den Bau auszuführen hat, sich in ihrem Urtheile beeinflussen lassend, je nachdem den Bauherrn für leistungsfähig oder nicht leistungsfähig halten. Aus diesem Grunde glaube ich allerdings die anwesenden Herren auf Grund meiner reichen Erfahrungen als früherer Rechtsbeistand des Innungsverbandes deutscher Baugewerksmeister und als jetziges Ehrenmitglied dieses Innungsverbandes bitten zu müssen, den Anträgen auf Errichten eines Bauschöffenamtes Ihre Zustimmung zu versagen.

Ich glaube, daß ich mich mit der Frage eingehend beschäftigt habe. Das können Sie daraus ersehen, daß die in Stettin und Straßburg gefaßten Beschlüsse, welche der Herr Geh. Rath Brunner zu erwähnen die Freundlichkeit hatte, auf einem Antrage von mir beruhten, über welchen ein Rechtsgutachten von mir und Herrn Dr. Staub erfordert war. Er hat in § 648 des B.G.B. trotz der damaligen Abstimmung des Deutschen Juristentages Aufnahme gefunden.

Auf Grund meiner gemachten Erfahrungen gelange ich zu der Ueberzeugung und bitte Sie, sich derselben anzuschließen, daß dem Schutzbedürfniß der Bauhandwerker in genügender Weise entsprochen wird, wenn in dem Grundbuche eines im Baue befangenen Grundstücks vor Aushändigung der Bauerlaubniß ein Vermerk eingetragen wird, daß das Grundstück im Baue befangen ist. Dieser Vermerk muß die Wirkung haben, daß alle Rechtshandlungen, welche der Eigenthümer des Baugrundstückes an dem Grundstücke oder an den dargeliehenen Baugeldern vornimmt, den Bauhandwerkern gegenüber rechtsunnachtheilig sind und daß auch jede aus den Baugeldern geleistete Zahlung rechtsunverbindlich ist, wenn sie zu einem anderen Zwecke als zur Befriedigung der Baugläubiger nachweisbar ihre Verwendung findet.

Dieser Bauvermerk wird drei Monate nach erfolgter Gebrauchsabnahme von Amts wegen wieder gelöscht, sofern nicht von Seiten der Baugläubiger auf Verfügung des Proceßrichters derselbe aufrecht erhalten wird.

Dies ist ein sehr einfacher Weg; er greift nicht ein in den öffentlichen Glauben des Grundbuches, er greift nicht ein in die Rechte des Grundeigenthümers oder Hypothekengläubigers, er schädigt auch nicht die die Baugelder darleihenden Banken, und das ist der Grundsatz, auf welchen sich der Innungsverband deutscher Baugewerksmeister und auf welchen sich u. A. das Aeltestencollegium der Berliner Kaufmannschaft auch geeinigt hat. Er verdient vor den Brunner'schen Anträgen und der Regierungsvorlage den Vorzug, daß er einheitliches Recht für das Deutsche Reich und nicht bloß particulares Recht für Neubaubezirke schafft, auch neben Neubauten für Um- und Reparaturbauten Geltung findet.

Wenn ich zum Schlusse noch hervorhebe, daß in Sachsen neuerdings vom Königl. sächs. Ministerium der Entwurf eines Normalstatutes für Ortsbauordnungen erlassen worden ist, so thue ich dies deshalb, weil Herr Geheimrath Brunner in seinen Ausführungen auf einen derartigen Gesetzentwurf Bezug nahm. Gesetz ist das noch nicht geworden, sondern es ist ein Normalentwurf, den das Ministerium den gesammten Gemeindebehörden hat zustellen lassen, allerdings mit der Weisung, daß eine Ortsbauordnung nur dann Anerkennung finden würde, wenn sie dem Entwurfe entsprechend ausgearbeitet sei. Dieser Entwurf schließt sich allerdings bereits an das Gesetz vom 15. December vorigen Jahres an, insofern er verlangt, daß jeder Ort in 2 bezw. 3 Bauzonen getheilt werden muß, und daß je nach der Einreihung in die Bauzonen die Bebaubarkeit des Grundstückes abgeschwächt oder erweitert wird. Er trägt den Forderungen des deutschen Vereins für öffentliche Gesundheitspflege auch Rechnung, indem er Grundsätze aufstellt über das Mindestmaß des Raumgehaltes und Lichtgehaltes, welche eine Wohnung im Verhältniß zu der Zahl der Familienmitglieder haben muß, um als bewohnbar zu gelten. Allein dieses Wohnungsgesetz und Normalstatut ist ein Gegenstand, der außerhalb unserer Berathung liegt.

Ich erlaube mir, den Antrag, den ich gestellt habe, schriftlich zu überreichen.

Denselben liest wegen der Erblindung des Redners Geh. Justizrath Prof. Dr. Enneccerus-Marburg dahin vor:

„Zum Schutze der Baugläubiger, als welche Baugewerksmeister, Handwerker, Lieferanten zu gelten haben, empfiehlt sich aus privatrechtlichen, öffentlichrechtlichen, wirthschaftlichen, socialpolitischen Erwägungsgründen weder das Errichten eines Baugeldamtes oder Bauschöffenamtes, noch die Eintragung einer bevorrechteten Baugläubigerhypothek, vielmehr bloß die Eintragung eines Bauvermerks in der 2. Abtheilung des Grundbuches, für welche zu einem Neubaue, Umbaue, Reparaturbaue die Bauerlaubniß nachgesucht und ertheilt wurde, und zwar ist dieselbe vor Aushändigung des Bauerlaubnißscheines von Amts wegen dahin zu beantragen, daß das Grundstück im Baue befangen sei, auch mit der Wirkung auszustatten, daß alle Rechtshandlungen des eingetragenen Eigenthümers, welche eine Veräußerung oder Verpfändung des Grundstücks bezw. eine Abtretung der Baugeldhypothek betreffen, sowie Zahlungen aus der letzteren den Baugläubigern gegenüber insoweit rechtsunverbindlich bleiben, als sie nicht zur Tilgung fälliger Bauforderungen Verwendung finden. Dieser Bauvermerk ist 3 Monate nach stattgefundener Gebrauchsabnahme von Amts wegen zur Löschung zu bringen, wenn er nicht durch Verfügung des Proceßgerichts aufrecht erhalten wurde."

Rechtsanwalt Dr. **Baumert** (Spandau): Ich muß um Entschuldigung bitten, wenn ich hier das Wort ergreife. Wenn ich mich auch mit dieser Frage nicht so viel beschäftigt habe, wie der geehrte Herr Vorredner, Kreisgerichtsrath Dr. Hilse, so veranlassen mich doch gewisse Ausführungen des Herrn Geh. Justizraths Wilke, das Wort zu ergreifen. Auch glaube ich, daß ich praktisch in Spandau einige Erfahrungen darüber habe machen können, was Bauschwindel ist, daß ich etwas Einsicht in den Bauschwindel habe, und ich habe gesehen, daß durch den Bauschwindel, wenn ich mich etwas stark ausdrücken darf, eine ganze Stadt gewissermaßen demoralisirt werden kann, daß also bei dem Bauschwindel und bei der Beseitigung desselben auch ein gewisser Sittlichkeitsgrund beachtet werden und auch ein gewisses Gerechtigkeitsgefühl Berücksichtigung finden muß. Daher freue ich mich, daß Herr Dr. Hilse nicht so geschlossen hat, wie ich nach seinem Anfange vermuthete, daß er schließen würde: die Frage ist überhaupt nicht zu regeln, und es ist Alles abzulehnen. Das waren etwa die Ausführungen des Herrn Dr. Hilse, der Schluß ja nicht.

Ich meine, selbst wenn man glauben sollte, es nützt Alles nichts, die Handwerker wollen betrogen sein, sie sind zu leichtgläubig, so müssen wir uns auf den Standpunkt stellen, daß vom moralischen und Sittlichkeitsstandpunkte aus betrachtet der Bauschwindel derart weit vorgeschritten ist, daß der Staat, wenn er den Sittlichkeitsstandpunkt hochhalten will, nicht sagen kann: ich mache nichts. Also es muß etwas geschehen; darüber sind wir, glaube ich, sind auch die Versammlungen, die Herr Dr.

Hilse angeführt hat, nicht im Unklaren gewesen, sie verhielten sich nicht ganz verneinend. Wenn Herr Dr. Hilse angeführt hat, daß sich die Versammlungen gegen den Entwurf erklärten, so will ich bemerken, daß die Generalversammlung des Verbandes der deutschen Hausbesitzervereine sich im Großen und Ganzen für den Entwurf erklärt hat, obgleich sich der Berichterstatter ganz und gar dagegen ausgesprochen hat, daß also ein gewisses Gefühl dafür vorhanden ist, es muß etwas geschehen.

Nun ist ja das, was Herr Dr. Hilse beantragt hat, das Mindeste, und ich gebe zu, daß dieses Mindeste in vielen Fällen helfen kann. Der Antrag basirt darauf, soweit ich im Laufe des Vortrages und des Vorlesens des Antrages fassen konnte, daß die Hypothekenbanken gewissermaßen gezwungen werden, dafür zu sorgen, daß das Baugeld wirklich den Bauhandwerkern zufließt. In der That besteht darin zur Zeit die größte Unmoralität, daß der Director einer Hypothekenbank sich sagt: ich habe zwar einen Menschen, der den Manifestationseid geleistet hat, dem gebe ich das Geld, was der mit dem Gelde macht, ist mir gleichgiltig, das hat für mich keinen Werth, meine Bank hat genügende Sicherheit durch Hypothek, und wenn die Bauhandwerker das Nachsehen haben, mich geht es gar nichts an, ich wasche meine Hände in Unschuld. Ja, ein sehr sittlich denkender Hypothekenbankdirektor wird sich auf diesen Standpunkt nicht stellen und soll sich auf diesen Standpunkt nicht stellen, und ich meine, wenn wir nach dieser Richtung mit Herrn Dr. Hilse eingreifen, so erreichen wir schon etwas. Ich bitte also alle diejenigen Herren, die sich gewissermaßen auf den Standpunkt stellen: es kann überhaupt nichts geschehen, sich wenigstens auf den Standpunkt des Herrn Dr. Hilse zu stellen und wenigstens diesen Antrag anzunehmen, wenn Sie die anderen Anträge ablehnen sollten. Ich selbst bin für die weitergehenden Anträge und meine, daß mir der Antrag Hilse zu wenig bietet, nämlich er bietet nur dann etwas — so habe ich ihn wenigstens aufgefaßt — wenn man eine Baugeldhypothek und einen Baugeldgeber hat; er scheint mir zu versagen, wenn man keine eigentliche Baugeldhypothek geschaffen hat, er scheint mir auch zu versagen, wenn das Baugeld verjubelt, verbracht ist; soll dann der Baugeldgeber nochmals das Geld geben? Mir scheint er also nicht alle Fälle zu treffen, sondern nur den einen Fall, er kann vielleicht die Wirkung haben, daß die Baubanken etwas solider werden. Indeß baut man dann nicht mit Hilfe einer Baubank, sondern auf andere Weise. Dann wird der Antrag versagen.

Ich gehe weiter und stelle mich im Großen und Ganzen auf den Standpunkt der Anträge unseres Herrn Referenten, Geheimraths Brunner, der mir gesagt hat, daß entsprechend seinen Ausführungen zu Nr. 3 das

Wort „Lieferanten“ nur weggelassen ist; es soll nicht bloß heißen „Bauhandwerker und Arbeiter“, sondern auch „Lieferanten“. Ich habe aus seinen Ausführungen entnommen, daß er dasselbe für die Lieferanten beansprucht, aber in den schriftlichen Anträgen steht es nicht.

Also, davon abgesehen, habe ich zu den Anträgen des Herrn Referenten keine Verbesserung oder keinen Zusatz zu machen. Ich wünsche nur, daß die Versammlung sich recht einmüthig für diese Anträge aussprechen und die Anträge des Herrn Geheimen Justizraths Wilke aber ablehnen möge. Mir scheinen die Ausführungen des Herrn Geheimen Justizraths Wilke, denen ich nicht vollkommen folgen konnte, namentlich was den Gesetzentwurf anbetrifft, da er nicht schriftlich vorliegt, sehr mit sich selbst in Widerspruch zu gerathen. Herr Geheimer Justizrath Wilke sagt: Ich will durchaus, daß die Hypothek, die auf ein Grundstück, auch auf ein unbebautes, eingetragen ist, nicht irgendwie geschädigt wird. Ich als Hypothekengläubiger muß die Garantie haben, wenn ich eine Hypothek auf eine Baustelle gebe, daß ich wenigstens rechtlich im Stande bin, einmal mich vollständig auszubieten. Diesen Standpunkt erkenne ich als vollständig richtig an, und ich meine, daß die Differenzcaution, die Herr Geheimrath Brunner zu Nr. 2 vorschlägt, vollständig das gewährt, was Herr Geheimer Justizrath Wilke verlangt. Diese Ausführung deckt also nur den Antrag des Herrn Referenten, deckt aber nicht den Antrag des Herrn Geheimen Justizraths Wilke selbst, im Gegentheil, gerade diese Ausführung spricht gegen dessen Antrag. Wenn ich nämlich recht verstanden habe, so soll, wenn es zur Subhastation kommt, das ganze Gebot oder die ganze Kaufgeldmasse getheilt werden nach Verhältniß, und zwar nach Verhältniß des Baustellenwerthes und nach Verhältniß der durch den Bau hineingekommenen Gelder in der Art, daß, wenn 3 Thaler geboten werden und der Werth der Baustelle 1 Thaler, der Werth des Gebäudes 2 Thaler betrüge, der Hypothekengläubiger 1 Thaler bekommt und die Bauhandwerker 2 Thaler. Herr Geheimrath Wilke erkennt diese Vertheilung als richtig an, dann hat er aber sich selbst widersprochen, denn dann bin ich als erster Hypothekengläubiger nicht in der Lage, mich auszubieten. Ich habe auf die Baustelle eine Hypothek von 20 000 Mk.; nun will ich mich als erster Hypothekengläubiger bloß ausbieten, allein ich will nicht außer meinen 20 000 noch 40 000 Mk. für den Bauwerth zu zahlen nöthig haben, weil ich mir bei Hingabe der Hypothek sagte: Geld brauchst Du überhaupt nicht, um Dich auszubieten, vor Dir steht Niemand, und Du kannst Dein Geld nicht verlieren. Gerade dieser Antrag Wilke, ich will nicht sagen ruinirt, aber gefährdet den Hypothekencredit mindestens ebenso wie der Gesetzentwurf, und gerade der Antrag Brunner verhindert dies. Durch die Differenzcaution ist es möglich, daß der 1. Hypothekengläubiger, sagen wir also der Baustellengläubiger, im Stande ist, sich auszubieten. Er bietet sich aus, bekommt sein Geld, und die Differenzcaution steht dann den Bauhandwerkern zur Verfügung. Der 1. Hypothekengläubiger wird daher durch den Vorschlag unseres Referenten, die Differenzcaution, nicht im mindesten alterirt oder gefährdet, wenigstens im großen Ganzen, von Kleinigkeiten abgesehen, es können Zinsverluste eintreten u. s. w., aber dem Wesen nach wird der Realcredit auch für die ersteingetragene Hypothek so aufrecht erhalten, wie es nur möglich ist, und durch den Vorschlag Wilke wird dieses verhindert, wird dies untergraben, denn ich habe als erster Hypothekengläubiger keine erste Hypothek mehr, es rangiren mit mir die Bauhandwerker. Ich habe für meine erste Hypothek keine Sicherheit mehr dafür, daß ich kein Geld brauche, um mich auszubieten. Nun sagt der Herr Geheime Justizrath Wilke gerade wieder im Widerspruch zu seinen Anträgen: Ja, die Bauhandwerker haben ja nicht das Geld, die erste Hypothek auszubieten. Ja, wenn sie das nicht haben, dann ist ihnen nicht zu helfen. Wenn sie aber auf dem Grundstücke ein Haus oder auch nur ein halbes Haus errichtet haben, so wird doch wenigstens die Baustelle um ebenso viel gestiegen sein, als die der begonnene Bau werth ist. Dann werden die Bauhandwerker, wenn sie einigermaßen ordentliche, solide Leute sind, die erste Hypothek jederzeit auch wieder finden und jederzeit bekommen, im Großen und Ganzen unter nicht zu theueren Bedingungen. Ich habe also das Bedenken des Herrn Geheimen Justizraths Wilke nicht. Indeß kann man auch dafür, daß die Bauhandwerker die erste Hypothek nicht geliehen bekommen, überhaupt nicht sorgen. Mir ist der Antrag des Herrn Referenten viel sympathischer, der in der That das Hypothekenrecht im Großen und Ganzen unberührt läßt, während der Antrag Wilke das Hypothekenrecht nicht unbeanstandet läßt, vielmehr die erste Hypothek als solche untergräbt.

Ich bitte Sie deshalb dringend, sprechen Sie sich, wenn Sie mir zustimmen, für die Anträge des Herrn Referenten mit dem Zusatze, den der Herr Referent bereits genehmigt hat, „Lieferanten" in 1 hinzuzufügen, aus und lehnen Sie die anderen Anträge ab. Sollten Sie aber durchaus sich gegen alles erklären wollen und die Anträge des Herrn Referenten nicht gutheißen wollen, dann nehmen Sie wenigstens den Antrag Hilse an, der allerdings wenigstens einen Punkt des Bauschwindels trifft, aber mir zu wenig zu erreichen scheint.

Dann möchte ich noch Eines hervorheben. Es werden ja — der

Herr Referent hat schon darauf hingewiesen — gegen jeden derartigen neuen Gesetzentwurf große Bedenken hervorgehoben werden können, und es werden sich vielleicht auch in der Ausführung Schwierigkeiten zeigen. Aber einen Versuch zu machen, ist durchaus nothwendig, und das kann nicht abgelehnt werden — der Versuch trifft auch nicht das ganze Deutsche Reich, er wird nur örtlich gemacht, er wird nicht im ganzen Reiche gemacht — sondern nur dort, wo das Gesetz eingeführt wird, wo Baubezirke errichtet werden; man wird ja doch nicht sofort an allen Orten, in allen Städten Baubezirke errichten und durch landesherrliche Verordnungen schaffen, sondern man wird erst versuchsweise in ein paar Orten das einführen, um nach den Erfahrungen, die man macht, dann fortzuschreiten. Ich meine, wenn die Vorschläge des Herrn Referenten angenommen werden, wird nicht großes Unheil angerichtet werden, sondern nur die Möglichkeit geschaffen werden, daß wir im großen deutschen Vaterland einmal den Versuch machen wollen, ob es gelingt, auf Grundlage dieses Gesetzentwurfs den Bauschwindel zu bekämpfen. Gelingt es nicht, so hat der Gesetzgeber die Pflicht und Schuldigkeit auf diesem Gebiete einmal etwas anderes zu versuchen.

(Bravo!)

Justizrath **Boyens** (Leipzig): M. H., die große wirthschaftliche Bedeutung der Frage, die wir behandeln, kann gewiß nicht verkannt werden. Bei solchen Fragen muß aber vor allen Dingen angeknüpft werden an die Factoren, die thatsächlich in dem Gewerbe hervorgetreten sind, in welches so wesentlich eingegriffen werden soll. Wenn ich von diesem Gesichtspunkte ausgehend, die entgegenstehenden Anträge — auf der einen Seite die Anträge des Herrn Referenten und die Anträge des Herrn Geheimen Justizrathes Wilke

(Geh. Justizrath Wilke: Ich habe keinen Antrag gestellt, ich habe mich nur zum Theil gegen die Anträge des Herrn Referenten erklärt!)

oder die Ausführungen des Herrn Geh. Justizraths Wilke und auf der anderen Seite des Herrn Dr. Hilse — ansehe, so ist meiner Meinung nach der Grundgedanke, von dem der Antrag Hilse ausgeht, ein gesunder und knüpft in der That richtig an die thatsächliche Lage des Baugewerbes an, wie wir es heutzutage in unseren Großstädten haben. Es ist unzweifelhaft, m. H., daß die ganzen Bauten, die wir hier treffen wollen, operiren mit Baugeldern, also es kann von den Baugeldern als einem ganz feststehenden Factor ausgegangen werden. Die Anträge des Herrn Referenten sehen von diesen Baugeldern eigentlich vollkommen ab, sie gehen meiner Meinung nach von zu idealen Zuständen aus, sie werden, wie die von Herrn Dr. Hilse angeführten Autoritäten und Interessentenkreise auch gesagt haben, das Krankhafte mit dem Gesunden beseitigen. Wenn eine Baubank oder ein sonstiger Geldgeber die Baugelder bewilligt, so wird bezweckt, daß diese successive mit dem Fortschreiten des Baues so gezahlt werden, daß sie sofort zur Zahlung der Bauhandwerker dienen können; es ist nicht etwa angängig, daß die Forderungen der Bauhandwerker erst zur Auszahlung kommen, wenn der Bau fertig ist. Es ist absolut unmöglich, daß die Handwerker darauf warten können, da sie sehr häufig nur ein kleines Capital haben und ihre Arbeiter nicht würden besolden können; wenn sie Entrepreneure sind, auch die Lieferanten nicht würden bezahlen können, so daß ihnen absolut nicht gedient wäre, wenn sie nur Aussicht hätten auf eine langathmig hinausstehende Befriedigung. Nun wird man vielleicht einwenden können, sie könnten ihre Rechte cediren, um sich den nöthigen Credit zu verschaffen. Aber ihre Rechte sind so unbestimmt nach den Anträgen des Referenten, was schließlich danach für sie herauskommen soll, ist gar nicht abzusehen. Auf diese unbestimmten Rechte Credit zu erlangen, wird schwer möglich sein. Ich bin also der Meinung, daß der Weg, den der Herr Referent und alle, die als Befürworter seiner Anträge aufgetreten sind, beschreiten wollen, in der That nicht gangbar ist.

Gegen den Antrag des Herrn Dr. Hilse habe ich aber ein Bedenken. Das ist das, er löst die Frage gar nicht, die er selbst allerdings während seines Antrages angeregt hat, wie denn, in welcher Reihenfolge die Baugelder zur Auszahlung kommen sollen. Er hat darauf hingewiesen, daß gewisse Handwerker, die zuletzt ihre Hand an den Bau legen, meist nicht befriedigt werden, daß das ganze Baugeld schon verbraucht wird zur Bezahlung andrer, z. B. des Maurermeisters, der die Mauer des Gebäudes errichtet, der zuerst Hand anlegt, dessen Forderungen zuerst fällig werden. Nun, diesen großen Uebelstand beseitigt sein Antrag nicht, denn der Antrag lautet dahin, daß der von ihm vorgeschlagene Bauvermerk nur die Wirkung haben solle, eine Verwendung der Baugelder, die nicht darin besteht, fällige Bauforderungen zu decken, als unwirksam anzusehen. Wenn die Bauhandwerker, die zuerst Hand an den Bau legen, ihre Zahlung aus den Baugeldern bekommen haben, so würden auch bei dem Antrage Hilse die späteren leer ausgehen, weil ihre Forderungen später fällig werden. Das ist meiner Meinung nach ein wesentlicher Fehler des Antrages und ich bin der Ansicht, daß die richtige Lösung der ganzen schwierigen Frage darin zu finden wäre, daß gesetzlich eine Reihenfolge festgelegt und aufgestellt würde, in der die

Forderungen der Bauhandwerker inclusive der Lieferanten — die will ich hier einschließen — aus den eingetragenen Baugeldern zu decken sind. Ich möchte zur Erläuterung dieses Falles einen Proceß erzählen, den ich jüngst selbst vor dem Reichsgericht plaidirt habe und in dem recht ersichtlich wird, was ich hier meine. Es kommt sehr häufig in großen Städten vor, daß, um die Baugeldforderungen wenigstens vor der äußersten Gefahr, nämlich vor einer Beschlagnahme von Gläubigern der Bauunternehmer, die sie aus ihrem übrigen Rechtsverkehre haben, zu schützen, daß gleich von Haus aus die ganze Baugeldforderung an einen dritten solventen Mann, den ich einmal als Treuhänder bezeichnen will, cedirt wird. An einen solchen Treuhänder waren in dem Fall, den ich erwähne, die sämmtlichen Baugelder cedirt. Er hatte also die Baugelder in Händen und gab nun Scheine an die einzelnen Bauhandwerker, in denen er sagte: ich verpflichte mich, aus den mir cedirten Baugeldern die Forderungen, die Du hier bei dem Bau haben wirst, zu bezahlen. Nun wurde darauf losgebaut, und er bezahlte aus den Baugeldern gewisse Leute; gewisse andere, obwohl er auch ihnen Scheine gegeben hatte, ließ er ruhig ausfallen. Als diese Leute in den Proceß gingen, wurde ihnen geantwortet: ich habe mich allerdings verpflichtet, aus den Baugeldern zu bezahlen, aber diesen Schein hast Du in Kenntniß der Thatsache erhalten, daß ich so und so viele andere Scheine auch gegeben habe, und nun habe ich bereits die Gläubiger A., B., C. bezahlt, für Dich ist einfach nichts übrig geblieben. Die Sache kam vor das Reichsgericht, und das Reichsgericht war der Meinung, daß de lege lata, so, wie wir jetzt das Gesetz haben, in der That solchen Scheinen, die keine persönliche Verpflichtung begründen, keine weitere Bedeutung beigemessen werden könne, als daß der Hinausgeber der Scheine die Forderungen wesentlich nach Lage ihrer Fälligkeit tilgen muß, daß er nur keine Zahlungen leisten darf, die wider das auch dieses Geschäft beherrschende Princip von Treu und Glauben verstoßen. Es billigte z. B. die Ausführung des Untergerichts, daß in einem solchen Falle die wöchentlich fällig werdenden Löhne der Handarbeiter vorweg bezahlt werden könnten. M. H., hier zeigt sich der Punkt, wo die Gesetzgebung ansetzen kann. Wenn de lege lata in der That die Baugelderforderungen selbst unter Vermittelung eines solchen Treuhänders nur in der Weise zu verwenden sind, daß sie wesentlich nach der Regel der Fälligkeit daraus getilgt werden, so kann die Gesetzgebung ein Mehreres thun, sie kann eine gesetzlich festgelegte Reihenfolge aufstellen, sie kann z. B. unter Berücksichtigung des Umstandes, daß die Baugelder niemals den ganzen Bauwerth des Hauses repräsentiren, sondern gewöhnlich 60, 70, 80 pCt. vorschreiben, daß alle betheiligten Bauhandwerker einen pro rata-Anspruch auf dieses Baugeld haben; das würde eine ganz wesentliche Verbesserung sein.

Das Gesetz kann ferner feststellen, wie der Antrag Hilse mit Recht thut, daß eine Abtretung, eine Beschlagnahme, überhaupt irgend eine andere Verwendung der Baugelder, als zur Befriedigung der Leute, die ihren Schweiß und ihr Blut und ihr Vermögen in das Gebäude hineingethan haben, gesetzlich verhindert wird. Ich meine, daß der gesunde Gedanke, der in der That in dem Vorschlag Hilse liegt, festzuhalten ist und zwar so, daß man den vorher entwickelten Gedanken hinzufügt.

Ich erlaube wir daher, Ihnen folgenden Antrag zu stellen:

Die gestellte Frage so zu beantworten, daß der Antrag Nr. 1 des Herrn Referenten Geheimrath Brunner angenommen wird, daß also angenommen wird:

1. Es empfiehlt sich zum Schutze der Bauhandwerker in Neubaubezirken

— ich bin der Meinung, daß es nicht nöthig ist, das auf Reparaturbauten, wie Herr Dr. Hilse meint, auszudehnen —

die Bauerlaubniß von der Eintragung eines Bauvermerks in das Grundbuch abhängig zu machen, an den die Sicherung der Bauforderungen zu knüpfen ist.

Und nun das Neue:

2. Diese Sicherung ist in der Art zu gewähren, daß jede Verwendung eingetragener Baugeldforderungen, wenn sie nicht dazu dient, die Bauforderungen (Lieferanten und Bauhandwerker) gemäß einer gesetzlich zu bestimmenden Reihenfolge zu decken, unwirksam ist.

Damit würde beiden Gedanken Ausdruck gegeben sein.

Gegen das, was der letzte Herr Vorredner in Betreff des Votums der Hausbesitzer angeführt hat, möchte ich einwenden, daß das für mich in der That keine schwerwiegende Bedeutung hat; denn es ist ganz natürlich — ich bin selbst lange Zeit Hausbesitzer gewesen —, daß die Interessen der Hausbesitzer, die jetzt schon Häuser haben, diametral entgegengesetzt sind den Interessen der Leute, die nur Baustellen haben und die bebauen wollen; denn je mehr das Baugewerbe gestört wird, desto besser für die Herren, die jetzt schon im Besitze eines Hauses sind. Ich bin also der Meinung, daß das Votum der Hausbesitzer eher das Gegentheil von dem bedeutet, was der Herr Vorredner meint.

Von Prof. Dr. Mitteis-Wien wird ein Schlußantrag angekündigt. Den noch angemeldeten vier Rednern, Justizrath Dr. Beckh-Nürnberg,

Geh. Justizrath Enneccerus-Marburg, Landgerichtsrath Albinus-Posen, Rechtsanwalt Dr. Scheerer-Leipzig, wird auf Beschluß der Abtheilung eine Redezeit von je 5 Minuten bestimmt.

Vorsitzender: Darf ich Herrn Justizrath Dr. Beckh bitten, mit fünf Minuten auszukommen?

Justizrath Dr. **Beckh** (Nürnberg): M. H., Angesichts der Vorträge der Herren Vorredner ist das in der That eine Galgenfrist.

(Heiterkeit.)

Ich will mich nun natürlich so kurz wie möglich fassen.

Vor allen Dingen bin ich sehr dankbar für die Auseinandersetzungen, welche sowohl der Herr Referent, Geh. Justizrath Prof. Dr. Brunner, als Herr Dr. Hilse über die Natur des betreffenden Bauschwindels, welche sich namentlich wohl auf die Verhältnisse in Berlin beziehen werden, uns gegeben haben.

Ich kann übrigens aus meiner Erfahrung bestätigen, daß an anderen Orten auch ähnliche Verhältnisse bestehen. Aber, m. H., ein Hauptgrund für die Entstehung dieses Schwindels oder bezw. für die Unzuträglichkeiten und für die schlimmen Erfahrungen, die man mit dem Vorgehen der Großcapitalisten, wie sie heute bezeichnet worden sind, gemacht hat, lag doch nach meiner Anschauung auch mit in den betreffenden wirthschaftlichen Verhältnissen dieser Zeit. M. H., ich weiß aus meiner Erfahrung: wenn in einer Stadt die Verwendung, der Bezug und die Verwerthung der neuen Baugrundstücke bezw. der Neubauten eine gute ist, wenn jederzeit diese sofort wieder verwerthet werden können, dann entstehen solche Verhältnisse nicht leicht, dann wird in der That dafür gesorgt, daß die Leute bezahlt werden und daß sie dann auch nicht den Muth verlieren, weiter mitzuthun. Dermalen sind die Verhältnisse z. B. in Nürnberg ganz gut, aber vor 5, 6 Jahren waren sie so in der Art, wie sie betreffs Berlin geschildert worden sind. Das ist ein Grund, den wir zu berücksichtigen haben, weil wir uns sagen müssen: es handelt sich um ein Gesetz, das gerade den gegenwärtigen Verhältnissen angepaßt wird bezw. vielleicht Verhältnissen, die unmittelbar hinter uns liegen und die örtlich zu bemessen sind, aber auch zeitlich.

Nun möchte ich mich aber ganz entschieden aussprechen gegen den Antrag Wallbrecht, der auch von dem Herrn Referenten abgelehnt worden ist. Denn ich bin der Ansicht, daß in solche Verhältnisse in der That sich der Staat doch nicht weiter einmischen soll, als unbedingt nothwendig ist, und wir haben in unserem deutschen Vaterlande die Bevormundung Seitens des Staates schon in so vielen Beziehungen, daß wir eine socialpolitische Calamität herbeiführen, wenn der Staat seine Einmischung überall geltend macht und sein fürsorgliches Auge auf Alles richtet, wo das Auge des Betreffenden nicht gut ist. Es heißt doch: „Augen auf — oder den Beutel auf!“; das ist ein Grundsatz, der auch seine Berechtigung hat. Deswegen haben wir dies deutsche Sprüchwort.

Ein Punkt, der schon berührt ist gegenüber dem Antrage des Herrn Referenten, Prof. Brunner, ist der, daß er sich in seinen Anträgen lediglich auf die Bauhandwerker beschränkt hat. Er hat Bezug genommen auf das Gutachten des Herrn Landgerichtsrath Thinius, und in dem ist so schön auseinandergesetzt, daß in der That den Lieferanten auch insbesondere eine Berücksichtigung werden muß. Ich habe Gelegenheit gehabt, im Reichstage diesen Punkt schon hervorzuheben, daß die Lieferanten unter Umständen möglicherweise auch kleine Leute sind und in derselben Weise benachtheiligt werden können, wie die Handwerker. Ich weiß z. B. aus Erfahrung, daß kleine Besitzer von Steinbrüchen, auch Genossenschaften, die Steinbrüche besitzen, wenn sie größere Lieferungen gemacht haben, in der That in die größte Verlegenheit kommen, wenn sie nachher nicht bezahlt werden oder schließlich mit ihren Forderungen durchfallen. Das trifft kleine Lieferanten ebenso gut wie die Handwerker. Wir müssen diese jedenfalls hereinziehen. Ich würde darum vorschlagen, daß wir, wenn der Satz 1 des Herrn Referenten angenommen wird, auch sagen:

Es empfiehlt sich zum Schutze „der Baugläubiger“,

(Geh. Justizrath Prof. Dr. Brunner: „Sehr schön!“)

nicht bloß der Bauhandwerker —

in der Weise würde sich der Satz sehr gut construiren.

Nun habe ich weiter zu bemerken gegenüber demjenigen, was Herr Geh. Justizrath Wilke vorgebracht hat: der Gedanke, den Herr Geheimrath Wilke brachte, daß man unterscheiden solle zwischen Baustelle und Aufbau, ist eigentlich an sich ein richtiger, schwierig ist nur, wie das getrennt werden kann. Da meine ich, ist der Antrag Hilse doch eher ein solcher, der praktische Verwendung finden kann und von praktischen Körperschaften ja schon vorgeschlagen worden ist.

Es ist hervorgehoben worden, es sei nicht sehr viel, was Herr Dr. Hilse bietet, aber es ist doch immerhin einiges, und der Antrag bewegt sich auf dem Boden des Privatrechts. Ueber das Privatrecht hinaus sollen wir aber nicht unser Ziel stecken, denn, m. H., das Bauschöffenamt, das in dem Antrage 2 des Herrn Referenten vorgeschlagen und das aus dem Antrage Wallbrecht herübergeholt worden ist, ist schon ein

Eingriff in das Privatrecht. Wenn das Bauschöffenamt entscheiden soll namentlich darüber, ob Jemand creditfähig ist,

(Zuruf: „Nein, das steht nicht in dem Antrage 2!")

das ist doch eine verfluchte Geschichte, es heißt: „schöffenamtlich taxirten Baustellenwerth"; es ist allerdings beschränkt auf den Baustellenwerth, allein das Bauschöffenamt führt zu solchen weiteren Möglichkeiten; wird einmal taxirt, so kann es vorkommen — es ist der Ausdruck „Gevatterschaft" gefallen —, daß die Schöffen den Werth danach bemessen, ob die Baustelle je nach der Art ihrer Verwendung einen solchen Werth hat. Eine solche Baustelle hat eben je nach der Art ihrer Verwendung einen ganz verschiedenen Werth und da kommt der Besitzer auch in Berücksichtigung. Also die Aufstellung eines Bauschöffenamtes ist etwas, was mir ganz entschieden widerstrebt. Dieses Hineingreifen eines Bauschöffenamtes ist ein Hineinmischen des Staates in rein persönliche Verhältnisse, eine Vormundschaft über rein privatrechtliche Verhältnisse, und die sollten wir in der That nicht eintreten lassen.

Wenn davon gesprochen wird, daß der Sittlichkeitsstandpunkt des Staates auch gewahrt werden müsse, ja, m. H., das ist ein gefährlicher Standpunkt, wenn wir den so in unser Privatrecht hineinbringen; wir müssen sehr häufig von dem sittlichen Standpunkte absehen, der sittliche Standpunkt hat auch seine Grenzen.

(Widerspruch.)

Einen Versuch aber damit zu machen, wie ein Vorredner gewünscht hat, das halte ich für ganz unrichtig und für ganz unmöglich, daß man jetzt ein großes Gesetz macht und publicirt zum Schutze der Bauhandwerker, und dann, wenn es in ein oder zwei Jahren ergiebt, daß es nichts ist mit dem Gesetze, dasselbe wieder aufheben.

M. H., wir haben in Bayern den Ausdruck gehabt „Probirlandl"; dann würde ganz Deutschland zum Probirlandl, wenn wir in dieser Weise vorgehen würden.

(Heiterkeit.)

Das sind Alles Dinge, die mir nicht passen.

Auch mit dem Gedanken, den Herr Justizrath Boyens gebracht hat

(Glocke des Präsidenten)

der mehr auf meinem Standpunkte steht — ich bin gleich fertig —, bezüglich der Feststellung einer gesetzlichen Reihenfolge, kann ich mich nicht einverstanden erklären. Schließlich wird einer doch der letzte; das geht also auch nicht. M. H., ich darf nicht weiter reden; ich möchte nur bitten, daß Sie dem Antrage Hilse in erster Linie zustimmen, oder, wenn Sie ihm nicht zustimmen wollen, daß Sie wenigstens nur die Punkte 1 und 3 des Herrn Referenten annehmen. Punkt 2 ist nicht so geklärt, daß wir darüber abstimmen können.

(Bravo!)

Geh. Justizrath Prof. Dr. **Enneccerus** (Marburg): M. H., im Gegensatze zu dem letzten Herrn Vorredner möchte ich Sie bitten, dem Antrage des Herrn Kreisgerichtsraths Dr. Hilse nicht zuzustimmen, und zwar nicht deshalb, weil der Grundgedanke desselben möglicher Weise nach einer anderen Richtung nicht ausgebaut werden könnte, sondern weil er so, wie er ausgedrückt ist, und so, wie er aufgefaßt werden muß, meiner Ansicht nach zu ganz unabsehbaren Schwierigkeiten führt.

Zunächst nützt derselbe nichts gegenüber den Vorhypotheken. Die Vorhypotheken, auch wenn sie in schwindelhaftester Weise den Werth des Grundstücks übersteigen, werden durch diesen Antrag in keiner Weise modificirt. Zweitens: dieser Antrag führt dazu, daß Sie in jedem Falle, so zu sagen, ein besonderes Concursverfahren bezüglich der sogen. Baugelder stattfinden lassen müssen.

Zunächst muß festgestellt werden, was ist denn eine Baugelderhypothek? Das ist nicht gesagt und ist in der Praxis keineswegs so leicht abzugrenzen. Wenn dies festgestellt ist, dann kann aus dieser Baugelderhypothek keine Zahlung erfolgen, es sei denn an einen Bauhandwerker oder einen Baugläubiger; es muß also jede einzelne Hypothek in einem Liquidationsverfahren — denn es muß den anderen Personen gegenüber in vollgiltiger Weise geschehen — festgestellt werden, sonst ist eine Zahlung nicht möglich. Mit einem Worte, m. H., Sie kommen in jedem Falle dazu, eine Art Concurs- oder Liquidationsverfahren, an dem alle die betheiligten Personen theilnehmen können, einzurichten.

Wenn mir einer der Herren einen anderen, überzeugenden Weg zeigen kann, so würde ich vielleicht mein Urtheil ändern; ich kann ihn nicht finden. Ich halte den Antrag — die Herren verzeihen mir das, bei einer so schwierigen Sache ist das auch gar kein Vorwurf — noch für unklar und kann unter keinen Umständen für diesen Antrag stimmen.

Ich stehe in der Hauptsache auf dem Boden der Anträge des Herrn Referenten. Ich kann bei der Kürze der Zeit keine Begründung weiter geben, sondern nur eine ganz kurze Kritik in Bezug auf einzelne Punkte.

M. H., am bedenklichsten erscheinen mir die letzten Worte des 3. Absatzes: „und die Auszahlung seiner nicht angemeldeten Forderungen sperren." M. H., ich glaube, wir kommen in dieser Beziehung gerade dem ehrlichen Bauunternehmer gegenüber, der den Bau unternommen hat und nun mit den einzelnen Handwerkern die Verträge abgeschlossen hat, zu außerordentlichen Schwierigkeiten. Jeder einzelne Bauhandwerker ist im Stande, eine Auszahlung des Eigenthümers des Grundstückes an jenen Unternehmer zu sperren, mit diesen Zahlungen aber hat der Betreffende seinen Verpflichtungen nachzukommen. Er kommt also, wenn er nicht ein sehr wohlhabender Mann ist, in die äußersten Schwierigkeiten. Sie treiben dadurch den kleineren Bauunternehmer zurück zum Vortheile der großen Bauunternehmer. Ich meine also, dieser Punkt müßte einer Aenderung bedürfen, und ich würde Sie bitten, über die Worte: „und die Auszahlung seiner nicht angemeldeten Forderungen sperren" abgesondert abzustimmen. Daß diese Bedenken wenigstens zum größten Theile wegfallen in Bezug auf die bereits angekündigten, also bereits hypothekarisch gesicherten Forderungen, das kann ich in der Kürze der Zeit nicht ausführen.

Sodann würde ich zu Punkt 2 des Brunner'schen Antrages zwar keinen Antrag stellen, aber eine Anregung geben. Wir sind ja keine gesetzgebende Versammlung, und was hier gesprochen ist, kommt auch dann in Betracht, wenn es nicht durch einen besonderen Antrag formulirt ist. In dem Antrage 2 stellt Herr College Brunner dem Princip der bevorrechteten Hypothek, welches der Entwurf hat, ein anderes Princip, die Differenzcaution, gegenüber.

(Der Vorsitzende: „5 Minuten!")

Ich bin im Augenblicke fertig. Ich verkenne nicht, daß die Differenzcaution den Vortheil hat, daß sie die bereits begründeten Forderungen von Hypothekengläubigern nicht benachtheiligt, ich glaube aber, m. H., daß sie auch deshalb sehr viel schädlicher ist, gerade gegenüber den betrügerischen Forderungen, welche hier begründet sind. Ich glaube, der richtigste Weg wäre, eine Vermittelung zu suchen, nämlich die Vermittelung, sich im Ganzen auf den Boden des Gesetzentwurfs zu stellen, dagegen dem früheren Gläubiger das Recht zu geben, den Bau zu inhibiren, d. h. vor dem Beginne des Baues den Bau zu inhibiren, wenn er nicht damit zufrieden ist, daß in der angegebenen Weise eine Minderung seiner hypothekarischen Sicherheit eintritt. Dann spielt sich der ganze Streit unter den beiden ursprünglich allein interessirten Personen ab, dem Eigenthümer einerseits und dem Bauunternehmer andererseits. Ich glaube, daß der vorgeschlagene Weg eine Vermittelung ist, die vielleicht eine fruchtbare Fortbildung des Hauptgedankens von Herrn Dr. Brunner sein möchte.

Landgerichtsrath **Albinus** (Posen): M. H., ich habe um das Wort gebeten, damit aus richterlichen Kreisen heraus Ihnen eine Auffassung der in Rede stehenden Frage dargelegt wird, und ich will mich bei der mir zu Gebote stehenden Zeit selbstverständlich nur auf die Hauptpunkte beschränken.

Ich stehe im Wesentlichen auf dem Standpunkte des Entwurfes. Zunächst, glaube ich, wird die hohe Versammlung in jedem Falle davon ausgehen, daß ein Bedürfniß zum Schutze der Baugläubiger im Allgemeinen vorliegt und daß auch von dem Gesetz ein Versuch gemacht werden muß, diesem Bedürfnisse nach der einen oder anderen Richtung hin zu genügen. Ich meine aber, daß der Standpunkt des Entwurfes der Bewilligung des Rechtes auf Eintragung einer bevorrechteten Hypothek den übrigen Lösungen der Frage entschieden vorzuziehen ist.

Ich bin vollständig einverstanden mit dem Punkte 1, der von Herrn Geh. Justizrath Brunner vorgeschlagen worden ist, d. h. mit der Eintragung des Bauvermerks, und daß dabei gleichzeitig der Baustellenwerth festgestellt wird.

M. H., ich meine, daß in dieser Beziehung dann auch die Mitwirkung der sogen. Bauschöffenämter oder Bauschiedsgerichte, wie ich sie noch lieber bezeichnen würde, gar nicht zu entbehren ist, und ich halte es für ein ganz ungerechtfertigtes Vorurtheil, wenn man derartige Behörden, die ja selbstverständlich keine staatlichen Behörden sein werden, auch nicht einmal den Charakter einer eigentlichen communalen Behörde zu tragen haben werden, nicht für angemessen erachtet. Ich denke mir, die Bauschöffenämter oder Bauschiedsgerichte auch nach der Richtung hin, daß sie bei Streitigkeiten zwischen Bauherren und Bauhandwerkern zu vermitteln haben, und ich halte gerade solche Behörden für durchaus geeignet, um eine angemessene Feststellung der Bauforderungen herbeizuführen. Ich denke mir als Vorsitzenden dieser Bauschiedsgerichte selbstverständlich einen im Allgemeinen juristisch gebildeten Mann. Wie ja auch die gewerblichen Gerichte bei uns durchaus Gutes geschaffen haben und gegen deren Thätigkeit im Allgemeinen sich wenig einwenden läßt, obwohl da gleichfalls Laienrichter zugezogen werden. Ich meine überhaupt, daß die Mitwirkung des Laienrichters gerade auf diesem Gebiete als eine durchaus wünschenswerthe zu bezeichnen ist.

Eine Feststellung des Baustellenwerthes durch eine solche Behörde kann keinem Bedenken unterliegen. Selbstverständlich muß dem Eigenthümer und dem Hypothekengläubiger das Recht gewahrt werden, nicht bloß den vorläufig ermittelten Baustellenwerth ohne Weiteres anzuerkennen, sondern auch dagegen eine Entscheidung durch eine Behörde im geeigneten Verfahren herbeizuführen.

Nun, m. H., daß durch ein Gesetz zum Schutze der Bauhandwerker in irgend einer Weise eingegriffen werden muß und dadurch irgend welche bereits bestehende anderweitige Rechte irgend wie zurückgesetzt werden, ist unvermeidlich. Ich glaube aber, es geschieht das am besten durch Eintragung einer bevorrechteten Hypothek.

Die Anträge zu Nr. 2 und 3 sind meines Erachtens durchaus ungenügend, um einen wirklichen Schutz herbeizuführen, denn die sogen. Differenzcaution wird in sehr vielen Fällen gar nicht ausreichen, um auch nur einigermaßen die Forderungen der Bauhandwerker zu decken.

(Zuruf: „Ist gedeckt! Bauhypothek!")

Ja, wenn die Bauhypothek nicht dem als Baustellenwerth eingetragenen Betrage vorgeht, dann hat die Bauhypothek keinen Werth. Wesentlich ist eine Bauhypothek mit der Rangordnung, daß sie dem den Baustellenwerth übersteigenden Betrage der voreingetragenen Hypotheken vorgeht.

M. H., ich muß gestehen, daß eigentlich die heutige Berathung den Eindruck macht, daß die ganze Sache noch nicht recht spruchreif ist.

(Sehr richtig!)

Ich würde Sie bitten, nur den Punkt 1 der von dem Herrn Geheimrath Brunner vorgeschlagenen Anträge zu bejahen, und zwar mit der Maßgabe, daß es heißt: an den die Sicherung der Bauforderungen durch Eintragung einer bevorrechteten Bauhypothek im Sinne des Entwurfs des Reichsgesetzes, betreffend die Sicherung der Bauhandwerker, zu knüpfen ist.

Rechtsanwalt Dr. **Scherer** (Leipzig): M. H., ich stelle folgenden Zusatzantrag, der sowohl zu dem Antrage 1 wie zu dem Antrage 2 wohl passen wird:

> Die Baugelderhypothek muß verhältnißmäßig unter die sämmtlichen Bauhandwerker und Lieferanten vertheilt werden.

Es fragt sich, ist das möglich oder ausführbar? Wenn ein Bau aufgeführt wird, so wird vielfach eine Baugelderhypothek aufgenommen. Es ist naturgemäß, daß die Baugelderhypothek auch für die Bauhandwerker und Lieferanten verwandt wird. Außerdem wird bei einem Baue, wenn wirklich ehrlich gebaut wird, ein Kostenvoranschlag beigefügt: 1. Rohbauten, 2. Schlosserarbeiten, 3. Tüncherarbeiten, Malerarbeiten überhaupt. Man kann also sagen, der Bauvoranschlag beträgt x Mark, hiervon kommen so und so viel auf den Rohbau, so und so viel auf die weiteren Bauarbeiten, so und so viel auf die Schlosserarbeiten, so und so viel auf die Malerarbeiten. Damit ist jedem gedient. Daß der

Hypothekengläubiger das erste Recht haben sollte auf den Bau, das ist gar nicht recht verständlich, und wenn zu dem Zwecke eine Baugelderhypothek gegeben wird, so mag sie auch dazu verwendet werden.

Im Uebrigen, die Frage bezüglich der Hypothek an dem Grund und Boden und an dem Mehrwerthe eines Baues ist bereits in den code civil aufgenommen, also im rheinisch-französischen Rechtsgebiete existirt eine Bestimmung, durch welche der Mehrwerth, den der Bau dem Grund und Boden verleiht, gesichert wird; da werden Experten ernannt, die das abschätzen.

Vorsitzender: Weiter hat sich niemand zum Worte gemeldet.

Justizrath **Boyens** (Leipzig): Darf ich vielleicht zur Geschäftsordnung ein Wort sagen. Ich möchte in Betreff meines Antrages bemerken, daß ich voraussetze, daß in Nr. 1 der Anträge des Referenten an Stelle des Wortes „Bauhandwerker" die Bezeichnung „Baugläubiger" tritt. Ich acceptire also diese Aenderung. Ich glaube übrigens, daß der Herr Referent selbst vielleicht diese Aenderung vornimmt.

(Geh. Justizrath Prof. Dr. Brunner-Berlin: „Jawohl!")

Dann möchte ich nur bemerken, ich scheine in einem Punkte mißverstanden zu sein; wenn ich sage „in gesetzlich bestimmter Reihenfolge", so schließe ich damit eine verhältnißmäßige Vertheilung nicht aus, ich will nicht geradezu — —

Vorsitzender: Eine weitere Begründung kann ich nicht für zulässig erachten, nur eine Rectification.

Justizrath **Boyens:** Ich möchte mir auch erlauben, Anträge zu stellen.

Vorsitzender: Anträge zu stellen, geht nicht mehr.

Justizrath **Boyens:** Sie beziehen sich nur auf einen vorliegenden Antrag.

Vorsitzender: Wenn es sich nur um die Rectification eines bereits gestellten Antrages handelt. —

Justizrath **Boyens:** Ja ich wollte nur den Antrag stellen, in dem 2. Antrage des Herrn Prof. Dr. Brunner ein Wort zu streichen. Ist das zulässig?

Vorsitzender: Welches Wort?

Justizrath **Boyens:** Das Wort „schöffenamtlich".

(Berichterstatter Geh. Justizrath Prof. Dr. Brunner-Berlin: „Ich habe nichts dagegen, damit bin ich einverstanden!")

Berichterstatter Geh. Justizrath Prof. Dr. **Brunner** (Berlin): Um zunächst den Punkt zu erledigen, den eben Herr Justizrath Boyens berührt hat, so habe ich in meinen Anträgen das Wort „Bauhandwerker" nur deshalb gebraucht, weil es auch in der gestellten Frage stand. Diese lautete ja:

> Empfiehlt es sich, zum Schutze der Bauhandwerker die Ertheilung der Bauerlaubniß u. s. w.

Das Wort „Bauhandwerker“ wird vielfach auch in dem weiteren Sinne genommen, daß es Lieferanten, Bauhandwerker und Arbeiter in sich schließt. Doch habe ich absolut nichts dagegen, denn es ist von vornherein nichts anderes gemeint, zu sagen: „zum Schutze der Baugläubiger“.

> Ebenso im Satze 3 meiner Anträge: Sind die Verträge mit den Baugläubigern u. s. w.

Daß die Lieferanten zu den Baugläubigern gehören, braucht man in dem Beschlusse nicht ausdrücklich zu sagen.

(Justizrath Boyens (Leipzig): Nach dem Gesetze gehören sie nicht dazu!)

Mein Antrag findet aber seine Ergänzung in meinem Referat und darin habe ich ausdrücklich gesagt, daß ich die Lieferanten zu den Baugläubigern will gerechnet haben.

Vorsitzender: Ich bitte, den Herrn Referenten nicht mehr zu unterbrechen.

Berichterstatter Geh. Justizrath Dr. **Brunner** (Berlin): M. H., ich komme nun zu den verschiedenen Anträgen und Einwürfen.

Zunächst finde ich, daß so ziemlich Uebereinstimmung herrscht in Bezug auf den ersten Satz meines Antrages. Meines Erachtens wäre es an sich schon ein Fortschritt gegenüber dem geltenden Rechte, wenn nur der erste Satz meines Antrages Rechtens würde.

Was den Satz 2 betrifft, nämlich die Differenzcaution, so ist ja — ich gebe das zu — der Gedanke neu und er mag manche überrascht haben, sodaß sie sich nicht völlig in denselben haben hineinfinden, seine Tragweite nicht haben ermessen können. Ich bin aber überzeugt, wenn Sie sich die Consequenzen näher überlegen, so werden Sie sich im Laufe der Zeit mehr und mehr mit der Differenzcaution befreunden.

Von vornherein muß ich bemerken, daß es ein Mißverständniß war, wenn Herr Landgerichtsrath Albinus meinte, die Bauhandwerker würden bei der Differenzcaution möglicherweise keine Deckung finden. Caution und Bauhypothek ergänzen sich gegenseitig. Die Caution deckt eben das Deficit der Baumasse, soweit diese durch die Vorhypotheken ergriffen wird, sodaß die Bauhandwerker vollständig dasselbe erhalten, als wenn sie eine Vorrechtshypothek hätten. Die Sicherheit der Bauhandwerker stellt sich hinsichtlich der Deckung ebenso wie nach dem Entwurf, nur daß mein Antrag einen Eingriff in das bestehende Hypothekenrecht vermeidet.

Der einzige der gegen meinen Antrag gemachten Einwürfe, der einigermaßen ernst zu nehmen ist, ist der, welcher die Taxirung der Baustelle betrifft. Herr Geh. Justizrath Wilke bemängelt, daß gegen die Taxirung kein Rechtsweg zulässig sei. Wenn der Entwurf den Rechtsweg ausgeschlossen hat, so ist das offenbar deshalb geschehen, weil die Taxe in dem Bauvermerk enthalten sein muß und der Rechtsweg natürlich die Ertheilung der Bauerlaubniß und den Anfang des Baues außerordentlich weit hinausgeschoben hätte. Dieser Uebelstand würde bei meinem Antrage nicht vorliegen. Die Differenzcaution kann immerhin auf Grund der Taxe bestimmt werden. Glaubt jemand die Taxirung auf dem Rechtswege anfechten zu müssen, so kann der Rechtsweg erledigt werden, ehe es zur Zwangsversteigerung kommt und die Caution zur Vertheilung gelangt.

Herr Wilke will ja auch eine Schätzung, aber eine Schätzung erst bei der Zwangsversteigerung, also eine Schätzung, wenn bereits das bellum omnium contra omnes vorhanden ist. Eine Schätzung sowohl des Baustellenwerthes, als auch des Werthes der Baumasse, wird in dem Zustande des Krieges aller gegen alle selbstverständlich größeren Schwierigkeiten begegnen, als eine Schätzung, die vor Beginn des Baues vorgenommen wird, also zu einer Zeit, wo die einzelnen Interessen sich noch nicht diametral entgegenstehen.

Wenn der Vorschlag Wilke juristisch gerechtfertigt sein soll, dann muß man den Hypothekengläubigern ein Einspruchsrecht gegen die Bebauung des Grundstücks gewähren. Denn sowie gebaut wird, läuft der Hypothekengläubiger Gefahr, daß er trotz der Priorität nur zu einem procentualen Antheile seines Hypothekenanspruchs gelangt. Man wird ihm daher ein Einspruchsrecht gegen die Bebauung geben müssen, ähnlich wie es in dem preuß. Gesetze vom 13. Mai 1879 gegeben ist bei Gewährung von Meliorationsdarlehen zu Drainirungszwecken. Giebt man den Hypothekengläubigern ein Einspruchsrecht, so haben sie eine furchtbare Waffe in der Hand gegenüber dem Eigenthümer der Baustelle; denn sie können ihn zwingen, die Nichtausübung des Einspruchsrechtes um hohen Preis zu erkaufen.

Ich komme auf den Antrag Hilse und muß offen bekennen, daß mir ein Theil des Antrages nicht verständlich ist. Es heißt da: Der Bauvermerk soll die Wirkung haben, daß alle Rechtshandlungen, welche der eingetragene Eigenthümer des Grundstückes an dem Grundstück oder an den dargeliehenen Baugeldern vornimmt, den Bauhandwerkern gegenüber rechtsunnachtheilig sind und daß jede Abtretung der Baugeldhypotheken und jede Zahlung aus denselben rechtsunverbindlich ist, wenn sie zu einem anderen Zwecke als zur Befriedigung der Baugläubiger Verwendung findet. Ja, m. H., der Eigenthümer kann ja die Baugelderhypothek gar nicht abtreten, die gehört ja nicht ihm, die gehört dem Baugeldgeber. Auch kann man aus der Baugelderhypothek nicht Auszahlungen machen; ich kann also nur annehmen, daß gemeint sind die Baugelder und nicht die Baugelderhypothek oder vielmehr die Baugeldforderungen. Dann würde aber dazu wieder nicht passen „Zahlung aus der letzteren", denn Zahlungen aus der Baugeld**forderung** kann ich mir von Seite des Schuldners auch nicht vorstellen. In der vorliegenden Formulirung ist der Antrag völlig unannehmbar.

Aber, m. H., es spricht noch etwas anderes gegen gesetzliche Normen über die Verwendung der Baugelder, wie sie angeregt sind. Zur Zeit ist es allerdings Sitte, daß sich die Baubanken für die Baugelder Hypotheken eintragen lassen. Aber um alle die Cautelen, die hinsichtlich der Verwendung der Baugelder vorgeschlagen werden, zu umgehen, wird man künftig statt der Hypothek eine Grundschuld eintragen lassen. Die Grundschuld bedarf keiner causa. Die Zulässigkeit eines abstracten Pfandrechts wie es die Grundschuld ist, schließt überhaupt jede Möglichkeit aus, mit gesetzlichen Beschränkungen in Bezug auf die Verwendung der Baugelder zu operiren.

Ich beharre bei dem Antrage 2. Denn ich habe keinen Einwurf gehört, der mich irgendwie in meiner Ansicht hätte irre machen können.

Was den dritten Satz betrifft, so bin ich völlig einverstanden mit der besonderen Abstimmung über die Worte „und die Auszahlung seiner nicht angemeldeten Forderung sperren". Uebrigens besorge ich nicht die großen Gefahren, die Herr College **Enneccerus** darin erblickt. Ich glaube nicht, daß dadurch der ganze Bau könnte zum Stehen kommen. Zunächst handelt es sich von vornherein nur um den Fall, daß eine Bauforderung noch nicht angemeldet ist und natürlich auch noch nicht befriedigt ist. Der Zwischenmann hat weder eine Bezahlung bekommen, noch hat er seine Bauforderung angemeldet. In solchem Falle ist die Sache von vornherein verdächtig. Ich würde diesfalls dem Bauhandwerker das Recht geben, mit einer Bescheinigung seiner fälligen Forderung von Seiten seines Vormannes zum Eigenthümer der Baustelle zu gehen und ihm zu sagen: zahle meinem Vormanne den Betrag meiner Forderung nicht aus, so lange bis er mir gegenüber die Sache ins Reine gebracht hat oder bis ich in irgend einer Weise Gelegenheit gefunden habe, mich zu sichern.

Schließlich noch Eines! Es ist eben angeregt worden, die Worte „schöffenamtlich taxirten" zu streichen. Ich bin damit einverstanden. Der Satz 2 würde also nun lauten:

> Ueberschreiten die vor dem Bauvermerk eingetragenen Belastungen der Baustelle den Baustellenwerth, so ist in Höhe der Differenz eine Caution zur Sicherung der Bauforderungen zu leisten.

Mitberichterstatter Geh. Justizrath Wilke (Berlin) verzichtet mit Rücksicht auf die vorgerückte Zeit auf das Wort.

Vorsitzender: In der Abstimmung wird Nr. 1 des Brunner'schen Antrages:

> Es empfiehlt sich, zum Schutze der Baugläubiger in Neubaubezirken die Bauerlaubniß von der Eintragung eines Bauvermerks in das Grundbuch abhängig zu machen, an den die Sicherung der Bauforderungen zu knüpfen ist,

mit erheblicher Majorität angenommen.

Nr. 2:

> Ueberschreiten die vor dem Bauvermerk eingetragenen Belastungen der Baustelle den Baustellenwerth, so ist in Höhe der Differenz eine Caution zur Sicherstellung der Bauforderungen zu leisten,

wird nach Probe und Gegenprobe abgelehnt.

In Nr. 3 werden zunächst die Worte „und die Auszahlung seiner nicht angemeldeten Forderung sperren" nach Probe und Gegenprobe mittels Handaufhebens mit 37 gegen 33 Stimmen gestrichen. Hierauf wird Nr. 3 ohne diese Worte in folgender Fassung mit Mehrheit angenommen:

> Sind die Verträge mit den Baugläubigern und Arbeitern nicht im Namen oder für Rechnung des Bauherrn geschlossen, so können jene durch wirksame Anmeldung ihrer Ansprüche ein Pfandrecht an den angemeldeten Bauforderungen des Vormanns erwerben.

Die Entscheidung der Frage, ob dem Plenum der Gegenstand zur Berathung oder nur zur Kenntnißnahme mitgetheilt werden soll, wird auf Antrag des Geh. Justizraths Prof. Dr. Enneccerus (Marburg) bis zur nächsten Abtheilungssitzung ausgesetzt. Zum Referenten für das Plenum wird auf Wunsch des Geh. Justizraths Dr. Brunner (Berlin) Geh. Justizrath Wilke bestimmt.

Nach Feststellung der Liste der Vertrauensmänner für die Wahl der ständigen Deputation wird die Sitzung geschlossen.

(Schluß der Sitzung $2^1/_4$ Uhr.)

Zweite Sitzung der ersten Abtheilung
am 13. September 1898.

(Beginn: Vormittags 9 Uhr.)

Vorsitzender Landgerichtspräsident **Thomsen** (Münster): Zunächst steht auf der Tagesordnung von heute die 2. Frage:

> Nach welchem örtlichen Rechte sind auf Grund internationalen Privatrechts die Vertragsobligationen zu beurtheilen?

Es sind zwei Referenten ernannt, welche mir ihre Anträge bereits überreicht haben.

Die Anträge des Referenten, Herrn Geheimrath Enneccerus, lauten dahin:

1. Inhalt und Wirkung der Vertragsobligationen ist, soweit nicht zwingende Rechtsnormen entgegenstehen, nach demjenigen Rechte zu beurtheilen, dessen Anwendung die Parteien vereinbart oder stillschweigend vorausgesetzt haben.
2. Ist eine hiernach maßgebende Absicht der Parteien nicht vorhanden oder nicht erkennbar, so entscheidet das Recht des Erfüllungsortes.
3. Die Rück- oder Weiterverweisung findet auf dem Gebiete der Vertragsobligationen keine Anwendung.

Die Anträge des Herrn Prof. Mitteis lauten so:

1. Das Princip der Rück- und Weiterverweisung ist bei der Behandlung obligatorischer Verträge im internationalen Privatrechte zu verwerfen.
2. Forderungen aus Schuldverträgen sind nach dem Gesetze desjenigen Ortes zu beurtheilen, wo der Schuldner zur Zeit des Vertragsschlusses seinen Wohnsitz hat.
3. Wenn sich jedoch aus den Umständen ergiebt, daß die Vertragschließenden das Recht eines anderen Ortes voraussetzen mußten, so ist dieses letztere maßgebend.

Berichterstatter Geh. Justizrath Prof. Dr. **Enneccerus** (Marburg): Meine verehrten Herren! Ueber die Frage, deren Referat mir übertragen ist, liegen zwei eingehende Gutachten vor, welche zu verschiedenen Resultaten gelangen:

„Herr Dr. Hugo Neumann, Rechtsanwalt am Kammergericht in Berlin, hält, wenn das maßgebende Recht weder bestimmt noch aus den Umständen zu entnehmen ist, den Wohnort des Schuldners zur Zeit des Vertragsschlusses, wenn aber die Umstände ergeben, daß die Anwendung des Rechtes dieses Ortes von den Parteien nicht vorausgesetzt wurde, das Recht des Errichtungsortes des Vertrages für entscheidend. Ist der Vertrag im Gewerbebetriebe des Schuldners abgeschlossen, so tritt der Ort der Niederlassung an die Stelle des Wohnsitzes."

Wesentlich abweichend ist das Gutachten des Herrn Prof. Dr. Seeler zu Kiew.

Dieser hält eine Antwort auf die gestellte Frage zur Zeit überhaupt für verfrüht. Nach ihm lassen sich über die internationale Behandlung der Vertragsobligationen zur Zeit keine allgemeinen auch nur einigermaßen erschöpfenden Grundsätze aufstellen. Für sämmtliche vom Bürgerlichen Gesetzbuch geregelte Thatbestände soll nach dem Geist des heimischen Rechts, den Aufgaben der Rechtsprechung, den Anforderungen der bona fides, aequitas und utilitas und den Bedürfnissen des internationalen Verkehrs das maßgebende Recht ermittelt werden. Erst dann können die Resultate zu Gruppen vereinigt werden und diese Gruppen können die Grundlage für ein zu schaffendes System, für abstrakte Theorien bilden." (S. 51, S. 40, S. 52.)

Bei der Schwierigkeit und Zweifelhaftigkeit der Frage, die wohl auch in dem sehr abweichenden Inhalt der beiden Gutachten eine weitere Bestätigung erfährt, ist es unerläßlich, einiges Allgemeine vorauszuschicken über die Grundlage, von der aus eine Beantwortung der Frage zu versuchen ist.

I. Das friedliche Nebeneinanderbestehen verschiedener Staaten, von denen jeder Rechtsnormen aufstellt und durch seine Gerichte verwirklichen läßt, erfordert, daß der Herrschaftsbereich der Rechtsnormen jedes Staates den übrigen Staaten gegenüber begrenzt sei, daß es mit andern Worten Regeln darüber gebe, welches Recht entscheide, wenn der zu beurtheilende Thatbestand den Herrschaftsbereich mehrerer Staaten in irgend welcher Weise berührt.

Diese Regeln aber können verschiedener Natur sein:

1. Sie können Regeln des staatlichen Rechts sein. Das staatliche Recht setzt sich selbst die Grenzen seiner Anwendung. Es bestimmt und

muß bestimmen, wie weit die Gerichte nach heimischem, wie weit sie nach fremdem Recht zu urtheilen haben.

2. Außerdem können aber durch Staatsverträge oder Gewohnheitsrecht auch Rechtsregeln für das Verhältniß der Staaten untereinander begründet sein. Es giebt auch ein völkerrechtliches internationales Privatrecht; aber die Gebote dieses völkerrechtlichen internationalen Privatrechts richten sich nicht an den Einzelnen und nicht an den Richter, sondern an die Staaten selbst und verpflichten diese, ihr staatliches internationales Privatrecht mit jenen völkerrechtlichen, den Herrschaftsbereich der einzelnen Staaten regelnden Bestimmungen in Einklang zu setzen.

Die bekannte Streitfrage, ob das internationale Privatrecht völkerrechtlicher Natur sei oder ob es dem staatlichen Recht und zwar dem staatlichen Privatrecht angehöre, ist also dahin zu beantworten:

Es giebt erstens ein staatliches internationales Privatrecht, welches seine Gebote unmittelbar an die Parteien und den Richter erläßt und dem zu gehorsamen ist, auch wenn es sich mit allgemeinen völkerrechtlichen Beziehungen einmal in Widerspruch setzen sollte, und es giebt zweitens ein völkerrechtliches internationales Privatrecht, welches die einzelnen Staaten verpflichtet, ihr staatliches internationales Privatrecht mit jenen völkerrechtlichen Geboten in Einklang zu bringen.

Das völkerrechtliche internationale Privatrecht ist noch wenig entwickelt. Aeußerst gering sind die durch Staatsverträge anerkannten Regeln dieser Art. Schwer nachweisbar sind gewohnheits-rechtliche allgemein geltende und als gegenseitige Pflicht befolgte Regeln. Aber die Ausbildung eines solchen gleichmäßig überallgeltenden, auf völkerrechtlicher Feststellung beruhenden internationalen Rechts liegt im Interesse aller Staaten und ist das Ziel, das jeder Kulturstaat bei der Ordnung seines internationalen Rechts im Auge behalten muß.

Daraus aber ergiebt sich unmittelbar der Hauptgrundsatz, der das internationale Recht jedes Staates beherrschen, ihm seine Richtung geben soll; jeder Staat hat sein internationales Recht so einzurichten, wie es die Verkehrsgemeinschaft aller Völker erfordert. Das geschieht, indem er die Anwendbarkeit seiner Rechtsnormen auf diejenigen Rechtsverhältnisse und Rechtsfragen beschränkt, welche mit seinem persönlichen oder räumlichen Herrschaftsbereich stärker zusammenhängen, als mit dem irgend eines anderen Staates.

Diese Regel aber ist nicht nur eine Richtschnur für die Gesetzgebung, sondern zugleich eine Grundregel für die Erkenntniß des geltenden Rechts; denn soweit abweichende staatliche Normen nicht nachweisbar sind, wird anzunehmen sein, daß dasjenige Recht anwendbar ist, dessen persönliche oder gebietliche Herrschaft die Rechtsfrage am stärksten berührt.

Im Zweifel ist eben anzunehmen, daß der Staat sein Recht im Einklang und nicht im Widerspruche mit jenen durch die allgemeine Verkehrsgemeinschaft aller Völker geforderten Grundsätzen gehandhabt wissen will.

Da nun für die Vertragsobligationen in dem Einführungsgesetz des Bürgerlichen Gesetzbuchs nichts bestimmt ist, auch eine Analogie für sie aus den sonstigen Bestimmungen des Einführungsgesetzes nicht gezogen werden kann, so können wir die gefundenen Resultate unmittelbar für die Vertragsobligationen verwerthen.

Vertragsobligationen sind dem Rechte desjenigen Staates unterworfen, dessen Herrschaftsbereich die zu entscheidende Rechtsfrage am stärksten berührt.

In der Hauptsache steht dieser Satz auf dem Boden der Savignyschen Theorie, welche als die Grundlage der heutigen Wissenschaft des internationalen Privatrechts bezeichnet werden kann; aber er unterscheidet sich doch von demselben in mehrfacher Beziehung nicht unwesentlich. Ich hebe hier nur zwei Unterschiede hervor.

Savigny sagt: Entscheidend ist das Recht desjenigen Ortes, wo die Obligation ihren Sitz, ihre Heimath hat.

Savigny knüpft also nur an den **Ort**, an dem die Obligation ihren Sitz hat, während nach unserer Formulirung auch der persönliche Herrschaftsbereich einer Rechtsnorm in Betracht kommen kann.

Ferner kann man doch von dem Sitze oder der Heimath einer Obligation nur bildlich reden und das gewählte Bild, wenn auch in manchen Beziehungen zutreffend, führt andererseits zu Mißverständnissen und Irrthümern.

Ein solches Bild ist daher in dem aufgestellten Grundsatze vermieden: Vertragsobligationen sind dem Rechte desjenigen Staates unterworfen, dessen Herrschaftsbereich, die zu entscheidende Rechtsfrage am stärksten berührt.

II. Der Herrschaftsbereich des Staates ist ein doppelter: Er herrscht einerseits über die ihm angehörigen Personen (diese Herrschaft nennen wir Personalhoheit) andererseits über das Gebiet und in dem Gebiete, der ihm angehört (das ist die Gebietshoheit), und was von seiner Herrschaft im Allgemeinen gilt, das gilt auch von seiner Gesetzgebung, die uns hier allein interessirt.

Ist nun die persönliche Herrschaft durch eine Rechtsfrage am stärksten berührt, so entscheidet das Personalstatut, ist die Gebietsherrschaft am stärksten berührt, so entscheidet das Gebietsstatut.

1. Personalstatut ist nach dem B.G. das Recht desjenigen Staates, dem die betreffende Person angehört, kurz gesagt das Heimathsrecht, aushilfsweise, d. h. wenn die Person keinem Staate angehört, das Recht der früheren Heimath; hat sie auch früher keinem Staate angehört, das Recht des Wohnsitzes, zuletzt das Recht des Aufenthaltsortes.

Das Personalstatut ist nach dem B.G.B., von Sonderbestimmungen abgesehen, maßgebend für die Geschäftsfähigkeit, die allgemeine Rechtsfähigkeit, soweit nicht sittliche Gründe die ausschließliche Anwendung deutschen Rechtes erfordern, für das Familienrecht und die Beerbung einer Person, jedoch mit Einschränkungen und Abweichungen.

2. Als Gebietsstatut kommt in Betracht:

Erstens das Gebietsstatut der belegenen Sache, die lex rei sitae. Wenn es auch nicht direct ausgesprochen ist, so lassen doch eine Reihe von Bestimmungen (Art. 7 Abs. 3 S. 2; Art. 11 Abs. 2 und Art. 28) erkennen, daß dieses für das Sachenrecht stillschweigend als maßgebend vorausgesetzt ist.

Zweitens das Statut des Delictsorts, dies ist nach Art. 12 maßgebend für die Delictsobligationen.

Drittens das Statut des Geschäftsortes. Dieses ist in beschränkter Weise maßgebend für die Form der Rechtsgeschäfte. Die Form der Rechtsgeschäfte ist nämlich nach Art. 11 Abs. 1 zwar nach dem Rechte zu beurtheilen, dem das Rechtsverhältniß untersteht, das den Gegenstand des Geschäftes bildet. Es genügt jedoch auch die Beobachtung der Gesetze des Errichtungsortes, die lex actus, sofern es sich nicht um sachenrechtliche Geschäfte handelt (Art. 11 Abs. 2). Für die Form einer im Deutschen Reich geschlossenen Ehe ist das deutsche Recht sogar ausschließlich zuständig (Art. 13 Abs. 3). Sehen wir von der auf besonderen Gründen beruhenden Bestimmung für Eheschließung ab, so hat also die Anwendbarkeit der lex actus nur facultative Bedeutung. Man kann auch in der Form der lex actus contrahiren; aber man braucht es nicht, als principiell maßgebend, ja bei dinglichen Geschäften als ausschließlich maßgebend erscheint das Gesetz des Rechtsverhältnisses, auf das das Geschäft sich bezieht.

III. Ueberblicken wir nun die Gesammtheit der eben skizzirten Bestimmungen des neuen bürgerlichen Rechts, so leuchtet ohne Weiteres ein, daß keine derselben eine für die Vertragsobligationen unmittelbar zutreffende Analogie darbietet. Auch ist dies meines Wissens von Niemandem behauptet. Wir haben also unseren Weg selbständig zu suchen und dabei von dem vorhin entwickelten Grundgedanken einerseits und von dem Wesen und Zwecke der Obligation andererseits auszugehen.

Der Begriff der Obligation ist im B.G.B. derselbe wie im gemeinen Recht.

Zwar ist sie nicht auf geldwerthe Leistungen beschränkt; allein eine solche Beschränkung ist nach der Ansicht, die ich für richtig halte, auch gemeinrechtlich nicht anzunehmen. Keinenfalls kommt diese Frage für uns in Betracht.

Die zu beantwortende Frage ist also einfach dahin zu präcisiren: Welches Recht wird durch die Vertragsobligation und die bei ihr in Betracht kommenden einzelnen Fragen am stärksten berührt?

In Frage können kommen:

Das Personalstatut des Schuldners, also das Recht des Staates, dem er angehört.

Das Personalstatut des Gläubigers.

Das Statut des Geschäftsortes.

Das Statut des Erfüllungsortes.

Möglicherweise könnte auch das Statut des Wohnortes des Schuldners oder Gläubigers entscheiden oder das Statut des Ortes, wo der Gegenstand der Leistung (wenn ein individueller Leistungsgegenstand existirt) sich befindet.

Endlich könnte an die lex fori, den Ort der gerichtlichen Geltendmachung, gedacht werden.

1. Daß die lex fori im Allgemeinen nicht entscheidet, ist heutzutage allgemein anerkannt. Es handelt sich ja nicht um eine processualische Frage, für die die lex fori zuständig wäre, sondern um eine Frage des materiellen Rechts. Auch wäre es ganz unerträglich, wenn der Kläger, indem er zwischen zwei zuständigen Gerichten verschiedener Länder wählen kann, zugleich sich das ihm günstigere Recht auszuwählen im Stande wäre. Nur insofern kommt die lex fori in Betracht, als der Richter ein ausländisches Gesetz dann nicht anwenden darf, wenn die Anwendung gegen die guten Sitten oder den Zweck des heimischen, bei uns. also des deutschen Rechtes verstoßen würde. Dies ist im Art. 30 des Einführungsgesetzes ausdrücklich ausgesprochen. Die nähere Ausführung liegt, weil die Frage allgemeiner Natur ist und sich nicht etwa nur, ja nicht einmal vorwiegend auf Obligationen bezieht, nicht im Bereich unseres Themas.

2. Der Entstehungsort der Obligation ist in vielen Fällen rein zufällig. Man schließt das Geschäft ab, wo man sich eben befindet oder wo

es am bequemsten abgeschlossen werden kann; man wählt den Ort des Abschlusses nicht in Rücksicht auf die Wirkung. Es wäre also irrationell, den Entstehungsort über Gehalt und Wirkung der Vertragsobligation entscheiden zu lassen.

Man denke nur an den oft erwähnten Fall, wo die Parteien den Vertrag im Eisenbahnwagen schließen, ohne auch nur zu wissen, ob sie sich in diesem oder schon in jenem Staate befinden.

Zudem führt die Regel, daß die lex contractus entscheide, zu geradezu unlösbaren Schwierigkeiten beim Vertrag unter Abwesenden. Der Vertrag setzt sich aus Antrag und Annahme zusammen. Beide sind in ganz gleicher Weise für das Zustandekommen des Vertrages wesentlich. Es ist rein willkürlich, hier etwa den Ort, von dem der Antrag ausgegangen ist, als den Vertragsort zu betrachten, worüber ich auch die überzeugenden Ausführungen des Seeler'schen Gutachtens zu vergleichen bitte. Man hat zwar dafür geltend machen wollen, daß der Antragende den Gehalt des Vertrages bestimme; allein das ist weder entscheidend noch richtig.

Sehr häufig hat der Acceptant den Inhalt des Vertrages vorher im Wesentlichen durch eine frühere Offerte (oder durch vorläufige Erklärungen) bestimmt, während von der anderen Seite, also von dem nunmehrigen Offerenten nur unwesentliche Veränderungen vorgeschlagen sind. Dann stammt also die Sache im Wesentlichen von dem Acceptanten, weil seine erste Offerte doch nicht unverändert angenommen, also eine neue Offerte gemacht wurde, und die wäre nun acceptirt.

Wenn nach dem Gesagten der Errichtungsort des Vertrages für den Inhalt und die Wirkung des Vertrages nicht unmittelbar für entscheidend gehalten werden darf, so kommt er doch in zahlreichen Fällen mittelbar in Betracht. Bei den Geschäften, die auf Messen, Märkten, an Börsen geschlossen werden, oder bei Verträgen, die ein Reisender zur Befriedigung seiner unmittelbaren Bedürfnisse schließt, geht regelmäßig die Absicht der Parteien dahin, daß sie an dem Orte des Vertragsschlusses auch erfüllt werden sollen.

Hier ist allerdings der Ort des Vertragsschlusses entscheidend, aber nur deshalb, weil er zugleich nach der vermuthlichen Absicht der Parteien auch der Erfüllungsort ist. Alle diese Fälle gehören also in Wahrheit nicht hierher, sondern fallen in Wirklichkeit für den Erfüllungsort in die Waagschale.

3. In der neueren Theorie, aber nicht in der Praxis, hat die Ansicht vielfach Anhänger gefunden, daß das Recht des Wohnortes des

Schuldners, bei Handelsgeschäften der Ort seiner Handelsniederlassung, zu Grunde zu legen sei.

Dafür haben sich u. A. ausgesprochen v. Bar, Thöl, Windscheid, Bekker, Friedrich Mommsen und auch unser Gutachter Neumann.

Von den Gründen, welche dafür geltend gemacht werden, scheiden aber zunächst zwei aus:

a) Man hat ausgeführt, daß die Vertragsobligation im Zweifel am Wohnorte des Schuldners zu erfüllen sei; allein nach diesem Argument ist wieder nicht der Wohnort des Schuldners als solcher, sondern vielmehr der Erfüllungsort entscheidend; der Wohnort als solcher nur, insofern er Erfüllungsort ist. Dieses Argument setzt also in Wahrheit stillschweigend den Erfüllungsort als entscheidend voraus.

b) Man hat ferner darauf hingewiesen, daß der Schuldner sich vermuthlich nach dem Rechte seines Wohnortes verpflichten wolle, und daß der Gläubiger dem stillschweigend consentire. Wäre diese Behauptung richtig, so würde sie doch nicht beweisen, was sie beweisen soll; denn der Wohnort des Schuldners würde nach ihr nur deshalb entscheiden, weil die Parteien das Recht dieses Ortes angewandt wissen wollen. Das Wohnortsrecht des Schuldners würde nur als gekürtes Recht, nur kraft des Willens der Parteien, und nur, wenn ein solcher Wille vorhanden, entscheiden.

Außerdem aber ist die aufgestellte Behauptung nicht richtig. In sehr vielen Fällen und gerade in denjenigen, für die wir ganz besonders einer Regel bedürfen, denkt der Schuldner überhaupt nicht an ein bestimmtes Recht. Noch weniger aber hat der Gläubiger die Absicht, sich dem Rechte des Schuldners zu unterwerfen. Wäre es richtig, daß der Schuldner im Zweifel nach dem Rechte seines Wohnortes contrahiren wollte, so müßten wir umgekehrt auch annehmen, daß der Gläubiger nach seinem eigenen Rechte contrahiren wollte. Bar sucht dieser Consequenz dadurch zu entgehen, daß er behauptet, der Gläubiger könne das Schuldversprechen nur in dem Sinn annehmen, wie es der Schuldner gebe; allein dabei ist übersehen, daß sehr häufig gerade der Schuldner der Acceptirende ist. Sehr häufig acceptirt der Schuldner die vom Gläubiger ausgehende Offerte und auch er kann diese Offerte nur so acceptiren, wie sie gemeint ist.

c) Der Hauptgrund, auf den man sich für das Wohnsitzrecht des Schuldners beruft, ist der folgende: Man sagt, der Schwerpunkt der Obligation ruhe auf dem Schuldner, er habe die Erfüllung zu bewerkstelligen, die in seiner Person bestehende Nothwendigkeit einer Handlung mache, um mit Savigny zu reden, das Wesen der Obligation aus. Dieses Argument ist nicht total unrichtig; aber einseitig; denn der Zweck der Obligation, die Befriedigung des Interesses des Gläubigers, kommt dabei durchaus nicht zur Geltung. Die Obligation ist nicht nur Gebundenheit des Schuldners, sondern auch Recht des Gläubigers. Der Gläubiger kann verlangen, daß ein bestimmtes Privatinteresse befriedigt werde. Es ist nicht einzusehen, weshalb die aktive Seite der Obligation, die wirthschaftlich und dem Zwecke nach die Grundlage der Obligation ist, — Denken Sie nur an Iherings „Zweck im Recht" — gegen die passive Seite zurückstehen soll.

Schon nach gemeinem Recht ist daher dieser Grund nicht durchschlagend. Noch weniger nach dem B.G., denn in diesem ist, wie wir gesehen haben, Personalstatut nicht das Wohnsitzrecht, sondern das Heimathsrecht. Wäre es also wirklich richtig, daß die Obligation wesentlich in der Person des Schuldners ihr Fundament habe; so müßte das Heimathsrecht, nicht das Wohnsitzrecht des Schuldners entscheiden.

d) Endlich hat man für das Wohnsitzrecht des Schuldners geltend gemacht, daß die den Parteiwillen beschränkenden Rechtssätze zum Schutze des Schuldners beständen. Dies ist richtig: aber wie daraus folgen soll, daß beispielsweise in Deutschland ein ausländisches den ausländischen Schuldner schützendes Gesetz angewandt werden müsse, ist nicht einzusehen. Nehmen wir an, ein Ausländer, in dessen Heimath und Wohnort nur 5 pCt. Zinsen erlaubt sind, hat im Deutschen Reich ein hier zurückzahlbares Darlehen zu 6 pCt. aufgenommen, ohne daß das deutsche Reichsgesetz verletzt ist. Er wird in Deutschland verklagt. Ich glaube, kein Richter wird die Verurtheilung auf 5 pCt. beschränken.

4. Für das neue Personalstatut des Schuldners, also das Heimathsrecht des Schuldners, hat sich bisher, so weit ich sehe, nur Zitelmann erklärt, vielleicht auch Bar; denn er entscheidet nach dem Personalstatut des Schuldners, setzt aber dabei stillschweigend voraus, daß das Personalstatut des Schuldners sein Wohnsitzrecht sei, sodaß man Bar doch wohl mit Unrecht diese Ansicht unterlegen dürfte, doch bleibt es immerhin nicht ganz unzweifelhaft. M. E. sprechen in der Hauptsache dieselben Gründe dagegen wie gegen das Wohnsitzrecht des Schuldners. Der vermuthliche Wille der Parteien dürfte eher gegen als für die Geltung des Heimathsrechtes sprechen. Daß ein in Deutschland wohnender Franzose in Deutschland seine Verpflichtungen nach französischem Rechte contrahire, kann unmöglich angenommen werden, würden wir doch, wenn er diese Prätension vor dem Geschäftsschluß stellen wolle, gewiß geneigt sein, diese Zumuthung als ungehörig zurückzuweisen und darin eine in jeder Beziehung unberechtigte Prätension erblicken.

5. Ueberwiegende Gründe sprechen, wie ich glaube, dafür, das Recht des Erfüllungsortes als das Entscheidende zu betrachten. Diese Ansicht ist bekanntlich von Savigny aufgestellt und begründet und wird namentlich von Gerber, Unger, Koch, Förster, Roth, Dernburg, Gierke vertheidigt. Auch ich habe mich in meiner Darstellung des bürgerlichen Rechtes ihr angeschlossen.

Ferner ist diese Ansicht, wie früher vom Reichs-Oberhandelsgericht, so jetzt vom Reichsgericht consequent in einer großen Reihe von Urtheilen befolgt, und auf die Praxis ist deshalb hier ein ganz besonderer Werth zu legen, weil gerade sie mehr als die Theorie gezwungen ist, für eine große Anzahl stetig wechselnder Fälle das gemeinsame durchschlagende Princip zu suchen.

Die Hauptgründe sind meines Erachtens die folgenden:

a) Die Obligation ist nur eine Spannung, ein Mittel zum Zwecke. Die Spannung löst sich aus, der Zweck wird erreicht in der Erfüllung. Die Erfüllung ist es, um deren Willen die ganze Obligation begründet, der Vertrag geschlossen ist. Die Erfüllung ist das Endziel, das die Parteien erwarten und von vornherein ganz vorwiegend im Auge haben. Deshalb ist die Erfüllungshandlung eben dasjenige unter allen an einen bestimmten Ort geknüpften Momenten, welches für die Obligation am meisten in Betracht kommt.

b) Zu dem nämlichen Resultate führt ein anderer Gedanke. Für Delictsobligationen ist nach der gemeinrechtlichen Theorie und Praxis und ebenso nach dem E.G. z. B.G. entscheidend das Recht des Delictsorts. Der Grund ist offensichtlich. Innerhalb der Grenzen des Staates die Rechtsordnung zu erhalten, also das zu verbieten, was nicht geschehen soll, und an die Uebertretung des Verbotes Schadensersatzpflicht und Strafe zu knüpfen, ist in erster Linie Aufgabe dieses Staates selbst. In gleicher Weise aber ist, meine ich, auch der Staat, in dessen Gebiet umgekehrt eine Handlung geschehen soll, der nächste dazu, dieses Gebot auszusprechen, mit anderen Worten die Obligation steht unter dem Rechte des Staates, in dem sie erfüllt werden soll unter dem Rechte des Erfüllungsortes.

c) Auch die Anhänger anderer Ansichten können sich der Bedeutung des Erfüllungsortes für das internationale Privatrecht nicht verschließen. Sie lassen fast ausnahmslos den Erfüllungsort entscheiden, bei Miethsverträgen über Immobilien, bei Pachtverträgen, bei Verpflichtungen auf Bearbeitung und Bebauung von Grundstücken, ferner bei Verträgen, durch welche die Uebereignung oder Belastung von Grundstücken versprochen wird. Solche Verträge können der Natur der Sache nach (was die

Leistung des einen Contrahenten betrifft) nur an dem bestimmten Ort erfüllt werden, worauf sich manche Schriftsteller ausdrücklich berufen.

Hier soll also der Erfüllungsort entscheiden, weil er durch die Natur der Sache bestimmt ist. Es ist nicht einzusehen, weshalb er nicht auch entscheidend sein soll, wenn er durch den Willen der Parteien oder durch das Gesetz bestimmt wurde.

d) Allgemein wird ferner zugegeben, daß Geschäfte, die an einem bestimmten Orte geschlossen sind und dort völlig abgewickelt werden sollen, nach diesem Orte, dem Orte des Erfüllungsortes, der freilich hier zugleich Errichtungsort ist, zu beurtheilen sind. Wie nun, wenn sie an einem Orte geschlossen sind, aber an einem bestimmten anderen Orte völlig abgewickelt werden sollen? Muß man dann nicht auch den letzteren entscheiden lassen, oder hat man nun plötzlich auf den Wohnort des Schuldners zurückzugreifen?

e) Ausdrücklich zugegeben wird ferner, daß gewisse Modalitäten der Erfüllung der lex solutionis unterstehen. Es erscheint aber in hohem Maße bedenklich, daß für den Hauptinhalt der Verpflichtung und für die Modalitäten der Erfüllung verschiedene Gesetze gelten sollen.

f) Endlich wird, so viel ich sehe, fast allgemein anerkannt, daß Prohibitivgesetze des Erfüllungsortes Anwendung finden. Auch hier liegt der Schluß nahe, daß das Recht, welches den Erfüllungsakt verbieten kann, auch das nächste dazu ist, ihn zu gebieten.

IV. Aus allen diesen Gründen ist in der Regel die Vertragsobligation nach dem Rechte des Erfüllungsortes zu beurtheilen. Allein diese Regel gilt doch nur in gewissem Sinne subsidiär. Daß nämlich auch der Parteiwille für unsere Frage eine gewisse Bedeutung habe, wird im Grunde allgemein anerkannt. Führen wir den in dieser Beziehung bestehenden scheinbar diametralen Gegensatz — denn die Einen bekennen das gekürte Recht an, die Anderen verwerfen es — auf das richtige Maß zurück, so ergeben sich die folgenden zwei theoretisch sehr verschiedenen, praktisch in vielen, aber nicht allen Punkten auf das Gleiche hinauslaufenden Ansichten:

1. Die Einen sagen, die Parteien können das anzuwendende Recht küren, also beim Vertragsschluß bestimmen, daß der Vertrag einem bestimmten Recht unterstehen soll. Zwei Deutsche, welche vielleicht mit dem französischen Recht aus zufälligen Gründen besonders vertraut sind, können also z. B. bestimmen, daß für ihren im Deutschen Reiche abgeschlossenen und in Deutschland zu erfüllenden Vertrag französisches Recht gelten soll.

2. Die Anderen sagen, ein Küren des Rechts ist unmöglich. Welches Recht an sich anzuwenden ist, bestimmt das Gesetz. Der Gesetzgeber setzt seinem Gesetz die Grenzen der Anwendung, nicht die Parteien. Die Parteien können aber, soweit nicht zwingende Rechtsnormen entgegenstehen, die Wirkungen des Vertrages so bestimmen, wie sie wollen, sie können das natürlich auch unter Bezugnahme auf ein fremdes Recht thun. Die Bestimmung, daß in dem angeführten Falle französisches Recht gelten soll, ist also giltig in dem Sinne, daß die Wirkungen des Vertrages die gleichen sein sollen, wie sie das französische Recht in diesem Falle herbeiführen würde.

Das kommt, wie schon angedeutet, in den meisten Fällen auf dasselbe hinaus. Wesentliche Unterschiede bestehen aber in zwei Beziehungen.

a) Wenn das an sich anwendbare Gesetz zwingende Vorschriften hat, welche dem gekürten Rechte fehlen, so können die Parteien in dieser Beziehung das an sich anwendbare Recht nicht durch das gekürte Recht ersetzen.

b) Wichtiger noch ist ein zweiter Unterschied. Nach der ersten Ansicht können die Parteien zwar den Willen, jenes fremde Recht zu küren, nicht nur ausdrücklich, sondern auch stillschweigend erklären. Aber sie müssen jedenfalls den *Willen* haben, dieses fremde Recht zu küren, sie müssen dessen *Anwendbarkeit vereinbaren*.

Nach der zweiten Ansicht dagegen genügt es, wenn sie die Anwendbarkeit des fremden Rechtes nur *voraussetzten*, wenn sie unter dem *Eindrucke standen*, daß dieses Recht anwendbar sei; denn dann sind eben ihre Parteierklärungen in dem nach diesem Rechte maßgebenden Sinne aufzufassen. Sie wollten dann die ihnen mehr oder weniger deutlich vorschwebenden Wirkungen, welche jenem Rechte entsprechen, vereinbaren.

3. Aus dem Gesagten dürfte sich ergeben, daß die zweite dieser Auffassungen vorzuziehen ist. Sie ist zunächst theoretisch richtig. Denn es ist nicht zu leugnen, daß zunächst das Gesetz und nicht der Wille der Parteien den Herrschaftsbereich der Gesetze bestimmt. Eine Regel, nach welcher die Parteien sich im eigentlichen Sinne das Recht küren, d. h. bestimmen können, welchem Recht das Rechtsverhältniß unterworfen sein soll, ist zwar nicht undenkbar, würde aber rein positiver Natur sein und daher sicherer Beglaubigung bedürfen, welche wie alsbald darzulegen ist, hier fehlt.

Noch entscheidender sprechen aber auch praktische Gründe für die zweite Auffassung. Wenn beispielsweise ein Deutscher im Deutschen Reich einem anderen Deutschen ein Darlehen auf sechs Monate giebt und sie nun, weil sie zufällig in sechs Monaten beide in Paris sein wollen, verabreden, daß die Rückgabe dort erfolgen solle, so muß deutsches Recht anwendbar sein nicht nur, wenn sie die Anwendung deutschen Rechtes vereinbaren, was ganz selten der Fall sein wird, sondern auch, wenn sie, wie in diesem Fall ohne Weiteres anzunehmen, nur die Anwendbarkeit deutschen Rechtes annehmen. Es ist wie so häufig, wo es sich um die Interpretation des Willens der Parteien handelt, schon genügend, daß sie voraussichtlich sich für deutsches Recht entschieden haben würden, wenn ihre Aufmerksamkeit auf die Frage, welches Recht anwendbar sei, sich gerichtet hätte. Gerade dieser letztere Fall ist ganz ungleich häufiger als die seltenen Fälle, wo die Parteien bewußter Weise ausdrücklich oder stillschweigend die Anwendbarkeit eines bestimmten Rechtes vereinbaren.

4. Die zweite Auffassung darf denn auch in gewissem Sinne als die in der Theorie vorherrschende bezeichnet werden; denn fast alle Schriftsteller, welche diesen Unterschied besprechen, schließen sich ihr an. Diejenigen Schriftsteller aber, welche nur in kurzer Wendung erklären, daß die Parteien das Recht küren, bestimmen oder vereinbaren können, sind allerdings ziemlich zahlreich, dürfen aber nicht ohne Weiteres der ersteren Auffassung zugerechnet werden; denn sehr häufig ist der Unterschied zwischen beiden Ansichten nicht genügend erkannt oder gewürdigt, sondern die Sache so dargestellt, als ob der Streit sich darum drehe, ob überhaupt einer derartigen Vereinbarung der Parteien Werth beizulegen sei oder nicht.

Das Reichsgericht erkennt die Bedeutung eines derartigen Parteiwillens in constanter Praxis an; aber diese Praxis ist nicht ganz consequent, soweit es sich um den erwähnten Unterschied handelt.

In einem Urtheil Bd. XXIII Nr. 6 S. 33 heißt es: „Daß beide Parteien davon ausgegangen sind, das deutsche Recht sei entscheidend, genügt nicht". Eine Ausnahme von den allgemeinen Grundsätzen kann nur „bei ausdrücklich erklärtem oder concludentem Willen der Parteien, sich dem heimischen Rechte zu unterwerfen, begründet werden".

Andere Urtheile aber sind hier freier und kommen dem Bedürfnisse mehr entgegen. So heißt es Bd. IX S. 227: „In erster Linie kommt in Betracht, welchem bestimmten örtlichen Rechte die Contrahenten den Vertrag haben unterwerfen wollen, bezw. welches örtliche Recht sie als selbstverständlich anwendbar bei dem Abschlusse des Vertrages voraussetzten."

Das spricht also sehr entschieden für die andere Ansicht.

Aehnlich, ja in noch freierer Weise heißt es Bd. VI Nr. 33 S. 131: „Es ist zunächst mittelst freiester Interpretation unter Ergänzung eines mangelhaften Parteiwillens im Sinne des Vernünftigen und Billigen ein auf das Recht eines bestimmten Territoriums gerichteter Unterwerfungswillen zu ermitteln" u. s. w.

Ich glaube daher behaupten zu dürfen, daß überwiegend auch die Praxis des Reichsgerichts der zweiten Auffassung zuneigt.

So bin ich zu den aufgestellten Thesen gekommen:

1. Inhalt und Wirkung der Vertragsobligationen ist, soweit nicht zwingende Rechtsnormen entgegenstehen, nach demjenigen Rechte zu beurtheilen, dessen Anwendung die Parteien vereinbart oder stillschweigend vorausgesetzt haben.
2. Ist eine hiernach maßgebende Absicht der Parteien nicht vorhanden — das würde auch in dem Falle der zwingenden entgegenstehenden Sätze der Fall sein — oder nicht erkennbar, — so entscheidet das Recht des Erfüllungsortes.
3. Die Rück- oder Weiterverweisung findet auf dem Gebiete der Vertragsobligationen keine Anwendung.

Die letztere These, m. H., möchte ich nicht rechtfertigen. Ich bin in dieser Beziehung mit dem zweiten Herrn Referenten in vollster Uebereinstimmung und glaube daher diesen Punkt dem zweiten Referenten überlassen zu sollen.

V. Schließlich muß ich auf einige Einzelfragen eingehen, bei denen sich Schwierigkeiten ergeben, die dann großentheils auch als Gegengründe gegen die aufgestellte Theorie des Erfüllungsortes verwerthet sind.

1. Bei Meß-, Markt- und Börsengeschäften wird, auch wenn sie nicht an dem gleichen Orte abgewickelt werden sollen, sondern ein oder mehrere andere Erfüllungsorte bestimmt sind, doch das Recht des Meß-, Markt- oder Börsenplatzes anwendbar sein. Dies ist, sofern es nicht durch besondere Rechtsregel bestimmt ist, eine Folge stillschweigender Unterwerfung der Parteien unter dieses Recht; also nicht etwa eine Ausnahme von den aufgestellten Regeln.

Man kommt von allen Ländern an solchen Orten zusammen, um derartige Geschäfte zu machen; das sind bestimmte Orte, deren Recht man sich unterwirft.

2. Große Schwierigkeiten entstehen, wenn es sich um gegenseitige Verträge handelt, und die Leistungen der Parteien an verschiedenen und verschiedenem Recht unterstehenden Orten zu erfüllen sind. Diese Schwierigkeiten sind aber der Theorie des Erfüllungsortes nicht eigen-

thümlich. Sie sind die gleichen bei der Theorie des Wohnsitzrechts, wenn, was viel häufiger ist, die Parteien verschiedenen Wohnsitz haben, und sie sind, wie wir früher gesehen haben, geradezu unlösbar bei der Theorie des Errichtungsaktes.

Die richtige Lösung vom Boden unserer Theorie dürfte die folgende sein:

a) In vielen Fällen steht in der Betrachtung der Parteien die eine Leistung in örtlicher Beziehung durchaus im Vordergrunde, so z. B. bei Veräußerungs- und Belastungsverträgen über Immobilien, bei Miethen von Immobilien, Arbeitsleistungen in Bezug auf Immobilien, dauernden Verwaltungen, dauernden Dienstleistungen. Hier wird meist als Intention der Parteien anzunehmen sein, daß das Recht, welches für diese Leistung entscheidet, auch für die Gegenleistung in Geld gelten soll, auch wenn aus besonderen Gründen ausnahmsweise für die Gegenleistung in Geld ein anderer Erfüllungsort bedungen ist.

b) In vielen anderen Fällen wird der Wille, daß die lex solutionis der einen Leistung auch für die andere also allgemein entscheiden solle, deshalb anzunehmen sein, weil der Erfüllungsort der ersteren Leistung zugleich der Wohnsitz der Parteien ist oder weil er mit dem Errichtungsakt übereinstimmt.

c) Liegen aber solche besonderen Umstände nicht vor, wie z. B., wenn ein Deutscher mit einem Franzosen auf einer Reise in Oesterreich einen Tausch zweier Pferde verabredet, von denen das eine in Paris steht und dort geliefert werden soll, während das andere in Berlin sich befindet und dort zu liefern ist, so bleibt nichts übrig, als für jede Verpflichtung das Recht ihres Erfüllungsortes anzuwenden, was denn auch ziemlich allgemein angenommen wird. Natürlich ist aber der Vertrag, da er nur als ganzer gewollt ist, ungiltig, wenn nach dem einem der beiden Rechte die Verpflichtung des betreffenden Schuldners nicht zur Entstehung kommt.

3. Handelt es sich um Haupt- und Nebenleistungen, so ist für die letzteren, auch wenn für sie ein besonderer Erfüllungsort zu bedingen wäre, nicht dieser, sondern das Recht, welches für die Hauptobligation gilt, entscheidend. Dagegen wird man die Verpflichtung des Bürgen, wenn sich der Bürge, was selten geschieht, einen besonderen Erfüllungsort — etwa in seiner Heimath — ausbedungen hat, das Recht dieses Ortes für entscheidend erklären müssen.

4. Daß für die Verjährung der Vertragsobligation das für die Obligation geltende Recht entscheide, ist allgemein anerkannt und wird auch vom Reichsgericht angenommen.

5. Wird der Anfangs festgesetzte Erfüllungsort später von den Parteien geändert, so ändern sich die nun einmal eingetretenen Rechtswirkungen doch nur dann, wenn deren Abänderung von den Parteien beabsichtigt ist. Dies wird aber selten der Fall sein. In der Regel werden die Parteien eben nur den Erfüllungsort, nicht den sonstigen Inhalt der Obligation ändern wollen. Ein weitergehender Wille kann nur angenommen werden, wenn er erkennbar ist.

Ich habe Sie, m. H., vielleicht lange aufgehalten, aber Sie werden mir zugeben, daß der Gegenstand ein solcher ist, daß er sich mit wenigen Worten, ohne ungründlich zu sein, nicht entscheiden läßt. Ich bitte Sie um Entschuldigung wegen der Länge meiner Rede und bitte Sie, meine Thesen anzunehmen.

(Lebhafter, langandauernder Beifall.)

Mitberichterstatter Prof. Dr. **Mitteis** (Wien): Sehr geehrte Anwesende! Nach den überaus gründlichen Ausführungen des Herrn Vorredners werde ich bemüht sein, mein Correferat von seinem ursprünglichen Umfange aus so weit zusammenzudrängen, als es mir nur irgend möglich ist, und mich auf jene Punkte zu beschränken, welche der Herr Referent noch offen gelassen hat. Allerdings hätte ich eigentlich Veranlassung, insofern ausführlicher zu sein, als meine Anträge von denen des Herrn Referenten differiren und ich daher, je gründlicher er die seinigen gestützt hat, desto mehr Ursache hätte, die meinigen zu verteidigen. Aber ich glaube gleich bemerken zu können, die Differenz, welche zwischen mir und dem Herrn Vorredner obwaltet, betrifft vielmehr eine Frage der Formulirung als eine Frage der praktischen Entscheidung, und wegen bloßer Formulirungen dürfte es nicht nothwendig sein, allzu viel Zeit zu verlieren. Ich werde also mich im Wesentlichen auf jene Punkte beschränken, die noch offen sind; das Uebrige erlauben Sie mir möglichst kurz zu erledigen.

Bekanntlich ist das internationale Privatrecht im Einführungsgesetz des B.G.B. nur ganz unvollständig geregelt. Der Entwurf 2. Lesung hatte allerdings eine vollständige Regelung in seinem 6. Buche, aber die Bundesregierungen haben diese vollständige Lösung stark zusammengestrichen in einer gewissen vielleicht zu weit gehenden diplomatischen Rücksicht auf das Ausland. Demnach ist jetzt nur ein Torso übrig geblieben, welcher sich wesentlich bezieht auf das Personen-, Familien- und Erbrecht. Und auch dieses ist nicht vollständig geregelt. Der Standpunkt des Einführungsgesetzes ist im Wesentlichen der: es will im Personen-, Familien- und Erbrecht jedenfalls feststellen, welche Rechtsfälle unbedingt nach deutschem Rechte zu entscheiden sind. Es will also dem deutschen Rechte sein Mindestmaß an der Beurtheilung der einschlägigen internationalen Verhältnisse garantiren. Wenn das deutsche Recht saturirt ist, was für ein ausländisches Recht dann zur Anwendung gelangt, das ist dem Einführungsgesetze gleichgiltig. Das ist also eine Regelung des internationalen Privatrechtes vom nationalen Standpunkt, und auch diese Regelung bezieht sich gar nicht auf unsere Frage der obligatorischen Verträge, sondern betrifft nur das Personen-, Familien- und Erbrecht. Wir müssen daher die Frage der internationalen Behandlung von obligatorischen Verträgen lediglich nach allgemeinen Gesichtspunkten erörtern.

Nun, m. H., wer es hier genau nehmen wollte, müßte allerdings an die Grundprobleme des internationalen Privatrechtes herantreten, denn das internationale Privatrecht ist ja ein Ganzes, das in sich zusammenhangen soll und das auf einer einheitlichen Grundlage basirt. Indessen brauchen Sie nicht zu befürchten, daß ich derlei thun werde, sondern ich werde mich darauf beschränken, lediglich *eine* Frage zu erörtern, welche, wie ich glaube, von grundlegender Bedeutung ist und welche auch durch die Gutachten der beiden Herren Referenten und durch eine Aeußerung des Prof. *Niemeyer* in Kiel (in der letzten Nummer der Juristenzeitung) so recht in den Vordergrund gerückt ist.

Diese Frage ist folgende:

> Hat der Richter bei Behandlung problematischer Rechtsverhältnisse die Collisionsnorm lediglich seinem eigenen inländischen Rechte zu entnehmen oder kann unter Umständen er auch bezüglich der Feststellung der Collisionsnorm auf das ausländische Recht verwiesen sein?

Die Frage ist nicht mißzuverstehen. Nicht darum handelt es sich, welches Recht der Richter in letzter Linie materiell anwenden soll, sondern darum, nach welchen Grundsätzen er die Feststellung dieses materiell anzuwendenden Rechtes zu vollziehen hat, ob unbedingt nach inländischem oder möglicherweise auch nach ausländischem Recht. Mit anderen Worten, nicht darum handelt es sich, welches Recht zur meritorischen Entscheidung competent ist, sondern darum, welches Recht zur Feststellung dieser Competenz competent ist; also nicht um die Competenz, sondern — gestatten Sie mir einen herkömmlichen Ausdruck — um die Competenzcompetenz. Ist lediglich das inländische Recht competent, das internationale Privatrecht zu regeln oder kann unter Umständen auch das ausländische Recht hier maßgebend sein?

Die Sache wird vollständig klar, wenn ich die beiden hier möglichen Theorien einander entgegenstelle. Nach der einen Ansicht hat der Richter die Competenzcompetenz lediglich dem inländischen Rechte beizumessen; dieser Ansicht folgt von unseren Gutachtern auch Herr von Seeler. Z. B. es handelt sich um eine Ehestreitigkeit. Der Ehemann hat seinen Wohnsitz in Italien, ist aber bayerischer Staatsangehöriger, und die Frage kommt vor ein bayerisches Gericht. Nach dieser Ansicht wird der Richter einfach sagen: nach bayerischem, d. i. gegenwärtig nach gemeinem Recht ist in Fragen der Ehe lediglich das Recht des Wohnsitzes zu Grunde zu legen; dieses Wohnsitzrecht ist das italienische, denn der Mann wohnt dort; ich entscheide also nach italienischem Rechte. Nach der anderen Ansicht wird der Richter aber sagen: das inländische Recht besitzt die Competenzcompetenz nur hinsichtlich jener Rechtsverhältnisse, welche kraft besonderer Umstände diesem inländischen Rechte, d. h. der inländischen Competenzcompetenz unterworfen sind. Ein solcher Thatbestand ist in der Regel der Wohnsitz oder der Sitz des Rechtsverhältnisses. Ist aber das Rechtsverhältniß zunächst in einem anderen Staate belegen, dann sollen nach dieser Ansicht zunächst die Grundsätze des auswärtigen Staates über pie Behandlung internationaler Rechtsfragen maßgebend sein. Unser Beispiel durchgeführt, der Ehemann hat seinen Wohnsitz in Italien, der bayerische Richter wird erklären: die Ehe unterliegt in erster Linie italienischen Grundsätzen, und zwar nicht, was ihre materielle Behandlung anbetrifft, sondern zunächst, was die Fragen des internationalen Privatrechtes betrifft. Mit anderen Worten, der Richter wird sich fragen: was bestimmt das italienische internationale Privatrecht bezüglich der Behandlung von problematischen Ehen? Nun wird er finden, der code civil in Art. 6 bestimmt: die Ehestreitigkeit ist zu entscheiden nach dem Rechte der Staatsangehörigkeit. Da nun der Ehemann bayerischer Staatsangehöriger ist, so ist nach dem italienischen Rechte dieser Ehestreit wieder auf den bayerischen Richter verwiesen, und dem hätte er sich zu fügen.

Das, m. H., ergiebt das sogenannte Princip der Rück- und Weiterverweisung.

Jede Verweisung setzt also voraus, daß der inländische Richter findet, das problematische Rechtsverhältniß stehe zunächst in einem gewissen Subditionsverhältniß, nicht zu dem Inlande, die Ehe ist keine inländische, sondern zu dem Auslande, die Ehe ist eine ausländische, z. B. weil der Ehemann im Auslande wohnt. Findet er das, so wird er sagen: diese Ehe bestimmt sich in allem und jedem nach dem betreffenden ausländischen Rechte. Wenn das ausländische Recht diese Ehe oder die Ehestreitigkeiten materiell regelt, so ist diese Entscheidung zu Grunde zu legen; wenn dagegen das ausländische Recht auf eine meritorische Regelung der betreffenden Ehe verzichtet und sagt: ich verweise die Regelung dieser Ehe auf ein anderes Recht — aus irgend einem Grunde — so hat diese Delegation auch von unserem Richter anerkannt zu werden.

Es ist klar, m. H., welche fundamentale Bedeutung der Entscheidung dieser Frage auch für unsere Frage zukommt. Während Herr von Seele sagt: bei jeder Vertragsobligation, die vor dem inländischen Richter streitig wird, hat der Richter ganz einfach sich zu fragen: was nimmt unser inländisches Recht bezüglich der internationalen Privatrechtsfragen an? so wird nach Herrn Dr. Neumann die Frage folgendermaßen zu stellen sein. „Ist der Vertrag im Inlande geschlossen", fragt Herr Neumann, „oder im Auslande"? Ist der Vertrag im Inlande geschlossen, dann entscheidet über das internationale Privatrecht lediglich unser inländisches Recht; ist dagegen der Vertrag im Auslande geschlossen, so entscheiden über die Behandlung dieses Vertrages die Grundsätze des internationalen Privatrechtes, welche in dem Vertragsstaate gelten. Wäre daher ein Vertrag contrahirt in Frankreich und käme in Deutschland zur gerichtlichen Geltendmachung, so hätte der Richter zu fragen: was bestimmt der code civil oder das sonstige französische Recht über die Behandlung der Verträge nach internationalem Privatrechte?

Die vorliegende Frage ist eine außerordentlich streitige. Allerdings will ich gleich Eines bemerken. Der eigentliche Sitz der ganzen Lehre von der Rück- und Weiterverweisung scheint mir gar nicht im Vertragsrechte zu liegen, sondern er liegt, glaube ich, auf dem Gebiete des Familien- und Erbrechtes. Hier ist das Princip der Rück- und Weiterverweisung von verschiedenen Gesetzgebungen und theilweise auch von dem Einführungsgesetze zum B.G.B. anerkannt. Auf das Gebiet des Vertragsrechtes wird eigentlich erst von Herrn Neumann dieses Princip ausgedehnt; wenigstens ist mir gegenwärtig keine naheliegende Gesetzgebung bekannt, welche das Princip der Weiterverweisung auch auf dem Gebiete des Vertragsrechtes handhaben würde. Aber schließlich können wir es unserem Herrn Gutachter nicht verwehren, auch auf diesem Gebiete dieselben Grundsätze, welche anderswo anerkannt sind, etabliren zu wollen, und wir müssen daher über die sachliche Richtigkeit des Principes uns einigermaßen aussprechen.

Für das Princip der Weiter- und Rückverweisung kann man Eines geltend machen; man kann nämlich sagen: die gegenseitige Anerkennung der Souveränität, welche die verschiedenen Staaten sich schulden, bringt es mit sich, daß jeder die Regelung anerkennt, welche ein anderer Staat den ihm zunächst unterworfenen Verhältnissen zu Theil werden läßt. Ist diese Regelung eine materielle, meritorische, dann wird ohne weiteres diese Regelung anerkannt. Wenn aber der auswärtige Staat das Rechtsverhältniß meritorisch nicht entscheidet, sondern es einem anderen zur Entscheidung zuweist, so sind alle anderen Staaten an diese Delegation des Subditionsstaates gebunden.

Ja man kann noch weiter gehen und sagen — und Bar hat es gesagt —: wenn jemand, obwohl der Subditionsstaat eine Verweisung fordert, doch ein Rechtsverhältniß nach dem materiellen Rechte des Subditionsstaates entscheidet, so wendet er das materielle Recht des Subditionsstaates an auf ein Rechtsverhältniß, auf welches es nicht angewendet sein will; denn das betreffende Recht sagt: für diesen Fall will ich nicht gelten, sondern für diesen Fall soll ein ausländisches Recht zur Geltung kommen.

Ich gestehe, ich kann diese Argumentationen nicht für entscheidend halten.

Was zunächst die Souveränitätsfrage anbetrifft, so glaube ich, daß die Souveränität hier nicht in Frage steht. Selbstverständlich ist es ein Theil der Staatssouveränität, daß der Staat eine Rechtsordnung hat; dagegen, glaube ich, ist der Souveränitätsbegriff überspannt, wenn man so weit geht, zu sagen: In jedem einzelnen Privatrechtsverhältniß, wenn es auch im Auslande zur Judicatur kommt, liegt die Souveränität des Staates gewissermaßen verkörpert, und man hat in demselben den Heimathsstaat zu respectiren. So weit reicht die Souveränität nicht, daß jedes einzelne Privatrechtsverhältniß, welches einmal dem Staate angehört, ihn repräsentirt, auch wenn es im Auslande zur Judicatur kommt. Ich glaube, das wäre eine Art von staatsrechtlichem Pantheismus, die durch nichts gerechtfertigt ist. Am allerwenigsten aber kann man bei dem System der Verweisung die Souveränität in Frage ziehen. Ich wollte mir noch gefallen lassen, wenn jemand sagt: Wenn der Staat ein Rechtsverhältniß meritorisch geregelt hat, so ist man seiner Souveränität schuldig, daß man diese Regelung anerkennt. Aber wenn der Staat eine Verweisung vornimmt, dann hat er ja das Rechtsverhältniß meritorisch nicht geregelt, sondern die Regelung einem anderen Staate überwiesen und daher auf die Geltendmachung seiner Souveränität verzichtet. Ja man kann umgekehrt sagen: Der Staat, welcher eine meritorische Entscheidung unterläßt und die Sache einem anderen Staate zur Regelung hinwirft, begeht damit eher einen Eingriff in die fremde Souveränität, als daß er seine eigene ausübt. Damit erledigt sich auch das Argument von Bar: „Wenn wir eine Verweisung nicht respectiren, sondern das meritorische Recht des Subditionsstaates anwenden, so wenden wir das

Gesetz auf einen Fall an, wo es nicht angewendet sein will." Wäre das richtig, so müßte man ja entgegnen: Mit ebensowenig Recht als wir ihm die Regelung dieses Rechtsverhältnisses zuschieben, obwohl sein Gesetz für den Fall nicht gilt, mit ebensowenig und nicht mit mehr Recht hat der auswärtige Staat den gleichen Fehler begangen, wenn er sagt: Ich verzichte auf die Regelung des Verhältnisses, das soll geregelt werden nach den Gesetzen des Staates A. Woher nimmt er dieses Recht? Ebensogut also als der auswärtige Staat eine Verweisung vornimmt und hofft, daß wir dieselbe respectiren, ebensogut können wir sagen: Wir respectiren die Verweisung nicht, sondern schieben Dir die Sache zurück.

Man hat auch wohl geltend gemacht, daß die Uniformität der Rechtsprechung ganz wesentlich gehoben werde, wenn man das Princip der Rück- und Weiterverweisung anerkenne. Man sagt nämlich, wenn sich alle Staaten darüber einigen, das Recht desjenigen Staates anzuwenden, auf welches der Subditionsstaat, der nächstberechtigte Staat, verweist, so kommen alle dazu, eben das Recht desselben Staates anzuwenden. Wenn der Rechtsfall in Italien belegen wäre und alle Staaten sind einig, den Delegationen der italienischen Gesetzgebung zu folgen, welche etwa nach Frankreich führen, so käme man allgemein zu dem Resultate, es wird das französische Recht angewendet. M. H., diese allgemeine Uniformität ist schon längst als eine nur scheinbare anerkannt worden. Mit demselben Rechte nämlich, mit welchem wir der Verweisung des fremden Staates folgen, müßte auch er unserer Verweisung folgen, und wir kämen nun zu folgendem eigenthümlichen Ergebniß. Denken Sie sich, ein englischer Staatsbürger ist wohnhaft in Belgien, errichtet daselbst ein Testament, welches nicht dem belgischen Gesetze, wohl aber dem englischen entspricht, und stirbt dann. Wenn wir nun dem System der Rückverweisung folgen, wie sieht es mit der Uniformität aus? Also der englische Richter nimmt das Princip der Rückverweisung an, es kommt die Sache in England vor die Gerichte. Diese werden nun folgendermaßen sagen: nach englischem Rechte entscheidet in Fragen des Erbrechts zunächst das Domicil, folglich ist auf Belgien hinzugehen. Was bestimmt nun das belgische Recht über die Erbschaften der Ausländer? Das belgische Recht sagt: Erbschaften der Ausländer sind nach dem Rechte des Heimathsstaates zu behandeln. Folglich verweist das belgische Recht zurück auf das englische, folglich wird der Richter, der zunächst nach Belgien gegangen ist und dort der Verweisung folgt, sich nach England zurückgewiesen sehen. Er wird sagen: das Testament ist nach englischem Rechte errichtet, es gilt. Nun lassen Sie uns aber nach Belgien zurückkehren und den Fall in Belgien zur Judicatur kommen! Was wird der belgische Richter sagen? Er wird sagen: der code civil bestimmt, daß dieses Rechtsverhältniß bei Ausländern zunächst zu entscheiden ist nach dem Rechte der Staatsangehörigkeit; gut, er wird nach England gehen und fragen: ist dort eine Verweisung üblich? Das englische Recht wird sagen: das Erbrecht entscheidet sich materiell nach dem Rechte des Ortes, wo einer gewohnt hat; es wird also sagen: gehe zurück nach Belgien! Jetzt muß der belgische Richter in Folge der Rückverweisung wieder nach belgischem Rechte entscheiden. Nun ist die Sache so: der englische Richter geht nach Belgien und wird von dort nach England zurückgeschickt und umgekehrt. Sie sehen, m. H., die Leute complimentiren sich gegenseitig hinaus.

(Heiterkeit.)

Es ist das, wie man sehr treffend gesagt hat, das reine juristische Spiegelcabinet; die Bilder werden immer gegenseitig in einander geworfen. Ich glaube, schon dieser Fall zeigt, daß das Princip der Rückverweisung praktisch undurchführbar ist und ebenso ist es mit der Weiterverweisung.

Ich gehe nach A., indem ich finde, der Rechtsfall gehört zunächst nach A., aber da darf ich nicht bleiben, denn das Recht A. sagt: dieser Rechtsfall ist zu entscheiden nach dem Rechte B.; ich gehe nach B., in B. sagen sie: der Rechtsfall ist zu verweisen nach C. In C. erfahre ich: wir verweisen den Rechtsfall nach dem Rechte A.; nun komme ich wieder nach A., A. schickt mich wieder nach B. u. s. f. Wir haben den schönsten circulus vitiosus, und das juristische perpetuum mobile wäre gefunden. Sie sehen, das Princip der Weiterverweisung garantirt nicht einmal irgend ein greifbares Resultat, und ich kann schon aus diesem Grunde, abgesehen von dem Mangel aller inneren Gründe, mich demselben nicht anschließen. Ich bleibe vielmehr bei dem Resultate stehen: der Richter hat lediglich nach inländischen Grundsätzen zu entscheiden, welches Recht er bei der Behandlung internationaler problematischer Rechtsfälle zu Grunde legt. Ich glaube, der Richter ist lediglich an die in seinem Staate geltenden internationalen Rechtsgrundsätze gebunden.

Damit komme ich zur Hauptfrage, und hier kann ich mich vielleicht etwas kürzer fassen. Also welche Anschauungen gelten nun für den deutschen Richter bezüglich der Verträge? Ob der Vertrag im Inlande oder im Auslande geschlossen ist, wie gesagt, m. H., das bleibt sich dabei ganz gleich. Jedenfalls hat der Richter, der Vertrag mag auch im Auslande geschlossen sein, nur sein inländisches internationales Privatrecht zu Grunde zu legen. Aber welche Behandlung ist danach die angemessene? Nach dem Rechte welches Staates ist ein bestimmter Vertrag zu beurtheilen?

Zunächst, m. H., gestatten Sie mir, eine Frage aufzuwerfen. Wird jede Obligation überhaupt immer nach einem einzigen Rechte zu beurtheilen sein, oder kann man nicht zu dem Resultate kommen, ein und dasselbe Vertragsverhältniß kann nach 2, 3, in verschiedenen Beziehungen nach verschiedenen örtlichen Rechten zu beurtheilen sein? In der That, m. H., möchte ich Sie zunächst darauf aufmerksam machen, es kann sich ereignen, daß ein und dasselbe Vertragsverhältniß in verschiedenen Beziehungen ganz verschiedenen Rechten unterliegt. Man kann sich die Frage also gar nicht complicirt genug vorstellen. Denn das Vertragsverhältniß ist ja kein Punkt in der Zeit, kein Ding, welches momentan seinen Ablauf fände, sondern das Vertragsverhältniß erstreckt sich möglicherweise über einen sehr langen Zeitraum, sowie auch über einen sehr weiten örtlichen Raum hinaus, und es kann sein, daß verschiedene Phasen und Stadien des Verhältnisses eine verschiedene örtliche Regelung zu erfahren haben. Gerade so, wie es von der Form des Vertrages anerkannt ist, daß sie durchaus nicht immer zu folgen hat dem Rechte, welchem der Vertrag materiell unterliegt, sondern daß jedenfalls die Form des Errichtungsortes genügt, gerade so kann für zahlreiche andere Verhältnisse im Leben einer Obligation auf ein bestimmtes, im Uebrigen für die Obligation nicht giltiges Recht zu recurriren sein. Im Leben einer Obligation giebt es ja eine Menge Veränderungen und Rechtshandlungen, denken Sie an Mahnung, Kündigung, Cession, Compensation u. s. f. Läßt sich da nicht von vornherein denken, daß möglicherweise die Wirkung einer Cession oder einer Compensation aus bestimmten Gründen nach einem Rechte zu beurtheilen ist, welchem die Obligation im Allgemeinen nicht unterliegt?

Gestatten Sie mir, m. H., Ihnen dafür, wie die Obligation möglicherweise in verschiedenen Stadien verschiedenen Rechten unterliegen kann, nur ein ganz einfaches Beispiel zu geben, welches mir beigekommen ist. Denken Sie, es würde ein Wasserbau in Oesterreich auszuführen sein. Ein großer Bauunternehmer hat ihn übernommen und reist nun nach Italien, weil daselbst bekanntlich die Arbeitskräfte billig und gerade Wasserbaukräfte hier gut zu haben sind. Er nimmt dort eine Reihe von Arbeitern auf. Nach welchem Rechte ist der Dienstvertrag des Arbeiters zu beurtheilen? Man kann zwei Rechte in's Auge fassen, das italienische Recht, indem man sagt: hier ist contrahirt worden und hier hat der Arbeiter möglicherweise seinen Wohnsitz; und man kann in's Auge fassen das österreichische Recht, weil das Vertragsverhältniß dort abzuwickeln ist. Und nun, m. H., wenn wir näher zusehen, werden wir finden, sowie wir nur Eines dieser Rechte zu Grunde legen, kommen wir zu einem unrichtigen Resultate; es müssen für die verschiedenen Phasen beide Rechte zu Grunde gelegt werden. Setzen Sie, der Arbeiter ist heute noch in Italien, er tritt den Dienst nicht an, er sagt, der Vertrag ist ungiltig oder ich habe nach dem italienischen Rechte das Rücktrittsrecht. Könnte der Arbeitgeber sagen: das geht mich nichts an, der Vertrag soll sich in Oesterreich abspielen, der Vertrag ist in Oesterreich zu erfüllen und Du hast daher trotz des italienischen Rechtes nach Oesterreich zu kommen? Hier wird jeder sagen: zunächst ist das italienische Recht maßgebend, so lange der Arbeiter nicht nach Oesterreich gegangen ist. Umgekehrt, lassen Sie den Mann einmal in Oesterreich sein, glauben Sie, daß es dann jedem Arbeiter bei dem Wasserbau freisteht, nach seinem Heimathsrechte zu kündigen? Bei dem Wasserbau befinden sich vielleicht italienische, ungarische, serbische Arbeiter u. s. w. Glauben Sie, daß der Uuternehmer jeden einzelnen nach seinem Heimathsscheine fragt? Glauben Sie, daß jeder nach seinem heimischen Rechte kündigen kann? Die Leute müssen doch einer einheitlichen Disciplin unterliegen. Folglich müssen wir sagen, wenn die Leute die Arbeit in Oesterreich aufgenommen haben, so sind sie für ihr Verpflichtungsverhältniß dem österreichischen Rechte unterstellt. Hier haben Sie sofort einen praktischen Fall, wo ein Rechtsverhältniß in seinen verschiedenen Phasen nach zwei verschiedenen Rechten zu entscheiden ist.

Gestatten Sie mir, noch einen Fall anzuführen. Die vereinigte ungarische Dampfschifffahrtsgesellschaft hatte vor einigen Jahrzehnten in Ungarn, in Budapest, Prioritäten ausgegeben, welche mit 6 pCt. verzinslich und in 50 Jahren nach einem bestimmten Tilgungsplane rückzahlbar waren. Eine Clausel der Zwangsconversion war nicht vorgesehen. Das Recht der Zwangsconversion stand daher der vereinigten ungarischen Dampfschifffahrtsgesellschaft nicht zu. Im Jahre 1871 hat die österreichische Donaudampfschifffahrtsgesellschaft mit dem Sitze zu Wien, als die ungarische vereinigte in Liquidation trat, ihr gesammtes Vermögen mit allen Activen und Passiven übernommen und bei dieser Gelegenheit auch die Prioritäten. Sie übernahm diese Prioritäten zur Selbstzahlung und brachte ihre Verpflichtungen gegenüber den Gläubigern so zum Ausdruck, daß sie diese Prioritäten in Wien abstempeln ließ. Es fand die Verwaltung des Anlehens in Wien statt und die Papiere wurden wie österreichische Papiere behandelt. Im Anfang des Jahres 1897 hatte die österreichische Donaudampfschifffahrtsgesellschaft den Einfall zu sagen: 6 pCt. im Jahre 1897, das ist ein bischen zu viel, man könnte mit 4 pCt. auch auskommen; ich werde daher eine Zwangsconversion vornehmen. Denn freiwillig hätte Niemand die Conversion zugelassen und seine 6 pCt. hergegeben. Man ging also zur Zwangsconversion über. Die Gläubiger erklärten: Zwangsconversion ist im Plane nicht vorgesehen und es besteht ein 50jähriger Verlosungsplan. Die Donaudampfschifffahrtsgesellschaft sagte, diese Prioritäten sind ausgegeben von einer ungarischen Gesellschaft in Ungarn; das ungarische Recht bestimmt nun: in allen Fällen „dies adjectus pro reo est", d. h. wann immer ein Schuldner Rückzahlungen zu einem bestimmten Termine vereinbart hat, heißt das nur, er braucht nicht früher zu zahlen, aber daß er früher zahlen darf, ist selbstverständlich, mit anderen Worten, nach ungarischem Rechte gilt kein Tilgungsplan, sondern da ist der Conversionszwang immer selbstverständlich. Ob das richtig ist, will ich nicht untersuchen, in die Feinheiten des ungarischen Rechtes wage ich nicht einzutreten und ich habe es auch in einem damals erstatteten Gutachten nicht gethan. Es handelte sich da um einige Millionen und die Frage war außerordentlich praktisch. Ich habe mich auf den Standpunkt gestellt, zu sagen: das ungarische Recht mag hier bestimmen, was es will, das Rechtsverhältniß ist heute nicht mehr nach ungarischem Rechte zu beurtheilen, sondern nach österreichischem Rechte zu entscheiden, wo man die Bestimmungen der Prioritäten zu respectiren hat. Das Verhältniß ist aber deswegen nach österreichischem Rechte zu beurtheilen, weil die österreichische Gesellschaft, indem sie die Papiere zur Selbstzahlung übernahm, indem sie dieselben in Wien abstempeln ließ, indem sie den Sitz der Verwaltung des Anlehens nach Wien verlegte, damit von selbst verzichtet hat auf jene dunklen Bestimmungen des ungarischen Rechtes, welche kein Gläubiger damals gekannt hat und an das auch Niemand dachte, seitdem die Verwaltung auf österreichisches Gebiet übertragen ward. Ich glaube, man kann daher sagen: durch diesen Uebertritt der Verwaltung nach Oesterreich war auf das ungarische Recht verzichtet, wenigstens auf einen Theil des ungarischen Rechtes, und es waren die Obligationen den Gläubigern gegenüber in diesem Punkte lediglich den Bestimmungen des österreichischen Conversionsrechtes unterstellt worden.

So, m. H., können wir zunächst feststellen, daß man gar nicht immer zu einem einheitlichen Rechte jeder Obligation wird gelangen können. Wir werden bei jeder einzelnen Obligation auf das Genaueste zu zergliedern, wir werden sie zu zerfasern haben, ob sie nicht in dieser oder jener Beziehung einem besonderen Rechte untersteht. Daraus ergiebt sich, m. H., der sehr bedingte und relative Werth aller allgemeinen Theorien, die aufgestellt werden können.

(Sehr richtig! Sehr wahr!)

Was immer wir sagen, m. H., das ist nur cum grano salis zu nehmen und könnte, wenn Sie wollen, ebenso gut nicht gesagt sein. Wir wollen nur eine theoretische Formulirung für den äußersten Fall, ein ganz subsidiäres Princip, mehr können wir nicht geben und insofern bin ich mit Prof. von Seeler sehr einverstanden. Aber so ganz negativ, daß wir erklären: wir sagen überhaupt gar nichts, wie von Seeler will, möchte ich doch wieder nicht sein. Irgend ein subsidiäres Princip wird sich aufstellen lassen. Daß ich mich bei der Aufstellung dieses subsidiären Princips sehr kurz fasse und ebenso bei der Begründung desselben, das werden Sie, nachdem Sie meinen Standpunkt in dieser Frage kennen gelernt haben, kaum verwunderlich finden.

Mein Standpunkt ist der: Ich bin dafür, subsidiär für das Recht des Wohnortes zu entscheiden.

Zunächst zwar hat man das Recht des Ortes der Vertragserrichtung vorschlagen wollen. Damit geht es aber ganz und gar nicht, darauf hat schon der Herr Vorredner hingewiesen und darüber ist man längst einig. Wo ein Vertrag geschlossen ist, wird häufig dem Zufalle unterliegen. Ein russischer Schriftsteller kommt nach Leipzig. Hier besucht ihn ein Verleger und schließt mit ihm einen Verlagsvertrag. Soll der Verlagsvertrag deshalb nach sächsischem Rechte beurtheilt werden, weil der Verleger nicht warten konnte, bis der Autor nach Rußland zurückgegangen ist? Darauf kann es nicht ankommen. Also das Recht des Vertragsortes ist ein zufälliges, abgesehen davon, daß, wie der Herr Referent bemerkt hat, es oft sehr schwer festzustellen ist, z. B. bei Verträgen unter Abwesenden. Wo ist da der Vertragsort? Um den Vertragsort festzustellen, muß man wissen, wo der Vertrag perfect ist; und um das zu wissen, muß man erst wissen, welches Recht über die Perfection entscheidet, und da dreht man sich im Zirkel.

Nun komme ich zu dem Rechte des Erfüllungsortes, wofür der Herr Referent eine ganze Reihe von Lanzen gebrochen hat, und ich gestehe, daß ich hier den Ansichten des sehr verehrten Herrn Referenten praktisch sehr nahe stehe. Wenn wir scheinbar differiren, so ist diese Differenz in vielen Fällen nur eine ganz äußerliche, und ich glaube, daß in den meisten Fällen, wo er das Recht des Erfüllungsortes annimmt, ich auch dazu kommen werde, weil ich kein unbedingtes Princip aufstelle. Aber zu einem subsidiären und allgemeinen Prinzip scheint mir das Recht des Erfüllungsortes doch nicht geeignet zu sein.

Der Erfüllungsort kann in zweifachem Sinne gedacht sein: als Vertrags- und gesetzlicher Erfüllungsort. Der vertragsmäßige Erfüllungsort, von dem glaube ich, daß er in der Regel allerdings das maßgebende Recht mit sich bringt, aber nur in der Regel und nicht immer. Denken Sie sich, Jemand hat drei Erfüllungsorte nach seiner Wahl festgesetzt, welches soll da der maßgebende Erfüllungeort sein? Oder der maßgebende Erfüllungsort wird nachträglich geändert; nach dem neuen Erfüllungsorte zu urtheilen, wird Niemand Lust haben, und bei dem alten Erfüllungsorte stehen zu bleiben, der keine praktische Bedeutung mehr hat, wird auch schwer gehen. Oder nehmen Sie den Fall, den der Herr Referent selbst geltend gemacht hat: Zwei Deutsche schließen einen Darlehensvertrag und fahren dann nach Paris, dort soll der Schuldner das Darlehen zurückzahlen. Gewiß wird Niemand sagen: die Deutschen haben ihren Vertrag dem französischen Rechte unterstellen wollen, sondern sie haben offenbar gewollt, die ganze Sache bleibe nach deutschem Rechte zu beurtheilen.

Und weiter, m. H., der gesetzliche Erfüllungsort ist zur Feststellung des örtlichen Rechtes, wie ich glaube, erst recht ungeeignet, denn, m. H., welches ist denn der gesetzliche Erfüllungsort der Obligation? Da muß ich, um diesen gesetzlichen Erfüllungsort zu bestimmen, doch erst wissen, nach welchem Gesetze die Obligation überhaupt zu behandeln ist. Mit anderen Worten, ich drehe mich im Kreise, wenn ich sage: jede Obligation ist nach dem Rechte des gesetzlichen Erfüllungsortes zu beurtheilen, weil ich dieses Recht erst kennen lerne dann, wenn ich weiß, nach welchem Rechte der Vertrag zu beurtheilen ist.

Ich kann mich, wenn man von mir durchaus ein subsidiäres Princip verlangt, zu nichts Anderem aufschwingen, als zu dem Rechte des Wohnsitzes.

Gestatten Sie mir, das ganz kurz zu begründen.

Meine Begründung ist keine neue, aber es sind, glaube ich, gegen sie viel weniger Einwendungen zu erheben, als gegen alle anderen Theorien. Für mich ist der Wohnsitz deswegen das Maßgebende, weil die Obligation ein Recht an der Person ist und weil die Person juristisch dort sich verkörpert, wo sie ihren Wohnsitz hat. So gut als der Gläubiger alle persönlichen Qualitäten des Schuldners, so gut als er seine Creditwürdigkeit, seine Leistungsfähigkeit in den Kauf nehmen muß, so gut muß er auch seinem örtlichen Rechte folgen. Nebenbei bemerkt, kommt dabei allerdings auch die Erwartung der Parteien einigermaßen in Betracht, denn das mußte sich der Gläubiger sagen, daß typischer und normaler Weise er den Schuldner mindestens an seinem Wohnsitze wird belangen und exequiren müssen. Hat der Gläubiger da ein Recht, zu erwarten, daß ein anderes Recht als das Recht des Wohnsitzes zur Anwendung kommen wird? Natürlich giebt es Ausnahmefälle, z. B. wenn ein Erfüllungsort bedungen ist u. s. w. u. s. w., aber wenn gar nichts anderes vorliegt, dann ist es, glaube ich, das Natürliche, daß man subsidiär auf jenes letzte Recht zurückgeht, welches man bei jedem Schuldner findet, wenn garnichts Anderes mehr vorhanden ist.

Nebenbei bemerkt, ich halte als maßgebend das Recht des Wohnsitzes, nicht etwa das Heimathsrecht, das Recht der Staatsangehörigkeit. Wenn Zitelmann in seinem noch unvollendeten „Internationalen Privatrechte" anderer Ansicht ist, so will und kann ich das nicht vertreten; für mich ist Personalstatut in Bezug auf obligatorische Verhältnisse das Recht des Wohnsitzes einfach deswegen, weil hier entscheidend ist, wie sich der Schuldner äußerlich kundgiebt, als was er erscheint, und dem Gläubiger gegenüber erscheint er als an einem bestimmten Orte wohnhaft. Nach seiner Staatsbürgerschaft fragt der Gläubiger nicht, sondern er fragt: wo wohnt der Schuldner? und darum ist das Personalstatut für obligatorische Verträge nicht das der Staatsangehörigkeit, sondern das des Wohnsitzes.

Natürlich, m. H., ich will das wiederholen, giebt es zahlreiche Ausnahmen von diesem Princip. Ich bezweifle nicht, daß bei Verträgen, die auf Messen oder Märkten geschlossen sind, maßgebend ist das Recht des Ortes, wo die Messe oder der Markt stattgefunden hat, bei Obligationen, welche an einem bestimmten Orte abzuwickeln sind, das Recht dieses Ortes und darum auch bei Obligationen, wo ein vertragsmäßiger Erfüllungsort festgesetzt ist, sehr häufig, aber nicht immer, das Recht des Erfüllungsortes.

Wann nun diese Ausnahmen von dem Wohnsitzprincip stattfinden, darüber kann man keine erschöpfenden Regeln geben, und ich glaube, das erkennt, im Grunde genommen, mutatis mutandis, auch der Herr Referent an, so daß praktisch der Gegensatz zwischen uns kein allzugroßer ist.

Fragen wir aber, welches Princip das entscheidende ist, wenn von dem Wohnsitzrechte abgegangen ist, so kann man nur zweierlei Ansicht sein: man kann entweder sagen, es wird von dem Wohnsitzrechte abgegangen, wenn die Parteien stillschweigend ein anderes Recht zu Grunde gelegt haben. Das, m. H., läßt sich sagen, aber ich glaube, es ist doch nicht unanfechtbar. Ich will, offen gestanden, nicht, daß wir den Parteien die Möglichkeit der Rechtskürung zugestehen. Gewiß können die Parteien verabreden: wir wollen uns, was die dispositiven Normen betrifft, so behandeln lassen, als ob wir nach französischem Rechte contrahirt hätten, aber das kann nur gelten bezüglich ganz bestimmter einzelner Punkte, dagegen eine generelle Verabredung: wir verzichten auf das geltende deutsche Recht und wollen nach französischem Rechte behandelt sein, ist ebenso unzulässig, wie ein genereller Verzicht auf alle möglichen Einwendungen für giltig gehalten wird. Also wenn von dem Wohnsitzrechte abgegangen wird, ist für mich das Maßgebende nicht eine stillschweigende Rechtskürung der Parteien, sondern es kommt noch ein objectives Element hinzu, und dieses liegt in dem gerechtfertigten Vertrauen einer oder beider Parteien, daß der Vertrag an einem bestimmten Orte wird erfüllt werden. Dieses objective Element der aequitas kann für den Richter das Entscheidende sein, von dem Wohnsitzrecht abzugehen. Wann er das thun wird, darüber läßt sich allerdings eine ungeheure Casuistik, aber nicht mehr leicht ein Princip entwickeln. Ich verweise nur auf das früher Gesagte, insbesondere darauf, es wird nicht einmal möglich sein, jede einzelne Obligation in jeder Beziehung nach einem einheitlichen Rechte zu behandeln.

Hiermit, m. H., bin ich mit meiner doch ziemlich lang gediehenen Ausführung zu Ende. Meine Ansicht geht also dahin: als subsidiäres Princip läßt sich am besten das des Wohnsitzes feststellen. Das Princip der Rück- und Weiterverweisung ist zu verwerfen, und im Uebrigen ist dem Richter die möglichste Freiheit in der Behandlung des einzelnen Falles zu belassen. Ich stelle daher folgenden Antrag:

1. Das Princip der Rück- und Weiterverweisung ist bei der Behandlung obligatorischer Verträge im internationalen Privatrecht zu verwerfen.
2. Forderungen aus Schuldverträgen sind nach dem Gesetze desjenigen Ortes zu beurtheilen, wo der Schuldner zur Zeit des Vertragsschlusses seinen Wohnsitz gehabt hat. Wenn sich jedoch aus den Umständen ergiebt, daß die Vertragschließenden das Recht eines anderen Ortes voraussetzen mußten, so ist dieses letztere anzuwenden.

(Lebhafter, langandauernder Beifall und Händeklatschen.)

Rechtsanwalt Dr. Hugo **Neumann** (Berlin): M. H., ich möchte zunächst den Antrag, den ich in meinem Gutachten gestellt habe, vorlesen, damit vor Allem klar wird, daß ich nicht auf dem Standpunkte stehe, den der Herr Vorredner mir suppeditirt hat. Ich kann von vornherein bemerken, daß ich keineswegs ein Anhänger der Rückverweisungs- bezw. der Weiterverweisungstheorie bin, vielmehr auf dem Standpunkte derer stehe, welche in ihr ein juristisches Spiegelcabinet sehen.

Mein Antrag geht dahin:

Es sind Schuldverhältnisse aus Verträgen, welche im Inlande abgeschlossen sind, wenn das für ihre Beurtheilung maßgebende Recht weder bestimmt, noch aus den Umständen zu entnehmen ist, nach dem Rechte des Ortes zu beurtheilen, an welchem der Schuldner zur Zeit des Vertragsschlusses seinen Wohnsitz hatte.

Ich bin also bezüglich dieses Punktes in Uebereinstimmung mit dem Herrn Correferenten.

Ich habe noch einen Zusatz gemacht, und zwar schließt sich dieser Zusatz der Regelung an, welche das B.G.B. für den Leistungsort giebt:

> Ist der Vertrag im Gewerbebetriebe des Schuldners abgeschlossen, so tritt, wenn der Schuldner seine gewerbliche Niederlassung an einem anderen Orte hatte, der Ort der Niederlassung an die Stelle des Wohnsitzes.

Ich glaube, daß, wenn man an sich für den Wohnsitz eintritt, man dann auch die Consequenz ziehen und sagen wird, wie es für das geschäftliche Leben nothwendig ist, daß der Wohnsitz eines Gewerbetreibenden für diejenigen Verhältnisse, welche seinen Gewerbebetrieb betreffen, der Ort der Niederlassung ist.

Ich habe einen ferneren Zusatz gemacht:

> Ergeben die Umstände, daß die Anwendung dieses Rechtes — d. h. des Rechtes des Wohnsitzes bezw. des Rechtes der Niederlassung — von den Parteien nicht vorausgesetzt worden ist, so hat die Beurtheilung nach dem am Orte des Vertragsschlusses geltenden Rechte zu erfolgen.

Das ist nur noch eine weitergehende Vorsicht, eine noch eventueller gefaßte Regel, welche nur Anwendung finden soll, wenn das von dem Herrn Correferenten vorgeschlagene Princip den Richter im Stiche lassen sollte; in dieser Hinsicht möchte ich gleich daran erinnern, daß dasjenige, was er gegen den Erfüllungsort angeführt hat, nämlich die Möglichkeit eines mehrfachen Erfüllungsortes, auch bei dem Wohnsitzprincip sehr wohl möglich ist. Es können verschiedene Wohnsitze des Schuldners, es können verschiedene Schuldner mit verschiedenen Wohnsitzen vorhanden sein; für solche Fälle habe ich als Ausweg den eventualissime anzuwendenden Satz aufgestellt.

Was die Frage anlangt, das Recht welchen Ortes anzuwenden ist, so bin ich vollkommen mit demjenigen einverstanden, was der Herr Correferent gegen den Erfüllungsort ausgeführt hat. Ich möchte das noch in einigen Punkten ergänzen.

Ohne Weiteres kann man dem Herrn Referenten, Geheimrath Enneccerus, zugeben, daß die Praxis heute auf dem Standpunkte steht, daß der Erfüllungsort maßgebend ist; davon können wir uns ja in vielen Bänden der Entscheidungen sowohl des Reichs-Oberhandelsgerichts wie des Reichsgerichts überzeugen. Dennoch glaube ich, daß, wenn man die Sache genauer ansieht und auf die Urquelle dieser Lehre zurückgeht, diese Lehre heutzutage nicht wird aufrecht erhalten werden können. Sie brauchen nicht zu befürchten, daß nach dem Ihnen von dem Herrn Correferenten und mir gemachten Vorschlage eine grundlegende Aenderung eintreten soll, im Gegentheil, ich bin sicher, daß wir vielleicht in 98 pCt. der Fälle zu derselben Entscheidung kommen werden. Wie der Herr Referent ausgeführt hat, ist die Quelle der Lehre, daß der Erfüllungsort für das örtliche Recht maßgebend ist, in der Savigny'schen Theorie zu suchen. Ich habe mir in meinem Gutachten die selbstverständliche Mühe gegeben, einmal Savigny nachzuschlagen — es ist manchmal überraschend —, wenn man überall ein Citat, vorliegend: „Savigny, Bd. 8 seines Systems", findet und sich darauf beruft, und dann schließlich an die Quelle geht und liest.

Savigny — das muß ich vorausschicken — behandelt zunächst den Gerichtsstand und geht von den dort gefundenen Resultaten aus und überträgt das, was er gefunden hat, auf die Ermittelung des anzuwendenden Rechtes.

Savigny sagt:

„Andere Schriftsteller haben in neuerer Zeit den Gerichtsstand der Obligation an den Erfüllungsort anzuknüpfen versucht. Mit dieser Grundlage habe ich mich bereits im Allgemeinen einverstanden erklärt. Der richtige Erfolg dieses Verfahrens hängt aber ab von der Art, wie der Erfüllungsort festgestellt werden soll. Dies kann zunächst geschehen durch den für diese besondere Obligation ausgesprochenen Willen der Parteien. Daß nun an einem solchen Orte der Gerichtsstand der Obligation anzunehmen sei, ist niemals bezweifelt worden. Allein der hier vorausgesetzte Fall ist gerade der seltenere, und es bleibt daher für die meisten Fälle zu untersuchen übrig, welcher Ort in Ermangelung eines solchen besonderen ausgesprochenen Willens als Erfüllungsort und (an diesen anknüpfend) zugleich als besonderen Gerichtsstand der Obligation angenommen werden soll. Hierüber wird von manchen Schriftstellern folgender Grundsatz aufgestellt. In Ermangelung des Privatwillens entscheidet das Gesetz. Für jede Obligation also giebt es stets einen fest bestimmten Erfüllungsort; dieser beruht entweder auf dem besonderen Willen der Parteien oder in dessen Ermangelung, auf der Vorschrift des Gesetzes. Der eine wie der andere bestimmt zugleich den besonderen Gerichtsstand der Obligation.

Ich halte diese Lehre für völlig verwerflich, will aber die Widerlegung derselben erst versuchen, nachdem ich eine andere durchgeführt haben werde. Diese läßt sich in wenigen Worten so ausdrücken:

Der Erfüllungsort wird stets bestimmt durch den besonderen Willen der Parteien; dieser kann aber entweder ausdrücklich erklärt werden, oder stillschweigend; in beiden Fällen bestimmt er zugleich den besonderen Gerichtsstand der Obligation, der also stets auf freier Unterwerfung beruht."

Also Savigny geht davon aus: Der Erfüllungsort wird stets durch den besonderen Willen der Parteien bestimmt. Wenn wir uns auf diesen Standpunkt stellen würden, so würde für uns die Auslegungsfrage entstehen, ob damit zugleich die Parteien über das anzuwendende Recht einig geworden sind. Bejahendenfalls würde damit die Frage über das anzuwendende Recht entschieden sein.

Aber, m. H., können wir davon ausgehen, daß der Erfüllungsort stets durch den besonderen Willen der Parteien bestimmt wird?

Wir müssen uns erinnern, daß wir uns mit der Frage auf der Grundlage des Bürgerlichen Gesetzbuchs befassen und daß wir uns an dessen Bestimmungen anzulehnen haben. Ich glaube, die Savigny'sche Lehre kann nur dann ohne Weiteres übernommen werden, wenn das Gesetz auf dem Standpunkte steht, daß stets ein durch die Parteien vereinbarter Erfüllungsort vorliegt, aber nicht, wenn das Gegentheil der Fall ist. § 269 des Bürgerlichen Gesetzbuches lautet nun folgendermaßen:

„Ist ein Ort für die Leistung weder bestimmt noch aus den Umständen, insbesondere aus der Natur des Schuldverhältnisses, zu entnehmen, so hat die Leistung an dem Orte zu erfolgen, an welchem der Schuldner zur Zeit der Entstehung des Schuldverhältnisses seinen Wohnsitz hatte."

Das Bürgerliche Gesetzbuch steht also auf dem Standpunkte, daß nicht für jede Obligation der Erfüllungsort aus dem besonderen Willen der Parteien zu entnehmen ist. Wir können deshalb nicht mechanisch die bisherige Lehre von dem Erfüllungsorte in ein Rechtsgebiet übernehmen, wo wir sie nicht in dem Sinne, welcher ihr innewohnt, anwenden können.

Nun handelt es sich darum: Welche Lehre ist an die Stelle zu setzen? Man braucht nur auf Savigny zurückzugehen, um wiederum zu denselben Resultaten zu kommen. Savigny nämlich hat 5 Gruppen von Verträgen aufgestellt, bei welchen sich aus den Umständen und aus der Natur der Sache der stillschweigende Wille der Parteien ergebe. Danach ist der besondere Gerichtsstand der Obligation:

I. An dem Orte, welcher als Erfüllungsort durch den Willen der Parteien besonders festgestellt ist, ohne Unterschied, ob diese Feststellung bewirkt wird durch die wörtliche Bezeichnung irgend eines Ortes oder durch die Natur der durch die Obligation herbeizuführenden Handlung, welche nur an einem einzigen Orte möglich ist.

II. In Ermangelang eines festgestellten Erfüllungsortes kann der Gerichtsstand dadurch begründet werden, daß eine Obligation entspringt aus der an einen bestimmten Ort gebundenen Geschäftsführung des Schuldners.

III. Der Gerichtsstand wird ferner begründet durch den Entstehungsort der Obligation, wenn dieser mit dem Wohnsitze des Schuldners zusammenfällt.

IV. Auch außer dem Wohnsitze des Schuldners kann der Entstehungsort der Obligation den Gerichtsstand begründen, wenn durch die Umstände die Erwartung begründet wird, daß an demselben Ort auch die Erfüllung eintreten werde.

Es sind also alles Auslegungsfragen der speciellen Umstände. Schließlich

V. W e n n k e i n e d e r a n g e g e b e n e n V o r a u s s e t z u n g e n v o r h a n d e n i s t, s o i s t d e r G e r i c h t s s t a n d d e r O b l i g a t i o n a n d e m W o h n s i t z e d e s S c h u l d n e r s.

Da befinden wir uns genau auf demselben Punkte wie bei der Wohnsitztheorie, nur daß wir mit der letzteren einen großen Umweg vermieden haben, den S a v i g n y von seinem Standpunkt aus ganz berechtigt macht; Erfüllungsort und Wohnsitztheorie führen also auf den Wohnsitz des Schuldners, wenn keine abändernden besonderen Umstände vorliegen; wir kommen demnach, wie ich zu Eingang meiner Ausführungen sagte, wahrscheinlich in 90—95 oder noch mehr Procent der Fälle zu demselben Resultate da, wenn sich aus den Umständen nichts Besonderes ergiebt, der Wohnsitz des Schuldners gleichzeitig der Erfüllungsort ist.

Nun würde noch in Betracht zu ziehen sein, daß der Wohnsitz des Schuldners, wie ich auch schon andeutete, nicht immer maßgebend sein kann; ich habe deswegen noch einen eventuellen Vorschlag für den Fall, daß die Anknüpfung an den Wohnsitz nach den Umständen des Falles nicht möglich ist bezw. nicht gewollt ist, gemacht. Der Richter soll dadurch zu der Prüfung veranlaßt werden, ob auch negativ der Anknüpfung an den Wohnsitz nichts im Wege steht und eventuell an den

Ort des Vertrages anknüpfen. Ich gebe zu, daß es durchaus keine angenehme Lösung ist, wenn man auf den Vertragsort verwiesen wird und die Frage, wo der Vertrag geschlossen, für den Vertragsschluß unter Anwesenden in Betracht kommt, man denke nur an die Möglichkeit telephonischer Abschlüsse, bei welchen man die Dinge noch schwerer auseinanderhalten kann, als bei dem Vertragsschluß durch Correspondenz. Aber ich meine, es ist doch immerhin ein Mehr gegeben und dem Richter eine weitere Prüfung gewährt.

Ich komme nun auf die Hauptfrage, welche von dem Herrn Referenten nicht behandelt worden ist, welche aber der Herr Correferent nicht ganz zutreffend unter Rückverweisung und Weiterverweisung zusammengefaßt hat. M. H., wenn wir das internationale Privatrecht ansehen, wie es einerseits im VI. Buche des zweiten Entwurfes des Bürgerlichen Gesetzbuches vorlag und andererseits wie es jetzt im Einführungsgesetze zum B.G.B. gesetzlich festgestellt ist, so springt ein Unterschied in die Augen. Während nämlich früher die Collisionen für alle möglichen Eventualitäten, für alle Rechte gelöst worden sind, hat sich der Gesetzgeber jetzt darauf beschränkt, nur diejenigen Fälle zu entscheiden, zu deren Lösung er sich für berufen erachtete. Der Herr Referent hat als Grundsatz und zwar als folgerichtig gegebenen Grundsatz, wenn ich nicht irre, auch den Satz aufgestellt, daß der Gesetzgeber sich auf diejenigen Verhältnisse beschränken soll, welche ihn unmittelbar berühren. Ich glaube auch, daß wir allen Grund haben, dieses Princip, welches von dem deutschen Gesetzgeber befolgt worden ist, auch für unsere Berathung zu Grunde zu legen. Nun fragt es sich: auf welche Fälle haben wir unsere Regelung zu beziehen? Wir müssen davon ausgehen, daß alle Gesetzgebungen, welche überhaupt in civilisirten Ländern vorhanden sind, gegenseitig den Anspruch erheben dürfen, als coordinirt erachtet zu werden; mit dem Augenblick, wo wir dieses Princip aufgeben, existirt für uns nur ein Recht, nämlich das unsrige; dieses Recht wird angewendet und was im Uebrigen in der Welt passirt, ist uns gleichgiltig. Also ich meine, wir müssen uns auf den Standpunkt der Gleichberechtigung, der Coordination der Gesetzgebungen stellen. Nehmen wir an, es wird in Frankreich contrahirt: wie der französische Gesetzgeber die Dinge ansieht, ja, das kann anders sein, wie wir es thun; trotzdem werden wir nicht für uns in Anspruch nehmen wollen, daß wir die absolute Wahrheit haben und Alles richtig gemacht haben. Wir brauchen nur daran zu denken, welche verschiedenen Meinungen bei uns vertreten worden sind. Wir müssen davon ausgehen, daß auch der französische Gesetzgeber sich bei der Regelung dieser Fragen etwas gedacht hat und daß er denselben

Zweck verfolgt wie unser Gesetzgeber. Wenn ich mir die Frage so gestellt denke: welches Princip soll legislatorisch zu Grunde gelegt werden? — das ist doch schließlich der Kernpunkt der Frage — welches Princip und welche Vorstellung soll den Gesetzgeber, wenn er an die Lösung dieser Frage herangeht, beherrschen? —, so glaube ich, daß wir uns dabei gar nicht von Souveränität und von Rechten und Ansprüchen, welche die eine Gesetzgebung an die andere macht, mit der Eifersucht, wie das manchmal dargestellt wird, zu unterhalten brauchen; die Frage interessirt ja den Gesetzgeber und die Staatssouveränität viel zu wenig, als daß sie darauf so großes Gewicht legen könnten. Es handelt sich hier um weiter nichts als um die Auslegung eines einzelnen concreten Vertrages. Nun sind die dispositiven Rechtssätze, welche im bürgerlichen Recht existiren, doch nur dazu da, um die fehlenden bez. die unklar gebliebenen Bestimmungen zu ergänzen, welche die Parteien bei Begründung des Schuldverhältnisses nicht genügend ausgedrückt haben. Da will der Gesetzgeber eingreifen, indem er sich die Frage stellt: Wie würden die Parteien regelmäßig diesen Fall ordnen, wenn sie seine Regelung in's Auge faßten? Ich meine, die Sache liegt ebenso, wie für die sonstigen, vom Gesetzgeber dispositiv geregelten Punkte, auch hinsichtlich des internationalen Privatrechts der Verträge. Es giebt Fälle, in welchen, weil internationale Complicationen vorliegen, es nicht der Sachlage entspricht, daß die Parteien von dem deutschen Recht ausgehen; da hält der Gesetzgeber es für seine Pflicht, auch für diesen, von den Parteien nicht geregelten Punkt Vorsorge zu treffen, indem er bestimmt, daß in den Fällen ein anderes Recht als das deutsche Recht anzuwenden ist, wo beide nach seiner, des Gesetzgebers, Auffassung der Natur der Sache bez. dem stereotypen Willen der Parteien entspricht. Wenn man, mit mir, in solcher Regel des internationalen Privatrechtes weiter nichts als eine dispositive Bestimmung über das anzuwendende Recht sieht, so wird man auch, wenn anderwärts, d. h. im Ausland, ein Vertrag geschlossen ist, sich umsehen müssen, ob nicht andere dispositive Bestimmungen, mit deren Geltung die Parteien rechnen mußten, einzugreifen haben. Oder soll, wenn die Parteien, um bei dem Beispiele zu bleiben, in Frankreich einen Vertrag geschlossen haben, und es verzieht nachher die eine der Parteien nach Deutschland, da plötzlich eine vollkommene Aenderung des Schuldverhältnisses eingetreten sein? Ich meine, man hat allen Anlaß zu fragen: was wollten die Parteien in dem Augenblicke des Vertragsschlusses? In diesem Momente haben sich ihre Beziehungen consolidirt, sind die Rechtssätze wirksam gemacht, sozusagen, ausgelöst worden, welche das Schuldverhältniß dauernd beherrschen.

Dieses Princip ist doch auch für die zeitliche Geltung der Rechte vom B.G.B. bezw. seinem Einführungsgesetz angenommen. Da wird gesagt: Schuldverhältnisse, welche vor dem Inkrafttreten des B.G.B. begründet sind, bleiben nach dem alten Rechte zu beurtheilen. Ja, was ist nun der Unterschied zwischen zeitlicher und örtlicher Geltung der Rechte? — Ich meine also, wenn man die Frage stellt: Wie wurde jenes Rechtsverhältniß im Momente der Entstehung beurtheilt? so tritt man keiner der Parteien zu nahe. Die Frage selbst aber kann ohne besondere Aufregung und ohne Streit über die Souveränität und Zuständigkeit der Staaten erörtert und beantwortet werden. Um diesem Resultate Rechnung zu tragen, habe ich in meinen Antrag aufgenommen „für Schuldverhältnisse und Verträge, welche im Inland abgeschlossen sind“. Wenn man sich darauf beschränkt, die internationalrechtliche Frage für diejenigen Schuldverhältnisse, welche im Inland abgeschlossen sind, zu regeln, so ergiebt sich aus dem Umstande, daß als Anknüpfungsmoment die Thatsache des im Inland erfolgten Vertragsschlusses genommen wird, auch zugleich, und zwar im Wege der Auslegung, die Norm, daß auf Verträge, welche im Ausland abgeschlossen sind, eben nicht das inländische internationale Privatrecht anzuwenden ist, sondern daß für die international-privatrechtliche Beurtheilung des Vertrages das internationale Privatrecht desjenigen Ortes maßgebend ist, für welchen die betreffende Beziehung vorliegt, d. h. an welchem der Vertrag abgeschlossen ist. Meinem Vorschlage kann entgegengehalten werden, daß alles, was gegen die Anwendung des materiellen Rechtes des Vertragsortes spricht, namentlich auch die Zufälligkeiten 2c., die da mitspielen, auch gegen die Anwendung des am Vertragsorte geltenden internationalen Privatrechts spricht. Ich meine aber, daß man nicht übersehen darf, daß die Vorschriften des internationalen Privatrechts gerade die Beurtheilung durch das sachgemäße Recht bezwecken. Darauf geht ja unser ganzes Streben; bei allen Gesetzgebungen findet sich das gleiche Bestreben, eine sachgemäße Beurtheilung vorzunehmen, und der Einwirkung des Zufalls entgegenzutreten. Bei Anwendung des am Orte des Vertragsschlusses geltenden internationalen Privatrechts ist deshalb das Element des Zufalles, welches nie ganz beseitigt werden kann, sozusagen, nur in verdünnter Potenz vorhanden; es ist der Zufall, soweit es überhaupt in unseren Kräften steht, abgeschwächt.

M. H., das Hauptaugenmerk müssen wir darauf richten, daß das Vertragsverhältniß nicht dadurch gewechselt wird, daß es durch eine nicht vorherzusehende, zufällige Aenderung äußerer, d. h. außerhalb des Schuldverhältnisses liegender Umstände einem anderen Recht, als dem ursprünglich maßgebenden, unterstellt wird. Dieser Forderung Rechnung zu tragen, dient mein Antrag, den ich wiederhole, und den ich, da derselbe in meinem Gutachten abgedruckt ist, wohl nicht noch einmal schriftlich zu überreichen brauche.

Justizrath **Boyens** (Leipzig): M. H., ich gehe als in der Praxis stehender Mann davon aus, daß man sich vor allen Dingen vergegenwärtigen muß: auf welchem Standpunkte steht jetzt die Praxis, und weshalb soll von diesem Standpunkte der Praxis abgewichen werden? Ich sehe dabei aber nicht bloß auf die Praxis des Inlandes, sondern auch auf die Praxis des Auslandes.

Ich möchte in dieser Beziehung zunächst einige Irrthümer, die namentlich in den Vorverhandlungen und Vorbereitungen der heutigen Verhandlung vorgekommen sind, berichtigen.

Es ist vorhin von dem Herrn Referenten hervorgehoben worden, daß bei uns die Praxis vollständig auf dem Standpunkte steht: der Erfüllungsort ist maßgebend. In den Vorverhandlungen findet sich aber die Ansicht, daß wir mit dieser unserer Meinung in Deutschland allein stehen. Es ist nämlich, wie auch in dem Gutachten des Herrn Dr. Neumann erwähnt, von Prof. Niemeyer in seinem Buch über das internationale Privatrecht, angenommen, daß auch in England gerade so wie in den romanischen Ländern der Grundsatz befolgt werde, daß der Ort der Errichtung des Vertrages maßgebend sei. Diese Ansicht ist irrig, es stehen vielmehr auch England und ebenso Amerika, also gerade diejenigen Staaten, die am meisten im Verkehre stehen, auf dem Standpunkt, daß das Recht des Erfüllungsortes für das anzuwendende Recht als das eventuell maßgebende zu betrachten sei. Ich kann Ihnen hier die Belegstellen dafür nicht mittheilen; ich verweise Sie auf die Ausführungen, die ich in der Einleitung zu meinem Seerechte gegeben habe, wo ich sowohl aus den Commentaren der englischen und amerikanischen Lehrer das internationale Privatrecht wie aus der Praxis dieser Länder das Nöthige citirt habe. In Holland nähert man sich ebenfalls unserer Ansicht, daß das Recht des Erfüllungsortes maßgebend sei. Ich kann also somit in Wahrheit behaupten, daß, wenn wir die Rechtsanschauungen aller Nationen in das Auge fassen, zwei große Gruppen vorhanden sind: die germanische Ansicht, also die der Deutschen, der Anglo-Amerikaner, auch der Holländer ist die, daß das Recht des Erfüllungsortes maßgebend sei; die romanische Ansicht dagegen, daß das Recht des Errichtungsortes maßgebend sei. Niemals und nirgends ist dagegen die Ansicht in der Praxis vertreten worden, daß primo loco das Recht des Wohnsitzes des Schuldners maßgebend sei. Diese Rechtsansicht ist nur von einigen

Theoretikern aufgestellt worden, und auch bei der romanischen Auffassung werden, wie bereits der Herr Referent angeführt hat, allerlei Ausnahmen gemacht, es wird der lex loci contractus eine lex solutionis an die Seite gestellt, nach der eine Anzahl von Rechtsfragen zu beurtheilen sind.

Dann, m. H., möchte ich zweitens Ihr Augenmerk darauf richten, daß es sich vor allen Dingen hier darum handelt, sich das Gebiet der Anwendung der Antwort, die wir auf die gestellte Frage zu geben haben, zu vergegenwärtigen. Es ist mit Recht von dem Herrn Referenten hervorgehoben worden, daß in Betreff unbeweglicher Sachen darüber gar kein Zweifel vorhanden ist, daß die Obligation, die sich auf die Uebereignung, Belastung oder Vermiethung solcher bezieht, ohne Weiteres der lex rei sitae zu unterwerfen ist, die hier mit dem Rechte des Erfüllungsortes zusammenfällt. Ich meine also, daß die Verträge über unbewegliche Sachen hier ohne Weiteres ausscheiden müssen.

Wir concentriren also unser Augenmerk auf Verträge mit beweglichen Sachen, und was ist denn nun gerade das Hauptgebiet der Verträge mit beweglichen Sachen? Der Handelsverkehr! Und, m. H., welche Verträge sind denn nun die hauptsächlichen des Handelsverkehres? Es sind Beispiele von den Herren, die vor mir gesprochen haben, angeführt worden, von Darlehen, von Arbeitsverträgen, von Verträgen über Ausgabe und Conversion von Obligationen, aber das eigentliche Gebiet des Handelsverkehres ist kaum mit einer Silbe gestreift worden. Es handelt sich hier namentlich um den Handelskauf, und zwar um den Kauf im Großhandel zwischen Land und Land, um die Beziehungen des Importhandels und des Exporthandels, dann ferner handelt es sich um das große Gebiet der Transportverträge, um das Gebiet des Frachtvertrages. Der Transport von Gegenständen und Waaren von einem Land in das andere wird vermittelt teils durch den Landverkehr, teils durch den Wasserverkehr. Der Landverkehr ist hauptsächlich in der Hand der Eisenbahnen. Hier treten Fragen des internationalen Privatrechts deshalb sehr selten hervor, weil die Betriebsreglements der Eisenbahnen meistens übereinstimmen und der Vertragsinhalt, auch wenn mehrere Eisenbahnen betheiligt sind, genau durch die Betriebsreglements geregelt ist. Aber ganz anders, m. H., ist es auf dem Gebiete des Wasserverkehrs, sowohl auf dem Gebiete der Binnenschifffahrt, als auf dem der Seeschifffahrt. M. H., wenn Sie die ganzen Entscheidungen des Reichsgerichts durchgehen, die sich mit der Frage des anzuwendenden Rechts auf Vertragsobligationen befassen, so behaupte ich, daß diese Entscheidungen sich der Mehrheit nach mit dem Handelsverkehr beschäftigt haben. Ich meine also, daß, wenn hier diese Fragen ventilirt werden und eine Antwort gefunden werden soll, diese Verträge des Handelsverkehrs, der Handelskauf und das Frachtgeschäft ganz vorwiegend in das Auge gefaßt werden müssen.

Worauf ich Sie drittens hinweisen will, ist das, daß, wenn es sich handelt um Auffindung des anzuwendenden Rechts, principaliter allerdings die Intention der Parteien in Betracht kommt. Darüber ist kein Streit. Ich bin ganz mit der Formulirung des Herrn Referenten und mit seiner Ansicht hierüber einverstanden. Aber wenn es sich darum handelt; nach welchem Principe ist das subsidiär anzuwendende Recht zu finden?, so bin ich der Meinung, daß der Ausgangspunkt der sein muß, daß das anzuwendende Recht möglichst der Natur des Geschäftsverkehrs entsprechen muß; nicht bloß, wie der geehrte Herr Vorredner, der vor mir zuletzt sprach, meinte, daß man nun fragen soll: welches Recht hätten die Parteien, wenn sie ihr Augenmerk darauf gerichtet hätten, dispositiv angenommen. Sondern ich meine, wenn aus den Intentionen der Parteien, aus den Umständen, unter denen sie ihren Vertrag geschlossen, aus ihren Beredungen, aus den Clauseln, mit welchen sie ihn schlossen, auf das anzuwendende Recht nicht zu schließen ist, daß dann der Richter nicht bloß die möglichen Intentionen der gerade vor ihm streitenden Parteien, sondern objectiv die Natur des Geschäftsverkehrs, des vorliegenden geschäftlichen Verkehrs in das Auge fassen muß. Er muß z. B., wenn es sich um das anzuwendende Recht in Beziehung auf das Frachtgeschäft namentlich auf die Wirkungen der Connossemente, oder auf die Verpflichtungen des Empfängers am Bestimmungsorte handelt, die ganze Natur dieses Verkehrs in seiner Seele erfassen und muß fragen: welches Recht muß aus der Natur dieses Verkehrs heraus angewendet werden, die lex fori oder das Recht des Erfüllungsortes oder das Recht des Wohnsitzes der Parteien? Was entspricht am besten den Bedürfnissen des Verkehrs, aus denen das Geschäft entsprungen ist, auf das das Recht angewendet werden soll? Deshalb ist auch der Gesichtspunkt, den Herr Dr. Neumann vorhin vertreten hat, nicht zu billigen, daß der Richter bei Verschiedenheit der Grundsätze des internationalen Privatrechts in den in Betracht kommenden Rechtsgebieten fragen soll: welches von diesen verschiedenen internationalen Privatrechten von den Parteien gekürt worden sei oder gekürt worden wäre? Das Gebiet der Intention der Parteien bezieht sich bloß auf das meritorisch anzuwendende Recht, aber nicht auf die internationale Frage, abgesehen davon, daß sie diese auch fast nie überschauen können. Deshalb ist schon der Ausgangspunkt, von dem Herr Dr. Neumann ausgeht, irrig, aber es würde auch die Beschränkung auf im Imlande geschlossene Verträge, mit der er die ganze Frage beantwortet, die nebenbei völlig neu ist, zu gar keiner Beantwortung der aufgestellten Frage führen; denn wenn nur die Verträge, die im Inlande geschlossen sind, von uns selbständig in das Auge gefaßt werden sollen, so würde der Verkehr von Land zu Land in der That fast vollständig ausfallen. Es würde allerdings, soweit die im Inlande geschlossenen Verträge im Auslande erfüllt werden sollen, Rechtsnormen geben, aber der Verkehr von Land zu Land, der durch Correspondenz vermittelt wird oder dadurch, daß unsere Kaufleute in's Ausland gehen, unsere Schiffe in die weite Welt gehen, um dort Frachten aufzusuchen u. s. w., dieser ganze Verkehr würde gar nicht getroffen werden, es würde gar keine Antwort auf die gestellte Frage sein, und ich bin der Meinung, daß hier also von einer solchen Beschränkung vollkommen abzusehen ist.

Wenn ich aber auf das zurückkomme, was ich vorhin sagte, daß wir nämlich die Verhältnisse des Handelsverkehrs vor allen Dingen in Betracht zu ziehen haben, so möchte ich einen Augenblick mit Ihnen die beiden Verträge, die ich vorhin erwähnte, durchgehen, also zunächst den Handelskauf.

Sowohl im Importgeschäfte wie im Exportgeschäfte sind die Verträge außerordentlich zahlreich, in welchen das ganze Geschäft abgewickelt wird, nicht abgeschlossen, sondern abgewickelt wird an einem Orte, wo keiner der beiden Contrahenten wohnt. Nehmen Sie den Fall: ein Berliner Haus beschäftigt sich mit dem Import von Baumwolle aus Amerika. Während die Ladung schwimmt, die nach Hamburg bestimmt ist, wird sie an einen Norweger verkauft der sie dort in Empfang nimmt. Nach den Regeln, die der Herr Correferent und die Herr Dr. Neumann geben wollen, würde, weil keiner der beiden Contrahenten dort eine Niederlassung hat, bei Beurtheilung dieses ganzen Geschäftes von dem Recht des Ortes, wo es sich abwickelt, abzusehen sein. Es würde erst dann, wenn der Berliner eine gewerbliche Niederlassung in Hamburg als dem Hafen, wo die Importwaare ankommt, gründen würde, das Hamburger Recht in Anwendung kommen, während es doch weit natürlicher wäre, in diesem Falle das Hamburger Recht auf diese Verträge anzuwenden ganz ohne Rücksicht darauf, ob eine gewerbliche Niederlassung des Importeurs dort sich befindet, weil eben das Geschäft dort erfüllt und abgewickelt wird. Im Allgemeinen, m. H., ist davon auszugehen, daß der Kaufmann, dem die ganze Welt offen steht, auch dem Gedanken vollständig fernsteht, daß er gewissermaßen immer mit dem Recht seines Wohnsitzes oder seiner gewerblichen Niederlassung herumläuft. Ein solcher Kaufmann hat einen weiten Gesichtskreis, er weiß sehr wohl, daß er, wenn er in der ganzen Welt seine Geschäfte treibt, bald diesem bald jenem Rechte sich unterwerfen muß. Nehmen wir den Fall, daß fremde

Kaufleute zu uns in das Inland kommen, um bei uns zu kaufen — also z. B. Amerikaner kommen nach dem Königreiche Sachsen, um dort Textilwaaren einzukaufen — so ist es natürlich, daß dieses ganze Geschäft unter dem inländischen Rechte stehen muß, auch wenn nicht ein Geschäft Zug um Zug vorliegt, daß folglich nicht der Amerikaner dann, wenn er bezahlen soll, sich auf sein ausländisches Recht beziehen kann. Wenn dagegen unsere Kaufleute nach auswärts gehen, um dort zu verkaufen, wenn sie z. B. ihre Handelswaaren nach China oder nach Amerika durch Agenten oder Reisende verkaufen, dann wird es davon abhangen, was der Vertrag bestimmt, ob die Waare im deutschen Inland oder in China beziehentlich Amerika geliefert werden sollte. Es wird das Recht des Erfüllungsortes für das anzuwendende Recht die ganz natürliche Grundlage abgeben.

Es ist vorhin davon die Rede gewesen, daß man dazu kommen könne, auf ein und dasselbe Geschäft in verschiedenen Phasen verschiedenes Recht anzuwenden. Dies zeigt sich namentlich im Transportverkehr; es regeln sich aber diese Fälle ganz natürlich, wenn man den Erfüllungsort als maßgebend ansieht. Es ist mir daher nicht ganz verständlich geworden, wie daraus ein Gegengrund gegen die Anträge des Herrn Referenten entnommen werden konnte. Nehmen Sie den einfachsten Fall eines Seetransportes. Es wird ein Schiff verfrachtet in New-York, um eine Ladung von New-York nach Hamburg zu bringen. Nun hat das Reichsgericht gesagt: Wenn der Befrachter die Abladung verweigert, wenn er zurücktreten will von dem Vertrage, so regelt sich alles nach dem amerikanischen Recht als dem Recht des Orts der Abladung. Das ist die erste Phase des Frachtvertrages, die Verpflichtungen des Abladers stehen unter dem Rechte, wo abgeladen werden soll, dem Rechte des hierfür bestimmten Erfüllungsortes. Ist die Waare aber ins Schiff gekommen und wird dieselbe nach Hamburg gebracht, so wird auf die Frage: welche Rechte hat der Empfänger am Bestimmungsorte? das Hamburger Recht angewendet, namentlich auf die Frage: welche Wirkung haben die ausgestellten Connossemente? eben weil insoweit der Vertrag in Hamburg zu erfüllen ist. Die Rechtswirkung der Connossemente nach amerikanischem oder englischem Rechte ist eine unendlich verschiedene von der Rechtswirkung der Connossemente nach unserm Rechte. Nach unserm Rechte sind die Connossemente Formalobligationen, die unbedingt erfüllt werden müssen ohne Rücksicht darauf, ob abgeladen worden ist oder nicht. Nach amerikanischem und englischem Rechte sind Connossemente Dinge, die man sehr mit Vorsicht ansehen muß. Ist nichts abgeladen, so haben die von dem Schiffer gezeichneten Connossemente gegenüber dem Rheder keinen Werth. Wenn nun die Anträge des Correferenten angenommen würden, so würde auf die Connossemente englischer oder amerikanischer Schiffe auch bei uns deren Heimathsrecht anzuwenden sein. Es würde das zu einer vollständigen Umwälzung unseres gesammten Seeverkehres führen.

M. H., das Reichsgericht hat z. B. folgenden Fall entschieden. Es sollte ein Schiff in Bombay zum Transport nach Hamburg Waaren im Werthe von mehr als 200 000 Mk. laden; die Connossemente wurden in Hamburg nach Ankunft des Schiffes dort präsentirt und es ergab sich, daß nichts abgeladen war. Das Schiff wurde festgehalten und in Hamburg versteigert und die ganze Schiffsmasse an die Inhaber der Connossemente ausgekehrt. Nach dem neuen Rechte, das der Herr Correferent und der Herr Dr. Neumann schaffen wollen, würde das anders sein, die deutschen Connossementsinhaber würden das leere Nachsehen haben. Ich glaube, daß davon nicht die Rede sein darf. Meine Ausführungen gipfeln also darin, daß ich unseren Handelsverkehr schützen will.

Ich will mich jetzt zum Schluß noch gegen einige kleine Bemerkungen, die der Herr Correferent gemacht hat, wenden. Der Herr Correferent meint: Ja, wenn der Erfüllungsort vertragsmäßig ist, dann ließe sich an und für sich darüber sprechen, ob nicht auch der vertragsmäßige Erfüllungsort für das Recht maßgebend sein sollte. Trotzdem will er das nicht wahr haben, denn er meint, es könne ein alternativer Erfüllungsort vorkommen; man könnte sagen: es ist entweder, in A., B. oder C. zu erfüllen, dann wären drei verschiedene Rechte da. Ja, m. H., davor schrecke ich absolut nicht zurück. Warum denn? Ich werde Ihnen gleich aus dem Gebiete des Seerechtes ein Beispiel eines Vertrages mit alternativen Erfüllungsorten anführen, auf welchen unsere Gerichte ohne das geringste Bedenken trotzdem diese Theorie anwenden. Es wird nämlich, wenn die Wahl des Erfüllungsortes alternativ ist, auch das anzuwendende Recht alternativ. Das Beispiel, welches ich Ihnen geben will, ist folgendes: Es giebt eine unendliche häufige Art des Seefrachtvertrages, bei welchem der Bestimmungshafen vorläufig noch unbestimmt ist und dem Befrachter die Wahl zwischen mehreren Bestimmungshäfen frei bleibt, z. B. das Schiff wird nur geschartert von New-York aus, es wird verpflichtet, einen sogenannten Ordrehafen, z. B. Falmouth, anzulaufen, da bekommt es erst die Ordre, wo es hin soll, von da kann es hingeschickt werden nach dem ganzen Continent, so weit das Wahlrecht reicht, es kann z. B. nach Hamburg oder Havre oder Reval geschickt werden. In solchen Fällen ist in unserer Praxis nicht der geringste Zweifel gewesen, daß, wenn Ordre gegeben wird, das Schiff kommt nach

Hamburg, das Recht von Hamburg für die Rechte der Empfänger maßgebend ist, wenn nach Havre, das Recht von Havre u. s. w. Das macht keine Schwierigkeiten, eben weil es richtig ist, daß für die verschiedenen Phasen des Vertrages ein verschiedenes Recht gelten kann. Die Abladung unterstand noch dem Rechte von New-York, nur der Bestimmungsort war alternativ gewählt. Es ist auch die Ansicht durchaus zu bekämpfen, daß nur ein solches Recht angewendet werden darf, das die Parteien von vornherein übersehen konnten. Das ist nicht richtig. Damit kann das Handelsrecht nicht bestehen. Den richtigen Gedanken drückt ein englisches Erkenntniß unter Anwendung eines Sprichwortes so aus: „Wer nach Rom geht, muß thun wie die Römer." Aehnliche Wendungen finden sich in reichsgerichtlichen Urtheilen.

Ich meine endlich, daß das Hauptargument gegen den Erfüllungsort, daß auch dieser Erfüllungsort erst durch Gesetz gefunden werden müsse, deshalb fehlgeht, weil unter 100 Fällen der Erfüllungsort etwa 98 mal feststeht und nur etwa zwei mal erst durch das Gesetz gefunden werden muß. Wenn nun die Herren der Meinung sind, daß wegen dieser zwei Fälle bei Aufsuchung des anzuwendenden Rechts die 98 Fälle vollständig auszuschalten sind, so ist das vollkommen unrichtig.

Es ist nicht zutreffend, wenn der Herr Correferent meint, daß gewissermaßen gar kein Unterschied zwischen seinen Anträgen und denen des Referenten sei, es ist ein ganz gewaltiger Unterschied, ein großartiger Unterschied vorhanden,

(lebhafte Zustimmung)

weil er 98 Fälle von 100 in ein Recht hineindrängt, das absolut auf diese Fälle garnicht paßt.

(Sehr richtig.)

Weil ich vorhin über englisches Recht gesprochen habe, will ich Ihnen nicht verhehlen, daß in betreff des Seefrachtgeschäftes die Meinung in England noch nicht klar zum Durchbruch gekommen ist, daß das Recht des Erfüllungsortes allein maßgebend sei. Es haben einige englische Urtheile den Grundsatz aufgestellt, daß das englische Gesetz immer auf Frachtverträge englischer Schiffe subsidiär anzuwenden sei, ebenso auf Frachtverträge fremder Schiffe deren Heimathsrecht. Diese Ansicht hängt mit der Auffassung zusammen, daß der Boden der Schiffe den Boden ihres Heimathslandes fortsetze, und konnte in England, dessen Schiffe im Seehandel vorherrschen, naturgemäß leicht sich ausbilden, dieselbe ist aber nur beiläufig in einigen englischen Erkenntnissen ausgesprochen. Bezüglich der Rechtswirkung der Connossemente ist in einem Fall, wo die Reise in einem schottischen Hafen endete, schottisches Recht angewandt, obwohl das Schiff ein fremdes war, also ebenso entschieden wie bei uns. Es ist ferner, als der Krieg zwischen uns und den Franzosen war, in einer Reihe von Fällen, wo deutsche nach englischen Häfen bestimmte Schiffe und englische Befrachter betheiligt waren, dennoch gegen das deutsche Schiff das englische Recht angewendet. In der Begründung gehen die Richter ausdrücklich auf Savigny zurück und sagen: nach der Ansicht des foreign jurists sei der Sitz des Contracts in England, wohin das Schiff bestimmt war.

Ich bitte Sie also, die Anträge des Herrn Referenten pure anzunehmen.

Berichterstatter Geh. Justizrath Prof. Dr. **Enneccerus** (Marburg) [Schlußwort]: M. H., auf die Frage des gekorenen Rechtes möchte ich nicht zurückkommen und nur ganz kurz meinen Standpunkt skizziren, weil ich ihn vorhin nicht ausgesprochen habe. Ich halte das — Pardon! — in Bezug auf das gekorene Recht möchte ich einfach auf meine früheren Ausführungen verweisen. Wenn der Herr Correferent das gekorene Recht auf einzelne Wirkungen beschränken will, so halte ich das nicht für richtig. Ich kann den Vertrag nicht für ungiltig erklären, den zwei mit einander schließen, und sagen: der Inhalt und die Wirkung unseres Vertrages soll durchaus nach französischem Recht entschieden werden. Ich halte es nicht für unzulässig, das zu verabreden. Ich halte es nicht für nöthig, jeden einzelnen Punkt festzustellen.

Eine ganz andere Frage ist, ob nicht gegenüber einer solchen allgemeinen Fassung doch einmal die Interpretationsfrage aufgeworfen werden kann, ob die Parteien nicht eine bestimmte Wirkung doch im Auge gehabt hätten. Das ist natürlich eine besondere Frage.

Was die Frage der Rückverweisung anbetrifft, so habe ich mich in meinem ersten Vortrage garnicht darüber ausgesprochen. Ich skizzire nur kurz den Standpunkt. Das B.G.B. steht nicht auf dem Standpunkte, daß es die Rückverweisung allgemein verwirft, es erkennt vielmehr die Rückverweisung in drei Fällen ausdrücklich an. Nach meiner Ansicht, über die ich nicht streiten will, ist die Rückverweisung in allen Fällen, wo es sich um ein Personalstatut, also um ein Privatrecht handelt, nach dem B.G.B. ad analogiam anzunehmen — Gründe will ich nicht entwickeln —, aber keinesfalls darüber hinaus, also sicher nicht in den Fragen, um die es sich hier handelt. Die Weiterverweisung ist im B.G.B. überhaupt nicht anerkannt und wissenschaftliche Gründe verschiedener Art wie praktische Bedenken sprechen dagegen.

Ein Hauptstreit, um den, wie ich im Voraus wußte, sich alles drehen würde, ist das Wohnsitzrecht oder das Erfüllungsortsrecht. Hier stimme ich zunächst mit vollem Herzen dem Herrn Correferenten bei, daß es unmöglich ist, alle Phasen der Obligation nach einem und demselben Rechte zu beurtheilen. Das darf man als feste Ansicht, wenn nicht aller, doch der sehr großen Mehrheit und namentlich auch mit Sicherheit des Reichsgerichts bezeichnen.

Deshalb habe ich meine Thesen auch beschränkt auf Inhalt und Obligation. Für diesen Inhalt und Wirkung der Obligation kann möglicherweise, wie das die schönen Beispiele des Herrn Boyens zeigen, auch ein verschiedenes Recht gelten, weil ein verschiedener Erfüllungsort in Betracht kommt, weil verschiedene Erfüllungsorte stillschweigend vereinbart sind. Daß aber an und für sich da ein Wechselstand stattfand in dieser Beziehung, kann ich nicht annehmen. Von der Obligation gilt, wie von jedem anderen Rechtsverhältniß, daß die Obligation, wie sie einmal contrahirt ist, besteht und fortgilt, wenn nicht eine Aufhebung des Urtheils eintritt oder eine Aenderung des Urtheils, und deshalb kann ich es nicht für richtig halten, daß durch ein weiteres Fortschreiten des Vertrages an sich ein neues Recht anwendbar wäre, wohl aber wenn mit einem weiteren Fortschreiten eine Veränderung des Erfüllungsortes stattfindet. Nun, m. H., gegen den Erfüllungsort ist von Seiten des Herrn Korreferenten zunächst geltend gemacht, daß der Erfüllungsort nachher geändert werden könnte. Ich glaube schon in meinem ersten Vortrag hierauf eingegangen zu sein. Eine Abänderung des Erfüllungsortes ist in dubio nicht als eine Abänderung der Obligation, sondern nur des Erfüllungsortes anzusehen, in dubio nach der vermutheten Absicht der Parteien, die kaum jemand bestreiten wird. Auch der Herr Correferent ist, glaube ich, nicht anderer Ansicht. Also die Obligation behält denselben Inhalt, durch den veränderten Erfüllungsort wird sie nicht geändert. Dann hat der Herr Correferent sich auf den alternativen Erfüllungsort berufen, der Schwierigkeiten mache. Ich glaube, daß durch Wissenschaft und Praxis diese Schwierigkeiten bereits gelöst sind. Wenn alternativ der eine oder der andere Erfüllungsort verabredet wird, so kann das doch in einem doppelten Sinne geschehen. Es kann einmal verabredet werden: an diesem Ort ist die Obligation zu erfüllen, der Gläubiger soll allerdings aber auch das Recht haben, zu verlangen, daß da oder dort noch erfüllt wird. In diesem Falle giebt es einen Haupterfüllungsort, und wenn ich mich nicht irre, ist es hier Gierke in seinem Lehrbuch, es könnte aber auch anderswo sein, wird es gleich sein, ob facultas alternativa im umgekehrten Sinne wie facultas alternativa des Schuldners im römischen Recht vorkommt, und da entscheidet also dieser eine Haupterfüllungsort. Wenn ich mich aber von vornherein verpflichte, ganz nach Wahl des Gläubigers entweder in Frankreich oder in Rußland oder sonstwo zu erfüllen, sodaß ich ganz von vornherein hier oder da zu Gericht stehen muß und der Gläubiger einfach sagen kann: ich will, daß dort erfüllt wird, dann habe ich, m. H., ich möchte sagen stillschweigend nach seiner Wahl mich dem einen oder anderen Recht unterworfen, und so wird die Frage auch in Theorie und Praxis behandelt. Es hat keine Schwierigkeiten in dieser Beziehung. Den Fall, welchen Herr Boyens so freundlich war anzuführen, den habe ich nicht genau verstanden; vielleicht würde ich in dem Fall, daß ich ihn verstanden, zu einer etwas anderen Ansicht kommen, allein das kommt nicht darauf an, ob der einzelne Fall vielleicht etwas anders zu beurtheilen wäre oder nicht. Ich möchte darauf nicht eingehen.

Ist die Absicht der Partei die von mir zuerst gekennzeichnete in jenem Falle gewesen, so würde ich den einen von mir benannten Erfüllungsort als entscheidend annehmen. Ist die Absicht die andere, so würde ich in letzterem Sinne wie hier Boyens entscheiden. Sodann hat der Herr Correferent geltend gemacht: ja, wir bewegen uns bei dem Erfüllungsort im circulus vitiosus. Erst sollen wir wissen: was ist ein Erfüllungsort, dann können wir sagen, das internationale Privatrecht soll zur Anwendung kommen. Nun müssen wir aber doch ein bestimmtes Recht anwenden, um zu wissen, welches der Erfüllungsort ist. M. H., dieser Grund trifft zunächst die Fälle des vertragsmäßigen Erfüllungsortes gar nicht. Das möchte ich feststellen, er trifft gar nicht alle die Fälle — und das ist die ungeheure Mehrzahl — wo nach der Natur der Leistung oder der ausdrücklichen Verabredung der Parteien oder stillschweigenden Intention der Parteien der Vertrag an einem bestimmten Orte erfüllt werden muß. Die Regel trifft nur die Fälle, wo es sich um die gesetzlichen Erfüllungen dort handelt. Aber, m. H., es handelt sich in der That wieder in 98 von 100 Fällen nur um eine Interpretation des Willens der Parteien. Wenn Herr Rechtsanwalt Neumann sich auf § 269 des Bürgerlichen Gesetzbuchs berufen hat, ja, weshalb sagt denn der § 269 des Gesetzbuches das, was er sagt? Deshalb, weil wir eben davon überzeugt sind, daß, wer schlechthin etwas verspricht, wo gar keine besonderen Umstände vorliegen, weil der eben meint, er will an seinem Wohnsitz erfüllen müssen, weil er es meint, sofern also in der That der gesetzliche Erfüllungsort der Natur der Sache nach nur ein vermutheter, durch die Parteien gesetzter Erfüllungsort ist, wenn das der Fall ist, so ist auch die Schwierigkeit, die der Herr Correferent mir entgegenwarf, gelöst. Wir sagen ganz einfach so: wenn es sich um eine Obligation handelt, bei der beispielsweise zweifelhaft sein könnte, ob sie nach russischem oder deutschem

Rechte zu behandeln wäre, so entscheidet der Erfüllungsort. Ist nun der Erfüllungsort nach russischem Recht ein anderer gesetzlicher Erfüllungsort, nach russischem Recht ein anderer wie ein deutscher, so haben wir keine Regel darüber, welche Obligation der Erfüllungsort sei, der Richter muß dann also nach allgemeinen Grundsätzen entscheiden: wie würden die Parteien sich die Sache gedacht haben. Er kommt also zu einer freiesten, nach billigem Ermessen zu erfolgenden Parteiwillensinterpretation. Dieselbe Schwierigkeit aber, wie der Herr Correferent mir gegenüber entgegengehalten hat, kommt bei dem Wohnsitzrecht auch, denn auch die besonderen Regeln über die Wohnsitze unterscheiden sich in den verschiedenen Ländern. Sie thun, als wenn der Wohnsitz eo ipso gegeben sei, eine Thatsache, an der nicht zu rütteln sei, international gegeben. Es giebt keinen internationalen Wohnsitz. Wohl stimmen die Regeln der verschiedenen Orte darin überein, aber nicht völlig, in vielen Beziehungen nicht. Und nun weiter, die allgemeinen Gesetze über den Erfüllungsort stimmen ebenfalls im höchsten Maße überein, vielleicht in höherem, wie die Bestimmungen über den Wohnort. Die Schwierigkeit, die Sie mir entgegen halten wollen, ist also bei Ihnen in stärkerem Maße vorhanden, wie bei der Theorie des Erfüllungsortes. Und weiter, Sie können schließlich auf keinen vermuthlichen Parteiwillen, in letzter Linie auf kein billiges Ermessen verweisen, denn die Frage des Wohnorts ist keine Frage des billigen richterlichen Ermessens. Der Herr Correferent hat seine Ansicht in den Worten kurz zusammengestellt: die Person verkörpert sich dort, wo sie wohnt. Ja, m. H., das Bürgerliche Gesetzbuch steht aber auf diesem Grundsatze nicht. Das gesammte Recht, welches für die Person gilt, soll sich nicht nach dem Wohnsitze richten, sondern in erster Linie nach dem Heimathsrecht. Gerade die Begründung, welche der Herr Correferent gegeben hat, gerade die setzt voraus, daß wir sagen: obgleich für die Person an sich durchaus entscheidend ist das Heimathsrecht in erster Linie, müssen wir doch noch ein zweites Personalstatut für die Obligationen schaffen, obwohl im Bürgerlichen Gesetzbuche nichts gesagt wird, und dieses von uns selbst geschaffene Personalstatut müssen wir dann auf die Obligationen auch wieder nach Bestimmungen des Bürgerlichen Gesetzbuchs anwenden.

M. H., der Herr Correferent unterscheidet sich praktisch von meiner Theorie beinahe garnicht. Praktisch kommt, wenn Sie nach der Rede des Herrn Correferenten urtheilen, die Sache auf eins heraus, denn der Herr Correferent hat in den verschiedensten Wendungen für einzelne Fälle und im allgemeinen ganz verschieden behandelt den vertragsmäßigen Erfüllungsort und den gesetzlichen Erfüllungsort, und der vertragsmäßige

Erfüllungsort ist der bei Weitem vorwiegende. Ich habe ihn so verstanden, daß er wenigstens praktisch, wenn auch nicht theoretisch, auf dem Standpunkte steht, wenn ein Erfüllungsort festgelegt ist, praktisch durch die Parteien, so ist der wohl fast immer oder immer — ich weiß es nicht genau — ziemlich entscheidend. Aber seine These unterscheidet sich von der meinigen auf das allerschärfste. Nach seiner These ist das Wohnsitzrecht entscheidend und nicht der Ort der Erfüllung. Nur wenn es sich um gewillkürtes Recht handelt, ist er anderer Meinung, und dem gewillkürten Rechte will er auch in dieser Beziehung nur sehr enge Schranken setzen.

Ich bitte Sie deshalb dringend, meine These anzunehmen. Sie entfernen sich dabei nicht von der Regel, die mindestens den gleichen Boden in der Theorie hat und die das Reichsgericht vollkommen beherrscht.

Der Herr Rechtsanwalt Dr. Neumann hat nun darzulegen gesucht, daß das Reichsgericht — es kam ungefähr darauf hinaus — im Wesentlichen in Savigny'schen Bahnen wandelt. Nein, m. H., das ist nicht richtig. Wenn Sie die Reichsgerichtsentscheidungen nachlesen — und darin muß ich auf das allervollste den Anführungen zustimmen, welche der Herr Rechtsanwalt am Reichsgerichte, Boyens, gemacht hat —, so finden sie, daß nicht eine Theorie, sondern die praktische Erwägung das Durchschlagende gewesen ist. Ich bin Herrn Boyens im Interesse der Sache in der That dankbar dafür, daß er hingewiesen hat auf eine Reihe von Fällen, auf die außerordentlichen Schwierigkeiten, welche der internationale Handelsverkehr durch das Wohnsitzrecht erfahren würde. Gerade auf diesem Gebiete ist nicht damit durchzukommen, und auf dem Gebiete des Handelsrechts wie auf anderen Gebieten hat das Reichsgericht in jedem einzelnen Falle die praktischen Erwägungen angestellt, welches Recht das angemessene sei, und aus diesen praktischen Erwägungen heraus ist es bis jetzt in constanter Praxis bei dem Erfüllungsorte geblieben.

Wenn, m. H., der Herr Correferent, statt das Wohnsitzrecht dem Rechte des Erfüllungsortes entgegenzustellen, gesagt hätte: in den Fällen, wo weder nach dem vermutheten Willen der Parteien, nach dem ausdrücklichen oder vermuthlichen Willen der Parteien oder noch nach der Natur des Vertrages, noch aus sonstigen Umständen ein bestimmter Erfüllungsort als wirkliche oder vermuthliche Absicht der Parteien hervorgeht, setze ich noch ganz subsidiär das Wohnungsrecht an die Stelle, ein Antrag, der mit seinem Vorschlage besser als sein ziemlich absoluter Antrag stimmen würde, so würde sich darüber vielleicht reden lassen, aber den Antrag wie er jetzt lautet — und die These ist doch das Entscheidende — anzunehmen, das möchte ich im Interesse der praktischen Rechtsentwickelung, im Interesse unseres heimischen Rechts, namentlich auch unseres heimischen Handels dringend widerrathen. (Beifall.)

Mitberichterstatter, Prof. Dr. **Mitteis** (Wien): Ich möchte, m. H., nur einige wenige Bemerkungen hinzufügen.

Es ist so vielfach die Uebereinstimmung zwischen mir und dem Herrn Referenten von uns beiden betont worden, daß es beinahe wie ein Wortstreit aussehen könnte, wenn jetzt jeder von uns nachträglich darauf besteht, daß doch sein Antrag angenommen wird. Wenn ich dessen ungeachtet hier ebenso auf meinem Standpunkte verharre, als der Herr Referent, der in allem Wesentlichen mit mir einig ist, auf dem seinigen, so ist dafür der Umstand maßgebend, daß meiner Meinung nach die subsidiäre Statuirung des Erfüllungsortes zu Fällen führt, wo man sich im Kreise bewegt, und das ist der Fall beim gesetzlichen Erfüllungsorte. Ich glaube doch scharf genug betont zu haben, bei dem vertragsmäßigen Erfüllungsorte bin ich in der Regel gar nicht im Zweifel — und die gesammten Ausführungen des Herrn Rechtsanwalt Boyens, soweit ich in der Lage war, ihnen zu folgen, sind ja nur eine überaus dankenswerthe Bestätigung dessen, was ich gesagt habe —, daß in der Mehrzahl der Fälle das Recht des Erfüllungsortes angewendet sein wird. Das glaube ich deutlich genug gesagt zu haben.

Aber es giebt Fälle, wo auch diese Regel nicht zutrifft; das ist z. B. der Fall der mehreren Erfüllungsorte nach Wahl des Schuldners. Der Herr Referent hat mich wohl mißverstanden, wenn er gegen mich ein Beispiel mit Wahl des Gläubigers anführte, ich habe ausdrücklich gesagt „nach Wahl des Schuldners". Sind mehrere Erfüllungsorte eingesetzt nach Wahl des Gläubigers, wie es z. B. in dem berühmten Falle der österreichischen Couponprocesse war, so habe ich gar keinen Zweifel daß der Gläubiger das Recht hat, herauszugreifen, welchen er will.

Ich will auf die anderen Fälle, welche hier als Ausnahme gelten können davon, daß bei dem vertragsmäßigen Erfüllungsorte das Recht des Erfüllungsortes maßgebend ist, nicht näher eingehen. Für mich ist vor allen Dingen maßgebend, daß bei dem **gesetzlichen** Erfüllungsorte man sich im Kreise dreht, wenn man sagt: das Recht des gesetzlichen Erfüllungsortes ist subsidiär maßgebend, denn, wie gesagt, welches der gesetzliche Erfüllungsort ist, das kann ich erst sagen, wenn ich weiß, unter welchem Rechte die Forderung steht. Und da die vertragsmäßigen Erfüllungsorte nicht so häufig sind, als man glaubt — denn in vielen Fällen ist der sogen. Erfüllungsort nur ein Destinationsort — so wird man in einer großen Anzahl von Fällen mit diesem Principe zu keiner Entscheidung kommen.

Der Herr Referent hat für seinen Standpunkt das Eine angeführt: Ja, der gesetzliche Erfüllungsort sei im Zweifel doch der Wohnsitz, es sei, wenn man nichts anderes wisse, anzunehmen, daß nach der Meinung der Parteien der Wohnsitz von den Parteien als Erfüllungsort gemeint sei. Ich glaube, damit giebt der Herr Referent zu, daß ohne eine Zuhilfenahme des stillschweigenden Parteiwillens man mit seinem Principe nicht durchkommen kann. Deswegen glaube ich, m. H., wir sollten, wenn wir überhaupt ein subsidiäres Princip aufstellen, ein solches aufstellen, welches ohne Fictionen und ohne einen nothwendigen Cirkelschluß uns eine Lösung giebt, und das ist nur die des Wohnsitzes. Der Herr Referent hat freilich gesagt, ja der Wohnsitz ist auch ein Rechtsbegriff und wie stelle ich fest, welches der Wohnsitz des Schuldners ist? Ja, m. H., ist es denn so sicher, daß der Wohnsitz ein Rechtsbegriff ist? Ich muß gestehen, ich habe das Domicil bis jetzt für einen vorwiegend thatsächlichen Begriff gehalten. Der Wohnsitz ist derjenige Ort, wo Jemand thatsächlich das Centrum seines Daseins hat, und ich glaube, daß wir diesen thatsächlichen Begriff des Wohnsitzes dem gesetzlichen Erfüllungsorte substituiren sollten.

Deswegen empfehle ich Ihnen mein Princip. Es ist in der praktischen Consequenz nicht gefährlich, weil ich dem Erfüllungsorte alle seine Rechte lasse, und ich glaube, daß es andererseits nicht zu jenen Schwierigkeiten führt, welche die Anträge des Herrn Referenten nothwendig übrig lassen.

(Lebhafter Beifall.)

Vorsitzender: Wir können jetzt zur Abstimmung schreiten.

Die Anträge der beiden Referenten decken sich in zwei Punkten vollständig, es handelt sich nur darum, für welches Princip, ob für den Erfüllungsort oder für den Wohnsitz man sich entscheiden soll.

Der 1. Punkt des Enneccerus'schen Antrages lautet so:

> 1. Inhalt und Wirkung der Vertragsobligationen ist, soweit nicht zwingende Rechtsnormen entgegenstehen, nach demjenigen Rechte zu beurtheilen, dessen Anwendung die Parteien vereinbart oder stillschweigend vorausgesetzt haben.

Dieser Satz deckt sich im Wesentlichen mit dem Schlußsatze von Nr. 2 des Mitteis'schen Antrages, worin es heißt:

> Wenn sich jedoch aus den Umständen ergiebt, daß die Vertragschließenden das Recht eines anderen Ortes voraussetzen mußten, so ist dieses letztere anzuwenden.

Dann Nr. 3:

> Die Rück- oder Weiterverweisung findet auf dem Gebiete der Vertragsobligationen keine Anwendung,

deckt sich fast wörtlich mit der Nr. 1 des Herrn Correferenten Prof. Mitteis.

Der 1. Antrag lautet so:

> Inhalt und Wirkung der Vertragsobligationen ist, soweit nicht zwingende Rechtsnormen entgegenstehen, nach demjenigen Rechte zu beurtheilen, dessen Anwendung die Parteien vereinbart oder stillschweigend vorausgesetzt haben.

Ich bitte die Herren, die für diesen Antrag sind, aufzustehen.

(Geschieht.)

Das ist die Mehrheit.

Mitberichterstatter Prof. Dr. **Mitteis:** Zur Geschäftsordnung möchte ich den Antrag stellen, nachdem sowohl mein Antrag als derjenige des Herrn Referenten ein zusammenhängendes Ganzes ist, daß die Anträge einfach nach unseren Namen zur Abstimmung gebracht werden. Es dürfte das das Allereinfachste sein. Sonst dürfte Jemand der Ansicht sein, daß er für diesen Antrag des Referenten stimmen soll, weil er auch ein Theil meines Antrages ist, und weil er daher consequent auch dafür stimmen muß.

Berichterstatter Geh. Justizrath Prof. Dr. **Enneccerus:** Ich glaube, daß der Antrag 1 von Herrn Dr. Mitteis und der Antrag 3 von mir natürlich ganz dasselbe sind. Das deckt sich vollständig. Also über die beiden muß zusammen abgestimmt werden. Gegen Nummer 1 meines Antrages, welche soeben angenommen worden ist, ist Herr Dr. Mitteis, soviel ich ihn verstanden habe, im Wesentlichen auch nicht, aber sie enthält nicht seinen Antrag, es kann sich also bloß darum handeln, jetzt noch einmal durch eine Abstimmung festzustellen, daß meine Nummer 3 und des Herrn Dr. Mitteis Nummer 1 angenommen werden soll. Ich glaube, es hat keiner der Herren dagegen gesprochen, die Annahme wird also wohl ziemlich einstimmig erfolgen. Dann müssen wir darüber entscheiden, ob als Nummer 2 die Formulirung des Antrages Mitteis, also das Wohnsitzrecht, oder mein Erfüllungsortsrecht angenommen werden soll.

Vorsitzender: Das ist so, wie ich zuerst gesagt habe. Also nun Nummer 3 des Antrages Enneccerus lautet:

> „Die Rück- und Weiterverweisung findet auf dem Gebiete der Vertragsobligationen keine Anwendung."

Oder wie der Antrag Mitteis lautet:

„Das Princip der Rück- und Weiterverweisung ist bei der Behandlung obligatorischer Verträge im internationalen Privatrechte zu verwerfen."

Ich bitte die Herren, die dafür sind, die Hand emporzuheben.

(Geschieht.)

Dieser Antrag ist auch angenommen.

Nun kommen wir auf die beiden Hauptdifferenzen. Also der Enneccerus'sche Antrag Nummer 2 lautet:

„Ist eine hiernach maßgebende Absicht der Parteien nicht vorhanden oder nicht erkennbar, so entscheidet das Recht des Erfüllungsortes."

Wird dies angenommen, so fällt selbstverständlich der Antrag Mitteis; der letztere gelangt dann zur Abstimmung, wenn dieser Antrag abgelehnt wird. Ich bitte also die Herren, welche für diesen Enneccerus'schen Antrag sind, daß nämlich das Recht des Erfüllungsortes subsidiär entscheidend ist, die Hand aufzuheben.

(Geschieht.)

Ich bitte um die Gegenprobe.

(Dieselbe erfolgt.)

Das ist doch erheblich die Minderheit. Also dieser Antrag Enneccerus ist hiernach angenommen.

Damit erledigen sich auch die Anträge von dem Herrn Gutachter Dr. Neumann, weil die alle auf den Wohnsitz sich beziehen, und so würde ich die Abstimmung für geschlossen erachten. Nun müßten wir wohl zu der Frage schreiten, ob wir diesen Beschluß der Abtheilung vor das Plenum bringen zur Beschlußfassung oder nur zur Kenntnißnahme.

(Rufe: Kenntnißnahme!)

Diejenigen Herren, welche dafür sind, daß er nur zur Kenntnißnahme an das Plenum gebracht werde, bitte ich die Hand aufzuheben.

(Geschieht.)

Das ist die Mehrheit. Referent ist natürlich Herr Geh. Justizrath Dr. Enneccerus.

Geh. Justizrath **Wilke:** Es ist noch Beschluß zu fassen über die gestern ausgesetzte Frage, ob der gestern gefaßte Beschluß zur Kenntnißnahme oder zur Beschlußfassung an das Plenum gebracht werden soll.

Vorsitzender: Also gestern war Beschluß gefaßt worden über die Bauhandwerkerfrage und uns beschäftigte die Frage, ob dieses Thema zur Verhandlung dem Plenum vorgeschlagen werden soll oder lediglich zur Kenntnißnahme.

Geh. Justizrath Prof. Dr. **Enneccerus:** Ich möchte die Frage anregen, — einen Antrag will ich nicht stellen, weil Niemand darüber gesprochen hat, vielleicht sind die anderen Herren auch der Meinung, ob es nicht geeignet wäre, da wir uns mit großer Mehrheit für die Sache an sich entschieden haben, nur die eine Frage im Plenum erledigen zu lassen, andere nicht, nämlich die Frage der Differenzcaution oder des Standpunktes des § 16 des Entwurfes. Nicht wahr?

(Ja!)

Das würde möglich sein. Die ganze Frage im Plenum zu behandeln, dazu ist sie offenbar zu intricat, es geht zu sehr auseinander.

Justizrath **Boyens** (Leipzig): Ich möchte mich dagegen erklären. Entweder wird die Frage vor dem Plenum verhandelt oder nicht. Das ist unmöglich, dem Plenum zuzumuthen, sich auf einen so herausgeschälten Punkt zu beschränken, also gewissermaßen die Herren zu zwingen, sich von vorn herein entscheiden zu müssen für den gestern so heftig bekämpften Antrag und nur einen eventuellen Punkt zur Beschlußfassung zu bringen. Das halte ich für ausgeschlossen.

Geh. Justizrath Prof. **Enneccerus:** Das Plenum würde ja sie erweitern können. Indessen wenn nicht von anderer Seite das Gleiche gewünscht wird, will ich nicht — einen Antrag habe ich ja nicht gestellt — auf dieser Meinung bestehen. Aber das Plenum würde jeder Zeit beschließen können: ich will über das Ganze verhandeln.

Geh. Justizrath Prof. Dr. **Brunner** (Berlin): Ich möchte die Anfrage stellen, ob vielleicht bekannt ist, daß aus der dritten Abtheilung eine Frage zur Beschlußfassung an das Plenum gebracht wird.

(Rufe: Ja, die Deportationsfrage!)

Außerdem dürfte, wie ich hörte, ein Antrag eingehen, eine Frage, über welche in der zweiten Abtheilung kein Beschluß zu Stande gekommen ist, an das Plenum zur Beschlußfassung zu bringen, nämlich die Heimstättenfrage.

Vorsitzender: Also da würde ich die Frage stellen, ob die Abtheilung beschließt, die gestrige Frage vor das Plenum zu bringen zur Verhandlung und Beschlußfassung oder nur zur Kenntnißnahme. Diejenigen Herren, welche für bloße Kenntnißgabe sind, also nicht für Verhandlung im Plenum, bitte ich die Hand zu erheben.

(Geschieht.)

Das ist die Mehrheit. Es wird also unser Beschluß nur zur Kenntnißnahme gebracht werden. Der Referent ist bereits bestimmt.

(Die Abtheilung beschließt hierauf, eine halbstündige Pause eintreten zu lassen und nach derselben zunächst die Frage Nummer 4 zu verhandeln.)

(Pause.)

Vorsitzender: M. H., indem ich die Sitzung wieder eröffne, gehen wir über zu Nr. 4:

> Ist nach den Vorschriften des Bürgerlichen Gesetzbuchs die Verfolgung des dinglichen Rechts auch gegen den mittelbaren Besitzer zulässig?

Gutachten liegen vor von Herrn Prof. Dr. Wendt-Tübingen und Herrn Geh. Justizrath Prof. Dr. Gierke-Berlin.

Referenten sind: Herr Prof. Dr. Strohal-Leipzig und Herr Ober-Landesgerichtsrath Dr. Meisner-Posen.

Die beiden Herren Referenten stellen gemeinsam den Antrag:

> Nach den Vorschriften des B.G.B. ist die Verfolgung des dinglichen Anspruchs auf Herausgabe der Sachen auch gegen den mittelbaren Besitzer zulässig.

Ich bitte nun Herrn Prof. Dr. Strohal, das Wort zu nehmen.

Professor Dr. **Strohal** (Leipzig): Meine hochgeehrten Herren! Das B.G.B. hat das Besitzrecht auf neue Grundlagen gestellt. Seine Bestimmungen über den Besitz ziehen die Summe der Entwicklung des Besitzbegriffs im römischen und deutschen Rechte und in den modernen Modifikationen. Es ist ihm hierbei in glücklichster Weise gelungen, die dilatorischen Momente dieser Entwickelung auszuscheiden und das Besitzrecht auf einfachen Grundgedanken aufzubauen. Der Besitzbegriff des B.G.B. geht von dem aus, was man im gewöhnlichen Leben unter Besitz versteht und, indem das Gesetzbuch den Muth bewährt, diese Auffassung auszugestalten, gelangt es zu Ergebnissen, welche in oft ganz überraschender Weise an das alte Recht der Gewere anklingen. Um so überraschender aus dem Grunde, weil von einer bewußten Anlehnung und Nachbildung nicht im entferntesten die Rede sein kann.

Allein neu geformtes Recht, selbst wenn es trefflich gelungen ist, lebt sich niemals ohne jede Schwierigkeit ein. Und so haben sich denn auch auf dem Boden des neuen Besitzrechts, obschon es der praktischen Anwendung noch harrt, bereits manche Streitfragen ergeben. Eine derselben soll uns heute beschäftigen, nämlich die Frage, ob die Verfolgung des Eigenthumsanspruchs und verwandter Ansprüche auf Herausgabe der Sache auch gegen den mittelbaren Besitzer zulässig ist?

In ungleich höherem Maße als nach römischem und gemeinem Rechte beruht der Besitz unseres B.G.B. auf der Inhabung. Während nach römischem Rechte Besitz und Inhabung grundverschiedene Dinge sind und es nach diesem Rechte daher auch zahlreiche Inhaber giebt, welchen Besitz abgesprochen wird, ist nach dem B.G.B. jeder Inhaber zugleich auch Besitzer, vorausgesetzt nur, daß seine Inhabung eine thatsächlich selbständige ist. Sachbesitzer ist also nicht nur, wer eine Sache mit dem animus domini, „als ihm gehörend" innehat, sondern eben so gut auch, wer eine Sache als Nießbraucher oder Pfandgläubiger, als Miether oder Pächter, als Entleiher oder Verwahrer, als Beauftragter, Werkmeister, Frachtführer, Testamentsvollstrecker, Concursverwalter selbständig innehat.

Wesentlich verschieden von der selbständigen Inhabung, welche den Inhaber zum Besitzer macht, ist die unselbständige Inhabung im Sinne des § 855 B.G.B. In allen Fällen der unselbständigen Inhabung steht neben oder besser gesagt: über dem Inhaber ein Besitzherr, welcher nach der Auffassung des Lebens und des Rechtes befugt ist, die Schranken, innerhalb welcher er dem Inhaber die thatsächliche Einwirkung auf die Sache gestattet hat, jederzeit selbsthandelnd zu wahren und insoweit also hinsichtlich des Gebahrens mit der Sache seinen Willen durchzusetzen.

Unselbständiger Inhaber in dem bezeichneten Sinne ist z. B. der Dienstmann hinsichtlich des Koffers, den er, von uns geleitet, zur Bahn schafft, der Austräger einer Buchhandlung hinsichtlich der Bücher und Zeitschriften, die er den Kunden zuträgt oder von diesen wieder abholt, der landwirthschaftliche Dienstbote hinsichtlich der Hausthiere und Geräthe des Bauern, mit denen er auf dem Felde oder der Tenne seines Herrn pflügt, egget, drischt, der Geselle des Handwerkers hinsichtlich des Handwerkszeugs, mit dem er in der Werkstätte des Meisters arbeitet, der bestellte Hirte in Ansehung des von ihm auf die Alpe aufgetriebenen und von ihm zu versorgenden Viehs, der angestellte Förster in Ansehung der von ihm verwalteten Waldungen, der Kastellan rücksichtlich des seiner Aufsicht unterstellten Schlosses, der Beamte in Betreff der ihm in den Amtsräumen zur Verfügung stehenden Amtsakten u. dgl.

In Fällen solcher Art kommt der Besitz nur dem Besitzherrn zu und nicht dem unselbständigen Inhaber.

Eine richtige Rechtsfolge des Besitzes besteht nun darin, daß durch den Besitz einer Sache die Passivlegitimation des Besitzers für die Verfolgung dinglicher Ansprüche auf Herausgabe dieser Sache gegeben ist. Hierbei sind zwei Punkte ebenso zweifellos wie unbezweifelt:

1. Die erwähnte Passivlegitimation ist jedenfalls vorhanden auf Seite eines Besitzers in dem bisher festgestellten Sinne, jedoch unbeschadet der ihm unter Umständen nach Maßgabe des jetzigen § 76 C.P.O. ermöglichten laudatio auctoris, und
2. sie ist keinesfalls vorhanden auf Seite des nur unselbständigen Inhabers der Sache.

Die Zweifel setzen erst ein beim mittelbaren Besitz. Das Gesetz anerkennt nämlich neben dem aus selbständiger Inhabung für den Inhaber selbst sich ergebenden Besitz auch noch einen Besitz anderer Art, welcher durch die selbständige Inhabung des Einen einem Anderen vermittelt wird und im Gesetzbuche (§ 868) daher auch mit Recht als mittelbarer Besitz bezeichnet wird. In den Fällen des mittelbaren Besitzes hat man es also immer mit einem Doppelbesitze zu thun: mit dem unmittelbaren Besitze des Einen und mit dem hierdurch zugleich gegebenen mittelbaren Besitze des Anderen. Vereinzelte Erscheinungsformen eines dem mittelbaren Besitz unseres B.G.B. analogen Besitzes hat bereis das römische Recht gekannt, so in den Fällen des Pfandbesitzes und des prekaristischen Besitzes, wo in den Quellen neben dem Besitze des Pfandgläubigers, Prekaristen, auch noch ein Besitz des Verpfänders, des precario dans anerkannt wird. Im B.G.B. mußten diese Fälle eine erhebliche Erweiterung erfahren und zwar in nothwendiger Consequenz davon, daß das Gesetz jedem selbständigen Inhaber die Stellung eines Besitzers giebt. Wer eine Sache einem Anderen mieth-, pacht-, leihweise, zur Verwahrung, zur Ausbesserung, zur Reinigung, zum Transporte überläßt, der bleibt nach römischem Rechte Besitzer und ist nach wie vor mit allen Rechtsfolgen des Besitzes ausgestattet, während der Uebernehmer nur eine jedes Schutzes entbehrende Inhabung erlangt. Wesentlich anders verhält es sich in letzterer Beziehung nach unserem B.G.B. Es schreibt dem Miether, Pächter, Entleiher, Verwahrer, der Wäscherin, die unsere Wäsche zur Reinigung, dem Uhrmacher, der unsere Uhr zur Reparatur, der Eisenbahnunternehmung, die unser Reisegepäck zum Zwecke des Transportes in die selbständige Inhabung übernommen hat, Besitz im technischen Sinne zu. Indem das Gesetz diesen kühnen Schritt wagte, mußte es aber zugleich wieder dafür Sorge tragen, daß das besitzrechtliche Verhältniß des Uebergebers zur übergebenen Sache nicht vollständig gelöst werde. Demgemäß spricht das Gesetz in allen vorerwähnten Fällen dem Uebergeber mittelbaren Besitz zu.

Die für die Charakterisirung des mittelbaren Besitzes erheblichen Momente ergeben sich aus § 868 B.G.B.'s und sind in Kürze folgende:

1. Mittelbarer Besitz setzt immer das Vorhandensein eines unmittelbaren Besitzers voraus, welcher den mittelbaren Besitzer einerseits von der Sache trennt und ihm andererseits doch zugleich wieder den mittelbaren Besitz vermittelt.
2. Der mittelbare Besitz ist ein Verhältniß des mittelbaren Besitzers zur Sache, welches nur deshalb Besitz im engeren Sinne nicht ist, weil das Gesetz demjenigen, welcher die thatsächliche Gewalt über die Sache ausübt, selbständige Inhabung und damit zugleich unmittelbaren Besitz zuschreibt.
3. In allen Fällen des mittelbaren Besitzes kommt dem mittelbaren Besitzer gegen den unmittelbaren Besitzer ein, wenn auch nicht nothwendig bereits fälliger, so doch wenigstens der Fälligkeit entgegenreifender Anspruch auf Herausgabe der Sache zu.
4. Der unter Nr. 3 erwähnte Anspruch muß aus einem Rechtsverhältniß entspringen, vermöge dessen sich der dem unmittelbaren Besitzer zukommende Besitz als ein ihm vom mittelbaren Besitzer auf Zeit anvertrauter darstellt.

Nach all' dem ist klar — und hierin befinde ich mich mit unserem Gutachter Herrn Collegen Wendt durchaus im Einklang —, daß der mittelbare Besitz ein Besitz anderer Art ist, als der unmittelbare, und daß daher das, was für den letzteren gilt, nicht ohne Weiteres auf den ersteren übertragen werden darf. Zu sicheren Ergebnissen ist nur zu gelangen, wenn bezüglich jeder einzelnen im Gesetze festgesetzten Rechtsfolge des Besitzes untersucht und festgestellt wird, ob und inwieweit sie auch für den mittelbaren Besitz gilt.

Wir haben uns heute nur mit einer dieser Rechtsfolgen zu befassen, und die auf sie sich beziehende Frage ist durch die vorliegenden Gutachten so wohl vorbereitet, daß Ihnen die Entscheidung nicht schwer fallen dürfte. Die Herren Gutachter haben insbesondere in überaus dankenswerther Weise die zur Zeit der Abfassung der Gutachten vorhandene Literatur über die Frage so eingehend berücksichtigt, daß mir in dieser Beziehung nichts nachzutragen bleibt. Wohl aber habe ich als für die Beurtheilung unserer Frage in Betracht kommend noch zwei Aufsätze zu erwähnen, welche in den Gutachten deshalb Berücksichtigung nicht finden konnten, weil sie erst nach Herstellung der Gutachten erschienen sind. Der eine dieser Aufsätze hat Herrn Collegen Fischer in Breslau zum Verfasser und ist in der Juristentagsnummer der Deutschen Juristen-Zeitung abgedruckt. Ich darf daher wohl annehmen, daß Ihnen dieser Aufsatz vorliegt. Die andere kleine Abhandlung rührt von mir her. Sie ist im 6. Hefte des VIII. Bandes des sächsischen Archivs für bürgerliches Recht und Proceß zum Abdruck gelangt und liefert eine eingehende Interpretation des für unsere Frage sehr erheblichen § 991 B.G.B. Leider habe ich es versäumt, von diesem Aufsatze rechtzeitig eine größere Zahl von Abdrücken zu bestellen. Ich glaube deshalb voraussetzen zu dürfen, daß dieser Aufsatz der Mehrzahl der heute anwesenden Herren unbekannt ist, und ich werde mir mit Rücksicht hierauf gestatten, in meinem Referat auf die Bestimmung des § 991 B.G.B. soweit einzugehen, als dies für unseren Zweck unbedingt nöthig ist.

Das Ziel, welchem ich zusteuere, ist Ihnen schon aus dem Gutachten und aus dem von mir in Uebereinstimmung mit dem Herrn Correferenten Oberlandesgerichtsrath Meisner gestellten Antrage von vornherein bekannt. Der Argumente für den von mir vertretenen Standpunkt giebt es aber so viele, daß ich mir nothwendig Beschränkung auferlegen muß. Ich werde daher alles Nebensächliche bei Seite lassen und nur diejenigen Gesichtspunkte entwickeln, welche mir die vorzugsweise maßgebenden zu sein scheinen. Meine Hauptaufgabe erblicke ich in der Zerstreuung der von unserem Gutachter Herrn Kollegen Wendt gegen die Ihnen vorliegende These vorgebrachten Bedenken, nicht aber in der Wiederholung der von dem zweiten Gutachter Herrn Collegen Gierke für die Bejahung der These vortrefflich entwickelten Gründe.

Für die Zulässigkeit der Verfolgung des dinglichen Anspruchs auf Herausgabe der Sache gegen den mittelbaren Besitzer spricht vor allem die Redaktionsgeschichte.

Der Entwurf erster Lesung kennt zwar den Ausdruck mittelbarer Besitzer nicht, aber er kennt einen solchen Besitzer, der nicht Inhaber ist, z. B. den Vermiether, Verpächter, doch dem Wesen nach und im § 929 des Entwurfs erster Lesung ist für den Fall eines Mieth-, Pacht- oder eines ähnlichen Verhältnisses ausdrücklich ausgesprochen, daß der dingliche Anspruch auf Herausgabe der Sache nicht nur gegen den Miether, Pächter, sondern ebensogut auch gegen den Vermiether, Verpächter und dergl. gerichtet werden kann.

In der zweiten Commission ergab sich in betreff unserer Frage eine starke Meinungsverschiedenheit und in dem zur vorläufigen Veröffentlichung gelangten Entwurfe zweiter Lesung war zweifellos der Standpunkt zum Ausdruck gebracht, daß die Verfolgung des dinglichen Anspruchs auf Herausgabe der Sache nur gegen den unmittelbaren, nicht auch gegen den mittelbaren Besitzer zulässig sei. Diese Auffassung fand ihre Ausprägung insbesondere in einem, dem damaligen § 899 (entsprechend dem § 985 B.G.B.) beigefügten zweiten Absatze, der also lautete:

> Gegenüber einem mittelbaren Besitzer steht dem Eigenthümer ein Anspruch auf Ueberlassung des mittelbaren Besitzes nicht zu.

Eine Minorität der Commission hatte dieser Behandlung von vornherein widersprochen und bei der Schlußrevision drängten sich auch der Majorität Bedenken auf. In Folge derselben wurden aus dem Entwurfe diejenigen Bestimmungen gestrichen, welche der Geltendmachung des dinglichen Anspruchs auf Herausgabe der Sache gegen den mittelbaren Besitzer entgegenstanden. Die Protocolle zum B.G.B. bezeugen, daß dies wesentlich aus dem Grunde geschah, „weil es in der That auffallend sein würde, wenn der mittelbare Besitzer in allen übrigen Beziehungen als Besitzer und nur in Ansehung der Passivlegitimation bei der rei vindicatio nicht als Besitzer behandelt würde".

Alles dies ist sowohl in den beiden Gutachten wie in dem Aufsatze des Herrn Collegen Fischer dargelegt und bedarf daher keiner weiteren Ausführung.

Nur ein wichtiger Punkt der Redaktionsgeschichte scheint mir weder von den Herren Gutachtern noch von Herrn Collegen Fischer hinreichend gewürdigt zu werden; es ist das die bei dem jetzigen § 991 Abs. 1 bei der Schlußrevision vorgenommene und in das Gesetz übergegangene Veränderung.

Selbst wenn aber von dem hieraus zu gewinnenden und später auszuführenden Argumente vorläufig ganz abgesehen wird, so ergiebt sich doch die Zulässigkeit der Verfolgung des dinglichen Anspruchs auf Herausgabe der Sache schon allein aus der Vornahme der vorerwähnten bei der Schlußrevision beschlossenen Streichungen.

Herr College Wendt — dem das unleugbare Verdienst zukommt, unser Thema durch klare und scharfe Fragestellung wesentlich gefördert zu haben — macht in seinem Gutachten freilich geltend, daß die von mir getroffene Entscheidung daran scheitere, daß dem mittelbaren Besitzer die facultas restituendi fehle. Hiergegen ist aber doppeltes zu sagen: Zunächst, daß Herr College Wendt hierbei nicht consequent ist. Denn gegenüber einer bestimmten Gruppe von mittelbaren Besitzern läßt Wendt jetzt die Verfolgung des dinglichen Anspruchs auf Herausgabe der Sache ohne weiteres zu, nämlich gegen solche mittelbaren Besitzer, welche rücksichtlich der im unmittelbaren Besitze eines Seeschiffers, Lagerhalters, Frachtführers befindlichen Waare ein Traditionspapier in der Hand haben.

Was gegen Wendt weiter noch geltend zu machen ist, ergiebt sich aus dem soeben constatirten Zugeständniß. Denn wenn schon einmal zugegeben wird, daß ein mittelbarer Besitzer der vorbezeichneten Art die facultas restituendi hat, so ist nicht abzusehen, warum ein mittelbarer Besitzer anderer Art diese facultas nicht haben sollte. Wird ein mittelbarer Besitzer zur Herausgabe der Sache verurtheilt, so hat er dem Urtheil entweder in der Weise nachzukommen, daß er die Sache beim unmittelbaren Besitzer erhebt und dem Vindicanten herausgiebt, oder dadurch, daß er seinen mittelbaren Besitz dem Vindicanten abtritt. Thut er aber keins von beiden, so schreitet der Kläger zur Zwangsvollstreckung nach Maßgabe der Vorschriften der C.P.O. über die Zwangsvollstreckung zur Erwirkung der Herausgabe von Sachen. Und zur Anwendung kommt dann die Bestimmung des jetzigen § 886 C.P.O., wonach sich der Kläger den Anspruch des geklagten und verurtheilten mittelbaren Besitzers gegen den unmittelbaren Besitzer überweisen läßt. Ja es muß sogar hervorgehoben werden, daß sich die Durchführung der Zwangsvollstreckung gegen den mittelbaren Besitzer erheblich leichter gestaltet, wenn dieser hinsichtlich der von ihm mittelbar besessenen Sache mit einem Traditionspapier nicht ausgerüstet ist, als wenn dies zutrifft. Denn im letzteren Falle können sich bei der Zwangsvollstreckung daraus Schwierigkeiten ergeben, daß das Traditionspapier nicht zur Stelle gebracht werden kann, also Schwierigkeiten, welche in den anderen Fällen des mittelbaren Besitzes garnicht eintreten können.

In diesem Zusammenhange mag überdies noch an die Möglichkeit erinnert werden, daß es zu einer Zwangsvollstreckung im Sinne des § 886 C.P.O. unter Umständen auch kommen kann, wenn der Eigenthumsanspruch auf Herausgabe der Sache gegen den unmittelbaren Besitzer erhoben worden ist. Denn es ist doch leicht möglich, daß der verklagte unmittelbare Besitzer sich während der Dauer des Rechtsstreites aus irgend einem Grunde (etwa, um seiner Sorgfaltspflicht thunlichst zu genügen) veranlaßt sieht, die vom Kläger in Anspruch genommene werthvolle Sache, sagen wir, bei einer Reichsbankstelle zu hinterlegen. Hierdurch wird der bisherige unmittelbare Besitz des Geklagten zum mittelbaren, während der unmittelbare Besitz jetzt der Reichsbank zukommt. Dauert aber diese Lage der Dinge bis zum Stadium der Zwangsvollstreckung fort, so erfolgt diese selbstverständlich nach Maßgabe des § 886 C.P.O.

Herr College Wendt macht sodann geltend, daß die Klageführung gegen den mittelbaren Besitzer keinen praktischen Werth habe. Auch dem ist zu widersprechen. Die Nothwendigkeit einer gegen den mittelbaren

Besitzer sich richtenden Klage auf Herausgabe der Sache tritt am deutlichsten hervor, wenn man Fälle ins Auge faßt, in welchen die Klage gegen den unmittelbaren Besitzer gänzlich versagt. Ein Beispiel mag dies veranschaulichen: Der Besitzende non dominus (A.) einer beweglichen Sache hat an derselben dem B. Nießbrauch bestellt, und B. hat mit Rücksicht auf den ihm zu Statten kommenden Schutz des guten Glaubens den Nießbrauch auch erworben. Wollte der Eigenthümer hier seinen Anspruch auf Herausgabe gegen den unmittelbaren Besitzer verfolgen, so müßte er wegen des dem Beklagten zustehenden Nießbrauchs abgewiesen werden. Als umso werthvoller erweist sich daher die Möglichkeit der Verfolgung des Anspruchs gegen den mittelbaren Besitzer A. mit ihrem auf Abtretung des mittelbaren Besitzes gerichteten praktischen Ziele. Herr College Wendt meint freilich, der Eigenthümer könne ja doch ruhig abwarten, bis das Recht des unmittelbaren Besitzers an der Sache erloschen sei und zwar um so leichter, als ihm die angestrebte Abtretung des mittelbaren Besitzers nicht den geringsten Vortheil gewähre, da die Sache bis zur Beendigung des Nießbrauchs ja doch im unmittelbaren Besitze des Nießbrauchers bleibt. Allein dies ist gerade im entscheidenden Punkte nicht stichhaltig. Die praktische Bedeutung der in solchem Falle gegen den mittelbaren Besitzer gerichteten Klage besteht in der dadurch herbeigeführten Unterbrechung der Verjährung und der etwa bereits begonnenen Eigenthumsersitzung, ferner darin, daß dem bisherigen mittelbaren Besitzer A. in Folge der Durchsetzung des klägerischen Anspruchs auf Abtretung des mittelbaren Besitzes die ihm bisher zukommende Möglichkeit entzogen wird, über die Sache nach Maßgabe des § 934 zu Gunsten von Personen, welchen der Schutz des guten Glaubens zu Statten kommt, zu verfügen.

Zwingende Argumente für die Zulässigkeit der Verfolgung dinglicher Ansprüche auf Herausgabe der Sache gegen den mittelbaren Besitzer ergeben sich sodann aus den Bestimmungen der §§ 1007 und 861 B.G.B.'s. Die erstere behandelt die deutschrechtliche Fahrnißklage. Ihr Erfolg hängt unter Umständen, so insbesondere, wenn der Gegenstand des Anspruchs ein Inhaberpapier ist, wesentlich davon ab, daß der verklagte Besitzer beim Erwerb des Besitzes nicht in gutem Glauben war.

Ich lege auch hier ein Beispiel vor. Ein mir von einem Freunde zur Aufbewahrung übergebenes Inhaberpapier kommt mir dadurch, daß ich es verliere, abhanden. Nach einiger Zeit bringe ich in Erfahrung, daß X. das Papier gefunden, an sich genommen und bei seinem Bankier, der davon, wie X. in den Besitz des Papiers gelangt ist, nichts weiß, hinterlegt hat. Gegen den Bankier, der unserer Voraussetzung nach zur

Zeit des Besitzerwerbs am Papier in gutem Glauben war, habe ich in diesem Falle den Anspruch aus § 1007 nicht. Ein Schutz auf Grund des § 1007 ist daher bei dieser Situation überhaupt nur in der Weise möglich, daß ich meine Klage gegen den schlechtgläubigen mittelbaren Besitzer X. richte.

Daß wir die Klarstellung dieses Punktes dem Gutachten des Herrn Collegen Gierke verdanken, brauche ich kaum noch hervorzuheben.

Mit einem, dem dinglichen Anspruch auf Herausgabe der Sache verwandten Anspruche haben wir es auch bei dem auf § 861 sich stützenden Anspruche des dejicirten Besitzers auf Wiedereinräumung des Besitzes zu thun! Dieser Anspruch geht gegen den fehlerhaften Besitzer, nicht aber gegen einen Besitznachfolger des Dejicienten, dem zur Zeit seines Besitzerwerbs die Fehlerhaftigkeit des Besitzes seines Vormanns unbekannt war. Hat also der Dejicient etwa den Koffer, den er durch verbotene Eigenmacht an sich gebracht hatte, als Gepäckstück aufgegeben, und war dem Frachtführer zur Zeit der Uebernahme des Koffers die Fehlerhaftigkeit des Besitzes des Aufgebers unbekannt, so kommt dem Dejicienten der Anspruch auf Wiedereinräumung des Besitzes gegen den Frachtführer nicht zu, er muß ihm aber zustehen gegen den Dejicienten in dessen Eigenschaft als mittelbarer Besitzer des Koffers.

Das letzte Argument, welches ich Ihnen vorlegen möchte, stützt sich auf den Abs. 1 des § 991 B.G.B.'s. Da wenigstens einige der Herren das B.G.B. nicht zur Hand zu haben scheinen, so erlaube ich mir, Ihnen die berufene Bestimmung wörtlich vorzuführen. Sie lautet:

> Leitet der Besitzer das Recht zum Besitze von einem mittelbaren Besitzer ab, so finden die Vorschriften des § 990 in Ansehung der Nutzungen nur Anwendung, wenn die Voraussetzungen des § 990 auch bei dem mittelbaren Besitzer vorliegen oder diesem gegenüber die Rechtshängigkeit eingetreten ist.

Hier wird also ausdrücklich von einer dem mittelbaren Besitzer gegenüber eingetretenen Rechtshängigkeit des Anspruchs auf Herausgabe der Sache geredet. Zugleich sei bemerkt, daß die sich hierauf beziehenden Worte des Abs. 1 von § 991 erst bei der Schlußrevision und im Zusammenhange mit den früher erwähnten Streichungen in das Gesetz eingefügt worden sind.

Herr College Wendt vertritt die Ansicht, daß bei dieser Rechtshängigkeit ausschließlich nur an den Fall zu denken sei, in welchem der Anspruch auf Herausgabe der Sache zunächst gegen den unmittelbaren

Besitzer erhoben worden ist und eine Richtung gegen den mittelbaren Besitzer erst dadurch gewonnen hat, daß nach der vom Beklagten vorgenommenen laudatio auctoris der benannte mittelbare Besitzer nach Maßgabe des jetzigen § 76 C.P.O. den Proceß übernommen hat. Die Herren Collegen Gierke und Fischer bezeichnen diese Auslegung zwar als künstlich, betrachten sie aber doch als mit der Bestimmung des § 991 Abs. 1 immerhin vereinbar. Ich bin entschieden anderer Ansicht und glaube Ihnen zur Evidenz nachweisen zu können, daß sich Abs. 1 von § 991 auf den von Herrn Collegen Wendt bezeichneten Fall gar nicht beziehen kann. Zum Zwecke dieser Beweisführung muß vor allem scharf herausgestellt werden, wie beschaffen der Fall ist, welchen Abs. 1 von § 991 im Auge hat, und sodann, welche Frage durch diese Bestimmung entschieden werden soll.

Den Fall haben wir uns so zu denken, daß dem Eigenthümer, der seinen Anspruch auf Herausgabe der Sache geltend machen will, ein mittelbarer Besitzer A. und ein unmittelbarer Besitzer B. gegenüberstehen. Wir denken uns den ersteren als Verpächter, den letzteren als Pächter. Außerdem wird vorausgesetzt, daß der unmittelbare Besitzer B. in schlechtem Glauben ist; dies ergiebt sich aus der im 1. Abs. von § 991 enthaltenen Berufung des § 990 B.G.B.'s.

Die Frage aber, welche Abs. 1 von § 991 erledigen will, lautet: Wie haftet der sein Recht zum Besitz von dem mittelbaren Besitzer A. ableitende unredliche unmittelbare Besitzer B. dem Eigenthümer rücksichtlich der von ihm vor der ihm gegenüber eingetretenen Rechtshängigkeit wirklich gezogenen und schuldbar nicht gezogenen Nutzungen? Auf die vom B. seit der ihm gegenüber eingetretenen Rechtshängigkeit gezogenen oder schuldbar nicht gezogenen Nutzungen bezieht sich also Abs. 1 von § 991 gar nicht. Rücksichtlich dieser Nutzungen bestimmt sich die Haftung des B. einfach nach dem die Haftung des Besitzers wegen der Nutzungen seit der ihm gegenüber eingetretenen Rechtshängigkeit normirenden § 987 und zwar auch dann, wenn es zu einer nominatio auctoris und in Folge derselben zur Uebernahme des Processes durch den mittelbaren Besitzer A. gekommen ist. Denn auch in diesem Falle bleibt für die Haftung des B. rücksichtlich der bezeichneten Nutzungen der Zeitpunkt der ihm gegenüber erfolgten Klagerhebung, der die nominatio auctoris erst nachgefolgt ist, maßgebend.

Wie verhält es sich aber mit der Haftung des B. rücksichtlich der Nutzungen, welche für die Zeit vor der ihm gegenüber erfolgten Rechtshängigkeit in Betracht kommen?

Da B. nach unserer Voraussetzung unredlicher Besitzer ist, so würde grundsätzlich zu sagen sein, daß er schon vom Zeitpunkt seiner Unredlichkeit nach § 990 zu haften habe.

Hier aber ist der Punkt, wo die Vorschrift des Abs. 1 von § 991 modificirend eingreift. Darnach soll die im § 990 bestimmte Haftung des unredlichen Besitzers wegen der Nutzungen, die für die Zeit vor der ihm gegenüber eingetretenen Rechtshängigkeit in Betracht kommen, dann nicht schlechthin eintreten, wenn neben dem unredlichen unmittelbaren Besitzer ein mittelbarer Besitzer vorhanden ist, sondern nur, wenn zu der Unredlichkeit des ersteren noch ein Umstand hinzutritt, welcher auch die Haftung des mittelbaren Besitzers wegen der bezeichneten Nutzungen rechtfertigt. Ein solcher Umstand ist aber nach Abs. 1 von § 991 nur gegeben:

a) wenn auch dem mittelbaren Besitzer der gute Glaube fehlt; oder
b) wenn dem mittelbaren Besitzer gegenüber die Rechtshängigkeit eingetreten ist.

Alles dies beruht auf dem Gedanken, daß die dem mittelbaren Besitzer vermöge seiner Redlichkeit zukommende Rechtsposition dadurch allein noch keine Beeinträchtigung erfahren soll, daß dem unmittelbaren Besitzer der gute Glaube fehlt. Demgemäß kommt die Redlichkeit des mittelbaren Besitzers auch dem unredlichen unmittelbaren Besitzer in Ansehung der Nutzungen der angegebenen Zeit insoweit zu statten, als die Berücksichtigung der Rechtsposition des mittelbaren Besitzers dies zu erheischen scheint.

Jede solche Rücksichtnahme entfällt selbstverständlich, wenn dem mittelbaren Besitzer zur entscheidenden Zeit gleichfalls der gute Glaube fehlt. Aber auch im Falle der Redlichkeit des mittelbaren Besitzers muß der in Folge dieser Redlichkeit eintretende Ausschluß der Haftung des unredlichen unmittelbaren Besitzers wegen der Nutzungen von dem Zeitpunkte an entfallen, seit welchem der Eigenthumsanspruch auf Herausgabe der Sache dem mittelbaren Besitzer gegenüber rechtshängig geworden ist. Denn nunmehr trifft den geklagten mittelbaren Besitzer trotz seiner Redlichkeit in Betreff der Nutzungen ja doch die Haftung nach § 987 und wegen der für die Zeit seit der dem mittelbaren Besitzer gegenüber eingetretenen Rechtshängigkeit in Betracht kommenden Nutzungen braucht daher auch der unredliche unmittelbare Besitzer nicht mehr besser gestellt zu werden, als er für sich allein vermöge seiner Redlichkeit verdient.

Nach all' dem kann aber nicht mehr zweifelhaft sein, daß Abs. 1 von § 991 einen Fall voraussetzt, in welchem der Anspruch auf Herausgabe *zuerst* gegen den redlichen *mittelbaren* Besitzer erhoben worden ist, und wo sich gerade in Folge dieses Umstandes die Haftung des unredlichen unmittelbaren Besitzers wegen der Nutzungen steigert. Die Möglichkeit der directen Verfolgung des Anspruchs auf Herausgabe der Sache gegen den mittelbaren Besitzer ist also im Gesetz ausdrücklich anerkannt.

Meine Beweisführung ist hiermit beendet. Sie ist, wie ich glaube, eine zwingende, und ich kann Ihnen daher nur empfehlen, den von mir im Vereine mit dem Herrn Correferenten gestellten Antrag anzunehmen und unserer künftigen Praxis hierdurch eine feste Richtung zu geben.

(Bravo.)

Berichterstatter Oberlandesgerichtsrath Dr. **Meisner** (Posen): Hochgeehrte Herren! Nach den eingehenden und meines Erachtens überzeugenden Ausführungen des Herrn Referenten bleibt für mich als Correferent kaum etwas hinzuzufügen übrig. Ich möchte mir nur gestatten, damit auch die gegentheilige Ansicht, zumal deren Vertreter Herr Prof. Wendt hier nicht anwesend ist, nochmals hervorgehoben wird, wiewohl ich mit dem Herrn Referenten vollständig übereinstimme, doch noch auf einige Momente hinzuweisen, auf welche Prof. Wendt seine entgegenstehende Auffassung im Wesentlichen stützt. Daß der Zweifel entstehen konnte, hängt zusammen mit dem Entwickelungsgange, den die Besitzlehre im bürgerlichen Gesetzbuche genommen hat.

Der erste Entwurf beruhte bekanntlich vollständig auf der romanistischen Lehre, wie sie namentlich durch Savigny für das gemeine Recht entwickelt und dort zu schließlich nicht ganz unbestrittener Geltung gelangt war. Es bestimmte deshalb der erste Entwurf (§ 797): „Der Besitz einer Sache wird erworben durch die Erlangung der thatsächlichen Gewalt über die Sache (Inhabung), in Verbindung mit dem Willen des Inhabers, die Sache als die seinige zu haben (Besitzwille).“ Gegen diese Auffassung richtete sich die Kritik, namentlich das Werk von Ihering über den Besitzwillen, und es beschloß hiernach die zweite Commission, den Bedenken Rechnung tragend, sie anerkennend, diese Auffassung des Besitzwillens aufzugeben und die Definition aufzustellen: „Der Besitz einer Sache wird erworben durch die Erlangung der thatsächlichen Gewalt über die Sache.“ Dadurch kam man dahin, zunächst das äußere Herrschaftsverhältniß beim Besitz ins Auge zu fassen und sonach in das Gesetzbuch die Bestimmungen über den Besitz aufzunehmen, der jetzt der unmittelbare genannt wird. Hier zeigte sich nun eine Einwirkung der gemeinrechtlichen Doctrin und Praxis. Im gemeinen Rechte ist nämlich die Ansicht herrschend, man könne die Herausgabe einer Sache — und darin liegt ja im Wesentlichen die Bedeutung der Vindication —

nur von demjenigen verlangen, der eben zu dieser Herausgabe im Stande ist, man dürfe von Niemandem etwas Unmögliches fordern, das führe zur Proceßvermehrung, welcher entgegen zu treten sei. Es knüpfte diese Auffassung an gewisse Stellen des römischen Rechts an, welches sagt, daß die Herausgabe verlangt werden könne nicht nur vom possessor, Besitzer, sowie auch vom Inhaber. Nun meinte die zweite Commission: wenn wir den Begriff Besitz ändern, ihn auch auf die Inhabung (Detention) ausdehnen, wie es geschehen ist, dann genügt es, wenn wir sagen: es ist nur gestattet die Verfolgung des dinglichen Rechts gegen den Besitzer (in dem damaligen Sinne der Commission). Die Redactionscommission, der die Formulirung der betreffenden Bestimmungen übertragen war, änderte zunächst den Paragraphen, welcher jetzt dem § 868 entspricht, indem sie sagte, nicht, wie es früher (am Schluß) hieß: . . . „so hat der Andere den mittelbaren Besitz der Sache,“ sondern: . . . „so ist auch der Andere Besitzer (mittelbarer Besitz).“ Es sollte damit zum Ausdrucke gebracht werden, daß der mittelbare und der unmittelbare Besitzer grundsätzlich gleichgestellt sein sollten, bis auf einen Punkt, der damals in einem Zusatze hervorgehoben wurde, nämlich bis auf den Punkt, daß die Passivlegitimation dem ersteren gegenüber verneint wurde. Es ist dann später wieder von der Commission dieser Satz, wie ich schon erwähnte, gestrichen worden, und es fragt sich nun: welche Bedeutung hat diese Streichung. Herr Prof. Wendt sagt, es sei daraus nichts zu folgern; die Sache sei nur im Gesetze nicht ausdrücklich entschieden. Das scheint mir durchaus unzutreffend. Es ist nämlich nicht etwa lediglich ein Antrag, welcher die Passivlegitimation des mittelbaren Besitzers ausdrücklich feststellen wollte, abgelehnt worden, sondern es ist die Sache der Redactionscommission überwiesen worden, und diese hat sich damit begnügt, einen Paragraphen (915) zu streichen, in welchem die Bezugnahme auf das Recht des Eigenthümers, die Herausgabe von dem unmittelbaren Besitzer zu fordern, und damit die analoge Anwendung dieser Bestimmung auf das Rechtsverhältniß zwischen dem Eigenthümer und dem mittelbaren Besitzer ausgelassen war. Es wurde nun der ganze Paragraph gestrichen, und dadurch fiel auch die Nothwendigkeit fort, die früher fortgelassene Bezugnahme nun zum Ausdrucke zu bringen. Es ist wiederholt schon darauf hingewiesen worden, zu welchen großen Unzuträglichkeiten es führen würde, wenn man dem Eigenthümer die Klage gegen den mittelbaren Besitzer versagen wollte. Im preußischen Rechte ist es bisher ganz unzweifelhaft gewesen, daß ihm die Klage zusteht, und das preußische Landrecht kennt ja auch einen Doppelbesitz, analog demjenigen des mittelbaren und unmittelbaren Besitzes, nämlich einen Doppelbesitz des vollständigen und des unvollständigen Besitzers. Es würde zu den größten Unzuträglichkeiten führen, wenn man sich etwa der Auffassung anschließen wollte, wie sie in dem im Wendt'schen Gutachten angeführten Urtheile des vormaligen Oberappellations-Gerichts zu Cassel zum Ausdrucke gekommen ist, nämlich der Auffassung, daß, wenn ein Grundstück verpachtet ist, die Klage des Eigenthümers gegen den Verpächter abzuweisen sei. So wurde damals erkannt, weil eben der Verpächter gar nicht in der Lage sei, dem Klagbegehren nachzukommen.

Es hat aus allen diesen Rücksichten, die der Herr Referent schon hervorgehoben hat und die in dem Gutachten des Herrn Geheimraths Gierke näher dargelegt sind — und indem ich mich besonders anschließe der Interpretation, welche Herr Prof. Strohal bezüglich des § 991 entwickelt hat — m. E. kein begründetes Bedenken, die zur Erörterung stehende Frage zu bejahen. Ich bitte Sie deshalb, m. H., dem gestellten Antrag auf Bejahung der Frage beizutreten.

(Bravo!)

Vorsitzender: Da sich Niemand weiter zum Worte gemeldet hat, können wir abstimmen über den gemeinsamen Antrag der Herren Referenten:

> Nach Bürgerlichem Gesetzbuch ist die Verfolgung dinglicher Ansprüche auf Herausgabe der Sache auch gegen den mittelbaren Besitzer zulässig.

Ich bitte diejenigen Herren, welche dagegen sind, aufzustehen. — Einstimmig angenommen.

M. H., nun handelt es sich noch um die Frage, ob der Gegenstand im Plenum lediglich zur Kenntnißnahme gebracht werden soll. Ich glaube, das letztere wird sich empfehlen.

Die Versammlung ist wohl damit einverstanden, daß die Angelegenheit dem Plenum nur zur Kenntnißnahme mitgetheilt werden soll.

Jetzt würde es sich weiter um die Frage handeln, ob wir die dritte Frage noch verhandeln können:

> Welche Stellung ist in dem zu erwartenden Versicherungsgesetze den Versicherungsgesellschaften auf Gegenseitigkeit zu gewähren?

Wünscht hierzu Jemand das Wort? — Dann würde ich fragen, ob die geehrte Versammlung wünscht, daß dieses Thema noch zur Verhandlung kommen soll.

Die Herren, die dafür sind, bitte ich, sich zu erheben.

(Geschieht.)

Das ist die große Minderheit.

Justizrath **Boyens** (Leipzig): Zur Geschäftsordnung!

Die Frage Nr. 3 ist insofern erheblich, weil das neue Versicherungsgesetz unmittelbar bevorsteht, während die Frage, die vorhin behandelt wurde, eine solche ist, die wir nach 10 Jahren noch behandeln können. Ist dies wirklich eine Frage, die augenblicklich eine praktische Bedeutung hat oder deren Lösung von vielen Seiten angestrebt wird? Ich würde doch bitten, da die Zeit doch wohl ausreichend ist, diese dritte Frage noch zu verhandeln.

Vorsitzender: Die Mehrheit der Versammlung hat sich ja dagegen entschieden, daß wir weiter verhandeln. Also würde weiter nichts mehr geschehen können.

M. H., ich kann demnach die Verhandlungen schließen und gestatte mir, bezüglich unserer Beschlüsse mit dem Spruche der Doctordiplome zu schließen: „Quod felix faustumque sit!“

Geh. Justizrath **Orgler** (Posen): Ich gestatte mir, m. H., ehe wir auseinandergehen, dem Herrn Vorsitzenden für die umsichtige Leitung der Verhandlungen den Dank der Versammlung auszusprechen und hoffe, daß Sie Alle dem zustimmen werden, indem Sie sich von den Sitzen erheben.

(Geschieht unter Bravorufen.)

Vorsitzender: Ich danke herzlichst.

(Schluß der Sitzung 2¼ Uhr.)

Erste Sitzung der zweiten Abtheilung
am Montag, 12. September.

(Beginn: Vormittags 1/2 12 Uhr.)

Justizrath Dr. **Goldschmidt** (Berlin): Im Auftrage der ständigen Deputation des Juristentages gestatte ich mir, die Verhandlungen der zweiten Abtheilung mit dem Vorschlage zu eröffnen, zur Constituirung zu schreiten, und ich gestatte mir gleichzeitig, als Vorsitzenden Herrn Justizrath Dr. Reatz-Gießen vorzuschlagen. — Wenn kein Widerspruch erfolgt, nehme ich an, daß Herr Justizrath Dr. Reatz gewählt ist und ich bitte ihn, den Vorsitz zu übernehmen.

Vorsitzender, Justizrath Dr. **Reatz** (Gießen): M. H., ich danke Ihnen für das in mich gesetzte Vertrauen. Ich will es zu rechtfertigen suchen, bitte aber um Ihre wohlwollende Unterstützung.

Es wäre zunächst zur Wahl eines Stellvertreters des Vorsitzenden zu schreiten und ich schlage Ihnen als solchen Herrn Justizrath Dr. Humser-Frankfurt a. M. vor. — Da kein Widerspruch erfolgt, erkläre ich Herrn Justizrath Dr. Humser für gewählt und frage ihn, ob er die Wahl annimmt.

Justizrath Dr. **Humser** (Frankfurt a. M.): Ich bin bereit, das Amt zu übernehmen.

Vorsitzender: Es sind dann noch zwei Schriftführer zu bestellen. Ich schlage Ihnen Herrn Rechtsanwalt Dr. Orgler-Posen und Privatdocent Dr. Schwartz-Berlin vor.

(Die Genannten nehmen die Wahl an.)

Das Bureau ist hiermit constituirt.

Wir können zur Tagesordnung übergehen.

Justizrath Dr. **Goldschmidt** (Berlin): Ich möchte mir den Vorschlag erlauben, gleich jetzt schon die Wahl der Vertrauensmänner vorzunehmen. Als Vertrauensmänner dieser Abtheilung gestatte ich mir vorzuschlagen die Herren:

Geh. Justizrath Prof. Dr. Enneccerus,
Justizrath Dr. Reatz,
Landgerichtsrath Thinius-Berlin,
Geh. Justizrath Prof. Dr. Brunner-Berlin,
Syndicus Dr. Minden-Berlin,
Geb. Oberjustizrath Dr. Lisco-Berlin,
Privatdocent Dr. Schwartz-Berlin,
Rechtsanwalt Dr. Orgler-Posen,
Rechtsanwalt Dr. Asch-Posen und
Amtsrichter Weitzenmiller-Schroda.

Vorsitzender: Wenn kein Widerspruch erfolgt, so wäre die Wahl der Herren als Vertrauensmänner vollzogen.

Ich möchte nochmals in Erinnerung bringen, daß die Herren übermorgen früh 1/29 Uhr im Plenar-Versammlungszimmer erscheinen sollen.

M. H., unsere Tagesordnung umfaßt 4 Gegenstände,

1. die Frage des Heimstättenrechts bezw. Ausdehnung des Schutzes zu Gunsten des kleinen Grundbesitzes gegen Zwangsvollstreckung,
2. die Vorschrift des § 296 der C.P.O.,
3. dann die Frage der gesetzlichen Regelung des Gewerbes der Grund- und Hypothekenmakler, und
4. die Frage der reichsgesetzlichen Regelung des Hypothekenbankwesens.

Es ist der Wunsch ausgesprochen und begründet worden, daß die letzte Frage an die zweite Stelle unserer heutigen Tagesordnung gesetzt werden möchte.

(Ruf: an die erste Stelle!)

Das kann ich leider jetzt nicht versprechen; es ist von anderer Seite sehr gewünscht worden, daß das Heimstättenrecht vorangenommen würde, damit sich die betreffenden Herren dann an den Verhandlungen der ersten Abtheilung betheiligen können. Aber ich denke, der Gegenstand wird wohl nicht so lange Zeit in Anspruch nehmen, so daß wir heute auch die andere Frage zur Discussion und Beschlußfassung stellen können.

Die erste Frage lautet so:

Empfiehlt sich die Einführung eines Heimstättenrechts, insbesondere zum Schutze des kleinen Grundbesitzes gegen Zwangsvollstreckung?

Es liegen Gutachten vor von Herrn Prof. Dr. Max Weber-Freiburg i. Br., Nr. 8 des 2. Bandes, und von Herrn Dr. Grünberg-Wien, Nr. 17 desselben Bandes.

Zum Referenten ist bestellt Herr Reg.-Rath Meyer-Bromberg. Ich ertheile ihm das Wort.

Referent Regierungsrath Alfred **Meyer** (Bromberg):

> Empfiehlt sich die Einführung eines Heimstättenrechts insbesondere zum Schutze des kleinen Grundbesitzes gegen Zwangsvollstreckung?

M. H., für die Erörterungen über das mir gestellte Thema ist in dem Aufsatze des Herrn Geh. Raths Gierke in Nr. 18/19 der Deutschen Juristenztg. ein Rahmen in Vorschlag gebracht, der derartig einwandsfrei ist, daß ich glaube, mich meinerseits an denselben halten zu sollen. Es handelt sich um zweierlei:

I. Um die Frage, ob die allgemeine Einbeziehung eines Minimums an Grund und Boden in den Kreis der unpfändbaren Gegenstände sich empfiehlt?

II. Um die Frage, ob sich zum Schutze des kleinen Grundbesitzes ein heimstättenartiges Sondergesetz empfehlen möchte?

Die zweite Frage kann und muß, um das Thema zu erschöpfen, selbst dann behandelt werden, wenn man die erste Frage verneint.

Was die erste Frage anlangt, so kommt es m. E. darauf an, zu untersuchen, ob die Belassung eines Minimums an Grund und Boden für die Fortsetzung der persönlichen Erwerbsthätigkeit des Schuldners unentbehrlich ist. Nur wenn man dies bejaht, kann man einer derartigen Erweiterung der Grenzen der Pfandbefreiung zustimmen. Von diesem, auf § 715[4] (jetzt 811[5]) C.P.O. gestützten Grundsatze geht auch Herr Geh. Rath Gierke aus, wenn er sagt:

> Der Schuldner soll im Stande bleiben, die seiner Vorbildung und Befähigung entsprechende Berufsthätigkeit fortzusetzen, seine Pflichten gegen die nächsten Angehörigen zu erfüllen, und den Platz eines nützlichen Gliedes der menschlichen Gesellschaft auszufüllen. Muß nicht ein wahrhaft sociales Schuldrecht auch das Grundeigenthum in dem hiernach gebotenen Umfange dem Zugriff der Gläubiger entziehen? Gehört der Grund und Boden nicht insoweit, als er das unentbehrliche Obdach gewährt, zu den „zur Erhaltung eines angemessenen Hausstandes unentbehrlichen Gegenständen"? Und steht er nicht insoweit, als er die Verwerthung der Arbeitskraft des Schuldners bedingt, dem Ge-

räth des Künstlers oder Handwerkers gleich? Das ist die grundsätzliche Frage, die nur mit Ja oder Nein beantwortet werden kann.

Diese Fragestellung möchte ich auch meinerseits durchaus acceptiren, ich stehe aber nicht an, die Frage mit einem runden Nein zu beantworten. Was den Landbauer anlangt, so ist derselbe, wenn er auf den Standpunkt eines so weit verschuldeten Mannes gekommen ist, daß er sich mit dem Besitzminimum zufrieden geben müßte, eben nichts weiter, als ein ländlicher Arbeiter. Ein solcher müßte er auf dem Minimum sein und als solcher müßte er noch außerdem, da man ihm ja keineswegs einen ganzen Bauerhof weiterbelassen wird, auswärts Arbeit suchen. Seine persönliche Erwerbsthätigkeit ist der Landbau und diesen kann er auch in unselbständiger Position ausüben, und er findet dazu, z. B. als Instmann, hundertfach Gelegenheit im Deutschen Reiche. Er befindet sich also in besserer Lage, als viele Andere, denen der Gerichtsvollzieher die Siegel auf die Möbel drückt, und es wäre eine ungerechte Bevorzugung, wenn man ihm, außer der vorhandenen Möglichkeit der Erwerbsthätigkeit, auch noch ein Vermögensobjekt beließe, an das seine Gläubiger nicht können, das er selbst aber jeder Zeit zu Gelde machen könnte. Er hätte dadurch ein Voraus vor allen übrigen Staatsbürgern gleicher Bildung und Lebensstellung.

Fraglich wäre es nur, ob eine Nothwendigkeit etwa vorliegt, zu Gunsten des grundbesitzenden Standes eine Ausnahme, ein Privileg zu statuiren? Ich glaube aber nicht, daß man ausreichende Gründe finden kann, um ein solches Privileg zu rechtfertigen.

Das Handwerkszeug des ländlichen Arbeiters ist die Sense, die Harke, der Spaten und die Axt. Die Functionen eines Landwirths im höheren Sinne wird m. E. ein insolventer Schuldner in selbständiger Position nicht für sich in Anspruch nehmen dürfen und zwar um so weniger, als bekanntlich der Besitz von Grund und Boden meist auch noch Ansprüche öffentlich-rechtlicher Art (Stimmrecht in der Gemeinde, Uebernahme von Ehrenämtern und Aehnliches) an den Inhaber stellt und diesen Ansprüchen nur der vollauf genügen wird, der nicht, wie es etwa der Minimumbesitzer wäre, als ein staatlich privilegirter Ortsarmer, sich darstellte. Eine socialpolitische Nothwendigkeit, für solche Elemente eine größere Seßhaftigkeit künstlich herbeizuführen, sehe ich nicht und ich glaube, daß die lebhaftesten Proteste gegen ein solches Privileg bald vom Lande selbst ertönen würden.

Aus ganz ähnlichen Erwägungen möchte ich auch für den städtischen Grundbesitz die Exemption von der Zwangsvollstreckung versagen. Eine Fabrik als solche wird man ja wohl überhaupt nicht eximiren, so lange wir ein Schuldrecht haben. Ein kleiner Betrieb wird sich aber auch in gemietheten Räumen unterbringen lassen. Wenn die Amerikaner in ihren Homestead-laws einen weitergehenden Standpunkt verfolgen, so kann dies m. E. für uns weder maßgebend noch vorbildlich sein, denn einmal läßt der Charakter jener Gesetze ziemlich deutlich erkennen, daß es sich thatsächlich dabei in erster Linie um ein vermehrtes Mitbestimmungsrecht der Ehefrau handelt, die anscheinend nach dem common law in Amerika sehr schlecht gestellt ist, in zweiter Linie aber um nichts weiter als um eine sehr weit gesteckte Minimalgrenze für das unpfändbare Vermögen. Der Schuldner kann wählen, ob er eine Anzahl Dollars oder ein Stück Land zu eigen behalten will. Faßt man aber selbst die amerikanischen Heimstättengesetze als ein Privileg für den Grundbesitzer auf, so mag ein solches für den Ackerbauer in Ländern, wo der Boden fast umsonst zu haben ist, und wo er erst durch die Hand des Bebauers zu einem Werthobject wird, vielleicht angezeigt sein, für uns scheint mir aus den angegebenen Erwägungen für ein derartiges Privileg — denn um ein solches handelt es sich für unsere Verhältnisse zweifellos — kein Raum zu sein.

Etwas anderes wäre es, wenn man etwa auch bei uns die allgemeine Minimalgrenze der Pfandobjecte wesentlich höher setzen und etwa ein Capital von 1000 bis 2000 Mk. jedem Schuldner unbedingt pfandlos lassen wollte. Will man dies, so würden die Vorschläge des Herrn Dr. Grünberg in dem von ihm dem Juristentag unterbreiteten Gutachten zur Erörterung zu stellen sein. Die Vorschläge lauten wie folgt:

1. Bei der Revision des achten Buches der Civilproceßordnung, welche gemäß der Beschlußfassung des XXII. Juristentages, insbesondere auch „den besseren Schutz derjenigen Vermögenstheile anzustreben hat, die zur Führung einer geordneten Wirthschaft und zur ausgiebigen Verwerthung der persönlichen Arbeitskraft des Haushaltungsvorstandes erforderlich sind", erscheint die Einführung eines Heimstättenrechtes nach nordamerikanischem Muster nicht empfehlenswerth.

2. Der angestrebte Zweck ist vielmehr in Weiterbildung der in unseren kontinentalen Rechtssystemen vorhandenen Keime der Executionsexemptionen dadurch zu erreichen, daß — unter gleichzeitiger Erweiterung des Kreises der unpfändbaren Mobilien und unter Einbeziehung ihres Werthanschlages — ein gewisses, dem Werthe nach fixirtes Vermögensminimum für executionsfrei erklärt und zugleich der Kreis der unpfändbaren Mobilien — als Grenze des executionsfreien Vermögensbetrages nach unten zu — erweitert wird.

3. Innerhalb der exempten Vermögenswerthgrenze soll der Schuldner auch Grund und Boden als unpfändbar reclamiren können, und zwar a) die Arbeits- und Wohnstätte mit gewissen Beschränkungen regelmäßig, b) landwirthschaftlich genutzte Realitäten dagegen nur, wenn deren Exemption nicht zur Zersplitterung eines Complexes führen würde, der bis zur Zwangsvollstreckung eine wirthschaftliche Einheit gebildet hat.

4. Dieser directe Schutz des Grundbesitzes im Wege des gemeinen Rechtes ist durch consequente Weiterbildung und Anwendung indirecter Maßregeln behufs Beschränkung der Zwangsvollstreckung zu ergänzen.

5. Ein weitergehender Schutz des Immobiliarvermögens im Allgemeinen und des kleineren und mittleren Grundbesitzes im Besonderen ist nur im Wege einer Specialgesetzgebung zu erreichen.

Ich meinerseits halte es für nicht unbedenklich, die Minimalgrenze der pfandfreien Sachen erheblich über den jetzigen Stand zu erweitern, so lange noch ein fleißiger kleiner Handwerker oder Arbeiter ein Jahrzehnt und länger braucht, um einen Betrag von 1000 Mk. zusammen zu sparen. Bei diesem Standpunkt darf ich es mir meinerseits zunächst ersparen, Stellung zu den ungemein schwierigen Fragen zu nehmen, die zu lösen sind, wenn man in der Praxis ein Besitzminimum an Grund und Boden feststellen oder ein solches gar aus einer größeren Fläche aussondern soll, ohne das Ganze zu entwerthen.

Für die Erörterung der zweiten Frage muß ich schon die Geduld der Herren etwas länger in Anspruch nehmen, denn thatsächlich schließt die Frage, ob sich ein Heimstättenrecht empfiehlt, eine ganze Reihe anderer Fragen in sich ein. Was heißt Heimstätte und was bezweckt sie?

Gerne hätte ich es Ihnen erspart, die ungemein verschiedenen, zahlreichen Gebilde näher zu charakterisiren, welche in Amerika, Australien, Indien und China, Rumänien und anderen weiter abliegenden Ländern theils mit diesem Namen bezeichnet sind, theils als Analogie für das Rechtsinstitut herangezogen werden, zu dem sich in Deutschland die Heimstätte krystallisirt hat.

Es ist indessen unerläßlich, auf die amerikanischen Heimstätten noch etwas näher einzugehen, um einen Vergleich mit der ganz anders gearteten Heimstätte zu ermöglichen, die man für Deutschland plant. Ich will bei der Darstellung der amerikanischen Heimstätte, der von dem Ministerialdirector Buchenberger im deutschen Landwirthschaftsrath s. Z. gegebenen vortrefflichen Darstellung folgen. Danach bezweckt das amerikanische Heimstättengesetz, soweit es von der Union ausgeht, in erster Linie die Besiedelung der weiten Ländereien des Westens und Schutz gegen das Landspeculantenthum. Zur Erreichung dieses Zwecks verfügt das Bundesheimstättengesetz vom 20. Mai 1886 die nahezu unentgeltliche Ueberlassung einer unbebauten Landfläche (höchstens 160 Acres = 64 ha) an den Occupanten und Exemtion dieses Besitzthums (Heimstätte) gegenüber Schuldverbindlichkeiten, welche vor Ausgabe der Besitz-Urkunde eingegangen sind, während für spätere Verbindlichkeiten die Heimstätte verhaftet bleibt. In der Gesetzgebung der Einzelstaaten, welche fast sämmtlich eigene Heimstättengesetze erlassen haben, steht die Sicherung des einmal erworbenen Besitzes im Vordergrund. Der Ansiedler soll der von ihm bebauten Scholle auch dann nicht gänzlich beraubt werden, wenn er wirthschaftliche Mißgriffe oder leichtsinnige Handlungen begeht, insbesondere soll durch die homestead laws auch die Familie des Ansiedlers im Besitz der Heimstätte geschützt werden. Das Vorbild für diese einzelstaatlichen Exemtionsgesetze, welche danach einen bestimmt bezeichneten Theil der unbeweglichen und beweglichen Habe im Grundsatz für unangreifbar durch den Gläubiger erklären, bildet ein für den Staat Texas im Jahre 1836 erlassenes Gesetz. Diese Exemtionsgesetze, welche im Einzelnen in betreff der Größe der Heimstätte und der der Zwangsvollstreckung entzogenen fahrenden Habe sehr weit von einander abweichen, weisen folgende übereinstimmende Züge auf:

1. Die Unangreifbarkeit der Heimstätte ist keine unbedingte; der derselben im Grundsatz gewährte Schutz bleibt insbesondere meist versagt: a) für Schulden, welche auf die Zeit vor der Erwerbung der Heimstätte entfallen; b) für diejenigen Schulden, welche zum Zwecke der Erwerbung der Heimstätte oder zu Meliorationskosten oder zur Anschaffung von Wirthschaftsinventar (für welches den Handwerkern ein gesetzliches Pfandrecht zusteht) aufgenommen wurden; c) für solche, auch nach Erwerb der Heimstätte eingegangene Schuldverbindlichkeiten jeder Art, für die mit Zustimmung der beiden Ehegatten die Heimstätte hypothekarisch belastet wurde (nur in Texas ist die hypothekarische Verpfändung der Heimstätte grundsätzlich ausgeschlossen); endlich d) für rückständige Steuern.
2. Des Vortheils des Heimstättenrechts ist der Besitzer nur so lange theilhaftig, als er die Heimstätte thatsächlich bewohnt.
3. Zu einem Verkaufe der Heimstätte im Ganzen oder einzelner Theile derselben durch den Ehemann ist die Zustimmung der Ehefrau erforderlich.
4. Nach dem Tode des einen Ehegatten geht die Heimstätte auf den überlebenden Elterntheil über und wenn beide nicht mehr

vorhanden sind, bleibt sie zu Gunsten der Kinder bis zur Großjährigkeit des jüngsten derselben bestehen.

Wenn der Umfang der Farm über das Maß der Heimstätte hinausgeht, so bedarf es regelmäßig einer realen Abgrenzung der eigentlichen Heimstätte durch den Schuldner, bezw. durch gerichtliche Sachverständige, und dann unterliegt der Ueberschuß der Zwangsvollstreckung. Ist solche Realtheilung ohne wesentlichen Schaden nicht thunlich, so wird das Ganze, also auch die Heimstätte, versteigert und es verwandelt sich in diesem Falle der Anspruch des Schuldners auf einen unantastbaren Grundbesitz in einen solchen auf eine entsprechende Geldsumme.*)

Das Heimstättenrecht greift in einigen Staaten ohne weiteres Platz, in anderen bedarf es dazu einer ausdrücklichen Erklärung oder einer Eintragung in ein Heimstättenregister. Diese Erklärung kann rechtsgiltig auch von der Ehefrau allein abgegeben werden. Die Heimstätte kann städtischen und auch ländlichen Besitz umfassen, der erstere ist überall wesentlich kleiner bemessen, als der ländliche.**)

Als seit Ende der 70er Jahre die steigende Verschuldung des ländlichen Grundbesitzes die Aufmerksamkeit weiter Kreise auf die landwirthschaftliche Nothlage lenkte, wurde man auf jene amerikanischen Einrichtungen auch in Europa aufmerksam. Man glaubte, die Ursachen der Nothlage in einer zu weit gehenden Uebertragung römisch-rechtlicher Rechtsanschauungen zu finden, insbesondere in den bestehenden Erbgesetzen, durch welche der Uebernehmer des Grundstücks mit zu hohen Erbabfindungen für die Geschwister belastet werde, und in der Freitheilbarkeit des Grundbesitzes, der zur allmählichen Verarmung führe. Auch der in einigen Gegenden Deutschlands herrschende Landwucher wird wiederholt bei Erörterung der Ursachen des Nothstandes erwähnt. Auch auf die Abwanderung von dem platten Lande nach den großen Städten und Industriecentren wurde vielfach hingewiesen. Die Schwierigkeit des Erwerbs von Grundbesitz für den kleinen Mann einerseits und die Annahme, daß das z. Z. geltende Recht nicht hinreiche, um den bereits erworbenen Besitz für den Erwerber und dessen Familie zu sichern, ließen auf Mittel zur Abhilfe denken und diese suchte man in einer Heimstättengesetzgebung, nachdem jene skizzirten amerikanischen Einrichtungen durch Rudolph Meyer und Andere auch in Europa näher bekannt geworden waren.

---

*) Sering, Heimstättenrecht, im Handwörterbuch der Staatswissenschaften.

**) Buchenberger a. a. O.

Stark betont wurde hierbei vielfach das ethische Moment. Dem Heimstättenrecht, sagt Otto Gierke „liegt der in unserem Rechtsbewußtsein durch alle Vorherrschaft des römischen Rechts nicht ausgetilgte nationale Gedanke zu Grunde, daß die Heimstätte mit ihrem Zubehör nicht blos ein Vermögensstück oder gar eine Waare, sondern eine „Heimath", die Basis eines Familienlebens und seiner wirthschaftlichen und ethischen Bethätigung ist. Indem das Heimstättenrecht eine solche Hofstätte der Verschlingung durch das beutelustige bewegliche Capital, der Zertrümmerung durch die Wechselfälle des Verkehrs und des Erbgangs sowie der Aufsaugung durch den Großgrundbesitz entzieht, sorgt es für die Verwirklichung des bewußt oder unbewußt in unserer Landbevölkerung bis heute lebenden Rechtsideals".

Als Resultat der Heimstättenbestrebungen, welche sich nicht auf Deutschland beschränkt, sondern in ganz Mitteleuropa sich geltend gemacht und besonders auch in Oesterreich die öffentliche Meinung vielfach beschäftigt haben, kam eine Anzahl formulirter Gesetzesvorschläge zu Stande, auf die ich der beschränkten Zeit wegen nicht eingehen kann.

Ich glaube berechtigt zu sein, mich für die heutige Erörterung in der Hauptsache an den bekannten Entwurf eines Reichsheimstättengesetzes zu halten und diesen Entwurf in der Fassung, in welcher er aus der Commission gelangt ist und in welcher er Gegenstand der Berathung des Reichstages war, meinen heutigen Betrachtungen zu Grunde zu legen. Ich halte mich hierzu für umsomehr befugt, als der Entwurf in den Essentialien ziemlich genau mit dem freilich erheblich besser durchgearbeiteten österreichischen Entwurfe des Ministerialraths von Peyrer übereinstimmt, welcher für die europäische Heimstätte gewissermaßen als Vorbild dient. Die Erfordernisse, die der Reichsgesetzentwurf aufstellt, wird man daher als Grundzüge für den Begriff der Heimstätte festhalten dürfen. Dieser, bekanntlich von dem Kammerherrn von Riepenhausen ausgearbeitete Entwurf setzt zunächst im § 1 fest,

> daß jeder Angehörige des Deutschen Reiches nach vollendetem 24. Lebensjahre das Recht zur Errichtung einer Heimstätte haben soll,

und stellt dann für diese Heimstätte folgende Erfordernisse auf:

Die Heimstätte soll ein mit Wohn- und Wirthschaftsgebäuden versehenes Grundstück sein, das wenigstens einer Familie Wohnung gewähren und die Erzeugung landwirthschaftlicher Producte ermöglichen muß und dessen Maximalgröße die eines Bauernhofes nicht übersteigen darf. Dieses Grundstück soll nur bis zur Hälfte und nur mit amortisablen Renten oder mit Annuitäten verschuldet werden dürfen. Höher verschuldeter Besitz kann landesgesetzlich zur Eintragung in das Heimstättenbuch zugelassen werden, wenn eine starke Amortisation garantirt wird. Eine weitere Verschuldung ist nur mit Genehmigung einer Heimstättenbehörde statthaft. Bei Mißernten, zu Meliorationszwecken und zur Abfindung von Miterben soll die Genehmigung nicht versagt werden dürfen. Die Heimstätte kann mit der Zwangsvollstreckung nur angegriffen werden wegen Forderungen, die aus der Zeit vor der Errichtung stammen und zwar nur 3 Jahre lang, sodann wegen Forderungen aus Lieferungen und Leistungen, die zur Einrichtung und zum Ausbau der Heimstätte verbraucht sind, wegen rückständiger Renten oder Annuitäten, wegen gesetzlicher Verpflichtungen und wegen Verpflichtungen aus unerlaubten Handlungen. Die Zwangsversteigerung ist aber nur wegen der erstgenannten Forderungen möglich, wegen aller anderen genannten Forderungen greift nur die Zwangsverwaltung Platz. Die Heimstätte ist untheilbar und vererbt nach Anerbenrecht, vorbehaltlich des Nießbrauchsrechts des überlebenden Ehegatten. Mit Genehmigung des Ehegatten kann sie veräußert werden. Auf begründeten Antrag ist mit Genehmigung des Ehegatten und der bevorrechteten Gläubiger die Löschung im Heimstättenbuch und damit die Aufhebung der Heimstätteneigenschaft zulässig. Alle Einzelheiten — Größenbestimmung, Gebührenfreiheit für die Errichtung, Steuerfreiheit für kleinste Heimstätten, Heimstättenbehörde, Heimstätten-Rentenbanken, Regelung des Nießbrauchsrechtes des überlebenden Ehegatten und Ordnung des Erbrechtes — sollen der Landesgesetzgebung überlassen bleiben. Das Gesetz hat den deutschen Landwirthschaftsrath beschäftigt und ist von ihm ziemlich einstimmig abgelehnt; da indessen der Deutsche Reichstag den § 1, welcher das Princip der Heimstätte enthält, mit großer Majorität angenommen und dann unter Verzicht auf die Weiterberathung den Entwurf den verbündeten Regierungen als Muster für die Ausarbeitung eines ähnlichen Gesetzes empfohlen hat, so wird man — glaube ich — nicht umhin können, zu ihm Stellung zu nehmen, zumal er für die Sessionen 1894/95, 1895/96, 1896/97 und 1897/98 immer wieder unter Unterstützung zahlreicher Abgeordneter eingebracht worden ist. Wird der Entwurf Gesetz, so würde er sowohl den Grundbuchrichter, als auch den Nachlaß- und Vormundschaftsrichter jedenfalls in der Praxis mehrfach beschäftigen.

Es wird, um das mir gestellte Thema zu erledigen, unerläßlich sein, die folgenden wesentlichen Eigenschaften der Heimstätte hier einer kurzen Betrachtung zu unterziehen:

1. die Verschuldungsbeschränkung, die Beschränkung der Zwangsvollstreckung und die Verweisung der Gläubiger auf die Zwangsverwaltung;

2. das Anerbenrecht und die Geschlossenheit des Grundstücks;
3. das Mitbestimmungsrecht und den Nießbrauch des Ehegatten;
4. den Grundsatz der amortisabeln Rentenschuld.

Alle diese Eigenschaften kommen in Betracht im Hinblick darauf, daß sie einem kleinen bis mittleren Grundstücke anhaften. Bevor ich zu diesen einzelnen Eigenschaften übergehe, möchte ich den deutschen Charakter des Gesetzes — welcher mehrfach betont worden ist — mit einigen Worten streifen. Ist das Gesetz in der That deutsch? Entspricht es dem deutschen Empfinden? Mögen dem Verfasser des Gesetzentwurfs auch die idealsten Ziele vorgeschwebt haben, die Grundtendenz des Gesetzes ist schließlich doch die, einen bäuerlichen Besitzer auch dann in einem verhältnißmäßigen Wohlstande weiterleben zu lassen, wenn er verschuldet ist; das Gesetz soll ihm ermöglichen, Gläubigern die Thür zu verbieten, obwohl ihm selbst ein nicht unerhebliches Vermögensobjekt dauernd zu Gebote steht. Wie weit würden wir durch das Hineintragen derartiger Grundsätze in das deutsche Volk abweichen von dem, was unsere Vorfahren für recht und billig hielten. Wenn Tacitus, indem er die Spielwuth der alten Deutschen schildert, uns erzählt, daß sie ihre Freiheit und ihre Person an den allerletzten Wurf wagen, wenn er sagt:

> der Besiegte giebt sich freiwillig in die Knechtschaft; wenn auch rüstiger in Jahren, wenn auch stärker, läßt er sich fesseln und verkaufen; so starrköpfig sind sie in dieser verwerflichen Sache; sie selbst nennen's Worthalten,

müssen wir dann nicht Bedenken hegen, Grundsätze in das Land zu tragen, die soweit abweichen von dem, was der Römer mit widerwilliger Bewunderung an uns rühmt, das Hochhalten der Vertragstreue um jeden Preis?! Zwar erwähnt derselbe Tacitus auch, daß Wucher damals in Deutschland unbekannt war. Indessen würde ich lieber ein Gesetz befürworten, das für den Wucherer die schwersten Strafen bereit hat, als ein Gesetz, welches jene Grundsätze im deutschen Volke zu erschüttern geeignet wäre. Es ist schon schlimm genug, daß in Börsenkreisen Leute, die zweimal mit ihren Gläubigern accordirt haben, auf Gummirädern fahren und Diners geben, die sogar besucht werden. Zur Zeit herrschen glücklicherweise auf dem Lande noch andere Grundsätze.

Von dem Fideicommiß, dem sie sonst ähnlich ist, unterscheidet die Heimstätte sich in drei wesentlichen Punkten: sie ist veräußerlich, die Zwangsverwaltung ist ihr gegenüber, wie unten noch näher dargethan werden soll, eine fast immer zwecklose Maßregel und der Grundsatz des noblesse oblige, welcher den Trägern der meisten Fideicommisse und der Agnatenschaft innewohnt, wird dem kleinsten Heimstätter meist abgehen, ja durch die Heimstätte wird dieser Grundsatz, wo er obwaltet, direct untergraben.

Ob nun in der That das Gesetz die gehofften wohlthätigen Wirkungen äußern wird, ob es den kleinen Grundbesitz vor Zwangsvollstreckung schützen kann und wird, ob es nothwendig und ob es empfehlenswerth ist, das soll bei Besprechung der Einzeleigenschaften der Heimstätte nun noch näher erläutert werden:

1. **Die Schuldbeschränkung, die Beschränkung der Zwangsvollstreckung und die Verweisung der Gläubiger auf den Weg der Zwangsverwaltung.**

Das Heimstättenrecht stellt sich als ein Ausnahmegesetz für den mittleren, kleinen und kleinsten Grundbesitz dar. Will man daher die Forderung der Schuldbeschränkung nicht etwa verallgemeinern*), so wird man ihr im Rahmen der Erörterung des Heimstättenrechts nur dann eine Berechtigung zugestehen dürfen, wenn sich herausstellte, daß der mittlere, kleine und kleinste Grundbesitzer der Freiheit, die er in unserem Jahrhundert erlangt hat, sich nicht gewachsen gezeigt, daß die Noth, unter welcher die Landwirthschaft darnieder liegt, ihn in erster Linie ergriffen, daß er derselben den geringsten Widerstand entgegengestellt hat, mit einem Worte, daß er höher verschuldet ist, als sein mächtigerer Genosse, als der Großgrundbesitz. Bis zum Beginn unseres Jahrhunderts war die Aufnahme von Schulden auf den Grund und Boden an sich schwerer als heute. Wenn schon bei dem Fehlen geeigneter Creditinstitute und der vorherrschenden Naturalwirthschaft der Großgrundbesitz bei Creditbedarf oft in Verlegenheit um eine geeignete Geldquelle gewesen sein wird — ein Umstand, der ja Anlaß zur Selbsthilfe durch Schaffung der Landschaften gab —, so war den Bauern, wenigstens soweit sie Gutsunterthanen waren — und das war die überwiegende Mehrzahl — die Verschuldung ihres Grundstücks überhaupt unmöglich, weil eben nicht sie, sondern die Gutsherrn das Eigenthum des Grundstückes thatsächlich inne hatten. Man hat nun, als man an die Befreiung der Bauern ging, anfänglich Bedenken getragen, dem Bauer mit dem Eigenthum auch die Freiheit zur Verschuldung seines Gutes einzuräumen, wenngleich aus einem wesentlich anderen, ja entgegengesetzten Grunde, als ihn die Heimstättenbestrebungen heute in den Vordergrund stellen. Man glaubte nämlich in einer zu hohen Verschuldung ein Hinderniß der Parcellirung der

*) Die Frage einer verallgemeinerten Schuldbeschränkung beschäftigt den Landwirthschaftsrath bis in die neueste Zeit. Vgl. die Verhandlungen der 25. Plenarversammlung des Deutschen Landwirthschaftsraths 1897.

Bauernhöfe zu finden, welcher man damals durchaus nicht widerstrebte. Die Parcellirungsfreiheit war durch das Edict vom 9. October 1802 — § 4 daselbst — bereits grundsätzlich gewährleistet und sie war vielleicht auch nothwendig, wenn man bedenkt, daß bald danach vielen kleineren bäuerlichen Höfen durch die zum Regulirungsedict ergangene Declaration vom 29. Mai 1816 die Regulirungsfähigkeit abgesprochen wurde.

Diese Stellen zogen die Güter vielfach ein und die gelegten Bauern suchten nun Ersatz im Landeserwerb aus parcellirten Freibauerhöfen. Die damals, besonders in Pommern geübte, rücksichtslose Einziehung der lassitischen Höfe durch die Gutsherren*) ist vielleicht mit ein Grund für die heute obwaltende ungünstige Grundbesitzvertheilung und die dauernde Arbeitercalamität gewesen. — Die Schuldbeschränkung im Regulirungsedict vom 14. September 1811 lautete wie folgt:

§ 29. Damit auch die Vereinzelung nicht durch hypothekarische Schulden erschwert werde, setzen wir hiermit fest:

a) daß die Bauerngüter über ein Viertel ihres Werths mit dergleichen Schulden niemals belastet werden sollen,

b) daß bei einer nicht höheren Verschuldung die Parcellirung bis auf ein Viertel der jetzt vorhandenen oder nach der Auseinandersetzung mit dem Gutsherrn beim Hof verbleibenden Grundstücke geschehen darf, wenn bei Licitationen der vierte Teil, bei Verkäufen aus freier Hand aber die Hälfte des Kaufgeldes an die erste Hypothek abgezahlt wird,

c) daß zur Vermeidung weitläufiger Untersuchungen und Abschätzungen die Taxe der Höfe districtsweise erneuert, solche aber bloß zur Ausmittelung und Festsetzung des zu a bemerkten Werthsviertels benutzt werden soll.

Die Bedürfnisse des praktischen Lebens bedingten bald eine Einschränkung dieser Bestimmung und so gestattete bereits die Cabinetsordre vom 23. Februar 1823 einen Dispens von der Verschuldungsbegrenzung für Grundstücke mit gewerblichen Anlagen und solche, die in der Nähe größerer Städte lagen, und die Cabinetsordre vom 29. December 1843 hob seine Beschränkung ganz auf. Immerhin ist die Verschuldungsbeschränkung, zu der die Befürworter des Heimstättenrechts jetzt wieder zurückstreben, in Preußen 32 Jahre lang geltendes Recht gewesen. Seit 1843, also 55 Jahre lang, lebt der Bauer unter dem gleichen Gesetze wie der Großgrundbesitzer, der Aufschwung der Landwirthschaft wie auch deren Krisen traten in gleicher Weise an ihn wie an den Gutsherrn

*) Knapp, Bauernbefreiung Bd. I S. 274 ff.

heran. Wie sieht es mit der Widerstandsfähigkeit beider, wie mit ihrer Verschuldung aus? Auf diese Frage giebt die schon Eingangs erwähnte Statistik aus dem Jahre 1898 einige Auskunft. Dieselbe theilt den gesammten ländlichen Grundbesitz in 5 Gruppen ein, von denen die Gruppe I die Fideicommiß- und Stiftungsgüter, die Gruppe II die Besitzungen mit 500 Thalern Grundsteuer-Reinertrag und mehr (großer Allodialbesitz), die Gruppe III die Besitzungen mit 100 bis 500 Thalern Reinertrag (mittlerer Großgrundbesitz und großbäuerlicher Besitz), die Gruppe IV die Besitzungen mit 30 bis 100 Thalern Reinertrag (bäuerlicher und kleinbäuerlicher Besitz), die Gruppe V endlich die kleineren Besitzungen (Parcellenbesitz) umfaßt. Die Statistik sieht die mit nicht mehr als dem 20fachen Reinertrage verschuldeten Besitzungen als gering, die bis zum 40fachen Reinertrage verschuldeten Besitzungen als beträchtlich, die darüber hinaus verschuldeten als sehr hoch verschuldet an und weist auch die gänzlich schuldenfreien Besitzungen nach. Dies Verschuldungsverhältniß der einzelnen Gruppen ist in der nachstehenden Tabelle:

1	2	3	4	5	6	7	8
	Zahl der Besitzungen	Schuldenfrei	Gering verschuldet (nicht mehr als 20-facher Reinertrag)	Beträchtlich verschuldet (20—40-facher Reinertrag)	Sehr hoch verschuldet (mehr als 40facher Reinertrag	Summe der erheblich verschuldeten Besitzungen (Spalte 5 u. 6)	Im Verhältniß zur Gesammtzahl sind erheblich verschuldet %
Im ganzen Erhebungsgebiet	126 808	58 479	12 702	13 928	41 699	55 627	rund 44
Gruppe I	361	173	145	27	16	43	„ 12
„ II	2 289	379	569	742	599	1 341	„ 59
„ III	10 058	3 055	2 701	2 625	1 676	4 301	„ 43
„ IV	17 847	5 962	3 916	3 825	4 144	7 969	„ 44
„ V	96 253	48 909	5 371	6 709	35 264	41 973	„ 43

dargestellt und diese ergiebt zwar ein wenig erfreuliches Resultat hinsichtlich der Verschuldung überhaupt, zeigt aber zur Evidenz, daß der mittlere und kleine Grundbesitz nicht höher, sondern ganz erheblich geringer verschuldet ist, als der große Besitz. Der Fideicommißbesitz kann für die Vergleichung ausscheiden, für den großen Allodialbesitz aber wird eine erheblichere Verschuldung bei 59 pCt. der zur Vergleichung herangezogenen Fläche festgestellt, während der Procentsatz für den kleineren und mittleren Besitz nur 43 bis 44 pCt. der Fläche beträgt. Von dem kleinsten Besitz ist mehr als die Hälfte gänzlich schuldenfrei. Thatsächlich stellt sich aber das Resultat für den bäuerlichen und Kleinbesitz noch wesentlich günstiger, als die Tabelle dies erkennen läßt, denn für die kleineren Grundstücke ist der Grundsteuer-Reinertrag ein noch weniger zutreffender Maßstab als bei dem Großbesitz, da der Werth der Hoflage bei dem kleineren Besitz sehr wesentlich mitspricht und dieser bei der Statistik nicht zum Ausdruck kommt. Uebrigens muß zu der Statistik bemerkt werden, daß in den meisten Gegenden des Ostens — die Niederungen vielleicht ausgenommen — eine Verschuldung zum 40fachen des Grundsteuer-Reinertrages noch keineswegs hoch zu nennen ist, zumal sich auch seit Anfang der 60er Jahre, wo die Veranlagung zur Grundsteuer stattfand, die Cultur gerade im Osten durch Urbarmachung von Waldland (Waldverkäufe, Weideabfindungen) durch intensiven Rübenbau, durch bessere Verkehrsstraßen u. dgl. doch verhältnißmäßig sehr bedeutend gehoben hat. Daß der Bauer und besonders der Kleinbauer, der wenig oder gar keim fremdes Gesinde braucht, sich, besonders bei fleißiger Haus- und Gartenwirthschaft, Schweine- und Geflügelzucht, besser durch die schlechten Zeiten hindurch schlägt, als der Großgrundbesitzer, ist außer jedem Zweifel, und diese Erfahrung habe ich auch bei denjenigen Rentengutscolonien Westpreußens — rund 700 Stellen — gemacht, bei deren Begründung ich selbst mitgewirkt habe. Die Rentenbauern kommen dort fast ausnahmslos gut vorwärts, obwohl sie ja ganz erheblich belastet sind, da $^3/_4$ des Bodenwerths und die Hälfte des Gebäudewerths mit Renten belegt sind und oft auch noch Hypotheken oder Privatrenten den Staatsrenten nachstehen.

Ich möchte hierbei auf das — mir leider erst in letzter Stunde zugänglich gewordene Gutachten des Herrn Professor Dr. Weber verweisen, der zu ganz ähnlichen Resultaten gelangt, wie ich selber.

Eine Nothwendigkeit, gerade den kleinen Besitzer unter ein, seine Handlungsfähigkeit beschränkendes Ausnahmegesetz zu stellen, scheint mir danach nicht vorzuliegen. Andererseits aber kann nicht verkannt werden, daß eine solche Beschränkung, besonders wenn sie eine dauernde sein soll, schwere Bedenken gegen sich hat. Die Erfahrungen, die man in anderen Ländern mit der Verschuldungsbeschränkung gemacht hat, ermuthigen nicht zur Nachahmung, wenn man erfährt, daß die amerikanischen Heimstättengesetze weder einen häufigen Besitzwechsel der Farm, noch auch wucherische Ausbeutung verhindert haben, und daß z. B. in Texas — wo die hypothekarische Belastung beschränkt ist — es gewöhnliche Praxis ist, daß der Farmer sich mit dem Krämer arrangirt wegen eines Vorschusses von 2 bis 5 Dollars, im Allgemeinen 3 Dollars per Acre cultivirten Landes gegen Verpfändung der wachsenden Ernte, daß dort der jährliche Zinsfuß 12 pCt. beträgt, aber der thatsächliche Unterschied zwischen dem baaren und dem kreditirten Preise 25 bis 50 pCt. ausmacht*). In Rumänien, wo das Agrargesetz vom 26. August 1864 die Hypothekarverschuldung der Bauerstellen für 30 Jahre ausschließt, besteht eine überaus starke Verschuldung bei einem regelmäßigen Zinsfuße von 10 pCt.**). Das ist doch eine viel schlimmere Auslieferung der ackerbautreibenden Bevölkerung an das Capital als sie bei uns besteht, und wenn auch bei den abweichenden, bei uns herrschenden Verhältnissen, auf welche die Freunde der Heimstättenidee verweisen***), derartige Zustände hier wohl kaum eintreten dürften, so ist es doch ganz zweifellos, daß mit der Einschränkung des Realcredits auch eine Verminderung und Erschwerung des Personalcredits Hand in Hand gehen würde. Zwar haben wir in unseren ländlichen Darlehnscassen, insbesondere den Raiffeisen'schen Cassen, ganz vorzügliche Institute für den Personalcredit, die der Leistungsfähigkeit des Einzelnen bis an die Grenze des Möglichen gerecht werden, es kann aber gar nicht anders sein, als daß der Credit da aufhört oder theuer wird, wo die Sicherung in einem eventuellen Pfandobject nicht mehr gegeben werden kann, der nur halb verschuldete Heimstätter dürfte kaum den Personalcredit genießen wie ein tüchtiger Bauer, dessen Hof aber bis an die Grenze des Möglichen mit Hypotheken belastet ist.

In einem eigenthümlichen Gegensatz zu diesen, den Bauern zugedachten Schuldverschränkungen stehen die wiederholt aus den Kreisen des Großgrundbesitzes hörbaren Klagen, daß die Beleihungsgrenzen der Landschaften nicht hoch genug gezogen seien und daß die Beleihungsgrundsätze zu bureaukratisch gehandhabt würden.

Daß die praktische Durchführung einer Verschuldungsbeschränkung nach dem Reichsgesetzentwurf erheblichen Schwierigkeiten begegnen würde, weil wir hier nicht, wie in Amerika, mit Neuland zu rechnen haben, liegt auf der Hand, ich will indessen bemerken, daß ich diese Schwierigkeit, wenn der Staat seine Vermittelung eintreten läßt, nicht für unüberwindlich halten würde. Ich komme hierauf noch später zurück.

Im engen Zusammenhange mit der Forderung der Schuldbeschränkung steht die Forderung, die Zwangsvollstreckung einzuschränken und die Zwangsversteigerung durch die Zwangsverwaltung ganz oder theilweise zu ersetzen. Eine derartige Bestimmung könnte zu ganz unmöglichen Zuständen führen. In der Regel wird bei kleineren Heim-

*) Nach dem Jahresbericht des Ackerbauamts der Union für 1886 S. 426 bei Sering, Heimstättenrecht im Handwörterbuch der Staatswissenschaften Bd. IV.

**) v. Grabmayr, Schuldnoth- und Agrarreform S. 161.

***) Ausführungen des Kammerherrn von Riepenhausen im Deutschen Landwirthschaftsrath, Archiv Bd. XV S. 341.

stätten die Verzinsung der bevorrechteten Forderungen eine so geringe sein, daß der Heimstätter sie stets aufbringt, auch wenn er ein noch so schlechter Wirth ist. Einige Tage Stuben- und Forstarbeit, die er sich noch abringt, der Verkauf eines Inventarstücks u. dgl. ermöglichen es ihm, diese Zinsen noch lange Zeit hindurch zu zahlen, wenn thatsächlich das Grundstück längst nicht mehr prästationsfähig ist. Wenn dann endlich der Moment eintritt, wo mit der Zwangsverwaltung vorgegangen werden kann, bedarf es, um das Grundstück in wirthschaftlichen Zustand zu bringen, so hoher Aufwendungen, daß dieselben bei einer so kleinen Stelle niemals wieder würden herausgewirthschaftet werden können, der Abgaben und der Gebühren des Verwalters gar nicht zu gedenken. Die Erfahrungen, die — glücklicherweise nur in vereinzelten Fällen — bei Rentengütern mit der Zwangsverwaltung gemacht sind, können vor weiteren Experimenten damit nur dringend warnen lassen. Dabei soll auch der liederlichste Heimstätter noch weiter auf der Scholle wohnen bleiben; es wäre dies ein reiner Hohn für die Gläubiger, ein Hohn und Hinderniß für den Verwalter und für die ganze Nachbarschaft. Der Heimstätter soll auf seiner Scholle geschützt werden, wer aber, so darf man billig fragen, schützt seine Nachbarn, die Gemeinde und die ganze Gegend vor ihm selbst, wenn er ein verkommenes Subject ist?! Solche Leute müssen heraus aus der Gemeinschaft ihrer fleißigen Standesgenossen, deren sie nicht würdig sind und auf die sie nur verderblich einwirken können. Sie müssen herunter von dem Lande, das sie verderben.

Ein französischer Schriftsteller, Ad. Coste, nennt die Heimstätten: petites citadelles de la routine et de la misère. Ja, das können sie leicht werden: kleine Burgen des Schlendrians und des Elends.

Die Schwierigkeiten, welche es bietet, an einen Grundbesitzer, der auf dem Grundstücke langsam abwirthschaftet, aber seinen Zinsverpflichtungen zunächst noch nachkommt, mit der Zwangsverwaltung heranzutreten, sollen hier nur andeutungsweise erwähnt werden. Es käme hier etwa für Preußen der § 50 d. E. E. G. v. 5. Mai 72 in Frage, welcher in solchem Falle dem Gläubiger das Recht giebt, Sicherungsmaßregeln zu beantragen, wenn der Schuldner das Grundstück verschlechtert. In der Praxis versagt dieser Paragraph nur zu oft, weil sich stets Gutachter finden, die eine Gefahr als nicht vorhanden erklären.

2. Das Anerbenrecht und der Grundsatz des geschlossenen Guts.

Wenn man die Verschuldung des bäuerlichen Grundbesitzes auf die Ueberlastung des Hofes mit Erbabfindungen für die Geschwister des

Hoferben in erster Linie zurückführen zu sollen glaubt, so kann dem nur theilweise zugestimmt werden, denn vielfach trägt gerade der Erbgang auch zur Entschuldung des Grundstücks bei, insofern die Mitgift der Ehefrau des Hoferben zur Abstoßung der Erbgelder verwandt wird. In den meisten Gegenden des Ostens ist dies die absolute Regel. Auch ist die Theilung des Grundstücks zum Zweck der Erbauseinandersetzung in den Gebieten, wo das bestehende Gesetz die Freitheilbarkeit an sich begünstigte, durchaus nicht überall Brauch, vielmehr haben sich auch hier die bäuerlichen Höfe vielfach ganz geschlossen erhalten. Nach Sering*) sind von 1816 bis 1860 im Osten Deutschlands 17 530 Bauerhöfe durch Parcellirung zertrümmert worden, davon aber nur 668 = 3,8 pCt. im Erbgange, während der Rest auf das Conto der Güterschlächterei und sonstiger, zum Zwecke des Gewinns vorgenommener Parcellirungen zu setzen ist. An sich wäre nun gegen die Vermehrung des Kleingrundbesitzes, im Osten wenigstens, durchaus nichts einzuwenden, denn abgesehen von einzelnen Districten Schlesiens, Posens und kleiner Theile von Westpreußen kann man nicht behaupten, daß der Osten Deutschlands eine zu große Zersplitterung des Landes aufweist, im Gegentheil fehlt es vielfach an kleineren Besitzern. Zu bedauern ist nur, daß der Bedarf an Land eben vielfach aus dem Areal der größeren Bauerhöfe befriedigt worden ist, deren Erhaltung und Vermehrung als des gesundesten Kerns des bäuerlichen Besitzes in erster Linie wünschenswerth ist. Daß in Folge der Rentengütergesetze jenem Landhunger andere Wege zu seiner Befriedigung eröffnet worden sind, indem durch den Rentenbank-Credit die Auftheilung bedeutenderer Flächen des größeren Grundbesitzes ermöglicht wurde, kann im Interesse einer zweckmäßigen Vertheilung der bebauten Landfläche des Staats nur mit Freude begrüßt werden. Die Erhaltung der mittleren und größeren Bauerhöfe in wirthschaftlichem Zustande ist, wie für das ganze Reich, so für den Osten, eine absolute Nothwendigkeit und jedenfalls anzustreben. Nun ist es zweifellos, daß dieses Streben unter der Geltung des Anerbenrechts, welches im Allgemeinen die Geschlossenheit der Höfe garantirt und das Interesse eines Erben schon vor Eintritt des Erbfalles in besonderer Weise für die Erhaltung des Hofes in Anspruch nimmt, seine Verwirklichung immerhin eher findet, als unter anderen Erbgesetzen. Wenn daher eine weitere Einführung des Anerbenrechts für den großbäuerlichen und mittleren Besitz erreichbar sein sollte, so kann man sich hiermit nur einverstanden erklären. Indessen wird hierbei nur facultativ vorge-

*) Die innere Kolonisation S. 49.

gangen werden dürfen, wie dieses ja auch bisher durch die Höfe- und Landgüterrollen für Westphalen, Lauenburg, Hannover, Schleswig-Holstein, Schlesien und Brandenburg geschehen ist. Das Anerbenrecht, welches ja niemals allgemein übliches deutsches Recht war, ist dem ganzen Osten völlig fremd, und eine zwangsweise Einführung desselben, wie sie jetzt in Westphalen durch das Gesetz vom 2. Juli 1898 erfolgt ist, würde im Osten als schweres Unrecht in weiten Kreisen empfunden werden, gerade auf dem Gebiete des Erbrechts muß man den Volksbrauch achten. Daß das Bürgerliche Gesetzbuch für das Deutsche Reich ein allgemeines Anerbenrecht nicht gegeben hat, vielmehr im Einführungsgesetze — Art. 64 — auf die landesgesetzlichen Vorschriften, die aufrecht erhalten bleiben, verwiesen wird, entspricht sicher lediglich dem Rechtsgefühl der überwiegenden Mehrheit der landwirthschaftlichen Bevölkerung des Reichs.

Von dieser Rücksicht auf das Rechtsbewußtsein abgesehen, kann aber, wie gesagt, eine erweiterte Ausdehnung des Anerbenrechts wohl segensreich für die Erhaltung eines kräftigen Bauernstandes sein. Indessen gilt auch dies nicht ohne Einschränkung. Das Anerbenrecht auch auf kleinere und kleinste Grundstücksbildungen zu übertragen — und diese haben die Heimstättenbestrebungen ja in erster Linie im Auge — erscheint direkt bedenklich. Mit vollem Recht ist m. E. in den meisten Landgüter-Ordnungen für die Eintragung in die Landgüterrolle eine Minimalgrenze gezogen, welche die Eintragung auf Grundstücke mit einem nicht zu kleinen Reinertrage beschränkt. Bei ganz kleinen Grundstücken würden die Erbabfindungen der Geschwister so geringe werden, daß ein Hineindrängen der Letzteren in das Proletariat die natürliche Folge wäre. Ueberdies ist thatsächlich auch ein so kleines Grundstück gar nicht geeignet, einen Stützpunkt und Zufluchtsort für die übrigen Familienmitglieder zu gewähren. Während die letzteren dem größeren Hofe, wenn sie sich darauf vorübergehend aufzuhalten genöthigt sind, durch Mitarbeit nützen und auf ihm ihren Unterhalt verdienen können, würden sie auf einer kleinen Stelle bald den Inhaber vollständig ruiniren. — Die Gründung ganzer Kolonien von kleinen ländlichen Heimstätten zur Seßhaftmachung der ländlichen Arbeiterbevölkerung würde an sich ein ganz verfehltes Unternehmen sein. Die gesunde Entwickelung einer solchen Kolonie würde es mit Naturnothwendigkeit erfordern, daß ein Theil der kleinen Ansiedler, und zwar der tüchtigste, dahin strebte, sein Anwesen durch Zukauf zu erweitern und dieser Proceß, würde so lange andauern, bis eine Anzahl von Grundstücken vorhanden wäre, die den bäuerlichen Mittelstand repräsentirt. Wollte man diese Entwickelung durch

Veräußerungsbeschränkungen und Untersagung des Zusammenkaufs hindern, so wäre dies eine Art künstlich geschaffener Hörigkeit in neuer Form. Derartige Kolonien wären die rechten Fundorte für die Sachsengänger-Agenten, dort fänden sie Gefolgschaft in dichten Haufen, wie dies z. B. die armen Walddörfer im Kreise Pr. Stargard und in einigen Gegenden der Kassubei beweisen, welche lediglich oder hauptsächlich aus kleinem Grundbesitz bestehen.*)

Arbeiter für die nächste Umgebung giebt nur ein normales Bauerndorf ab, und zwar auch nur in beschränkter Zahl.

Wenn für neu zu gründende ländliche Kolonien die Geschlossenheit der Grundstücke gesetzliche Regel und etwa die Theilung oder der Zusammenkauf an die behördliche Genehmigung geknüpft sein soll, so wird man aus ähnlichen Gründen für die ersten Jahre des Bestehens der Colonie eine gewisse Nachsicht in der praktischen Anwendung des Gesetzes stets befürworten müssen. Das preußische Gesetz vom 8. Juni 1896 beispielsweise schreibt für die Renten- und Ansiedelungsgüter, soweit sie wirthschaftliche Selbständigkeit besitzen, die Anerbengutseigenschaft vor. Für die nach dem Inkrafttreten des Gesetzes — 1. October 1896 — begründeten Rentengüter ist sowohl die Veräußerung von Theilen als auch die Veräußerung im Ganzen an die Genehmigung der General-Commission geknüpft. Das Gesetz weist damit der General-Commission ähnliche Befugnisse zu, wie sie etwa nach dem Reichsgesetz-Entwurf die Heimstättenbehörde auszuüben haben würde. Nun liegt es auf der Hand, daß die Colonisationsbehörde — heiße sie General-Commission oder Heimstättenbehörde — im Allgemeinen zu Veränderungen in der von ihr selbst projectirten oder gebilligten ersten Colonie-Anlage ihre Genehmigung nur ausnahmsweise und so zu sagen ungern ertheilen wird. Dennoch ist es sehr wohl möglich, daß bei der Colonie-Gründung Fehler und Irrthümer in der Anlage mit unterlaufen und es ist dies auch um so verzeihlicher, als für die erste Anlage die Wünsche der Colonisten, ihre Capitalskraft und Aehnliches vielfach ausschlaggebend sind und — selbst auf Kosten einer zweckmäßigeren Gestaltung der Planlage — berücksichtigt werden müssen. Wollte man nun an der durch das Anerbengutsgesetz gegebenen Geschlossenheit der Grundstücke von vorne herein allzu starr festhalten, so würde die Correctur solcher Fehler in der Anlage — die sich ohne jene gesetzlichen Einschränkungen in wenigen Jahren von selbst vollziehen würde — verlangsamt und erschwert werden. Im Uebrigen

*) Vgl. über die mehrfachen wenig glücklichen Versuche der Gründung selbstständiger Arbeiter-Kolonien: Sering, Die innere Kolonisation S. 103 ff.

hat sich das Gesetz noch zu wenig eingelebt, um ein Urtheil über seine Wirkungen zu gestatten, besonders freundlich ist dasselbe von den Rentenbauern nicht aufgenommen worden, und das Bestreben, durch Veräußerung unter Lebenden den erbrechtlichen Bestimmungen des Gesetzes zu entgehen, tritt mehrfach hervor. Immerhin stellt sich indessen das Gesetz gewissermaßen als eine ungefährliche Probe für ein Ziel dar, das den Heimstättenbestrebungen ziemlich nahe verwandt ist und insofern es wenigstens einer zu großen Landzersplitterung in den Rentenguts- und Ansiedelungs-Colonien wirksam entgegen zu treten geeignet ist, wird es voraussichtlich segensreich wirken.

Das Resultat der obigen Betrachtungen möchte ich dahin zusammenfassen, daß die fakultative Einführung des Anerbenrechts nur für wirkliche Bauerngrundstücke sich empfiehlt, für kleinere Heimstättenbildungen aber nicht würde befürwortet werden können. Dagegen wäre die Festsetzung einer Minimalgrenze für den Parcellenbesitz und ein Verbot der Theilung solcher kleinsten Gebilde vielleicht von Segen, sofern für die Berücksichtigung des einzelnen Falles (erhebliches Steigen der Bodenpreise, Umwandlung von Dörfern in Städte, Badeorte, Fabrikcentren u. dgl.) der nöthige Spielraum gelassen und den örtlichen Verhältnissen Rücksicht getragen wird. In Gegenden mit gutem Boden würde die Minimalgröße natürlich kleiner gezogen werden können als in solchen, wo leichter Boden vorherrscht.

3. Die Berechtigung des Ehegatten zur Mitbestimmung über die Veräußerung der Heimstätte und der Nießbrauch des überlebenden Ehegatten.

Das Mitbestimmungsrecht des Ehegatten über die Heimstätte würde nach den Vorschriften des bürgerlichen Gesetzbuches nach dem gesetzlichen Güterrecht ohnehin dann gewährleistet sein, wenn die Stelle der Frau gehörte, desgleichen nach dem vertragsmäßigen Güterrecht dann, wenn sie einen Theil des Gesammtguts der Ehegatten darstellte. In diesen Fällen würde es nach dem Bürgerlichen Gesetzbuch der Einwilligung beider Ehegatten zu Bestimmungen über die Heimstätte bedürfen. Durch die Forderung, dem Ehegatten in jedem Falle bei der Veräußerung der Heimstätte ein Mitbestimmungsrecht einzuräumen, würde im Uebrigen das System des Bürgerlichen Gesetzbuches bezüglich der Heimstättengrundstücke erheblich durchbrochen werden, insofern dann auch bei Gütertrennung und selbst wenn das Grundstück Vorbehaltsgut eines Ehegatten wäre, der andere Ehegatte über ein Vermögensobject mit zu bestimmen hätte, das ihm nicht gehört, und das sonst seinen Dispositionen entzogen sein würde. Die Rechte des einen Ehegatten über das Vermögen des anderen würden hierdurch nicht unerheblich erweitert werden. Wenn man indessen davon ausgeht, daß unter normalen Verhältnissen wohl regelmäßig beide Ehegatten gleichmäßig daran thätig sein werden, ihr kleines Grundstück zu bebauen und zu pflegen, und daß auch nur dann die Wirthschaft auf einem solchen Grundstücke gedeihen kann, so ließe sich gegen eine Forderung, wie die erwähnte, nichts einwenden, nöthig ist die gesetzliche Festlegung eines Mitbestimmungsrechts des Ehegatten aber kaum. Wer mit den ländlichen Verhältnissen nur einigermaßen vertraut ist, der weiß, daß ein Ehegatte Bestimmungen, die das Grundstück betreffen; nicht einmal hinsichtlich eines Inventarstücks, eines Zuchtobjekts, eines Grenzvergleichs oder dergl. trifft, ohne daß der andere Ehegatte zustimmt, insbesondere kann ich aus meiner Praxis als Special-Commissar versichern, daß das Wort der Frau bei allen solchen Fragen ein ganz erhebliches, meist Ausschlag gebendes Gewicht hat. Daß eine Veräußerung des Grundstückes auf einseitiges Vorgehen eines Ehegatten erfolgt, gehört wohl zu den äußersten Seltenheiten. Durch Gesetzesbestimmungen würde in diesem nur zu billigenden Verhältniß kaum etwas geändert werden, sie sind daher bei normalen Verhältnissen nicht nöthig, unter anderen als den normalen aber würden sie doch versagen, denn wenn die Ehe eine derartige ist, daß der eine Theil darin den durchaus überwiegenden Einfluß besitzt, so würde er die Zustimmung des anderen Theils stets zu erzwingen wissen, er würde eben dem widerstrebenden Ehegatten die Heimstätte so lange zur Hölle machen, bis dieser sich seinem Willen gefügt hätte.

Verfügungen, die ein Ehegatte in plötzlichem Leichtsinn etwa bezüglich des Grundstücks getroffen hätte, wird er meist noch rückgängig machen können, bezw. werden sie keine Rechtsfolgen nach sich ziehen, da ihm bis zur Aufnahme des gerichtlichen oder notariellen Aktes doch noch einige Ueberlegungsfrist verbleibt. Derartige Fälle von leichtsinniger Hingabe des ganzen Grundstückes mögen in Amerika vorkommen, hier dürften sie ganz vereinzelt dastehen.

Ueber das in dem Reichsgesetzentwurf in Aussicht genommene Nießbrauchsrecht des überlebenden Ehegatten möchte ich eine weitere Auslassung vermeiden. Dasselbe soll der Ordnung durch die Landesgesetzgebung vorbehalten bleiben, und wenn man geneigt ist, zu der Heimstättenfrage eine positive Stellung einzunehmen, wird man sich hiermit nur einverstanden erklären können. Daß die gesetzliche Festlegung eines derartigen Nießbrauchsrechtes, insbesondere wenn dasselbe über die Großjährigkeit der Kinder hinaus sich erstrecken sollte, zu recht bedenklichen Consequenzen führen könnte, insofern es die Rollen des Wirthes und des Ausgedingers direct zu vertauschen geeignet wäre, ist mir nicht zweifelhaft.

4. Der Grundsatz der amortisabeln Rentenschuld.

In der Forderung, daß die Heimstättengrundstücke nur mit amortisabeln Renten sollen belastet werden können, liegt zweifellos der gesundeste Kern des ganzen Heimstättengedankens. Schon der Umstand, daß das Rentenprincip von selbst dahin führt, den Ertragswerth des Grundstückes mehr als bisher zu berücksichtigen und von dem Kaufwerth — der oft mit dem wirklichen Ertragswerth in gar keinem richtigen Verhältnisse steht — abzusehen, ist geeignet, zu einer allmählichen Gesundung des ländlichen Creditwesens überhaupt zu führen, und wenn überhaupt ein praktisches Resultat der Heimstättenbestrebungen sich erhoffen ließe, so wäre dies m. E. eben nur durch den Anreiz, unter Mitwirkung des Staates eine allmähliche Schuldentlastung unter billigen Bedingungen zu erreichen, möglich. Wenn zu einer solchen Schuldentlastung der Staat die Hand böte, so würde er vielleicht auch eine — wenn auch nur zeitweilige — weitere Einschränkung der Verschuldung als Bedingung für seine Mitwirkung knüpfen dürfen. Eine solche Schuldentlastung unter staatlicher Mitwirkung ist m. E. durchaus nicht undurchführbar, und es ist durch den § 10 des preußischen Gesetzes, betr. die Errichtung von Rentengütern vom 7. Juli 1891, auch schon ein Vorgang geschaffen, in dessen analoger Anwendung das erstrebte Ziel sich wohl erreichen lassen könnte. Nach der angezogenen Bestimmung ist die Uebernahme der auf einem Rentengute ruhenden Privatrenten, deren Ablösung bei Begründung des Rentengutes nicht erfolgen konnte, weil sie über die gesetzliche Sicherheitsgrenze ($^3/_4$ des Grundstückswerthes) hinausragten, möglich, sobald die Amortisation der vorangehenden Rentenbanken weit genug vorgeschritten ist, um ein Nachrücken der Privatrenten in den dadurch frei gewordenen Werthstheil des Grundstückes zu gestatten. Da das Bürgerliche Gesetzbuch nach §§ 1198 und 1203 die Umwandlung einer Hypothek in eine Grundschuld und die Umwandlung dieser in eine Rentenschuld gestattet, so wären Gesetzesbestimmungen, die dem Besitzer bäuerlicher Grundstücke die Ablösung der erststelligen Hypotheken durch Vermittelung der Rentenbanken unter gleichzeitiger Verwandlung der nachfolgenden Hypotheken in Rentenschulden mit der Aussicht ermöglichten, späterhin auch diese zur Ablösung zu bringen, sehr wohl durchführbar und würden zweifellos Anklang finden. Zu Beginn der Durchführung der Rentengutsgesetze sind Anträge auf Ablösung der Hypotheken durch die Rentenbank mehrfach gestellt worden, mußten aber, da die General-Commissionen ihre Vermittelung nur bei der Neuschaffung bäuerlicher Grundstücke eintreten läßt, abgelehnt werden. Die Besitzer der zweitstelligen Hypotheken würden sich wohl vielfach mit einer Umwandlung in Rentenschuld dann einverstanden erklären, wenn ihnen das Recht, auf Ablösung anzutragen, sobald die Amortisation der vorstehenden Schuld die Uebernahme ihrer Renten auf die Rentenbank gestattet, gewährleistet würde. Thatsache ist es, daß der bäuerliche Grundbesitz für erststellige Hypotheken vielfach noch Zinsen zahlt, welche den landüblichen Zinsfuß übersteigen, und daß die Amortisationshypothek, selbst die der Landschaften, nur langsam bei den Bauern Eingang findet, die Rentenbanken sind aber den Bauern als wohlthätige Einrichtung genugsam bekannt, und daß manche bäuerlichen Besitzer einer derartigen Ablösung, wie sie hier angeregt wird, sich geneigt zeigen würden, läßt sich daher annehmen. Ein Ansturm auf die Rentenbanken wäre trotzdem nicht zu befürchten, und ob eine Meldung überhaupt erfolgen würde, wenn man als Bedingung die Unterwerfung unter die übrigen Forderungen des Heimstättengesetz-Entwurfs stellte, ist mir sehr zweifelhaft, dagegen würde eine Unterwerfung unter die Beschränkungen der Rentengutsgesetze (Theilungs- und Veräußerungsbeschränkungen, Anerbenrecht) wohl hier und da stattfinden. Es läßt sich m. E. diese Frage eben sehr wohl auch außer dem Rahmen eines Heimstättengesetzes erörtern, und eine Erörterung außerhalb desselben erscheint zweckmäßiger, als eine Verquickung mit jenem Gesetze.

Schlußfolgerungen.

Als das Resultat der obigen Darlegungen wird man feststellen müssen, daß die Ausstattung eines bäuerlichen Grundstücks mit denjenigen Eigenschaften, welche die Heimstätte an sich tragen soll, theils als direct bedenklich bezeichnet werden muß — dies gilt bezüglich der Verschuldungsbeschränkung, bezüglich des Ersatzes der Zwangsversteigerung durch die Zwangs-Verwaltung und bezüglich der Einführung des Anerbenrechts für kleine Grundstücke — theils nicht nothwendig für die Zwecke der Heimstättenbestrebungen erscheint — wie die Erweiterung der Rechte des Ehegatten — theils endlich zwar wünschenswerth ist, aber besser durchgeführt werden kann, wenn man von einem Heimstättengesetz absieht und ein besonderes Gesetz dazu in Erwägung nimmt — wie dies hinsichtlich der Durchführung des Grundsatzes der amortisabeln Rentenschuld behauptet werden muß.

Erwägt man ferner die immerhin große Belästigung, die den Heimstättenbesitzern dadurch erwächst, daß sie bei den für die Erhaltung der Heimstätte im Falle von Mißernten, für Meliorationszwecke und für Erbregulirungen von ihnen nothwendigerweise aufzunehmenden Belastungen an die Beschlüsse der Heimstättenbehörden gebunden sind, so wird man sich nur schwer entschließen können, die Schaffung dieses Rechtsinstituts zu befürworten. Wenn seitens der Verfechter der Heimstättenidee wiederholt darauf hingewiesen wird, daß es sich ja nur um eine facultative Einrichtung handeln soll, zu welcher Niemand gezwungen werden würde, so muß doch darauf hingewiesen werden, daß das Reich, wenn es ein Gesetz von der Art des Heimstättengesetzes schafft, gewissermaßen die Gewähr dafür trägt, daß dieses Gesetz zweckmäßig ist und wohlthätig wirken wird. Kann diese Gewähr nicht unbedingt übernommen werden, so sollte man auch von einer facultativen Heimstätte absehen und zwar um so mehr, als die einmalige Erklärung zur Heimstätte genügt, um derselben ihren Charakter dauernd beizulegen. Zwar soll nach § 8 des Entwurfs — welcher durch die Commission eingefügt worden ist — die Aufhebung der Heimstätten-Eigenschaft auf hinreichend begründeten Antrag des Heimstätteneigenthümers dann erfolgen können, wenn der Ehegatte und die Renten- oder Annuitätenberechtigten zustimmen, indessen ist kaum zu bezweifeln, daß bei einer strengen Praxis die Heimstättenbehörde Gründe für die Ablehnung des Antrages stets zur Genüge zur Hand haben wird und wenn das Gesetz zur That wird, dürfte die Praxis eine strenge sein. Denn bei einer milderen Praxis würden die Zwecke des Instituts überhaupt vereitelt werden, ja das ganze Gesetz kaum einen Zweck haben.

Daß ein Heimstättengesetz in nennenswerther Ausdehnung praktische Anwendung finden würde, erscheint mir gänzlich ausgeschlossen, da schon für die Höferollen sich, von der Provinz Hannover abgesehen, irgend welche Neigung bei der bäuerlichen Bevölkerung nicht gezeigt hat.

Bei dem verneinenden Votum, das ich sonach der Heimstätte gegenüber abgeben zu müssen glaube, wird mir ein Eingehen auf die der Gesetzgebung der Einzelstaaten vorbehaltenen Specialbestimmungen — Maximal- und Minimalgröße, Gebühren- und Steuerfreiheit u. s. w. — erspart bleiben können.

Insofern als Ziele des Heimstättengesetzes die größere Seßhaftmachung der ländlichen Bevölkerung und eine bessere Vertheilung des Grundbesitzes in Frage kommen, ist für sie durch die Rentengutsgesetze vom 27. Juni 1890 und 7. Juli 1891 wie durch das Ansiedelungsgesetz vom 26. April 1886 in Preußen ja auch bereits die Bahn gebrochen worden. Bis zum Schlusse des Jahres 1897 sind nicht weniger als 802 größere Güter mit insgesammt 184 379 Hectar Fläche ganz oder theilweise in Rentengütern zerlegt worden, die Zahl der endgiltig angesetzten Rentenbauern beträgt 7104. Die Ansiedelungscommission hat bis Ende 1897 eine Fläche von 41 004 Hectar mit 2342 Stellen besiedelt. Hierdurch ist in einem Jahrzehnt zu einem großen Theil das wieder aufgebaut, was in einem Jahrhundert durch Zertrümmerung oder Aufsaugung von Bauerhöfen zerstört worden ist.

Dieses preußische Colonisationswerk ist noch lange nicht abgeschlossen und wird auch kaum vor Ablauf eines Jahrzehnts zum Abschluß gelangen, es kann daher der „Landhunger" zur Zeit in Preußen sehr wohl befriedigt werden, in manchen Gegenden ist er bereits gestillt.

In der Praxis sind die Rentengutsgesetze bisher nur für ländliche Grundstücke angewendet worden, ihr Wortlaut schließt es aber nicht aus, daß sie auch für die Bildung städtischer oder suburbaner Arbeitercolonien in Anwendung gebracht werden können und ich glaube auch, daß sie diesem Zwecke sehr wohl dienen könnten. Manche Sonderfragen, die hierbei zu berücksichtigen sein würden — Entfernung der Wohnung von der Arbeitsstätte, hohe Bodenpreise, schwierige Erfüllung der communalen Aufgaben bei großer Peripherie der Städte — würden sich lösen lassen, wenn der Staat einige Mittel, die nicht einmal sehr bedeutend zu sein brauchten, für den Zweck verfügbar machte.

Man wird also auch für die Lösung der Arbeiterwohnungsfrage eines besonderen Heimstättenrechts entbehren können, weil hierfür nöthigen Falls das Rentengutsgesetz ausreichen würde. Thatsächlich haften ja auch dem Rentengut einige der geforderten Heimstätteneigenschaften (Anerbenrecht — beschränkte Theilbarkeit, Rentenschuld) bereits an.

Im Uebrigen treffen die Voraussetzungen, welche in Amerika und anderen, in der Cultur ja weit hinter uns zurückstehenden Staaten für jene Gesetze maßgebend gewesen sind, bei uns eben gar nicht oder nur in sehr beschränktem Umfange zu, insbesondere wird ein halbwege umsichtiger und tüchtiger Wirth sich gegen Ausbeutung und Wucher hier sehr wohl schützen können, wie denn überhaupt der Bauer seinem Charakter nach eher zum Mißtrauen und zur Vorsicht als zum Leichtsinn hinneigt.

Die deutsche Landwirthschaft befindet sich, wie ohne Weiteres zugestanden werden muß, an der Wende unseres Jahrhunderts in einer Krisis, die Ursachen derselben liegen aber fast durchweg auf anderen Gebieten als den von den Verfechtern des Heimstättengedankens bezeichneten. Einige dieser Ursachen, insbesondere die ausländische Concurrenz, welche einzelne Zweige der deutschen Landwirthschaft fast ganz unterbunden hat, die gesteigerten Lebensbedürfnisse der Arbeiter, bei gleichbleibenden oder fallenden Körnerpreisen, die Nothwendigkeit, zum Hackfruchtbau eine große Zahl von Arbeitern zu bestimmten Zeiten und gegen hohen Lohn heranzuziehen, für die während des übrigen Jahres eine Verwendung nicht vorhanden ist, ein gewissenloses Agententhum, das die Arbeiter von der Heimath lockt und den Vertragsbruch beschönigt — sollen hier nur andeutungsweise erwähnt werden.

Hoffen wir, daß die deutsche Landwirthschaft Mark genug in sich hat, um auch diese Krisis zu überwinden, wie sie die schweren Zeiten zu Beginn des Jahrhunderts, unter Daransetzung aller Kräfte, überwunden hat. Daß zur Unterstützung in dem jetzigen Existenzkampfe und zur Sicherung des kleinen Grundbesitzes gegen Zwangsvollstreckung ein Heimstättengesetz irgend wie beitragen könnte, glaube ich nicht. Ich glaube daher die mir gestellte Frage, ob sich die Einführung eines Heimstättenrechts zum Schutze des kleinen Grundbesitzes gegen Zwangsvollstreckung empfiehlt, verneinen zu sollen.

(Lebhafter Beifall.)

Vorsitzender: Sie würden also die Frage, so wie sie gestellt ist, verneinen?

Referent Reg.-Rath Alfred **Meyer** (Bromberg): Ueber einen Theil der aufgestellten Forderungen für die Heimstätte wird sich indessen debattiren lassen und vielleicht kommt man da noch zu einem — wenn auch bescheidenen — positiven Resultate.

Ich hätte noch eine persönliche Bitte. Wie schon erwähnt, war der Erste, der die Heimstätte in Europa bekannt gemacht hat, ein Herr Namens Rudolph Meyer, mit ey, bekanntlich die hübscheste Schreibweise des Namens Meyer; ich schreibe mich nun ebenso, bin aber zu meinem großen Bedauern im Programm mit ei geschrieben. Wenn Jedermann das Recht auf eine Heimstätte haben soll, hat er — glaube ich — auch das Recht, sich richtig geschrieben zu sehen. Wenn Herr Rudolph Meyer nun aber hört, daß ich ein Gegner der Heimstätte bin, so glaube ich, wird es ihm lieb sein, wenn ein gewisser Unterschied zwischen uns markirt wird, und ich würde daher dankbar sein, wenn im stenographischen Berichte auch mein Vorname — ich heiße Alfred — hinzugefügt würde.

Vorsitzender: Ich eröffne nun die Verhandlung. Das Wort hat Herr Dr. Grünberg (Wien).

Privatdocent Dr. **Grünberg** (Wien): M. H., die Frage, welche dem Juristentage vorgelegt worden ist, und welche ich auch in einem Gutachten besprochen habe, lautete:

Empfiehlt sich die Einführung eines Heimstättenrechts, insbesondere zum Schutze des kleinen Grundbesitzes?

Ich habe im Verlaufe meines Ihnen vorliegenden Gutachtens — auf welches ich mir zurückzugreifen erlaube, weil ich doch schließlich im Großen und Ganzen unter Berücksichtigung dessen, was heute hier vorgebracht wurde, nur wiederholen kann, was ich dort gesagt habe — die uns beschäftigende Frage so formulirt:

> Empfiehlt sich die Reception des Heimstättenrechtes nach dem Muster der Vereinigten Staaten, insbesondere zum Schutze des kleinen Grundbesitzes?

Für jeden Kenner der Sache ist ohne Weiteres klar, daß diese Frage sich nur beziehen kann auf den Schutz gegen Zwangsvollstreckung. Alles andere scheidet hiermit von selbst aus der Discussion aus, und es begrenzt sich das Wort Heimstättenbestrebung auf einen ganz bestimmten Schutz des kleinen Grundbesitzes, in unserem Falle auf den Schutz des Schuldners gegen Zwangsvollstreckung, gegen die Folgen übermäßiger Verschuldung und die Inanspruchnahme der äußersten Zwangsmittel zur Durchsetzung ihrer Forderungen von Seiten der Gläubigerschaft. Vor Allem aber scheidet aus unserer Erörterung aus alles Dasjenige, was mit der inneren Colonisation, sowie mit der Erhaltung eines kräftigen Bauernstandes, d. h. eines Standes von selbständigen Unternehmern in der landwirthschaftlichen Production, zusammenhängt. Ich habe also in keiner Art das selbständige landwirthschaftliche Unternehmerthum im Auge, wenn ich dem Probleme, das uns heute beschäftigt, näher trete. Und zwar gilt dies sowohl für den Fall, als es sich darum handelt, ein solches Unternehmerthum zu schaffen, als auch für den anderen, daß es sich darum handelt, solche selbständige, in ihrer Selbständigkeit auch wirklich auf eigenen Füßen stehende Leute zu schützen. Und deshalb werden Sie es begreifen, m. H., wenn ich auf die Ausführungen des Herrn Referenten in Betreff der preußischen Rentengütergesetzgebung nicht eingehe. Ein endgiltiges Urtheil über die letztere wird die Zeit fällen. Die preußische Rentengütergesetzgebung enthält eine Reihe außerordentlich fruchtbarer Gedanken. Sie birgt aber zweifellos auch große Gefahren für die persönliche Freiheit und vielleicht sogar in gewissem Maße die Gefahr einer Wiederkehr von Zuständen, welche die moderne Zeit beseitigt hat. Aber man kann über diese Dinge nicht reden, ohne ein bischen ins Prophezeien zu gerathen — was ich nicht möchte. Und insbesondere verbietet es sich, darüber vor dieser hochgeehrten Versammlung von Fachjuristen zu reden, welche ein bestimmtes Thema zu erörtern sich vorgenommen haben, und mit Recht dasselbe nicht übermäßig compliciren wollen. Also, interne Colonisation scheidet aus, nicht minder die Rentengütergesetzgebung, und es scheidet weiter aus dasjenige, was Bezug hat auf die Erhaltung des Bauernstandes. Dabei verstehen wir unter dem Begriff „Bauer“ nicht Jeden, der auf dem Lande wohnt und in der landwirthschaftlichen Produktion thätig ist, sondern nur Leiter selbständiger, kleiner oder mittlerer landwirthschaftlicher Betriebe. Die Grenze des Kleinbetriebes aber ziehen wir derart, daß als Bauer noch angesehen wird und nur angesehen wird, wer, ohne auf Nebenverdienst angewiesen zu sein, innerhalb seiner landwirthschaftlichen Unternehmungsthätigkeit seine volle Beschäftigung mit Hilfskräften oder ohne solche zu finden vermag und finden muß. So bleiben uns denn nur kleine Leute übrig, die keine selbständigen, landwirthschaftlichen Unternehmer sind, und die man schützen will.

Nun fragt es sich: soll man diese Leute schützen? soll man überhaupt den kleinen Grundbesitzer schützen? ist ein Grund vorhanden, daß er geschützt werden muß? Der Herr Referent hat sich bei der Beantwortung dieser Fragen den Anschauungen des Gutachtens Herrn Prof. Weber angeschlossen;

(Ruf des Referenten: Meine Anschauung war fertig, als ich das Gutachten las.)

oder sagen wir, die Anschauungen des Herrn Referenten und Weber's decken sich darin vollkommen, daß beide behaupten: der kleine Grundbesitz bedürfe keines Schutzes gegen Zwangsvollstreckung. Mindestens sei gar kein Grund vorhanden, ihm ein Privilegium einzuräumen gegenüber anderen Volksgenossen. Denn er sei in Bezug auf Zwangsvollstreckung keinen größeren Gefahren ausgesetzt, als andere Bevölkerungsklassen.

Die relative Subhastationschance — erklärt Weber — ist für den Kleinbesitz, zumal für den bäuerlichen Klein- und Mittelbetrieb, im Verhältniß namentlich zum Großbetriebe, eine günstige zu nennen, und der letztere unterliegt dieser Gefahr in einem viel stärkeren Maße. Und Weber bekräftigt diese Behauptungen durch eine Reihe von statistischen Daten, über deren ungenügende Verläßlichkeit er sich wohl selbst keiner Täuschungen hingiebt. Denn er selbst sagt zwar, daß man diese Daten, weil sie in gewisser Beziehung und zwar für eine Reihe von Jahren übereinstimmen, als typisch und den Thatsachen entsprechend annehmen dürfe, fügt aber hinzu, daß sie statistischen Werth im wissenschaftlichen Sinne des Wortes nicht beanspruchen.

Doch halten wir fest: Nach Weber ist die relative Subhastationschance für den kleinen Grundbesitzer günstig zu nennen, und als ebenso günstig ist die Auslese zu bezeichnen, die durch die Subhastation innerhalb des Kreises der kleinen Grundbesitzer herbeigeführt wird. Nur wenige und offenbar nur diejenigen, welche in der That nur in Folge eigenen Verschuldens nicht auf ihren Stellen wirthschaften können, werden ausgeschieden. Die Inanspruchnahme von Credit, also Verschuldung hat überhaupt für den kleinen Grundbesitz keine größere Gefahr des von der Stelle Getriebenwerdens zur Folge, als für andere Betriebsformen des Grundbesitzes. Ganz natürlich ist danach der Schluß, zu dem Weber gelangt: wir wollen den kleineren Grundbesitz überhaupt nicht schützen, weil kein Grund dazu vorhanden ist.

Zweifellos können Webers Argumente nicht ohne Weiteres bei Seite geschoben werden. Sie sind bis zu einem gewissen Grade die selbstverständliche Folge von Uebertreibungen der Vertreter einer entgegengesetzten Meinung.

Und in der That: es wird gegenwärtig allgemein über den Niedergang des Bauernstandes geklagt und die Schuld an demselben dem wirthschaftlichen Liberalismus zugeschoben. Seit den 80er Jahren sind namentlich in Oesterreich und in Deutschland, wo diese Klage am lautesten ertönte, eine ganze Menge von Enqueten angestellt worden, die die Unterlage für ein gesetzgeberisches Eingreifen zu Gunsten des Grundbesitzes abgeben sollten. Aber Klarheit haben sie nicht geschaffen. So begnügte und begnügt man sich denn vielfach mit unbewiesenen Behauptungen absolutesten Charakters, wonach — wenn sie richtig wären — der kleinere und mittlere selbständige Grundbesitzerstand überhaupt bereits ganz verschwunden sein müßte. In That und Wahrheit aber liegen doch die Dinge anders. Der Bauernstand ist noch nicht zu Grunde gegangen. Er ist noch vorhanden. Es läßt sich überhaupt noch nicht ermessen, inwieweit die Prophezeihungen über das Zugrundegehen des kleinen und mittleren Grundbesitzes gerechtfertigt sind. Allein jene pessimistischen Behauptungen werden vielfach geglaubt. Und sicherlich können sie nicht absolut unbegründet sein. Wo Rauch, da Feuer!

Etwas ist an der Sache. Muß man das nun auch zugeben und vor allzuweitgehendem Optimismus warnen, so hat man andererseits um so nachdrücklicher zu betonen, daß man mit Pathos allein denn doch nicht auskommt. Das Schimpfen über die liberale Agrargesetzgebung allein reicht nicht aus. Es genügt nicht, zu sagen: das Volk gehe zu Grunde, es sei daher aus wirthschaftlichen, socialen und Gott weiß was für Rücksichten noch nothwendig, daß man eine Entwickelung, die man doch außerhalb des Causalnexus nicht denken noch begreifen kann, negire und einfach rückgängig mache — abgesehen davon, daß sich sehr schwer etwas rückgängig machen und negiren läßt, was mit Nothwendigkeit eingetreten ist. Die liberale Gesetzgebung ist ja nicht aus der Pistole geschossen worden. Sie ist mit Nothwendigkeit gekommen. Es fragt sich, ob sich nicht an sie eine Entwickelung anschließt, die sie wieder beseitigen wird. Aber diese Frage will ernsthaft studirt werden, mit Phrasen allein und mit allgemeinen Redensarten ist den Dingen nicht beizukommen. Der Staatsmann, der Socialpolitiker, der Jurist wird sich sagen, und zwar je ernsthafter er das Problem anfaßt, um so nüchterner: ich muß, bevor ich eine Lösung empfehle oder versuche, zuerst die realen Verhältnisse kennen lernen und berücksichtigen. Ich muß mir über die Entwickelungstendenzen klar werden und darüber, ob und in welche bestimmte Bahnen sie sich lenken lassen. Was mich persönlich betrifft, so ist mein Glaube ein fester, daß der Mensch auf die Entwickelung der wirthschaftlichen Dinge bestimmenden Einfluß hat, und daß nicht das laisser faire laisser aller gilt. Aber auch mit dieser Ueberzeugung ausgerüstet muß man, wenn man gesetzgeberisch eingreifen will, erst das Terrain, auf dem dies geschehen soll, kennen und studiren. Und so sympatisch ich allen Bestrebungen zum Schutze des landwirthschaftlichen Mittel- und Kleinbetriebes gegenüberstehe, glaube ich doch, daß die Grundlage für ein ernsthaftes, definitives, in bestimmt formulirter Weise auftretendes agrarpolitisches Programm noch nicht gegeben ist, und daß ein solches um so schwerer und später kommen wird, je mehr und je länger wir uns in allgemeinen Redensarten bewegen.

Diese Auffassung nun, m. H., hat mich veranlaßt, überhaupt die von uns zu erörternde Frage nicht unter dem Gesichtspunkte der Agrarreform zu betrachten, sondern ihr vom Standpunkte des wirthschaftenden Schuldners schlechtweg näher zu treten. Sie hat mich veranlaßt, die Frage so zu formuliren: können wir nicht, indem wir den Schutz von Schuldnern im Allgemeinen fordern und verwirklichen, auch der Kategorie der grundbesitzlichen Schuldner, mögen diese nun in der Stadt oder auf dem Lande ansässig sein, einen ausgiebigeren Schutz gewähren, als er ihnen bis heute zu Theil geworden ist?

Der Herr Referent hat auf die von mir so formulirte Frage mit Nein geantwortet. Er will weder in der Stadt noch auf dem Lande auch nur für Wohnstätten, geschweige denn für landwirthschaftlich genutzten Grund und Boden irgend ein Maß der Unpfändbarkeit zugestehen. Er begründet seinen Antrag damit, daß — wie er sich ausgedrückt hat — „dies ein Privilegium wäre, wenn man ein Object dem Schuldner beließe, an welches die Gläubiger nicht heran können, welches aber der Schuldner doch jederzeit frei veräußern kann.“ Dieses Argument, m. H., ist gar leicht widerlegbar. Es ist ja bei allen Executionsprivilegien so, daß man dem Schuldner etwas beläßt, worüber ihm nach wie vor die freie Dispositionsbefugniß zusteht. Wenn die gegenwärtige Gesetzgebung dem Handwerker sein Handwerkszeug, dem Gelehrten seine Bücher und dem Landmann 2 oder 3 Schafe und so und so viel Futter für dieselben beläßt, so hindert alle diese Leute ja auch nichts, zum Antiquar, zu einem Händler oder sonst wohin zu gehen und die ihnen belassenen Gegenstände zu verkaufen. Das Argument des Herrn Referenten beweist viel zu viel, als daß es überhaupt beweiskräftig wäre.

Nicht viel anders steht es nun mit der anderen Verneinung: nicht auf dem Lande und nicht in der Stadt soll die Wohnstätte geschützt sein, weil es gar nicht einzusehen sei, warum sich der Verpflichtete, dem die eigene Wohnstätte durch den Zugriff der Gläubiger entzogen wird, nicht einmiethen solle. Gewiß, man kann einen Handwerksbetrieb ebensogut in einem gemietheten Lokale betreiben, wie man umgekehrt ländliche Arbeiten ebenfalls als Einlieger oder sonstwie auszuführen vermag. Aber daraus, daß dies möglich ist, folgt noch nicht, daß dem verpflichteten Handwerker oder Häusler nicht sein Häuschen erhalten werden soll. Die unpfändbare Wohnstätte wäre auch für den Sachsengänger, dessen Freizügigkeit sie gewiß nicht behindert, ein sehr kostbares Vermögensobject. Das Gleiche gilt auch von der Wohnstätte des Handwerkers in der Stadt. Beiden würde ein fixer Punkt gewahrt, von dem aus sie nach beliebigen Richtungen in das wirthschaftliche Leben hinausgehen und Erwerb suchen könnten. Ihre Familien, die doch kaum immer mitwandern, könnten zu Hause bleiben und hätten einen Punkt, von dem sie nicht verjagt werden können. Eine Heimstätte ist denn doch — ich muß es sagen, trotzdem es vielleicht pathetisch klingen mag — etwas, was ein jeder Mensch haben sollte. Er sollte immer wissen, wohin er gehört, wo er sein Haupt hinlegen kann, wo er die Seinen finden kann, wenn er zu ihnen zurückkehrt. Den Erwerb hinderte das nicht, die Freizügigkeit auch nicht. Im Gegentheil. Eine solche Sicherheit gäbe auch der Familie noch die Möglichkeit eines Erwerbs neben demjenigen durch den Familienvater. Und jedenfalls wären Frau und Kinder des Handwerkers wie des Sachsengängers, auch wenn dieser in der Ferne ist, wenigstens der Sorge für das Nothwendigste, des Obdachs, ledig.

Ich habe, sage ich, das uns beschäftigende Problem vom Standpunkte der Zwangsvollstreckung schlechtweg aufgefaßt. Ich bin dazu gekommen festzustellen, daß das moderne Schuldrecht immer mehr sich von der Anschauung durchtränken läßt, daß es nicht angeht, einen Menschen um der Gläubiger willen einfach der Möglichkeit, für sich und Andere, in Bezug auf welche ihm die Unterhaltungsverpflichtung obliegt, productiv thätig zu sein, zu berauben. Ich habe gefordert, daß diese Anschauung noch schärfer betont werde, als es bisher geschehen ist. Denn wenn wir uns von ihr nicht durchdringen lassen, so ist wirklich nicht abzusehen, weshalb wir nicht wieder zum Verkaufe des Schuldners zurückkehren sollten. Halten wir uns nur immer dieses vor, daß die Entwickelung, wie sie in meinen Leitsätzen gefordert wird, im Verhältniß zum gegenwärtigen Rechtszustand nur einen Quantitätsunterschied aufweist. Man beläßt gegenwärtig dem Schuldner das Eigenthum an seiner Person. Man beläßt ihm auch noch das Eigenthum an gewissen Vermögensobjecten. Warum sollte der Kreis des unpfändbaren Vermögens nicht erweitert werden? Seit dem Augenblicke, da das Schuldrecht den starren Grundsatz aufgegeben hat, daß jeder Schuldner seinen Gläubigern mit Leib und Leben haftet, ist für weitere Abmilderungen der Zwangsvollstreckung der Weg offen gewesen. Und seither ist er auch mit immer ausgeprägterem Bewußtsein von der Nothwendigkeit solcher Abmilderungen betreten worden. Daß man gegen ihre Zulässigkeit daraus, daß der Schuldner dasjenige, was ihm so belassen wird, veräußern kann, Argumente ableiten könne, vermag ich nicht zuzugestehen. Sind wir aber einmal dazu gelangt, das beneficium competentiae, die Unpfändbarkeit, nicht nur in Bezug auf gewisse Objecte zuzugestehen, die zur augenblicklichen Fristung des Lebens des Verpflichteten nöthig sind, sondern darüber hinaus auch noch die Productivität des Schuldners, die Möglichkeit der Wiedererlangung wirthschaftlicher Selbständigkeit irgendwie zu gewährleisten, dann sehe ich nicht ein, weshalb wir über den heutigen Catalog executionsfreier Gegenstände hinaus nicht auch noch andere Vermögensobjecte für unpfändbar erklären sollten. Ich habe das so formulirt, daß ich sage: wir wollen überhaupt ein bestimmtes Vermögen der Execution entziehen und nicht nur, wie bisher, detaillirt catalogisirte Fahrnißkategorien, die der Verpflichtete hat oder nicht hat. Ein Vermögen von 1000 oder 600 Mk. — über sein Ausmaß mag sich der Gesetzgeber klar werden. Denn dieses zu bestimmen ist nicht mehr in erster Linie eine Frage des Princips und hängt von allen möglichen concreten Verhältnissen ab. Man entziehe ein bestimmtes Vermögen der Execution. Man dehne die Executionsexemptionen derart aus, daß wir ihnen nicht mehr zu Grunde legen eine Aufzählung von Objecten, sondern einen ein für allemal als höchste Grenze fixirten Vermögenswerth. — Es schadet ja nichts, wenn wir daneben auch noch in subsidiärer Weise einen Catalog haben, der eine unzweifelhafte Grenze des exemten Vermögens nach unten zu festlegt. Normiren wir schließlich, daß es einem Schuldner oder seinen Angehörigen unter gewissen Verhältnissen auch möglich sein darf, an Stelle dieses Vermögenswerthes Grund und Boden, städtischen oder ländlichen, zu reclamiren — mit der Beschränkung jedoch, daß dies nicht zur Neuschaffung von landwirthschaftlichem Zwergbesitz soll führen dürfen. Denn das wäre sicherlich eine unmenschliche Humanität, die Leute dadurch künstlich im Elende zu erhalten, daß man sie mit Objecten versieht, welche sie nicht los werden können, und die ihnen doch die Möglichkeit productiver Thätigkeit nicht gewähren; aus dem Grunde nämlich weil diese Objecte einerseits einen zu geringen Werth repräsentiren und andererseits doch durch Schaffung von Selbsttäuschungen über die Fähigkeit ihrer Nutzbarmachung die Schollenkleberei befördern. Hält man dies als unverrückbare Grenze für die Exemption von landwirthschaftlich genutztem Grund und Boden fest, so sehe ich andererseits nicht ein, weshalb man die Heimstätte in engstem Sinne des Wortes, d. h. Wohnung, innerhalb des exempten Vermögensminimums nicht als unpfändbar sollte erklären können.

Aus allen angeführten Gründen formaler und materieller Art, m. H., scheint es mir nöthig, daß wir uns bei unserer Discussion in den Grenzen halten, welche schon der XXIII. Juristentag uns gezogen hat. Und zugleich gestatte ich mir, falls dies geschieht, Ihnen nochmals die Leitsätze zu empfehlen, welche in meinem Gutachten niedergelegt sind, und deren eventuelle Amendirung im Sinne von im Laufe der Debatte auftauchenden Vorschläge ich mir vorbehalte.

Geheimer Justizrath Professor Dr. **Gierke** (Berlin): M. H., auch ich bin der Ansicht, daß die beiden Fragen, die heute behandelt sind, scharf zu scheiden sind, und daß der Juristentag vor Allem nur berufen ist, sich mit der Frage der allgemeinen Executionsbeschränkung zu beschäftigen. Indessen hat doch der Herr Referent vollständig recht daran gethan, auch die andere Frage, die ja in Deutschland den Reichstag schon mehrfach in Bewegung gesetzt hat, die Frage nach Schaffung einer besonderen Form von unverschuldbarem Grundbesitz mit in die Erörterung hineinzuziehen; denn ganz unabhängig von einander können die beiden Fragen nicht gelöst werden. Schon einer unter den Vorschlägen des Herrn Dr. Grünberg zeigt dies, — der Vorschlag, dann jede etwaige Executionsbeschränkung in den Grundbesitz wegfallen zu lassen, wenn die Durchführung zur künstlichen Schaffung einer Zwergwirthschaft, zur Zersplitterung eines bisher einheitlich bewirthschafteten Landgutes führen würde. Denn der für diesen Vorschlag maßgebende Gesichtspunkt ist eigentlich ein rein agrarpolitischer und hängt mit der Heimstättenfrage eng zusammen.

Ich glaube daher, daß sich der Juristentag doch eines Hinweises auf diese agrarische Heimstättenbewegung nicht ganz wird enthalten können, und ich wäre deshalb auch für die Annahme des letzten von Herrn Dr. Grünberg vorgeschlagenen Satzes, also für irgend einen Ausspruch, der die Schaffung eines solchen Sonderrechts offen hält, aber darauf aufmerksam macht, daß das nur im Wege der Specialgesetzgebung möglich ist.

Aus diesem Grunde kann ich denn doch über die agrarischen Heimstätten nicht ganz schweigen. Vielmehr muß ich hier den Ausführungen des Herrn Referenten über sie mit einigen Worten entgegentreten. Ich habe mich früher für die Grundgedanken des Riepenhausen'schen Entwurfs ausgesprochen und halte auch jetzt daran fest, daß wir zu einem derartigen Rechte, wenn auch nicht gerade in dieser besonderen Gestalt, kommen müssen. Die Widerlegung durch den Herrn Referenten kann ich nicht als zutreffend ansehen. Der Herr Referent selbst hat ja darauf hingewiesen, daß die weitaus geeignetste Form der Verschuldung von Grundbesitz die in Gestalt der amortisablen Rente ist, die Verschuldung durch Tilgungsrente und nicht durch Kapitalschuld, wofür ja das Bürgerliche Gesetzbuch einen Weg geöffnet hat. Wenn man aber diese Form für die dem Wesen des Grundbesitzes allein zuträgliche hält, so dürfte ebenso sicher sein, daß es dem Wesen des Grundbesitzes entspricht, nur eine Verschuldung bis zu einer gewissen Grenze zu ertragen, eine Verschuldung, die soviel freiläßt, daß aus dem nichtverschuldeten Theile der Grundstücksbewirthschafter mit Familie leben kann. Es liegt in der Natur der Sache, daß jede darüber hinausgehende Verschuldung ein wirthschaftliches Unglück ist. Wenn das der Fall ist, so fragt sich nur, ob eine gesetzliche Nöthigung zur Einhaltung dieser beiden Grenzen in Bezug auf die Verschuldungsart und -Höhe und in Folge davon eine Beschränkung der Execution unter gewissen Verhältnissen geboten ist und gefordert werden soll. Ich persönlich glaube, daß im Interesse der inneren Colonisation allerdings unsere, nach den Ausführungen des Herrn Referenten ja bereits so segensreich wirksam gewordene Rentenguts- und Ansiedelungsgesetzgebung einer solchen Ergänzung bedarf. Wenn man hier so starke Beschränkungen ermöglicht hat, daß man sogar die Veräußerung ohne Bewilligung der Generalcommission ausschließt, daß man die Theilung verbietet und das Anerbenrecht im Gegensatz zu den übrigen Gütern als eine Art zwingendes Recht einführt, wenn man überhaupt eine solche Form eines gebundenen Grundbesitzes nicht blos für zulässig hält, sondern für unerläßlich, um eben ein Ansiedelungswerk wirklich durchzusetzen, wenn man meint, sonst würden sich diese neugeschaffenen

Güter wieder wie die Spreu im Sande verlieren, dann gehört dazu auch eine Beschränkung der Verschuldung; denn was ist Verschuldung anders als eine partielle Veräußerung? Die meisten Klagen, die aus den betheiligten Kreisen laut werden, sind eben solche über Ueberschuldung der Rentengüter. Ich fürchte, wenn nicht die Grenze bald gezogen wird, daß dann manche der neuen Ansiedelungen und Colonisationen scheitern werden. Ist das aber der Fall, dann ist das andere Ziel, die Erhaltung des mittleren und kleinen Grundbesitzes gegenüber der Verschuldungsgefahr gewiß gleich gerechtfertigt; denn neue Ansiedelungen und Rentengüter, neue Bauerngüter schaffen und die alten durch Verschuldung untergehen lassen, das ist keine consequente Politik. Auch hier aber meine ich, daß zwar von einer allgemeinen Verschuldungsgrenze zur Zeit nicht die Rede sein kann, daß aber der Möglichkeit einer Unterstellung solcher Güter unter ein Sonderrecht, das die Verschuldung beschränkt, nichts entgegenstände und daß eine starke Verlockung zu einer solchen Unterstellung vorliegen würde, wenn der Staat dafür seine Beihilfe zur Erleichterung der bisherigen Schuldenlast in Aussicht stellte. In diesem Zusammenhange würde auch eine Maßregel, wie sie der Herr Referent vorschlägt, ihre Stelle finden: Die Zulassung einer Umwandlung mit Hypotheken belasteter Güter in Rentengüter auf Grund freiwilliger Anrufung der Staatshilfe.

Aber wie gesagt, m. H., es ist hier nicht der Ort, speciell auf diese Fragen einzugehen. Ich glaube nur noch Eins entgegnen zu müssen. Der Herr Referent meinte, durch jede Verschuldungsbeschränkung in Bezug auf Grund und Boden würde der Personalcredit außerordentlich geschädigt. Dieses kann ich nicht zugeben. Was geschädigt wird, ist nur der scheinbare Personalcredit, der in Wahrheit als Realcredit gedacht wird. Denn wenn man in letzter Linie die Execution in das Grundstück ins Auge faßt, so liegt nicht mehr Personalcredit vor. Besteht dagegen eine Verschuldungsgrenze, so ist Raum für die Entwickelung des reinen Personalcredits. Man weiß dann bestimmt: für mehr kann ich mich an das Grundstück nicht halten; darüber hinaus aber kann ich einen Personalcredit gewähren, indem ich der gesicherten Arbeitskraft des Wirthes vertraue. Und der Ausbau dieses Personalcredits durch ländliche Genossenschaften muß natürlich jeder Einschränkung des Realcredits zur Seite gehen.

Indeß die Hauptfrage, m. H., mit der wir uns hier zu beschäftigen haben, ist allgemeinerer Natur. Es ist die Frage: wie weit soll in Bezug auf Grund und Boden der allgemeine Schuldrechtszwang gehen? Ich stimme dem Grundgedanken des Herrn Dr. Grünberg durchaus bei:

der Gesichtspunkt, unter dem die rechtsgeschichtliche Entwickelung des Schuldrechts sich darstellt, ist eine fortschreitende Befreiung zuerst der Person und dann auch des für eine freie wirthschaftliche Persönlichkeit unentbehrlichen Vermögens von dem Zwange der Gläubiger, und der consequenteste Ausbau bestände nun darin, wenn man die Exemption eines Vermögensminimums von jeder Execution überhaupt voranstellte und wenn dann die einzelnen Objecte, die etwa executionsfrei sind, eben nur als Repräsentanten des entsprechenden Vermögenswerthes besonders in Betracht kämen. Allein mir scheint doch, daß für eine so radicale Maßregel die Zeit noch nicht gekommen ist, daß es vielmehr zweckmäßiger wäre, auf dem bisherigen Wege allmählich weiterzugehen und sich jenem Ziele zu nähern. Verfolgen wir aber den bisher beschrittenen Weg weiter, indem wir nur den Catalog der bestimmten einzelnen Gegenstände, die von der Zwangsvollstreckung befreit sind, nach Bedürfniß ausdehnen, so haben wir in erster Linie die Frage zu stellen: in wieweit muß eine Ausdehnung auf Grundbesitz stattfinden?

Ich würde ja auch hier natürlich die Fixirung des Grundbesitzes, der der Execution entzogen sein soll, nach einem bestimmten Vermögenswerth, nach einer festen Summe vorschlagen und würde ebenfalls zu dem Ergebnisse kommen, daß, wenn das Grundstück diesen Werth übersteigt, eben bloß auf dem entsprechenden Theile des Erlöses ein unantastbarer Anspruch gegeben, das Grundstück aber nicht zersplittert werden dürfte. Aber ich würde diesen Vermögensmaßstab in die zweite Linie stellen. Dies auch schon aus dem Grunde, weil es mir kaum denkbar erscheint, ein solches Vermögensminimum für das ganze Deutsche Reich oder auch nur einen einzelnen deutschen Staat einheitlich und für alle Berufsstände gleich zu bestimmen. Das ist kaum ausführbar. Wir haben ja schon bisher Befreiungen, die recht ansehnliche Vermögensobjecte darstellen, und ich glaube z. B., eins von diesen Privilegien, die theilweise Freiheit des Beamtensoldes von der Execution, würde in vielen Fällen jedes denkbare allgemeine Vermögensminimum übersteigen. Da müßte man schon über einen festen Maßstab hinausgehen, da der freie Betrag ja nach Quoten berechnet wird. Wir haben ebenso in der Unmöglichkeit der Beschlagnahme des Arbeitslohnes u. s. w. ein derartiges Executionsprivileg, wir haben es in der beschränkten Execution hinsichtlich des Geräths und Handwerkszeugs. Und nun fragt sich: liegt denn wirklich die Sache beim Grundbesitz anders?

Ganz richtig ist betont worden: von einem doppelten Gesichtspunkt aus kommt hier die Unpfändbarkeit des Grundbesitzes in Frage. Einmal handelt es sich um Grundbesitz als Wohnstätte, als das, was Obdach gewährt. Nun, diese Frage ist die gleiche für Land und Stadt. Auch in der Stadt giebt es glücklicher Weise — wenn auch in großen Städten nur wenige — kleine Häuser, die vom Eigenthümer selbst bewohnt werden. Hoffentlich wird dies System, wie es in England, Holland, Belgien und sonst besteht, in größerem Umfange auch bei uns sich noch ausbreiten, durch Wohnungsgenossenschaften gefördert. Dann aber gerade fragt es sich: warum soll dieses Obdach, das der Schuldner hat, ihm entzogen werden können, nur gerade weil es sein Eigenthum ist? Hat er das Haus auf 10 Jahre gemiethet, so giebt es in das Miethsrecht für den Gläubiger keine Execution. Vom Vermiether freilich wird der Miether hinausgeworfen, wenn er die Miethe nicht bezahlt. Aber der dritte Gläubiger kann an das Miethsrecht nicht heran. Warum soll er das Eigenthum ihm nehmen können? Ebenso ist künftig das Pachtrecht unexequirbar. Ich habe nicht genau feststellen können, weil ich die Reichstagsverhandlungen nicht zur Hand hatte, wie das herausgekommen ist. Aber es ist so. In dem Entwurfe der neuen Civilproceßordnung war ein eigener Paragraph enthalten, der das Pachtrecht der Ausübung noch für pfändbar erklärte. Nach einem allgemeinen Grundsatze sollen nämlich alle Rechte insoweit gepfändet werden können, als sie übertragbar sind. Das Pachtrecht ist auch nicht einmal der Ausübung nach übertragbar. Folglich kann es an sich nicht gepfändet werden. Durch eine besondere Ausnahmesatzung wollte man es pfändbar machen. Diese Ausnahmesatzung aber ist schließlich gestrichen, und so ist m. E. nach das Pachtrecht künftig schlechthin unpfändbar. Demgemäß meine ich also, daß auch ein kleines eigenes Besitzthum, welches nur dem Schuldner und seiner Familie Obdach gewährt, der Pfändung genau so gut entzogen sein muß, wie verschiedenes andere zur Lebensnothdurft Gehörige: die Kleider, Betten, das was sonst zur Fristung des Daseins unentbehrlich ist. Wenn man den herausgeworfenen Eigenthümer darauf verweist: du kannst ja eine Wohnung miethen, dann müßte man ihm wenigstens noch das Geld geben, um den Miethspreis zu zahlen. Das würde also wieder auf die Executionsfreiheit eines Theiles des Erlöses herauskommen.

Aber ich meine weiter, daß auch unter einem zweiten Gesichtspunkte, unter dem des Arbeitsmittels, des Produktionswerkzeuges, dieser kleinste Grundbesitz einen solchen Schutz verdient. Der Herr Referent hat freilich gesagt, das Handwerkszeug für den landwirthschaftlichen Arbeiter sei die Sense und nicht der Grund und Boden. Aber mit der Sense allein kann er auch nicht viel anfangen, wenn er nichts zu mähen hat. Nun ist gesagt worden: er kann als Arbeiter sich verdingen und auf fremdem Grund und Boden mähen. Ja, aus demselben Gesichtspunkte könnte man ihm die Sense auch nehmen, denn die kriegt er geliefert, wenn er keine hat und als Arbeiter mähen will. Aus demselben Grunde aber könnte man ja auch zum Handwerksmeister sagen: deine Hobelbank u. s. w. nehmen wir dir weg; du kannst als Drechslergeselle dich wieder verdingen. Dieses Argument beweist also zu viel. Ueberdies giebt es viele Fälle, in denen der Grund und Boden und das Handwerkszeug ganz unmittelbar zusammenhängen. Denken Sie z. B. an den Fall einer Dorfschmiede. Ja, der Ambos und der Hammer können dem Manne nicht genommen werden, aber die ganze Schmiede kann ihm genommen werden. Ich halte das nicht für ein folgerichtiges Recht, und ich meine also, daß der Juristentag sich in der That dafür aussprechen sollte, daß eine Ausdehnung der Befreiung von der Zwangsvollstreckung auf den kleinsten Grundbesitz, soweit derselbe eine bestimmte Vermögensgrenze nicht übersteigt, empfehlenswerth ist, daß jedoch eine solche Beschränkung der Zwangsvollstreckung nicht zur Zersplitterung eines bisher einheitlich bewirthschafteten Grundstücks führen darf, daß endlich ein weitergehender Schutz des mittleren und kleinen ländlichen Grundbesitzes nur im Wege der Specialgesetzgebung zu erreichen ist.

Ich glaube, der Juristentag würde sich, wie er schon sich für das Anerbenrecht mit Erfolg ausgesprochen hat, so auch hier mit einem solchen Beschlusse, wenn er auch manchem Vorurtheile widerspricht, ein Verdienst erwerben. Im Sinne des deutschen Rechts wäre ein solcher Beschluß sicherlich! Denn wenn der Herr Referent hiergegen angeführt hat, daß ja doch nach Tacitus die germanische fides soweit gegangen wäre, daß der Spieler sich freiwillig hätte fesseln und in Knechtschaft führen lassen, nun, so hat doch das deutsche Recht schon vor dem Eindringen des römischen diesen Standpunkt aufgegeben und unser Spielrecht geschaffen, das die Spielschuld schon im Mittelalter für eine bloße Ehrenschuld erklärte und der Klagbarkeit entkleidete. Wir aber haben diesen Gedanken fortgeführt; wir haben — auch hierfür ist der Juristentag thätig gewesen — auch beim Differenzgeschäft den Spieleinwand zugelassen. Immer wieder wird gesagt: ja, da privilegirt man das Nichtworthalten. In der That, der Spieler, der seine Schuld bezahlt und vielleicht dadurch an den Bettelstab kommt, ist unter Umständen ehrenhafter, als derjenige, welcher sich auf den Spieleinwand beruft. Aber vom allgemeinen socialen Gesichtspunkte aus können wir solche Schranken der Persönlichkeit, die sie gegen die eigene Freiheit schützen, nun einmal nicht entbehren. Die gesammten Schranken der Vertragsfreiheit sind ja nichts anderes als Privilegien des Wortbruchs, wenn man so will. Auch die Beschränkung der Höhe der Conventionalstrafe, die Arbeiterschutzgesetzgebung u. s. w.

Immer haben wir hier dasselbe Princip, und immer könnte man dasselbe Bedenken erheben.

Ich glaube also, daß, da doch das deutsche Recht nicht bloß das germanische Recht zur Zeit des Tacitus war, sondern das deutsche Recht wie alle Rechte großer Culturnationen seine Entwickelung hat, es durchaus nicht deutsch sein würde, wenn wir zu dem Satze zurückkehren wollten, daß man seine Freiheit und seine Glieder giltig verspielen oder verpfänden kann, sondern daß es viel deutscher ist, wenn wir zu dem Satze fortschreiten, daß das nothwendige Obdach und das unentbehrliche Arbeitsmittel in Gestalt des kleinsten Grundbesitzes auch dem nicht entzogen werden kann, der sich leichtsinnig in Schulden gestürzt hat. Das muß im Interesse der Gesammtheit, im Interesse der Gesellschaft eben gegen den Zugriff der Gläubiger geschützt sein.

Ich empfehle Ihnen daher mit diesen Abweichungen die Vorschläge des Herrn Dr. Grünberg.

Referent Reg.-Rath Alfred **Meyer** (Bromberg): M. H., ein paar kurze Worte möchte ich mir noch erlauben. Was den Rahmen meines Vortrages betrifft, wonach ich erst über die allgemeine Frage der Exemtion und dann über die Sondergesetze mich geäußert habe, so bemerke ich, daß ich mich hier an den Vorschlag des Herrn Geheimrath Gierke gehalten habe, der m. E. mit Recht fragt: sollen wir bei diesem Sonderrechte vorbeigehen? Es ist eben nicht ganz leicht, den Rechtsbegriff der Heimstätte zu finden, und da ich nun gefragt worden bin: Empfiehlt sich ein Heimstättenrecht? so mußte ich ja doch zunächst feststellen, was unter einem Heimstättenrecht etwa zu verstehen ist, und das glaube ich gethan zu haben. Wenn nun Herr Dr. Grünberg zu 5 seiner Anträge sagt, daß ein weitergehender Schutz des Immobiliar-Vermögens im Allgemeinen und des mittleren und kleinen Grundbesitzes im Besonderen im Wege einer Specialgesetzgebung zu erreichen sei, so empfiehlt er eine solche Specialgesetzgebung. Das aber möchte ich bekämpfen. Wir können m. E. eine Specialgesetzgebung nicht empfehlen, bevor wir nicht wissen, worauf sie eigentlich hinaus will.

Herr Dr. Grünberg hat dann bemängelt, daß ich sagte: „Wir geben den Bauern ein Vermögensobject, an das seine Gläubiger nicht können, das er aber selbst jederzeit zu Geld machen könnte.“ Dieser Satz erscheint anfechtbar, wenn er für sich allein angeführt wird, er setzt sich aber noch fort. Ich habe hinzugefügt: „Er hätte dadurch ein Voraus vor allen übrigen Staatsbürgern gleicher Bildung und Lebensstellung,“ und das ist zweifellos richtig. So lange wir nicht die Grenze des pfandfreien Vermögens allgemein erweitern, wäre die Exemption eines Minimums vom Grnndbesitz ein Privileg und dieses Privileg wäre ein ungerechtes. Darüber komme ich nicht hinweg.

Will sich der Juristentag nun für ein Sondergesetz aussprechen, dann mag er das thun; es ist nicht unbedenklich, wie ich ausgeführt habe, denn wir müssen erst einen Rechtsbegriff für die Heimstätte haben, bevor wir sie befürworten, der Rechtsbegriff, den uns der Reichsgesetzentwurf darbietet, ist m. E. zur Befürwortung nicht geeignet. Mag man indessen doch einen beschränkten Versuch machen und etwa eine Verschuldungsbeschränkung — vielleicht versuchsweise auf 30 Jahre, wie in anderen Ländern — einführen, einen Erfolg wird man damit nicht haben. Wie ich die Volksseele kenne — und ich glaube sie zu kennen — werden sich im Deutschen Reiche nicht zwei Menschen finden, die sich auf ein Heimstättengesetz nach Art des Reichsgesetzentwurfes einlassen, und da fragt sich doch, ob sich das Deutsche Reich dazu hergeben soll, ein solches Gesetz zu machen.

Die Statistik, die ich angeführt habe, ist aus dem Jahre 1898, und sie weist nach, daß die größere Hälfte des gesammten kleinen Grundbesitzes gänzlich schuldenfrei ist; die kleinere Hälfte ist theils mäßig verschuldet, theils in dem angegebenen Procentsatze (der aber kein richtiges Bild giebt), als höher verschuldet angenommen. Ist es da nöthig, ein Ausnahmegesetz gerade für die kleinsten Besitzer zu machen? Ich glaube nicht!

Und nun noch eins. Die Rentengüter beweisen doch, daß thatsächlich der kleine Grundbesitz, trotzdem er freie Verschuldbarkeit hat, trotzdem er theilweise hoch belastet ist, gut fortkommt. Es ist über die Rentengüter viel geredet worden und wenig Gutes; es wird nur immer übersehen, daß Tausende von Rentengütern gemacht sind, der geringe Procentsatz der mißlungenen Gründungen aber immer wieder herhalten muß, um das ganze Colonisationswerk herabzusetzen. Wir sind deshalb ganz ruhig. Es giebt ein Sprüchwort, welches lautet: „Wer will bauen an der Straßen, muß die Leute reden lassen."

Ich habe selbst bei der Gründung von etwa 700 Rentengütern mitgewirkt; von 1891—98 ist bei diesen kaum ein Rückstand zu verzeichnen gewesen, es ist wohl einmal auf ein paar Wochen eine Rente gestundet worden, und es haben 2 oder 3 Subhastationen in dieser Zeit stattgefunden, das ist aber auch alles, und das ist ein Resultat, wie es selbst der sonstige bäuerliche Grundbesitz kaum aufzuweisen haben dürfte, obwohl die Rentengüter ja hoch belastet sind, sie sind zu $^3/_4$ belastet und haben noch dazu theilweise Hypotheken zu tragen. Ich komme nicht darüber hinweg: ein Sondergesetz für den kleinen Grundbesitz zu schaffen, ist nicht nothwendig, er ist im Kampf um das Dasein nicht schwieriger gestellt, wie andere in gleicher socialer Stellung stehende Berufsstände.

Rechtsanwalt Dr. **Orgler** (Posen): M. H., es wird mir vielleicht, obwohl ich nicht ex professo über die Sache reden kann, gestattet sein, einige Worte hierzu zu sprechen. Am weitgehendsten will Herr Dr. Grünberg das bestehende Recht abändern, und ich meine, gerade dieser Vorschlag, den Herr Dr. Grünberg gemacht hat, führt zu sehr folgenschweren Consequenzen. Das bisherige Zwangsvollstreckungsrecht ging davon aus: es muß jedem Menschen das Existenzminimum gewährt sein, und ich weiß allerdings nicht, ob der Gedanke, aus dem heraus diese Bestimmung geschaffen wurde, der war: es soll nicht ohne Noth ein erwerbsthätiger Mensch der öffentlichen Armenfürsorge anheimfallen. Was Herr Dr. Grünberg aber vorschlägt, ist etwas ganz Anderes. Er constituirt nicht mehr das Recht auf das Existenzminimum, er constituirt das Recht auf die Existenz und auf die Existenz in der bisherigen socialen Stellung. M. H., wenn man einmal soweit geht, mache man gleich ganze Arbeit! Denn welche wirthschaftliche Richtung hat denn dieses Recht auf die Existenz proclamirt? Es ist die Richtung der Anhänger von Marx. Die sind es gewesen, die gesagt haben: jedem Menschen steht das Recht zu, eine menschenwürdige Existenz zu führen. Natürlich sagen sie: jeder Mensch hat das gleiche Recht auf menschenwürdige Existenz. Soviel ich glaube, meint Herr Dr. Grünberg das nicht, sondern sagt: jeder Mensch hat das Recht auf menschenwürdige Existenz in seiner socialen Stellung. Ich muß sagen, dann ist es doch besser, man folgt den Collectivisten und Marx, man schafft Zustände, daß jedem Menschen das gleiche Recht an den Lebensgütern geschaffen wird und man garantirt jedem Menschen das gleiche Recht auf die Lebensgüter. Daß wir jetzt nicht soweit gehen können, daß eine solche wirthschaftliche und sociale Aenderung vollkommen unmöglich ist, bedarf m. E. keiner Ausführung; aber — das glaube ich — der Grundsatz, der von Herrn Dr. Grünberg aufgestellt worden ist, ist der erste Schritt dazu.

Und was nun die Frage betrifft: soll dem kleinen und mittleren Grundbesitze überhaupt eine besondere Stellung gegeben werden, ein besonderes Agrarrecht, nicht nur eins, das für den ganzen Grundbesitz gilt und für die ganzen Verhältnisse der Landwirthschaft, sondern ein Agrarrecht, das für den einzelnen Theil gilt, für den mittleren und kleinen Bauernstand, so ist die Frage immer noch zu beantworten — und die Frage ist bisher nicht in bejahendem Sinne beantwortet worden —: liegt denn eine Veranlassung vor, ist denn wirklich die Lage des Bauernstandes eine derartige, daß man sagen muß: so geht es nicht weiter? Ist die

Verschuldung des Bauernstandes eine so große, daß zu befürchten ist, unser Bauernstand werde von der Bildfläche verschwinden? Ich glaube, Herr Regierungsrath Meyer, der in diesem Punkte sachverständig ist, wird mir wohl bestätigen, daß gerade das Entgegengesetzte eingetreten ist, daß im Gegentheil die Entwickelung auf unserem ganzen landwirthschaftlichen Gebiete dahin geht, immer mehr vom Großgrundbesitze zum mittleren und kleinen überzugehen, weil mit der fortschreitenden Entwickelung einer intensiven Cultur, die damit verbunden ist, eine Bewirthschaftung großer Güter nicht mehr in dem Umfange möglich macht wie bisher, und die Statistik, die der Herr Referent gegeben hat, spricht m. E. schlagend gegen die Nothwendigkeit. Und was würde dann — um auf einige andere Folgen zu kommen — die Folge sein? Herr Regierungsrath Meyer hat m. E. vollkommen zutreffend hervorgehoben: der Heimstättenbesitzer, der leichtsinnig ist, wird mit Rücksicht darauf, daß er sich sagt: mir kann ja Keiner an die Heimstätte, bis auf das letzte Körnchen Alles ausfegen, sein ganzes Inventar verkaufen und auf dem Boden, indem er die Düngung unterläßt, Raubbau treiben. Dann wird die Folge davon kommen: es wird Unland vorhanden sein, und ich glaube, die Folge einer Heimstätte wird nicht sein, daß wir mehr Cultur haben, sondern daß wir mehr Unland haben werden.

Und was den Satz betrifft: es muß jedem Menschen eine Wohnung gegeben werden und einen Ort, wo er sein Haupt hinlegen kann, so giebt das die Heimstätte nicht. Das Heimstättengesetz sagt: jeder Deutsche hat das Recht auf Heimstätte. Ja, wird die Möglichkeit gegeben werden können? Wie die Verhältnisse liegen — Nein! Die amerikanischen Heimstättengesetze gehen von ganz anderen Grundsätzen aus; sie wollen die Möglichkeit gewähren, daß das bisher nicht in Cultur befindliche Land in Culturland umgeschaffen werde, daß der Betreffende, der das Urland in Culturland umschafft, davor gesichert wird, daß er, namentlich in der ersten Zeit, wo er mit den Schwierigkeiten der Cultivirung zu thun hat, nicht von Haus und Hof gejagt wird. Das sind vielleicht die Grundzüge — und nebenbei noch die Privilegien, die großen Genossenschaften und Eisenbahngesellschaften ertheilt wurden —, die zur Unsicherheit des Grundbesitzes geführt haben. Aber diese amerikanischen Verhältnisse können auf Deutschland nicht Anwendung finden, wo der Grund und Boden nicht beliebig vermehrbar ist, und, wie die Verhältnisse jetzt liegen, muß ich sagen, liegt m. E. kein Grund vor, das bestehende Recht zu ändern.

Rechtsanwalt Dr. **Fuld** (Mainz): M. H., ich gehe nicht soweit wie der geehrte Herr Vorredner in seinen Ausführungen. Trotzdem muß auch ich bitten, die Anträge des Herrn Dr. Grünberg abzulehnen, und zwar um deswillen, weil nach meiner Ansicht diese Anträge Consequenzen enthalten, für die der Juristentag meines Erachtens sich unmöglich aussprechen kann, einmal, weil dies vielleicht über unsere Competenz hinausgeht, sodann aber weil darin eine Fülle von Fragen agrarpolitischen und socialpolitischen Inhalts aufgerollt wird, die gründlich zu erörtern es uns heute absolut an der Zeit gebricht; wir müßten meines Erachtens tagelang debattiren, um auch nur die ersten drei Leitsätze des Herrn Dr. Grünberg eingehend zu discutiren. M. H., wenn ich die Frage richtig verstanden habe, die die Deputation aufgestellt hat — und ich glaube sie richtig verstanden zu haben, denn ich habe die Ehre gehabt, an den Verhandlungen in Augsburg und Bremen theilzunehmen, und die Herren, die auf diesen beiden Juristentagen anwesend waren, werden meine Behauptung bestätigen können, daß die Frage, die uns heute beschäftigt, eigentlich nur die letzte Consequenz eines Beschlusses ist, den wir in Augsburg gefaßt haben, wo von uns beschlossen wurde, es sei nothwendig, daß die Mobiliarexecution beschränkt wird, daß die Zahl der Gegenstände, die der Execution unterworfen sind, eingeschränkt werde, — so ist die Sicherung der Grundbesitzer gegen Execution die logische Consequenz unserer früheren Beschlüsse. Darum meine ich, daß uns alle agrarpolitischen Fragen, die mit der Frage des Heimstättenrechts auch nur indirect zusammenhängen, heute nicht beschäftigen können. Ich verkenne durchaus nicht die Bedeutung der agrarpolitischen Probleme, welche sich mit der Frage des Heimstättenrechts berühren, ich bin auch theilweise der Meinung des Herrn Geheimraths Gierke, daß bei den Discussionen wenigstens die Perspective der agrarpolitischen Gesichtspunkte dieser Frage gestreift werden müßte. Aber, m. H., bei der Beantwortung der uns gestellten Frage müssen wir auf dem Rechtsboden bleiben, und der Rechtsboden, der für uns gegeben ist, wird gebildet durch das Executionsrecht. Deswegen kann sich der Juristentag lediglich klipp und klar darüber aussprechen, ob es unter dem Gesichtspunkte des Executionsrechts nothwendig ist, einen Schutz gegen die Execution des Grundes und Bodens zu schaffen oder nicht; er kann sich dagegen mit den Vorschlägen nicht befassen, welche die Hereinbeziehung des agrarpolitischen Problems mit sich bringen würde, vielleicht mit sich bringen müßte, weder mit der Seßhaftmachung besitzloser Tagelöhner noch mit der dadurch zu bewirkenden Einschränkung des Zuges nach dem Westen. Nunmehr, m. H., bin ich der Ansicht, daß es allerdings geboten ist, das Privileg, das die Fahrhabe nach dem modernen Executionsrechte besitzt, auf das Immobiliareigenthum auszudehnen, ich glaube, daß die Consequenz des Gedankens, auf welchem die Executionsschranken beruhen, die wir im Laufe der Jahrhunderte zu Gunsten der Fahrhabe errichtet haben, den wir jetzt erst erweiterten und vielleicht in nicht allzu entfernter Zeit abermals erweitern werden, — ich meine, dazu führt, das Privileg auch den Grund und Boden zukommen zu lassen. Es ist zutreffend, wie Herr Regierungsrath Meyer bemerkte, daß jede Beschränkung der Execution ein Privilegium enthält, aber die Schlußfolgerung des Herrn Referenten aus diesem Satze scheint mir nicht ganz richtig zu sein. Wenn die Fahrhabe eine Privilegirung gegenüber den Gläubigern erfahren hat, wenn der Gesetzgeber es für nothwenig erachtet, die Fahrhabeexecution zu beschränken, so ziehe ich hieraus den Schluß, daß auch das Immobiliareigenthum der Pfändung gegenüber irgendwie geschützt werden muß. Ist es gerechtfertigt, die Wohlthat, die man dem Besitzer von Fahrhabe zu theil werden läßt, dem Besitzer von Immobiliareigenthum zu versagen? M. H., ich glaube nicht, daß dies bejaht werden kann, meine vielmehr im Gegensatze zu der Ansicht des Herrn Referenten, daß das Benefiz auch auf den Besitzer von Immobiliareigenthum zu erstrecken ist. Beschränken wir uns also darauf, einfach auszusprechen: es ist geboten, ein Heimstättenrecht zum Schutze des kleinen Grundbesitzes gegen Zwangsvollstreckung zu schaffen. Weiter zu gehen halte ich heute für bedenklich. Insbesondere möchte ich mich dagegen aussprechen, uns an die amerikanische Gesetzgebung anzulehnen oder die Aufstellung eines Vermögensminimums zu befürworten. Mit der Aufstellung einer Minimalgrenze binden wir uns von vornherein die Hände: ob dieselbe überhaupt möglich ist, erscheint mir fraglich. M. H., berücksichtigen Sie — um wenig Worte darüber zu sprechen — die Verschiedenheit der landwirthschaftlichen Verhältnisse, wie sie z. B. zwischen der Provinz Posen mit ihrem extensiven Getreide- und Körnerbau einerseits und andererseits den Rhein- und Moselgebieten bestehen. Wenn der Gesetzgeber beispielsweise sagen wollte: es ist nicht statthaft, Vermögensgegenstände zu pfänden, deren Werth den Betrag von 1000 oder 1500 Mk. nicht übersteigt — Herr Geheimrath Gierke schien mit Recht der Ansicht zu sein, daß dieser Betrag das Maximum sei, was der Gesetzgeber statuiren dürfte — so bedeutet dies für unsere Weinbergsbesitzer am Rhein und an der Mosel Nichts. Mit 1500 Mk. bekommt man da noch keinen nennenswerthen Weinberg. Andererseits ist doch klar, daß das Executionsprivileg dem Weinbergsbesitzer ebensowohl zu Gute kommen muß, wie dem Landwirth, welcher nur Brotfrucht baut. Wir sollten uns daher auch mit der Frage des Vermögensminimums nicht befassen; es ist dies noch eine Detailfrage, bei der die Verschiedenheit der landwirthschaftlichen Verhältnisse in Deutschland in Betracht gezogen werden muß; meines Erachtens, würde es wahrscheinlich gar nicht möglich sein, eine einheitliche Norm für das ganze Reich aufzustellen; wir können in dieser Beziehung nicht schablonisiren; die Verhältnisse des Nordens oder Ostens sind zu verschieden von denen im Süden und Westen, als daß eine einheitliche Grenze ohne Nachtheil befürwortet werden könnte. Es wird sich vielleicht empfehlen, wenn die Reichsgesetzgebung die Frage überhaupt principiell in dem bisher besprochenen Sinne beantwortet, die Ausführung den einzelnen Staaten, vielleicht sogar den einzelnen Provinzen zu überlassen und denselben die Autonomie einzuräumen, festzustellen, daß für diese Provinz dieses Vermögensminimum anzunehmen ist, für eine andere jenes. Item, es ist das eine Detailfrage, auf die wir nicht näher eingehen können. Ich möchte also zum Schlusse meine Ausführungen dahin resümiren, daß wir uns auf den Beschluß einigen, wonach es sich empfiehlt, zu Gunsten des kleinen Grundbesitzes gegen Zwangsvollstreckung ein Heimstättenrecht zu schaffen, im Uebrigen aber befürworte ich die Ablehnung aller Anträge.

Privatdocent Dr. **Grünberg** (Wien): M. H., vergeben Sie, wenn ich Ihre Geduld bei der vorgeschrittenen Zeit noch einen Augenblick in Anspruch nehme. Aber es scheinen mir einige Feststellungen nothwendig. Vor allem möchte ich vorausschicken, daß ich es mit Freude begrüße, daß jedenfalls, nach den Worten der Herren Vorredner zu urtheilen, mein erster Leitsatz als angenommen betrachtet werden darf. Dies gilt bezüglich des Herrn Dr. Fuld, der nur offenbar das Wort „nicht" in meinem Leitsatze übersehen hat. Ich sage: in Bezug auf die Heimstätten können wir uns an Amerika nicht anlehnen und in dieser Beziehung scheint allgemeines Einverständniß zu herrschen.

Dagegen hat sich heftige Gegnerschaft geltend gemacht in Betreff meines zweiten Vorschlages: eine Erweiterung der Unpfändbarkeitsgrenze nicht mehr wie bisher in katalogisirender Form, sondern unter Feststellung eines executionsfreien Vermögensminimums anzustreben. Ja, einer der Herren Vorredner hat sogar — zu meinem lebhaften Bedauern — behauptet: was ich vorschlage, sei doch eigentlich schon socialdemokratisch.

M. H., ist denn wirklich heute die Stimmung in Deutschland bereits so verbittert, daß man Jedermann, der etwas vorschlägt, was sich als ein Schutz im Interesse der Besitzlosen oder der Wenigbesitzenden darstellt, gleich mit den Worten Socialdemokrat und Socialdemokratie todtzuschlagen versucht? Ist es nicht offenbar widersinnig, zu behaupten, daß dadurch, daß man die Individualwirthschaft zu festigen versucht, die Socialdemokratie irgendwie gestärkt und ihr die Bahn geebnet werde?

Ich möchte doch bei dieser Gelegenheit — leider scheint dies nicht überflüssig — ganz entschieden darauf hinweisen, daß die Socialdemokratie eine collectivistische Partei ist, während wenigstens meine Anträge sich auf individualwirthschaftlichem Gebiete bewegen und in gar keiner Art den Boden des Privateigenthums verlassen. Ja, sie bezwecken vielmehr im Gegentheil das Privateigenthum für viele Volksschichten, welchen eventuell durch Zulassung rücksichtsloser Zugriffe der Gläubiger dasselbe entzogen werden könnte, die in die Proletarisirung heruntergestoßen werden könnten, zu erhalten. Es ist ein principieller Gegensatz zum Collectivismus, der in diesen Anträgen hervortritt, und es geht daher nicht, mit dem Schlagworte „Socialdemokratie" sie und das unpfändbare Vermögensminimum u. s. w. todtzuschlagen.

(Zuruf.)

Das ist geschehen.

(Widerspruch.)

Wo ist der Gegensatz zur Socialdemokratie — wurde gefragt — da Grünberg gefordert hat: es müsse Jedem ein Existenzminimum gewährt werden? Diese Forderung habe ich nun aber gar nicht aufgestellt. Ich habe nur verlangt: es solle Sorge dafür getragen werden, daß nicht ohne Weiteres jedem Schuldner die Gurgel zugeschnürt werde. Entweder man steht auf dem Standpunkte: der Schuldner, der nicht solvent ist, soll verkauft werden, oder aber wir sind in der Cultur weiter fortgeschritten, und wollen ihm vor seinen Gläubigern einen gewissen Schutz gewähren. Darin, daß wir ihm ein bischen Luft lassen, sehe ich nicht gleich ein socialdemokratisches Experiment.

Ferner habe ich nirgends verlangt, daß jedem Menschen Wohnung gegeben werde. — Natürlich wäre das eine wunderschöne Einrichtung. Allein es ist mir nicht eingefallen, sie Ihnen vorzuschlagen. Ich habe vielmehr blos gesagt: wer eine Wohnung hat, dem soll man sie unter gewissen Bedingungen nicht nehmen können. Das ist ein bedeutender Unterschied gegenüber der anderen Forderung, daß dem, der keine Wohnung hat, sie von Staats- oder Gemeindewegen gegeben werden solle. Nebenbei, ich meinerseits wäre allerdings für Schutzmaßregeln auch in dieser Richtung und für eine ausgiebige communale Wohnungspolitik. Das ist aber eine Sache für sich.

So lebhaft es mich nun befriedigt, daß die Anlehnung an das amerikanische Heimstättenrecht heute von keiner Seite vertreten worden ist, so muß ich doch andererseits constatiren, daß sich viele der Herren Vorredner mit dieser bloßen Negation begnügt haben. Man wolle denn als positiven Vorschlag die Worte auffassen: Ja, wir möchten irgend etwas thun. So wenigstens hat sich z. B. Herr Dr. Fuld ausgedrückt. Aber er hat gleich vorsichtig hinzugefügt: — wenigstens habe ich ihn so verstanden: wir wollen ja nicht sagen, was wir thun wollen. Denn es könnte das zu Consequenzen führen, welche dem Gesetzgeber vorgreifen, oder gar der Autorität eines Gesetzentwurfes, welchen der Reichstag bereits in Verhandlung gezogen hat, zu nahe treten.

Aber, m. H., der Juristentag ist eine so hoch ansehnliche Körperschaft, daß er sich wohl getrauen darf, ein Urtheil zu haben. Indem wir sagen: wir empfehlen Maßregeln zum Schutze des kleinen Grundbesitzes, uns aber absolut enthalten zu erklären, was denn das für Maßregeln sind, so heißt das so viel als: waschen wir den Pelz, aber machen ihn nicht naß.

Da ist es mir fast schon lieber, wenn Herr von Riepenhausen verlangt hat: Ein jeder deutsche, 24jährige Bürger hat das Recht auf eine Heimstätte. Ich selbst war derjenige, der aus dem Gutachten auseinandergesetzt hat, daß dieses pomphaft jedem deutschen Staatsbürger gewährleistete Recht nichts weiter bedeutet als: wer Geld hat, kann sich ein Grundstück kaufen, so bald eines feil ist, und wer ein Grundstück hat, kann es zur Heimstätte erklären lassen. Ich selbst habe dieses angebliche Recht als ein Messer ohne Stiel, an welchem die Klinge fehlt, bezeichnet. Aber Herr von Riepenhausen hat damit wenigstens den Versuch zu einem positiven Vorschlag gemacht. Und das ist immer besser als ein bloßes Nein. Wenn wir also überhaupt etwas sagen und nicht über den zu erörternden Gegenstand einfach zur Tagesordnung übergehen wollen, so müssen wir doch auch sagen, was wir uns unter Heimstättenrecht vorstellen, nachdem wir das amerikanische abgelehnt haben.

Ich habe nun auseinandergesetzt — und ich freue mich außerordentlich damit beim Herrn Geheimrath Gierke im Wesentlichen Zustimmung gefunden zu haben — daß es doch eher zu empfehlen wäre, wenn wir ganz allgemein die exempte Vermögensgrenze erweiterten. Damit wird dann auch der Grundbesitz geschützt. Wie Herr Geheimrath Gierke Opportunitätsrücksichten geltend macht und sagt: wir kommen heutzutage nicht dazu, eine so radicale Maßregel für sämmtliche Volksgenossen, wenn sie verschuldet sind, durchzusetzen, und wir wollen uns deshalb mit weniger begnügen und auf den Schutz der kleinen Grundbesitzer beschränken, so habe ich darauf zu erwidern, daß gerade die Opportunität für meinen Vorschlag spricht.

Es herrscht heute in der ganzen Welt ein verbitterter Klassenstreit. Sowie von der Gesetzgebung Einem etwas gewährt wird, stürzen gleich alle Anderen herbei und schreien: Sonderbegünstigung! Deshalb auch — ich will Ihnen diese psychologischen Voraussetzungen vorführen, damit Sie die Hartnäckigkeit, mit der ich meine Auffassung vertrete, begreifen, — habe ich mich ja gerade aus Opportunitätsrücksichten starr und entschieden auf den Boden des gemeinen Rechts, und zwar des gemeinen allgemeinen Rechts gestellt. Es soll eine Erweiterung der bestehenden Gesetzgebung zu Gunsten verschuldeter Existenzen schlechthin stattfinden. In zweiter Linie möge dann der Juristentag sich dahin aussprechen, daß dieser Schutz auch in Bezug auf Grundbesitz insbesondere einzutreten habe, und zwar diesfalls nur unter gebotener Rücksichtnahme auf die landwirthschaftliche Produktion und ihre Existenzbedingungen.

Freilich — und das ist nicht zu vermeiden, wenn wir die Dinge zusammenhalten und nicht isolirt behandeln — ist damit, daß ich sage, daß auf die Existenzbedingungen der Landwirthschaft Rücksicht genommen werden muß und daß deshalb die neue Entstehung von Zwergwirthschaften nicht begünstigt, vielmehr hintangehalten und höchstens diese Zwergwirthschaften, wenn sie nun einmal bestehen, weiter erhalten werden sollen, auch bereits die Brücke zu den agrarischen Problemen der Gegenwart geschlagen.

Also Erweiterung des Existenzminimums ist der Kern meiner Anträge! Ich scheue nicht davor zurück, zu sagen: in der That, sie bezwecken eine stärkere Sicherung für die Existenz eines jeden Volksgenossen. Freilich die Rückwirkungen auf die Creditverhältnisse, auf welche in der Debatte so vielfach hingewiesen wurde, sind dabei nicht zu vermeiden. Aber vergessen wir nicht das Wesen des persönlichen Credits. Der wird nicht unterbunden werden. Wir alle als praktische Juristen oder als Theoretiker, die sich mit den Dingen beschäftigt haben, wissen ja, daß die Menschen wirklich nicht so schlecht sind, nun, sowie man ihnen irgend einen Schutz gewährt, denselben sofort zu mißbrauchen. Gewiß kommt Mißbrauch eines jeglichen Rechtes vor. Aber wir dürfen solchen nicht als Regel aufstellen. So verkommen ist das Volk wirklich nicht, daß man annehmen müßte, ein Jeder werde die Schutzmaßregeln dazu benutzen, um bloß daran zu denken, seine Gläubiger zu betrügen. Ich bin praktischer Richter, und ich muß gestehen: Derartiges kommt mir kaum vor. Dagegen kann ich eben auch auf Grund meiner praktischen richterlichen Thätigkeit sagen, daß die bisher bestehenden Executionsexemptionen wirklich gar nicht genügen. Sie müssen erweitert werden. Wenn man sich nun entschließt, sie in catalogisirender Form oder — was mir besser scheint — durch Feststellung eines bestimmten Vermögenswerthes, — zu erweitern, principiell käme es immer auf eine Executionsexemption hin=

aus, die sich an sich auf die Fahrhabe bezieht. Nur subsidiär würde eventuell auch die Wohnstätte mit einbezogen werden.

Ich fasse zusammen: Opportunitätsrücksichten gerade scheinen mir dafür zu sprechen, daß sich der Juristentag, wenn überhaupt, für eine Erweiterung der Unpfändbarkeitsgrenzen in dieser weitergehenden Art ausspreche. Und andererseits sprechen Rücksichten auf eine gedeihliche gesellschaftliche Entwickelung und gerade auf den Schutz der bestehenden Rechtsordnung, daß diese Erweiterung thatsächlich eintrete. Niemandem noch ist es eingefallen, den Gesetzgeber als Socialdemokraten zu bezeichnen, der dem Beamten oder Privatbediensteten eine Executionsexemption — bei uns in Oesterreich bis zu 800 fl. der festen Gehaltsbezüge — eingeräumt hat. Welchem kleinen Unternehmer steht eine solche Exemption zu, daß ihm 800 fl. des Jahreseinkommens frei blieben?

Ich werde mir nun gestatten, meine etwas abgeänderten Vorschläge vorzulesen. Ich würde eventuell beantragen, in Abänderung der Vorschläge, wie ich sie auf S. 234 Band II der Gutachten gemacht habe, zu sagen:

1. Bei der Revision des 8. Buches der Civilproceßordnung zum besseren Schutze derjenigen Vermögenstheile, die zur Führung einer geordneten Wirthschaft und zur ausgiebigen Verwerthung der persönlichen Arbeitskraft des Haushaltungsvorstandes erforderlich sind, erscheint die Einführung eines Heimstättenrechts nach nordamerikanischem Muster nicht empfehlenswert.
2. Der angestrebte Zweck ist vielmehr dadurch zu erreichen, daß durch zwingende Rechtsvorschriften ein gewisses, dem Werthe nach fixirtes Vermögensminimum für executionsfrei erklärt und zugleich der Kreis der unpfändbaren Mobilien — als Grenze des executionsfreien Vermögensbetrages nach unten zu — erweitert wird.
3. Innerhalb der exempten Vermögenswerthgrenze soll der Schuldner auch Grund und Boden als unpfändbar reclamiren können; sobald derselbe landwirthschaftlich genutzt wird aber nur dann, wenn die Exemption nicht zur Zersplitterung eines Clomplexes führen würde, der bis zur Zwangsvollstreckung eine wirthschaftliche Einheit gebildet hat.
4. Dieser directe Schutz des Grundbesitzes im Wege des gemeinen Rechts ist durch folgerichtige Weiterbildung und Anwendung indirecter Maßregeln behufs Beschränkung der Zwangsvollstreckung zu ergänzen.

5. Ein weitergehender Schutz des Immobiliarvermögens im Allgemeinen und des kleineren und mittleren Grundbesitzes im Besonderen ist nur im Wege einer Sondergesetzgebung zu erreichen.

Zugleich würde ich beantragen, daß zunächst über Punkt 1 meines Antrages abgestimmt wird; ferner entweder gemeinsam oder gesondert über die Punkte 2, 3 und 4, und endlich jedenfalls gesondert über Punkt 5.

Referent Reg.-Rath Alfred **Meyer** (Bromberg): Ich wäre durchaus dafür, daß über die Vorschläge des Herrn Dr. Grünberg abgestimmt würde, und bemerke, daß, wenn man dahin gelangt, ein Vermögensminimum von der Zwangsvollstreckung allgemein frei zu lassen, der Antrag zu 3 durchaus discutabel erscheint, da meine Bedenken, ein Privileg für den Grundbesitz zu schaffen, dann ja fortfallen.

Statt des Antrages zu 5 würde ich aber vorschlagen, die Fassung folgendermaßen zu wählen:

> Die Frage, ob ein Sonderrecht nach Art des Heimstättenrechts sich empfiehlt, scheidet der Juristentag aus der Erörterung aus, weil der Rechtsbegriff „Heimstätte" nicht genügend feststeht.

Geh. Justizrath Professor Dr. **Gierke** (Berlin): Ich, m. H., werde für die Vorschläge des Herrn Dr. Grünberg stimmen, aber eventuell, falls Nummer 2 und 3 abgelehnt werden sollten, möchte ich ein Amendement stellen, mit dessen Annahme ich mich begnügen würde; denn mir ist es zweifelhaft, ob für sämmtliche Herren die Tragweite einer allgemeinen Vermögensexemption so übersichtlich ist, daß sie sich dazu entschließen können, und ob wir uns nicht an das halten sollen, was zunächst in Frage steht, an den kleinen Grundbesitz. Wenn freilich der Vorschlag des Herrn Dr. Grünberg, wie gesagt ist, einen socialdemokratischen Beigeschmack hat, dann hat jeder andere Vorschlag, der sich auf die Klasse der Grundeigenthümer beschränkt, einen ständischen, reactionären, vielleicht agrarischen Beigeschmack. Ich mache mich beider Sünden schuldig

(Heiterkeit):

ich stimme zunächst socialdemokratisch, aber eventuell stimme ich agrarisch. Ich beantrage demnach:

> „Doch darf . . . . . .
> nicht zur Zersplitterung eines Landgutes führen, das bisher eine wirthschaftliche Einheit gebildet hat."

Vorsitzender: Ich möchte Herrn Dr. Grünberg bitten, sich noch einmal zu überlegen, ob gerade die ausführliche Antragstellung der Sachlage entspricht. Die ganze Nummer 1, die eigentlich bloß dahin geht, daß diese Heimstättenfrage nicht nach amerikanischem Muster gestattet werden soll, hat für uns keinen Werth. Ich meine, man sollte sich beschränken, wie Herr Geheimrath Gierke, mit Nummer 2 und 3, und zwar unter Weglassung dessen, was von Mobilien spricht. Wir haben doch bloß mit dem kleinen Grundbesitzer zu thun.

Privatdocent Dr. **Grünberg** (Wien): Ich habe nichts dagegen, wenn Punkt 1 etwa lauten würde:

> Bei der Revision des 8. Buches der C.P.O. im Sinne einer Ausdehnung der Zwangsvollstreckungs-Exemtionen erscheint die Einführung eines Heimstättenrechts nach nordamerikanischem Muster nicht empfehlenswerth.

Vorsitzender: M. H., ich möchte Ihnen auch einen Antrag stellen. Ich möchte beantragen,

> die Frage des eigentlichen Heimstättenrechts von der Beschlußfassung ganz auszuscheiden,

wie auch von dem Herrn Referenten vorgeschlagen worden ist, und zweitens:

> Die Freiheit der für die wirthschaftliche Existenz eines Schuldners unbedingt nothwendigen Grundstücke von der Zwangsvollstreckung ist anzubahnen.

Das sind die Motive, die Erklärungen, die in concurrenten Worten Herr Geheimrath Gierke am Anfange seines Plaidoyers gegeben hat. Ich glaube, darauf sollten wir uns beschränken und nicht auf Details eingehen. Mit den Details sind vielleicht nicht alle Herren einverstanden, das wird Sache der Gesetzgebung sein, die Details zu normiren. M. E. thun wir am besten, wenn wir uns auf den allgemeinen Satz beschränken, der auch in das B.G.B. und die C.P.O. übergegangen ist:

> Die für die wirthschaftliche Existenz eines Schuldners unbedingt nothwendigen Grundstücke sollen von der Zwangsvollstreckung ausscheiden.

Ich glaube, die Sache, die uns schon mehr als zwei Stunden beschäftigt hat, ist nach dem gegenwärtigen Stande unserer Kenntnisse hinlänglich erörtert.

Es verlangt Niemand mehr das Wort.

Geh. Justizrath Prof. Dr. **Gierke** (Berlin): Ich möchte doch glauben, daß der Juristentag mehr Nutzen stiftet, wenn er sich etwas concreter ausspricht. Ich sehe nicht ein, warum er sich nicht über die Anträge von Herrn Dr. Grünberg und mir schlüssig machen soll. So ausführlich sind sie doch nicht.

Vorsitzender: Ich werde jetzt die vorliegenden Anträge verlesen.

Der Antrag des Herrn Dr. Grünberg hat 4 Positionen und geht dahin:

1. Bei der Revision des 8. Buches der C.P.O. erscheint die Einführung eines Heimstättenrechts nach nordamerikanischem Muster nicht empfehlenswerth.
2. Es empfiehlt sich vielmehr, durch zwingende Rechtsvorschriften ein gewisses, dem Werthe nach fixirtes Vermögensminimum für executionsfrei zu erklären und zugleich den Kreis der unpfändbaren Mobilien — als Grenze des executionsfreien Vermögensbetrages nach unten — zu erweitern.

An Stelle dieser Nr. 2 hat Herr Geheimrath Gierke vorgeschlagen:

Es empfiehlt sich vielmehr, den kleinen Grundbesitz innerhalb einer bestimmten Werthgrenze, insoweit er dem Schuldner als Obdach für sich oder seine Familie oder als Arbeitsstätte unentbehrlich ist, der Zwangsvollstreckung zu entziehen.

Punkt 3 der Anträge des Herrn Dr. Grünberg lautet:

3. Innerhalb der exemten Vermögenswerthgrenze soll der Schuldner auch Grund und Boden reclamiren können, sobald derselbe landwirthschaftlich benutzt wird, jedoch jedenfalls nur dann, wenn diese Exemtion nicht zur Zersplitterung eines Complexes führen würde, der bis zur Zwangsvollstreckung eine wirthschaftliche Einheit gebildet hat.

Herr Geheimrath Gierke hat den letzten Satz so gestaltet:

Doch darf . . . . nicht zur Zersplitterung eines Landgutes führen, das bisher eine wirthschaftliche Einheit gebildet hat.

Punkt 4 der Grünberg'schen Anträge:

Ein weitergehender Schutz des Immobiliarvermögens im Allgemeinen und des kleinen und mittleren Grundbesitzes im Besonderen ist nur im Wege einer Sondergesetzgebung zu erreichen.

Meine Anträge gingen in Kürze dahin:

1. Die Frage des eigentlichen Heimstättenrechts ist von der Beschlußfassung ganz auszuscheiden.

2. Die Freiheit der für die wirthschaftliche Existenz eines Schuldners unbedingt notwendigen Grundstücke von der Zwangsvollstreckung ist anzubahnen.

Der weitestgehende Antrag ist der des Herrn Dr. **Grünberg** mit den beiden modificirenden Anträgen des Herrn Geheimraths **Gierke**.

Ich bringe nun die einzelnen Anträge zur Abstimmung.

Wer für Punkt 1 der **Grünberg**'schen Anträge ist, den bitte ich die Hand zu erheben.

N. N.: M. H., die Bewegung ist in falschen Bahnen. Der weitestgehende Antrag ist der, die ganze Frage auszuscheiden.

Privatdocent Dr. **Grünberg** (Wien): Es liegt mir deshalb an diesem Antrage, weil mein zweiter Antrag der nothwendige Gegensatz dazu ist, und weil erst durch die Ablehnung des amerikanischen Rechts sich der Rechtsgedanke, wie ich ihn empfehle, scharf abhebt.

N. N.: Ich halte das für sehr gefährlich, denn in dieser Fassung würde uns zugemuthet werden, gewissermaßen auch ein Urtheil über die amerikanische Heimstättengesetzgebung abzugeben, wozu wir zweifellos nicht in der Lage sind.

Vorsitzender: Danach würde mein erster Antrag zuerst zur Abstimmung kommen. — Sind Sie damit einverstanden?

Es ist die Frage des eigentlichen Heimstättenrechts von der Beschlußfassung ganz auszuscheiden.

Wer für den Antrag ist, möge sich erheben.

(Geschieht.)

Das ist die Majorität.

Privatdocent Dr. **Grünberg** (Wien): Ich bitte trotzdem noch über meinen Antrag abzustimmen. Es sind keine identischen Anträge. Ich sagte: bei der Revision des Buches 8 der C.P.O., einer uns Allen wohlbekannten Materie, ist das amerikanische Heimstättenrecht nicht empfehlenswerth.

(Zuruf: Das kennen wir nicht!)

Dann können Sie nicht urtheilen. daß das amerikanische Heimstättenrecht auszuscheiden ist.

(Zuruf: Weil wir es nicht kennen!)

Vorsitzender: Dann würde mein zweiter Antrag als weitergehender darankommen:

Die Freiheit der für die wirthschaftliche Existenz eines Schuldners unbedingt nothwendigen Gegenstände von der Zwangsvollstreckung ist anzubahnen.

Privatdocent Dr. **Grünberg** (Wien): Mein Antrag ist der weitergehende. Ich beziehe mich nicht bloß auf Grundbesitz, sondern auf Habe überhaupt, gleichgiltig, ob sie fahrende oder unbewegliche ist, während der Herr Präsident sich ausschließlich auf unbeweglichen Besitz bezieht. Also der weitergehende Antrag ist der meinige und ich muß darauf bestehen, daß er zuerst zur Abstimmung kommt.

Geh. Justizrath Prof. Dr. **Gierke** (Berlin): Ich möchte das auch befürworten. Die Anträge Grünberg und meiner verhalten sich wie Amendements zu der allgemeinen Resolution, die der Herr Vorsitzende vorschlägt. Also müssen die zuerst daran kommen. Werden sie abgelehnt, so kann jeder von uns dann Stellung zu der Resolution nehmen.

Vorsitzender: Ich bringe nun die Pos. 2 des Grünberg'schen Antrages und nachher Punkt 2 des Antrages Gierke zur Abstimmung.

Referent Reg.-Rath **Meyer** (Bromberg): Dann kommt Ihr Antrag auch noch zur Abstimmung?

(Rufe: Zuletzt!)

Vorsitzender: Punkt 2 der Anträge Grünberg lautet:

> Der angestrebte Zweck ist vielmehr dadurch zu erreichen, daß durch zwingende Rechtsvorschriften ein gewisses, dem Werthe nach fixirtes Vermögensminimum für executionsfrei erklärt und zugleich der Kreis der unpfändbaren Mobilien — als Grenze des executionsfreien Vermögensbetrages nach unten zu — erweitert wird.

Für den Fall, daß dieser Antrag die Zustimmung der Versammlung nicht erhielte, würde der Antrag Gierke zur Abstimmung kommen.

Wer für den Antrag Grünberg ist, möge sich erheben.

(Geschieht.)

Das ist die Minorität, er ist also abgelehnt.

Es gelangt nun der Antrag Gierke zur Abstimmung:

> Es empfiehlt sich, den kleinen Grundbesitz innerhalb einer bestimmten Werthgrenze, insoweit er dem Schuldner als Obdach für sich oder seine Familie oder als Arbeitsstätte unentbehrlich ist, der Zwangsvollstreckung zu entziehen.

Wer für diesen Antrag ist, möge sich erheben.

(Geschieht.)

Ebenfalls abgelehnt.

Glauben Sie, daß nun die Nrn. 3 und 4 erledigt sind?

Privatdocent Dr. **Grünberg** (Wien): Es hat keinen rechten Sinn, wenn man über das Detail abstimmt, nachdem man das Princip abgelehnt hat. Ich verzichte daher auf die weitere Abstimmung.

Vorsitzender: Es würde also nun mein Antrag 2 an die Reihe kommen:

> Die Befreiung der für die wirthschaftliche Existenz eines Schuldners unbedingt nothwendigen Grundstücke von der Zwangsvollstreckung ist anzubahnen.

Wer für den Antrag ist, möge sich erheben.

(Geschieht.)

Der Antrag ist auch abgelehnt.

Ref. Reg.-Rath Alfred **Meyer** (Bromberg): Würde es jetzt noch angängig sein, bei diesem ersten Antrage: „Ein Heimstättenrecht empfiehlt sich nicht" — einen Zusatz dahin zu machen, daß gesagt würde:

> Maßregeln, die unter Heranziehung des Staatscredits eine Verwandlung der Hypothek in amortisable Rentenschuld erleichtern, sind jedenfalls zu empfehlen?

(Rufe: Nein!)

Nun, dann will ich darauf verzichten, einen solchen Unterantrag — der vielleicht wenigstens ein, wenn auch bescheidenes, positives Resultat ergeben hätte — zu stellen.

Syndicus Dr. **Minden** (Berlin): Ich würde für das, was der Herr Referent anregt, sehr warm eintreten, aber ich glaube, im gegenwärtigen Stadium der Verhandlungen ist es unmöglich. Es wird gut sein, wenn die Frage vielleicht für eine spätere Gelegenheit reservirt wird. Sehr dringend ist sie nicht; ich glaube nicht, daß sie in diesem Jahrhundert noch erledigt wird.

Vorsitzender: M. H., ich ertheile nun jedem das Wort, der über die Resultate dieser Abstimmung noch etwas sprechen möchte; denn wir können doch mit diesen halben Beschlüssen nicht vor das Plenum treten.

Geheimer Justizrath Prof. Dr. **Gierke** (Berlin): Ich glaube, es bleibt nichts übrig, als die Sache ins Plenum zu bringen.

Vorsitzender: Ich möchte doch entgegnen: Das Plenum ist meiner Ansicht nach mit den sämmtlichen Vorarbeiten nicht so vertraut, daß es schon eine Entscheidung geben könnte. Bei dem mangelhaften Zustande der ganzen Frage in Bezug auf wissenschaftliche Behandlung u. dgl. können wir dem Plenum auch nicht zumuthen, ein zuverlässiges Urtheil abzugeben. Dann würde ich eher empfehlen, die ganze Frage dem nächsten Juristentage zu überweisen.

Privatdocent Dr. **Grünberg** (Wien): Ich bleibe bei meinem Antrage auf Erörterung unserer Frage im Plenum. Die ganze Frage ist außerordentlich wichtig, und ich glaube doch, daß, trotzdem in den anderen Abtheilungen des Juristentags Specialgegenstände verhandelt werden, ein jeder der Herren mit dem vertraut ist, was hier verhandelt worden ist, theils aus der Praxis, theils aus der Theorie. Ich würde deshalb doch den Herrn Präsidenten bitten, meinen formalen Antrag auf Erörterung unseres Berathungsgegenstandes im Plenum geschäftsordnungsmäßig zunächst in der Richtung zur Abstimmung zu bringen, ob er die nothwendige Unterstützung findet.

Justizrath Dr. **Goldschmidt** (Berlin): Ja, m. H., meines Erachtens ist unsere Discussion bei der gegenwärtigen Sachlage ausgegangen, wie das Hornberger Schießen. Wir haben überhaupt keinen Beschluß gefaßt und haben am allerwenigsten Stellung genommen zu der Frage, die dem Juristentage gestellt worden ist. Ich sollte meinen, daß, nachdem die anderen Anträge pure abgelehnt worden sind, sodaß ein Beschluß über diese Frage nicht vorliegt, zunächst abgestimmt werden müßte über die Frage, wie sie formulirt worden ist, um dem Gutachten zu Grunde gelegt zu werden und wie sie auch unseren Discussionen zu Grunde gelegen hat. Der Herr Vorsitzende wolle die Güte haben, abstimmen zu lassen, ob die Frage, wie sie hier formulirt ist, zu bejahen oder zu verneinen ist. Erst dann können wir in Erörterungen darüber eintreten, ob wir eine weitere Discussion im Plenum für wünschenswerth erachten oder nicht.

Rechtsanwalt Dr. Hermann **Staub** (Berlin): Ich muß mich dagegen erklären. Ich glaube nicht, daß unsere Discussion ausgegangen ist, wie das Hornberger Schießen, sondern wir haben den positiven Beschluß gefaßt, daß sich der diesmalige Juristentag nicht mit der Frage beschäftigen soll. Das ist ein ganz positives Ergebnis, wir sagen, die Sache ist für den heutigen Tag nicht geklärt. Es verbietet sich, daß wir nun etwa noch beschließen, ob die Frage mit ja oder nein beantwortet werden soll, nachdem wir beschlossen haben, sie soll überhaupt nicht beantwortet werden.

Privatdocent Dr. **Grünberg** (Wien): Viele haben aus dem Grunde dagegen gestimmt, weil sie gesagt haben: wir wissen nicht, was die „Heimstätte" ist. Der Eine stellt sich darunter das, der Andere etwas anderes vor. Die Abtheilung hat dann sämmtliche auf Erledigung des Discussionsthemas abzielenden Anträge verneint. Unter diesen Umständen bleibt also, wenn überhaupt unsere Frage auf diesem Juristentage noch erledigt werden soll, sei es auch nur in verneinendem Sinne mit größerer

Autorität, sei es in positivem Sinne, nichts übrig, als daß sie ans Plenum gebracht werde, was ich eben beantrage.

Vorsitzender: Die Frage, die uns gestellt ist: empfiehlt sich die Einführung eines Heimstättenrechts, insbesondere zum Schutze des kleinen Grundbesitzes gegen Zwangsvollstreckung, ist, was den ersten Halbsatz anlangt, von uns verneint werden; von einem Heimstättengesetze haben wir nicht mehr zu sprechen; die Einleitung des zweiten Satzes mit „insbesondere" muß durch ein anderes Wort geschehen:

Empfiehlt sich ein besonderer Schutz des kleinen Grundbesitzes gegen Zwangsvollstreckung?

Das hat eine positive Bedeutung im Sinne der wirthschaftlichen Existenz.

(Rufe: Es ist Alles erledigt!)

Justizrath Dr. **Humser** (Frankfurt a. M.): Da wir recht mangelhaft instruirt sind, haben wir Alles abgelehnt, uns bleibt nichts übrig, als daß der Herr Referent den Gang unserer Verhandlung im Plenum mittheilt und sagt: wir sind zu keinem Ergebnisse gekommen. Vielleicht nimmt unsere ständige Deputation Veranlassung, etwa auf Antrag oder ohne Antrag die Sache auf die Tagesordnung eines späteren Juristentages zu setzen, und kommt das Referat unseres Herrn Referenten zum Drucke, und es nimmt Mancher Gelegenheit, sich mit der Sache näher zu beschäftigen, so können wir wohl auf dem nächsten Juristentage zu einem positiven Beschlusse kommen. Aber ich stelle den Antrag, über den Ausgang unserer Verhandlungen im Plenum zu berichten.

Vorsitzender: Der Antrag ist hinlänglich formulirt. Will Jemand das Wort ergreifen? Es ist unser letzter Nothanker, daß der Herr Ref. im Plenum berichtet.

Geh. Justizrath Prof. Dr. **Gierke** (Berlin): Das braucht nicht beschlossen zu werden, das versteht sich von selbst. Es handelt sich nur darum, daß wir Beschluß fassen darüber, ob die Sache an's Plenum zur Mittheilung oder zur Berathung gelangen soll, und Herr Dr. Grünberg beantragt das letztere. Darüber muß abgestimmt werden. Wird dieser Antrag abgelehnt, so ergiebt sich das andere von selbst.

Justizrath Dr. **Humser** (Frankfurt a. M.): Wenn wir mit Majorität beschlossen haben mit Null, so kann nicht noch ein Mitglied kommen und sagen: ich appellire an das Plenum. Die Abtheilung kann jetzt nicht beschließen Herrn Dr. Grünberg zu Gefallen; die Abtheilung ist gebunden durch ihre Beschlüsse.

Rechtsanwalt Dr. **Staub** (Berlin): Ich kann nicht begreifen, warum das Plenum gescheiter sein soll als die Abtheilung; aber ich weiß nicht, ob das Plenum über die Frage entscheiden soll, worüber die Abtheilung nicht entschieden hat, weil die Frage noch nicht genügend geklärt ist.

Geh. Justizrath Prof. Dr. **Gierke** (Berlin): In § 6 Abs. 3 der Statuten heißt es:

> Sämmtliche Beschlüsse der Abtheilungen werden in der Plenarversammlung mitgetheilt. Es findet jedoch eine Erörterung und Entscheidung im Plenum nur dann statt, wenn dieselbe von der betreffenden Abtheilung vorgeschlagen, oder wenn sie von mindestens 10 Mitgliedern beantragt und von der Plenarversammlung beschlossen wird. Ueber die Vorfrage, ob dem von mindestens 10 Mitgliedern gestellten Antrage auf Plenarentscheidung stattzugeben, wird nur einem der Antragsteller und dem Berichterstatter das Wort ertheilt.

Vorsitzender: Der andere Antrag würde also lauten:

> Es sollen die Beschlüsse der Abtheilung dem Plenum zur Erörterung und Entscheidung mitgetheilt werden.

Sind die Herren damit einverstanden?

Ref. Reg.-Rath **Meyer** (Bromberg): Ich glaube, wir können zu einem Resultate kommen, wenn wir die bisherigen Abstimmungen als etwas Vorläufiges ansehen und wenn wir sagen: es ist der Abs. 1 des Antrags Grünberg positiv abgelehnt worden, Abs. 2, der das Minimum als Princip aufstellt, ist zunächst auch abgelehnt, und wenn wir dann drittens noch sagen: die Frage, ob ein Sonderrecht nach Art des Heimstättenrechts eintreten soll, scheidet der Juristentag aus der Erörterung aus, weil der Begriff der Heimstätte nicht genügend feststeht.

So, glaube ich, hätten wir bequem die Beschlüsse, die hier gefaßt sind, zusammen. Ich würde beantragen, daß wir dementsprechend beschließen.

Vorsitzender: Es handelt sich bloß um die Art der Communication an das Plenum.

Rechtsanwalt Dr. **Staub** (Berlin): Ich bitte den Antrag Grünberg zuzulassen und materiell etwa dagegen zu stimmen.

Vorsitzender: Der Antrag ist zugelassen.

Ich bitte diejenigen Herren, welche dafür sind, daß die Frage dem Plenum zur Erörterung und Entscheidung mitgetheilt werden soll, sich zu erheben.

(Geschieht.)

Das ist die Minderheit; es wird also einfache Mittheilung an das Plenum eintreten.

Geh. Justizrath Prof. Dr. **Gierke** (Berlin): Zur Geschäftsordnung! Es muß noch der Referent für das Plenum bestellt werden.

Vorsitzender: Wenn die Herren einverstanden sind, darf ich wohl Herrn Reg.-Rath Meyer darum ersuchen.

Ref. Reg.-Rath **Meyer** (Bromberg): Hierzu möchte ich mir die Frage erlauben: ich kann doch nicht das ganze Referat noch einmal im Plenum wiederholen.

Vorsitzender: Es ist nur der Gang der Verhandlung mitzutheilen. Die Beschlüsse u. dergl. gebe ich Ihnen mit.

M. H., wir gehen nun zum zweiten Gegenstand über, zu der Frage:

> Ist die reichsgesetzliche Regelung des Hypothekenbankwesens und die der gemeinsamen Rechte der Besitzer von Schuldverschreibungen zu empfehlen?

Hierzu liegt das Gutachten des Herrn Geh. Hofraths Dr. Felix Hecht-Mannheim in Band III Nr. XXVI vor.

Referent ist Herr Justizrath Dr. Rießer-Berlin.

Ich ertheile demselben das Wort.

Justizrath Dr. **Rießer** (Berlin): Die gestellte, sehr allgemein gehaltene Frage, ob die reichsgesetzliche Regelung des Hypothekenbankwesens und die der gemeinsamen Rechte der Besitzer von Schuldverschreibungen zu empfehlen ist, wird unbedenklich mit dem Herrn Gutachter bejaht werden können.

1. Der Entwurf eines Hypothekenbank-Gesetzes.

Daß eine gesetzliche Regelung zunächst des Hypothekenbankwesens nothwendig ist, beweist am schlagendsten, daß diese Bedürfnißfrage, wenigstens soweit die rechtliche Seite der Materie in Betracht kommt, in der Juni 1897 im Reichsjustizamt stattgehabten Sachverständigencommission überhaupt nicht discutirt worden ist. In der That ist diese Regelung der rechtlichen Seite, also insbesondere der Sicherung der Pfandbriefe, nicht länger aufzuschieben, da in manchen Bundesstaaten die rechtliche Stellung der Pfandbriefe ganz in der Luft schwebt, in anderen erst auf Grund bedenklicher Erfahrungen mit im Einzelnen recht verschieden ausgestalteten landesgesetzlichen Regelungsversuchen vorgegangen worden ist. Schon dabei aber konnte und kann auch die wirthschaftliche Seite, z. B. in welcher Höhe Deckungshypotheken für die Pfandbriefe vorhanden sind, naturgemäß nicht außer Betracht bleiben, wie ein Blick auf jene Landesgesetze und deren Vorbild, die nicht zur Verabschiedung gelangten Entwürfe eines Reichsgesetzes von 1879/80, betr.

das Faustpfand für Pfandbriefe und ähnliche Schuldverschreibungen beweist.

Eine vorsichtige und nicht zu starre gesetzliche Regelung auch der wirthschaftlichen Fragen, also der Errichtung der Hypothekenbanken, der zulässigen Art ihres Geschäftsbetriebes, der staatlichen Beaufsichtigung, der öffentlichen Berichterstattung, der Grundsätze für die Aufmachung der Bilanzen, der Art und Höhe der Deckung der Pfandbriefe u. dgl. mehr, ist aber auch aus sonstigen Gründen dem heutigen Zustande weit vorzuziehen, wo je nach etwa vorhandenen Normativbestimmungen oder, wo solche nicht bestehen, nach dem Ermessen der Landesbehörden ein ungemein weitgehender Unterschied in allen diesen Punkten zwischen den einzelnen deutschen Hypothekenbanken zu constatiren ist. Dieser Zustand ist nicht nur bedenklich für das Publikum, die Pfandbriefabnehmer, sondern hat auch eine nicht immer lobenswerthe Art der Concurrenz zur Folge, indem deutsche Hypothekenbanken, die über ihren Heimathsstaat hinaus ihre Geschäfte auch in anderen deutschen Bundesstaaten machen, vielfach sich in den letzteren weit freier bewegen können, als die eigenen Banken dieses Staates, zu welchen Zwecken denn auch scheinbar manche Gründung einer Hypothekenbank, die im Heimathsstaate ganz zwecklos wäre, erfolgt zu sein scheint. Daß aber die Regelung eine reichsgesetzliche sein muß, ergiebt sich schon aus der obigen Darlegung der mit der landesgesetzlichen Regelung verbundenen Bedenken.

2. Der Entwurf eines Gesetzes, betr. die gemeinsamen Rechte der Besitzer von Schuldverschreibungen.

Schon 1889 habe ich in einem Buche (Zur Revision des Handelsgesetzbuchs, Abth. II S. 377, Stuttgart, Ferdinand Enke.) darauf hingewiesen, wie dringlich ein Reichsgesetz wäre, welches die gesammten Rechtsverhältnisse der Schuldverschreibungen (Obligationen) regelt. Ein solches Gesetz ist bedauerlicherweise bis jetzt weder erlassen, noch auch nur in Angriff genommen. Zwar hat inzwischen das Bürgerliche Gesetzbuch einzelne Fragen einheitlich geordnet, z. B. die Rechte der Schuldverschreibungen auf den Inhaber, dessen Hauptgrundsätze in Bezug auf die Uebertragung der Papiere und deren Rechtswirkung dann durch das neue Handelsgesetzbuch entsprechend auch auf gewisse an Ordre lautende kaufmännische Verpflichtungsscheine ausgedehnt worden sind. Ferner finden sich im Börsengesetze Bestimmungen betr. die Zulassung von Werthpapieren zum Börsenhandel, über die Haftung aus Prospecten und gewisse Strafbestimmungen, die sich sämmtlich auch auf Schuldverschreibungen beziehen.

Aber das Alles sind doch nur vereinzelte und überdies an verschiedenen Stellen zerstreute Bestimmungen. Die Rechtsverhältnisse der Obligationen und Obligatäre verdienen aber und erheischen ebenso dringend eine Gesammtcodification, wie die der Actien und Actionäre, denen solche längst zu Theil geworden ist. Einen diesbezüglichen Antrag habe ich schon 1895 in der Handelsgesetzbuch-Kommission gestellt und dabei mit Stichworten die zahlreichen Fragen angedeutet, welche in einer solchen Gesammtcodification zu regeln sein würden, worauf ich aber hier nicht eingehe. Daß aber auch die Bedeutung der Materie eine solche Gesammtcodification rechtfertigt und fordert, würde allein schon aus den enormen Summen sich ergeben, um die es sich hier handelt. Nach meinen Ermittelungen, zu denen ich durch Eruirung derjenigen Stempelbeträge (von 4 pro Mille) gelangt bin, die im Reiche für die in der Tarifnummer 2a des Reichsstempelgesetzes vom 27. April bis 1. Mai 1894 aufgeführten inländischen Renten und Schuldverschreibungen in der Zeit vom 1. Mai 1894 bis 1. Juli 1898, also in 50 Monaten, aufgekommen sind, beträgt der Nennbetrag der innerhalb dieser Zeit ausgegebenen inländischen Schuldverschreibungen 261 527 670 Mk., also der Betrag der in einem Jahre ausgegebenen 62 766 636 Mk., und danach ließe sich, wenn man einfach multipliciren könnte, die Zahl der seit 1870, also seit 29 Jahren, vorhandenen inländischen Schuldverschreibungen auf 1 Milliarde 820 Millionen Mark berechnen, alles dies mit Ausnahme der rechtlich mit hierher gehörigen Pfandbriefe, deren Betrag, wenn man auch nur die von deutschen Hypothekenbanken ausgegebenen zählt, sich allein auf 5—6 Milliarden beziffert. Hieraus ergiebt sich, daß ich den Versuch einer gesetzlichen Regelung derjenigen Frage, die ich schon früher als die „wichtigste und der gesetzlichen Regelung bedürftigste“ bezeichnete, zwar für dringend empfehlenswerth, aber doch nur als eine Abschlagszahlung auf das weit umfangreichere Codificationsbedürfniß erachten kann.

Soweit die Bedürfnißfrage. Da nun aber fertige, gerade zur Herbeiführung eingehender Besprechungen publicirte Gesetzentwürfe vorliegen, würde es unthunlich und jedenfalls der Stellung des Juristentages nicht angemessen sein, wollte ich mich und Sie mit diesen concreten Entwürfen nicht beschäftigen, wobei ich jedoch als outsider alle rein technischen Fragen und mit Rücksicht auf Ihre knappe Zeit alle Detailfragen beim mündlichen Vortrage weggulassen habe. Ich beschränke mich also hier und in meinen Anträgen auf principielle Fragen von allgemeiner wirthschaftlicher oder rechtlicher Tragweite. Was zunächst das Hypothekenbankgesetz angeht, so ist bei allgemeiner Uebersicht über die Hauptgesichtspunkte zu begrüßen, daß die Entscheidung über Zulassung neuer Hypothekenbanken in der Regel dem Bundesrath übertragen (§ 1), der Geschäftsbetrieb staatlicher Aufsicht unterworfen (§ 3) und der Geschäftskreis der Hypothekenbanken genau geregelt ist (§ 5), im Wesentlichen unter Beschränkung derselben, soweit sie nicht bisher weitere Befugnisse hatten, auf das reine Bodencreditgeschäft und gewisse damit zusammenhängende Geschäfte, daß ferner die Deckungsfrage (§ 6), sowie die Frage der Begrenzung des Rechts zur Ausgabe von Pfandbriefen durch einen Höchstbetrag (§ 7) sachgemäß normirt sind. Ebenso ist zuzustimmen den Entwurfsbestimmungen über die Voraussetzungen, unter denen Hypotheken als Deckung benutzt werden dürfen (§§ 10—11) und (mit gewissen Ausnahmen) auch den Vorschriften über die Werthsermittlung der zu beleihenden Grundstücke (§§ 4, 18), endlich denjenigen Normen, durch welche den Hypothekenbanken periodische Veröffentlichungen des Gesammtbetrages der Hypotheken und Pfandbriefe (§ 20 Abs. 3) und die Aufnahme gewisser zur Beurtheilung des Geschäftsganges und der Geschäftslage wichtiger Angaben in die Bilanz und den Geschäftsbericht (§ 4) zur Pflicht gemacht wird.

Dagegen ist eine Reihe von Detailbestimmungen theils discutirbar, theils anfechtbar, die ich jedoch hier, wenn sich nicht in der Discussion Gelegenheit dazu ergiebt, einzeln nicht besprechen darf. Zu den anfechtbaren gehört die Bestimmung (§ 11), wonach die Maximalbeleihungsgrenze bei ländlichen Grundstücken auf $^2/_3$ des Werthes (was meines Erachtens nicht gerechtfertigt ist) und höher fixirt ist als die Maximalbeleihungsgrenze städtischer Grundstücke ($^3/_5$). Hierher gehört ferner der völlige Ausschluß der öffentlichen Körperschaften vom Gesetze, also insbesondere der Landschaften, landschaftlichen Creditvereine u. dgl., die natürlich nicht allen, aber doch manchen Vorschriften des Gesetzes unterworfen werden könnten. Dagegen halte ich es gegenüber vielfach geäußerten anderweitigen Ansichten für richtig, daß der Entwurf die Grundschulden den Hypotheken gleichgestellt hat, nachdem eben erst das Bürgerliche Gesetzbuch die Grundschuld für das ganze Deutsche Reich einheitlich und derart im thunlichsten Anschluß an die Hypotheken geregelt hat, daß sogar nach § 1189 eine Hypothek jederzeit in eine Grundschuld, und die Grundschuld jederzeit in eine Hypothek umgewandelt werden kann, sodaß man doch nicht bei der ersten praktischen Probe gleich wieder diese Gleichstellung aufgeben könnte.

Näher darf und muß ich jedoch auf zwei principiell sehr bedeutsame Fragen eingehen; in der einen bin ich mit dem Entwurf einverstanden, in der anderen muß ich mich entschieden gegen ihn wenden.

Einverstanden bin ich damit, daß der Entwurf die Sicherstellung der

Pfandbriefgläubiger lediglich durch ein (ungemein einfach construirtes) Concursvorrecht an den Deckungshypotheken und nicht, im Anschluß an frühere Reichsentwürfe, durch ein auch außerhalb des Concurses wirksames Pfandrecht an den Hypotheken (Hypothekenforderungen) zu erreichen sucht. Die hierfür in den kurzen Erläuterungen gegebene Begründung ist meines Erachtens zwingend.

Das vom Bürgerlichen Gesetzbuche für die Verpfändung einer Hypothek geschaffene einheitliche Recht, an welches der Entwurf hätte anknüpfen können und sicherlich gern angeknüpft hätte, gilt, soweit Grundbuchrecht in Frage steht, erst von dem Momente ab, in welchem für die einzelnen Grundbuchbezirke das Grundbuch als angelegt gilt. Für diejenigen Bezirke also, in welchen dies schon am 1. Januar 1900 der Fall sein wird, könnte man Bestimmungen auf der Grundlage des Bürgerlichen Gesetzbuchs treffen, für die anderen hätte man besondere Vorschriften zu erlassen, die sich naturgemäß an die früheren Reichsentwürfe anlehnen würden.

Nun wird allerdings von der Kritik behauptet, für den bei Weitem größten Theil von Deutschland werde der Zeitpunkt, an welchem das Grundbuch als aufgelegt gelte, mit dem 1. Januar 1900 zusammenfallen und für die übrigen Bundesstaaten werde er sehr bald darauf eintreten. Wäre dies richtig, so würde man am besten noch diese kurze Zeit mit der gesetzlichen Regelung warten, um dann Alles einheitlich für das ganze Reich regeln zu können. Es ist aber zweifellos falsch, wie dies u. A. der Vorgang im früheren Kurfürstenthum Hessen beweist, wo man noch heute, nach fast 16 Jahren, mit der Anlegung des im Jahre 1883 eingeführten Grundbuches nicht fertig ist. In Elsaß-Lothringen aber wird diese Fertigstellung nach amtlicher Schätzung mindestens 30 Jahre dauern, und auch hier wird sich zeigen, daß Voranschläge überschritten werden. Die bei der Entwurfsconstruction theoretisch mögliche Gefahr, daß vor dem Concurse der Hypothekenbank einseitig über die Deckungshypotheken verfügt werden könnte oder daß Dritte diese pfänden lassen, dürfte praktisch recht wenig zu fürchten sein, und zwar im ersten Fall schon in Folge der Strafvorschriften des § 27. Auch der Bedenklichste wird aber zugeben müssen, daß in der Praxis die Frage der juristischen Construction der Sicherstellung der Pfandbriefe eine überaus untergeordnete Rolle spielt. Die einzige „reale" Sicherstellung der Pfandbriefgläubiger beruht auf der Solidität der Geschäftsführung der Hypothekenbanken, auf zweckdienlichen Vorschriften über die Natur der zu beleihenden Objecte und insbesondere auf sachgemäßer Durchführung vorsichtiger Beleihungsgrundsätze. Fehlen diese Voraussetzungen; so wird es früher oder später zum Zusammenbruch, zum Concurse der Hypothekenbank kommen, und in diesem dürften sich die Vorschriften des Entwurfs bewähren. Es wird also der vom Entwurf hier eingeschlagene Weg gutzuheißen sein.

Durchaus nicht einverstanden aber bin ich damit, daß der Entwurf die Aufsicht über die Hypothekenbanken nicht dem Reiche oder einer vom Bundesrath zu bestimmenden Centralbehörde, sondern demjenigen Bundesstaat zuweisen will, in welchem die Hypothekenbank ihren Sitz hat. Ich sehe ab von der Schilderung der Mißstände, die sich bei den bisher bestehenden Zuständen herausgebildet haben, daß es vielfach so aussah, als sei die Staatsaufsicht nur das Mittel gewesen, um einigen Landeshypothekenbanken besondere Privilegien, wie Mündelsicherheit und Stiftungsmäßigkeit der Pfandbriefe zu verschaffen, daß ferner innerhalb des nämlichen Bundesstaates man einigen Banken, etwa um ihnen die Lombardfähigkeit der Pfandbriefe zu sichern, die Staatsaufsicht „gewährte", anderen nicht. Ich will die Frage vielmehr principiell behandeln. Daß, wie in der Sachverständigen-Commission vom Juni 1897 behauptet wurde, die Behörde des Heimathsstaates am besten in der Lage sei, diese Aufsicht zu führen, ist an sich bestreitbar, aber offensichtlich *falsch* in den wohl die Mehrzahl bildenden Fällen, wo eine Hypothekenbank Filialen auch in anderen Bundesstaaten hat oder ihren Geschäftsbetrieb auch auf *andere* Bundesstaaten mit vielleicht ganz abweichenden, der Heimathsbehörde gänzlich unbekannten Grundwerths-, Ertrags- und Creditverhältnissen ausdehnt. Es kommt aber noch folgender wichtiger Grund durchschlagend hinzu. In Bezug auf die wichtigste Frage der ganzen Materie, neben der alle anderen, auch die der rechtlichen Sicherstellung der Pfandbriefgläubiger, weit zurücktreten, nämlich auf die Frage: Nach welchen Grundsätzen der Beleihungswerth der für die Pfandbriefe zu verpfändenden Objecte festzusetzen ist, hat sich der Entwurf sehr mit Recht auf die Aufstellung ganz allgemeiner Grundsätze, ich möchte sagen, auf leitende Gesichtspunkte (§§ 11, 12) beschränkt und hat vorgeschrieben (§ 13), daß auf Grund derselben die Hypothekenbanken *selbst* Anweisungen über die Werthsermittelung aufzustellen haben, welche von der Aufsichtsbehörde zu *genehmigen* seien. Die Folge ist, daß gerade in diesem wesentlichsten Punkte die *allerverschiedensten* Grundsätze über die Werthsermittelung werden aufgestellt und in den einzelnen Bundesstaaten genehmigt werden, was bei Beleihungen, welche die Unterlage für Pfandbriefe bilden sollen, um deswillen doppelt bedenklich ist, weil das Publikum diese auf Grund des *nämlichen* Reichsgesetzes ausgegebenen Pfandbriefe naturgemäß, aber dann sehr mit Unrecht, für *gleichwerthig* halten wird. In einem speciellen Falle aber, nämlich der Pfandbrief-Ausgabe auf Grund der

Beleihung von Kleinbahnen, wird dieser Mißstand noch erheblich verschärft. Denn hier hat der Entwurf es merkwürdiger Weise gänzlich unterlassen, auch nur leitende Gesichtspunkte für die Werthsermittelung von Kleinbahnunternehmungen aufzustellen, hier also würden nach dieser Richtung die Instructionen der Hypothekenbanken und der Aufsichtsbehörden völlig freie Hand haben, und die Folge wäre, zumal Angesichts der großen Schwierigkeit, sachgemäße Grundsätze gerade in dieser Frage zu finden, eine wahre Musterkarte von verschiedenen und im Einzelnen oft gewiß sehr bedenklichen Werthermittelungs-Grundsätzen, die natürlich eine erhebliche Verschiedenheit der auf dieser Grundlage ausgegebenen Pfandbriefe und in der Beurtheilung der Bonität der sie ausgebenden Hypothekenbanken herbeiführen müßten, welche letzteren noch dazu vielleicht landesgesetzliche Privilegien der Mündelsicherheit auch für diese Pfandbriefe beanspruchen können. Hier ist also ganz besonders aus schwerwiegenden wirthschaftlichen Gründen die Aufstellung vorsichtiger genereller und einheitlicher Grundsätze durch eine Centralbehörde erforderlich. Dabei verkenne ich nicht, daß für den Vorschlag des Entwurfs vielleicht, sogar möglicherweise in erster Linie, politische Gründe maßgebend waren, da denkbarerweise die Landesregierungen dies Aufsichtsrecht als ein Hoheitsrecht ansehen könnten, auf welches sie nicht verzichten wollen. Aber es darf demgegenüber darauf hingewiesen werden, daß dieser Verzicht in anderen, nicht minder wichtigen Gesetzen bereits erbeten und ausgesprochen wurde (vergl. übrigens auch § 5, letzter Absatz dieses Entwurfes), und daß er, wenigstens nach meiner Ueberzeugung, auch in dem demnächst zu erwartenden Reichsversicherungsgesetze, wenn man nicht unleidliche Verhältnisse schaffen will, wird gefordert werden müssen.

Sollten sich aber diese politischen Gründe bedauerlicherweise, was ja mehr eine Zweckmäßigkeits- und Machtfrage als eine Rechtsfrage ist, nicht überwinden lassen, so ist mindestens zu fordern — und deshalb ist meinem Hauptantrage a der Eventualantrag b beigefügt — daß die von den Hypothekenbanken zu entwerfenden allgemeinen Instructionen über die Beleihung sowohl von Grundstücken als von Kleinbahnunternehmungen nicht den Landesregierungen, sondern dem Bundesrath oder einer von diesem zu bestellenden Centralbehörde zur Genehmigung einzureichen sind, welche, wie schon in der Enquete des Norddeutschen Bundes von mehreren Seiten betont wurde, allein im Stande ist und allein auch die Gewähr bieten kann, daß wenigstens in dieser Cardinalfrage der ganzen Bodencreditpolitik auf Grund vielseitiger, in den verschiedensten Bundesstaaten und Verhältnissen von einer Centralstelle aus, die allen localen Interessen objectiv gegenübersteht, gesammelten Erfahrungen gleichmäßige, vorsichtige und gesunde Normen geschaffen werden und daß deren praktische Handhabung und Durchführung in einheitlicher, energischer und nach allen Richtungen sachkundiger Weise überwacht wird.

Wir gelangen nun zum Entwurf eines Gesetzes, betr. die gemeinsamen Rechte der Besitzer von Schuldverschreibungen.

Die Ausgabe des im modernen Verkehr zu gewaltiger Ausdehnung gelangten Gesammtdarlehns, in welchem die mittelst einheitlichen Actes aufgenommene Darlehnssumme in einzelne Theile getheilt und über die letzteren Theilschuldverschreibungen aufgestellt werden, bedingt auch außerhalb des Concurses eine Interessengemeinschaft, die der Entwurf durch Schaffung einer Organisation der Gesammtheit der Schuldverschreibungs-Besitzer zu einer Rechtsgemeinschaft erhoben hat. Diese Rechtsgemeinschaft kann zur Wahrung der gemeinsamen Interessen aller Obligatäre Mehrheitsbeschlüsse mit bindender Kraft für die Minderheit fassen und einen Gesammtvertreter ernennen, vorausgesetzt nur, daß der Aussteller der Obligationen eine physische Person oder private Gesellschaft ist, die im Inlande ihren Wohnsitz oder gewerbliche Niederlassung hat, daß ferner die Obligationen im Inlande ausgestellt und auf den Inhaber lauten oder indossabel sind, daß deren Nennwerth mindestens 100 000 Mk. und deren Stückzahl mindestens 100 beträgt und daß sie nach dem Verhältnisse ihrer Nennwerthe den Gläubigern gleiche Rechte gewähren. Die Rechtsverbindlichkeit des Mehrheitsbeschlusses wird aber vom Entwurf über die eigentliche Wahrung der gemeinsamen Interessen hinaus für den Fall anerkannt, daß — worüber jedoch nur ein qualificirter Mehrheitsbeschluß entscheiden kann — Rechte der Gläubiger aufgegeben oder beschränkt werden sollen, mit der Maßgabe, daß durch den Mehrheitsbeschluß niemals auf Capitalsansprüche verzichtet und auch nie eine Verpflichtung zu Leistungen für den Gläubiger begründet werden kann.

Die Bestellung des zur Wahrung der gemeinsamen Interessen ernannten Gesammtvertreters, der keine gesetzliche Vollmacht hat, dessen Vertretungsvollmacht vielmehr jedes Mal besonders in dem Beschlusse zu normiren ist, hat die bedeutsame und unbedingt nothwendige Rückwirkung, daß die selbstständige Geltendmachung von Rechten durch die einzelnen Gläubiger insoweit ausgeschlossen ist, als der Vertreter zu deren Geltendmachung ermächtigt ist.

Alle diese Vorschriften sind zu begrüßen, und auch bei einer großen Reihe von Detailbestimmungen hat sich bei näherer Prüfung die Unhaltbarkeit von Angriffen ergeben, welche von Kritikern (insbesondere von Fleck in Holdheims Wochenschrift) gegen deren Inhalt gerichtet sind, und worauf ich vielleicht noch in der Discussion näher eingehen kann. Unberechtigt erscheint insbesondere der Angriff dagegen, daß in gewissen Fällen der Nennwerth der ausgegebenen (soll heißen: thatsächlich vorhandenen) Obligationen, nicht aber der Nennwerth der ursprünglichen Emission entscheiden soll, und ebenso dagegen, daß die Anwendbarkeit des Gesetzes auf indossable und auf den Inhaber lautende Obligationen beschränkt und nicht auf lediglich durch Cession übertragbare Schuldverschreibungen ausgedehnt ist. Auch die Forderung erscheint unbegründet, daß, wenn die für die Aufgabe oder Beschränkung von Rechten geforderte qualificirte Mehrheit in der ersten Gläubigerversammlung fehlt, eine zweite Versammlung selbst in solchen Fällen ohne Rücksicht auf das vertretene Capital beschlußfähig sein müsse, oder endlich das Verlangen nach Ergänzungen, die, was ohnedies selbstverständlich ist, klarstellen sollen, daß der Gesammtvertreter im Concurse (speciell bei einem Zwangsvergleich) nur einheitlich abstimmen kann. Auch hat man mit Unrecht gefordert, daß gegen den Beschluß der Gläubigerversammlung entweder nach Analogie des Artikel 271 des H.G.B. eine binnen einer Präclusivfrist anzustellende Anfechtungsklage zu gewähren oder, nach dem Vorgange des preußischen Gesetzes vom 19. August 1895 (über das Pfandrecht an Eisenbahnen pp.) ein richterliches Bestätigungsrecht des Beschlusses der Gläubigerversammlung einzuführen sei. Letzteres ist entweder eine reine Formalität und dann zwecklos, oder mehr, und dann bedenklich. Wenn man aber ausdrückliche Vorschriften über die Zulässigkeit einer Anfechtungsklage vermißte, so unterließ man die Prüfung der Vorfrage, ob denn nicht eine solche Anfechtung des Gläubigerversammlungs-Beschlusses auch ohne ausdrückliche Bestimmung nach dem Entwurfe zulässig ist. Diese Vorfrage aber ist zu bejahen. Hat z. B. die Gläubigerversammlung eine Zinsreduction beschlossen, so wird der Gläubiger, welcher glaubt nachweisen zu können, daß mit diesem Beschlusse die Gläubigerversammlung die ihr gezogenen Grenzen überschritten, insbesondere rechtswidrig Sonderrechte oder die gemeinsamen Interessen der Gläubiger verletzt hat, diese Frage in einem Processe zur Entscheidung bringen können, den er auf Zahlung der vollen Zinsen gegen den Schuldner anstrengt, und in dem er jenen Nachweis replicando gegenüber dem Einwande der seitens der Gläubigerversammlung beschlossenen Zinsreduction zu erbringen hat. Ebenso wird der Schuldner, wenn z. B. ungültiger Weise ein Vertreter mit einem gegen den Schuldner anzustellenden Processe betraut ist, in diesem Processe die Legitimation des Vertreters bestreiten und damit die Frage der Gesetzmäßigkeit jenes Beschlusses aufrollen können.

Wenn ich mich sonach in diesen und in einer ganzen Reihe anderer wichtiger Detailfragen, in welchen gegen den Entwurf Bedenken geäußert werden, vollständig auf dessen Seite stellen kann, muß ich in zwei wichtigen Punkten Ergänzungen des Entwurfs verlangen, zunächst in folgendem:

Der § 14 des Entwurfs bestimmt, daß die Befugnisse und Verpflichtungen eines gemäß § 1189 des Bürgerlichen Gesetzbuchs auf Grund dieses Gesetzes bestellten Vertreters nicht berührt werden. Der Entwurf regelt damit eben nur den einen Fall, daß auf Grund des § 1189 ein Vertreter bestellt werde, der in's Grundbuch eingetragen ist und der die gesetzliche Vollmacht hat, den Gläubiger bei der Geltendmachung der Hypothek, also bezüglich der dinglichen Seite, zu vertreten. Es existirt aber schon jetzt in ungemein zahlreichen Fällen ein Vertreter, der auf Grund einer Vereinbarung des Schuldners mit dem ursprünglichen Gläubiger mit bindender Kraft für alle späteren Obligatäre ernannt ist und der vielfach bisher sowohl die obligatorische, als die dingliche Seite zu vertreten hatte. Ich will diesen Vertreter „Vertragsvertreter", denjenigen des Entwurfs „Entwurfsvertreter" und den des § 1189 „Grundbuchvertreter" nennen.

Die Absicht des Entwurfs ging nun zweifellos, was aber in der Kritik vielfach nicht verstanden wurde und zu ganz wunderlichen Mißverständnissen Anlaß gegeben hat, dahin, daß auch der etwaige Vertragsvertreter in seinen Rechten und Pflichten von denjenigen des Entwurfsvertreters „unberührt" bleiben solle, und zwar in dem Sinne, daß die Gläubigerversammlung den Entwurfsvertreter nicht mit solchen Functionen oder Vollmachten bekleiden kann, welche in die Rechte oder Pflichten des Grundbuch- oder Vertragsvertreters eingreifen. Darauf, daß dies auch im Gesetze zum klaren Ausdruck gelangt, ist der erste Antrag (a) gerichtet, den ich zu diesem Entwurfe Ihnen zu unterbreiten die Ehre habe.

Aber noch in einem anderen weit wichtigeren Punkte bedarf der Entwurf — was mein zweiter Antrag (b) erreichen will — dringend der Ergänzung:

Es muß nämlich ohne Zweifel — hier ist eine längere Begründung unnöthig — bestimmt werden, daß im Falle eines Antrages auf Berufung einer Gläubigerversammlung gemäß § 2 Abs. 2 des Entwurfs vor der Entscheidung des Gerichts stets der Schuldner, und wenn bereits (irgend) ein Vertreter vorhanden, auch dieser zu hören ist.

Ueberdies ist es aber dringend erforderlich, daß zur thunlichsten Verhinderung von Ueberrumpelungen und frivolen Anträgen, die vielleicht von Concurrenten des Unternehmens gestellt werden, um das letztere zu schädigen, oder um einen Curssturz der Obligationen herbeizuführen und dabei die letzteren billig „einzuschlachten", besondere Cautelen für den Fall in's Gesetz aufgenommen werden, daß der Minoritätsantrag auf Berufung einer Gläubigerversammlung nach seiner schriftlichen Begründung bestimmt oder geeignet ist, das Unternehmen oder dessen Credit zu gefährden. Als Anhaltspunkt für die nach dieser Richtung aufzunehmenden Vorschriften dürften sich die Bestimmungen empfehlen, welche das Handelsgesetzbuch im Falle der Beantragung von Revisoren zur Prüfung (gewisser Vorgänge) der Geschäftsführung für unerläßlich gehalten hat, so insbesondere Hinterlegung der Stücke und Nachweis des Besitzes seit sechs Monaten, Sicherheitsleistung und, falls der Antrag zurückgewiesen oder für unbegründet erkannt ist, Solidarhaftung der Antragsteller im Falle böslicher Handlungsweise für den der Gesellschaft durch Stellung des Antrages entstehenden Schaden (§ 266 Abs. 3 Satz 2 und Abs. 4 Satz 2, § 267 Abs. 3 Satz 2 H.G.B.).

Die vorstehenden Erörterungen ergeben, daß auch dieser Entwurf, gleich dem des Hypothekenbankgesetzes — was ich Sie mit Annahme meiner ersten Anträge (1 u. 2) auch Ihrerseits auszusprechen bitte — unbeschadet einiger noch vorzunehmender Aenderungen und Ergänzungen, als eine gute und sachgemäße Grundlage für ein gesetzgeberisches Vorgehen zu betrachten ist.

(Lebhafter Beifall.)

Anträge des Referenten zur Frage 9.

1. Eine reichsgesetzliche Regelung des Hypothekenbankwesens und der gemeinsamen Rechte der Besitzer von Schuldverschreibungen ist dringend empfehlenswerth.
2. Die in diesen beiden Materien Seitens des Reichsjustizamts ausgearbeiteten und veröffentlichten Gesetzentwürfe bilden, unbeschadet des auf dem Gebiete der Schuldverschreibungen (Obligationen) auch nach anderen Richtungen vorliegenden Codifications-Bedürfnisses und vorbehaltlich der gegen einzelne Vorschriften zu erhebenden Bedenken, eine gute und sachgemäße Grundlage für das gesetzgeberische Vorgehen.
3. Von den geltend zu machenden Bedenken sind nachstehende hervorzuheben:

A) Zum Entwurf eines Hypothekenbankgesetzes.

a) Die Aufsicht über die Hypothekenbanken sollte dem Reiche übertragen und nicht den Landesregierungen überlassen werden.

b) Mindestens aber sind die Anweisungen über die Werthsermittelung der zu beleihenden Grundstücke oder Kleinbahnunternehmungen von dem Bundesrathe oder von einer durch letzteren zu bestellenden Centralbehörde zu erlassen.

B) Zum Entwurf eines Gesetzes, betreffend die gemeinsamen Rechte der Besitzer von Schuldverschreibungen.*)

a) Im Entwurfe ist lediglich das Verhältniß des gemäß dem Entwurfe behufs Wahrung der gemeinsamen Interessen der Schuldverschreibungsbesitzer zu bestellenden Vertreters (Entwurf-Vertreters) zu dem etwa ernannten Grundbuch-Vertreter (§ 1189 B.G.B.) geregelt (§ 14). Es ist jedoch nothwendig, das Verhältniß des „Entwurf-Vertreters“ auch zu dem auf Grund Vereinbarung zwischen dem Schuldner und dem ursprünglichen Gläubiger mit bindender Kraft für alle späteren Besitzer von Theilschuldverschreibungen bestelltem Vertreter (Vertrags-Vertreter) zu regeln.

Diese Regelung kann nur (rectius: sollte) dahin erfolgen, daß die Rechte und Pflichten auch des etwa bestellten Vertrags-Vertreters von denjenigen des Entwurf-Vertreters unberührt bleiben, und zwar in dem Sinne, daß die Gläubiger-Versammlung dem Entwurf-Vertreter keine Rechte oder Pflichten übertragen kann, welche in diejenigen des etwa vorhandenen Vertrags- (oder Grundbuch-)Vertreters eingreifen.

b) Es empfiehlt sich eine Bestimmung, wonach das Amtsgericht in allen Fällen der Beantragung einer Gläubiger-Versammlung gemäß § 2 Abs. 2 des Entwurfs vor seiner Entscheidung den Schuldner, und wenn bereits ein Vertreter vorhanden ist, auch diesen zu hören hat.

Ueberdies ist es dringend erforderlich, daß zur thunlichsten Verhinderung von Ueberrumpelungen und Schädigungen des Unternehmens besondere Cautelen für den Fall geschaffen werden, daß der Minoritätsantrag auf Berufung einer Gläubiger-Versammlung nach seiner schriftlichen Begründung bestimmt oder geeignet ist, das Unternehmen und dessen Credit zu gefährden.

---

*) Hinsichtlich der unter B a und b verzeichneten Conclusionen ist in der Verhandlung mit Zustimmung des Referenten aus formellen Gründen von der Stellung förmlicher Anträge durch den Juristentag abgesehen, jedoch zu Protocoll constatirt worden, daß die Abtheilung einstimmig mit deren Inhalt einverstanden sei.

Als Anhaltspunkt für die in den Entwurf nach dieser Richtung aufzunehmenden Vorschriften dürften sich die Bestimmungen empfehlen, welche das H.G.B. im Falle der Beantragung von Revisoren zur Prüfung der Geschäftsführung vorgesehen hat, nämlich im § 266 Abs. 3 Satz 2 (Hinterlegung der Stücke und Nachweis über deren Besitz seit sechs Monaten), im § 266 Abs. 4 Satz 2 (Sicherheitsleistung) und im § 267 Abs. 3 Satz 2 (Solidarhaftung der Antragsteller bei böslicher Handlungsweise für einen durch einen zurückgewiesenen oder unbegründeten Antrag der Gesellschaft entstehenden Schaden).

Dr. Rießer.

Vorsitzender: Ich eröffne die Verhandlung über diesen Gegenstand.

Syndikus Dr. **Minden** (Berlin): Der einzige Punkt, der zweifelhaft erscheinen könnte, ist der von dem Herrn Referenten gestellte Antrag, daß die Gesetzgebung über die Hypothekenbanken nicht den Bundesstaaten, sondern dem Bundesrathe überwiesen werde. Ich glaube, daß es in den Traditionen des Juristentages, der stets für Rechtseinheit eingetreten ist, liegt, diesen Antrag anzunehmen. Diejenigen Juristen und sonstigen Interessenten, die gehofft hatten, daß das B.G.B. und die dazu gehörigen Gesetze ein auch in formaler Hinsicht einheitliches Grundbuchrecht für Deutschland schaffen würden, sind einigermaßen enttäuscht worden. Es wird, was die äußeren Formalitäten anbetrifft, ja noch ein vielfältiges Grundbuchrecht in Deutschland bestehen bleiben, während es doch im Interesse der Rechtseinheit sowohl wie des Realcredits liegt, daß mit der Zeit diese Unterschiede verschwinden. Ich glaube, daß, wenn hier auf dem Juristentage der vom Herrn Referenten beantragte Beschluß gefaßt und demselben Folge gegeben würde — auf die Autorität dieser hohen Versammlung pflegt ja immer Gewicht gelegt zu werden —, daß das ein Fortschritt in der Rechtseinheit auch in dieser Richtung hin sein würde. Die einheitliche Aufsicht des Reichs über die Hypothekenbanken würde allmählich der einheitlichen Gestaltung auch des formalen Grundbuchrechts die Wege bahnen.

Der zweite Gesichtspunkt, den ich noch anführen möchte, ist der, daß der Bundesrath bereits nach § 1807 des B.G.B. mit einer Thätigkeit betraut worden ist, welche ganz parallel mit derjenigen läuft, die Herr Justizrath Dr. Rießer vorgeschlagen hat. Es ist nämlich gesagt worden im Vormundschaftsrechte, im § 1807 Nr. 4, daß die Anlegung von Mündelgeldern erfolgen kann „in Werthpapieren, insbesondere Pfandbriefen, sowie in verbrieften Forderungen jeder Art gegen eine inländische communale Körperschaft oder die Creditanstalt einer solchen Körperschaft, sofern die Werthpapiere oder die Forderungen von dem Bundesrath zur Anlegung von Mündelgeld für geeignet erklärt sind." Also es ist hier schon die Competenz des Bundesraths zur Beurtheilung der Qualität von Pfandbriefen ausgesprochen worden. Allerdings handelt es sich in diesem Paragraphen nicht sowohl um die Pfandbriefe der Banken als vielmehr um diejenigen der öffentlichen Corporationen. Ich glaube aber, die Tendenz des Antrags des Herrn Referenten Justizrath Dr. Rießer stimmt vollständig mit dieser Bestimmung des künftigen allgemeinen bürgerlichen Rechts überein, und ich möchte Ihnen denselben daher auch aus diesem Grunde zur Annahme empfehlen.

Justizrath Dr. **Goldschmidt** (Berlin): Ich befinde mich in der für die Discussion nicht gerade sehr beneidenswerthen Lage, mit dem Herrn Referenten fast durchweg einer Meinung zu sein, und dieser Umstand erklärt es, wenn ich nur sehr wenige kritische Bemerkungen an den sehr lichtvollen, gedankenreichen, gründlichen Vortrag des Herrn Referenten anknüpfe. Auch ich bin — um zunächst einige Punkte, in denen ich mit dem Herrn Referenten besonders übereinstimme, hervorzuheben — der Meinung, daß die reichsgesetzliche Regelung der Pfandbrieffrage, des Hypothekenbankwesens und Alles, was damit zusammenhängt, einem sehr dringenden Bedürfniß entspricht. Nur kommen — das Einzige, was ich dabei bedaure — diese beiden Vorlagen etwas post festum, nämlich zu einer Zeit, wo fast jeder kleine Bundesstaat bereits im glücklichen Besitze seiner Hypothekenbank ist. Auf der anderen Seite ist aber auch mit Anerkennung hervorzuheben, daß der Hypothekenbankgesetzentwurf im Wesentlichen das bereits vorhandene Gewohnheitsrecht codificirt, und insofern liegt darin, wie ich glaube, ein Beweis dafür, daß er sich auch auf dem Boden der concreten Verhältnisse, die er für die Zukunft zu regeln sich vornimmt, befindet. Ein einziger Punkt erscheint mir nicht ganz unbedenklich, und hier weicht meine Auffassung von der des Herrn Referenten ab, nämlich die Gleichstellung der Grundschuld und der Hypothek als Grundlage für die Emission von Pfandbriefen. Ich meine: entweder hat der Unterschied dieser beiden Kategorien von Grundschuldverschreibungen eine nicht bloß juristische, sondern auch wirthschaftliche Bedeutung, — nun, dann ist es eben selbstverständlich, daß er in der Pfandbrief-Gesetzgebung auch zum Ausdrucke komme, und das ist auch thatsächlich der Fall. Dann aber muß man sich fragen: worin besteht der Unterschied dieser beiden Kategorien im Hinblick auf die Deckungsfrage, die bei den Pfandbriefen eine so hervorragende

Rolle spielt? Und da meine ich, daß sowohl der Entwurf als der Herr Referent diesen Unterschied etwas unterschätzen. Ich habe, soweit meine Erfahrungen auf diesem Gebiete reichen, doch gefunden, daß das Publikum ein sehr erhebliches Gewicht darauf legt, ob die sogenannten „Pfandbriefe", oder richtiger Hypotheken-Actiengesellschafts-Certificate gedeckt sind durch Grundschuldbriefe oder durch Hypotheken, welche dem Gläubiger auch noch ein persönliches Recht gewähren, und ich halte es noch ganz besonders um deswillen für wichtig, Stellung zu der Frage zu nehmen, weil ja die Beleihung derjenigen Grundstücke, auf denen die Hypotheken als Grundlage für die Pfandbriefemission zur Verwendung gelangen sollen, zwar der Regel nach zur ersten Stelle erfolgen soll, die Ausnahme aber nicht ausgeschlossen ist. Zwar sind auch diese zweiten Hypotheken, die sich als Deckungshypotheken für die Pfandbriefemission verwenden lassen, gebunden an die sogenannte Beleihungsgrenze, so daß sie sich innerhalb dieser Beleihungsgrenze bewegen müssen. Aber, im Hinblick hierauf ist es doch nicht ganz gleichgiltig, ob diese Deckung in sogenannten Grundschulden oder in Hypotheken besteht, die den Gläubigern ein etwas weitergehendes Recht gewähren. Unter dem Gesichtspunkte — den ich für den den ganzen Gesetzentwurf beherrschenden halte —, nämlich dem der Sicherheit der Pfandbriefbesitzer, meine ich, daß es nicht ganz ohne Bedeutung ist, wenn den letzteren noch ein Plus an Sicherheit gewährt wird; und deshalb würde ich principaliter dafür sein, daß als Deckungshypotheken in erster Linie Hypotheken im eigentlichen Sinne des Wortes verwendet und Grundschulden nur ausnahmsweise zugelassen würden.

Ja, m. H., es ist in der That auch nicht ohne Bedeutung, wie die Deckung juristisch bezeichnet wird. Denn die Terminologie hat gerade auf dem Gebiete des Hypothekenbankwesens eine ganz außerordentliche Rolle gespielt, wie ich aus langjähriger Erfahrung bestätigen kann. Die ganze sogen. „Pfandbrieffrage" ist entstanden aus einem terminologischen Mißverständnisse, welches sehr erklärlich war. Das Publikum hatte nämlich in früherer Zeit, anknüpfend an die Thatsache, daß gewisse Kategorien von landschaftlichen Pfandbriefen ein directes Realrecht dem Erwerber gewährten, sich in die Vorstellung hineingelebt, daß die Hypothekencertificate der Hypothekenactienbanken die gleichen Rechte gewährten, — was ein schwerer Irrthum war, der allerdings erst ziemlich spät zur Aufklärung gelangt ist. Natürlich, in juristischen Kreisen ist dieser Irrthum nicht sehr verbreitet gewesen. Er ist aber praktisch geworden zu jener Zeit, als der Glaube an die Sicherheit der Hypothekencertificate erschüttert worden ist. Da, mit einem Male, erscholl der allgemeine

Ruf nach realer Sicherstellung der Pfandbriefe! Ich meine also, es würde sich unter diesem Gesichtspunkt empfehlen, wenn der Hypothekenbank-Gesetzentwurf ausdrücklich bestimmt, daß nur Hypothekenschuldverschreibungen als Deckung verwendet werden sollen, damit dann nicht hinterher im Publikum wieder einmal eine Bewegung entsteht, die an die alternative Unklarheit anknüpft und alles Unheil, wie gewöhnlich, gerade auf diesen Umstand zurückführt.

Vollständig stimme ich überein mit dem Herrn Referenten in der Frage der Reichsaufsicht. Dies ist allerdings eine Cardinalfrage; das leuchtet auf den ersten Blick ein! Aber es ist nicht ganz gleichgiltig, aus welchem Grunde man einer und derselben Meinung ist, und ich möchte mir deshalb gestatten, zu den Argumenten des Herrn Referenten auch noch ein ferneres hinzuzufügen. Ich halte es nämlich im Hinblick auf die Concurrenz der Hypothekenbanken für ganz außerordentlich wichtig, daß der Zug nach Centralisirung im Wege der Reichsgesetzgebung und der Reichsaufsicht thunlichst gefördert werde. Die Concurrenz der Hypothekenbanken ist eigentlich das Widersinnigste, was es überhaupt geben kann; denn sie kann thatsächlich nur in der Weise zum Ausdruck kommen, daß eine größere oder geringere Connivenz gegen die Interessen der Darlehnsschuldner beobachtet wird, welche diese Seite des Geschäftsbetriebs besonders fördert. Es liegt aber auf der Hand, daß diese Connivenz nur erkauft werden kann um den Nachtheil, die Sicherheit der Pfandbriefbesitzer zu gefährden. Es muß also dieser Anreiz aus der Welt geschafft werden, und wenn er auch nicht vollständig aus der Welt geschafft werden kann, weil der Schwerpunkt in den Grundsätzen der Werthsermittelung liegt und diese sich allerdings — wie ich fürchten muß — vorläufig im Wege der Reichsgesetzgebung oder der Reichsverordnungsgewalt in abstracto sehr schwer werden einheitlich gestalten lassen, — ich sage: wenn auch dieser Uebelstand durch die Reichsgesetzgebung nicht ganz beseitigt wird, so wird damit immerhin ein Hinderniß mehr geschaffen, welches die Concurrenz vor Ausartung bewahrt. Ja, m. H., zu welchen Consequenzen der entgegengesetzte Zustand führt, hat der Herr Referent vollkommen zutreffend dargelegt, durch den Hinweis darauf, daß innerhalb eines und desselben Staatsgebietes Hypothekenbanken unter ganz verschiedenen Existenzbedingungen zur Concurrenz zugelassen worden sind, was ja denn auch in der That die wunderbarsten praktischen Consequenzen zur Folge gehabt hat. Ich weise nur darauf hin, daß die preußischen Hypothekenbanken sammt und sonders in Folge der sogen. Normativbestimmungen, die ja noch bis auf den heutigen Tag geltendes Verwaltungsrecht sind, den süddeutschen Hypothekenbanken gegenüber — um diese beiden Categorien einander gegenüberzustellen — im höchsten Grade benachtheiligt sind. Während die letzteren durch die freie Beleihungsgrenze, durch die Möglichkeit, selbständig die Werthe der Beleihungsobjecte zu prüfen, an keine abstracten Beleihungsnormen gebunden sind, waren die preußischen Hypothekenbanken — und sind es jetzt noch — mit sehr geringen Ausnahmen — mit Ausnahme der Frankfurter Hypothekenbank und der Central-Bodencreditbank in Berlin — eingeschnürt in außerordentlich unbequeme Beleihungsnormen, gebunden an die Maßstäbe der „Feuercasse", des Grundsteuer-Reinertrages und des Gebäudesteuer-Nutzungswerthes. Diese Maßstäbe hatten namentlich in den 70er Jahren die allerschlimmsten Wirkungen zur Folge. Um nämlich Beleihungsobjecte zu finden, die diesen Normen entsprachen, wurde die Bauthätigkeit in großen Städten, in erster Reihe in Berlin, in krankhafter Weise forcirt. Denn in der inneren Stadt gab es sehr wenige Grundstücke mit hohen „Feuercassen", und man mußte, um diesem Requisit zu genügen, in die „Peripherie" gehen. Da wurden, unter Berücksichtigung dieser Normen, derartige Beleihungsobjecte producirt, und dieser allein konnten sich die Berliner und preußischen Hypothekenbanken bemächtigen, während das ganze Gebiet der guten und sicheren Beleihungsobjecte im Wesentlichen den außerpreußischen Hypothekenbanken überlassen war. Wie gesagt — ich will hier auf die Beleuchtung der wirthschaftlichen Folgen dieses merkwürdigen Zustandes nicht näher eingehen —, aber ich möchte mich in diesem Punkte kurz dahin resumiren: es ist nicht abzusehen, aus welchem Grunde Bestimmungen noch am Leben erhalten werden sollen, welche die Concurrenz der Hypothekenbanken unter einander fördern, die auf wenig wirthschaftlichen Gebieten so wenig angebracht ist, wie auf dem Gebiete des Hypothekenbankwesens.

Das wäre eigentlich — unter Berücksichtigung der vorgerückten Zeit — dasjenige, was ich im Anschluß an den Vortrag des Herrn Referenten auf dem Herzen hatte. Was die Anträge anlangt, die er gestellt hat, so scheinen sie mir sammt und sonders sehr sachgemäß zu sein, namentlich die beiden Anträge zum Entwurf eines Hypothekenbankgesetzes. Ich möchte aber anheimgeben, zu erwägen, ob die Anträge zum Entwurfe eines Gesetzes, betreffend die gemeinsamen Rechte der Besitzer von Schuldverschreibungen, nicht doch etwas sehr ins Detail gehen, und ob es nicht möglich wäre, von diesen Anträgen des Herrn Referenten abzusehen. Zu diesem letzteren Entwurfe will ich nur noch ganz kurz bemerken: auch ich stimme, was die principielle Auffassung anbetrifft, durchaus mit dem Herrn Referenten überein und stehe ganz auf dem

Boden des Entwurfs; aber ich hätte hier eine kleine principielle Weiterentwickelung gewünscht, nämlich bezüglich der ausländischen Certificate. Ich glaube, daß der Schritt von den inländischen zu den ausländischen hier kein salto mortale sein würde, und zwar deshalb nicht, weil in dem gegenwärtig in Kraft befindlichen Börsengesetze die Möglichkeit gegeben ist, es auf indirectem Wege zu erreichen, daß derartige Coalitionen von Interessenten, wie sie hier durch den zweiten Entwurf geschaffen werden sollen, auch bezüglich ausländischer Obligationen ermöglicht würden, nämlich dadurch, daß nur solche Schuldverschreibungen zur Börsennotiz zugelassen werden, bei denen die Emittenten, die Schuldner sich den Bedingungen des zweiten Entwurfs oder ähnlichen unterwerfen. Doch, wie gesagt, das ist eine Materie, die eigentlich nicht direct zur Discussion steht und die ich deshalb nur gestreift haben will als Anregung für eine künftige Discussion.

Director der Bayerischen Handelsbank zu München, Freiherr **von Pechmann:** Meine hochgeehrten Herren! Ich glaube, ich übe eine sehr weitgehende Selbstverleugnung, wenn ich bei der vorgerückten Zeit Alles unterdrücke, was ich an Wünschen hergebracht habe, um zu der Frage, die uns beschäftigt, mein Scherflein beizusteuern und mich darauf beschränke, einen einzigen Punkt hervorzuheben, der, wie ich glaube, von recht großer Bedeutung ist. Wenn aus irgend einem Grunde der Erlaß eines Hypothekenbankgesetzes Bedürfniß ist, so ist es deshalb, weil die Rechtsungleichheit beseitigt werden muß, unter welcher die Hypothekenbanken jetzt arbeiten. Ich kann dem verehrten Herrn Vorredner nur völlig beipflichten: diese Rechtsungleichheit tritt am allerschärfsten darin zu Tage, daß gegenwärtig die Staatsaufsicht in der That als ein Privileg betrachtet wird. Man übt sie nicht aus im Interesse der Pfandbriefbesitzer, nicht aus im Interesse des Hypothekarcredits, sondern man übt sie — wenigstens praktisch genommen — oder scheint sie auszuüben — richtiger gesagt —, um dem Einen Privilegien zu gewähren, die dem Andern versagt werden, mit der Folge, daß die Einen einen unendlichen Vorzug im Absatz ihrer Pfandbriefe genießen, dem eine entsprechend größere Güte ihrer Pfandbriefe und der ihnen zu Grunde liegenden Hypotheken durchaus nicht entspricht. Nun ist die Befürchtung hervorgetreten, daß eine Bestimmung in dem Entwurfe dahin führen könnte, diese Rechtsungleichheit zu verewigen, und zwar die Bestimmung in § 4 Abs. 3: Die Aufsichtsbehörde kann einen Commissar bestellen, der unter ihrer Leitung die Aufsicht ausübt. Man hat gesagt — die Herren erinnern sich —: die Aufsichtsbehörde wird immer wieder nach Gunst oder Ungunst die Commission bestellen oder nicht bestellen, und daran knüpfen sich wieder die Versagung oder Ertheilung von Privilegien. Ich theile die Ansicht und Befürchtung, so wie ich das Gesetz verstehe, nicht; ich glaube nicht, daß das Gesetz von denen, die sie ausgesprochen haben, richtig verstanden wird, aber der Punkt ist so wichtig, daß er außer allen Zweifel gestellt, daß er jeder Unklarheit entrückt werden sollte, und ich habe versucht, eine kleine Anregung in diesem Sinne, in Ergänzung der von dem hochverehrten Herrn Referenten gestellten Anträge vorzuschlagen, dahingehend:

c) Es ist außer Zweifel zu stellen, daß sich die im Gesetze vorgesehene Aufsicht auf alle Hypothekenbanken gleichmäßig erstrecken soll, ohne Unterschied, ob sie nach § 4, 3 durch einen Commissar, oder, wenn die Bestellung eines solchen unterbleibt, durch die Aufsichtsbehörde selbst ausgeübt wird.

Referent Justizrath Dr. **Rießer** (Berlin): Wenn Niemand mehr sich zum Worte meldet und ich das Schlußwort nehmen darf, so habe ich zunächst Herrn Justizrath Dr. Goldschmidt meinen herzlichsten Dank auszusprechen für die freundlichen Worte und namentlich für die gewichtige Unterstützung, die er durch sein competentes Urtheil meinen Ausführungen und Anträgen gegeben hat. Ich darf aber wohl sagen, daß ich mich in den Anträgen, die ich zu dem letzten Gesetze gestellt habe, in der That aufs äußerste beschränkt habe, da, wie Sie sich denken können, eine ganze Reihe von Lieblingsideen sich vorfand, die ich einfach beim mündlichen Referat unterdrückt habe. Ich möchte Sie bitten, die 2 Anträge, die sehr schwerwiegende und, was Sie einem Praktiker glauben können, praktisch unendlich wichtige Punkte berühren, anzunehmen. Auf die Frage der Grundschuld glaube ich nicht im Einzelnen eingehen zu müssen. Ich habe in dieser Beziehung keinen Antrag gestellt. Die Ansicht des Herrn Vorredners, die der meinigen entgegengesetzt ist, ist ebenso zum Ausdrucke gekommen, wie die meinige, die, da eine Beschlußfassung nicht erfolgt und ein Antrag nicht gestellt ist, eine persönliche bleibt. Aber das möchte ich sagen, daß in der im Reichsjustizamt versammelt gewesenen Sachverständigen-Commission vom Juni 1898 nicht eine Stimme gegen diese Gleichstellung sich erhoben hat, und daß man nicht außer Betracht lassen darf, daß die Pfandbriefe, deren Unterlage nach dem Entwurfe Grundschulden ebenso wie Hypotheken sollen bilden dürfen, wenigstens im Allgemeinen lediglich auf Grund der durch Deckungshypotheken ihm innewohnenden realen Sicherheit genommen werden, daß die Hypothekenbanken in erster Linie zur Pflege des Realcredits berufen sind und daß nach ausdrücklicher Vorschrift mancher auf diesem Gebiete erlassener Landesgesetze der Pfandhalter, also der Vertreter der Pfandbriefgläubiger, nicht einmal berechtigt ist, die Solvenz der Hypothekenschuldner zu prüfen und daß endlich die Pfandbriefabnehmer diese Solvenz in der Regel weder besonders zu berücksichtigen noch einzeln zu prüfen pflegen. Vor Allem aber dürfte durchschlagend in Betracht kommen, daß man nicht bei der ersten Probe auf die Grundsätze, die das B.G.B. (welches die Grundschuld der Hypothek derart gleichzustellen sucht, daß die Hypothek jederzeit in eine Grundschuld und umgekehrt verwandelt werden kann) eben erst eingeführt hat, schon gleich mit dem 1. Januar 1900 wieder davon abgehen kann. Ich glaube, das wird sich nicht machen lassen, wenn ich auch die Gründe nicht verkenne, die von so sachverständiger Seite und vielfach auch in beachtenswerthen Aeußerungen der Presse entgegengehalten worden sind.

Daß man auch ausländische Schuldverschreibungen in das Gesetz, betreffend die gemeinsamen Rechte der Besitzer von Schuldverschreibungen, hineinbringen kann, glaube ich nicht, zumal der indirecte Zwang, wovon gesprochen worden ist, doch nur bei den an der Börse notirten Schuldverschreibungen ausgeübt werden kann, während nach meiner Ueberzeugung, und soweit ich habe ermitteln können, die bei Weitem größere Zahl von Obligationen nicht notirt ist. Bei ausländischen Certificaten würde aber auch eine Zwangsvollstreckung der etwaigen Entscheidungen zu den größten Schwierigkeiten führen, abgesehen von dem Gesichtspunkte, den die Erläuterungen zu dem Entwurfe angegeben haben.

Was den Antrag des Herrn Baron v. Pechmann betrifft, daß außer Zweifel gestellt werden sollte, daß sich das Gesetz auf alle Hypothekenbanken in Bezug auf die Aufsicht gleichmäßig erstrecken soll, so meine ich, daß er sich Bedenken macht, die nicht zutreffen, und ich glaube versichern zu können, daß jedenfalls die Absicht des Entwurfs zweifellos dahin gerichtet ist. Bedenken nach dieser Seite, glaube ich, werden denn auch durch die ausführliche Begründung, die noch zu erwarten ist — der Gesetzentwurf ist ja dem Bundesrathe noch nicht vorgelegt und bis jetzt liegen ja nur die kurzen Erläuterungen im Reichsanzeiger vor —, sicherlich vollständig aufgeklärt werden und ich glaube nicht, daß wir einen ausdrücklichen Beschluß fassen sollten.

Ich darf wohl formell noch erwähnen, daß ich leider der 2. Plenarsitzung nicht beiwohnen kann, und den Antrag stelle, die hier zu fassenden Beschlüsse dem Plenum nur zur Kenntnißnahme mitzutheilen. Ich schlage vor, Herrn Justizrath Dr. Goldschmidt mit der Berichterstattung für das Plenum zu betrauen.

Vorsitzender: Die Sache liegt, was die Abstimmung betrifft, so: Herr Dr. Goldschmidt hat zwar keinen formellen Antrag gestellt, wohl aber die Bitte an den Herrn Referenten gerichtet, er möge sich bezüglich der Anträge auf Pos. 1 u. 2 in der Einleitung beschränken, und daß die Details unter B, obwohl sie die Zustimmung aller derjenigen finden müssen, die mit dieser Materie genauer vertraut sind, wegbleiben könnten. Ich möchte eigentlich mich dieser Bitte anschließen, obwohl es mir sehr schwer fällt; allein auf der anderen Seite müssen wir doch bedenken: erstens — wie der Herr Referent eben gesagt hat — es ist ja noch nicht einmal ein Gesetzentwurf, sondern nur ein Vorgang aus dem Reichsjustizamt; er ist den einzelnen Regierungen erst mitgetheilt worden, die haben ihre Antworten noch nicht gegeben, es ist dem Bundesrathe noch nichts vorgelegt worden, es handelt sich noch nicht um einen Reichsgesetzentwurf. Und dann bedenken Sie: er besteht eigentlich erst seit ganz kurzer Zeit; officiell ist dem Juristentage erst seit ganz kurzer Zeit, und zwar in Folge eines Antrages, den Herr Dr. Goldschmidt bei der ständigen Deputation des Juristentages zu Pfingsten d. J. gestellt hat, Kenntniß davon geworden. Ich will nicht davon sprechen, daß in der Zwischenzeit uns Allen so vieles obgelegen hat; allein es ist immerhin der Mangel der Vorbereitung nicht zu unterschätzen, wenn es sich darum handelt, daß der Juristentag einen Ausspruch thun soll. Selbstverständlich will ich auf die geringe Zahl der Anwesenden keinen Werth legen, es ist immerhin eine hochansehnliche Versammlung, wenn wir auch nur aus einem Dutzend bestehen, und das Gewicht der Stimmen der Herren Dr. Rießer und Dr. Goldschmidt wird bei den betreffenden Behörden nicht ohne den gebührenden Eindruck bleiben, und ob da dieser oder ein anderer noch zustimmt, das wird wahrscheinlich keinen großen Einfluß haben. Es kann weiter in Betracht kommen: Ja, Juristentag, hast du den ganzen Entwurf und hast du ihn bis in's kleinste durchgearbeitet, daß wir sicher sind, daß nicht weitere Unrichtigkeiten bestehen? Herr College Dr. Rießer hat ausdrücklich gesagt: ich habe noch viel auf dem Herzen, was ich vorbringen möchte, allein die Zeit reicht dazu nicht. Dann entspricht es auch — das soll das letzte Bedenken sein — nicht den Gepflogenheiten des Juristentages. Ich meine, wir sollten die großen Ideen erfassen und dem deutschen Volke mittheilen. Der Schwerpunkt der Frage liegt darin, ob eine reichsgesetzliche Regelung dieser beiden Materien nothwendig ist, oder ob, wie in dem bisherigen Schlendrian, sie den einzelnen Landesgesetzgebungen überlassen werden soll. Die Vermeidung der deloyalen Concurrenz erfordert, daß die Sache reichsgesetzlich geregelt wird, und daß es nicht den Landesregierungen überlassen wird. Ich glaube nach alle dem die Bitte des Herrn Dr. Goldschmidt wiederholen zu sollen; es bleibt der Werth des gesammten Ausgeführten ganz bestimmt dem Reichsjustizamte nicht verborgen.

Referent Justizrath Dr. **Rießer** (Berlin): M. H., ich möchte dringend bitten, die Anträge so anzunehmen, wie sie gestellt sind. Ich habe Herrn Dr. Goldschmidt nicht dahin verstanden, daß er auch die Anträge zum Hypotheken-Bankgesetze, die er ausdrücklich als sehr wichtig und richtig anerkannt hat, nicht gestellt wissen möchte. Insofern, Herr Präsident, haben Sie Herrn Justizrath Dr. Goldschmidt nicht richtig verstanden (Zustimmung des Herrn Dr. Goldschmidt). Er hat nur hinsichtlich des zweiten Gesetzes den Zweifel angeregt, ob nicht die beiden hier in Frage kommenden Anträge zu sehr in's Detail gehen. Was aber den ersten dieser Anträge betrifft, so ist doch wohl kein Zweifel, daß hier eine Lücke im Entwurf vorliegt und es wird deshalb kaum ein Bedenken dagegen bestehen können, daß Sie sich in meinem Sinne schlüssig machen. Den zweiten Antrag aber vollständig fallen zu lassen, würde auch wenig empfehlenswerth sein. Denn es erscheint doch kaum angängig, daß, wenn etwa, worauf in den Erläuterungen ausdrücklich exemplificirt wird, seitens der Gläubigerversammlung beschlossen wird, zur „Beaufsichtigung des Geschäftsbetriebes des Schuldners" einen Vertreter zu bestellen, im Entwurfe gegen solche und ähnliche weitgehende Anträge auch nicht die leisesten Vorsichtsmaßregeln getroffen sind, zumal gerade dieser Fall, den ich beispielsweise erwähnte, sich fast wörtlich deckt mit dem Falle der Beantragung von Revisoren zur Ueberwachung des Geschäftsbetriebes des Schuldners bezw. gewisser Vorgänge der Geschäftsführung. Darüber ist also auch kein Zweifel, daß in irgend einer Weise diese thatsächlich bestehende und praktisch unendlich wichtige Lücke — man denke nur an die Beantragung einer Gläubigerversammlung zu solchen oder ähnlichen Zwecken durch ein Concurrenz-Unternehmen, welches Obligationen aufgekauft hat, oder ... billig aufkaufen will! — ausgefüllt werden muß, soll nicht dieses Gesetz, statt zu nützen, wesentlich schaden. Und darum glaube ich zunächst, meine Anträge aufrecht erhalten zu sollen und bitte auch den Herrn Collegen Goldschmidt, die Bedenken, die er hatte, nach dem Gehörten fallen zu lassen.

Justizrath Dr. **Goldschmidt** (Berlin): Ich stimme unbedingt und ohne Vorbehalt den Anträgen des Herrn Referenten unter 1 und 2 zu, sodann den beiden Anträgen zum Entwurfe des Hypotheken-Bankgesetzes. Dagegen bedaure ich, nicht in der Lage zu sein, dem Appell des Herrn Collegen Dr. Rießer bezüglich des zweiten Entwurfes zu entsprechen, — nicht, weil ich mich in irgend welcher principiellen Gegnerschaft zu diesen

Anträgen befände, sondern aus dem von dem Herrn Vorsitzenden hervorgehobenen Grunde — an dem wir bisher auf den Juristentagen festgehalten haben, — daß Vorschläge von Detailbestimmungen nicht zu unserer Competenz gehören, daß wir uns einzig und allein darauf zu beschränken haben, leitende Grundsätze aufzustellen, und daß es auch für die gesetzgeberischen Organe, auf die ja Verschiedentliches, was hier zur Sprache gebracht wird, gemünzt ist, durchaus genügt, wenn sie Kenntniß von dem hier Gesprochenen gewinnen, und das ist der Fall, wenn ihnen nur die Anträge Rießer bekannt werden. Ich glaube, daß Herr College Rießer im Plenum eine — wenn ich mich so ausdrücken darf — wohlwollende Unterstützung seiner Bestrebungen finden wird, auch wenn das Plenum seinen Detailanträgen nicht zustimmt.

(Dr. Rießer: Wir bringen sie ja nur zur Kenntniß!)

Ref. Justizrath Dr. **Rießer** (Berlin): Ich glaube constatiren zu können, daß sachliche Gegenanträge nicht gestellt worden sind; ich glaube ferner nach dem eben Gehörten zu meiner Genugthuung, wenn kein Widerspruch erfolgt — ich stelle fest, daß ein solcher nicht erfolgt — constatiren zu können, daß mit dem Inhalt der von mir sub B a und b (zum Gesetze betreffend die gemeinsamen Rechte der Schuldverschreibungen) gestellten Anträge der Juristentag (Abth. 2) einstimmig einverstanden ist. Das ist ja das, worauf es allein ankommt, ich habe deshalb kein Interesse, daß die Anträge zu dem zweiten Gesetze auch zu Beschlüssen erhoben werden. Dagegen darf ich feststellen, daß der Juristentag (Abth. 2) die sämmtlichen übrigen Anträge des Referenten, einschließlich der beiden Anträge zu dem Entwurf eines Hypothekenbankgesetzes, einstimmig zu Beschlüssen erhoben hat.

Justizrath Dr. **Goldschmidt** (Berlin): Für den Fall, daß mir die Ehre zu Theil wird, im Plenum Bericht zu erstatten, werde ich constatiren, daß eine principielle Gegnerschaft gegen die Vorschläge nicht geltend gemacht worden ist, daß aber die Abtheilung mit Rücksicht auf die bisherige Gepflogenheit des Juristentages Abstand genommen hat, über diese Detailbestimmungen Beschluß zu fassen. Ich glaube, dann ist den Wünschen des Herrn Referenten Genüge geschehen.

Vorsitzender: Dann darf ich vielleicht auch Herrn Freiherrn v. Pechmann anheimgeben, seinen Antrag zurückzuziehen?

Freiherr **v. Pechmann** (München): Ich kann mich dazu nicht entschließen. Ich theile zwar vollkommen die Auffassung des Herrn Referenten Dr. Rießer, aber die Frage ist zu wichtig, und es fällt dieser Punkt auch nicht in das Gebiet der Detailbestimmungen, sondern in das

Gebiet der allerprincipiellsten Frage des ganzen Gesetzes. Die Zweifel sind wiederholt öffentlich angeregt worden von verschiedenen Seiten, auch sind Interessenten am Werke, die Zweifel bei gegebener Zeit wieder anzuregen. Ich würde daher eine sehr dankenswerthe Unterstützung des Juristentages darin erblicken, wenn das, was das Gesetz nach unserer gemeinsamen Auffassung wirklich gewollt hat, heute zum Ausdruck gebracht würde.

Ref. Justizrath Dr. **Rießer** (Berlin): Das kann vielleicht im Vortrage des Herrn Referenten in der Plenarsitzung ebenso zum Ausdrucke gelangen, wie meine Anträge.

Freiherr **v. Pechmann** (München): Das würde mir vollständig genügen.

Justizrath Dr. **Goldschmidt** (Berlin): Also das darf dann wohl als constatirt angesehen werden.

Vorsitzender: Dann wäre unsere heutige Aufgabe erledigt.

Ich schließe die Verhandlungen und bitte die Herren, morgen früh 9 Uhr wieder zur Stelle zu sein.

(Schluß der Sitzung 3¼ Uhr.)

Zweite Sitzung der zweiten Abtheilung
am Dienstag, 13. September.

(Beginn: 9 Uhr.)

Vorsitzender Justizrath Dr. Reatz: Die zweite Sitzung der zweiten Abtheilung des Juristentages ist eröffnet. Wir kommen zur Erörterung der Frage 7:

„Ist die Vorschrift des § 296 der Civilproceßordnung für das Deutsche Reich, kraft welcher der Richter bei der Schöpfung des Versäumnißurtheils gegen eine vom letzten Termine weggebliebene Partei Alles ignoriren muß, was sie in früheren Terminen vorgebracht hat, oder die Bestimmung des § 399 der österreichischen Civilproceßordnung, welche in diesem Falle Vollversäumniß nicht annimmt, innerlich gerechtfertigt?"

Es liegen zwei Gutachten vor, das des Rechtsanwalts Emil Koffka in Berlin im 2. Bande Nr. 14 und das des Privatdocenten Dr. Hans Sperl in Graz in demselben Bande Nr. 16. Zum Referenten ist Herr Privatdocent Dr. Schwarz-Berlin bestellt worden. Ich ersuche denselben, seinen Bericht uns zu geben.

Referent Privatdocent Dr. **Schwartz** (Berlin): M. H., wie Sie wissen, gehen die beiden Gutachten auseinander. Herr Rechtsanwalt Koffka-Berlin tritt für die deutsche Contumacialbestimmung ein, Herr Dr. Hans Sperl-Graz spricht sich für das österreichische Gesetz aus. Ich möchte gleich von vornherein erklären, daß ich im Schlußvotum Herrn Dr. Sperl zustimme.

Beide Gutachten untersuchen zunächst die Frage, ob die erwähnten Contumacialbestimmungen im Rahmen der entsprechenden Proceßordnung gerechtfertigt seien. Für das österreichische Recht liegt die Sache überaus einfach. Die österreichische Proceßordnung führt den Grundsatz der einheitlichen Verhandlung, auch wenn sie sich über mehrere Termine erstrecken sollte, consequent durch, sie giebt dem Richter in ausreichenden Protocollaufzeichnungen sicheres Material zur Feststellung des Inhalts der früheren Verhandlungen, sie verlangt in Folge dessen auch regelmäßig Fortsetzung der Verhandlung, und zwar an dem Punkte, wo im früheren Termin abgebrochen werden mußte, — die Vermittelung bildet ein richterliches Referat. Es ist klar, daß in dieser Weise der Proceßstoff, der dem Gericht einmal in irgend einer früheren Verhandlung vorgelegt wurde, nicht verloren gehen kann, und daraus folgt, daß der Beklagte, der in einer früheren Verhandlung die Klagebeantwortung vollzogen hat, wenn er eine spätere Verhandlung versäumt, darauf rechnen kann, daß das Gericht die frühere Verhandlung bei der Urtheilsfällung verwerthen werde. Für die Reichscivilproceßordnung liegt die Sache nicht so einfach. Herr Koffka deducirt, daß unser Gesetz zwar wiederholt von fortgesetzten Verhandlungen spreche, aber damit einen proceßtechnischen Begriff nicht verbinde; wenn fortgesetzte Verhandlungen im Text erwähnt würden, so sei nur die Thatsache der Terminverlegung gemeint. Thatsächlich — so führt das Gutachten aus — haben wir im Reichsproceß nicht eine fortgesetzte, sondern nur eine stets erneute Verhandlung; der Proceßstoff wächst und wird in jeder neuen Verhandlung in erweitertem Umfange vorgetragen; daraus ergiebt sich principiell, daß nur die letzte Verhandlung vor dem Urtheile die entscheidende ist. Was in dieser letzten Verhandlung neu oder wiederholt vorgetragen wurde, muß der Richter verwerthen, was nicht erwähnt wurde, das darf das Gericht im Urtheile nicht berücksichtigen. Aus diesem Satze folgt allerdings zweifellos, daß der Beklagte, der einen späteren Termin versäumt, wenn das Versäumnißurtheil ergeht, stets als geständig anzusehen ist. Er hat eben in der letzten Verhandlung vor dem Urtheile nichts vorgebracht, das frühere darf nicht berücksichtigt werden, er ist vollständig säumig. Das ist meiner Ansicht nach eine durchaus folgerichtige Darlegung. Herr Dr. Sperl weicht hiervon ab und vertritt die Wach'sche Theorie, nach der wir im Reichsproceß die stets erneute Verhandlung nicht haben. In Folge dessen deducirt Herr Dr. Sperl folgendermaßen. Er sagt, dieser Contumacialgrundsatz von der steten Totalversäumniß sei eine Singulärnorm, beruhend auf einem praktischen Grunde, der bedingt sei durch ein anderes Princip der Reichscivilprozeßordnung. Man habe, um die Mündlichkeit in idealer Reinheit durchzuführen, die Bildung auskömmlicher Proceßacten verboten, in Folge dessen könne das Gericht frühere Verhandlungen nachträglich nicht mehr mit Sicherheit reconstruiren; deshalb sei nur möglich, jedesmal, wenn der Beklagte ausbleibe, zu sagen, er habe sich überhaupt gar nicht an den Verhandlungen betheiligt.

Ich bin allerdings auch der Ansicht, daß der in Frage kommende Contumacialgrundsatz im Systeme unserer Reichscivilproceßordnung sich rechtfertigen oder doch erklären lasse, ich glaube aber, daß solches nur auf dem von Herrn Koffka betretenen Wege geschehen kann. Näher möchte ich hierauf zunächst nicht eingehen, weil die Fragen, die wir zu lösen haben, sich sonst zu sehr compliciren könnten. Ich glaube, es ist für die Debatte vortheilhaft, sie möglichst auseinander zu halten. Gleich hier bemerke ich ferner, daß ich auf die in der Deutschen Juristenzeitung von Herrn Geheimen Ober-Justizrath Vierhaus vertretene Ansicht, daß wir überhaupt die Frage, wie sie gestellt ist, nicht beantworten könnten, zur Zeit nicht eingehe. Wir haben ja die Freude, den Herrn Geheimrath unter uns zu sehen und wenn seine Auffassung später zur Erörterung kommt, so ist es eine Vereinfachung, darüber getrennt zu verhandeln.

Ich fahre nun mit dem Referat über die beiden Gutachten fort. Was zunächst besprochen wurde, die Frage, ob die beiden entgegengesetzten Contumacialbestimmungen im Rahmen der betreffenden Gesetze zu rechtfertigen seien, sie ist ja wohl interessant und die Gutachten bringen uns darüber werthvolles Material, aber für die Erledigung unserer Aufgabe scheint mir das Alles nebensächlich. Uns ist die Frage gestellt, ob der österreichische Grundsatz oder der deutsche gerechtfertigt sei. Schon aus dem „oder" ergiebt sich, daß im Sinne der Frage nur die eine oder die andere Bestimmung für gerechtfertigt erachtet werden könne. Dann ist das Wort „innerlich" hinzugefügt. Darin liegt doch ein deutlicher Hinweis dauauf, daß eine Rechtfertigung dieser beiden Grundsätze aus dem Systeme der entsprechenden Proceßordnung heraus nicht gewünscht werde; wir sollen sagen, ob nach Begriff, Wesen und Zweck des Contumacialverfahrens überhaupt die deutsche oder die österreichische Vorschrift gerechtfertigt sei. Sie wissen, m. H., daß die Bestimmung des österreichischen Rechts, die nicht Vollcontumaz eintreten läßt, sondern nach stattgehabter Klagebeantwortung nöthigenfalls ein einseitiges Verfahren vorschreibt, an das sich dann ein contradictorisches Urtheil schließt, nicht neu ist. Die deutschen Proceßordnungen aus diesem Jahrhundert haben alle diesen Satz, z. B. die hannoversche von 1850 und die danach erlassenen bis zur Reichsproceßordnung; dagegen ist der Grundsatz, den die Reichscivilproceßordnung aufgenommen hat — Herr Dr. Sperl hat besonders darauf hingewiesen — noch nirgends in der Welt in einer Proceßordnung anerkannt worden, er ist etwas absolut Neues. Wenn Sie sich vergegenwärtigen, daß die österreichische Proceßordnung einen längst — schon im sog. gemeinen Processe — bekannten und vielfach dogmatisch begründeten Satz verwerthet, während die Reichscivilproceßordnung einen ganz neuen, noch nie dagewesenen bringt, so kann ich unsere Fragestellung wohl dahin vereinfachen: Giebt es überhaupt eine innerliche Rechtfertigung für den im Reichscivilprocesse durchgeführten Grundsatz der steten Totalversäumniß im Reichscivilproceß?

Ich verneine die Frage. Sie wissen, daß eine große Reihe deutscher Theoretiker und Praktiker auf dem Standpunkte stehen, daß es sich hierbei handle um die theoretische Ueberspannung des Contumacialprincips und daß solche Ueberspannung unsere Civilproceßordnung schädige an einem sehr wichtigen Punkte, durch Verringerung nämlich der Aussicht auf Erreichung des doch ihr gerade gesteckten Zieles: nach Möglichkeit materielles Recht zu fördern. Nach dem reichsdeutschen Contumacialgrundsatze wird in vielen Fällen der Richter trotz besserer Wissenschaft gezwungen, materielles Unrecht für Recht zu erklären und über Erklärungen und Bestreitungen, sogar unter Umständen über Beweise hinwegzugehen, als ob sie nie dagewesen wären.

Nun wendet Herr Rechtsanwalt Koffka ein, die Sache sei garnicht so schlimm, in der Praxis versäume der Anwalt ja nur dann, wenn er wisse, daß er ein günstiges contradictorisches Urtheil nicht mehr erlangen könne, er versäume eben dann, um sich das billigere Versäumnißurtheil zu sichern. Weiter heißt es im Gutachten, es gäbe noch eine Kehrseite des deutschen Contumacialverfahrens, eine Kehrseite, aus der die Vortrefflichkeit dieses Verfahrens erst recht sich erweise. Das Contumacialverfahren des deutschen Rechts gewähre unter Umständen einer gewissenhaften Partei die Möglichkeit, ihr stark gefährdetes materielles Recht doch noch zum Siege zu führen. Als Beispiel wählt das Gutachten den Fall, daß in einem Patentprocesse kurz vor dem Termine ein großes schriftliches Gutachten einkomme, das eine Partei anfechten wolle, aber mit Erfolg anfechten zu können glaube nur ebenfalls durch Beibringung eines ausführlichen schriftlichen Gutachtens. Was thut die Partei also? Sie läßt ein Versäumnißurtheil ergehen und benutzt die Zwischenzeit bis zu dem auf ihren Einspruch hin anberaumten neuen Termine, um sich das erforderliche Gutachten zu verschaffen; und — so schließt nun Herr Koffka — wenn diesem zweiten Gutachten gemäß entschieden werde, so müsse man doch einer Proceßordnung Dank wissen, die in so hohem Maße für die Durchsetzung materiellen Rechts sorge. — M. H., dies halte ich in der That für vollständig verfehlt. Es scheint mir doch bedeutungsvoll, daß ein gewiegter Praktiker zur Vertheidigung des deutschen Contumacialverfahrens nun gerade Verwerthungen desselben anführt, die ganz außerhalb des Wesens und des Zweckes des Contumacialverfahrens liegen. In dem einen Falle handelt es sich darum, daß das Versäumnißurtheil statt des

Anerkenntnißurtheils ergehen soll, in dem anderen Falle wird es gar benutzt zu einer Terminverlegung. In beiden Fällen wird der wahre Sachverhalt verschleiert. Weshalb? Im ersten Falle wäre ein Anerkenntniß am Platze gewesen, im zweiten Falle wäre der Richter zu fragen gewesen, er, nicht die Partei, hat über die Terminverlegung zu bestimmen. Ich sehe hierin nicht eine für die Durchsetzung materiellen Rechts vortheilhafte Einrichtung, ich sehe vielmehr, wenn die Möglichkeit zu einem solchen Gebrauche vorliegt, nur die dringende Gefahr argen Mißbrauchs. Es liegt doch auf der Hand, daß eine frivole Proceßverzögerung, ohne daß das Gericht die Macht hätte, einzuschreiten, hier stets geübt werden kann.

Aber das, was Herr Koffka hier anführt, trifft auch wieder nicht die Frage, die wir zu entscheiden haben, und ebensowenig kommt für diese Frage überhaupt in Betracht der Umstand, daß viele Härten des heutigen deutschen Contumacialrechts gemildert werden durch den von Wach so genannten glatten Einspruch. Die Thatsache erkenne ich bereitwillig an, der voraussetzungslose Einspruch mildert oft die Schärfen unseres Contumacialgrundsatzes, er hebt aber sicher nicht alle Schärfen auf.

Wenn wir die Frage, die uns gestellt ist, beantworten sollen, so glaube ich, kommt hauptsächlich das Material im zweiten Theile des Gutachtens von Herrn Dr. Sperl in Betracht. Das Wichtigste aber ist dieses: Wie man auch den Proceßungehorsam construiren mag, als Versäumung einer Pflicht (zu antworten), als Nichtausübung (Verschweigung) eines Rechts (zu bestreiten, zu behaupten); wie man demgemäß die Contumacialfolge erklären mag, als Strafe (poena confessi), als Verzicht, als Geständnißfiction, — unter allen Umständen können doch solche Contumacialfolgen begrifflich nur eintreten soweit thatsächlich Proceßungehorsam vorliegt; nicht aber können rückwärts bereits vollzogene Proceßhandlungen vernichtet werden. Also es muß eine Versäumung vorliegen und diese Versäumung wird nach ihrem Maße getroffen durch das Versäumnißurtheil. Wie sollen wir eine Strafe der Versäumung, der Nichtbeantwortung der Klage construiren, wenn die Klage thatsächlich beantwortet ist? Wie sollen wir eine Geständnißfiction rechtfertigen, wenn dem Gegner wie dem Gerichte zweifellos ist, daß der Beklagte auf das Bestimmteste erklärt hat, er wolle nicht gestehen, die Klage bestritten, vielleicht Beweis geführt hat? Ich glaube, auf diese Fragen giebt es keine Antwort. Begrifflich läßt sich unser Contumacialverfahren aus sich heraus überhaupt nicht rechtfertigen; und ich wüßte nicht, daß in der Literatur auch nur der Versuch gemacht wäre, in diesem Sinne eine Rechtfertigung zu liefern.

Sie sehen also, m. H., ich stehe mit Herrn Dr. Sperl sehr schroff der Ansicht gegenüber, die Herr Rechtsanwalt Koffka vertreten hat. Aber ich muß gestehen, daß ich doch nicht alle Hoffnung auf Vereinigung aufgebe, und einigermaßen hoffnungsfreudig stimmen mich zwei, wenn auch klein gedruckte Anmerkungen in den Gutachten. Herr Dr. Sperl weist in der Anmerkung 31 darauf hin, wie unverständlich doch dem Laien das neue deutsche Versäumnißverfahren bleiben müsse; und Herr Rechtsanwalt Koffka sagt in der Anmerkung 30, er wolle unerörtert lassen, ob nicht der amtsgerichtliche Proceß zu reformiren sei durch Protocollirungsvorschriften im Sinne des österreichischen oder des früheren preußischen Processes, in welchem Falle sich auch die Versäumnißfolgen ändern würden. Ich möchte dies festlegen, denn ich folgere daraus, daß Herr Koffka, trotz seines Gegensatzes zu meiner Auffassung es doch wenigstens für möglich hält, aus dem amtsgerichtlichen Proceß den besprochenen Grundsatz auszumerzen. Ich selbst halte das nicht nur für möglich, sondern für dringend nothwendig. Herr Rechtsanwalt Koffka hat jenes Zugeständniß im Gutachten gemacht mit Bezug auf einen von ihm angeführten Ausspruch des Herrn Geheimraths Vierhaus, welcher gegenüber dem von Wach unserem Versäumnißverfahren gespendeten Lobe Bedenken geltend gemacht und namentlich auch gesagt hatte, im amtsgerichtlichen Processe führe der besprochene Contumacialgrundsatz jedenfalls zu Härten. Ich glaube, daß dieser Ausspruch ganz unanfechtbar ist, und glaube weiter mit Herrn Dr. Sperl, daß niemals ein Laie für unser Versäumnißverfahren irgend Verständniß erlangen werde. M. H., wenn das richtig ist, so ist damit eine böse Wunde unseres amtsgerichtlichen Processes aufgedeckt, der vom Gesetze doch als Parteiproceß gedacht wird. Nehmen sie den Fall, daß ein schlichter Bauer als Beklagter seine Klagebeantwortung ehrlich und vollständig bestreitend abgegeben hat, vielleicht auch Zeugen hat vernehmen lassen, die zu seinen Gunsten ausgesagt haben. Der Kläger will nun seinerseits auch Zeugen vernehmen lassen; der Beklagte weiß, daß diese Zeugen erst recht zu seinen Gunsten aussagen müssen, er versäumt den nächsten Termin und erfährt hinterher, daß er, als der Klagethatsachen geständig, verurtheilt worden sei. Wenn der Mann sehr sanft ist, so wird er sagen: Das Unbegreifliche, hier ist's gethan. Aber, ich wiederhole, es ist sehr bedauerlich, wenn einem für den Parteiproceß bestimmten Verfahren in so hohem Maße, wie hier dem unserigen, die Gemeinverständlichkeit mangelt. Jeder muß das beklagen, der wie ich wünscht, daß von den 800 000 Processen, die jährlich bei den deutschen Amtsgerichten erledigt werden, die Mehrzahl nicht ebenfalls von Rechtsanwälten verhandelt, sondern von den Parteien selbst durchgeführt werde. Dies ist von großer Bedeutung, wenn unserer Rechtspflege das Vertrauen im Volke erhalten werden soll. Ich bin also der Ansicht, daß im amtsgerichtlichen Proceß unbedingt der besprochene Grundsatz zu fallen habe. Aber ich gehe noch weiter und meine, wenn er für den amtsgerichtlichen Proceß nicht haltbar ist, dann ist er auch für das landgerichtliche Verfahren zu beseitigen; ich halte es nicht für denkbar, daß in demselben Rechtsgebiet in diesem wichtigen grundlegenden Punkte der Rechtsgang nach verschiedenen, nach entgegengesetzten Normen geregelt werde.

Mit dieser Bemerkung komme ich auf einen Satz, den ich an anderer Stelle — nicht ohne Zustimmung zu finden — ausgesprochen habe, nämlich auf den Satz, daß wir zu einem wirklich gesunden deutschen Rechtsgange nicht anders gelangen werden, als wenn wir — wie es sich in Oesterreich historisch gestaltet hat — von unten herauf, von der untersten Schicht der Processe anfangend, die Proceßordnung aufbauen und dann für das Verfahren vor den höheren Gerichten Ausgestaltungen, Ausnahmen, Erweiterungen zulassen. Bei Ausarbeitung unseres heutigen Gesetzes hat man den falschen, allerdings oft genug schon früher beschrittenen Weg gewählt; man ist von dem Verfahren von den höheren Gerichten ausgegangen, hat dieses als typisch hingestellt und später für den amtsgerichtlichen Proceß ein paar Paragraphen, die doch lange nicht ausreichen, als Ausnahmebestimmungen bewilligt. Ich glaube also, daß, wenn einmal — über kurz oder lang muß es doch geschehen! — an eine materielle Revision der Civilproceßordnung des Deutschen Reiches gegangen wird, daß dann der umzugestaltende Amtsgerichtsproceß die grundlegende Form des Verfahrens wird bilden müssen. Ein gemeinverständlicher, nationaler, gesunde sociale Gedanken verwirklichender Rechtsgang wird sich dann von selbst ergeben. Denn, m. H., obgleich es erst vor kaum 10 Jahren zum ersten Male scharf betont worden ist, daß auch eine Civilproceßordnung sociale Aufgaben zu lösen habe, so zweifeln doch heutzutage wohl nur noch wenige an der Richtigkeit dieses Satzes; und zumal wir hier in Preußen dürfen uns mit Genugthuung erinnern des großartigen Beispiels, das am Ende des vorigen Jahrhunderts die fridericianische Gesetzgebung gegeben hat. Mag sie auch vielfach fehlgegriffen haben, die preußische allgemeine Gerichtsordnung stellt doch den ersten Versuch dar, sociales Recht auch im bürgerlichen Gerichtsverfahren zur Geltung zu bringen.

Ich erlaube mir, den Antrag zu stellen: die zweite Abtheilung des Juristentages wolle beschließen, daß nur die Bestimmung des § 399 des österreichischen Gesetzbuchs als innerlich gerechtfertigt angesehen werden könne.

(Beifall.)

Vorsitzender: Die Discussion ist eröffnet. — Herr Rechtsanwalt Dr. Scherer-Leipzig.

Rechtsanwalt Dr. **Scherer** (Leipzig): Ich schließe meine Ausführungen an an diejenigen Erfahrungen, welche ich gesammelt habe als Rechtsanwalt erster Instanz unter der Herrschaft des französischen Processes zu Mainz. Die französische Proceßordnung regelt die Frage in § 150 und steht auf dem Standpunkt: das Gericht kann, wenn eine Partei ausbleibt, vorgebrachte Thatsachen für zugestanden erachten, es muß dieselben aber nicht für zugestanden erachten. Das ist ein Gegensatz zu unserer Proceßordnung, die sagt, es muß sie für zugestanden erachten. Der Artikel 150 ist in der Praxis folgendermaßen angewendet worden. In der Regel wird es gerade so gehalten wie bei uns nach unserer Proceßordnung, die Klagethatsachen werden in der Regel für zugestanden erachtet; ausnahmsweise kann aber der Richter davon absehen, nämlich erstens wenn sie an sich ganz ungeheuerlich sind, zweitens wenn ein Beweisverfahren stattgehabt hatte und zur Evidenz klar ist, daß der Kläger unrichtige Thatsachen behauptet hat, drittens wenn Berufung ergriffen wurde und der Berufungsbeklagte nicht erschienen ist. So hat das Berufungsgericht, wenn es gesehen hat, daß die Berufung thatsächlich unhaltbar ist, die Berufung dennoch zurückgewiesen, obgleich der Berufungskläger aufgetreten ist. Mir ist aus einer 14jährigen Praxis in Mainz nur ein einziger Fall bekannt, in welchem das damalige Obergericht Mainz in diesem Sinne verfahren ist. Bezüglich der Literatur zu dieser Frage beziehe ich mich auf das Proceßwerk von Boitard (Pariser Universitäts-Professor) Leçons de procédure civile 12. Aufl. 1876 (Paris bei Cotillon, Straße Soufflot 24) Band 1 Nr. 313 und Band 2 Nr. 705. Dann geht die rheinische französische Proceßordnung und die Praxis von dem Gedanken aus, daß nie und nimmer gegen den ausgebliebenen Theil ein contradictorisches Urteil in solchen Fällen ergehen kann, abgesehen wenn Conclusionen genommen sind. Wenn in der Berufungsinstanz der Beklagte nicht erscheint und ein Versäumnißurtheil zu seinen Ungunsten ergeht, dann hat er immer den Einspruch, insofern er nicht concludirt war. Was die Conclusionen betrifft — die sind auch in dem einen Gutachten beregt —, so will ich da aus meinen Erfahrungen schöpfen, die ich in der Praxis gemacht habe und die total von der Theorie, wie sie in Deutschland gelehrt wird, abweichen. Der französische Proceß steht auf dem Standpunkte, daß im Anwaltsproceß in erster und zweiter Instanz gar keine Gerichtsakten vorhanden sind. Der Richter weiß von der ganzen Sache nichts, es muß ihm ein Thatsachenskelett in die Hand gegeben werden, und deshalb bekommt er eine sogenannte Conclusion, aus welcher man ersehen kann, wie tief der betreffende Rechtsanwalt durchgebildet sein muß. Es geht nicht an, wie in unserem Antrage, zu sagen, die Klageanträge zuzusprechen; sondern z. B. bei einer Darlehnsklage: es wolle dem Gerichte gefallen, den Beklagten zu verurtheilen, das ihm am soundsovielten gegebene Darlehen zurückzuzahlen. In diesem Antrage steckt eigentlich der ganze Kern der Klage. Dann geht aber die Conclusion weiter und sagt: Schrift und Unterschrift auf dem vorgelegten Schuldschein anerkannt zu erklären. Ferner: Beweis über folgende Thatsachen unter genauer Angabe sämmtlicher Beweismittel. Dann weiß der Richter genau, was er zu thun hat. Die Beweisthatsachen müssen in der Conclusion ganz genau articulirt sein, und zwar sollen sie so gefaßt werden, wie in unserem jüngsten Reichsabschiede steht: kurz, distincte und nervose. Ganz kurz sind die Beweisthatsachen anzugeben, die Beweismittel genau zu benennen. Z. B. betr. Schuldschein: erstens Zeugen, zweitens Schriftvergleichung, die Zeugen genau mit Wohnung u. s. w., Schriftvergleichung, eventuell Eid. Sie sehen hieraus schon, m. H., wenn das dem Richter in die Hand gegeben wird, so hat er ein Thatsachenskelett in der Hand, das kann er sofort im Gedächtniß behalten, und das Plaidoyer reiht sich an. Was nicht in der Conclusion steht, das gilt überhaupt nicht als vorgebracht. Sie werden hieraus ersehen, daß dies gegenüber unserem jetzigen Proceß für den Richter eine colossale Erleichterung der Arbeit ist. Erstens kann er die Sache leicht behalten, und zweitens braucht er die colossalen Schriftsätze nicht durchzulesen, das mündliche Verfahren geht sehr rasch, und der Richter hat alle Thatsachen und Beweismittel beisammen. Kommt dann später in der Verhandlung, wenn die Sache plaidirt wird, etwas Neues vor, ein neuer Zusatz, so reicht das Gericht dem Anwalte die Conclusion zurück, und er muß hineinschreiben, was er will. So hat der Richter ein ganz kurzes Skelett in der Hand, auf Grund dessen er entscheiden kann. Wenn der Beklagte concludirt, so fertigt er seinen Antrag ähnlich. Darin kommt z. B. die Fassung vor, daß alle Thatsachen, die nicht ausdrücklich zugestanden werden, bestritten sind. Sie werden also daraus ersehen, Thatbestandsberichtigungen giebt es nicht nach französischem Recht, während sie bei uns, wie die Herren aus der Praxis wissen werden, in erster und zweiter Instanz fortwährend an der Tagesordnung sind.

Das wollte ich nur zur Klarstellung dieser Conclusionen mittheilen, woraus die Herren ersehen werden, daß an sich das Princip der Conclusionen ganz richtig ist, während ich die andere Frage, ob durch die Conclusionen schon die Sache contradictorisch gemacht werden soll, nicht behandeln will. Es werden die Zeiten kommen, wo diese Erinnerungen aus dem Gedächtnisse der deutschen Juristen und der Praxis selbstredend verschwinden werden, und die französische Proceßordnung, die an sich sehr schwierig ist, wird dann sehr wenig herangezogen werden, wie auch in den Gutachten das Contumacialverfahren des französischen Rechts nicht beregt sein dürfte.

Im Principe bin ich mit dem Herrn Referenten nicht uneinig. Es ist an sich natürlich ein Unsinn, die Klage zuzusprechen, wenn Beweis erhoben ist, und man sieht, es ist alles unwahr. Eine Vereinfachung wäre vielleicht dadurch gegeben, daß man den betreffenden Paragraphen der Civilproceßordnung dahin ändert: Das Gericht hat in der Regel die Thatsachen für zugestanden zu erachten. „In der Regel", sodaß es ausnahmsweise davon abweichen kann.

Geh. Ober-Justizrath **Vierhaus** (Berlin): M. H., der Herr Referent hat bereits die Güte gehabt, eine kurze Ausführung von mir zu erwähnen, die ich an anderer Stelle zu dieser Frage gegeben habe. Ich vermag auch trotz der eingehenden Ausführungen des Herrn Referenten und trotzdem er Vieles gesagt hat, dem ich durchaus sympathisch und zustimmend gegenüberstehe, meinen Standpunkt nicht ändern, der dahin geht, daß die Frage so, wie sie jetzt vorgelegt ist, überhaupt gar nicht beantwortet werden kann. Der Herr Referent sagt: innerlich gerechtfertigt heißt, daß es der Gerechtigkeit, den allgemeinen Rechtsprincipien, mehr entspreche, wenn dem österreichischen Grundsatze gemäß das in früheren Terminen Vorgebrachte in späteren Terminen fortwirkt, soweit es sich um das Contumacialurtheil handelt. Man könnte ja darüber streiten, inwieweit in dieser Richtung dem Herrn Referenten zuzustimmen ist, man könnte insbesondere auch noch die Erwägung anregen, die ich nur gestreift habe, ob nicht das Gesetz in dem Ausbleiben in der That einen Verzicht auf alles bis dahin geltend Gemachte sieht, einen Verzicht, der nicht Strafe, sondern Willenserklärung ist, die eben durch das Ausbleiben geäußert wird. Aber ich will mich auf diese theoretische Erörterung nicht weiter einlassen, ich gestatte mir nur, darauf aufmerksam zu machen, daß es sowohl nach den Darlegungen des Herrn Referenten, wie nach den Ausführungen des geehrten Herrn Vorredners ganz unmöglich ist, an diese Frage heranzutreten, ohne die Grundprincipien der ganzen Civilproceßordnung damit in die Discussion zu ziehen.

(Sehr richtig!)

Es ist nicht möglich, bei unserer Mündlichkeit das österreichische Princip einzuführen, selbst wenn man ihm zustimmen wollte. Wollte man es einführen, so müßte man die Festlegung des Streitstoffes in anderer Weise sichern. Andererseits könnte man unser deutsches Princip in das österreichische Verfahren, das keinen voraussetzungslosen Einspruch kennt, nicht einführen.

Nun glaube ich, daß die Frage einer umfassenden Revision der Civilproceßordnung uns in der nächsten Zeit ganz nothwendig beschäftigen wird. Es ist bereits — ich war selbst Regierungscommissar bei Berathung der Civilproceßnovelle — von Abgeordneten aller Parteien anerkannt worden, daß man nur zur Zeit diese große Frage aufzurollen Bedenken trug, daß man aber, wenn einmal das Bürgerliche Gesetzbuch und seine Nebengesetze in der Praxis, im Leben stehen, sich der Aufgabe nicht werde entziehen können. Das ist die Stelle, wo im Zusammenhang mit anderen wichtigen Fragen auch die hier vorgelegte Frage ihre Entscheidung finden wird, und da kann ich in der That einer ganzen Reihe von Ausführungen des Herrn Dr. Schwartz meinerseits nur zustimmen. Aber, m. H., eine Beschlußfassung in dem Sinne des Antrages des Herrn Referenten würde meines Erachtens die weittragende Bedeutung haben, daß der Juristentag für die Richtung dieser „Generalrevision" der Civilproceßordnung, wie man sie genannt hat, heute Grundsätze aufstellt, und diese Generalrevision hat uns nicht beschäftigt. Da werden Gesichtspunkte zu erörtern sein, die weit über den Rahmen dieser Specialfrage hinausgehen, und ich möchte befürchten, daß eine Beschlußfassung, sei es in dem einen oder in dem anderen Sinne, für die demnächstige Berathung als präjudicirlich angesehen werden möchte. Ich gestatte mir daher, Ihnen den Antrag zu unterbreiten:

> In Erwägung, daß die Frage nach den Folgen der Versäumniß eines späteren Verhandlungstermins im engsten Zusammenhang mit der gesammten Gestaltung des Verfahrens steht,
>
> in Erwägung, daß die Frage nach dieser Gestaltung, insbesondere nach der Feststellung des Streitstoffs und dem Rechtsmittel gegen Versäumnißurtheile nicht zur Berathung steht,
>
> wolle der Juristentag eine Beantwortung der gestellten Frage ablehnen.

(Beifall.)

Referent Privatdocent Dr. **Schwartz** (Berlin): M. H., nur wenige Worte! Ich kann dem, was soben der sehr geehrte Herr Vorredner vortrug, in mancher Beziehung zustimmen, aber ich halte es doch nicht für nothwendig, die Beschlußfassung auszusetzen. Daß die Grundsätze des Contumacialverfahrens mit der ganzen Structur des Verfahrens zusammenhängen, kann ich zugeben. Ich will sogar noch weiter gehen: es ist denkbar, daß ein Gesetzgeber einen innerlich nicht zu rechtfertigenden Grundsatz aus anderen Rücksichten, eines anderen Princips wegen durchführt. Aber wir sind ja gar nicht daran, ein Gesetz zu geben, wir sollen nur sagen, ob wir jenen Satz für innerlich gerechtfertigt halten. Der spätere Gesetzgeber wird dann nur vor die Frage gestellt: wenn dieser Satz innerlich nicht zu rechtfertigen ist, ist es dennoch in der That geboten, ihn durchzuführen? Es handelt sich um eine ganz unverfängliche Abstimmung, die aber doch unsere principielle Ansicht zum Ausdruck bringen und einen Hinweis für die künftige Gesetzgebung abgeben würde, ohne dieser Gesetzgebung irgendwie vorzugreifen.

Landgerichtsrath **Albinus** (Posen): M. H., ich will mir erlauben, aus meiner auch ziemlich langjährigen Erfahrung als Proceßrichter sowohl an Amtsgerichten wie auch an verschiedenen Landgerichten heraus einige Worte zu der beregten Frage zu äußern. Ich muß gestehen, daß ich in dieser Beziehung auch gänzlich abweiche von dem, was der erste Herr Referent vorgetragen hat. Auch nach meiner Erfahrung und meiner Auffassung — ich bin allerdings nach meiner praktischen Stellung nicht genügend Theoretiker, um die eigentliche Frage nach allen Richtungen hin zu beleuchten — glaube ich, daß man sich zweifellos auf den Standpunkt stellen muß, die Frage, ob etwas innerlich gerechtfertigt ist in der Proceßordnung, zu beurtheilen aus dem Geiste und dem Innern der einzelnen Proceßgesetzgebung heraus, und ich glaube, daß in dieser Beziehung in der That die Frage, die uns jetzt beschäftigt, nur dahin zu beantworten ist, daß sie in Verbindung steht mit dem ganzen Geiste der deutschen Civilproceßordnung. Wenn die Bestimmung der österreichischen Gesetzgebung einfach für gerechtfertigt erklärt würde, so würde man dahin kommen, das Princip der Mündlichkeit, auf welchem doch unsere deutsche Civilproceßordnung einmal beruht, aus der Welt zu schaffen, denn es würde eben nicht mehr zu berücksichtigen sein dasjenige, was vorgetragen ist, sondern das, was in den Acten steht. Wir würden also wesentlich auf den Standpunkt kommen, welchen das frühere preußische Recht gehabt hat. Bis 1879 bestand in Preußen der Grundsatz, daß, wenn die eine Partei erschien und sie Erlaß des Urtheils beantragte, letzteres erlassen wurde auf Grund der Acten. Das wäre also im Wesentlichen der Standpunkt, welchen die österreichische Gesetzgebung in dieser Beziehung hat, und wir würden damit einen Rückschritt machen.

M. H., es ist ja nicht zu verkennen, auch vom Standpunkte des Praktikers aus, daß ja diese Totalversäumniß der deutschen Civilproceßordnung gewisse praktische Uebelstände im Gefolge hat. Nach meiner Erfahrung tritt die Totalversäumniß im späteren Verlaufe des Processes

— m. H., ich beschränke mich in dieser Beziehung auf den Anwaltproceß — ein, wenn entweder eine Partei sieht, sie kann überhaupt nichts mehr erreichen, sie muß den Proceß in jedem Falle verlieren, — dann läßt sie gegen sich aus diesem Grunde Versäumnißurtheil ergehen. Ich meine, daß in diesem Falle es keinen Zweck hat, ein Urtheil zu erlassen auf Grund der Acten und eine Entscheidung zu fällen, an deren Inhalt die Partei kein wesentliches Interesse hat. Es kommen allerdigs auch vielfach Fälle vor, in welchen eine Partei über sich ein Versäumnißurtheil ergehen läßt, weil sie nicht verhandeln will, d. h. sie will noch neue Thatsachen, neue Beweismomente vorbringen, ist aber augenblicklich nicht in der Lage, das in der genügenden Weise zu thun, oder hat sie nicht schriftlich vorbereitet, so daß sie nicht berücksichtigt werden können. Es ist keine Frage, daß in einer Reihe von Fällen die Totalversäumniß zu einer theilweisen Verzögerung des Processes Anlaß giebt. Aber, m. H., ich glaube nicht, daß dieser Uebelstand einfach dadurch erledigt wird, daß man sagt: ist die Totalversäumniß überhaupt innerlich gerechtfertigt? Das Urtheil ist auszufertigen auf Grund des Thatbestandes, und Grundlage des Thatbestandes ist dasjenige, was mündlich vorgebracht ist. Diese Bestimmung müßte zunächst geändert werden. Es wäre also vom Standpunkte der deutschen Civilproceßordnung gänzlich undurchführbar, daß sie in Bezug auf die Folgen der Versäumniß geändert wird, ohne daß auch gleichzeitig das übrige System, namentlich das Sststem der Mündlichkeit, eine Aenderung erfährt.

M. H., vom Standpunkte des Praktikers aus schließe ich mich auch dem an, daß zweifellos unsere deutsche Civilproceßordnung eine gewisse Ueberspannung des Princips der Mündlichkeit an sich trägt, und es ist ja nicht zu verkennen, daß die Praxis bemüht ist und bemüht sein muß, diese etwas lästigen nachtheiligen Folgen der Mündlichkeit zu beseitigen, und aus diesem Grunde wird mannigfach in der Praxis bei der Fortsetzung einer mündlichen Verhandlung im späteren Termine gewissermaßen zurückgegriffen auf dasjenige, was früher verhandelt worden ist. Aber es wird immer von der Voraussetzung ausgegangen, daß nach der übereinstimmenden Ansicht der Betheiligten eben alles früher Vorgebrachte noch Geltung hat, und es kommt das nach meiner Erfahrung in der Regel in solchen Fällen vor, wo die neu fortgesetzte Verhandlung lediglich zu einem Beweisbeschlusse führt, aber nicht zu einem Urtheile. Ich glaube, daß nur in sehr wenigen Fällen ein contradictorisches Urtheil von einem deutschen Gerichte erlassen wird auf Grund einer Verhandlung, wo nicht der gesammte Proceßstoff mehr oder weniger kurz oder vollständig vorgetragen worden ist.

M. H., ich glaube also — und bin in der Beziehung auch der Ansicht des Herrn Geh. Raths Vierhaus —, daß die Frage, wie sie gestellt ist, nicht beantwortet werden kann. Ich stehe aber allerdings auch auf dem Standpunkte, daß anzustreben ist, daß dasjenige, was in früheren Verhandlungen vorgetragen worden ist, für die späteren Verhandlungen nicht vollständig verloren gehe. Es würde vielleicht praktisch sein, wenn den Parteien die Möglichkeit gegeben wäre, namentlich in früheren Verhandlungen auch Erklärungen der Gegenpartei festzustellen. Dazu fehlt es eigentlich zur Zeit in unserer deutschen Civilproceßordnung im Anwaltsprocesse an einer genügenden Handhabe. Wenn diese Erklärungen der Gegenpartei festgelegt sind durch Protocoll, dann würde es allerdings zweckmäßig sein, zu bestimmen, daß bei späteren Verhandlungen derartige, einmal festgestellte Erklärungen auch Geltung haben.

Ich schließe meine Ausführungen, indem ich Sie bitte, dem Antrage des Herrn Geheimraths Vierhaus zuzustimmen.

Justizrath Dr. **Goldschmidt** (Berlin): Ich möchte mich noch mit wenigen Worten gegen den Antrag aussprechen. Ich glaube, daß Herr Geheimrath Vierhaus den Fall, der uns hier beschäftigt, eigentlich etwas tragisch nimmt, indem er ihn nämlich als einen wuchtigen Angriff gegen das zur Zeit unser Proceßverfahren beherrschende Princip der Mündlichkeit ansieht. Allein, es handelt sich hier doch nur um Sammlung von Material für die künftige Gesetzgebung, und für die künftige Gesetzgebung glaube ich die Hoffnung aussprechen zu dürfen, daß wir von dem Banne sogenannter „Principien" möglichst befreit werden. M. H., das einzige Princip, welches unsere künftige Civilproceßordnung beherrschen sollte, das ist das Princip der Zweckmäßigkeit. In diesem Punkte bin ich von einem ganz außerordentlich weitherzigen Opportunismus, und ich meine, daß sich dasjenige, was hier für den Standpunkt des Herrn Referenten vorgebracht ist, unter dem Gesichtspunkte der Zweckmäßigkeit sehr wohl hören läßt. Es ist in der That dem Richter und der Partei nicht zuzumuthen, daß Dinge, Thatsachen, die ihnen bekannt sind, und die, wären sie bei der Schöpfung des Urtheils zur Berücksichtigung gelangt, dasselbe sicherlich beeinflußt haben würden, bloß deshalb nicht berücksichtigt werden sollen, weil sie in der sogenannten entscheidenden mündlichen Verhandlung nicht mündlich wiederholt sind. Es ist aber auch andererseits zuzugeben, daß es Situationen giebt, in denen das gegenwärtige Contumacialprincip seine relative Berechtigung hat, um deswillen stehe ich allerdings auf dem Standpunkte, daß die Frage, welcher von den beiden Grundsätzen die größere innere Berechtigung hat; sich in abstracto nicht beantworten läßt. Gleichwohl bin ich der Meinung, daß der Juristentag in der Lage ist, der künftigen Gesetzgebung Winke, wie dies durch die von dem Herrn Referenten vorgeschlagene Resolution der Fall sein würde, zu geben, und daß damit in keiner Weise bezüglich der principiellen Stellung, die der Gesetzgeber einzunehmen etwa in die Lage kommen sollte, präjudicirt wäre. Ich bitte deshalb, den Antrag des Herrn Referenten anzunehmen.

Geheimer Oberjustizrath **Vierhaus** (Berlin): M. H., ich glaube, wenn ich später einmal das Vergnügen haben werde, mich mit Herrn Justizrath Goldschmidt über unsere Proceßreform zu unterhalten, daß wir uns alsbald in sehr erfreulicher Uebereinstimmung befinden werden, denn seine anfänglichen Ausführungen stimmen durchaus mit meinen Anschauungen überein. Was die hier vorliegende Frage anbetrifft, so ist es keine, die losgelöst für sich entschieden werden kann, und wenn der Juristentag heute zu ihr Stellung nehmen sollte, so würden aus dieser Stellungnahme für die zukünftige Gestaltung der Civilproceßordnung Folgerungen gezogen werden. Ich bin nicht ein Vertheidiger der abstracten formalen Mündlichkeit, die etwa angegriffen wird durch diesen Antrag, sondern ich behalte mir meine Stellungnahme dazu vor und gestatte mir die Andeutung, daß ich, namentlich im amtsgerichtlichen Verfahren, mit vielen Ausführungen des Herrn Dr. Schwartz vollkommen übereinstimme.

Ich möchte nun, was die Frage selbst betrifft, darauf hinweisen, daß die Ausführungen des Herrn Justizraths Goldschmidt nicht vollständig im Einklange mit seinen Conclusionen sind. Herr Goldschmidt führte aus, daß in vielen Fällen das jetzige Contumacialprincip als eine Ungerechtigkeit erscheine, in vielen Fällen sei es aber nützlich und zweckmäßig, und die Zweckmäßigkeit will er entscheiden lassen. Wenn Herr Goldschmidt nun dem Antrage des Herrn Referenten beitritt, der an die Abtheilung die Zumuthung stellt, sich auf den österreichischen Boden zu stellen, so sind damit nach meiner Auffassung diese Fälle, in denen er das Princip als zweckmäßig anerkennt, ausgeschlossen. Was diese Zweckmäßigkeitsfrage ferner betrifft, so möchte ich nur darauf hinweisen, daß man hinsichtlich der Versäumniß doch nicht lediglich zu denken hat an ein unverschuldetes oder verschuldetes Ausbleiben im Termin, sondern, wie ja der Fall wiederholt bereits gestreift ist, an ein bewußtes Fortbleiben, um dem Proceß eine bestimmte Richtung zu geben. Ob das zweckmäßig ist oder nicht, darüber kann man verschiedener Meinung sein, aber das hängt mit einer Frage zusammen, die mit der Mündlichkeit nichts zu thun hat, mit der Disposition der Anwälte oder Parteien über den Proceß, und ob diese Disposition in vollem Umfange wird bestehen bleiben können oder nicht, wird meiner Ansicht nach eine Cardinalfrage bei Revision der Civilproceßordnung sein. Eine Stellungnahme zu Gunsten des österreichischen Processes bedeutet aber nach meiner Ansicht eine Stellungnahme zu Gunsten der Richterdisposition, und eine Stellungnahme zu Gunsten der deutschen Civilproceßordnung bedeutet eine Stellungnahme zu Gunsten der Parteidisposition.

Ich glaube daher, daran festhalten zu sollen, daß eine Beantwortung der dem Juristentag vorgelegten Frage nach allen Richtungen hin den wichtigsten Fragen bei der Reform der Civilproceßordnung präjudicirt, und ich kann daher nur die Bitte wiederholen, daß Sie es ablehnen, diesen Weg zu betreten und diese Frage gesondert zu lösen.

Justizrath Dr. **Goldschmidt** (Berlin): Wenn ich den Herrn Referenten richtig verstanden habe, so soll in seiner Resolution die Berücksichtigung des Contumacialprincips in ähnlicher Ausgestaltung, wie wir es in unserer Civilproceßordnung haben, keineswegs unbedingt ausgeschlossen sein, sondern ich fasse den Vorschlag des Herrn Referenten dahin auf, daß auch das entgegengesetzte Princip bei der zukünftigen Civilproceßreform unter Umständen zu gebührender Berücksichtigung komme. In diesem Sinne habe ich mich für den Vorschlag des Herrn Referenten ausgesprochen.

Rechtsanwalt Dr. **Scherer** (Leipzig): Nur noch ein Wort! Auch ich bin ein strenger Anhänger des Princips der Mündlichkeit und will dasselbe in keiner Weise gefährden. Ich darf aber hervorheben, daß der französische Proceß doch derjenige ist, der auf dem unbedingtesten Standpunkte der Mündlichkeit steht, denn da giebt es gar keine Gerichtsacten, und insofern halte ich es nicht für unzweckmäßig, wenigstens die Erfahrungen zu Rathe zu ziehen, die in der Rheinprovinz, in Rheinhessen und Rheinbayern in der Praxis gesammelt worden sind. Das liegt uns viel näher als die österreichische Proceßordnung, das ist aus unserem eigenen Lande. Die Juristen, die unter dieser Proceßordnung gearbeitet haben, haben Erfahrungen in dieser Beziehung geschöpft und können sie noch aus einer deutschen Gegend zum Vortrag bringen in anderer Weise, als wenn eine solche Praxis aus einem französischen Werke entnommen würde. Wenn da nun etwas gefunden wird, was praktisch gut verwerthbar ist, warum soll man das nicht annehmen. Ich stehe in dieser Beziehung auf dem Standpunkte, es kommt darauf an, was ist praktisch, das Princip ist ganz Nebensache, denn Cicero hat ganz mit Recht gesagt: summum jus summa injuria.

Oberlandesgerichtsrath **Simon** (Posen): M. H., aus der bisherigen Discussion habe ich entnommen, daß doch eigentlich im Wesentlichen hier eine Uebereinstimmung herrscht zwischen den beiderseits vorgetragenen Ansichten; ich glaube, daß die Differenz mehr darin beruht, daß der Fassung des Antrags des Herrn Referenten nicht beigepflichtet wird, und ich muß sagen, ich kann ihr auch nicht beipflichten, um deswillen nicht, weil in diesen Antrag Dinge hereingezogen sind, die ich wenigstens nicht übersehen kann. Ich kenne die österreichische Civilproceßordnung gar nicht und ich möchte fast fürchten, daß aus diesem Antrag eine Schlußfolgerung gezogen werden könnte, wir sollten Principien der österreichischen Civilproceßordnung hereinziehen, die wir noch nicht übersehen können. Ich glaube, daraus erklärt sich auch der Antrag des Herrn Geheimraths Vierhaus, der mir — ich kann es nicht leugnen — unsympathisch ist, weil wir uns hier auf den Boden der Negative stellen, und der auch unseren Ansichten nicht entspricht, weil damit zum Ausdruck gebracht werden könnte, als wenn wir das Princip der deutschen Civilproceßordnung, der Totalversäumniß, hier billigen, oder als ob wir wenigstens die Mißstände, die sich daraus ergeben, nicht einsehen. Deswegen ist mir dieser Antrag nicht sympathisch. Ich bemerke übrigens, daß das Princip der Totalversäumniß auch in der Civilproceßordnung nicht streng durchgeführt ist. Bei dem Gerichte zweiter Instanz stellt sich die Sache bekanntlich ganz anders, und deswegen habe ich darüber nachgedacht, ob man dieser vorhandenen Uebereinstimmung nicht in anderer Weise Ausdruck geben könnte, und ich würde vorschlagen, es dahin zu fassen:

> Bei Revision der Civilproceßordnung ist auf Beseitigung der bei dem Principe der Totalversäumniß sich ergebenden Mißstände Bedacht zu nehmen.

Ich glaube, wenn das etwa so gefaßt würde, so würde einer Vereinigung der Divergenzen hier nichts entgegenstehen und deswegen erlaube ich mir, diesen Antrag zu überreichen.

Referent Privatdocent Dr. **Schwartz** (Berlin): M. H., principiell ist ja die Annahme eines Antrages wie der gestellte nicht unzulässig. Ich möchte nur darauf aufmerksam machen, daß das eine Umgehung der uns vorgelegten Frage wäre, und das will mir nicht gefallen. Wir müssen doch die Frage bejahen oder verneinen, aber hiermit würden wir nicht sagen, ob die Bestimmung uns innerlich gerechtfertigt erscheine oder nicht. Ich halte es also nicht für richtig, daß der Juristentag diesen Antrag annimmt.

Ich möchte Herrn Justizrath Goldschmidt auf die Frage, die er an mich richtete, erwidern: ich wollte, als ich die vorliegende Fragestellung beurtheilte, sagen, daß wir eine reine Doctorfrage zu beantworten hätten, und ich meine, es ist nicht so schlimm, wenn Sie ganz theoretisch ein Ja oder Nein sagen; das wäre immerhin etwas, was die künftige Gesetzgebung in Erwägung ziehen könnte. Wenn wir einfach sagen, § 399 der österreichischen Civilproceßordnung ist allein innerlich berechtigt, so ist damit noch nach keiner Richtung präjudicirt: in dieser Beziehung geht, wie ich glaube, Herr Geheimrath Vierhaus zu weit. Es wäre nur gesagt, dieses Contumacialprincip läßt sich aus sich heraus nach unserem Verständnisse nicht rechtfertigen. Ich gebe ja zu, daß das „innerlich" ein unbequemes Wort ist für eine juristische Deduction, aber es ist nun einmal da, und unmöglich ist doch wohl nicht, das Wort in dem von mir dargelegten Sinne zu verstehn. Mir ist es nicht sympathisch, daß, da die Frage gestellt ist, wir nach dem Antrage Vierhaus sagen sollen: solche Fragen kann man überhaupt nicht beantworten.

Justizrath Dr. **Humser** (Frankfurt a. M.): Mit dem Antrage des Herrn Simon kann ich mich gar nicht einverstanden erklären. Ich würde die Herren bitten, lieber dem Antrage Vierhaus zuzustimmen. Denn es wird uns zugemuthet, von Mißständen zu reden, wir sollen aussprechen, daß dieser Paragraph der Civilproceßordnung zu Mißständen geführt hat. Unbequemlichkeiten hat er vielleicht verursacht, aber da könnten wir eine Masse von Paragraphen der Civilproceßordnung herausfinden, bei denen jeder aus seiner Praxis sagen kann: da habe ich eine Unbequemlichkeit gehabt. Aber nun von Seiten des Juristentages einem Paragraphen den Stempel des Mißstandes aufzudrücken, davor möchte ich warnen. Es ist sehr gut, wenn Jemand einen Antrag stellt, der die Ansichten auszugleichen sucht, und man könnte diesen Antrag daraufhin ansehen, ob nicht das Wort „Mißstände" herausgebracht werden könnte. Aber einen Tadel auszusprechen, halte ich für bedenklich, denn Herr Geheimrath Vierhaus hat sehr hübsch auseinandergesetzt, wir werden fortwährend abwägen müssen, was zweckmäßiger ist. Jede einzelne Vorschrift der Proceßordnung kann Unbequemlichkeiten haben.

Unser Mainzer Freund hat immer gesagt: wir haben keine Gerichtsacten im französischen Recht, und auf der anderen Seite: wir haben so vortreffliche Conclusionen, daß der Richter nie im Zweifel ist, wie er urtheilen soll. Ja, das sind aber doch Gerichtsacten, dazu braucht man doch keinen Actendeckel u. s. w.

Ich möchte den Antrag Vierhaus unterstützen. Wir haben bestimmte Gründe, aus denen wir uns heute noch kein Urtheil erlauben wollen, welcher Paragraph unbequem und verbesserungsbedürftig ist. Ich bin zur Zeit auch noch nicht in der Lage, darüber urtheilen zu können, ich plaidire seit 1879 mit diesem Paragraphen und möchte ihm keine großen Vorwürfe machen, er hat sich bei uns bewährt, es sind mit dem

Paragraphen gar keine Mißstände eingetreten. In der zweiten Instanz kann es ja vorkommen, daß einmal einer keinen Anwalt gefunden hat und dann ein Versäumnißurtheil erlassen wird; darin habe ich keine Erfahrung. Ich möchte das Wort „Mißstände" nicht aussprechen, deshalb wollte ich bitten, dem Antrage Vierhaus zuzustimmen.

Vorsitzender: Es scheint mir zunächst der Antrag des Herrn Dr. Schwartz zur Abstimmung zu bringen zu sein.

(Widerspruch, Zurufe: Antrag Vierhaus.)

Ja, der ist allerdings sehr weitgehend, indessen sind doch Gründe geltend gemacht worden, daß man gerade diesen formalen Hinweis auf die österreichische Civilproceßordnung für das Nächste desavouiren möchte.

Geheimer Oberjustizrath **Vierhaus** (Berlin): Ich möchte glauben, daß mein Antrag zuerst zur Abstimmung gelangen muß, er lehnt jede Beschlußfassung ab. Wird er abgelehnt, so wird jeder von den Herren, der etwa für meinen Antrag gestimmt haben sollte, sich zu überlegen haben, für welchen Antrag er dann stimmen will.

Vorsitzender: Der Antrag Vierhaus lautet:

> In Erwägung, daß die Frage nach den Folgen der Versäumniß eines späteren Verhandlungstermins im engsten Zusammenhange mit der gesammten Gestaltung des Verfahrens steht, in Erwägung, daß die Frage nach dieser Gestaltung, insbesondere nach der Feststellung des Streitstoffes und den Rechtsmitteln gegen Versäumnißurtheile nicht zur Berathung steht, wolle der Juristentag eine Beantwortung der gestellten Frage ablehnen.

Herr Oberlandesgerichtsrath Simon hat seinen Antrag folgendermaßen abgeändert:

> Bei Revision der Civilproceßordnung ist auf Beseitigung der bei dem Princip der Totalversäumniß sich ergebenden Bedenken Bedacht zu nehmen.

Und Herr Landgerichtsrath Albinus hat seinen Antrag jetzt dahin formulirt:

> Bei Revision der Civilproceßordnung ist eine Aenderung des Grundsatzes des § 296 der deutschen Civilproceßordnung dahin anzustreben, daß das in früheren Terminen Vorgebrachte bei dem Ausbleiben einer Partei in einem späteren Termine nicht vollständig unberücksichtigt bleibt.

Ich bringe nun den Antrag des Herrn Geheimen Oberjustizraths Vierhaus zur Abstimmung. Wer für denselben ist, möge sich erheben.

(Geschieht.)

Das ist entschieden die Majorität. Damit sind die anderen Anträge erledigt, und damit ist auch diese dritte Frage erledigt.

Wir kommen nunmehr zu der Frage:

Empfiehlt sich die gesetzliche Regelung des Gewerbes der Grund- und Hypothekenmakler?

Es sind Gutachten erstattet worden vom Privatdocenten Dr. Friedrich Tezner (Wien), im zweiten Bande Nr. 12, und vom Privatdocenten Dr. Johannes Burchard (Berlin), in demselben Bande Nr. 18. Zu Referenten sind bestimmt worden Herr Justizrath Dr. Goldschmidt (Berlin) und Herr Rechtsanwalt Dr. Ludwig Fuld (Mainz). Ich ersuche den ersten Herrn Referenten, uns den Bericht zu erstatten.

Referent Justizrath Dr. **Goldschmidt** (Berlin): M. H., die Frage, die uns jetzt in vorgerückter Stunde beschäftigt, gehört nicht zu den weltbewegenden, sie ist im Wesentlichen aus der Initiative einer kleinen Berufsgruppe hervorgegangen. Diesem Umstand ist es zuzuschreiben, daß sie auf die Tagesordnung des diesjährigen Juristentages gestellt ist. Was nun die Fassung der Frage anbetrifft: empfiehlt sich eine gesetzliche Regelung des Gewerbes der Grund- und Hypotheken-Makler und auf welcher Grundlage, so könnte es prima facie den Anschein gewinnen, als ob es an einer gesetzlichen Regelung bisher überhaupt fehlte. Selbstverständlich ist die Frage in diesem Sinne nicht aufzufassen, denn es ist ja urbi et orbi bekannt, daß wir eine ganze Anzahl von particularrechtlichen wie reichsrechtlichen Normen besitzen, welche die Verhältnisse der Grund- und Hypotheken-Makler zum Gegenstande haben und die sich auch nach einer ziemlich verbreiteten Meinung bisher im Wesentlichen bewährt haben. Die Frage ist also wohl nur dahin aufzufassen und zu beantworten, ob sich etwa ein Ausbau dieser Gesetzgebung empfehle, und zwar im Wege einer Specialgesetzgebung.

M. H., ich will gleich an dieser Stelle aus meinem Herzen keine Mördergrube machen und im Voraus sagen, daß ich die Frage, wie sie hier gestellt ist, verneine, eine Thatsache, die um so erfreulicher ist, als der andere Herr Referent auf dem entgegengesetzten Standpunkte steht, und wahrscheinlich dadurch Gelegenheit geboten werden wird, die Frage in einer kurzen Discussion vielleicht noch mehr zu klären.

Bevor ich aber an die Begründung meiner Auffassung herangehe, will ich nur eine kurze Uebersicht der gegenwärtigen Gesetzgebung geben, der Reichsgesetzgebung selbstverständlich, und da bedarf es wohl keines allzu tiefen Eingehens. Es genügt, wenn ich daran erinnere, daß das Maklergewerbe und die daran sich knüpfende gesetzgeberische Frage zwei Seiten hat, — das wenigste, was bei einer Sache an „Seiten" vorkommen kann, — zunächst eine publicistische und dann eine privatrechtliche. Was die publicistische anbetrifft, so haben wir die bekannten Bestimmungen der Gewerbeordnung §§ 35 und 38. Die Bestimmungen haben als leitendes Princip in Bezug auf dieses Gewerbe aufgestellt, daß es anmeldepflichtig ist, daß fernerhin die Aufsichtsbehörde jederzeit die Befugniß besitzt, den Gewerbebetrieb zu untersagen, sobald Thatsachen auftauchen, welche Bedenken gegen die Fähigkeit des Maklers zur Ausübung seines Gewerbes begründen, endlich räumt § 38 den Landespolizeibehörden eine sehr weitgehende Reglementirungs- und Controlbefugniß ein. Nach der negativen Seite sind fernerhin die Bestimmungen des Handelsgesetzbuchs in Betracht zu ziehen, welche eine Schranke zwischen dem Grund- und Hypothekenmakler und verwandten Kategorieen des Maklergewerbes zu ziehen bestimmt sind, ich meine die Bestimmungen des Handelsgesetzbuchs unter der Ueberschrift „von den Handelsmaklern", welche nach ausdrücklicher Vorschrift auf die Grund- und Hypothekenmakler keine Anwendung finden. Der Rechtszustand, der damit geschaffen ist, ist also folgender: der Immobilienmakler ist erstens kein Handelsmakler. Er unterliegt zweitens den polizeilichen Bestimmungen der Gewerbeordnung. Aber es kommt noch ein Drittes hinzu: nichtsdestoweniger kann er Kaufmann sein, und zwar dann, wenn sein Gewerbebetrieb die erforderlichen Kriterien des kaufmännischen Betriebes aufweist. Dann aber ist er auch den Bestimmungen, die bei Kaufleuten Platz greifen, im weitesten Umfange unterworfen. Soviel zur publicistischen Seite unserer Frage!

Jetzt kommt die privatrechtliche! Da kann ich mich noch viel kürzer fassen. Hier sind es die bekannten Bestimmungen des Bürgerlichen Gesetzbuches über den Maklervertrag. Da steht nun in der Mitte als das wesentliche, dominirende Thatbestandsmoment der Maklerlohn, die ihn begründende Abrede und die begleitenden Umstände, welche die Annahme einer stillschweigenden Abrede rechtfertigen. Sodann die socialpolitische Schranke gegen etwaige Ueberspannung der Vertragsfreiheit: das Recht des Gerichts, übertriebene Forderungen entsprechend herabzusetzen, und endlich eine Bestimmung, welche sich speciell mit der Frage der Collision der Interessen der einander gegenüberstehenden Parteien beschäftigt, ebenfalls eine Frage, die particularrechtlich vielfach gelöst worden ist, u. A.: durch den bekannten § 22 I, 13 des Allgemeinen Landrechts, der eine

Quelle unzähliger Processe gewesen ist, und der auch ein wenig auf das B.G.B. abgefärbt hat. Ich meine die sich hieran knüpfende Frage, ob der Makler auch für die Gegenpartei thätig sein könne. Was unter diesem Thätigsein „für die Gegenpartei" im einzelnen Falle zu verstehen ist, kann unter Umständen zu sehr weitgehenden Zweifeln und Bedenken Veranlassung geben!

Nun, m. H., tritt an uns die Frage heran: ist dieser gesetzliche Zustand so außerordentlich unbefriedigend, daß die bekannte Klinke der Gesetzgebung ergriffen werden und eine Aenderung ex fundamento vorgenommen werden müsse? Ich habe diese Ueberzeugung nicht gewinnen können, und es kann sich für mich nur darum handeln, ob die Gründe, welche für die entgegengesetzte Auffassung in's Feld geführt worden sind, auch zutreffen. Das Gutachten des Herrn Dr. Burchard kommt zu dem Resultat, daß die Gesetzgebung im höchsten Grade reformbedürftig sei. Er hat auch nach dieser Richtung einen sehr detaillirten Gesetzentwurf an den Schluß seines Gutachtens gesetzt. Er steht auf dem Standpunkte, daß vor allen Dingen im Mittelpunkte der Reform die Concessionspflichtigkeit des Gewerbes stehen müsse; er will fernerhin im Wege der Specialgesetzgebung sehr umfangreiche Controlbefugnisse den localen Verwaltungsbehörden einräumen. Mit einem Wort, er ist für eine ganz außerordentlich detaillirte Reglementirung des Maklergewerbes, weil er von dem angeblich unumstößlichen Satze ausgeht, das Maklergewerbe habe Uebelstände zu Tage gefördert, schreiende Uebelstände, die ein Einschreiten der Gesetzgebung unbedingt als geboten erscheinen lassen.

Zu dem entgegengesetzten Ergebniß gelangt das Gutachten des Herrn Dr. Tetzner, der nun allerdings im Wesentlichen vom Standpunkte der österreichischen Verhältnisse und der österreichischen Gesetzgebung die Frage beantwortet, der namentlich darauf hinweist, daß gerade die österreichische Gesetzgebung den umgekehrten Entwickelungsgang durchgemacht hat, wie wir ihn jetzt nach seiner Auffassung hier in Deutschland anstreben sollen. Dort ist man von einer außerordentlich specificirten Reglementirung des Grundstücksmaklergewerbes ausgegangen, und zwar sind die betreffenden Bestimmungen sehr weitgehender Natur gewesen. Ich erinnere nur an die Vorschrift, daß die concessionirten Grund- und Hypothekenmakler eine Bildung haben mußten und Prüfungen zu bestehen hatten, wie sie etwa bei Juristen, für das Richteramt und die Advocatur erforderlich sind; mit einem Worte, Ansprüche wurden in Oesterreich an die Hypothekenmakler gestellt, wenigstens nach den von Tetzner citirten gesetzlichen Bestimmungen, die wir geradezu als abenteuerlich ansehen müssen. Derartige Bestimmungen würden nicht mehr und weniger bezwecken als die Herstellung einer Art von wirthschaftlicher Brahminencaste! Tetzner meint, daß diese Gesetzgebung zu besonders gedeihlichen Zuständen nicht geführt habe, daß sich praeter legem und auch contra legem ein recht bedenkliches Immobilienmaklerwesen in den großen Verkehrscentren gebildet habe und daß in Oesterreich genau dieselben Mißstände zu Tage getreten seien, wie wir sie auch bei uns hier und da zu verzeichnen haben! — Burchard ist nun der Meinung, das Gesetz müsse einschreiten, weil die Leute, auf die der bekannte Spruch paßt, daß sie ihren Beruf verfehlt haben, in großer Zahl in die Maklercarriere eindringen: Bancerotteure, bestrafte Subjecte und dergleichen mehr!

Was meine Erfahrungen auf diesem Gebiete anbetrifft — und sie sind von ziemlich langer Dauer und sehr verschiedener Natur, ich habe jahrelang an der Spitze eines Grundcreditinstituts gestanden und habe von dieser Warte aus Gelegenheit gehabt, vielfach das Treiben der Hypothekenmakler anzusehen; ich habe auch als Anwalt in nunmehr bald 20jähriger Thätigkeit beim Kammergericht in einer großen Anzahl von Processen ebenfalls Gelegenheit gehabt, diese Verhältnisse kennen zu lernen — so bin ich nicht zu der Ueberzeugung gekommen, daß schreiende Uebelstände vorhanden wären, und das müßte doch eigentlich der Fall sein, denn gerade die Berliner Verhältnisse haben den Anstoß zu den Reformbestrebungen gegeben! Es ist zwar richtig, daß ab und zu dunkle Existenzen hineinkommen, aber ich weiß kein Mittel, wie dem zu steuern ist. Das Maklergewerbe ist doch einmal seinem innersten Wesen nach ein freies Gewerbe, wo gerade die persönlichen Qualitäten des Menschen in Frage kommen, die vom Capitale vollständig unabhängig sind. Hier eine Schranke zu ziehen und den Verwaltungsbehörden eine weitgehende Prüfungsbefugniß einzuräumen, halte ich für außerordentlich bedenklich. Es giebt eine ganze Menge anderer Gewerbe, bei denen eine Vorprüfung und damit zusammenhängend die Concessionsertheilung durch die Verwaltungsbehörden vielleicht in höherem Maße geboten wäre wie hier. Man hat nicht daran gedacht, weil überhaupt dem Concessionswesen im Allgemeinen sehr schwerwiegende Bedenken entgegenstehen. Ganz außerordentlich schwer ist es aber, im Wege einer Vorprüfung die Frage zu entscheiden: eignet sich der Mann zum Hypothekenmakler oder nicht? Welche Criterien sollen dafür aufgestellt werden? Es wird allerdings mit dem einen Gesichtspunkte operirt: daß nämlich dieses Vermittelungsgeschäft ein besonderes hohes Maß von Intelligenz und Vertrauen erfordert. Ich bestreite beides! Zum Hypothekenmakler gehört in der großen Masse von Fällen eine recht mäßige

Intelligenz; in der großen Masse der Fälle, möchte ich besonders betonen! Allerdings giebt es ja einzelne Fälle, die an die Intelligenz des Grundstücksmaklers — wenn ich Hypothekenmakler sage, so meine ich den Immobilienmakler überhaupt — etwas größere Ansprüche stellen, das sind aber Ausnahmen; und unter diesen Ausnahmen spielen zwei Kategorien eine große Rolle, das sind die zweiten Hypotheken und die Tauschgeschäfte. Da kann es unter Umständen allerdings sehr schwer werden, die beiden verschiedenartig gestalteten, einander gegenüberstehenden Werthe auf ein gemeinsames wirthschaftliches Maß zurückzuführen. Da können möglicher Weise auch größere Ansprüche an die Geschicklichkeit des Maklers herantreten, aber im Allgemeinen ist das nicht der Fall. Und was die Vertrauenswürdigkeit anbetrifft, so muß man sich doch auch das Publicum ansehen, welches dieses Vertrauen dem Makler schenkt, und da kann man vor allen Dingen mit dem sehr beliebten Schlagwort „Schutz des kleinen Mannes" nicht operiren. Denn wenn auf irgend einem Gebiete der kleine Mann eine numerisch bescheidene Rolle spielt, so ist es gerade in dem Grundstücks- und Hypothekenwesen. Leute, die Hypotheken zu cediren oder zu erwerben haben, die Grundstücke kaufen und verkaufen, die Landgüter beleihen wollen, die gehören sicherlich nicht zu den „kleinen Leuten". Es ist auch das Maß der Intelligenz bei diesen Leuten nicht gerade das geringste, und sie sind sehr wohl in der Lage, ihre eigenen Interessen zu wahren, sodaß von behördlichem Schutz, namentlich im Wege der Concession und damit zusammenhängender administrativer Vorkehrungen diesen Leuten gegenüber nicht wohl die Rede sein kann!

Es ist unter Anderem auch der Vorschlag gemacht worden, ob man nicht von den Maklern eine Caution verlangen dürfe, die das Publikum vor gewissen Uebergriffen der Immobilienmakler nach der finanziellen Seite schützen soll und die auch gewissermaßen eine Garantie für ihre wirthschaftliche Vertrauenswürdigkeit darbiete. Namentlich nach der letzteren Richtung scheint mir die Forderung unhaltbar zu sein. Leute, die nicht im Stande wären, die Caution zu erschwingen, die aber trotzdem sehr tüchtig und vertrauenswürdig sind, würden dann nicht Immobilienmakler werden können. Da stimme ich ganz mit den Ausführungen des Gutachtens von Dr. Burchard überein, der davon nichts wissen will. „Der reichere Makler war mir nie der bessere Makler." Ich bin der Meinung, daß diese Maßregel nicht zu empfehlen ist.

In einem Punkte möchte ich mich aber den Vorschlägen des Herrn Dr. Burchard gegenüber nicht ganz ablehnend verhalten, das ist nämlich die Frage der corporativen Gestaltung. Er hat die Frage der Bildung von Maklerkammern angeregt. Hier möchte ich principiell nicht unbedingt „nein" sagen. Das einzige Bedenken dabei ist aber: auf welcher Grundlage sollen diese Maklerkammern in's Leben treten?

Wie soll die Körperschaft beschaffen sein, die die Interessen der Immobilienmakler zu wahren bestimmt sein soll? Soll es nach der Analogie der Aerztekammern und Anwaltskammern geschehen? Ja, da wird man aber doch vor allen Dingen nach einem allgemeinen gesetzlichen Criterium suchen müssen: wer ist Makler? Soll die Thatsache, daß Jemand einmal in seinem Leben ein Immobiliarmaklergeschäft abgeschlossen hat, schon genügen, um ihm das active und passive Wahlrecht in einer solchen Körperschaft zu gewähren, oder bedarf es dazu des gewerbsmäßigen Betriebes dieses Geschäfts? Nach dieser Richtung lassen allerdings die Ausführungen des Herrn Dr. Burchard eine wünschenswerthe Klarheit vermissen. Sollte der zweite Herr Referent nach dieser Richtung hin irgend welche positiven Vorschläge machen, dann würde sich hierüber reden lassen!

Aus allen diesen Gründen gelange ich zu dem Resultate, daß ein dringendes Bedürfniß zur Regelung des Gewerbes der Grundstücks- und Hypothekenmakler im Wege eines Specialgesetzes augenblicklich nicht vorliegt, und die Resolution, welche zu beantragen ich mir erlaube, würde dahingehen:

> Der Juristentag wolle es als seine Ueberzeugung dahin aussprechen:
>
> Die Regelung des Gewerbes der Grundstücks- und Hypothekenmakler im Wege eines Specialgesetzes ist nicht zu empfehlen.

Zur Motivirung dieser Resolution aber — ich beantrage nicht, daß dieselbe da hineinkommt — möchte ich darauf hinweisen, daß die gegenwärtig in Kraft befindlichen Bestimmungen der Gewerbeordnung §§ 35 und 38 in Verbindung mit §§ 652—56 B.G.B. eine ausreichende Grundlage für den Ausbau der das Immobiliarmaklerwesen beherrschenden privatrechtlichen und öffentlich-rechtlichen Grundsätze durch die Rechtsprechung und die Verwaltungspraxis darbieten. Aber, wie gesagt, meine Resolution lautet in erster Linie dahin: die Regelung des Gewerbes der Grund- und Hypothekenmakler im Wege eines Specialgesetzes ist nicht zu empfehlen!

(Bravo!)

Vorsitzender: Es wäre doch wünschenswerth, wenn diese principiellen Gründe, die Sie soeben angegeben haben, auch mit dem Antrage verbunden werden.

Justizrath Dr. **Goldschmidt:** Ich bin nur der Meinung, daß das der Gepflogenheit des Juristentages nicht entspricht.

Vorsitzender: Doch; wir haben vorhin auch die Motive mit hineingenommen.

Justizrath Dr. **Goldschmidt:** Wenn der Herr Vorsitzende der Meinung ist, daß formelle Bedenken dem nicht entgegenstehen, so würde ich den Antrag so formuliren, wie er am Schlusse meines Referats niedergeschrieben ist.

Vorsitzender: Und hinsichtlich der moralischen Qualification der Makler?

Justizrath Dr. **Goldschmidt:** Nach dieser Richtung bemerke ich, daß es an einer statistischen Grundlage vor allen Dingen fehlt. Ich bin davon ausgegangen, daß der erste Gutachter, Herr Dr. Burchard, die Thatsache, daß schreiende Mißstände vorhanden sind, für eine unumstößlich feststehende erachtet, aber — bisher wenigstens — nicht gesagt hat, woher er die Grundlage für diese Unumstößlichkeit gewonnen hat. Denn, wie gesagt, eine Statistik giebt es hierüber nicht; es giebt nur das sogenannte „erfahrungsmäßige" sentiment; und das kann individuell sehr verschieden sein, wie ich denn auch nach den von mir dargelegten persönlichen Erfahrungen zu den entgegengesetzten Schlüssen gekommen bin. Es wäre vielleicht von Wichtigkeit, wenn Herr Dr. Burchard die Criminalstatistik consultirt, wenn er festgestellt hätte, in wie vielen Fällen, in denen Makler wegen Vertrauensmißbrauchs angeklagt worden, verurtheilt sind. Davon ist aber bei ihm nicht die Rede gewesen. Ich habe aus den Processen über Maklerprovisionen nur zwei Erfahrungen — nach meinem Gefühle unumstößliche Erfahrungen — gemacht: einmal, daß diesen Leuten ihr Anspruch auf Provision außerordentlich sauer gemacht wird, daß ihnen gegenüber die allertollsten Einwendungen erhoben werden, daß, wenn das Geschäft nicht so zu Stande gekommen ist, wie es der betreffende Contrahent von Haus aus gewünscht hat, der Makler womöglich Alles ausbaden soll, und, soweit es in der Macht der Partei liegt, auch wirklich ausbadet. Die zweite processuale Erfahrung, die ich gemacht habe, war die, daß, bei der Bedeutung, welche das Criterium des Causalnexus zwischen der Thätigkeit des Maklers und dem Zustandekommen des Geschäfts hat und haben muß, bei der Schwierigkeit der Feststellung dieses Causalzusammenhanges, sich allerdings sehr viel heikle Streitigkeiten und Beweisaufnahmen daran geknüpft haben. Aber daß eine ganz besondere Verworfenheit der Mehrzahl der Mitglieder des Maklergewerbes bei dieser Gelegenheit zu Tage getreten wäre, diese Erfahrung habe ich nicht gemacht. Im Gegentheil, ich habe sehr oft gefunden, daß die Makler sich die redlichste Mühe gegeben, um das Geschäft zu Stande zu bringen, daß aber, wenn nun das Pünktchen über dem i fehlte, welches lediglich in der Gewalt des Interessenten steht und von diesem aus Frivolität, aus Bosheit, Leichtsinn oder dergleichen mehr darüber nicht gesetzt wird, der Makler nur allzu oft um seinen an sich wohl begründeten Anspruch gebracht wird!

Bei dieser Gelegenheit möchte ich mir erlauben, noch auf einen rechtlichen Gesichtspunkt aufmerksam zu machen. Ich muß allerdings zugestehen, daß das Criterium, welches das B.G.B. für den Anspruch auf Maklerlohn aufgestellt hat, nämlich das des Zustandekommens des Vertrags — ein „Vertrag" muß es ja immer sein (es genügt nicht, wenn z. B. irgend ein nicht vertragsmäßiger Effect durch die Thätigkeit eines Maklers herbeigeführt wird) — daß — sage ich — es dabei nur darauf ankommt, ob der Effect der Maklerthätigkeit, nämlich das Zustandekommen des Vertrags, erzielt wird. Ja, das ist allerdings ein sicheres Criterium, aber billig und gerecht finde ich es nicht. Es giebt eine ganze Anzahl von Fällen, wo es sich vielleicht doch empfohlen haben würde, den Makler auch dann zu belohnen, wenn der von ihm angestrebte Effect nicht erzielt worden ist, sofern die Nichterreichung dieses Effects nicht etwa durch sein Verschulden verursacht ist. Nach dieser Richtuug bieten die bisher vorhandenen particularrechtlichen Bestimmungen keine genügende Remedur, denn z. B., namentlich nach preußischem Rechte, wird ja der Anspruch des Maklers auf Maklerlohn dadurch nicht unbedingt beseitigt, daß das Geschäft nicht zu Stande kommt, sofern es von dem Auftraggeber in doloser oder grobfahrlässiger Weise gehindert worden ist. Aber, m. H., in der Praxis macht ja gerade die Feststellung dieser dolosen und culposen Verhinderungen die allergrößten Schwierigkeiten. Da giebt es eine ganze Menge von Möglichkeiten, ein derartiges Geschäft zu Falle zu bringen, ohne daß der betreffende Interessent auch nur durch eine Bewegung verräth, wie dolos oder culpos er in Wirklichkeit sich in der Sache verhält! Da kann ein rein passives Verhalten unter Umständen ebenfalls zu einem Mißlingen der Thätigkeit des Maklers führen, — der Makler ist dann um seine Provision gebracht! Aber, wie gesagt, ich gebe zu, es wird außerordentlich schwer werden, an Stelle dieses positiven Criteriums, welches das Gesetz aufstellt, nämlich: das Geschäft muß zu Stande gekommen sein, es muß eine Willenseinigung zwischen den Parteien herbeigeführt sein, — ein anderes Criterium zu setzen. Ich enthalte mich deshalb positiver Vorschläge.

Vorsitzender: Der zweite Referent, Herr Dr. Fuld, hat das Wort.

Referent Dr. Ludwig **Fuld** (Mainz): M. H., es ist richtig, wie der erste Referent zu Eingang seines Vortrages gesagt hat, daß die Frage, die uns heute beschäftigt, dadurch auf die Tagesordnung des diesjährigen Juristentages gekommen ist, daß eine verhältnißmäßig kleine Berufsgruppe die Initiative ergriffen und den Wunsch geäußert hat, daß die Gesetzgebung die berühmte Klinke in Bewegung setze und die Rechtsstellung, die bisher für jene maßgebend war, in mehr oder minder fundamentaler Weise verändere. M. H., die Berufsgruppe, um die es sich hier handelt, bilden die Grund- und Immobilienmakler. Es ist schon erwähnt worden, daß sich vor einigen Jahren ein Verein deutscher Immobilienmakler mit dem Sitze in Frankfurt a. M. gebildet hat. Derselbe hat eine Eingabe an das preußische Handelsministerium gerichtet, in welcher er eine detaillirte Gesetzesvorlage wesentlich im Sinne der Vorschläge verlangte, welche Herr Dr. Burchard in seinem Gutachten Ihnen unterbreitet hat. Es sind daraufhin Seitens des preußischen Handelsministeriums — und das hat allerdings der erste Herr Referent nicht erwähnt — Erhebungen durch Befragung der Oberpräsidien veranstaltet worden. Dieselben haben ein ziemlich reiches, auch statistisch nicht ganz armes Material ergeben. Es sind demnächst auch die übrigen Bundesregierungen bereits mit der Angelegenheit befaßt worden, dieselben haben ebenfalls Umfragen bei den Verwaltungsbehörden veranlaßt, und auf Grund dieser Enqueten ist ein Material vorhanden, das, wenn es auch nicht vollständig ist, doch immerhin gestattet, der Hauptfrage, um die es sich handelt, der Bedürfnißfrage, näherzutreten. Der genannte Verein hat mich ersucht, seine Wünsche, die vielfach mit den Ansichten des Herrn Dr. Burchard übereinstimmen, hier zu vertreten, und da ich in der Hauptsache der Meinung bin, daß es gerechtfertigt ist, wenn die Immobilienmaklereine Aenderung und Modification ihrer Rechtsstellung anstreben, so habe ich kein Bedenken getragen, diesem Ansinnen zu entsprechen.

Meine hochverehrten Herren, es handelt sich zunächst um die Frage, ob überhaupt eine Nothwendigkeit vorhanden ist, die rechtliche Stellung nach der publicistischen Seite, die ihre Grundlage in § 35 der Gewerbeordnung findet, zu ändern, und diese Frage kann nur mit Rücksicht auf das Bedürfniß beantwortet werden. Es wird nun behauptet, daß so besonders schreiende Mißstände bisher nicht hervorgetreten seien, welche die Gesetzgebung veranlassen könnten, die Stellung der Immobilienmakler in der Weise zu ändern, wie es verlangt wird, daß es gute und schlechte Immobilienmakler gäbe, wie auch in jedem anderen Stande, daß aber im Großen und Ganzen die Immobilienmakler die Aufgabe, die sie mit Rücksicht auf ihren Beruf und auf die gegebenen Verhältnisse des Wirthschaftslebens hätten, zur Zufriedenheit erfüllen. Nun, m. H., ist es eigenthümlich, daß der erste Herr Referent, der diesen Standpunkt vertritt, aus Berlin ist, während doch feststeht, daß gerade diejenigen Klagen, welche den preußischen Handelsminister veranlaßt haben, der Frage, ob das Gesetz zu ändern sei, näher zu treten, aus Berlin, stammen und daß weiter aus der von dem Minister veranstalteten Enquete und aus den Antworten der Oberpräsidenten gerade diejenigen Antworten ein ganz außerordentlich erdrückendes und belastendes Material gegen den Standpunkt liefern, den die Gesetzgebung zur Zeit einnimmt, welche sich auf den Kammergerichtsbezirk Berlin beziehen. Es würde ja viel zu weit führen, auf das Gutachten des Herrn Dr. Burchard, welcher die Aeußerung der Oberpräsidenten ziemlich genau referirt — ist setze voraus, daß die Herren dasselbe vielleicht theilweise gelesen haben —, insoweit darin die Verhältnisse in Berlin behandelt sind, näher einzugehen. Ich kann natürlich nicht nachprüfen, ob die Angaben des Polizeipräsidenten in Berlin, richtig sind. Es werden in dem Bericht desselben zahlreiche sehr schwerwiegende Vorwürfe gegen eine ganze Anzahl von Immobilienmaklern in Berlin und Umgegend erhoben, und ich meine, daß schon mit Rücksicht hierauf der negirende Standpunkt des Herrn Referenten unhaltbar erscheinen muß. Der Herr Referent bemängelte, daß Herr Dr. Burchard kein criminalstatistisches Material in seinem Gutachten darüber veröffentlicht habe, welcher Procentsatz der Makler wegen Unterschlagung, Vertrauensmißbrauch und anderer Delicte durchschnittlich verurtheilt werde. In dem Bericht des Polizeipräsidenten von Berlin und des Oberpräsidenten von Brandenburg finden Sie eine Reihe von Angaben statistischen Inhalts, welche darthun dürften, daß auch auf diesem Gebiete die Verhältnisse sich so entwickelt haben, daß man sagen kann, wenn auch die Mißstände nicht gerade himmelschreiender Natur sind, so sind sie doch so schwerwiegend, daß die Frage erörtert werden muß, ob es so weitergehen soll wie bisher. Aber auch die Berichte aus anderen Bezirken sind auf dasselbe Leitmotiv gestimmt, insbesondere wird in dem Berichte des Oberpräsidenten von Pommern, also bezüglich einer Provinz, die keine hochentwickelte Industrie hat, sondern vorwiegend Agrarwirthschaft treibt, geklagt, daß sich unter den Immobilienmaklern eine verhältnißmäßig große Anzahl von Personen befindet, die durchaus unzuverlässig seien, die ihr Gewerbe dazu benutzen, um den Grundstücksverkehr in ganz unsolide Bahnen zu bringen, es wird behauptet, daß der Grundstückswucher dadurch befördert werde u. dgl. m. Ohne Uebertreibung kann man sagen, die allerschwersten Angriffe werden Seitens verschiedener Oberpräsidenten gegen den ganzen Stand erhoben. Wenn aber verschiedene obere Verwaltungsstellen, bei denen man eine gewisse Objectivität des Urtheils voraussetzen muß, sich in diesem Sinne übereinstimmend äußern, dann läßt sich doch nicht behaupten, daß das reale Material, auf Grund dessen die Beantwortung der Bedürfnißfrage zu erfolgen hat, vollständig fehle! Ich, der ich aus Süddeutschland stamme und nur die Verhältnisse bei uns am Rhein persönlich kenne, bin gar nicht in der Lage, zu behaupten, daß diese Uebelstände, die ausweislich der Enquete in großen Theilen Preußens vorhanden sein müssen, auch bei uns im Süden hervorgetreten seien, wo ich allein Gelegenheit hatte, Erfahrungen hierüber zu sammeln. In Süddeutschland scheint sich das Gewerbe von schlimmen Auswüchsen großentheils freigehalten zu haben. Immerhin fehlt es natürlich auch hier nicht an schwarzen Punkten, und es ist gerade von Seiten des Vereins Deutscher Immobilienmakler, der sich in seinen Statuten vor Allem auch die Aufgabe gestellt hat, auf Hebung des ganzen Standes hinzuarbeiten, besonders schmerzlich empfunden worden, daß es nach Lage der Gesetzgebung nicht möglich ist, das Immobilienmaklergewerbe von denjenigen Elementen freizuhalten, welche demselben und dem ganzen Stande zur Unehre gereichen und andererseits dazu beitragen, daß das Publicum über die Aufgaben und Pflichten, die dem Immobilienmakler obliegen, getäuscht wird. Man kann zweifelhaft sein, ob das Streben einer Berufsgruppe, die schwerfällige Maschine der Gesetzgebung für ihr Interesse in Bewegung zu setzen, dann gerechtfertigt ist, sofern es sich um eine kleine Anzahl Interessenten handelt. Es kann wohl die Ansicht vertreten werden, daß einem derartigen Bestreben eine gewisse zünftlerische Tendenz eigen ist. Man wird sagen, das ganze Streben der Immobilienmakler geht doch eigentlich darauf hinaus, eine geschlossene Kaste zu bilden, das Gewerbe für die derzeitigen Gewerbetreibenden zu monopolisiren, und wenn der erste Herr Referent in seinem Vortrage mit Rücksicht auf die frühere österreichische Gesetzgebung den Ausdruck gebraucht hat, die österreichische Gesetzgebung habe die Immobilienmakler gewissermaßen als eine Art wirthschaftlicher Brahminen behandelt, so ließe sich von seinem Standpunkte aus behaupten, das ganze Bestreben der Immobilienmakler bezwecke lediglich, eine solche Caste wieder zu schaffen.

M. H., ich bin objectiv genug, um zuzugeben, daß manche Vorschläge, die Seitens des Immobilienmaklervereins und Seitens des Herrn Dr. Burchard vertreten werden, allerdings geeignet wären, eine Monopolisirung des Maklergewerbes herbeizuführen, für die ich persönlich nicht eintrete, die ich sogar bekämpfe. Ein solcher Vorschlag ist es z. B., wenn verlangt wird, daß zur Sicherung der Auswahl, zur Sicherung der Persönlichkeit der zu bestellenden Makler die Hinterlegung einer Caution

Seitens der Immobilienmakler vorgeschrieben werde. Es ist von dem Herrn Referenten meines Erachtens mit Recht ausgeführt worden, daß dadurch das Immobilienmaklergewerbe eigentlich nur den Reichen, den beati possidentes zugänglich würde, und ich bin nicht in der Lage, einen solchen Vorschlag vertheidigen zu können. Aber meines Erachtens kommt es für den Juristentag heute bei dieser Frage gerade so wenig wie bei anderen Fragen darauf an, sich mit den Details der zahlreichen Vorschläge, die Dr. Burchard gemacht hat und die in der Petition an den Herrn Handelsminister zum Theil skizzirt sind, zu beschäftigen, wir wollen uns heute nur über die Grundfrage schlüssig machen und über ihre wichtigsten Consequenzen, nämlich darüber, ob es nothwendig ist, die publicistische Seite der bestehenden Gesetzgebung zu ändern oder nicht, mit anderen Worten, ob die Concessionirung des Immobilienmaklergewerbes einzuführen ist oder nicht.

M. H., Herr Justizrath Goldschmidt hat ausgeführt — und diese Ansicht ist viel verbreitet — daß der Paragraph 35 der Gewerbeordnung in der geltenden Fassung vollständig ausreiche, um den Verwaltungs- und Polizeibehörden genügende Rechtsbehelfe gegen solche Elemente unter den Immobilienmaklern zu geben welche ungeeignet sind, das Gewerbe ferner auszuüben. M. H., ich bin nicht dieser Ansicht, theilweise auf Grund des Gutachtens von Dr. Burchard, theilweise auch auf Grund von Mittheilungen, die mir von Seiten einzelner Verwaltungsbehörden gemacht worden sind. Es ist erwähnt worden, daß, wie bekannt, nach dem geltenden Rechte der Immobilienmakler der Verwaltungsbehörde nur Anzeige von der Eröffnung des Gewerbebetriebs zu machen braucht, die Verwaltungsbehörde kann dann die Fortsetzung des Gewerbebetriebs untersagen, wenn Thatsachen vorliegen, welche die Unzuverlässigkeit desselben in Bezug auf die Ausübung dieses Gewerbebetriebs darthun. Von dieser Befugniß der Verwaltungsbehörden ist bisher, seit Einführung der Gewerbeordnung beziehungsweise der Novelle, auf welcher der Paragraph 35 beruht, in äußerst seltenen Fällen Gebrauch gemacht worden. Erst in den letzten Jahren hat der Senat der Stadt Hamburg angefangen, die Zügel des Gesetzes schärfer anzuziehen, er hat verschiedenen Immobilienmaklern, die sich gewisse Handlungen haben zu Schulden kommen lassen, welche entweder strafbaren Charakters sind oder doch die Betreffenden des Vertrauens unwürdig machten, das für einen Immobilienmakler erforderlich ist, die Ausübung des Gewerbes untersagt. Aber im Großen und Ganzen steht diese Bestimmung in Deutschland nur auf dem Papier, sie ist eine lettre morte, und gerade in denjenigen Fällen, in welchen es nothwendig wäre, die Fortsetzung des Maklergewerbes zu verhindern, versagt die Anrufung dieser Vorschrift. Es geht mit der Entziehung des Rechts zur Fortsetzung des Gewerbes auf Grund von Thatsachen, welche die Unzuverlässigkeit des Betreffenden in Bezug auf das Gewerbe darthun, bei Paragraph 35 genau so wie bei vielen anderen Paragraphen der Gewerbeordnung: in den allerseltensten Fällen ist es der Behörde möglich, auf Grund dieser Bestimmung einzuschreiten, und gerade dann kann sie es nicht, wenn der Betreffende besonders raffinirt ist und wenn es zum Schutze des Publikums vor Allem nothwendig wäre, ihm das Handwerk zu legen. M. H, denken Sie sich folgenden Fall, der mir mitgetheilt worden ist: Es war ein Immobilienmakler in einer größeren Stadt bei Geldgeschäften betheiligt, die einen unzweifelhaft wucherischen Charakter trugen; es wurde ein Verfahren gegen die ganze Gesellschaft eingeleitet auf Grund des Paragraph 302 des Strafgesetzbuchs, der letzten Novelle zum Wuchergesetz; leider waren die Maschen des Gesetzes auch in diesem Falle zu weit, als daß es möglich gewesen wäre, eine Verurtheilung herbeizuführen, und der Betreffende wurde daher mit den Anderen freigesprochen. Meines Erachtens ist es denn doch dem öffentlichen Rechtsbewußtsein und dem wirthschaftlichen Bedürfniß entschieden entsprechend, einem solchen Manne die Fortsetzung seines Gewerbes zu verbieten. Es war aber nicht möglich sowohl nach Ansicht der Verwaltungsbehörde als nach Ansicht der Verwaltungsgerichte, die in letzter Instanz zu entscheiden haben. Das ist natürlich ein einzelner Fall, und man könnte mir entgegnen: exceptio probat regulam; aber ich glaube, daß die Fälle nicht so selten sind, wie aus dem Umstande hervorzugehen scheint, daß wir kein großes Zahlenmaterial beibringen können, welches bewiese, wie oft die Makler mit den Strafgesetzen in Conflict kommen. Sie müssen Eins in Betracht ziehen, wenn Sie auf den Mangel eines ausreichenden criminalstatistischen Materials so großes Gewicht legen wollen, wie der erste Herr Referent. Es handelt sich hier nicht sowohl um eine Berufsgruppe von vielen Tausenden von Personen, bei der man sagen kann, die Wahrscheinlichkeit, daß diese Berufsgruppe an der Criminalität betheiligt ist, ist so groß, daß sie nach vielen Procenten berechnet werden muß. Es handelt sich vielmehr um eine verhältnißmäßig kleine Berufsgruppe, und da muß man an den Satz erinnern: numeri non sunt numerandi, sed ponderandi. Eine einzige Verurtheilung wiegt hier manchmal schwerer als viele tausend Verurtheilungen in anderen über zahlreiche Mitglieder verfügenden Berufen. Wenn Dr. Burchard gerade darauf besonderen Werth legt, wenn er sich bemüht hat, die Verurtheilungen zu erörtern, die in dem Bezirke des Kammergerichts ergangen sind, so muß ich sagen, wir haben keinen

Anlaß zu der Annahme, daß exceptionelle Verhältnisse in der Metropole vorliegen, sondern es sind Mißstände vorhanden, die, wenn auch in verschiedener Intensität, im ganzen Reiche wiederkehren. Es ist sehr charakteristisch, daß manche Oberpräsidenten auf die Frage, ob eine gesetzliche Regelung des Immobilienmaklergewerbes wünschenswerth sei, die bezeichnende Antwort gegeben haben: nein, denn wenn das Reich eine gesetzliche Regelung einführt, dann werden wir die Immobilienmakler überhaupt erst bekommen und dann wird unsere Bevölkerung zu einem Grundstücksverkehr verleitet, der wirthschaftlich und social schädlich ist. Diese Auffassung will ich mir nicht zu eigen machen, sie ist aber bedeutungsvoll für die Auffassungen, die gerade in dieser Frage die obersten Verwaltungsbehörden mehrfach beherrschen.

M. H., auf Grund dieser Erwägungen komme ich zu der Ansicht, daß allerdings ein Bedürfniß vorhanden ist, das Immobilienmaklergewerbe in einer von Paragraph 35 der geltenden Gewerbeordnung durchaus abweichenden Weise zu regeln, und daß es nothwendig ist, die Concessionspflicht für dasselbe einzuführen. M. H., man sagt, das Maklergewerbe ist doch heute ein freies Gewerbe, und wie kann man dazu kommen, der Verwaltungsbehörde eine so bedeutungsvolle Entscheidung übertragen zu wollen, da sie sich dabei auf Thatsachen stützen muß, zu deren richtiger Würdigung sie kaum im Stande ist. Ich glaube nicht, daß die Concessionirung eines Immobilienmaklers schwieriger ist als die Concessionirung so vieler anderer Gewerbe. Richtig ist, daß auch mit der Concessionirung dieses Gewerbes wieder ein großes Loch in die Gewerbefreiheit gemacht wird, und ich verstehe es, daß jemand, der auf dem Standpunkte absoluter Gewerbefreiheit steht, sagt: ich will die Concessionirung der Immobilienmakler nicht haben, weil ich der Ansicht bin, grundsätzlich muß die Gewerbefreiheit aufrecht erhalten werden und nur in den alleräußersten Nothfällen ist es geboten, die Concessionirung einzuführen. M. H., ich glaube nicht, daß wir heute noch auf dem Standpunkte stehen, den wir 1869 in der Frage der Gewerbefreiheit eingenommen haben. Wir sind doch mehr und mehr zu der Ueberzeugung gekommen, daß es mit der radicalen Durchführung der Gewerbefreiheit ein Häkchen hat, und die Durchlöcherungen der Gewerbefreiheit zu Gunsten des Princips der Concessionirung sind gerade im Laufe der beiden letzten Jahrzehnte so zahlreich geworden, daß es auf ein mehr oder minder meines Erachtens nicht mehr ankommen kann. Wir haben so vielen Gewerben die Concessionspflicht auferlegt und wir werden sie vielleicht im Laufe der nächsten Jahre noch für weitere einführen, daß es ganz gleichgültig ist, ob die Gewerbefreiheit in Ansehung der Immobilienmakler weiter beschränkt wird. Wir haben um so weniger Grund, m. H., von diesem Standpunkte der Wahrung der Gewerbefreiheit aus Bedenken zu äußern, als die unmittelbaren Interessenten sich selbst nicht dagegen wehren. Ich meine aber, wenn die unmittelbaren Interessenten nichts gegen die Einschränkung der Gewerbefreiheit zu erinnern haben, so brauchen von anderer Seite gewiß keine grundsätzlichen Bedenken dagegen geäußert zu werden.

Man kann mir ja hier wieder entgegenhalten, das seien zünftlerische Bestrebungen, die Makler wollten ihr Gewerbe monopolisiren, und dieserhalb hätten sie sich gegen die Gewerbefreiheit erklärt. Das gebe ich ja bis zu einem gewissen Grade zu, aber auch nur innerhalb gewisser Grenzen kann dies als richtig erachtet werden. Jedenfalls bietet nach meiner Auffassung das Princip Gewerbefreiheit keinen Grund, einer Maßregel die Zustimmung zu versagen, die ich im Uebrigen für nothwendig erachte, und von der ich überzeugt bin, daß sie zum Schutze des Publikums nicht minder wie zur Hebung einer bestimmten Berufsgruppe erforderlich ist.

M. H., mein verehrter Herr Correferent ging davon aus, daß grundsätzlich zwischen dem Handelsmakler und dem Immobilienmakler eigentlich kein Unterschied vorhanden sei. Er meinte, weder könne von dem Immobilienmakler durchschnittlich ein größeres Maß von Intelligenz und Vertrauenswürdigkeit gefordert werden wie von dem Handelsmakler, noch ein größeres Maß von Wissen. Ich bin nicht ganz dieser Ansicht. Was die Intelligenz betrifft, so hat Herr Justizrath Dr. Goldschmidt schon einen Vorbehalt gemacht, indem er sagt: es giebt gewiß Geschäfte, die so schwierig sind, z. B. Hypothekenaustausch, Grundstücksaustausch, daß sie allerdings ein höheres Maß von Intelligenz beanspruchen, als beispielsweise bei dem Waarenmakler erforderlich ist. Ich meine, diese Geschäfte sind nicht so selten. Es kommt bei dem Gewerbe des Immobilienmaklers auch auf den Zustand des Grundbuchrechts und des Immobiliengüterrechts in den einzelnen Landestheilen an. Mit diesem Rechte muß der Immobilienmakler doch etwas vertraut sein. Wenn ich beispielsweise erinnere an die Hypothekensubrogationen, die im Gebiete des rheinisch-französischen Rechts auf dem linken Rheinufer oft vorkommen und daselbst eine ganz bedeutende Rolle im Hypothekenverkehr spielen, die ferner in rechtlicher Hinsicht mit sehr complicirten Streitfragen und Schwierigkeiten verbunden sind, so muß ich mir sagen, ein Immobilienmakler, der gar nicht intelligent ist oder unter dem Durchschnittsniveau der Intelligenz zurückbleibt, ist nicht im Stande, in diesem Geschäftsverkehre dem Publikum so zu dienen, wie es nothwendig ist, sofern er die beiderseitigen Interessen, die miteinander collidiren, richtig wahren soll. So einfach, wie Herr Dr. Goldschmidt meint, liegt die Sache im Grundstücksverkehr für große Theile des Reiches doch nicht. Ich gebe aber zu, daß es im Allgemeinen nicht nothwendig ist, ein höheres Maß von Intelligenz von dem Immobilienmakler zu fordern als das Durchschnittsniveau. Dagegen bin ich der Ansicht, daß er allerdings ein ganz besonders vertrauenswürdiger Mann sein muß, um deswillen, weil er zu dem Grundstücksverkehr eine ganz andere Stellung einnimmt, wie der Waarenmakler zum Waarenverkehr. Es liegt dies in der Natur der Sache. Der Immobilienmakler kann auf den Grundstücksverkehr, auf den Hypothekenverkehr an einem kleineren und größeren Platze einen ganz bedeutenden Einfluß ausüben, und die Herren, die an kleineren Plätzen wohnen, in denen beispielsweise ein Immobilienmaklerbureau 80 pCt. der Geschäfte an sich gezogen, gewissermaßen monopolisirt hat, werden vielleicht mir beipflichten, wenn ich behaupte, daß ein solches Bureau, das thatsächlich den größten Theil des Immobilienverkehrs besorgt, wenigstens des Hypothekenverkehrs, auf die Entwickelung des Grundstücksverkehrs, auf die Entwickelung des Immobilien- und Hypothekengeschäfts einen weitreichenden Einfluß ausübt. Darum, m. H., ist es allerdings gerechtfertigt, wenn Herr Dr. Burchard in seinem Gutachten ausführt, der Immobilienmakler steht dem Mobilienmakler und Waarenmakler nicht gleich, sondern muß ein besonders vertrauenswürdiger Mensch sein, weil er eben auch für den Grundstücksverkehr von besonderer Bedeutung ist. Wenn wir nun verlangen, daß der Behörde die Entscheidung darüber gegeben wird, ob der Mann, der das Gewerbe eines Immobilienmaklers betreiben will, ein solches Maß von Vertrauen beanspruchen kann, daß ihm gestattet wird, diesen Einfluß auf das Grundstücks- und Immobiliengeschäft zu üben, dann ist das keine Monstrosität in unserem öffentlichen Rechte, sondern wir wenden da nur einen Rechtssatz consequent und logisch an, den wir bei vielen Dutzenden von Gewerben seit 1875 bereits angewendet haben, und ich meine: mit Rücksicht darauf sollten wir auch zu Gunsten eines Beschlusses uns aussprechen, welcher die Concessionspflicht in erster Linie bejaht. Ich verkenne nicht, daß die Einräumung der Entscheidung über die Concessionirung von Gewerben an die Verwaltungsbehörden ihre großen, schwerwiegenden Bedenken hat. Ich persönlich bin nicht geneigt, das arbiträre Ermessen der Verwaltungsbehörden übermäßig auszudehnen. Die Erfahrungen, die wir mit den Entscheidungen über Concessionen seit 20 Jahren gemacht haben, lassen es meines Erachtens nicht als wünschenswerth erscheinen, das arbiträre Ermessen der Verwaltungsbehörden zu erweitern, und in dieser Beziehung bin ich mit dem ersten Herrn Referenten grundsätzlich der gleichen Auffassung. Aber ich ziehe nicht den Schluß daraus, den der erste Referent daraus zieht, daß er sagt: weil die Gefahr eines Mißbrauchs dieses arbiträren Ermessens der Verwaltungsbehörde bei der Abgabe der Entscheidung über die Concessionspflicht möglich ist — ich gebe zu, daß sie vielleicht nahe liegt — deshalb müssen wir den geltenden Rechtszustand festhalten und die Gewerbefreiheit in Ansehung dieses Gewerbes aufrecht erhalten. Ich komme im Gegentheil zu einem anderen Schluß: ich sage, es ist um deswillen nothwendig, rechtliche Cautelen aufzustellen, welche die Gefahr des Mißbrauchs, soweit das in der Menschenkraft liegt, vollständig verhüten oder ausschließen. Dies führt mich zu dem weiteren Vorschlage, den ich die Ehre habe, Ihnen mit meinem Antrage zu unterbreiten, daß das Gesetz die Gründe aufzählen muß, erschöpfend, limitativ, aufzählen muß, aus welchen es der Verwaltungsbehörde gestattet ist, die Concession einer Person zu dem Betriebe des Immobilienmaklergewerbes zu versagen. Wenn das Gesetz bestimmt, es ist der Verwaltungsbehörde gestattet, die Concession zu versagen, weil der Mann wegen Vergehen gegen das Eigenthum verurtheilt ist, weil er im Uebrigen das und das gethan hat, dann, m. H., schließen wir die Gefahr eines Mißbrauchs soweit aus, als daß eben der menschlichen Gesetzgebung möglich ist. Mißbräuche können auch dann allerdings noch vorkommen, aber bei welchem Gesetze können solche Mißbräuche nicht vorkommen? Die Gefahr des Mißbrauchs kann meines Erachtens niemals ein Grund für uns sein, eine gesetzliche Maßregel zu unterlassen, von der wir überzeugt sind, daß sie Nutzen bringt, denn der Mißbrauch wird immer die Ausnahme bilden, der vernünftige, sachgemäße Gebrauch die Regel sein, und wenn, wie ich das für selbstverständlich erachte, dem Makler, welchem die Concession verweigert wurde, das Recht gegeben wird, den Instanzenzug bei den Verwaltungsgerichten anzurufen, so dürfte für die Cautelen in einer Weise Sorge getragen sein, die auch den äußersten Ansprüchen genügen kann, so daß man von einer Gefahr der willkürlichen und der mißbräuchlichen Anwendung nicht mehr sprechen kann. Meine hochverehrten Herren, es ist von Herrn Dr. Burchard die Frage erörtert worden, ob es wünschenswerth sei, der Verwaltungsbehörde das Recht zu geben, auch die Bedürfnißfrage bei der Entscheidung der Concessionspflicht heranzuziehen, also mit Rücksicht auf die bereits vorhandene Zahl der Immobilienmakler an einem bestimmten Orte die Zulassung neuer Immobilienmakler zu verweigern. M. H., ich muß mich gegen diesen Vorschlag des Herrn Dr. Burchard erklären. Die Erfahrungen, die wir in Deutschland mit der Concessionirung zahlreicher Gewerbe gemacht haben, insbesondere die Erfahrungen, die man mit der Bedürfnißfrage gemacht hat, wenn es sich um die Concessionirung neuer Schankstätten und Wirthschaften handelte, sind derartig, daß es nicht räthlich ist, die Zahl der Fälle, in denen die Bedürfnißfrage von der Verwaltungsbehörde und vom Richter zu prüfen ist, noch zu vermehren. Ich glaube, daß das zu großen Uebelständen führen wird, und muß diesen Vorschlag ablehnen.

Auf die weiteren Ausführungen und auf die Specialvorschläge des Herrn Dr. Burchard möchte ich nicht eingehen, nur einen Punkt will ich erwähnen, den mein verehrter Herr Correferent bereits urgirt hat, nämlich die Organisation von Maklerkammern. Herr Dr. Burchard scheint auf diese Maklerkammern ein ganz besonderes Gewicht zu legen, er erhofft jedenfalls von ihnen einerseits eine Hebung des Standes, andererseits eine richtige Communication des Standes mit den Behörden, welche diesen die Entscheidung über die Concessionspflicht erleichtert und so Erkenntnisse verhütet, die falsch wären oder den thatsächlichen Verhältnissen nicht entsprächen. Ich möchte von den Maklerkammern am liebsten gar nichts wissen. Zunächst halte ich es für problematisch, ob überhaupt in der Mehrheit der Bezirke des Reiches solche Kammern möglich sind, meistens würde diese Organisation schon an der Thatsache scheitern, daß in den wenigsten Bezirken die Zahl der Immobilienmakler so erheblich ist, daß von der Errichtung einer Kammer die Rede sein könnte. Wenn ich absehe von den großen Städten Berlin, Hamburg, Frankfurt, so dürften der Städte nicht allzuviele sein, in welchen die Errichtung einer Kammer möglich ist. Weiter habe ich aber noch ein grundsätzliches Bedenken gegen die Maklerkammern. Es ist selbstverständlich, wenn man Maklerkammern errichtet, daß ihnen dann auch eine Disciplinargewalt über die Immobilienmakler eingeräumt wird, ich habe wenigstens Herrn Justizrath Goldschmidt in diesem Sinne verstanden, weil er auf die Aerztekammern und Anwaltskammern verwiesen hat. Dadurch wird den Maklern wenigstens theilweise der Charakter von Beamten verliehen, es wird ein gewisses staatliches Element in das Gewerbe hineingetragen, was ich vermieden sehen möchte. Deswegen möchte ich mich auch principiell gegen die Maklerkammern aussprechen.

Meine hochverehrten Herren, auf Grund dieser Ausführungen, mit denen ich Sie vielleicht schon zu lange aufgehalten habe, da es sich um eine Frage handelt, die, wie der erste Herr Referent sagte, nicht von weltbewegender Bedeutung ist, komme ich zu dem Schluß: es ist nothwendig, das geltende Recht in Bezug auf das Immobiliargewerbe dahin abzuändern, daß die Concessionspflicht eingeführt wird. Ich würde es am liebsten sehen, wenn ein Specialgesetz darüber erlassen würde; es könnten dann auch eine Reihe von privatrechtlichen Fragen mit erledigt werden, die allerdings theilweise vom Bürgerlichen Gesetzbuch und vom Handelsgesetzbuche behandelt worden sind, aber manchmal doch noch so unklar bleiben, daß es wünschenswerth wäre, wenn die Gesetzgebung ausdrücklich Stellung dazu nimmt. Es würde möglich sein, dann auch Fragen zu erörtern, die Herr Justizrath Goldschmidt schon aufgeworfen hat, z. B. das Verhältniß des Artikels 2 des neuen Handelsgesetzbuchs zu den Immobilienmaklern, es würde dann auch möglich sein, zu bestimmen, wie concessionirte Makler dem Handelsrechte gegenüber gestellt sind, wenn sie ihren Betrieb in einer Weise einrichten, daß Art. 2 des Handelsgesetzbuchs auf sie Anwendung findet, und ich glaube, daß dies nicht nur im Interesse der Immobilienmakler selbst zu wünschen ist, sondern daß auch das Publicum seinen Vortheil davon hätte. Ich verspreche mir davon insbesondere eine günstige Einwirkung auf das Grundstücks- und Immobiliengeschäft und die Ausgestaltung der wirthschaftlichen Verhältnisse des Grundstücksverkehrs.

Mein Antrag geht dahin, der Juristentag spricht aus: es empfiehlt sich, im Wege eines Specialgesetzes die rechtliche Stellung der Grundstücks- und Hypothekenmakler auf der Grundlage der Concessionspflicht zu regeln und hierbei die Gründe erschöpfend aufzuzählen, welche zu der Versagung der Concession berechtigen; die Einführung von Maklerkammern und die Berücksichtigung des Bedürfnißnachweises empfiehlt sich nicht.

Justizrath Dr. **Humser** (Frankfurt a. M.): M. H., ich möchte Sie sehr warnen, den Anträgen des zweiten Herrn Referenten nachzugeben und hier auf einen Antrag hin, der an uns gekommen ist — wir haben selbst eigentlich nicht erfahren, wie — die Concessionspflicht für ein Gewerbe zu fordern, das sich am allerwenigsten zu einer Concessionirung eignet. Der Antrag ist hier hereingekommen durch einen Maklerverein, von dem wir gar nicht wissen, ob er besteht. Es giebt manchmal Vereine aus einer Person, es wendet Jemand große Kosten an, um einen Verein zu gründen, eine Zeitung herauszugeben und dann zu sagen: ich bin ein großer Verein. Die Leute wollen, daß sie die Conzessionirten sind und daß dann ein numerus clausus eingeführt werden soll, daß kein Anderer in der Stadt mehr makeln soll. Ich warne ganz entschieden davor. Das Maklergeschäft ist doch nicht der Makler wegen da, sondern um den Immobiliarverkehr zu erleichtern und den Hypothekenverkehr zu ermöglichen; also müssen in jeder großen Stadt eine Anzahl solcher Leute sein. Wer kennt denn von uns Praktikern, die seit 20—30 Jahren in der Praxis stehen, eigentlich einen älteren Makler? Es giebt gar keinen, der das Gewerbe 30—40 Jahre fortsetzt, sondern es sind das Leute, die plötzlich einmal entdecken, daß sie zu solchen Vermittelungsgeschäften ein Talent haben. Soll da die Concessionspflicht eingeführt werden? Wie soll die Behörde feststellen, ob Jemand der Concession würdig oder fähig ist? Dann wird gesagt, das Gewerbe muß concessionirt werden, weil dann der Stand gehoben wird. M. H., machen wir uns doch nichts vor! Der Immobilienmakler kann nicht beanspruchen, daß er ein Stand ist, wie der Anwaltstand oder der Aerztestand. Dann könnten auch die Schuster kommen und sagen, unser Stand muß gehoben werden, wir müssen concessionirt werden. Wir sollen uns hier hinsetzen und eine große Bresche in die Gewerbeordnung schlagen, wo schon so viel Breschen darin sind; wir als Juristentag sollen uns nun dafür aussprechen, daß eine neue Bresche gelegt wird. Ich möchte sehr davor warnen, auf dem Wege, den Herr Dr. Fuld vorschlägt, weiterzugehen und Sie dringend ersuchen, mit dem ersten Herrn Referenten zu gehen. Aus dem ersten Vortrage des Herrn Justizraths Goldschmidt haben wir eigentlich gar nicht so genau ersehen, was denn eigentlich die Immobilienmakler unter gesetzlicher Regelung verstehen. Jetzt haben wir es gemerkt: es ist weiter nichts, als eine Concessionirung, und die Behörde soll dann dafür sorgen, daß es nicht zu viele Sensale giebt. Die ganze Frage hat mir schon nicht gefallen, aber die Frage kann weggebracht werden dadurch, daß wir einfach ein glattes Nein sagen.

(Bravo.)

Referent Justizrath Dr. **Goldschmidt** (Berlin): M. H., ich möchte den Ausführungen des Herrn Collegen Humser gegenüber in Bezug auf die Concessionsfrage mich kurz fassen: Ich stehe keineswegs auf dem Standpunkte, daß alle und jede Concessionirung zu perhorresciren sei, aber mit dem Herrn Collegen Humser perhorrescire ich sie in dem vorliegenden Falle, weil sie hier gerade am wenigsten paßt, und die Gründe, die er angegeben hat, sind auch die meinigen, wenn ich sie auch vorher nicht besonders hervorgehoben habe.

Was den thatsächlichen Anstoß zu dieser ganzen Gesetzgebung anbetrifft, so ist auch das im Wesentlichen zutreffend, was Herr College Humser hier erwähnt hat. Ich habe es aus dem Grunde nicht erwähnt, weil ich der Meinung bin, daß es zunächst meine Aufgabe ist, nicht die persönlichen Motive, die der in Rede stehenden Bewegung zu Grunde liegen, zu beleuchten, sondern die Frage, wie sie hier gestellt ist, zu beantworten, und da handelt es sich einzig und allein darum: genügt der jetzige Rechtszustand oder genügt er nicht? Ich bin der Meinung, er genügt vollständig, er genügt selbst den etwas weitgehenden Ansprüchen des

Herrn Referenten Dr. Fuld, denn ich bin der Ansicht, daß wie die Bestimmung des § 35 der Gew.O. gefaßt ist, dieser Paragraph eigentlich alles leistet, was die Concessionirung nach meiner Auffassung zu leisten bestimmt sein würde, ja sogar noch etwas mehr. Der § 35 gewährt die Möglichkeit, die Ausübung des Immobilienmaklergewerbes zu untersagen,

„wenn Thatsachen vorliegen, welche die Unzuverlässigkeit des Gewerbetreibenden in Bezug auf diesen Gewerbebetrieb darthun."

Wenn Thatsachen vorliegen; aus welcher Zeit her diese Thatsachen rühren, ob sie der jüngsten Vergangenheit, ob sie einer fernen Vergangenheit angehören, ist hier nicht gesagt; also: die Verwaltungsbehörde kann jederzeit eingreifen und sagen: dieser Mann eignet sich für dieses Gewerbe nicht.

Wenn nun der Herr College Dr. Fuld darauf hinweist, daß unter Umständen dieser Paragraph als zu eng gefaßt angesehen werden könnte, weil man z. B. einem notorischen Wucherer nicht den Gewerbebetrieb als Hypothekenmakler untersagen könne, deshalb, weil der Wucher mit dem Hypothekenmaklergewerbe oder Vermittelungsgewerbe nicht in einem so innigen Zusammenhange steht, daß man sagen könnte, er thue die Unzuverlässigkeit des Gewerbetreibenden in Bezug auf diesen Gewerbebetrieb dar, so kann das unter Umständen ja auch ganz richtig sein; es kann Jemand ein ausgesprochener Wucherer sein, aber doch in Hypothekengeschäften in ganz correcter Weise vermitteln; es ist garnicht abzusehen, inwiefern seine Qualität als Wucherer seine Fähigkeit, ein Geschäft zu vermitteln, d. h. den Darlehnsucher mit dem Darlehngeber zusammenzuführen, auf einer objectiven Grundlage ein derartiges Geschäft zustande zu bringen, hindern soll. Also ich bin der Meinung, § 35 reicht vollständig aus. Dann kommt § 38, der geht so weit, daß er die Verwaltungsbehörde ermächtigt, das Gewerbe nach allen Richtungen zu reglementiren, die Controle im weitesten Umfange zu üben.

In einem Punkte bin ich allerdings mit dem Herrn Collegen Dr. Fuld einverstanden, aber, wie gesagt, das veranlaßt mich nicht, einen neuen gesetzgeberischen Vorschlag zu empfehlen. Nämlich: es ist in der That nicht einzusehen, weshalb die polizeilichen Bestimmungen des H.G.B. über den Geschäftsbetrieb der Handelsmakler nicht auch mutatis mutandis auf die Grundstücksmakler übertragen werden sollen! Ich bin allerdings der Meinung, daß es durchaus überflüssig ist, daß das H.G.B. vor den Immobilienmaklern Halt macht und sagt: nein, auf diese passen die Bestimmungen nicht, daß sie Tagebücher führen sollen, daß sie Schlußscheine untereinander austauschen und was dergleichen mehr ist! Zwar glaube ich, daß diese Bestimmungen von einer übermäßigen Tragweite für die Immobilienmakler nicht sein würden, denn das Immobilienmaklergeschäft bewegt sich in einem verhältnißmäßig langsamen Tempo, in ziemlich langsamen und schwerfälligen Schwingungen. So ein Journal eines Grundstücksmaklers wird nicht allzuviel beschriebene Seiten haben. Aber wenn es vielleicht auch nur eine beschriebene Seite im Jahre aufweist, so schadet das unter keinen Umständen irgend etwas. Auch darin stimme ich mit dem Herrn Gutachter Dr. Burchard überein, daß es z. B. durchaus wünschenswerth ist, daß Schlußscheine zwischen dem Makler und dem Auftraggeber ausgewechselt werden u. s. w., daß namentlich nach der processualischen Seite für Beweismaterial möglichst Zuverlässiges geschaffen werde. Das sind alles Dinge, die sich empfehlen lassen, aber ein besonderer Eingriff der Gesetzgebung ist m. E. hierzu durchaus nicht nothwendig. Schon das eigene Interesse der Immobilienmakler — das sind vielfach sehr gewiegte Herren — spricht dafür, daß dieselben dafür sorgen werden, das Beweismaterial für ihre Ansprüche u. s. w beisammen zu haben, und diese Ansprüche sind ja eben darauf basirt, daß nachgewiesen werde, das Geschäft, welches sie vermittelt hätten, sei in dieser oder jener Weise von ihnen zu Stande gebracht. Also es liegt bereits ein innerliches Compelle in der Richtung dieser polizeilichen Maßregeln vor, das durch ein besonderes Gesetz nicht erst festgelegt zu werden braucht.

Bezüglich der Maklerkammern möchte ich mich nur gegen ein mögliches Mißverständniß im Voraus verwahren. Ich habe keineswegs die Maklerkammern empfohlen, sondern, indem ich auf die Analogie der etwaigen Maklerkammern mit Aerzte- und Anwaltkammern hinwies, nur nach einer Begründung gesucht, wie sie möglicherweise Herr Dr. Burchard gegeben haben würde — wenn wir ihn hier zur Stelle gehabt hätten —, wie er sie aber eben nicht gegeben hat. Daß natürlicherweise diese Analogie durchaus nicht Platz greift, darüber brauche ich ja nicht weiter zu reden, und deshalb fehlt es mir überhaupt an irgend einer Handhabe, um zu einer Construction der Sache zu gelangen. Ich habe damit nur zum Ausdrucke bringen wollen: eine gewisse corporative Organisation dieses Gewerbes wäre mir nicht unsympathisch, aber allerdings zunächst im Wege freier Vereinsbildung. Das scheint mir der richtige Weg zu sein, das ist der Weg, den ich auch den betreffenden Herren Vertretern des Maklergewerbes in Berlin, die sich für die Sache interessirten und sich deshalb an mich gewandt hatten, als sie hörten, daß ich hier das Referat übernommen habe, auseinandergesetzt habe. Ich habe ihnen gesagt: ihr habt bereits derartige Anfänge sehr respectabler Natur, ihr habt euch zusammengethan, Statuten gemacht, die vernünftig zu sein scheinen; sucht eine große Betheiligung an eurem Vereine, dann wird man zu beurtheilen in der Lage sein, ob hier irgendwo erhebliche, schützenswerthe Interessen vorliegen, und wie groß die Zahl der Interessenten ist. Aber ohne derartige Grundlagen kann der Gesetzgebung nicht zugemuthet werden, für eine Anzahl von Herren, die sich in der Gesellschaft gewisser Leute nicht behaglich fühlen, sofort von dem Gesetzgeber Abhilfe zu verlangen.

Zum Schlusse will ich noch eins bemerken. Der Herr Correferent hat darauf hingewiesen, daß von den Regierungen Enqueten veranstaltet worden sind, daß die Oberpräsidenten Berichte erstattet hätten, er hat auf den extractweise wiedergegebenen Inhalt dieser Berichte, wie sie in dem Gutachten des Herrn Dr. Burchard niedergelegt sind, verwiesen. Diese Berichte sind mir bekannt, nicht bloß in dem Auszuge des Herrn Dr. Burchard; ich kann aber über den Stand der Gesetzgebungsfrage, soweit es mir möglich gewesen ist, mich darüber zu orientiren, nur sagen, daß, wie die Dinge jetzt liegen, die Reichsregierung nicht daran zu denken scheint, an eine gesetzgeberische Reform zum Zwecke eines Specialgesetzes zur Regelung dieser Verhältnisse heranzutreten. Das einzige, wozu sie sich möglicherweise emporschwingen würde, das wäre, zum Zwecke der Controle im Wege der Verwaltung Reglements, betreffend die Anlegung von Büchern, Registern u. s. w. zu erlassen. Das ist möglich, das ist nicht ausgeschlossen, — ein außerordentlich harmloses Expediens, von dem ich annehme, daß es auch im Rahmen der gegenwärtigen Gesetzgebung sehr wohl möglich ist, und daß die Bedenken, die dagegen geltend gemacht worden sind von Herrn Dr. Burchard, keineswegs schwer wiegen. Er weist da auf die Gefährdung der Rechtseinheit hin. Ich meine nicht, daß die Rechtseinheit besonders gefährdet ist, wenn die Formulare, die die Verwaltungsbehörden in Hessen vorschreiben, ein bischen anders aussehen wie die, die das Polizeipräsidium in Berlin für die Grundstücks- und Hypothekenmakler vorschlagen würde; aber dazu ist gewiß auch jetzt schon die Verwaltungsbehörde durchaus in der Lage; dazu brauchen wir an den bestehenden Gesetzen nichts zu ändern.

Vorsitzender: Dann wäre die Sache wohl spruchreif, und ich bitte die Anträge zu verlesen.

„Der deutsche Juristentag wolle seine Ueberzeugung dahin aussprechen, die Regelung des Gewerbes der Grund- und Hypothekenmakler im Wege eines Specialgesetzes ist nicht zu empfehlen. Die gegenwärtigen Bestimmungen der Gewerbeordnung §§ 35 und 38 in Verbindung mit den §§ 652 und 656 des Bürgerlichen Gesetzbuchs gewähren eine ausreichende Grundlage für den Ausbau der das Immobilienmaklerwesen beherrschenden privatrechtlichen und öffentlich rechtlichen Grundsätze durch die Rechtssprechung und durch die Verwaltungspraxis."

Wir würden zunächst über diesen Antrag abzustimmen haben, und dann erst würde für den Fall seiner Ablehnung der neue Antrag zur Abstimmung gebracht werden müssen. Wer für den Antrag des Herrn Collegen Goldschmidt ist, wolle sich erheben. — Das ist die Majorität.

So wäre diese Frage beendigt, und die Tagesordnung der II. Abtheilung wäre damit auch erledigt

(Hierauf werden die Vertrauensmänner genannt, die bei der Wahl der ständigen Deputation mitzuwirken haben, und vom Präsidenten ersucht, sich am anderen Morgen $^1/_2$9 Uhr im Lokal der Plenarversammlung einzufinden.)

Und damit schließe ich diese Abtheilung und spreche Ihnen im Namen der ständigen Deputation Dank aus für den großen Fleiß und die sehr erheblichen Leistungen, welche Sie an den Tag gelegt haben. Ich selbst möchte ein einziges Wort noch sprechen. Ich bin so von der Fülle der Lebenserfahrungen eingenommen, die hier an den Tag gelegt worden sind von den verschiedenen Rednern, daß ich speciell noch meinen ganz besonderen Dank dafür aussprechen möchte. Ich glaube ja, daß auch die anderen Collegen, die hier sind, von dem gleichen Danke beseelt sind.

Justizrath Dr. **Goldschmidt:** Ich bitte mir zu gestatten, auf den Dank des Herrn Vorsitzenden mit einem Dank unsererseits zu antworten für die umsichtige Leitung und für das lebhafte Interesse, mit dem er in sachgemäßer Weise unseren Verhandlungen gefolgt ist, beziehungsweise sie geleitet hat.

(Bravo.)

(Schluß $11^3/_4$ Uhr.)

Erste Sitzung der dritten Abtheilung
am Montag, 12. September.

(Beginn: Vormittags 11½ Uhr.)

Auf Vorschlag des Oberreichsanwaltes Hamm, welcher im Auftrag der ständigen Deputation die Sitzung eröffnet, wird Reichsgerichtsrath Stenglein zum Vorsitzenden gewählt.

Vorsitzender: M. H., ich danke Ihnen vielmals dafür, daß Sie mir heute zum zweiten Male Ihr Vertrauen schenken; ich hoffe, ich werde demselben gerecht werden können und begrüße Sie in dieser Abtheilung, die ja nicht immer die Gunst des Juristentages so auf sich zieht wie heute. Ich bin sehr erfreut, für die Fragen, die heute uns beschäftigen werden, eine so zahlreiche Versammlung zu finden. Es liegt mir aber vor Allem ob, das Bureau zu bilden, und ich lade Herrn Oberstaatsanwalt Uhde ein, als stellvertretender Vorsitzender neben mir Platz zu nehmen. Derselbe ist nicht anwesend, er wird davon benachrichtigt werden und später diese Stelle einnehmen. Für heute ist es nicht absolut nothwendig. Ferner als Schriftführer bitte ich am Präsidium Theil zu nehmen die Herren Rechtsanwalt Dr. Korn und Herrn Landrichter Vogt. Ist einer von den Herren anwesend, so bitte ich, an meiner Seite Platz zu nehmen.

(Geschieht.)

M. H., durch das Plenum sind uns drei Fragen zugewiesen: erstens die Behandlung des dolus eventualis im Strafrecht beziehungsweise im Strafproceß Wie ich heute bereits die Ehre hatte im Plenum mitzutheilen, sind die Herren Referenten nicht anwesend. Herr Oberreichsanwalt Hamm hatte die große Güte, das Referat zu übernehmen, so daß wir in der Lage sind, diese Frage zu erledigen. Die zweite Frage ist:

> Soll zur Verjährung der Strafverfolgung der bloße Ablauf einer gesetzlich bestimmten Frist seit Verübung der Strafthat genügen, oder soll diese Verjährung auch noch an andere Bedingungen geknüpft werden?

Hier haben wir nicht nur Gutachten, sondern auch beide Referenten. Es haben sich die Herren Referenten dahin geeinigt, daß Herr Landgerichtsdirector Felisch das erste Referat übernimmt, Herr Oberreichsanwalt Hamm das zweite. Die dritte Frage ist:

> Empfiehlt sich der Versuch der Deportation nach Colonien als Strafe? und empfiehlt sich der Vorschlag bedingter Begnadigung für den Fall der Auswanderung?

Hier haben wir allerdings nur den einen Referenten Herrn Dr. Korn. Ich möchte nun vorschlagen, daß wir heute die Frage des dolus eventualis erledigen; es ist diejenige, über die sich Juristen am leichtesten einigen können, denn der Staub, den diese Frage aufgewirbelt hat, ist ja doch mehr in nicht-juristischen als juristischen Kreisen entstanden. Wenn wir es dann möglich machen können, auch noch die zweite Frage in Angriff zu nehmen, so würden wir so viel Vorschuß für das Pensum haben, daß wir morgen die Frage, von welcher ich glaube, daß sie am eingehendsten wird behandelt werden müssen, die Deportationsfrage als eigentliche Aufgabe der dritten Abtheilung in extenso behandeln können, ohne daß wir dem sonstigen, was der Juristentag bietet, irgendwie entfremdet zu sein brauchen. Sind die Herren damit einverstanden?

(Ja!)

Dann bitte ich Herrn Oberreichsanwalt Hamm, das Wort zu ergreifen zur Berichterstattung über die Frage:

> Die Behandlung des dolus eventualis im Strafrechte, bezw. im Strafproceß.

Berichterstatter Oberreichsanwalt **Hamm:** Der Herr Vorsitzende erwähnte schon, daß die Strafabtheilung gewöhnlich unter der Ungunst leide, nicht zahlreich besucht zu werden, und nun ausnahmsweise heute so zahlreich besucht sei. Diese Gunst, die sich heute unserer Abtheilung zugewendet hat, mag zum Theil auf der Ungunst beruhen, die die Frage, welche wir heute behandeln, in der öffentlichen Meinung, namentlich in der Presse gefunden hat. In etwas ist diese Frage auch offenbar auf die Tagesordnung des diesjährigen Juristentages gesetzt als eine Art Vertheidigung der Gerichte gegen die Angriffe, welche die Rechtsprechung über den dolus eventualis in der öffentlichen Meinung erlitten hat.

Es wird vor allen Dingen also unsere Aufgabe sein, da der Grundsatz des dolus eventualis und die Anschauung, welche beide Referenten in dieser Frage vertreten, in der Rechtsprechung und Wissenschaft feststeht bei der Verhandlung nicht nur diese Gleichmäßigkeit festzustellen, sondern auch den Begriff des dolus eventualis näher zu erläutern und das Mißtrauen, das der Begriff und seine Anwendung in der Rechtsprechung gefunden hat, zu zerstreuen. Das wird am leichtesten geschehen, wenn wir in populärer Weise den Begriff wie seine Anwendung klarstellen. Dadurch werden wir ihn in der Oeffentlichkeit am besten vertheidigen.

Man muß bei Anwendung des dolus eventualis hauptsächlich zwei Fragen unterscheiden, die etwas verschieden von einander liegen. Die eine bezieht sich auf den Erfolg, die andere auf das Vorhandensein eines Thatbestandmerkmals. Ich möchte also an erster Stelle von dem dolus eventualis gegenüber dem Erfolge sprechen. Darüber brauche ich kein Wort zu verlieren, daß der eigentliche Zweck einer Handlung für die rechtliche Verantwortung gleichgültig ist. Es kommt für die Vorsätzlichkeit nicht darauf an, was der Endzweck meiner Handlung ist, sondern welche Theile der Handlung ich gewollt habe. Aber hier entsteht dann der juristische Unterschied zwischen directem Wollen, dolus directus, und dolus eventualis.

Nun kann ja darüber gar kein Zweifel sein: wenn ich den Zweck will, will ich auch das Mittel und zwar gleichfalls mit dolus directus. Wenn ich beispielsweise den Zweck habe, einen Feind zu tödten, weiß von zwei Personen, die auf der Straße sind, nicht, welcher von beiden mein Feind ist, und schieße nun beide todt, um sicher meinen Feind zu tödten, so war der Zweck nur die Tödtung des Einen. Vorsätzlich habe ich aber die Tödtung von Beiden gewollt, bezüglich Beider ist es dolus directus. Wenn ich auch an dem Mittel an sich kein directes Interesse habe, aber das Mittel will, um den Zweck zu erreichen, so habe ich beides, Mittel, wie Zweck, direct gewollt. Wenn ich ein Haus in Brand stecke, um einen Feind in den Flammen umkommen zu lassen, so habe ich sowohl Brandstiftung begangen, wie Tödtung, und wenn die Tödtung nicht erfolgt, wenn der Feind sich rettet, so bin ich vorsätzlicher Brandstifter und zugleich des Versuchs vorsätzlicher Tödtung schuldig. Das sind Fragen, über die ich kein Wort zu verlieren brauche. Aber ebenso ist es unzweifelhaft, daß, wenn eine Folge meiner Handlung eingetreten ist, die möglich war, die ich vielleicht auch als möglich vorausgesetzt habe, die ich aber durchaus nicht gewollt habe, von der ich gehofft habe, daß sie nicht eintreten werde, von der ich gehofft habe, daß ich sie vermeiden werde, mir diese Folge meiner Handlung nicht als von mir gewollt, als vorsätzlich angerechnet werden kann. Es kommt da höchstens Fahrlässigkeit in Frage, sofern man eben sagen kann: du hättest das voraussehen können, du mußtest es voraussehen, es war deine Schuld, wenn du es nicht vorausgesehen, oder wenn du geglaubt hast, du hättest es vermeiden können. Der dolus eventualis, welcher uns beschäftigt, liegt zwischen diesen beiden Graden von Verantwortlichkeit für einen Erfolg. Ist der Erfolg ein solcher, worauf die Handlung nicht gerichtet war, der aber möglich war, ist es nicht der, um dessen Willen ich die Handlung that, sondern ein blos möglicher Erfolg, den ich auch als möglich erkannt habe, so kann mein Verschulden dann über eine bloße Fahrlässigkeit hinausgehen, wenn ich die Möglichkeit dieses Erfolges derart in meinen Willen aufgenommen hatte, daß ich die Handlung auch für den Fall wollte, daß sie diesen Erfolg haben würde. Das ist es, was wir dolus eventualis nennen. Habe ich den Erfolg meiner Handlung nicht direct gewollt, aber mir klar gemacht, daß der Erfolg möglich sei, und habe ich, was den Willen betrifft, gesagt: auch dann, wenn die Handlung diesen Erfolg hat, will ich die Handlung, dann habe ich diesen Erfolg eventuell gewollt. Das typische Schulbeispiel wird von der Bombe genommen, die jemand auf die Straße wirft, um seinen Feind zu tödten, wobei er sich bewußt ist, daß in demselben Augenblick auch viele andere Menschen auf der Straße sind, und daß es leicht möglich, ja wahrscheinlich ist, daß andere Menschen getroffen werden; wird nun derjenige, den der Bombenwerfer treffen wollte, nicht getroffen, aber ein Anderer, der zufällig vorbeigeht, getroffen und getödtet, so bestrafen wir denjenigen, der die Bombe geworfen hat, außer wegen versuchter Tödtung oder Ermordung seines Feindes nicht wegen fahrlässiger, sondern wegen vorsätzlicher Tödtung oder Ermordung derjenigen Person, die über die Straße ging, weil wir uns sagen: bei der großen Wahrscheinkichkeit, daß fremde Menschen, die über die Straße gingen, getroffen wurden, müssen wir annehmen, daß der Thäter den Willen hatte, die That auszuführen, auch wenn sie diesen Erfolg haben würde. In dieser Weise hat namentlich das Reichsgericht von dem Grundsatze Anwendung gemacht bei der bekannten Entscheidung über das Niederwaldattentat, wo ein Anarchist geständigermaßen eine Wirthschaftsbude durch Dynamit theilweise zerstört hatte. Der vereinigte zweite und dritte Straffenat stellte fest, daß die dringende Möglichkeit vorhanden war, daß der Wirth und die Gäste, die sich in der Restauration befanden, getödtet würden, und nahm weiter an, daß der Thäter nach Lage der Sache ohne Zweifel diesen Erfolg nicht bloß vor Augen gehabt, sondern auch in seinen Willen aufgenommen, die That auch für den Fall gewollt hatte, daß dies der Erfolg sein würde, und so ist der Thäter nicht nur wegen Zerstörung der Restaurationsbude bestraft worden, sondern auch wegen Versuchs der vorsätzlichen Tödtung derjenigen Leute, die sich darin befanden. Ich glaube, was den Erfolg einer Handlung betrifft, kann kein

Zweifel sein, daß Rechtsprechung und Wissenschaft auf dem richtigen Boden stehen, wenn sie sagen: in diesem Sinne genügt dolus eventualis, um den Erfolg einer Handlung zu einer vorsätzlich gewollten zu machen. Es muß also unterschieden werden sowohl zwischen dolus directus und dolus eventualis, als zwischen Fahrlässigkeit und dolus eventualis, und was letztere Unterscheidung betrifft, so muß der Unterschied im Willen gefunden werden. Mag einer noch so fahrlässig gewesen sein, mag der Erfolg, den er nicht gewollt hat, noch so wahrscheinlich gewesen sein und mag es noch so frivol sein, daß er trotzdem die Handlung riskirt hat, so ist das kein dolus eventualis, wenn er den Erfolg nicht gewollt hat, wenn er gemeint hat: ich werde ihn wohl vermeiden, er wird wohl bei mir nicht eintreten. Dann ist es bloß grobe Fahrlässigkeit, aber nie Vorsätzlichkeit. Dagegen so bald der Richter in der Lage ist, aus den Umständen der That festzustellen, daß der Thäter den Erfolg mit in den Willen aufgenommen hat, daß er gedacht hat: nun gut, wenn dieser Erfolg eintritt, ist es mir auch recht — dann ist es mehr als fahrlässig gehandelt, dann liegt dolus eventualis vor. In diesem Sinne ist der dolus eventualis ein Bedürfniß der Praxis, entspricht aber auch einer richtigen Würdigung des verbrecherischen Willens, der bei dem mit dolus eventualis Handelnden ganz anders ist, als bei dem blos Fahrlässigen, der leichtsinnig denkt: es wird so schlimm nicht werden. Diese Unterscheidung zwischen Fahrlässigkeit und dolus eventualis ist keine künstliche, sie sieht etwas künstlich aus, liegt aber in der Natur der Sache und trifft einen wesentlichen Unterschied in dem verbrecherischen Willen. Als in der Praxis unentbehrlich ist der Begriff des dolus eventualis denn auch fortwährend in Wissenschaft und Rechtsprechung angewendet worden, ohne daß es bis zur neueren Zeit Aufsehen erregt hätte. Ob in einzelnen Fällen bei der Beurtheilung gefehlt worden ist, das ist eine thatsächliche Frage, zu deren Behandlung der Juristentag offenbar nicht berufen ist; wir können unmöglich an den einzelnen Urtheilen untersuchen, ob der Richter mit Recht dolus eventualis, Vorsätzlichkeit angenommen hat. Wir sind doch blos berufen, uns darüber auszusprechen, ob die Gerichte grundsätzlich irren, wenn sie einen solchen Unterschied machen zwischen Fahrlässigkeit und dolus eventualis, oder ob in der Art, wie sie den Begriff des dolus eventualis festgestellt haben, ob in dieser rechtlichen Auffassung ein Irrthum vorliegt. Das ist die einzige Frage, die uns zur Entscheidung steht, und nicht der einzelne Fall. Es ist im einzelnen Falle sehr oft schwierig zu beurtheilen, ob das eine oder andere, ob Fahrlässigkeit oder dolus eventualis vorliegt. Wenn dann ein Urtheil zur Begründung des dolus eventualis ausführt, der Thäter hätte es wissen können und müssen, daß der Erfolg eintreten werde, so ist das meist nicht so verstanden, daß der Richter sagen will: in allen Fällen, wo der Thäter einen Erfolg hätte wissen können und müssen, hat er den Erfolg eventuell gewollt. Sondern der Richter erachtet nur in denjenigen Fällen, wo der Thäter einen Erfolg durchaus wissen mußte, wo der Erfolg höchst wahrscheinlich war, dies als ein Beweismoment, um auf den Willen des Thäters zu schließen. Ich kann nie jemanden wegen dolus eventualis bestrafen, weil er hätte wissen müssen oder können, daß der Erfolg möglich und wahrscheinlich war; aber ich kann sagen: die Annahme, daß der Erfolg eintrat, war so zwingend, der Thäter hätte es so sehr wissen müssen und können, daß ich annehmen kann, daß er es auch wirklich gewußt und gewollt hat. Der Wille läßt sich eben meist nur feststellen aus den äußeren Umständen der That. Feststellen muß aber der Richter, wenn er wegen dolus eventualis verurtheilen will, immer, daß der Erfolg, auf den die Handlung nicht gerichtet war, mit in den Willen aufgenommen war, daß der Thäter die That auch gewollt hat für den Fall, daß sie diesen Nebenerfolg haben werde.

Eine andere Richtung unserer Frage betrifft das Vorhandensein eines Thatbestandmerkmals, und die Anwendung des dolus eventualis in dieser Beziehung ist wohl von Laien noch häufiger angefochten worden. Wir haben in § 59 des Strafgesetzbuches Abs. 1 die Bestimmung:

> Wenn Jemand bei Begehung einer strafbaren Handlung das Vorhandensein von Thatumständen nicht kannte, welche zum gesetzlichen Thatbestande gehören oder die Strafbarkeit erhöhen, so sind ihm diese Umstände nicht zuzurechnen.

Diese Bestimmung ist nach richtiger Auslegung nichts anderes als eine Folge des Begriffs der Vorsätzlichkeit. Man hat davon abgesehen, den Begriff „Vorsatz“ im Strafgesetzbuche zu definiren; hier liegt aber die Definition in nuce vor. Bei einem vorsätzlichen Vergehen ist es selbstredend, daß, wenn Jemand bei Begehung der Handlung das Vorhandensein eines Thatumstandes nicht kennt, ihm dieser Umstand nicht zuzurechnen ist. Er hat das nicht vorsätzlich gewollt. Wenn Jemand mit einem Kinde unter 14 Jahren eine unzüchtige Handlung vornimmt, ohne zu wissen, daß das Kind unter 14 Jahren ist, so ist ihm dieser Thatumstand nicht zuzurechnen, er hat nicht vorsätzlich gehandelt. Er kann fahrlässig gehandelt haben und es heißt in Absatz 2:

> Bei der Bestrafung fahrlässig begangener Handlungen gilt diese Bestimmung nur insoweit, als die Unkenntniß selbst nicht durch Fahrlässigkeit verschuldet ist.

Der Absatz 1 des § 59 ist keineswegs ein besonderer Strafausschließungsgrund, sondern es ist nichts weiter als die Consequenz des Begriffs der Vorsätzlichkeit. Hier trifft nun auch der dolus eventualis zu. Auch hier sagt die Rechtsprechung und ebenso die Wissenschaft, daß, wenn ich aus Fahrlässigkeit und noch so grober Fahrlässigkeit die Kenntniß von dem Vorhandensein von Thatumständen nicht gehabt habe, — um das gewöhnlich angewendete Beispiel der Unzucht mit Kindern unter 14 Jahren festzuhalten, — wenn die Vermuthung noch so nahe lag, daß das Kind noch nicht 14 Jahre war, und der Thäter sich die Möglichkeit vorgehalten, aber fahrlässig geglaubt hat, es werde nicht der Fall sein, das Kind sei nicht unter 14 Jahren, dann kann eine grobe Fahrlässigkeit vorliegen, aber weder dolus directus noch dolus eventualis. Aber auch hier sagt die Rechtsprechung wie die Wissenschaft, daß, wenn der Thäter nicht bloß fahrlässig war, wenn er nicht bloß sagte: ich glaube nicht, daß es der Fall ist, sondern wenn er sagt: mag es auch der Fall sein, ich will die That auch dann thun, wenn das Kind unter 14 Jahren ist, wenn er das in seinen Willen aufgenommen hat, dann liegt dolus eventualis vor, dann muß die Strafe der Vorsätzlichkeit eintreten. Der Fall liegt ganz genau so wie der erstbesprochene, wo der Thäter einen Nebenerfolg nur für möglich hielt, aber die That wollte, auch wenn sie diesen Erfolg hatte. Hier war in Zweifel, ob ein Thatumstand vorlag; aber der Thäter nahm auch für diesen Fall die Handlung in seinen Willen auf, er sagte: selbst wenn dieser Thatumstand vorliegt, auch dann will ich die That. Dann ist es dolus eventualis, und dann ist er nicht wegen Fahrlässigkeit, sondern wegen Vorsätzlichkeit zu bestrafen. Auch das steht in Rechtsprechung und Wissenschaft fest und auch darin werden wir durchaus der Rechtsprechung beitreten müssen. Denn es ist offenbar ein großer Unterschied zwischen dem verbrecherischen Willen dessen, der nur leichtsinnig und fahrlässig annimmt, daß ein Thatumstand nicht vorliege, und dessen, der hergeht und sagt: ich will die That, mag das eine oder das andere der Fall sein, ich brauche mich nicht darum zu kümmern, ich thue es in beiden Fällen. Wenn er das thut, wenn wir das schließen können nach Lage der Sache, so ist das dolus eventualis, dann ist er als vorsätzlicher Thäter zu bestrafen. Selbstredend liegt auch hier und noch mehr als bei dem Erfolge die thatsächliche Schwierigkeit vor, festzustellen, wie die Willensrichtung war, und es mag in manchen Fällen der Richter es hiermit zu leicht nehmen; aber rechtlich kann kein Zweifel sein, daß das Gericht, wenn es nach den thatsächlichen Umständen zu der Ueberzeugung gelangt, daß der Thäter die Handlung auch für den Fall gewollt hat, daß das Thatbestandsmerkmal vorliegt, ihn wegen dolus eventualis, wegen Vorsätzlichkeit bestrafen muß.

Auf Grund dieser Ausführungen möchte ich folgende Resolution vorschlagen, die weiter nichts thun soll, als einen feststehenden Grundsatz der Rechtsprechung und Wissenschaft in etwas populärer Weise fixiren. Ich will aber zuvor noch auf die Ausführung des Herrn Professors von Liszt zurückkommen, daß die Rechtsprechung des Reichsgerichts in der Frage schwankend sei. — Er hat eine Menge nach seiner Meinung irriger Urtheile, namentlich ältere, herausgefunden, wo sich das Reichsgericht allerdings unbestimmt oder unklar ausspricht; aber von denselben Senaten sind spätere Urtheile ergangen, welche die Frage grundsätzlich genau so beantworten, wie es v. Liszt will und wie wir Alle es wollen. Sollte auch noch in einzelnen jüngeren Urtheilen eine Wendung vorkommen, die nicht ganz zutreffend zu sein scheint, so würde sich dies voraussichtlich erklären, wenn die Acten vorlägen und man ersähe, in welcher Weise die Revision begründet und daß der Richter dadurch genöthigt war, den einen oder anderen Punkt schärfer zu betonen. An sich liegt kein Anlaß vor zu bezweifeln, daß sich die Rechtsprechung des Reichsgerichts, ebenso wie die Wissenschaft in dem Sinne fixirt hat, den ich entwickelt habe.

Ich wollte mir nunmehr erlauben, folgende beide Sätze zur Annahme vorzuschlagen. Erstens:

> Der Erfolg einer Handlung, auf den der Wille des Thäters nicht direct gerichtet ist, der aber vom Thäter als möglich erkannt war, ist strafrechtlich dem Thäter als vorsätzlich von ihm verursacht anzurechnen, wenn er die That auch für den Fall wollte, daß sie diesen Erfolg haben würde.

Ich glaube damit den dolus eventualis scharf zu unterscheiden vom dolus directus einerseits und von Fahrlässigkeit andererseits. Es ist kein dolus directus, die Handlung ist nicht darauf gerichtet, der Erfolg ist nur als möglich erkannt, er wird aber deshalb als vorsätzlich angerechnet, weil der Thäter die That auch für den Fall wollte, daß sie diesen Erfolg haben würde. Bezüglich der zweiten Richtung rücksichtlich des Vorhandenseins eines Thatbestandmerkmals würde ich denselben Grundsatz folgendermaßen fassen:

> Desgleichen ist der Thäter, der das Vorhandensein eines zum Thatbestande einer strafbaren Handlung gehörenden Merkmals nicht kannte, aber für möglich hielt, wegen vorsätzlicher Begehung der strafbaren Handlung zu verurtheilen, wenn er die That auch für den Fall gewollt hat, daß dieses Thatbestandsmerkmal vorliegt.

(Beifall.)

Vorsitzender: M. H., ich bedaure, daß ich Ihnen die Resolution, da der Herr Oberreichsanwalt Hamm die Güte hatte, sehr improvisirt das Referat zu übernehmen, nicht gedruckt einhändigen kann, wie das ja für die Förderung der Discussion außerordentlich gut ist. Aber Sie haben den Antrag gehört, und ich glaube, es wird vielleicht gut sein, denselben wiederholt zu verlesen:

> Der Erfolg einer Handlung, auf den der Wille des Thäters nicht direct gerichtet ist, der aber vom Thäter als möglich anerkannt war, ist strafrechtlich dem Thäter als vorsätzlich von ihm verursacht anzurechnen, wenn er die That auch für den Fall wollte, daß sie diesen Erfolg haben würde.
>
> Desgleichen ist der Thäter, der das Vorhandensein eines zum Thatbestande einer strafbaren Handlung gehörenden Merkmals nicht kannte, aber für möglich hielt, wegen vorsätzlicher Begehung der strafbaren Handlung zu verurtheilen, wenn er die That auch für den Fall gewollt hat, daß dieses Thatbestandsmerkmal vorliegt.

Ich eröffne nun die Discussion über diese Resolution.

Rechtsanwalt beim Reichsgericht Dr. **Scherer** (Leipzig): M. H., nach meiner Ansicht glaube ich, daß der Begriff des dolus eventualis, wie er vorhin von dem Herrn Oberreichsanwalt entwickelt wurde, im Allgemeinen den Grundsätzen entspricht, die auch auf den Universitäten von jeher entwickelt wurden. Ein Gesetz des Inhalts: der dolus eventualis wird abgeschafft, ist rein unmöglich. Die Schwierigkeit des dolus eventualis liegt nach meiner Ansicht nicht in der theoretischen Definirung, sondern die Schwierigkeit liegt in der praktischen Anwendung.

(Sehr richtig!)

Und hier ist gar kein Zweifel, daß die verschiedenen Entscheidungen des Reichsgerichts über den dolus eventualis, wenn man sie nebeneinander gedruckt sieht, nicht absolut vereinbar sind. Es geht damit genau so wie mit den Entscheidungen über die Theilnahme in dem berühmten Buche von Birkmayer; sie stimmen nicht genau überein. Der Schwerpunkt liegt, — und hierbei weiche ich von dem Herrn Oberreichsanwalt ab — darin, daß im Reichsgericht eine Ansicht besteht, welche dahin geht: sobald die Strafkammer thatsächlich dolus eventualis feststellt, können wir nichts machen. Ich stehe auf einem anderen Standpunkte. Ich sage: an die festgestellten Thatsachen ist das Reichsgericht gebunden, allein die Frage, ob die festgestellten Thatsachen den dolus eventualis ausmachen oder nicht, ist eine Rechtsfrage und hier muß das Reichsgericht eingreifen, und das Reichsgericht kann die Frage sofort lösen, wenn es darauf eingeht. Ich darf auch in dieser Beziehung hervorheben, daß ich nicht allein stehe mit dieser Meinung. Der verstorbene frühere Präsident des Juristentages Se. Excellenz Präsident Dr. Drechsler war derselben Meinung, aus seinem eigenen Munde habe ich gehört — gerade auf diese Sache hat er sich bezogen —: In Strafsachen hat das Reichsgericht gewissermaßen das Rechtsmittel aus der Hand gegeben. Das kann einfach nicht gehen, daß dieselben Thatsachen kommen und eine Strafkammer sagt: hier muß man annehmen, dolus eventualis liegt vor, und eine andere sagt: hier kann nicht dolus eventualis vorliegen. Das begreift man nicht und es muß hier die freie Prüfung des Reichsgerichts eintreten, daß es sagt: wir prüfen, ob die festgestellten Thatsachen den Begriff ausmachen oder nicht? genügt die Voraussetzung oder nicht? Denn damit ist nicht gedient, daß man sagt: hierum haben wir uns nicht zu kümmern, wir entscheiden nur die Rechtsfrage. Es kommt darauf an, ob der Betreffende mit Recht verurtheilt ist oder nicht, und ich meine, das Reichsgericht kann nachprüfen: hier ist dolus eventualis, hier ist er nicht.

Landgerichtsdirector **Buddee** (Greifswald): M. H., ich will dem Herrn Vorredner nicht folgen auf dem Gebiet der Directiven für das Reichsgericht. Gegen das, was der erste Herr Redner, der Herr Berichterstatter, gesagt hat, habe ich sachlich nichts einzuwenden. Ich glaube kaum, daß irgend Erhebliches sachlich eingewendet werden wird. Nur gegen einen Satz möchte ich mich aussprechen. Es ist gesagt worden: der Ausdruck dolus eventualis hat etwas künstliches, aber er ist unentbehrlich. So glaube ich ungefähr der Aeußerung des Herrn Referenten mich zu erinnern. Diesem Satze möchte ich in seinem zweiten Theile widersprechen. In der Resolution, die vorgeschlagen worden ist, ist er sorgfältig vermieden worden und es geht auch ohne ihn. Es ist aber in der That, wie von dem Herrn Vorsitzenden einleitend bemerkt wurde, viel Staub aufgewirbelt worden gegen die Anwendung des dolus eventualis. Ja, das ist mir auch auffällig geworden in der Zeitungspresse. Ich erinnere mich eines besonders frappanten Beispiels in der Deutschen Warte, einem Blatte, das so recht für den Mittelstand schreibt, das den gesunden Menschenverstand vertreten will, namentlich eingewurzelte Vorurtheile bekämpft; es kämpft z. B. für Naturheilkunde und gegen den Impfzwang. In diesem Blatte, das sich rühmt, 50 000 Abonnenten zu haben, es kann ein paar Jahre her sein, war anknüpfend an irgend einen Fall, wo wieder einmal Jemand wegen dolus eventualis verurtheilt worden war, das zahlreiche Publicum darüber belehrt worden, das sei nicht ein Vorsatz, den Jemand bestimmt gehabt habe, sondern den er möglicherweise gehabt haben könnte. Es ist also der Unterschied von dolus directus in das Beweiserkenntniß sozusagen verlegt worden. Es wurde damit die Vorstellung verbreitet, als würde durch diesen Begriff die außerordentliche Bestrafung wieder eingeführt oder so etwas Aehnliches. Nun, die viel beschäftigten Praktiker haben nicht immer die Zeit, auch wenn es ihnen in den Fingern kribbelt, etwas Schlagendes dagegen zu schreiben. Ich habe es damals unterlassen.

Ich meine, es ist ein sehr einfaches Mittel, um dem Mißtrauen, das gegen diesen großentheils künstlichen und nebenbei immer noch lateinischen Ausdruck obwaltet, dem zu begegnen wäre, wenn man ihm einen deutschen substituirte, der sich mir sehr einfach darzubieten scheint. Dolus eventualis ist nach meiner Auffassung nichts Anderes, als der bedingte Vorsatz, und ich glaube, wir könnten auch in der Resolution sagen: „Der auf eine strafbare Handlung gerichtete bedingte Vorsatz ist, wenn die Bedingung eingetreten ist, ebenso zu bestrafen wie der unbedingte Vorsatz." Ich glaube, wenn wir so einfach den Satz feststellen, so würde Jeder, Jurist oder Laie, es begreiflich finden, daß ein bedingter Vorsatz unter den Gesichtspunkt des Strafrechts und des Strafverfahrens ebenso gestellt wird, wie ein unbedingter, wenn die Bedingung eingetreten ist, geradeso wie Jedermann es weiß, daß es bedingte Rechtsgeschäfte giebt, die, wenn die Bedingung eingetreten ist, gerade so behandelt werden, wie die unbedingten.

Rechtsanwalt **Werner** (Magdeburg): M. H., über den dolus eventualis in dem Sinne, daß wir einen eventuellen Vorsatz anerkennen, darüber scheint keine Meinungsverschiedenheit zu sein, und ich glaube, darüber kann auch keine Meinungsverschiedenheit sein. Die Frage aber, welche der hohe Juristentag bisher noch nicht gestreift hat, ist, ob es ein eventuelles Wissen giebt. Das, was Herr Oberreichsanwalt Hamm gesagt hat zu § 59, ist meines Erachtens durchaus zutreffend. Wenn das Gesetz eine Handlung als strafbar bezeichnet und daneben einen Strafausschließungsgrund hervorhebt, so kann derselbe nur dem zu Gute kommen, bei dem der Strafausschließungsgrund vorhanden ist. Ist sich Jemand voll bewußt, das Kind kann unter 14 Jahren sein, handelt er mit diesem Vorsatz, dann, m. H., ist wirklich kein Grund vorhanden, den Mann anders zu behandeln, als wenn er das sicher kannte. Aber, m. H., es giebt gewisse Handlungen, in denen das Gesetz ausdrücklich sagt: sie sind nur dann strafbar, wenn der Thäter wissentlich gehandelt hat, und einer dieser Paragraphen betrifft die Gebührenüberhebung. Wenn Jemand, ein Gerichtsvollzieher oder ein Rechtsanwalt, seine Note aufstellt und er liquidirt mehr, als nach der Ansicht des demnächst entscheidenden

Richters ihm zusteht, so ist er nur dann strafbar nach dem Gesetz, wenn er wissentlich zu viel Gebühren erhoben hat. M. H., was versteht das Gesetz darunter? Wenn ein Anwalt einen Commentar zur Hand nimmt und der eine Commentator sagt: ja, du kannst das und das fordern, der zweite Commentator sagt: du kannst einen viel höheren Satz fordern, und der Anwalt oder der Gerichtsvollzieher kümmert sich darum gar nicht, welche Ansicht die richtige ist, sondern liquidirt nach dem höheren Satz, mag das richtig sein oder jenes richtig sein; m. H., es stellt sich später heraus, der Satz ist zu hoch gewesen, er hat in dem Bewußtsein gehandelt, das sei möglicherweise falsch, dann, m. H., hat er über den Satz gezweifelt; aber daß er gewußt hat, er habe zu viel gefordert, m. H., das kann man unter keinen Umständen anerkennen. Gestatten Sie mir ein Beispiel. Wir wollen hier irgendwo hingehen, wir wollen nach dem Dom oder nach dem Marktplatz gehen. Wir kommen an einen Kreuzungspunkt und von dem Kreuzungspunkt sagen wir uns: der Weg rechts geht entweder nach dem Dom oder aber er geht nach dem Marktplatz. Ich gehe nun diesen Weg mit dem Bewußtsein und mit dem Willen, daß es mir ganz gleichgiltig ist, ob ich nach dem Dom oder nach dem Marktplatz komme. M. H., dann wird Niemand sagen, wenn ich zum Schluß nach dem Marktplatz gekommen bin: ich bin ohne meinen Willen hingegangen. Ich bin mit dem dolus eventualis hingegangen, vorsätzlich hingegangen. Aber, m. H., daß ich auf dem Wege, den ich gar nicht kannte, gewußt habe: das ist der Weg nach dem Dome, m. H., das kann ich nicht annehmen, und ich meine, man sollte demgemäß unterscheiden zwischen eventuellem Vorsatz und eventuellem Wissen. Die Praxis des Reichsgerichts, namentlich eine Entscheidung im XVI. Bande, macht den Unterschied nicht; das Reichsgericht spricht ausdrücklich aus, daß, wenn ich gezweifelt habe, ob die Gebühren zu hoch sind oder nicht, aber wenn ich dennoch nachher den höheren Satz in meinen Willen aufgenommen habe, ich vorsätzlich und auch wissentlich zu viel gefordert habe. M. H., das Reichsgericht ist sich nicht constant geblieben in dieser Frage. Das Reichsgericht sagt z. B. bei der Verleumdung und bei der wissentlich falschen Anschuldigung, da wird ausdrücklich verlangt, daß wider besseres Wissen gehandelt sei. Das Reichsgericht sagt bei diesen Paragraphen: einen dolus eventualis giebt es da nicht, weil derjenige, der mit dem Bewußtsein, mit dem Willen handelt, daß es möglicherweise falsch ist, immerhin nicht wider besseres Wissen gehandelt hat. Aber, m. H., ich kann nicht anerkennen, daß es bei Verleumdung und wissentlich falscher Anschuldigung anders steht, wie bei denjenigen Paragraphen, bei denen nur Wissentlichkeit gefordert ist. Der Zweifel ist nach meiner Ansicht eine Art des Nichtwissens. Wenn ich nicht weiß, ob die Gebühr berechtigt ist oder nicht, — und ähnliche Fälle kommen bei Verächtlichmachung von Staatseinrichtungen und anderen Paragraphen vor, — wer das nicht weiß, der hat kein Wissen, der ist im Irrthum, und, m. H., einen dolus eventualis giebt es da nicht. Zweifel ist, wie gesagt, nicht eine Art des Wissens, sondern eine Art des Nichtwissens. Ich habe die Vorschläge des Herrn Referenten nicht wörtlich vor mir, möchte aber bitten, wenn der hohe Juristentag die beiden ersten Vorschläge des Herrn Oberreichsanwalts Hamm, denen ich mich durchaus anschließe, anerkennt, in irgend einer Form zum Ausdruck zu bringen, daß der dolus eventualis nicht Anwendung findet oder: — ich will es wörtlich dahin formuliren — der dolus eventualis hat keinen Platz, wenn das Gesetz ausdrücklich die Strafbarkeit davon abhängig macht, daß der Thäter gewisse Thatbestandsmomente gewußt hat. Ich bitte, als dritten Absatz zu den Anträgen des Herrn Oberreichsanwalts das genehmigen zu wollen.

Vorsitzender: Ich bitte, den Antrag schriftlich zu formuliren, denn über bloß mündlich formulirte Anträge können wir nicht abstimmen. Der Antrag des Herrn Rechtsanwalt Werner lautet:

> Ist eine Handlung nach dem Gesetze nur strafbar, wenn der Thäter bestimmte Thatbestandsmomente gewußt hat, dann genügt betreffs dieser Thatbestandsmomente der dolus eventualis nicht.

Ich gestehe, daß ich einen gewissen Zweifel gegen die Zulässigkeit dieses Antrages deshalb habe, weil er einen Fall herausgreift. Aber ich glaube, im Strafrecht sind noch eine Reihe von Fällen anderer Art gegeben, bei denen ebenfalls dolus eventualis nicht Platz greift, und es würde sehr leicht der Rückschluß gezogen werden: weil dieser Fall herausgegriffen ist, ergo giebt es nach Ansicht des Juristentages andere Fälle nicht, und das ist ein Zweifel, den ich dem Juristentage nicht aufbürden möchte.

Landgerichtsdirector **Buddee** (Greifswald): Ich habe die Absicht, dem letzten Vorschlage zu widersprechen. M. H., ich kann nur zugeben, daß ein eventuelles Wissen nicht zuzulassen ist als Grund des Strafrechts. Ich meine aber, ein solches giebt es nicht. Wissen ist Gewißheit, Eventuelles ist immer Ungewißheit, eine ungewisse Gewißheit giebt es nicht, darum kein eventuelles Wissen. Das trifft aber gar nicht die Aufstellung des Begriffes des dolus eventualis, oder, wie ich vorziehen würde, des bedingten Vorsatzes. Aber jedes bedingte Wollen setzt voraus einen Zustand der Ungewißheit, und man will eben das, was noch ungewiß ist, für den Fall, daß es eintrifft. Also ein Bewußtsein der Ungewißheit, ein Wissen, das etwas Ungewisses, Bedingtes ist, setzt der Begriff dolus eventualis voraus; deshalb kann es nicht ausgeschlossen werden von einem Satz, der die Anwendbarkeit des sogenannten dolus eventualis zulassen würde. Ich glaube daher, daß der Vorschlag eines dritten Absatzes verfehlt ist.

(Die Discussion wird geschlossen.)

Berichterstatter Oberreichsanwalt **Hamm** (zum Schluß): Was Herr Rechtsanwalt Dr. Scherer angeführt hat, betrifft ein Gebiet, das heute gar nicht zur Discussion steht. Seine Ausführungen betrafen die Grenzen des Rechtsmittels der Revision. Meines Erachtens kann darüber kein Zweifel sein, daß im Strafrecht die Grenzen des Rechtsmittels der Revision genau so streng einzuhalten sind, wie im Civilrecht. Es ist immer nur der Rechtsirrthum und nicht der thatsächliche Irrthum des Instanzurtheils, der dem Revisionsrichter Grund zur Aufhebung giebt. Wenn thatsächlich der Instanzrichter angenommen hat, daß der Thäter einen bestimmten Erfolg mit in seinen Willen aufgenommen hatte, daß er die That gewollt hatte auch für den Fall, daß der Erfolg eintreten werde, so ist das eine thatsächliche Feststellung, an welche der Revisionsrichter gebunden ist, und er kann nicht deshalb das Urtheil aufheben, weil er sich sagt, daß sich der Instanzrichter mit der thatsächlichen Feststellung geirrt hat, sondern er kann es nur dann aufheben, wenn er der Meinung ist, daß bei Fällung des Urtheils der Instanzrichter von einer rechtlich falschen Auffassung des dolus eventualis ausgegangen ist. Wenn er ersieht, daß der Instanzrichter zu der Annahme des dolus eventualis schon bloße Fahrlässigkeit als ausreichend erachtet hat, dann kann und muß er sagen: hier liegt ein Rechtsfehler vor, du mißkennst den Begriff des dolus eventualis; aber er kann nie eingehen in die Frage, ob der Instanzrichter mit Recht angenommen hat, daß nach Lage der Sache der Thäter diesen Erfolg in den Bereich seines Willens aufgenommen hat. Das ist eine thatsächliche Frage. Uebrigens können wir aber auch, wie bemerkt, heute gar nicht in eine Erörterung eintreten über die Grenzen des Rechtsmittels der Revision, da das nicht zur Discussion steht.

Demjenigen, was Herr Rechtsanwalt Werner ausgeführt hat, muß ich widersprechen. Auf das „Wissen“ könnte man nur im Detail der einzelnen Paragraphen eingehen. In vielen Fällen will das „Wissen“ gar nichts Anderes sagen, als was § 59 allgemein sagt. Wenn § 59 sagt: „Wenn Jemand bei Begehung einer strafbaren Handlung das Vorhandensein von Thatumständen nicht kannte, welche zum gesetzlichen Thatbestande gehören oder die Strafbarkeit erhöhen, so sind ihm diese Umstände nicht zuzurechnen" — wenn der § 59 das allgemein sagt, so heißt das nichts anderes, als: um Jemand wegen einer strafbaren Handlung zu verurtheilen, muß er wissentlich gehandelt haben, wissentlich rücksichtlich aller Momente, die zum Thatbestande der strafbaren Handlung gehören. § 59 sagt: in jeder Bestrafung wegen Vorsätzlichkeit liegt Wissentlichkeit als Bedingung für alle Thatumstände, die in den Paragraphen stehen. Und wenn nun in einigen Paragraphen noch besonders die Wissentlichkeit aufgeführt ist, so hat das besondere Gründe. Insbesondere ist in Strafbestimmungen, wo man zweifelhaft sein könnte, ob hier das Gesetz bezüglich eines bestimmten Thatbestandsmerkmals dolus verlangt, das „wissentlich" ausdrücklich aufgenommen. Meines Erachtens wäre in der Strafbestimmung des § 352 über Gebührenüberhebung, welche Herr Werner anzieht, das „wissentlich", wenn es nicht aufgenommen worden wäre, ohne Weiteres aus § 59 zu folgern gewesen. Wenn die Unrichtigkeit der Gebührenerhebung ein Thatbestandsmerkmal des § 352 ist, dann ist es auch eins, was wissentlich sein muß; das folgt aus § 59. Es ist aber unrichtig, wenn Herr Rechtsanwalt Werner meint, da, wo in einen bestimmten Paragraphen das „wissentlich" ausdrücklich aufgenommen sei, folge daraus, daß bei diesen Strafhandlungen nicht dolus eventualis genüge. Auch bei Gebührenüberhebung ist der dolus eventualis zur Bestrafung ausreichend. Wenn der Richter nach den Umständen feststellt: der Thäter war sich der Höhe der ihm zustehenden Gebühren nicht bewußt, er hat in den Gebührenbestimmungen nicht nachgeschlagen, oder er war sich nicht sicher über deren Auslegung, aber er hat sich gesagt: es ist mir gleichgiltig, ob die Gebühren falsch sind, ich erhebe sie, ich will sie haben — das ist dolus eventualis, dann wird er wegen wissentlicher Gebührenüberhebung bestraft. Ich kann nicht zugeben, daß da, wo im Strafgesetzbuche „wissentlich" steht, die Frage der Anwendung des dolus eventualis anders läge, als wo es nicht steht, denn das „wissentlich" folgt aus der allgemeinen Bestimmung des § 59. Ich will wohl zugeben, daß es einzelne Paragraphen des Strafgesetzbuches giebt, wo die Frage anders liegen kann, z. B. bei der Verleumdung. Man müßte die einzelnen Paragraphen durchgehen. Aber in diese Discussion können wir jetzt wohl nicht eintreten. Das Princip, daß überall da, wo im Strafgesetzbuche „wissentlich" steht, kein dolus eventualis ausreiche, das halte ich für durchaus unrichtig. Ich bitte daher, den von Herrn Werner vorgeschlagenen Zusatz abzulehnen.

Vorsitzender: M. H., die Discussion ist geschlossen. Es liegen uns nur die Anträge des Herrn Referenten vor mit der Modification resp. dem Zusatzantrage des Herrn Rechtsanwalt Werner. Ich stelle nun an die Versammlung die eventuelle Frage, ob für den Fall, daß der Antrag des Herrn Referenten angenommen wird, die Versammlung noch einen Zusatz hinzufügen will, welcher lautet:

> Ist eine Handlung nach dem Gesetze nur strafbar, wenn der Thäter bestimmte Thatbestandsmomente gewußt hat, dann genügt betreffs dieser Thatbestandsmomente der dolus eventualis nicht.

Ich bitte diejenigen Herren, welche für diesen Antrag sind, sich zu erheben.

(Niemand erhebt sich.)

Der Antrag ist einstimmig abgelehnt.

Ich bringe nunmehr den Antrag des Herrn Referenten zur Abstimmung, welcher lautet:

> Der Erfolg einer Handlung, auf den der Wille des Thäters nicht direct gerichtet ist, der aber vom Thäter als möglich erkannt war, ist strafrechtlich dem Thäter als vorsätzlich von ihm verursacht anzurechnen, wenn er die That auch für den Fall wollte, daß sie diesen Erfolg haben würde.
>
> Desgleichen ist der Thäter, der das Vorhandensein eines zum Thatbestande einer strafbaren Handlung gehörende Merkmal nicht kannte, aber für möglich hielt, wegen vorsätzlicher Begehung der strafbaren Handlung zu verurtheilen, wenn er die That auch für den Fall gewollt hat, daß dieses Thatbestandsmerkmal vorliegt.

Ich bitte diejenigen Herren, welche für diesen Antrag stimmen wollen, sich zu erheben.

(Geschieht.)

Ich glaube constatiren zu können, daß die große Majorität für diesen Antrag gestimmt hat, daß somit dies der Beschluß der Abtheilung ist.

Es bleibt nun noch übrig, darüber abzustimmen, ob der Beschluß dem Plenum nur mitgetheilt werden soll, oder ob er zur Discussion im Plenum gestellt werden soll.

(Rufe: Mittheilung!)

Ich bitte die Herren, welche dafür sind, daß der Beschluß dem Plenum nur mitgetheilt wird, sich zu erheben.

(Geschieht.)

Ich bitte um die Gegenprobe.

(Dieselbe erfolgt.)

Ich kann hiernach constatiren, daß durch die weitaus überwiegende Majorität der Beschluß gefaßt ist, den Beschluß der Abtheilung dem Plenum nur mitzutheilen. Ich glaube auch in Ihrem Sinne zu sprechen, wenn ich Herrn Oberreichsanwalt Hamm bitte, diesen Beschluß dem Plenum zur Mittheilung zu bringen.

Wir schreiten nunmehr, nachdem die Zeit noch nicht zu weit vorgerückt ist, zum zweiten Gegenstande unserer Tagesordnung:

> Soll zur Verjährung der Strafverfolgung der bloße Ablauf einer gesetzlich bestimmten Frist seit Verübung der Strafthat genügen, oder soll diese Verjährung auch noch an andere Bedingungen geknüpft werden?

Ich bitte Herrn Landgerichtsdirector Dr. Felisch, das Referat zu übernehmen.

Landgerichtsdirector Dr. **Felisch** (Berlin): M. H., die zur Berathung stehende Frage kann meines Ermessens nur dann eine sachgemäße Antwort finden, wenn man sich darüber klar ist, aus welchen Gründen überhaupt Strafverjährung eingeführt ist. Hierbei ist zu beachten, daß man die Gründe, welche für die Strafvollstreckungsverjährung sprechen, nicht für die uns beschäftigende Strafverfolgungsverjährung heranziehen darf, da beide Institute sich in ihrer geschichtlichen Entwicklung scharf von einander scheiden und auch heute noch in ihren Folgen wesentlich verschieden sind. Denn die erstere läßt das Recht auf Strafzuerkennung, die letztere das auf Strafzufügung untergehen (Binding). Jene hindert schlechthin jede Bestrafung der That, diese läßt fortbestehen: die Pflicht zur Kostenzahlung, zur Zahlung der erkannten Buße, die Stellung unter Polizeiaufsicht, die Unterbringung in ein Arbeitshaus, den Ehrverlust, den Verlust des Rechtes zum Gewerbebetriebe, die Unfähigkeit zur Bekleidung öffentlicher Aemter, zum Heeresdienste, zur Vernehmung als Zeuge oder Sachverständiger.

Von den Gründen nun für die Strafverfolgungsverjährung, auf die allein ich dem Thema gemäß eingehen werde, sind eine Anzahl rein historischer Art, andere criminalpolitischer oder philosophischer. Die ersteren scheiden hier aus. Um sie aber als solche zu erkennen, muß kurz die Geschichte der Strafverfolgungsverjährung berührt werden. Anklänge an sie will Paysen schon im mosaischen Rechte finden. Kretschmann, Dambach und Andere haben ihre Anfänge in das attische Recht verlegt. Mit Sicherheit läßt sie sich erst für die römische Kaiserzeit feststellen, in der sie zweifellos eine Strafklageverjährung ist. Schwache Ansätze hatte das altgermanische Recht. Das kanonische erwähnt sie garnicht. Und da die Strafklageverjährung dem deutschen Proceßrechte entschwunden war, kam mit der Reception der Criminalverjährung ein fremder Bestandtheil in das deutsche Recht hinein, so daß sich eine starke Opposition gegen dasselbe regte, die bis in das jetzige Jahrhundert angedauert hat. Die Carolina kennt sie noch nicht. Erst im Laufe des 16. und 17. Jahrhunderts fand sie in Deutschland Eingang, in Preußen 1620. Sie war auch in Deutschland zunächst ein reines Erlöschen der Strafverfolgung, wurde aber, da ihre Wirkung auf das materielle Strafrecht sehr offensichtlich hervortrat, bald so angesehen, als ginge mit ihr das Strafrecht selbst zu Grunde, oder als werde gar die That als solche getilgt. Damit verband sich dann der Begnadigungsgedanke, der an sich garnichts mit ihr zu thun hatte, und demnächst der der Besserung des Thäters. Erst in unserem Jahrhundert wurde nach französischem Muster die Strafvollstreckungsverjährung eingeführt.

Ein lebhafter, schon fast seit den Glossatoren während der Streit hat sich nun darüber entsponnen, weshalb die Römer die Strafvollstreckungsverjährung haben Platz greifen lassen. Man hat geltend gemacht, sie sei eine rein logische Consequenz der erlöschenden Verjährung der römischen civilrechtlichen Klagen (Feuerbach, Huebner, Kleinschrot, Trummer, Bauer). Es habe durch sie verhütet werden sollen, daß durch das öffentliche Recht der Privathaß unbegrenzt genährt werde (Roßhirt, Gruendler); das Anklagerecht habe aus öffentlichen Gründen eingeschränkt werden sollen (v. Holtzendorff). Maßgebend sei die Vorstellung der Alten gewesen, einem Verbrecher, der so lange weder von der göttlichen Rache noch von der des Verletzten ereilt sei, müsse sein Verbrechen von der Gottheit erlassen sein (F. A. Kretschmann). Paysen versteigt sich sogar zu der völlig unhistorischen Behauptung, sie sei als Deckmantel der Lüste und Ausschweifungen der Großen und ihrer Günstlinge erfunden worden, eine Behauptung, die um so haltloser ist, als man dann nicht einen 20jährigen Zeitraum gewählt haben würde. Andere suchen in sonstigen eigenthümlichen Verhältnissen des römischen Rechts und Staatslebens ihren Grund; nur Dabelow nimmt eine analoge Anwendung des griechischen, speciell attischen, Vorbildes an.

Alle diese Erwägungen beeinflussen unsere Frage nicht, da sie auf historischem Gebiete liegen. Von denjenigen allgemeiner Natur macht sich an erster Stelle die Auffassung geltend, welche überhaupt leugnet, daß ein philosophischer Gedanke unserem Institut zu Grunde liege. Roßhirt hält dieses für ein zufälliges Gebilde, und auch Hoegel behauptet, es gäbe keinen Rechtsgrund dafür, nur gesetzgeberische, die auf Strafpolitik und Zweckmäßigkeit beruhen. Allein die überwiegende Anzahl von Juristen hat doch eine stattliche Menge von Rechtsgründen für dasselbe aufgestellt, und auch Hoegel thut es ja schließlich selbst, so daß eine nähere Prüfung der verschiedenen Ansichten geboten ist. Unter ihnen bedarf eine größere Zahl keiner eingehenden Widerlegung, so daß ich diese vorweg nehme.

Zuerst nenne ich die Meinung, die Verfolgung verjähre zur Strafe des saumseligen Anklägers, zur Beschränkung der Leidenschaftlichkeit des Anklageverfahrens, als Folge eines stillschweigenden Verzichtes des Anklägers. Dem Rechte des Staates zur Anklageerhebung steht die Pflicht hierzu als Correlat zur Seite, und einer öffentlichen Pflicht kann man sich nicht einfach durch Nichtausübung entschlagen. Ferner heißt es: durch den Zeitablauf habe sich der Thäter einen Anspruch auf Straffreiheit ersessen. Ein Verbrecher kann sich aber durch seine Strafthat überhaupt kein Recht erwerben. Die Verjährung sei eine Belohnung des Verbrechers, der es verstanden habe, so lange die Polizei zu täuschen, und der eine Legitimirung der Früchte seines Verbrechens erhalten müsse (Bentham). Es ist dies geradezu die Umkehr des Grundgedankens des Strafrechtes und nur schwer zu verstehen, daß auch das bayrische Gesetzbuch sich auf den Standpunkt einer Aufmunterung des Verbrechers durch Inaussichtstellung der Belohnung der Verjährung stellte. Gott selbst habe dem Verbrecher verziehen, mithin geziemt es auch dem Menschen, zu verzeihen (Stryk, Strauß, Roßhirt). Diese Ansicht scheitert schon an dem mangelnden Erweise ihres Vordersatzes. Das Ansehen der Rechtspflege werde durch häufige ergebnißlose Anklagen geschädigt (Unterholzner). Die Consequenz hiervon würde das Opportunitätsprincip sein.

Zahlreich sind die Gründe, welche an den Zeitablauf anknüpfen. Auch hier ist manche Spreu darunter. So die Meinung von Tiraquell, der Zeitablauf begründe die Voraussetzung, der Thäter habe mehr culpos als dolos gehandelt. Woher dies kommen soll, ist ebenso unerfindlich wie der Grund, weshalb ein culposes Delict nunmehr ungestraft bleiben solle. Auf derselben Höhe steht die Ansicht von Roßmann, das begangene Verbrechen sei durch die inzwischen erfolgte Kirchenbuße gesühnt. Von den ernst zu nehmenden Autoren berufen sich viele auf die sühnende Macht der Zeit, die alles Irdische in ihrem Strome begräbt (Köstlin, Abegg, Rave, Hugo Meyer). Das ist aber nur ein Bild, keine Erklärung, da nicht die Zeit selbst, sondern in ihr liegende Thatsachen als Kräfte wirken (Kill). Als solche Thatsachen bezeichnet Temme das Verwischen des Andenkens an das Verbrechen; was nicht im Gedächtnisse der Menschen existirt, ist nicht mehr da. Ein

Gedanke, den Berner in die Worte kleidet: das Verbrechen tritt aus dem Leben, mit dem allein es die Rechtspflege zu thun hat. Auch Feuerbach steht auf diesem Boden, wenn er die vermuthlich getilgte Erinnerung an die That als den Grund der Criminalverjährung bezeichnet. Andere heben hervor, daß das Staatswohl ein endliches Aufhören der mit der Anklage verbundenen Streitigkeiten erfordere (Eichmann, Meister, Quistorp, Böhmer), daß die Staatssicherheit durch einen Verbrecher nicht mehr bedroht werde, der sich derart betragen hat, daß in so langer Zeit kein Verdacht mehr auf ihn fiel, daß die Sicherheit des Rechtes durch Zeitablauf die schönste Richtung der Verjährung sei (Roßhirt), daß das böse Beispiel mit der Zeit erloschen sei (Klein und Gründler), daß der in ruhigem Genusse der Unschuld lebende Bürger gegen störende peinliche Untersuchung auf Grund alter Verdachtsmomente geschützt werden müsse (Unterholzner). Schwarze hebt mit Recht hervor, daß nur ein Rechtsgrund zutreffen könne, der einen Ersatz für die wegfallende Bestrafung schafft, und erblickt diesen darin, daß sich das Rechtsbewußtsein des Volkes gegen die Bestrafung älterer Verbrechen erkläre, was sein Motiv im Vergeben und Vergessen habe. Hierbei übersieht er, daß der Verletzte und nicht der Staat zu vergeben und zu vergessen hat. Es hat diese Auffassung einen Anklang an Roßhirt, der betont, daß die entferntere Vergangenheit zur Geschichte wird, die mit Worten lobt und straft und nicht mit der That. Merkel hebt hierbei die ethische Seite hervor. Die Gesellschaft mit Einschluß des Verletzten stehe dem Verbrecher von heute mit anderen Gefühlen als dem gegenüber, der vor Jahren gefrevelt hat. Im Verhalten des Staates müsse es zum Ausdrucke kommen, daß die Gesellschaft sich gegen den erkläre, welcher eine vor einem Menschenalter ihm zugefügte Unbilde noch rächen wolle.

Alle diese Theorien lassen sich zusammenfassen als Zurückführung des Grundes der Verjährung auf die im Zeitablaufe wirksam werdenden Kräfte. Keine von ihnen hat so weite Verbreitung gefunden wie die gleichfalls durch die Zeitdauer herbeigeführte Beweismittelverdunkelung, auf die sich schon Lauterbach, Thomasius, Grantz, Beccaria und Oerstedt stützen. Der Belastungs- und Entlastungsbeweis wird abgeschwächt, führt sogar nach seinem Untergange noch eine Scheinexistenz fort, die Unschuld wird gefährdet, selbst ein Geständniß nach langem Zeitraum ist nicht mehr untrüglich. Es ist interessant, daß dieser Grund für das römische Recht nicht maßgeblich gewesen sein kann, da der einfache Mord in 20 Jahren, das parricidium niemals verjährte. Gegen ihn spricht, wie schon Schwarze bemerkte, daß richterliche Handlungen den Lauf der Verjährung unterbrechen. Und Lammasch verwirft ihn in seinem uns vorliegenden Gutachten deshalb, weil seine Consequenz das Opportunitätsprincip wäre, weil eine Abstufung der Verjährungsfristen nach der Schwere des Delictes damit unverträglich ist, weil eine gesetzliche Vermuthung für die Unmöglichkeit des Ueberführungsbeweises sich nicht construiren läßt, und weil oft der Erweis wünschenswerth ist, daß die Mühlen des Staates zwar langsam, aber sicher mahlen. Im Gegensatze hierzu erblickt Binding in der Beweisabschwächung den einzigen zwingenden Grund für die gesetzgeberische Einführung der Strafverfolgungsverjährung. Diese habe einzutreten, sobald das Verbrechen, das den Grund und die Existenz des Strafrechts bildet, nicht mehr zur historischen Gewißheit erhoben werden könne. Der Gesetzgeber allein könne auch das Maß der Wandlungen ausschätzen, welche die Beweismittel durch den Ablauf der Verjährungsfrist erlitten haben. Deshalb untersage er mit Recht nach dem Ablaufe der Frist eine Probe, ob nicht doch der volle Beweis gelingen werde.

Hiermit ist der Kreis der Meinungen abgeschlossen, welche auf den Zeitablauf in der einen oder der anderen Weise zurückgehen. Ein anderes Gesichtsfeld eröffnet sich, wenn man den Grund der Verjährung in einer Begnadigung erblickt, die das Gesetz dem Thäter zusichert. Noch in den letzten Tagen hat Stenglein dies vertreten und hinzugefügt, es sei nur eine Frage der Zweckmäßigkeit, ob der Staat diese Begnadigung noch von Bedingungen abhängig machen wolle. Geschichtlich ist nun zweifellos der Begnadigungsgedanke erst sehr spät in die Lehre der Criminalverjährung hineingetragen worden, als die Verfolgungsverjährung längst entwickelt war. Aber auch theoretisch kann dieser Grund nicht der letzte sein, da man bei ihm die Frage erheben muß: weshalb begnadigt der Staat denn nun? Darum ist aber doch zuzugeben, daß die Wirkung der Verfolgungsverjährung die einer Begnadigung ist.

Nicht ohne Zusammenhang mit dieser Anschauung steht die Besserungstheorie, von deren älteren Vertretern Engau, Koch, Hommel, Stelzer, Paalzow genannt sein mögen, und der unser Gutachter Lammasch anhängt. Nach ihr ist anderweite Erfüllung des subjectiven Zweckes der Strafe anzunehmen; man muß voraussetzen, daß ein so lange unentdeckt gebliebener Verbrecher inzwischen einen gesetzmäßigen Lebenswandel geführt hat. Die späte Bestrafung eines Menschen, der sich inzwischen die öffentliche Achtung erworben hat, wäre aber ein Act der Grausamkeit und nicht ein Triumph der Rechtspflege. Aus der Negative, daß keine strafbaren Handlungen des Betreffenden bekannt geworden sind, kann man aber nicht ohne Weiteres auf die positive Thatsache der Besserung schließen. Man müßte dann auch, wie Heinze mit Recht hervorhebt, aus der späteren Begehung kleinerer Verbrechen theilweise Besserung herleiten. Ueberdies müßte consequenter Weise eine bereits abgelaufene Verjährungsfrist wieder aufleben, wenn nach ihr bekannt wird, daß der Thäter innerhalb derselben erst später bekannt gewordene neue strafbare Handlungen begangen hat. Für die Theorie hat man geltend gemacht, daß der Verbrecher bereits Strafe durch die beständige Furcht vor Entdeckung, in der er geschwebt, erlitten hat und deshalb doppelt gestraft werden würde, wenn er noch die gesetzliche Strafe erführe. Abgesehen davon, daß Angst und gerichtliche Strafe einander nicht gleichstehen, würden die abgefeimtesten Verbrecher, die gar keine Furcht vor Entdeckung und Strafe haben, am besten fortkommen. In der Erkenntniß, daß eine allgemeine Besserungsvermuthung doch zu sehr der normalen Unterlage entbehrt, hat man an sie das Verlangen nach greifbarer Bethätigung der Besserung geknüpft. Es lassen sich zwei große Gruppen derartiger Meinungen bilden. Die eine macht die Verfolgungsverjährung vom Wohlverhalten des Thäters, die andere vom geleisteten Schadensersatze abhängig. Das Wohlverhalten kann in dreifacher Art gedacht werden: als Unbescholtenheit vor der zu verjährenden That, während der Verjährungszeit oder vor und während der letzteren. Gegen die Aufstellung des Postulates der Straffreiheit vor der That spricht der bereits aus anderem Anlasse genannte Grund, daß eine Negative keinen positiven Beweis giebt, so daß leicht unwürdige Elemente eine unverdiente Berücksichtigung erfahren könnten, und daß während der Verjährungszeit eine Strafthat bekannt werden kann, von der nicht mehr feststellbar ist, ob sie vor jener begangen ist oder nicht. Die Forderung des Wohlverhaltens während der Verjährungszeit bedeutet das Ausbleiben des Rückfalles. v. Strampff hat das eingeschränkt. Aus dem Gesichtspunkte, daß dem Principe der Gerechtigkeit jede Verjährung widerspricht, erklärt er diese nur dann für zulässig, wenn kein gleichartiger Rückfall vorliegt. Es liegt auf der Hand, was auch Berner, Högel u. A. hervorheben, daß dem Verbrecher für seine neue That auch eine neue Strafe trifft, und die Rückwirkung der letzteren auf die noch unbestraft gebliebene frühere That die Einführung einer neuen Nebenstrafe darstellt. Wenn ich auch davon ganz absehe, daß der Besserungsgedanke geschichtlich erst in die Strafverfolgungsverjährung nachträglich hineingetragen ist und deshalb den Grund ihrer Einführung nicht abgegeben haben kann, so vermag ich ihn doch auch criminalistisch nicht anzuerkennen. Denn er ist praktisch nicht verwerthbar. Frei von welchen Strafen soll der Thäter bleiben? Uebertretungen müssen ihm doch gestattet sein. Allein die mit Correctionsnachhaft bedrohten wieder nicht. Auch die Begehung von

Vergehen kann nicht schlechthin die Verjährung ausschließen; für Beleidigungen, Gewerbevergehen, solche gegen das Krankenversicherungsgesetz u. s. w. bedarf das keiner Rechtfertigung. Lammasch, der davon ausgeht, daß der Staat gegen einen Verbrecher, der der alte Adam geblieben ist, nicht auf sein Strafrecht verzichten könne, erachtet den Nachweis der Besserung für geführt, wenn der Thäter in der Verjährungszeit kein Verbrechen und kein von Amtswegen zu verfolgendes Vergehen begangen hat. Es klingt ja nun so, als seien Leute, welche Strafthaten dieser Art begehen, wirklich der Auswurf der Menschheit. Allein nehmen wir doch einmal das Strafgesetzbuch in die Hand. Was finden wir da alles unter dem schweren Begriffe des Verbrechens? Taubendiebstahl unreifer Burschen von dem bekanntlich stets verschlossenen Taubenboden, Fälschung eines ärztlichen Receptes oder eines Beereneinsammlungserlaubnißscheines zwecks Verschaffung eines Vermögensvortheiles, Bigamie, Zweikampf ohne Secundanten oder mit tödtlichem Ausgange. Und als Vergehen treten uns entgegen: Beleidigung eines Mitgliedes des landesherrlichen Hauses, Beschädigung eines öffentlichen Zeichens der Autorität eines nicht zum Deutschen Reiche gehörenden Staates oder Verübung beschimpfenden Unfugs daran, jeder Widerstand gegen die Staatsgewalt, Anschluß an einen unbefugt gebildeten bewaffneten Haufen, die Thaten aus dem berühmten Kanzelparagraphen, Amtsanmaßung, böswilliges Abreißen von öffentlich angeschlagenen Bekanntmachungen von Behörden, wozu die Theaterzettel der königlichen Theater gehören, Ablösen eines amtlich angebrachten Siegels, Entziehen aus der Pfandverstrickung, falsche Entschuldigung eines Zeugen oder Sachverständigen, Verletzung der Wehrpflicht, Gotteslästerung, unbefugte Wegnahme einer Leiche aus dem Gewahrsame der dazu berechtigten Person, Cartelltragen, gefährliche Körperverletzung auch in ihrer mildesten Form, Entführung, Urkundenunterdrückung, nochmalige Verwendung bereits benutzter Stempelmarken, unerlaubte Veranstaltung einer Lotterie, das sogenannte Rücken, Aneignung verschossener Munition, unberechtigte Jagdausübung, unberechtigtes Fischen oder Krebsen zur Nachtzeit, fahrlässige Brandstiftung, fahrlässige Gefährdung eines Eisenbahnzuges, insbesondere einer electrischen Straßenbahn, Gefährdung Anderer bei Leitung eines Baus durch Verletzung der Regeln der Baukunst, die leichten Fälle der activen Bestechung von Unterbeamten, fahrlässige Vollstreckung einer nicht vollstreckbaren Strafe, fahrlässige Gefangenenbefreiung und der berühmte Arnimparagraph. Ja, m. H., sind hierbei nicht Strafthaten, die sehr anständige und der Wohlthat der Strafverfolgungsverjährung durchaus würdige Personen begehen können? Ich meine, daß die Forderung des Wohlverhaltens höchstens nach der Richtung praktisch verwerthbar wäre, daß eine normale Verjährungsfrist eine bestimmte Verlängerung erfahren darf, wenn der Thäter inzwischen mit Zuchthaus oder Gefängniß von einer nicht zu kurzen Mindestdauer bestraft ist. Aber das wäre die Einführung einer neuen Nebenstrafe und die Anwendung der ganzen Procedur der Strafverfolgung zwecks Feststellung, ob Verjährung vorliegt, und deshalb nicht zu billigen.

Auch die Idee, Schadensersatzleistung als Beweis der Besserung zu verlangen, hat sich in verschiedenen Abstufungen entwickelt. Das Mindeste ist die auch gesetzgeberisch zum Ausdrucke gelangte Forderung, der Thäter solle von seinem Verbrechen keinen Nutzen mehr in den Händen haben. Zu dieser Negative würde nun schon genügen, daß er das gestohlene Gut in einer Nacht in Mädchenkneipen oder Ballokalen durchgebracht hat. Einen positiven Schadensersatz an das Opfer der That verlangt mit vielen Anderen unser Gutachter Lammasch, der jedoch die Einschränkung der Ersatzleistung „nach Kräften" eintreten läßt. Das ist ein nebelhafter Begriff, mit dem kein Richter etwas anzufangen weiß. Es würde mit dieser Unterwerfung des Verjährungsablaufes unter das richterliche Ermessen geradezu eine Rechtsunsicherheit eintreten. Hoegel hebt außerdem zutreffend hervor, daß auch das Verlangen des vollen Schadensersatzes unannehmbar ist. Der Verletzte hat dabei den Thäter, der keine richterliche Entscheidung über das Schadensmaß herbeizuführen vermag, in der Hand, der Unschuldige, der nicht zahlen kann, weil er damit selbst seine moralische Verurtheilung ausspräche, ist schlimmer daran als der Schuldige, und die Strafthaten, an welche sich keine Ersatzpflicht knüpft, erfahren eine ungerechtfertigte Begünstigung. Ueberdies muß man bedenken, daß aus dem ohnehin eingeschränkten Anwendungsgebiete, das z. B. fast gar keine Uebertretungen und im Wesentlichen nur Vermögensdelicte umfaßt, noch die versuchten Strafthaten ausscheiden.

Es läßt sich also die Besserungstheorie in allen ihren Arten praktisch nicht verwerthen. Im Gegensatze zu allen bisher erwähnten Theorien steht nun die, welche den Grund der Verfolgungsverjährung darin erblickt, daß diese das allgemeine Mittel ist, den Widerstreit zwischen Recht und Thatsachen zu beheben (Heinze, Haelschner, v. Liszt). Die Thatsachen sollen sich zwar normaler Weise unter das Recht beugen. Thun sie das aber nicht, so bleibt nichts übrig, als ihnen rechtliche Bedeutung beizulegen. Geht der Berg nicht zu Muhamed, so geht Muhamed zum Berge. So soll die Verjährung, was mir persönlich unverständlich ist, „die Ohnmacht des Rechtes in Herrschaft verwandeln". Einer rechtswidrigen Thatsache kann man aber nicht dadurch, daß man sie nach langen Jahren plötzlich rechtmäßig nennt, den Charakter der Rechtswidrigkeit nehmen.

Diese Anerkennung der Thatsache durch das Recht ist keine materielle Begründung; sie ist, wie Lammasch es ausdrückt, keine Ordnung der Thatsachen durch das Recht, sondern eine Unterwerfung des Rechtes unter die Macht der Thatsachen.

Binding geht bei seiner Begründung unserer Frage davon aus, daß dem Staate auf dem Gebiete des Criminalrechtes ein dreifaches Recht zustehe: das Strafrecht als solches, das Strafklagerecht und das Strafurtheilsrecht; denkbarer Weise könne jedes der drei durch eine erlöschende Verjährung sein Ende finden. Ich will hierauf mich nicht näher einlassen. Aber ich halte seine weitere Begründung für die zutreffende, daß der Staat durch Anerkennung der Verjährung gesetzlich auf seine Strafbefugniß verzichtet, weil die Pflicht zu ihrer Ausübung mit dem Grunde der Pflicht weggefallen ist. Wir sind gewöhnt, mit den Begriffen eines Strafrechtes zu operiren, und drücken dadurch doch nur eine öffentliche Pflicht zur Erhebung der Anklage und zur Verurtheilung aus. Von dieser Pflicht darf der Gesetzgeber die Behörden entbinden, wenn ihre Ausübung unnöthig oder unmöglich geworden ist, wenn nicht nur eine Schwächung, sondern eine Beseitigung der Strafnothwendigkeit vorliegt, wenn, wie Berner es unter Beleuchtung einer anderen Seite bezeichnet, der Staat der Strafverfolgung zur Erhaltung der Rechtsordnung nicht mehr bedarf. Ich lege den Nachdruck auf den Wegfall der Strafpflicht. Diese rechtfertigt die Zulassung der Verfolgungsverjährung, über deren Wesen heute Einmüthigkeit dahin herrscht, daß sie eine erlöschende Verjährung ist. Es gehen nur Rechte durch sie unter, während der Verbrecher nicht etwa um ihretwillen einen Anspruch auf Straflosigkeit erwirbt; sie beseitigt auch nur die Rechtsfolgen der That, nicht diese selbst, so daß auch die verjährte That für die Begründung der Gewerbs- oder Gewohnheitsmäßigkeit des Handelns des Angeklagten verwerthet werden kann.

In welchen Thatsachen nun der Gesetzgeber einen Anlaß zum Wegfall der staatlichen Strafpflicht zu erblicken hat, das steht meines Ermessens nicht für Jahrtausende fest in den ewigen Sternen geschrieben, sondern das wird mit den Anschauungen der Völker und der Zeiten sich ändern. Die Beweisverdunkelung wird ja immerdar ein sehr gewichtiges Moment sein. Aber es können sehr wohl andere hinzutreten. Ich wäre ganz damit einverstanden, wenn das Wohlverhalten des Thäters und andere social wichtige Momente hinzugezogen werden könnten, wenn sich hierfür nur eine praktisch verwerthbare Form finden ließe. Denn das muß der Gesetzgeber unter allen Umständen berücksichtigen, daß er nicht solche Bedingungen für die Verfolgungsverjährung außer dem Zeitablaufe aufstellt, deren Verwirklichung die Aufnahme der ganzen Verfolgungsprocedur nothwendig machen würde, nur um festzustellen, ob denn nun Verjährung eingetreten. Stenglein sagt sehr richtig, daß man auf Wohlverhalten des Thäters u. s. w. erst dann einzugehen veranlaßt ist, wenn die That gegen ihn feststeht, und daß man dann vom Vergessensein dieser nicht sprechen könne, wenn man derart ihr Andenken aufgerüttelt hat.

Die Bedingungen, welche dem Zeitablaufe hinzutreten sollen, müßten jedenfalls innerhalb dieser liegen. Und sie müßten so beschaffen sein, daß ihre Feststellung nicht nach dem Zeitablaufe, mit welchem der Gesetzgeber seine Strafpflicht als erloschen betrachtet, noch einmal die Aufrollung der gesammten Strafverfolgungsthätigkeit erfordert, um zunächst die subjective Thäterschaft des Beschuldigten und darauf das Vorhandensein der Momente festzustellen, welche dann noch als Vorbedingung der Verjährung in Betracht kommen. Mit anderen Worten: eine Verlängerung der gesetzlichen Verjährungsfrist um des Nichtvorhandenseins von Verjährungsbedingungen willen läßt sich nicht construiren.

Damit ist die Möglichkeit anderer Bedingungen als des bloßen Zeitablaufes aber sehr eingeschränkt. Die classische Richtung des Strafrechts hat zur Aufsuchung solcher auch keinen besonderen Anlaß, da ohnehin die Zulassung der Verjährung im Widerstreite steht zu der Forderung der Gerechtigkeit, daß jede zur Schuld anzurechnende That ihre gerechte Sühne findet. Die Reformbewegung, welche das Verbrechen auch als sociale Erscheinung betrachtet, und welche aus demselben Grunde, aus dem sie bedingte Verurtheilung zuläßt, das Ausbleiben einer wirklichen Strafe bei der Verfolgungsverjährung als gerechtfertigt ansehen muß, hat consequenter Weise zu verlangen, daß zu dem bloßen Zeitablaufe noch eine Garantie dafür hinzutritt, daß eine besondere sociale Gefährdung bei Nichtverfolgung der That nicht mehr obwaltet. Deshalb müßte von ihr das als Verjährungsbedingung willkommen geheißen werden, was eine sociale Gesundung des Thäters beweist, namentlich sein Wohlverhalten während der Verjährungsfrist, Vergütung des angerichteten Schadens und sonstige Beweise eingetretener Besserung oder thätiger Reue. Der Verwirklichung dieser schönen Gedanken steht leider nur die alte Erfahrung entgegen, daß sich hart im Raume die Dinge stoßen. Wohl aber läßt sich aus diesem Gedankengange heraus ein anderer Vorschlag auf Verkürzung der normalen gesetzlichen Versicherungsfrist rechtfertigen, den ich Ihnen sofort unterbreiten werde, nachdem ich noch zuvor einige besondere Bedingungen geprüft haben werde, welche man aufgestellt hat, ohne daß diese aus eigenen Theorien über den Grund der Verfolgungsverjährung herzuleiten wären. Die erste ist, daß das Verbrechen selbst nicht erst nach der Verjährungsfrist bekannt geworden ist. Dieses von der Theresiana aufgestellte Erforderniß scheitert praktisch daran, daß der Zeitpunkt des Ruchbarwerdens einer That nach so langen Zeitläuften nicht ermittelbar ist, und theoretisch daran, daß nicht das Bekanntwerden, sondern das Begehen der That deren Strafgrund abgiebt. Eine gleichfalls aus Oesterreich kommende Bedingung ist die, daß der Thäter nicht die Flucht ergriffen habe. Hoegel bemerkt hierzu treffend, daß es gar nicht leicht zu sagen sei, was Flucht ist, und daß es nach Jahren einem Angeklagten schwer fallen würde, zu beweisen, daß sein Aufenthalt im Auslande aus Erwerbsgründen stattgefunden habe, sowie, daß in politisch erregten Zeiten oft Unschuldige aus Unbesonnenheit oder Furcht fliehen. Ueberdies müßte folgerichtig dieser Gedanke auf jedes Mittel zur Vermeidung von Strafverfolgung ausgedehnt werden, z. B. auf die Annahme eines falschen Namens, worauf Stenglein aufmerksam gemacht hat. Ferner könnte man in Umkehrung der Bestimmung der preußischen Criminalordnung, daß der Verbrecher auch nach der gesetzlichen Verjährungsfrist verfolgt werden kann, wenn der Beschädigte dies verlangt, anordnen, daß ein Verzicht des Verletzten auf Strafverfolgung nothwendig zur Verjährung ist. Allein die Häufigkeit der Fälle, in welchem dieser todt oder unauffindbar ist, gestattet es nicht, diesem Gedanken ernstlich näher zu treten. Endlich haben Lammasch u. A. verlangt, es dürfe das Verbrechen nicht mit Tod oder lebenslänglicher Freiheitsstrafe bedroht sein. Allein die allgemeinen Gründe, welche überhaupt eine Verfolgungsverjährung rechtfertigen, finden auch auf solche That Anwendung, nur müssen für sie besonders lange Fristen erheischt werden.

Daß die so gewonnenen Ergebnisse keine Abänderung durch die verschiedenen Theorien über die Strafzwecke erleiden, soll nur angedeutet werden. Zum Schlusse habe ich nur noch auf zwei Punkte kurz einzugehen. Die tiefe Ueberzeugung von der großen socialen Wichtigkeit eines Ersatzes des durch die Strafthat angerichteten Schadens läßt mich den Vorschlag machen, für den Fall seiner Leistung eine Verkürzung der Verjährungsfrist eintreten zu lassen. Der Schadensersatz soll also keine Bedingung der Verfolgungsverjährung sein, sondern diese soll nach wie vor ausschließlich an den Zeitablauf geknüpft werden. Aber der in dieser Weise thätig reuige Verbrecher soll früher als Andere eine Verjährung seiner That erleben, da er sich dessen besonders würdig gemacht hat. Die guten gesellschaftlichen Folgen einer derartigen Maßregel brauche ich nicht des Weiteren zu erörtern. Das ist der eine Punkt; der zweite ist der, daß ich es für falsch halte, daß heutigen Tages ein Verdoppeln, ein Verdreifachen, ein Vervielfachen der Verjährungszeit durch einfache Unterbrechungshandlungen möglich ist. Es kann bei Uebertretungen eine verzehnfachte gesetzliche Verjährungsfrist vorkommen, und es sind solche Fälle aus der Praxis nachweisbar. Ich meine, daß gesagt werden muß, es soll ein endliches Ende sein, bei dem eine unterbrochene Verjährungsfrist nicht mehr weiter verlängert werden kann. Denn, m. H., es muß eine Ruhe eintreten; Sie mögen annehmen, welchen Grund der Strafvollstreckungsverjährung Sie immer wollen, es ist keiner auffindbar, der es rechtfertigt, daß, wenn der Staat eine bestimmte Frist aufstellt, in der die Verjährung eintreten soll, nun ein beliebiger Beamter nach seinem Mißwollen bis zum Tode des Verbrechers die That nicht verjähren läßt.

Ich komme also dahin, Ihnen die Annahme der folgenden Sätze zu empfehlen:

> Der seit Verübung einer Strafthat erfolgte Ablauf einer gesetzlich bestimmten Frist genügt zur Verjährung der Strafverfolgung. Doch empfiehlt sich eine Verkürzung der Verjährungsfrist für den Fall, daß der Thäter den durch seine strafbare Handlung verursachten Schaden ersetzt hat, sowie ein Endtermin für unterbrochene Verjährungsfristen.

(Beifall.)

Mitberichterstatter Oberreichsanwalt **Hamm**: Es war mir und gewiß Ihnen Allen interessant, diesen Ausflug in die Geschichte der Strafverjährung und die geschichtliche Reihenfolge der aufgestellten Verjährungsgründe zu folgen Seitens des Herrn Referenten, der hierauf weit mehr eingegangen ist, als die Gutachten, der das Historische der Frage in ausführlichster Weise behandelt hat. Aber ich muß gestehen, daß für mich die Frage, welche Rechtsgründe für die Verjährung aufgestellt werden, nicht entscheidend ist für die Beantwortung der Frage, die vorliegt. Ich stelle mich in dieser Beziehung ganz auf den Standpunkt, den der ständische Ausschuß bei Berathung des preußischen Strafgesetzbuchs eingenommen hat, wenn er sagte, daß, so wenig man auch die Verjährung vom rein rechtlichen Standpunkte begründen könne, man sie doch vom criminalpolitischen Standpunkte unabweislich finde. Ich glaube nicht, daß man einen Rechtsgrund angeben kann, aus welchem sich sagen läßt: es muß eine Strafverjährung geben, es ist ungerecht, den Mann nach so und so viel Jahren noch zu bestrafen, sondern die Entscheidung über die Einführung der Verjährung beruht meines Erachtens auf criminalpolitischen Gründen und solcher sind in dem, was der Herr Vorredner angeführt hat, genug zu finden. Als die criminalpolitischen Hauptgründe für die Verjährung erachte ich: erstens, daß der Zeitlauf das Interesse des Staates an der Verfolgung abschwächt, dann, daß durch den Zeitablauf viele Schwierigkeiten für die Beweisfrage, für den Vertheidigungs- wie für den Anklagebeweis entstehen, und drittens als den wichtigsten Grund, daß in der Zwischenzeit die Verhältnisse sich völlig geändert haben können. Es kann nicht bloß eine vollständige Besserung vorliegen; der Thäter, der bis dahin unermittelt geblieben ist, kann auch in ganz andere Verhältnisse eingetreten sein, der Art, daß es eine große Härte sein würde, das, was so lange zurückliegt, jetzt noch zu verfolgen. Man würde ja alle diese neuen Verhältnisse grausam zerstören und man würde zugleich dem Verbrecher alles Interesse, sich zu bessern, nehmen, wenn man ihn der Gefahr aussetzte, daß noch nach Jahren, nachdem es ihm gelungen ist, seine That nicht zur Entdeckung zu bringen oder wenigstens sich als Thäter verborgen zu halten und er nun Jahre lang das ehrenhafteste Leben geführt hat, nachdem er ein ganz anderer Mensch geworden ist, solche alte Sachen aufgegriffen werden und ein geachteter Mann, von dem Niemand gewußt hat, daß er vielleicht in seiner frühesten Jugendzeit etwas begangen hat, jetzt auf einmal als ein Verbrecher hingestellt wird. Die Möglichkeit einer inzwischen eingetretenen völligen Besserung des Thäters ist nach meiner Ansicht der entscheidende Zweckmäßigkeitsgrund für die Strafverjährung. Wenn man aber auch diesen Grund bloß als mitbestimmend ansieht, so muß man, mag man auch noch andere Gründe daneben gelten lassen, daß nach Ablauf einer bestimmten Zeit die Verjährung unbedingt eintritt, ohne daß es nöthig ist, noch bestimmte Feststellungen zu machen. Sobald Sie besondere Voraussetzungen für die Verjährung verlangen, müssen darüber, ob solche vorliegen, in jedem Falle noch Feststellungen stattfinden. Jetzt wird die That nur verfolgt, wenn sie innerhalb der Verjährungszeit ermittelt wird: dann aber müßte, auch wenn die Verjährungszeit abgelaufen ist, dem Thäter gegenüber gefragt und festgestellt werden: warst du nicht auf der Flucht, hast du Schadenersatz geleistet, bist du inzwischen bestraft worden? oder wie sonst die Voraussetzungen der Verjährung lauten sollen. Damit zerstören wir das, was wir durch die Verjährung erreichen wollen. Denn wenn jetzt durch diese Feststellungen sich herausstellt, daß der Mann nicht flüchtig war, daß er den Schaden ersetzt, daß er inzwischen sich ganz tadellos geführt hat und daß demgemäß die Verfolgung verjährt ist, so habe ich dennoch alle Vortheile der Verjährung damit aufgehoben, daß ich in diese Erörterungen eintrete, daß ich öffentlich durch ein eingeleitetes Verfahren die Thatsache, daß der Mann diese Voraussetzungen der Verjährung erfüllte, feststellen mußte. Das will ich gerade nicht; ich will, der Mann soll nach Ablauf der Verjährungszeit nicht mehr gestört werden. Daß er dann nicht mehr bestraft werden kann, wird ihm wenig nützen, wenn nach rechtsverjährter Zeit doch festgestellt wird, daß er die That begangen hat. Das muß gerade vermieden werden, der Richter soll sich gar nicht mehr einmischen. Es muß eine formelle Bestimmung für den Richter gelten: halt, Richter, die Verjährungszeit ist abgelaufen, du darfst nicht mehr eintreten, du darfst die Verhältnisse nicht aufrühren. In der langen Zwischenzeit können sich die Verhältnisse völlig geändert, der Thäter kann sich von Grund aus gebessert haben. Schon aus diesem Grunde, um eben das Unberührtlassen der inzwischen eingetretenen Verhältnisse, das durch die Verjährung erreicht werden soll, nicht durch die Nothwendigkeit besonderer Ermittelungen zu zerstören, bin ich principiell gegen jedes Verlangen von weiteren Voraussetzungen für die Strafverjährung als den Ablauf der Zeit.

Gehen wir auf die einzelnen Voraussetzungen ein, die Herr Professor Lammasch aufstellen will, so kommen wir meines Erachtens nicht zu einem anderen Resultat. Eine der von ihm gewünschten Bedingungen der Verjährung — und der Herr Referent scheint sich mit dieser in etwas befreundet zu haben — ist der Schadensersatz. Bei Aufstellung dieser Bedingung hatte das österreichische Strafgesetzbuch für Westgalizien übersehen, daß häufig der Thäter die Sache nicht zurückgeben, den Schadensersatz nicht leisten kann, wenn er noch nicht als Thäter erkannt ist, da er in vielfachen Fällen damit einen Beweis gegen sich liefern würde. Es kann ja in einzelnen Fällen möglich sein, daß der Thäter Ersatz leistet, ohne sich zu verrathen, aber sehr oft würde für ihn der Ersatz des Schadens das Geständniß der Thäterschaft sein, was man ihm nicht zumuthen kann. Das hat denn auch die Praxis eingesehen, und die österreichische Rechtsprechung läßt den Schadensersatz auch noch dann zu, wenn die That bereits entdeckt ist. Der Thäter soll, wenn er nach Ablauf der Verjährungszeit entdeckt wird, noch Schadensersatz leisten und sich damit von der Strafe befreien können. Aehnlich denkt sich auch der Referent die Sache. Dann ist aber die Strafe nichts weiter als ein Druckmittel auf den Thäter, daß er jetzt noch seinen Verpflichtungen genügt. Und das würde eine derartige Bestimmung, weil überhaupt das Abhängigmachen der Verjährung von Leistung des Schadensersatzes den Reichen begünstigen vor dem Armen, der Schadensersatz nicht leisten kann. Wir haben gesetzliche Bestimmungen über die Verjährung von Civilansprüchen aus strafbaren Handlungen, diese genügen; wenn der Schadensersatzanspruch noch nicht verjährt ist, hat die Partei die Klage vor dem Civilgericht und damit das Mittel, ihren Anspruch durchzusetzen. Daß wir, damit die Partei zu ihrem Schadensersatz komme, die Strafverjährung von Leistung des Schadensersatzes abhängig machen sollen, kann ich nicht als gerechtfertigt erachten.

Die zweite von Lammasch vorgeschlagene Bedingung ist negativer Art. Der Thäter darf nicht in der Zwischenzeit noch eine andere Strafhandlung begangen haben. Da ist nun schon vielfach hervorgehoben worden, daß wir das jedenfalls auf gleichartige Vergehen beschränken müßten. Sonst kommen wir zu ganz unhaltbaren Folgen. Wenn ein Dieb nicht entdeckt worden ist und er später ein Vergehen begangen hat gegen die Gewerbeordnung, eine Fälschung von Nahrungsmitteln u. dergl., so wäre es doch ganz hart und unverständlich, deshalb die Verjährung des Diebstahls auszuschließen. Der Begriff „gleichartig" läßt sich aber gesetzlich nicht fassen. Wir kämen in eine schwierige Casuistik. In der That würde aber auch darauf nicht die alte, sondern die neue That bestraft; die Nichtverjährung der alten That wäre eine Nebenstrafe der neuen That. Vor Allem aber würde eine derartige Bestimmung, wie schon im Allgemeinen bemerkt, dazu nöthigen, in jedem Fall der abgelaufenen Verjährungszeit noch eine Untersuchung über die Führung des Thäters einzuleiten, um vielleicht schließlich das Resultat festzustellen, daß der Mann sich tadellos geführt hat. Und durch diese Feststellung haben Sie dann seine ganze Stellung compromittirt. Sie haben ihm trotz der Verjährung eine sehr schwere Strafe zugefügt, und den ganzen Zweck der Verjährung verloren.

Die an 3. Stelle vorgeschlagene Bedingung, die auf den ersten Blick am meisten für sich haben möchte, ist die, daß der Thäter nicht flüchtig sein dürfe. Wer sich der Strafe durch die Flucht entzogen hat, soll die Wohlthat der Verjährung verlieren. Ja, wenn die Frage, ob sich jemand der Strafverfolgung durch die Flucht entzogen hat, unter allen Umständen klar und sofort zu beantworten wäre, so würde ich das am ersten annehmen. Die durch Verjährung gebotene Nichtverfolgung eines flüchtigen Thäters, dessen Schuld offen zu Tage liegt und noch allgemein bekannt ist, kann allerdings unter Umständen das allgemeine Rechtsgefühl schwer verletzen. Wenn ein Bankerutteur sich Vermögensstücke aus der Masse angeeignet hat zum Schaden seiner Gläubiger, ist nach Amerika gegangen, wird nicht ausgeliefert, und wenn er zurückkommt, höhnt er die Leute im Besitz der Mittel, die er sich damals erworben hat, kann das im einzelnen Fall gewiß für die Geschädigten sehr hart sein. Aber es läßt sich nicht stets ohne Weiteres feststellen, ob eine Flucht vorliegt oder nicht. Der Thäter kann zur Zeit der That verschwunden sein, ohne daß er wußte, daß der Verdacht auf ihn gefallen war. Es ist nicht gesagt, daß das Entfernen des Thäters in allen Fällen eine Flucht ist. In einigen Fällen kann das klar liegen, in anderen nicht, und es trifft noch dazu die Verfolgung auch denjenigen, der nur verdächtig ist. Das soll doch vermieden werden. Wenn jemand verdächtig ist, die neue That begangen zu haben und zugleich in Folge dieses Verdachts seine Entfernung das Aussehen der Flucht angenommen hat, so muß ich, nachdem die That längst verjährt ist, eine Untersuchung einleiten, muß dem Manne vielleicht die größte Schädigung seines Rufs, wie seines Vermögens zufügen, um hinterher festzustellen, daß der Mann nicht der Thäter ist und er nicht flüchtig war. Das soll gerade Alles durch die Verjährung vermieden werden.

Ich glaube also, daß wir am besten die erste Frage, die an uns gestellt ist, dahin beantworten: wir wollen es bei dem bloßen Zeitablaufe belassen; und die zweite eventuelle Frage würden wir dann einfach verneinen. Wir sagen, daß zur Strafverjährung der bloße Zeitablauf genügen soll und daß keine besonderen Voraussetzungen daneben verlangt werden sollen, weil wir nicht durch solche den ganzen Zweck der Verjährung in Gefahr bringen wollen.

Es ist dann noch eine ganz andere Frage aus den Bestimmungen über die Verjährung von den Gutachtern und dem Herrn Referenten gestreift worden. Ich glaube aber, daß wir das heute als über den Rahmen des Themas hinausgehend nicht erörtern sollten und besser das einem künftigen Juristentag überlassen. Das ist die Unterbrechung der Verjährung. Ich muß gestehen, daß kein Institut in der Praxis sich schlechter bewährt hat als die Unterbrechung der Verjährung wie sie thatsächlich gehandhabt wird. Sie ist in das Strafgesetzbuch hineingekommen aus einer Art Feigheit, aus einer Angst vor den möglichen Folgen der Verjährung, als eine Concession an die Gegner der Verjährung. Man hat gesagt: die Strafverfolgungsverjährung kann unterbrochen werden durch jede Handlung des Richters. Wie das praktisch sich gestaltet hat, ist es wirklich zu einer Farce geworden. Es hängt davon ab, ob die betreffende Sache von dem Bureau rechtzeitig reproducirt wird. Wenn dann der Decernent der Staatsanwaltschaft vorsichtig ist und aufpaßt, kann er jede Verjährung unmöglich machen, er kann eine richterliche Handlung, insbesondere die Erneuerung des Steckbriefes, beantragen, der Steckbrief wird in den Amtsblättern veröffentlicht, wo ihn kein Mensch liest, und dann läuft die Verjährung von neuem. Das kann in infinitum gehen. Das heißt eigentlich: es giebt keine Verjährung mehr; wenn das Bureau rechtzeitig reproducirt, so ist die Verjährung abgeschafft. Daß das keinen Sinn hat, daß auf diese

Weise das Institut der Verjährung keine Bedeutung mehr hat, liegt auf der Hand, und ich halte es für durchaus richtig, dann lieber die Verjährungszeit länger hinauszusetzen. Die Unterbrechung der Verjährung durch eine ernstliche Untersuchungs-Handlung müßte bestehen bleiben, aber mit Beendigung der Untersuchungs-Handlung die Verjährung weiter fortlaufen, nicht eine neue Verjährung beginnen. Wir können unmöglich so verfahren wie jetzt. Es ist jetzt eine papierene Unterbrechung der Verjährung, der Richter kann jede Verjährung ausschließen, so bald er eine rein formelle, die Untersuchung in keiner Weise fördernde Verfügung erläßt. Ich glaube aber, diese Frage, die der Herr Referent in der Richtung ordnen will, daß für die Unterbrechung der Verjährung ein Endtermin festgesetzt werden soll, können wir nicht erörtern und müssen vielmehr der Deputation anheimstellen, sie einmal später als Thema aufzustellen etwa in der Form: wie soll es mit der Unterbrechung der Verjährung gehalten werden? Heute bitte ich nicht in die Frage einzutreten, weil sie nicht direct in das Thema fällt, das zur Discussion steht.

Vorsitzender: Es liegen nun zwei Meinungen vor, der Antrag des ersten Herrn Referenten, der Ihnen gedruckt vorliegt, und die abweichende Ansicht des zweiten Herrn Referenten, der eine einfache Bejahung des ersten Theiles der gestellten Frage empfiehlt. Ich möchte an den Herrn Oberreichsanwalt Hamm die Frage richten, ob er damit einverstanden wäre, wenn der erste Theil des Antrages des Herrn Referenten als der seinem Wunsch entsprechende angesehen würde. Es würde dann sein Antrag lauten:

> Der seit Verübung einer Strafthat erfolgte Ablauf einer gesetzlich bestimmten Frist genügt zur Verjährung der Strafverfolgung.

Es würde das die Fragestellung wesentlich vereinfachen, wir haben dann den Antrag Felisch einfach zu trennen.

Oberreichsanwalt **Hamm:** Den ersten Satz acceptire ich und den zweiten bitte ich abzulehnen.

Erster Staatsanwalt Dr. **Isenbiel** (Posen): M. H., darin wird man ja sicherlich mit den beiden Herren Referenten einverstanden sein, daß in der Hauptsache nur der Zeitablauf als Grund und Voraussetzung der Verjährung der Strafverfolgung gelten kann, denn treffend haben beide Herren übereinstimmend dargelegt, daß die Gründe, welche bisher in der Theorie zur Begründung anderweitiger Voraussetzungen der Strafverfolgungsverjährung beigebracht worden sind, nicht durchschlagen können, schon aus dem einfachen Grunde nicht, weil dann auch nach dem Zeitablauf noch eine Untersuchung der Handlung eintreten müßte und damit der größte Werth der Strafverfolgungsverjährung verloren ginge. Aber ich muß mich mit dem Herrn Correferenten gegen den zweiten Theil des Antrages des Referenten Herrn Dr. Felisch wenden, welcher empfiehlt eine Abkürzung der Verjährungsfrist für den Fall, daß der Thäter den durch seine strafbare Handlung verursachten Schaden ersetzt. Ich glaube, daß dieser Abkürzung der Verjährungsfrist der Grund schon entgegensteht, daß gleiches Recht für Alle gelten muß, und gleiches Recht für Alle würde nicht mehr gelten, wenn der Reiche oder Mächtige den Schaden ersetzen könnte, den seine Handlung hervorgerufen hat, während der Arme, Ohnmächtige es nicht kann und sich also der längeren Verjährungsfrist beugen muß. Es ist außerdem meiner Ansicht nach ein so außerordentlich vager Begriff, ein Ersatz des Schadens, überhaupt der Begriff, ob ein Schaden durch eine strafbare Handlung zugefügt worden ist. Es würden da unendliche Streitfragen entstehen. Nehmen Sie an: eine Strafthat, m. H., die gerade für die Strafverfolgungsverjährung von außerordentlicher Wichtigkeit ist, ist die Verletzung der Wehrpflicht. Ja, ist durch die Verletzung der Wehrpflicht ein Schaden entstanden dem Staate in dem Sinne, als derselbe als ersetzt zu erachten ist, wenn der Mann zurückkehrt und seiner Militärpflicht Genüge leistet? Ich glaube, darüber könnte so viel hin und her gestritten werden, daß es in der Praxis noch nach Jahren nicht zu einer endgültigen Entscheidung kommen würde. Aber vor allen Dingen hält mich von der Bestimmung zu dem Vorschlage die Erwägung ab, daß auch nach der Ansicht des Herrn Referenten die Entbindung des Staates von seiner Strafpflicht den alleinigen Grund der Verfolgungsverjährung bildet und daß diese Entbindung von einer öffentlichen Pflicht naturgemäß allen Uebelthätern gegenüber nur nach einem gleichen Zeitablauf erfolgen kann. Wenn man darin einen Unterschied macht, so verstößt das meines Erachtens gegen den Hauptgrundsatz aller Strafgewalt, daß gleiches Recht für Alle gelten muß.

Auch dem Herrn Correferenten möchte ich in einem Punkte bescheidentlich widersprechen. Ich glaube, wir können der äußerst wichtigen Frage, die der Herr Referent angeregt hat, nämlich: „daß der Unterbrechung der Strafverfolgungsverjährung ein Ziel gesetzt werden müsse", unbeschadet aller sonstigen näheren Erörterungen über die Unterbrechung der Strafverfolgungsverjährung doch wohl schon heute entgegentreten, denn dieser Punkt ist in der That so wichtig und die Folgen einer fortgesetzt unterbrochenen Strafverfolgungsverjährung sind von dem Herrn

Referenten so lebhaft geschildert worden, daß hier Uebelstände entstehen, denen nicht schnell genug von einer so maßgebenden Stelle wie dem Juristentage entgegengetreten werden kann. Es führt in der That zu Absurditäten, daß die Verjährung fort und fort unterbrochen wird. Zwar meine ich nicht, daß damit die Verjährung vollständig in Fortfall kommt, wie der Herr Correferent sagte; — ich verweise auf die Fälle, die gar nicht zur Kenntniß der Strafbehörde kommen —, aber es führt doch in der That zu einer Absurdität, wenn es schließlich von dem Bureaubeamten und dessen Pünktlichkeit und von der Pünktlichkeit und Achtsamkeit oder Unpünktlichkeit und Unachtsamkeit des Decernenten abhängt, ob die Verjährung unterbrochen wird oder nicht. In dieser Beziehung hat der Herr Referent, so dankenswerth die Anregung der Frage seinerseits ist — gerade von meinem Standpunkte aus als Mitglied einer Strafverfolgungsbehörde — hat er doch, glaube ich, zur Begründung seines Vorschlags etwas Schiefes und Ungerechtes gesagt denjenigen Personen gegenüber, welche zur Unterbrechung der Strafverfolgungsverjährung berufen sind, indem er sagte, es hinge mehr oder weniger von dem Wohlwollen oder Uebelwollen dieser Beamten ab, die Verjährung zu unterbrechen oder sie ablaufen zu lassen. Das ist meines Erachtens nicht der Fall,

(Berichterstatter: Ich concedire!)

davon kann nicht die Rede sein. Wir stehen hier einer außerordentlich schweren Pflicht entgegen. Wir können, wenn wir sehen, daß die Frist abläuft, die Unterbrechung der Verjährung wissentlich garnicht unterlassen, weil es sich hierbei um ein Verbrechen handelt, das mit Zuchthaus bedroht ist . . . .

(Berichterstatter: War ein Lapsus von mir!)

Ich möchte also, indem ich mich im Uebrigen dem Antrage des Herrn Correferenten anschließe, doch bitten, die Worte in dem Antrage des Herrn Referenten stehen zu lassen: „Doch empfiehlt sich ein Endtermin für unterbrochene Verjährungsfristen."

Vorsitzender: Ich werde, um dieser Ansicht gerecht zu werden, eine Dreitheilung der Abstimmung vornehmen; sonst bleibt die Sache in dem gegenwärtigen Stande. Wünscht noch jemand zu sprechen?

Mitberichterstatter Oberreichsanwalt **Hamm:** Ich acceptire das, ich bin ganz einverstanden mit dem, was der Herr Vorredner gesagt hat bezüglich der Unterbrechung und hatte nur das Bedenken, daß wir die Frage nicht anschneiden können, weil sie über das Thema hinausgeht. Aber ich acceptire das und würde mich dem Antrage anschließen, daß wir den letzten Satz: „es empfiehlt sich ein Endtermin für unterbrochene Verjährungsfristen" annehmen, und beantrage meinerseits, nur den ersten Theil des zweiten Satzes zu streichen, welcher die Verkürzung der Verjährungsfrist betrifft. Zweitens möchte ich anheimgeben: ich finde das „doch" zu Anfang des zweiten Satzes nicht ganz logisch. Wenn wir zu Anfang sagen: „Der seit Verübung einer Strafthat erfolgte Ablauf einer gesetzlich bestimmten Frist genügt zur Verjährung der Strafverfolgung", so würde das „doch" wegfallen müssen und fortzufahren sein einfach: „Es empfieht sich ein Endtermin für unterbrochene Verjährungsfristen."

Vorsitzender: Das wäre redactionell.

Erster Staatsanwalt Dr. **Isenbiel:** Dem gegenüber erlaube ich mir meinen Antrag zurückzuziehen.

Vorsitzender: Wünscht noch jemand das Wort zu ergreifen? Wenn nicht, so schließe ich die Discussion und gebe das Wort dem Herrn Referenten.

Berichterstatter Landgerichtsdirector Dr. **Felisch:** M. H., es ist nicht viel zu sagen; ich habe nur das Eine zu vertheidigen, da wir im Uebrigen einig sind. Gegen den Antrag, den ich gestellt habe, eine Verkürzung der Verjährungsfrist für den Fall des Schadenersatzes eintreten zu lassen, ist, wie ich glaube, nur der eine Hauptgrund geltend gemacht worden, daß damit eine Bevorzugung der Reichen eintreten würde. Ich meine, daß dieser Grund schon deswegen hinfällig sein würde, weil die reichen Angeklagten bei uns so in der Minderheit sind, daß sie in der Praxis für den Fall, um den es sich handelt, so gut wie gar nicht in Betracht kommen. Ich bin auf das Tiefste davon durchdrungen, daß wir alle Mittel ergreifen müssen, die wir irgend haben können, um einen Ersatz des Schadens, der durch ein Verbrechen angerichtet worden ist, wirklich herbeizuführen, und hier sehe ich die gesetzgeberische Möglichkeit; darum vertrete ich sie. Ich habe mich auch darüber nicht einen einzigen Moment getäuscht, daß praktische Schwierigkeiten damit verbunden sind, daß es gewisse Zweifelsfälle geben wird, wie sie sich aber schließlich bei jeder gesetzgeberischen Bestimmung mehr oder weniger finden werden. In der That ist es in der Praxis feststellbar, ob denn ein Schaden eingetreten ist, und ob der Schaden Ersatz gefunden hat; und weil die Praxis die Möglichkeit hat, diese Feststellung zu treffen, so möchte ich die Consequenz ziehen, die ich in meinem Antrage niedergelegt habe, und betone nur zur Vermeidung von Mißverständnissen nochmals: es soll das absolut keine Bedingung für die Strafverfolgungsverjährung sein, sondern es soll die übliche normale gesetzliche Strafvollstreckungsverjährung eintreten, und es soll nur im Falle des Schadensersatzes eine Verkürzung stattfinden. Das ist ein ganz wesentlich anderer Standpunkt, als er bisher von der Theorie angenommen worden ist. Es soll keine neue Bedingung zu den jetzt vorhandenen gesetzlichen Erfordernissen für die Verjährung hinzugefügt werden, sondern es soll lediglich die im Uebrigen unverändert bleibende gesetzliche Frist für diesen einen Fall eine bestimmte Verkürzung finden. Es scheint, als ob die Versammlung dem Gedanken nicht geneigt wäre; ich habe aber keinen Anlaß, den Antrag zurückzuziehen, sondern ich bitte, eventuell mich mit diesem Antrage niederzustimmen. Ich lege, falls dies zutrifft, Werth darauf, daß der Juristentag es zum Ausdrucke bringt, es solle dieser Theil des Antrages fallen.

Mitberichterstatter Oberreichsanwalt **Hamm**: Ich möchte gegenüber der einzigen Differenz, die noch vorhanden ist, hervorheben: der Herr Referent meint, es sollte berücksichtigt werden, wenigstens für die Bestimmung der Verjährungszeit, die Frage, ob der Verbrecher Ersatz geleistet hat. Dann muß ich immer wieder fragen: will der Herr Referent das auch für den Fall thun, daß erst Ersatz geleistet worden ist, nachdem der Thäter entdeckt war? Dann ist die Ersatzleistung kein Beweis der Besserung mehr. Der Thäter leistet Ersatz, weil er sonst bestraft wird, und das ist kein Beweis der Besserung. Soll aber verlangt werden, daß er es vorher thue, so steht dem entgegen, daß er in vielen Fällen keinen Ersatz leisten kann, weil er sich dadurch der Schuld überführen würde, und dazu kann man ihn nicht nöthigen. Ich glaube, um dieses Dilemma kommen wir nicht herum; darum bin ich der Meinung, daß der Satz wegzulassen ist.

Landgerichtsrath **Lüdtke** (Graudenz): Die Formulirung dieser Frage erweckt den Glauben, daß in das jetzt bestehende Gesetzbuch, in das Gesetzbuch mit seinen Fristen der Verjährung, dieser Antrag zur Gesetzgebung empfohlen werden soll. Dieses würde aber eine ganz colossale Begünstigung des Verbrechers sein, und ich weiß nicht, ob der Juristentag auf dem Standpunkte steht, daß dies geschehen soll. Beispielsweise verjährt der Diebstahl in 5 Jahren. Da wird, wenn unter ganz besonders erschwerten Umständen ein Diebstahl ausgeführt ist, der Staatsanwalt, die Strafverfolgungsbehörde, regelmäßig Anlaß nehmen, die Strafverfolgung zu unterbrechen. Die Verjährung wird thatsächlich in allen diesen Fällen nicht in 5 Jahren, sondern in 20, 30 Jahren eintreten. Dieses wird durchweg geschehen. Wenn dagegen dies zum Gesetz erhoben wird, daß lediglich der Fristablauf die Verjährung bewirkt, und eine Unterbrechung ausgeschlossen ist, so würde regelmäßig nach 5 Jahren die Strafverfolgung . . . . . .

Vorsitzender: Ich darf mir erlauben, den Herrn Redner zu unterbrechen. Abgesehen, daß ich höchst zweifelhaft bin, ob er mit Recht zu dieser Discussion zurückkehrt, scheint mir seine ganze Ausführung auf einem Mißverständniß zu beruhen. Wenn man sagt, es soll ein Endtermin für die unterbrochene Verjährungsfrist stattfinden, so heißt das nicht, daß der Termin, der jetzt als Verjährungsfrist bestimmt ist, der allein endgültige sein soll, sondern es heißt: die Unterbrechung findet statt, aber es soll ein Endtermin genannt werden, wo die Unterbrechung nicht mehr wirkt. Das im Detail zu bestimmen ist Aufgabe der Gesetzgebung, mit diesem Detail können wir uns nicht befassen.

Also, m. H., ich glaube die Abstimmung in folgender Weise einrichten zu sollen. Ich würde die Worte: „empfiehlt sich eine Verkürzung der Verjährungsfrist für den Fall, daß der Thäter den durch seine strafbare Handlung u. s. w. sowie" mit einer eventuellen Abstimmung im Voraus zur Entscheidung bringen: ob diese Worte gestrichen werden sollen oder ob sie beibehalten werden sollen. Wenn sie beibehalten werden, so kann der ganze Antrag Felisch so bleiben wie er ist. Sollen sie aber gestrichen werden, so würde dann der zweite Satz lauten: „Es empfiehlt sich ein Endtermin für unterbrochene Verjährungsfristen". Ich würde dann als rein redactionell zur Abschlußabstimmung bringen, ob die Versammlung nicht beliebt, dafür wie gesagt nur redactionell zu setzen: „Es empfiehlt sich, einen Endtermin für unterbrochene Verjährungsfristen zu bestimmen."

Wenn die Versammlung damit einverstanden ist, so stelle ich also die Frage, ob die dritte Abtheilung des 24. Juristentags in dem Antrage Felisch die Worte: „eine Verkürzung der Verjährungsfrist für den Fall, daß der Thäter den durch seine strafbare Handlung verursachten Schaden ersetzt hat, sowie" streichen oder beibehalten will. Ich bitte diejenigen Herren, welche diese Worte streichen wollen, sich zu erheben. Das ist, ich glaube die Herren werden einverstanden sein, die überwiegende Majorität, daß diese Worte gestrichen sind. Ich stelle also die Frage: beliebt die Abtheilung die Worte: „Der seit Verübung einer Strafthat erfolgte Ablauf einer gesetzlich bestimmten Frist genügt zur Verjährung der Strafverfolgung," dann den zweiten Satz vorläufig in der Fassung: „doch empfiehlt sich ein Endtermin für unterbrochene Verjährungsfristen," vorbehaltlich der redactionellen Verbesserung anzunehmen; ich bitte die Herren, die diese Worte annehmen wollen, sitzen zu bleiben, und diejenigen, die sie nicht annehmen wollen, sich zu erheben. Es ist einstimmige Annahme. Ich stelle also die Unterfrage, ob die redactionelle Verbesserung beliebt wird: „Es empfiehlt sich, einen Endtermin für unterbrochene Verjährungsfristen zu bestimmen." Diejenigen Herren, die mit dieser Verbesserung der Redaction einverstanden sind, wollen sitzen bleiben, diejenigen, welche dagegen sind, sich erheben. Ist ebenfalls einstimmig angenommen. Es lautet also der Gesammtbeschluß jetzt: „Der seit Verübung einer Strafthat erfolgte Ablauf einer gesetzlich bestimmten Frist genügt zur Verjährung der Strafverfolgung. Es empfiehlt sich, einen Endtermin für unterbrochene Verjährungsfristen zu bestimmen."

Ich habe nun auch wieder die Frage an die Versammlung zu richten, ob sie diesen Beschluß dem Plenum zur Mittheilung bringen wolle oder zur Discussion.

(Rufe: Mittheilung!)

Darf ich dann vielleicht sofort damit verbinden die Frage, ob Sie einverstanden sind, daß wir Herrn Referent Felisch, in dessen Sinne ja die Beschlußfassung erfolgt ist, wenn auch unter Abstrich eines Theiles seines Antrags, mit der Mittheilung an das Plenum beauftragen wollen.

Wenn also die Herren damit einverstanden sind, daß Herr Dr. Felisch die Sache im Plenum mittheilt, so bitte ich, da kein Widerspruch erfolgt, das als angenommen zu betrachten. Nach unseren Eingangsbeschlüssen würde nun unsere heutige Tagesordnung erschöpft sein. Es ist kein Grund, nach dem doch einigermaßen die Zeit vorgerückt ist, noch in ein neues Thema einzutreten.

(Hierauf Wahl der Vertrauensmänner durch Acclamation: Gierke, Strohal, Thinius, Wilke, Uhde, Voigt, Korn, Gryczewski, Isenbiel, Aulhorn.)

(Schluß 1¾ Uhr.)

Zweite Sitzung der dritten Abtheilung
am 13. September 1898.

(Beginn: 9 Uhr früh.)

Vorsitzender Reichsgerichtsrath Dr. Stenglein: Ich eröffne die Sitzung der Abtheilung. Wir kommen heute zu unserem dritten und letzten Thema: Empfiehlt sich ein Versuch der Deportation nach den Colonien als Strafe? Und: Empfiehlt sich der Vorschlag bedingter Begnadigung für den Fall der Auswanderung? Es hat das Referat übernommen Herr Professor Bruck-Breslau, derselbe konnte aber leider bei unseren Arbeiten sich nicht betheiligen. An seiner Stelle hat Herr Rechtsanwalt Wilke die Güte gehabt, das Referat sehr rasch zu übernehmen, ich bitte ihn, das Wort zu ergreifen und uns zu referiren.

Rechtsanwalt **Wilke**: Meine hochzuverehrenden Herren! Wie Sie gehört haben, hat Herr Prof. Bruck in letzter Stunde leider absehen müssen, das Referat, welches er übernommen hatte, zu halten, und ich bin vor wenigen Tagen erwählt worden, an seiner Stelle einzuspringen. Nun ist es mir bei der Kürze der Zeit natürlich nicht möglich gewesen, mit derjenigen Gründlichkeit in die Materie einzudringen, die für einen Referenten unerläßlich ist. Andererseits aber hat Herr Prof. Bruck die Freundlichkeit gehabt, mir sein Concept zur Verfügung zu stellen, und da dieses sein Referat zu dem erwünschten Ergebnisse gelangt, Ihnen gerade das Gegentheil von dem vorzuschlagen, was der Herr Correferent Dr. Korn Ihnen nachher vorgeschlagen wird, so glaube ich mich Ihres Beifalls am sichersten, wenn ich mein eigenes Urtheil zurückhalte und im Wesentlichen mich darauf beschränke, Ihnen diejenigen Gesichtspunkte zu unterbreiten, die Herr Prof. Bruck zur Begründung seines Votums Ihnen vorzutragen die Absicht hatte.

Referat des Professor Dr. iur. Felix Friedrich Bruck über die Frage:

Empfiehlt sich ein Versuch der Deportation nach den Colonien als Strafe?

Ein rationelles Strafmittel muß so beschaffen sein, daß es

1. den Staat resp. die Gesellschaft gegen den Verbrecher sichert,
2. diejenigen, welche Verbrechen planen, von deren Begehung abschreckt und
3. auf den Verbrecher erziehend einwirkt.

Die Freiheitsstrafen entsprechen diesen Anforderungen durchaus nicht, ja man kann ohne Uebertreibung sagen: das herrschende System der Freiheitsstrafen hat völlig bankerott gemacht. Dies ergeben unwiderleglich die Rückfallsstatistiken aller Culturländer.

Nach dem soeben erschienenen statistischen Jahrbuche des Deutschen Reichs betrug die Zahl der im Jahre 1895 Vorbestraften: 172 169 = 37,9 pCt., im Jahre 1896 dagegen: 177 574 = 38,9 pCt. der Gesammtheit der Verurtheilten. Seit 1892 ist der Procentsatz um 4,2, die absolute Zahl der Vorbestraften um beinahe 31 000 gestiegen. Diese Zahlen bedürfen keines Commentars. Wir stehen dem Zeitpunkte nicht mehr fern, wo die Hälfte der Verurtheilten eines Jahres aus Vorbestraften bestehen wird. Der Grund für dieses traurige Ergebniß liegt in den klar zu Tage tretenden Mängeln der Freiheitsstrafen.

Besonders die langjährigen und entehrenden Freiheitsstrafen leiden an dem unheilbaren Gebrechen, daß sie den aus der Strafhaft Entlassenen regelmäßig an seinem Fortkommen hindern. Der entlassene Zuchthäusler vermag sich bei dem Arbeitgeber nicht gehörig zu legitimiren, und glückt es ihm, Unterkommen und Arbeit zu finden, so wird er, wenn seine Vergangenheit ruchbar wird, unbarmherzig entlassen, denn das Vorurtheil gegen einen aus dem Zuchthause Entlassenen ist, so bedauerlich es auch sein mag, ein allgemeines. Es besteht beim Arbeitgeber, sowie bei den unbescholtenen Arbeitsgenossen.

Ein anderer nicht genug gewürdigter Mangel langdauernder Freiheitsstrafen ist die durch die Haft hervorgerufene Stumpfheit. Das ist der Fluch aller langzeitigen Freiheitsstrafen, daß sie den Sträfling, für welchen eine Reihe von Jahren von Staats wegen gesorgt worden ist, unfähig machen, sich aus eigener Kraft eine Existenz zu gründen. Durch die unnatürliche Beschränkung seiner persönlichen Freiheit hat er aber nicht nur verlernt, auf eigenen Füßen zu stehen, er ist auch in der Regel durch die langdauernde Haft zu andauernder Arbeit körperlich und geistig unbrauchbar geworden.

Zu diesen schwerwiegenden Gebrechen unserer Freiheitsstrafen tritt noch der nicht zu unterschätzende Nachtheil, daß die Sträflinge in unseren Strafanstalten der ehrlichen Arbeit Concurrenz machen müssen, wenn sie nicht aus Mangel an Arbeitsgelegenheit mit nutzlosen Arbeiten beschäftigt werden sollen.

Dagegen entspricht die Deportationsstrafe bei sachgemäßer Handhabung allen Anforderungen, die man billigerweise an ein rationelles Strafmittel stellen kann. Sicher ist sie allen anderen Strafmitteln der Gegenwart, besonders den Freiheitsstrafen, überlegen, denn

1. bewirkt die Deportation durch die dauernde Entfernung des Verbrechers aus dem Vaterland absolute Sicherheit gegen Verübung neuer, die Gesellschaft resp. den Staat schädigender Delicte. Bei der Freiheitsstrafe entfällt diese unbedingte Sicherheit, weil der entlassene Sträfling sofort wieder in die Gesellschaft eintritt, die er verletzt hat;

2. wirkt die Deportationsstrafe aber auch in hohem Grade abschreckend; denn der Strafzwang, welcher in dem ersten Stadium dieser Strafe, während der sogenannten Strafknechtschaft, auch äußerlich vollkommen zum Ausdruck gelangt, kann bei sachgemäßer Einrichtung für den Sträfling ein Strafleiden von mindestens derselben Schwere darstellen, wie die Zwangsarbeit im Zuchthause;

3. bewirkt die Deportationsstrafe bei sachgemäßer Einrichtung die Besserung, richtiger die Erziehung des Sträflings, weil sie ihm die Aussicht gewährt, daß er durch gute Führung während der Straf- und Uebergangszeit zu öconomischer Selbständigkeit und bürgerlicher Gleichstellung zu gelangen im Stande ist. Diese tröstliche Aussicht weckt die darniederliegenden sittlichen Triebe selbst in einem gesunkenen Menschen. Sie ist überhaupt das einzige und ausschließliche Moment der Besserung, welches auf den Sträfling zu wirken vermag.

Leveillé, der erste der jetzt lebenden Sachverständigen in der Deportationsfrage, hat erklärt: „Von allen Strafsystemen: Bagno, Gefängniß, Deportation, habe sich die Deportation am besten bewährt; von den aus dem Bagno Entlassenen seien 95 von 100, von den aus dem Gefängniß Entlassenen 50 von 100, von den Deportirten nur 5 von 100 rückfällig geworden."

Seitdem wir Deutschen einen großen Colonialbesitz haben, der sich in klimatischer Beziehung für unsere Volksgenossen eignet, ist die Deportationsfrage für das Deutsche Reich von praktischer Bedeutung geworden.

In einer im Jahre 1894 veröffentlichten Abhandlung des Referenten: „Fort mit den Zuchthäusern!“ ist die Deportation als Strafvollzugsmittel empfohlen. Sobald der Sträfling in der Strafcolonie angelangt ist, wird er hauptsächlich als Ackerbauer auf einer der Strafarmen des Reichs beschäftigt. Doch kann er auch zu jeder anderen Arbeit, deren er fähig ist, angehalten werden. Jede Unbotmäßigkeit wird streng geahndet. In dieser harten Zucht bleibt der Sträfling so lange, als es die örtliche Colonialverwaltung für zweckmäßig erachtet. Auf Grund tadelloser Führung kann die Verwaltung die Arbeit mildern und die Kost des Sträflings verbessern, insbesondere kann nach Ablauf von drei Jahren — aber nicht eher — der Sträfling in einem eigens für Ansiedelungszwecke bestimmten und von der Strafarm räumlich gehörig getrennten Territorium seinen Wohnsitz angewiesen erhalten und sich daselbst eine selbständige Existenz begründen.

Ist der aus der Straffarm Entlassene ein Landwirth, oder hat er sich während seiner Strafzeit in der Farm landwirthschaftliche Kenntnisse erworben, so wird ihm Ackerland, eine Hütte, Saatgut und Ackergeräth gegen billigen Zins vom Zeitpunkte der möglichen Rentabilität zugewiesen.

Der zu selbständigem Betriebe Angesiedelte kann seine Familie nachkommen lassen, oder er kann sich für den Fall der Ledigkeit verheirathen.

Das Eigentum der zugewiesenen Parcellen verfällt aber zu Gunsten des Fiscus, wenn der Angewiesene durch unordentlichen Lebenswandel den landwirthschaftlichen Betrieb trotz wiederholter Verwarnung vernachlässigt. Er wird dann ebenso behandelt, wie derjenige Sträfling, welchen die Verwaltung nach Verbüßung der Strafzeit zur selbständigen Bewirthschaftung einer Ackerparcelle für ungeeignet erachtet. Dergleichen Entlassene werden versuchsweise entweder freien Ansiedlern oder solchen entlassenen Sträflingen, die sich als Ansiedler bereits längere Zeit bewährt haben, auf deren Antrag gegen Kost und Lohn zur Beschäftigung überwiesen.

Selbstverständlich können die Sträflinge zu allen öffentlichen Arbeiten herangezogen werden. Hierher gehören besonders Hafenanlagen, Wegebauten (Eisenbahnen), Berieselungsanlagen, ferner Bauarbeiten, wie Unterkunftsräume für Sträflinge (Baracken), Magazine, Speicher, Hospitäler, Häuser für Beamte, Hütten für die zu entlassenden Sträflinge im Ansiedelungsgebiete, endlich Culturarbeiten zum Zwecke der Urbarmachung von Ländereien.

Wenn der Entlassene kein Landwirth ist, so ist ihm zu gestatten, in dem für Entlassene bestimmten Ansiedelungsgebiete unter Gewährung einer Heimstätte und der nothwendigen Arbeitsmittel eine andere seinen Fähigkeiten entsprechende Thätigkeit, z. B. ein Handwerk, eine Technik oder ein Handelsgewerbe, zu betreiben. Nach Ablauf einer billig zu bemessenden Zeit tritt auch für diese Kategorie die Pflicht zur Verzinsung resp. Zurückzahlung des aufgewendeten Capitals an die Verwaltung ein. Solchen Ansiedlern können auf ihr Ersuchen Sträflinge, welche dasselbe Handwerk oder Gewerbe gelernt und sich während der Strafzeit ordentlich geführt haben, schon vor Ablauf von drei Jahren zur Zwangsarbeit überwiesen werden. Für Kost und Kleidung hat der Arbeitgeber zu sorgen. An die Colonialverwaltung hat er außerdem einen vertragsmäßig festgestellten Lohn zu zahlen, der nur zu einem Bruchtheile dem Sträfling gutgeschrieben und bei seiner Entlassung ausgezahlt wird. Der in dieser Weise beschäftigte Sträfling geht dieser milderen Form der Strafverbüßung verlustig, wenn er durch Trägheit oder durch sein Betragen hierzu Veranlassung giebt. Alsdann wird er wieder zur Zwangsarbeit in eine Straffarm versetzt.

Gehört der Entlassene der Kategorie der Gebildeten an, so kann er sich in dem Ansiedelungsgebiete berufsmäßig beschäftigen, z. B. als Arzt oder Lehrer. Ehemalige Beamte können versuchsweise von der colonialen Verwaltung, z. B. im Schreiberei- und Rechnungswesen angestellt werden. Gerade diese Kategorie Entlassener kann eine werthvolle Stütze des neu sich bildenden Gemeinwesens werden.

Es wäre indeß verfrüht, wollte man die Entlassenen sofort nach der Strafverbüßung unter das allgemeine bürgerliche Recht stellen. Bevor dies geschehen kann, müssen die Entlassenen erst eine längere Probe bestehen. Sie verbleiben daher noch unter der Disciplin einer zur Ueberwachung entlassener Deportirter eingesetzten Verwaltungsbehörde. Durch Begehung eines Verbrechens verwirkt der Entlassene seine ihm nur versuchsweise gewährte Freiheit. Er wird wieder nach der Straffarm befördert und muß nunmehr wiederum dort fünf Jahre als Sträfling arbeiten.

Hat sich der Entlassene zehn Jahre hindurch zur Zufriedenheit der Disciplinarbehörde geführt, so steht es ihm frei, sich überall im Colonialgebiet seßhaft zu machen.

Durch die Art und Weise des hier entwickelten Strafvollzuges soll in jedem Sträfling die Hoffnung auf eine allmähliche Besserung seiner

Lage erweckt werden. Hierin liegt für den Sträfling ein mächtiger Antrieb, sich moralisch zu heben, und dieser Trieb wirkt zugleich nutzbringend für das Gedeihen unseres Schutzgebietes.

Dieses vom Referenten in verschiedenen Abhandlungen ausführlich behandelte Project hat im Großen und Ganzen in der Fachliteratur und in der politischen Presse Zustimmung gefunden, selbstverständlich aber auch seine Gegner.

Die für den Deutschen Juristentag ausgearbeiteten beiden Gutachten des Herrn Professor Bornhak und des Herrn Regierungsrath Freund stehen in der Deportationsfrage principiell auf dem gleichen Standpunkte. Sie treten beide mit Entschiedenheit für einen Versuch mit der Deportation ein. Nur darin weichen sie von dem Project ab, daß sie die Deportation in bedeutend engeren Grenzen zur Durchführung bringen wollen.

Bornhak will nur solche Sträflinge deportiren, die längere als dreijährige Freiheitsstrafe zu verbüßen haben. Dann würde aber gerade diejenige Kategorie von Sträflingen ausgeschlossen, welche die besten Kräfte für die Deportation umfaßt, nämlich die jugendlichen Gewohnheitsverbrecher im Alter von 16—18 Jahren, die noch am bildungs- und acclimatisationsfähigsten sind, ferner das ungeheure Heer der Friedensbrecher, welche wegen Verübung von Roheits- und Eigenthumsdelicten und wegen Arbeitsscheu wiederholt bestraft worden sind. Betrug doch die Zahl der gewerbsmäßigen Bettler und Vagabunden im Deutschen Reiche im Jahre 1896 rund 200 000. Unter den hier genannten Kategorien befindet sich eine große Zahl von Leuten, die erheblich geringere als dreijährige Freiheitsstrafen zu verbüßen und die noch nicht das 30. Lebensjahr überschritten haben. Sie bilden, weil in der Regel noch widerstandsfähiger als die ergrauten Zuchthausinsassen, das beste Material für die Deportation.

Bornhak vertritt sogar die Ansicht, daß die Deportation in dem von ihm vorgeschlagenen Umfange sich ohne Weiteres auf Grund der bestehenden Strafgesetzgebung im Wege der Verwaltung einführen lasse, während der Referent die Meinung verficht, daß die Deportation eine neue, von den bestehenden gesetzlichen Freiheitsstrafen erheblich abweichende Strafart sei und deshalb nur im Wege der Gesetzgebung eingeführt werden könne. Dieser Meinung ist auch Freund, allein im Effect würde sein Vorschlag ebenso wie der Bornhak's zu einer Verkümmerung des Instituts der Deportation führen, da auch Freund besonderes Gewicht darauf legt, daß nur solche Sträflinge deportirt werden, die zu lebenslänglichen Zuchthausstrafen oder zu zeitigen Freiheitsstrafen in einer

Mindestdauer von fünf Jahren verurtheilt worden sind. Diese Dauer erreichen aber die von deutschen Gerichten verhängten Freiheitsstrafen nur äußerst selten. Nach der Criminalstatistik des Deutschen Reichs vom Jahre 1893 wurden von 11 232 zu Zuchthaus Verurtheiten nur 1445 mit mehr als 5 Jahren und von 254 181 zu Gefängniß Verurtheilten nur 3141 zu zwei bis fünf Jahren verurtheilt, und unter diesen befinden sich gerade solche Rückfällige, die bereits durch wiederholte Verbüßung von Freiheitsstrafen für die Deportation unbrauchbar geworden sind.

Trotz dieser und mehrerer anderer die praktische Durchführung betreffenden Meinungsverschiedenheiten besteht aber hinsichtlich der principiellen Frage, welche dem Juristentage zur Beantwortung vorliegt, zwischen dem Referenten und den Herren Gutachtern volle Uebereinstimmung. Der Deutsche Juristentag, der sich heute zum ersten Male mit der Deportationsfrage befaßt, kann wohl nur ein Princip feststellen. Die technischen Fragen, welche die Ausführung der Deportation betreffen, gehören, wenn überhaupt, so doch erst in einem späteren Stadium, vor sein forum.

Wenn ich gleichwohl in diesem Referate gewisse der Colonialpolitik entlehnte Einwände berücksichtige, so geschieht dies nur zur Orientirung des Juristentages und nicht, um ihn dadurch zu einer Entscheidung in diesen Fragen zu veranlassen. Für uns Juristen handelt es sich in erster Linie um die criminalrechtliche Frage:

„ob sich die Deportation nach unseren Colonien überhaupt als Strafmittel empfiehlt."

Die Einwände, welche gegen die Deportation hier und da vorgebracht zu werden pflegen, sind zum Theil nur vage Meinungsäußerungen, die sich nicht auf thatsächliche Unterlagen stützen, sondern der Speculation entlehnt sind, so die Behauptung: „die Deportation sei eine Feigheit," „die Deportation sei ein Ausfluß socialer Faulheit." Zuweilen sind die Einwände so oberflächlicher Natur, daß sich die Widerlegung jedem denkenden Menschen sofort von selbst aufdrängt. So stellen einige Gegner die Sache so hin, als ob diese Strafe von den Verbrechern gar nicht gefürchtet, vielmehr als eine angenehme Reise in's Ausland gesucht werde. Diese Auffassung ist von einzelnen Ausnahmefällen als Regel abstrahirt und berührt nicht das Wesen der Deportation, sondern nur die Frage nach ihrer zweckmäßigsten Ausgestaltung, damit sie als Strafe empfunden werde.

Sicherlich ist die Beschäftigung der Sträflinge in unseren Strafanstalten im Allgemeinen bedeutend weniger anstrengend, als diejenige, welche wir in unseren Colonien fordern können und müssen. Bisweilen fehlt es in unseren inländischen Strafanstalten überhaupt an productiver Arbeit und, um nur die Sträflinge zu beschäftigen, wird zu ganz unmännlichen Beschäftigungen gegriffen. Man läßt Männer in der Küche Kartoffeln schälen, Holz spalten oder unaufhörlich die Anstaltsräume und deren Inventar reinigen.

Ebenso unerheblich ist die Behauptung: „daß durch die Deportation von Sträflingen unser Prestige bei der eingeborenen Bevölkerung leiden würde." Abgesehen davon, daß das für unsere Zwecke in Betracht kommende südwestafrikanische Schutzgebiet so gut wie menschenleer ist (in dem ungeheuren, um die Hälfte größeren Lande als Deutschland wohnen im Ganzen 100 000 Menschen), läßt sich auch an der Moral seiner Bewohner — Hereros und Hottentotten — nicht viel verderben. Wir müssen, wenn wir ehrlich sind, sogar eingestehen, daß selbst unsere Sträflinge als Culturmenschen jenen Barbaren nicht nur an Intelligenz, sondern auch an Gesittung überlegen sind. Sicherlich kann es bei der großen socialen Bedeutung der Deportation für unser Volk wenig in Betracht kommen, wie eine Hand voll Wilder über die sittliche Qualification unserer Sträflinge denkt.

Wenn aber gesagt wird, der Eingeborene in Afrika würde den Respect vor der weißen Rasse verlieren, wenn er den Weißen als Strafknecht in der Colonie arbeiten sähe, so ist das ganz unverständlich. Daß Weiße Verbrechen zu begehen im Stande sind, haben die afrikanischen Eingeborenen nie bezweifelt, sobald sie die Weißen kennen gelernt hatten, und die weitere Wahrnehmung, daß Weiße wegen ihrer Verbrechen mit harten Strafen belegt werden, könnte auf die sittliche Entwickelung der Eingeborenen durch Hebung ihres Gerechtigkeitsgefühls nur läuternd wirken.

Dem Prestige des Reiches bei den Eingeborenen haben die Verbrechen pflichtvergessener Colonialbeamter mehr geschadet, als dies jemals durch den Anblick unserer deportirten Sträflinge geschehen könnte.

Erheblicher erscheinen dem Laien auf den ersten Blick gewisse Einwände, welche besonders von Gegnern aus colonialen Kreisen erhoben werden, so die zur Discreditirung des Deportationswesens in unkritischer Weise herangezogenen Mißerfolge derjenigen Staaten, welche bisher die Deportationsstrafe eingeführt haben, ferner der Einwand größerer Kostspieligkeit und die mit der Deportation verbundene Fluchtgefahr. Alle diese Einwände lassen sich ohne Schwierigkeit widerlegen.

Was insbesondere die angeblich schlechten Erfahrungen anlangt, die England mit seiner Strafcolonisation in Neu-Südwales gemacht haben soll, so ist nur soviel an dieser Behauptung wahr, daß die freien, eingewanderten Colonisten sich gegen weitere Verbrechersendungen aufgelehnt und damit der Deportation ein Ende bereitet haben. Nun ist aber gerade diesen Einwand bereits in der Abhandlung des Referenten: „Fort mit den Zuchthäusern!“ eingehend gewürdigt. Es heißt daselbst: „Gegen diesen Einwand ist leicht Abhilfe möglich dadurch, daß man bestimmte Territorien von vornherein ausschließlich für entlassene Sträflinge zur Ansiedelung reservirt und die Ansiedelung freier Colonisten in diesem Gebiete unter keiner Bedingung duldet. Sollte aber in der Folge das Ansiedelungsgebiet nicht mehr zur Strafcolonisation geeignet erscheinen, weil sich in demselben bereits eine Generation unbescholtener Nachkommen entlassener Verbrecher befindet, so müßte diese Strafcolonie als solche durch ausdrücklichen Erlaß der Regierung geschlossen und formell das Ansiedelungsgebiet auch freien Einwanderern geöffnet werden. Wer sich alsdann in diesem Gebiete ansiedelt, darf sich über die Anwesenheit von entlassenen Sträflingen oder Abkömmlingen derselben nicht beklagen. Er hatte ja bei seiner Niederlassung Kenntniß vom Stande der Dinge. Außerdem steht ihm jeder Zeit frei, durch Auswanderung seine Lage zu ändern.

Mit der Schließung einer solchen Strafcolonie braucht aber für das Deutsche Reich die Deportationsstrafe als solche noch lange nicht aus der Reihe der Strafmittel auszuscheiden, sondern es tritt für das Reich nur die Nothwendigkeit der Colonisirung an anderen geeigneten Stellen ein. An solchen wird es in unserem ausgedehnten Colonialgebiet in absehbarer Zeit nicht fehlen. Sollte aber wirklich einmal unser Colonialgebiet für diese Zwecke nicht mehr ausreichen, so können wir ja diesen Zeitpunkt ohne Beunruhigung abwarten. Von vornherein aber auf Grund dieser entfernten Möglichkeit überhaupt auf die Segnungen Verzicht zu leisten, die ohne Zweifel aus der Deportation für Verbrecher und Vaterland erwachsen, wäre nicht ein Zeichen politischer Weisheit. Bei der Colonisirung von Neu-Südwales durch Verbrecher beging die englische Regierung den großen Fehler, die Niederlassung freier Ansiedler im Bezirk der Strafcolonien nicht nur zuzulassen, sondern sogar in jeder Weise zu begünstigen. Dadurch wurde der Keim für die spätere Unzufriedenheit dieses neuhinzutretenden Elements mit der gleichzeitigen Verwendung dieses Gebiets als Strafcolonie gelegt. Der Gouverneur Macquarin hatte dies richtig erkannt, aber leider drang seine Ansicht bei der englischen Regierung nicht durch, und der seit dem Jahre 1822 sich ergießende Strom freier Einwanderer vernichtete den ursprünglichen Charakter der Colonie.

Thatsache aber bleibt, daß sich die Deportation nach Australien als Strafmittel vorzüglich bewährt, und daß England aus diesem Strafmittel den großartigsten Nutzen gezogen hat. Nicht Mißerfolge, wie die Gegner dieses Strafmittels diejenigen überreden wollen, welche die thatsächlichen Verhältnisse nicht kennen, haben England zur Aufgabe Australiens als Strafcolonie zu bestimmen vermocht, sondern einzig und allein der Widerstand der freien Einwanderung gegen die Zufuhr von Verbrechern.

Bezüglich der französischen Strafcolonien erklärte Leveillé auf dem V. Internationalen Gefängnißkongreß im Jahre 1895, „daß man sich in der Wahl der Verwaltungsmaßregeln allerdings oft vergriffen habe. So sei die Deportation politischer Verbrecher, welche zur Arbeit nicht verpflichtet waren, unhaltbar gewesen; denn mit Müßiggängern kann man nicht colonisiren. Dasselbe gelte von einer großen Zahl der nach dem Recidivistengesetz vom Jahre 1885 nach den Colonien verschickten Sträflinge, die bereits durch die lange Haft zur Arbeit in der Colonie unbrauchbar geworden wären. Man sei oft in der Disciplin zu lässig verfahren und habe dadurch der Deportation ihren Charakter als Strafe benommen 2c. Alle diese Fehler seien als solche erkannt und durch eine Reihe von Reglements der Verwaltung abgestellt worden.

Endlich wies der damalige Chef der russischen Gefängnißverwaltung Galkin Wrassky darauf hin, „daß die Heranziehung der Mißerfolge in Sibirien für den Werth oder Unwerth der Deportation nicht die geringste Bedeutung habe, da es sich hier nur um planloses Abschieben einer ungemessenen Zahl von Verbrechern der verschiedensten Kategorien handle; mangels jeder Organisation der Arbeit könne von einer erfolgreichen Colonisation nicht die Rede sein, und es sei ganz erklärlich, daß in der Folge diese Ueberschwemmung Sibiriens mit dem Abschaume der Verbrecherbevölkerung des europäischen Rußlands zu einer Plage des Landes geworden ist. Dagegen sei der in Rußland zum ersten Male unternommene Versuch einer sachgemäßen Deportation mit Arbeits- und Ansiedelungszwang auf der Insel Sachalin vorzüglich gelungen.

Den anderen Einwand, daß der Strafvollzug in der Colonie sich erheblich kostspieliger stellen würde, als im Mutterlande, hat Referent in seiner Schrift: „Fort mit den Zuchthäusern“ gleichfalls bereits widerlegt. Dort führte er aus, daß die etwaigen Mehrkosten nur in den Kosten bestehen könnten, welche der Transport der Sträflinge nach den Colonien erfordert.

Nach einer Mittheilung der Rhederei Woermann in Hamburg stellt sich der Transport von Hamburg nach den afrikanischen Schutzgebieten pro Kopf auf 200 Mk., d. i. der Passagepreis dritter Klasse. Doch ermäßigt sich dieser Preis erheblich, wenn eine größere Zahl (z. B. mehrere Hundert Sträflinge) auf einmal befördert werden.

Diese Kosten fallen aber nicht in's Gewicht, wenn man die Differenz zwischen den übrigen Kosten des Strafvollzuges in der Heimath und in den Colonien in Betracht zieht. Es handelt sich hier um Unterkunftsräume, Unterhalt und Bewachung der Sträflinge.

Die Unterkunftsräume für die Deportirten stellen sich aber in den Colonien unverhältnißmäßig billiger, als die palastähnlichen Strafanstalten in Deutschland.

Nach den Angaben Krohne's betrugen beispielsweise die Baukosten für nur zehn deutsche Strafanstalten für eine Kopfzahl von 5564 Strafgefangenen 21 283 316 Mk.

Das ist aber nur ein verschwindender Bruchtheil im Verhältniß zu dem Gesammtaufwande für das Deutsche Reich. In Preußen allein unterstehen dem Minister des Innern 51 Straf- und Gefangenenanstalten, in denen im Jahre 1890/91 sich der tägliche Durchschnittsbestand an Gefangenen auf 21 932 belief.

Dabei erkennt selbst Krohne die dringende Reformbedürftigkeit unseres Gefängnißwesens an; denn ein rationeller Vollzug der Freiheitsstrafe ist nach Krohne nur durch Einzelhaft zu ermöglichen. Bisher ist dieses System aber wegen der Höhe der Kosten im Reiche erst zum kleinsten Theile durchgeführt. Schlägt man mit Krohne den Bedarf der Zellen auf rund 50 000 an, und zwar nur für Preußen, und berechnet man die Kosten pro Einzelzelle nach den bisherigen Erfahrungen auf 4500—6000 Mk., so würde uns allein in Preußen die Unterbringung der Sträflinge auf die Kleinigkeit von 225 bis 300 Millionen Mark zu stehen kommen. Der preußische Ministerialdirector Lucas hat gleichfalls eine Summe von 288 Millionen Mark herausgerechnet.

In den Colonien würden die Unterkunftsräume für Deportirte nach dem Monier'schen System (Baracken in der für tropische Bauten üblichen Anordnung) sich für den Kopf auf 200 Mk., mithin für das Tausend auf 200 000 Mk. stellen, d. i. 22½ bis 30 mal billiger als die Einzelzelle unserer inländischen Strafanstalten.

Dabei übersehen die Gegner, daß die Unterhaltungskosten sich in der Strafcolonie erheblich billiger stellen werden als im Mutterlande, vorausgesetzt, daß die Wahl des Ortes, wo die Strafcolonie begründet wird, eine zweckmäßige ist. Es muß nämlich gleich bei der Gründung der Strafcolonie deren agrare Selbständigkeit als nächstes Ziel in's Auge gefaßt werden. Zu diesem Zwecke muß die Ackerbestellung so eingerichtet werden, daß die zur Erhaltung der Deportirten erforderlichen Lebensmittel möglichst bald vorhanden sind.

Ferner verringern sich die Unterhaltungskosten bei der Deportation erheblich durch die zeitweise Beschäftigung der Sträflinge in privatem Dienst und durch deren Ansiedelung nach Verbüßung eines Theiles der Strafzeit.

Wird von diesen Einrichtungen ein weiser Gebrauch gemacht, so lassen sich nicht nur bei der Unterhaltung der Sträflinge, sondern auch bei der Errichtung von Unterkunftsräumen erhebliche Ersparnisse machen.

Sobald aber die Strafcolonie durch das Fortschreiten der Culturarbeiten vom Mutterlande unabhängig geworden ist, hört jede weitere Belastung desselben auf. Aus den steigenden Erträgnissen, welche dem Reiche aus dem Verkaufe der überschüssigen Colonialproducte und der ihm gehörigen Ländereien im Ansiedelungsgebiete, aus den Steuern und Zöllen in demselben erwachsen, werden die vorher auf die Colonien verwendeten Anlagekosten reichlich gedeckt.

Ferner ist zu berücksichtigen, daß der größte Theil der Aufwendungen des Reiches für den deportirten Sträfling von diesem selbst dem Reiche direct zurückerstattet wird, während bei dem inländischen Strafvollzuge die Zurückzahlung der Haftkosten eine seltene Ausnahme bildet. So werden von dem angesiedelten Sträfling allmählich die vom Reiche für ihn verauslagten Transportkosten und der Preis für das zur Bebauung übergebene, vorher urbar gemachte, Ackerland eingezogen, desgleichen die für die Errichtung der Hütte, für Gewährung von Saatgut und Ackergeräth gemachten Aufwendungen. Die Zurückzahlung kann in Form eines jährlich zu zahlenden Zinses geschehen, dessen Eintreibung insofern wenig Schwierigkeiten bereitet, als die Colonialverwaltung über das wirthschaftliche Gebahren des Angesiedelten nach wie vor die Controlle behält.

Aber selbst zugegeben, es würde sich alsdann noch die Rechnung, die wir aufgestellt haben, um ein Erhebliches vergrößern, was bedeuten diese dem Reiche erwachsenden Kosten im Verhältniß zu den unvergleichlichen Vortheilen, welche dem Reiche aus der Deportation erwachsen?

In der Außerachtlassung dieser Vortheile besteht der große Fehler, der nur zu häufig von den Gegnern der Deportation bei der Berechnung der Deportationskosten gemacht wird. Diese Vortheile lassen sich ziffermäßig gar nicht ausdrücken. Sie übersteigen die Ausgaben sehr erheblich.

Vor Allem spart der Staat das Geld, welches ihm die Erhaltung der Rückfälligen in den Strafanstalten kosten würde. Dann aber bestehen die Vortheile in den für Rechnung des Mutterlandes durch die Sträflinge gemachten öffentlichen Arbeiten und in dem durch die Culturarbeit der Sträflinge gesteigerten Gesammtwerthe des Coloniallandes; die Einnahmen aus dem Verkaufe von Colonialland, das in seinem Bodenwerth erheblich gestiegen ist, stehen außer Verhältniß zu den Anlagekosten der Strafcolonie. Endlich, was das Wichtigste ist, in der Strafcolonie beziehungsweise in den Ansiedelungsgebieten eröffnen sich Absatzgebiete für unsere heimische Industrie. Thatsache ist, daß England durch Verkauf der Kronländereien und aus dem späteren Ertrag an directen Steuern und Zöllen das im australischen Colonisationsgebiete aufgewendete Capital bald zurückgewonnen hatte.

Auf die Angaben Krohne's, daß die Kosten jedes Deportirten in Neu-Caledonien im Jahre ungefähr 2000 Frcs. betragen, ist in dieser Form gar nichts zu geben. (Freund berechnet die Kosten nur auf 674 Frcs.) Die Behauptung Krohne's ist allerdings von einem Gegner der Deportation, Professor Prins in Brüssel, auf dem Pariser Gefängnißcongresse aufgestellt worden. Aber so lange nicht feststeht, wie diese Summe entstanden ist, beweist die hohe Zahl an sich gar nichts. Diese enorme Summe ist nicht etwa im Wesen der Deportation begründet, sondern eingestandenermaßen auf die geradezu verschwenderische Ausstattung der colonialen Gefängnißbeamten, auf verfehlte Experimente und andere Mißgriffe der französischen Verwaltung zurückzuführen.

Was nun die Fluchtgefahr in den Colonien anlangt, so ist zu berücksichtigen, daß Deutsch-Südwestafrika außer einigen wenigen oasenähnlichen Ansiedelungen infolge seines Wassermangels zur Zeit noch ein unwirthliches wüstes Land ist. Bei richtiger Wahl des Ortes erscheint daher die Flucht so gut wie ausgeschlossen; denn sie wäre ohne Kenntniß des Landes und des Weges, ohne Lebensmittel so gut wie aussichtslos; sie würde den Flüchtigen in's sichere Verderben führen; dem Vaterland erwächst aber auch hierdurch kein Schaden. Eine Verfolgung wäre daher kaum zu empfehlen.

Zu dem Capitel „Flucht der Sträflinge" will ich auch hier noch einmal auf die durch die Erfahrung bestätigte Thatsache hinweisen, daß schon die Zuchthausinsassen in der Regel lieber in ihren Anstalten bleiben, als daß sie sich freiwillig in die Freiheit begeben, wo ihnen ein schwerer Kampf um's Dasein bevorsteht. Nicht selten begehen sie nach ihrer Entlassung von neuem Verbrechen, um wieder sorgenfreie Unterkunft im Zuchthause zu finden. Um wie viel weniger wird der nach Südwestafrika deportirte Sträfling, der seine Strafe in freier Luft verbüßt und die sichere Aussicht hat, bei ordentlicher Führung einmal zu ökonomischer Selbständigkeit zu gelangen, sich durch die Flucht in die Wildniß einer höchst precären Zukunft aussetzen.

Für den Fall der Ansiedelung von Deportirten als selbständige Landeigenthümer ist selbstverständlich die Fluchtgefahr nicht mehr zu besorgen. Aber auch der Sträfling auf der Straffarm wird, so lange seine Behandlung eine menschliche ist — und das muß sie sein, denn Grausamkeit entehrt den strafvollstreckenden Staat — in der Regel den Aufenthalt in der Straffarm oder bei einem Landeigenthümer, dem er zur Beschäftigung überwiesen ist und wo er regelmäßig Kost, Kleidung und Obdach erhält, dem Leben eines Flüchtigen in den zum großen Theil noch wüstliegenden Steppen Südwestafrikas vorziehen.

Endlich werden drakonische Maßregeln für den Fall der Wiederergreifung eines Flüchtigen, sowie strenges Verbot der Aufnahme durch Dritte und die Pflicht der Rücklieferung die Fälle der Flucht auf ein Minimum herabdrücken. In Anbetracht dieser Verhältnisse wird auch das Bewachungspersonal nicht erheblich stärker zu sein brauchen, als bei dem inländischen Vollzuge der Freiheitsstrafe.

Mit der Fluchtgefahr bringen die Gegner, besonders die aus colonialen Kreisen, die Möglichkeit eines Einspruches der unserem Schutzgebiete benachbarten Mächte gegen die Errichtung einer Strafcolonie in Verbindung. Hierzu haben aber die Mächte kein Recht. Das Reich ist unumschränkter Gebieter über Deutsch-Südwestafrika und durch keinerlei Verträge wegen dieses Schutzgebietes gebunden. Im Jahre 1884 stellte wohl England einmal an das Reich das Ansinnen, sich der Anlage von Strafcolonien an der Küste von Angra Pequena zu enthalten. Aber der Reichskanzler Fürst Bismarck wies diese Forderung zurück.

Es könnte sich hier überhaupt nur um England und Portugal handeln. Von Portugal ist aber ein Einspruch schon deshalb nicht zu befürchten, weil es selbst Sträflinge nach Angola, dem Nachbarlande des Nordens von Deutsch-Südwestafrika, deportirt.

An die Grenze des Caplandes brauchen wir aber bei der immensen Größe unseres Schutzgebietes die Straffarmen ja gerade nicht zu legen.

Ganz abgesehen davon kann ja kein Staat verhindern, daß verbrecherische Elemente einwandern, insbesondere nach Verbüßung ihrer Strafen, die bekanntlich die Menschen nicht besser machen.

Unter den Abenteurern englischer Herkunft, welche nach den Goldfeldern des Transvaal strömen, um dort Geld zu verdienen, finden sich viele, die sich in ihrer moralischen Qualification nicht sehr von den Deportirten unterscheiden. Viele von ihnen haben schon Criminalstrafen verbüßt, wie eine statistische Feststellung ergeben würde, und doch verlangt gerade England nicht nur die Aufnahme dieser Elemente, sondern sogar deren bürgerliche Gleichstellung in der südafrikanischen Republik.

Und wir Deutschen sollten England zu Liebe Skrupel hegen, unsere Sträflinge zur Verbüßung ihrer Strafen in unserem Schutzgebiete zu beschäftigen, beziehungsweise anzusiedeln?

Das Hauptgewicht legen die Gegner auf gewisse der Einführung der Deportation nachtheilige Auslassungen des Gouverneurs von Deutsch-Südwestafrika, Herrn Leutwein, in der Budgetcommission des Reichstags in diesem Jahre, auf Grund deren auch der Staatssecretär Herr Nieberding sich im Reichstage gegen die Deportation erklärte. Allein die spärlichen Aeußerungen des Herrn Leutwein können als ein abschließendes Gutachten in dieser wichtigen Frage keineswegs gelten, um so weniger als Leutwein sich nicht auf Bedenken colonialer Natur stützt, in denen er Fachmann ist, sondern vielmehr auf Gründe, die allgemeiner Natur sind.

Ueberdies ist Herr Leutwein gar nicht als Gegner eines Versuchs der Deportation nach Deutsch-Südwestafrika zu betrachten.

Nach der Mittheilung des Staatssecretärs Nieberding äußerte sich Herr Leutwein dahin, daß man sich bei einem Versuche zunächst allerdings auf eine geringe Zahl von Sträflingen — er nannte die Zahl 100 — beschränken müsse, und in einem Briefe (abgedruckt in einer Schrift des Pfarrer Dr. Seyfarth: „Hinter eisernen Gittern") sagt Herr Leutwein wörtlich:

„Ich halte mich zu einem abschließenden Urtheil über die Deportationsfrage nicht befähigt, da letzteres überhaupt nur an der Hand von Erfahrungen gewonnen werden kann. Um solche zu gewinnen, muß indessen ein Versuch gewagt werden, und würde ich daher die Frage, ob ein solcher (aber nur ein solcher) empfehlenswerth sein würde, unbedingt bejahend beantworten."

Ganz derselben Ansicht d. h. für einen Versuch sind übrigens die besten Kenner unseres Schutzgebietes wie Kurt von François, Dr. Esser und Franz von Bülow.

Ein solcher Versuch verursacht weder große Kosten noch sonst irgend welche Nachtheile für das Reich. Wenn irgendwo, so gilt in Sachen des Strafvollzuges, insbesondere in Sachen der Deportation, der Satz, daß „Probiren über Studiren" geht.

So viel steht fest, daß durch die Einführung der Deportationsstrafe sich die ungeheuren Kosten des Strafvollzuges mit der Zeit erheblich vermindern werden. Diese Summen würden dann zum größten Nutzen des Reichs in seinem Schutzgebiete verwerthet werden.

Gerade in Deutsch-Südwestafrika ist die Vermehrung intelligenter Arbeitskräfte eine Lebensfrage. Hier fehlt es an Händen, während in den Strafanstalten des Mutterlandes die Kräfte vergeudet werden.

Auch in social-politischer Hinsicht kann die Deportationsstrafe für Deutschland, das an Uebervölkerung leidet (der Geburtenüberschuß beträgt jährlich 600 000) von hervorragender Bedeutung werden; denn die Hauptquelle der meisten Verbrechen ist hier die Noth, entstanden aus der Schwierigkeit der Erwerbsverhältnisse. Sie treibt alljährlich Tausende von Volksgenossen, und nicht die schlechtesten, für die ihr Vaterland zu eng ist, über's Meer, wo sie sich in der neuen Heimath mit der äußersten Anspannung aller Kräfte ein menschenwürdiges Dasein gründen.

Die Unglücklichen aber, denen die Mittel fehlen, ihr unbarmherziges Geschick zu ändern, die bereits durch die Noth entkräftet, entmuthigt und demoralisirt, sie sind die Vorfrucht unserer Zuchthäuser.

Die Noth ist die Hauptursache ihrer schlechten Erziehung und der sich daran knüpfenden Verkommenheit, welche schließlich zum Verbrechen führen muß. Können alle diese Elemente im Vaterlande nicht mit lohnender Arbeit versehen werden, so kann wenigstens denjenigen, welche wegen Arbeitsscheu wiederholt im Arbeitshause detinirt waren, oder die durch Begehung von Eigenthumsdelicten bereits ihre Unfähigkeit, sich selber zu ernähren, bewiesen haben, ferner denjenigen, welche wiederholt durch ihr excessives Verhalten die Culturgemeinschaft gestört haben und deshalb dem Strafrichter verfallen sind, die Möglichkeit gewährt werden, ihre Kräfte in einer für ihr eigenes und das Wohl des Vaterlandes geeigneten Weise zu verwerthen. Der Staat muß diese Unglücklichen zwangsweise in eine solche Lage setzen, in welche energische Naturen sich aus eigener Kraft zu retten vermochten, bevor es zu spät war. Sowie die freie Auswanderung in dünnbevölkerte Länder die einzige Rettung für das überschüssige Menschenmaterial übervölkerter Länder ist, so ist die Deportation das nothwendige Ventil, durch welches jene Länder von verbrecherischen Elementen befreit werden.

Auf Grund dieser Erörterungen schlage ich in Uebereinstimmung mit den beiden Herren Gutachtern der geehrten Abtheilung vor, die Frage:

„Empfiehlt sich ein Versuch der Deportation nach den Colonien als Strafe?"

bejahend zu beantworten.

(Beifall.)

Rechtsanwalt Dr. **Korn** (Berlin): M. H., die beiden Gutachten, welche uns vorliegen, von Prof. Bornhak und Reg.=Rath Freund, stimmen zwar darin überein, daß ein Versuch mit der Deportation sich empfehle. Sie sind aber in ihren Grundlagen dennoch sehr verschieden. Herr Prof. Bornhak empfiehlt die Einführung der Deportation ohne Gesetz auf dem Verwaltungswege, während Herr Reg.=Rath Freund mit den anderen Juristen, soweit ich sie kenne, der Ansicht ist, daß es ohne Gesetz wohl kaum abgehen werde. Herr Prof. Bornhak steht auf dem Standpunkte des Prof. Bruck, der ja hauptsächlich durch seine Broschüren für die Deportation in Deutschland Stimmung gemacht hat. Er empfiehlt die Deportation zur Ansiedelung, Herr Reg.=Rath Freund dagegen ist der Meinung, daß es ein Unrecht gegen die Deportirten wäre, sie zur Ansiedelung auf Lebenszeit zwingen zu wollen, daß die Deportation sich zu colonistischen Zwecken an sich überhaupt nicht eigne, daß es sich vielmehr nur darum handeln könne, den Strafvollzug aus dem Inland ins Ausland zu verlegen, in den Colonien überseeische Strafanstalten zu gründen und von diesen aus die Strafhaft und die Beschäftigung der Sträflinge zu leiten. Herr Reg.=Rath Freund empfiehlt also die Deportation nur aus Zweckmäßigkeitsrücksichten, weil er der Meinung ist, daß der Strafvollzug in den Colonien sich besser, nützlicher für das Land sowohl als auch die Sträflinge selbst gestalten läßt, als es im Inlande der Fall ist. Im Laufe meiner Studien, die ich begonnen habe als Freund der Deportation, bin ich nun aber zu der Ansicht gekommen, daß die Deportation als Strafmittel principiell zu verwerfen ist, daß sie sich speciell für Deutschland in keiner Weise empfiehlt, und ich möchte Ihnen gleich im Anfang die These mittheilen, welche ich Ihnen zur Annahme vorschlage und die dahin lautet:

> Die Deportation ist als Strafmittel für Deutschland nicht geeignet. Ein Versuch mit der Deportation ist nicht zu empfehlen.

Ich überreiche diese These dem Herrn Vorsitzenden.

Wenn ich nun zunächst auf die Frage eingehe, in welcher Weise wohl die Deportation zur Einführung gelangen kann, so glaube ich nicht, daß irgend einer der verantwortlichen Beamten im Reich oder Preußen Neigung haben wird, den Weg, den Herr Prof. Bornhak vorschlägt, einzuschlagen, also ohne Gesetz etwa Gefangene nach Afrika zu schicken. Er könnte doch dabei sehr leicht mit dem Strafgesetzbuch in Conflict kommen, welches in § 339 denjenigen Beamten, welcher durch Mißbrauch seiner Amtsgewalt Jemand zu einer Duldung widerrechtlich nöthigt, mit Gefängnißstrafe bedroht. Die Deportation ist eben nicht einfach eine andere Art der Vollziehung der bestehenden Freiheitsstrafen, sondern sie ist, wie wohl außer Herrn Prof. Bornhak allgemein anerkannt wird, ein besonderes Strafübel, verschieden von den bestehenden Strafen, verschieden durch die zwangsweise Verbannung in eine entfernte Gegend, durch die dauernde Trennung von Verwandten und Freunden, durch die Gefahren, mit welchen der lange Seetransport und ein fremdartiges Klima den Sträfling bedrohen. M. H., als Napoleon III. in Frankreich die Deportation einführte, da that er es als Dictator ja zunächst im Jahre 1852 durch Decret, aber er hielt es doch dann für nothwendig, ein besonderes Gesetz zu erwirken, das Gesetz vom 30. Mai 1854, welches die Zustimmung der französischen Volksvertretung gefunden hat. Also auch dieser Usurpator betrat den Weg der Gesetzgebung. Meines Erachtens kann ernstlich nur in Frage kommen, ob die Deportation in Deutschland durch Gesetz geschehen wird oder nicht. Nun meine ich, man kann sich bei der Deportation nicht einfach auf den Standpunkt stellen, daß man sagt: wir als Juristen empfehlen sie oder empfehlen sie nicht aus rein juristischen Gründen. Die Frage ist eben keine rein juristische, sondern sie ist zugleich eine eminent volkswirthschaftliche und eine colonialpolitische Frage. Es werden bei der Einführung nicht rein juristische Momente maßgebend sein, wenn sie jemals beschlossen werden sollte, sondern es werden diese beiden anderen Rücksichten auch in Frage kommen. Speciell wird von der Volksvertretung auf die Colonialfrage ein erhebliches Gewicht gelegt werden, und wie ich meine, auch gelegt werden müssen, denn es handelt sich hier um sehr erhebliche Summen, die nothwendig sind. Es ist anerkannt, daß die Deportation bei Weitem die kostspieligste Art der Strafvollstreckung ist, welche es überhaupt giebt. Ich möchte Ihnen hier nicht etwa eine specielle Kostenrechnung entwerfen, das würde zu weit führen, aber auf Grund meiner Studien, die alle diejenigen Reiche umfassen, in denen die Deportation überhaupt eingeführt worden ist, darf ich getrost die Behauptung aufstellen, daß die Deportation dreimal so theuer ist, als der Strafvollzug im Inlande. Es kommen dabei nicht nur die hohen

Transportkosten in Betracht, sondern auch die sehr viel höheren Gehälter des Aufsichtspersonals — denn wer geht gern in die Colonien, namentlich in die Strafcolonien, wenn er nicht ein Aequivalent für die Einsamkeit und die Unannehmlichkeiten des Aufenthalts dort erhält in einem wesentlich höheren Gehalt. Es kommt ferner in Betracht die sehr kostspielige Verpflegung der Gefangenen in den Colonien. Keine der Strafcolonien ist im Stande, dasjenige, was für die Sträflinge gebraucht wird, selbst zu produciren, es findet überall ein starker Import vom Mutterlande her statt, und dieser Import stellt sich recht theuer durch die hohen Frachten, die hinzutreten. Außerdem fehlen in der Colonie selbst überall die billigen und raschen Transportmittel, die dem Mutterlande zu Gebote stehen, und darum wird ebenfalls die Verpflegung wesentlich vertheuert. Speciell die Verpflegung in Südafrika ist sehr theuer, der bloße Unterhalt eines Negers in Südwestafrika stellt sich auf 1 Mk. täglich. Nun wird man ja wohl einsehen, daß ein Gefangener ganz wesentlich besser verpflegt werden muß, als ein Neger, der an das Klima gewöhnt ist. Man wird unter 3 Mk. täglich einen deutschen Gefangenen wohl kaum verpflegen können. Dazu kommen die sehr hohen Kosten für die ärztliche Behandlung und Hospitalpflege der Gefangenen. Ueberall in sämmtlichen Colonien ist dauernd ein starker Procentsatz der Gefangenen arbeitsunfähig in Folge der Einwirkung des Klimas. Sie müssen verpflegt werden, es müssen Aerzte hinkommen, Krankenpfleger, und dadurch wird ein sehr bedeutender Theil der Aufwendung des Staates für die Deportation absorbirt. In England kostete zur Zeit der Deportation der Gefangene im Inlande durchschnittlich 460 Mk. jährlich nach unserer Rechnung. Gegenwärtig stellt sich der Satz etwas niedriger, er beträgt gegenwärtig im Inlande ca. 350—370 Mk. jährlich. Der Deportirte Englands kostete aber in Australien durchschnittlich jährlich 972 Mk. Dazu kamen mindestens 490 Mk. Transportkosten einschließlich der Verpflegung während des Transports, so daß sich die Kosten in England für jeden Deportirten jährlich auf 1462 Mk. beliefen, also etwa dreimal so viel, als im Inland.

(Zuruf des Oberreichsanwalts Hamm: Sie müssen den einmaligen Transport auf 10 Jahre vertheilen.)

In Frankreich ist das Resultat wenigstens ungefähr dasselbe. Durchschnittlich kostet der Unterhalt des Gefangenen in Frankreich 90 Centimes täglich, das macht 328 Fr. jährlich. In den Strafcolonien kostet der tägliche Unterhalt durchschnittlich 2,15 Fr., das macht 800 Fr. jährlich. Dann die Transportkosten: sie betragen nach Cayenne 255 Fr., nach Neu-Caledonien 475 Fr. pro Mann, also auch da ist die Rechnung ungefähr so, daß das Dreifache herauskommt. Der Unterhalt eines Sträflings in den Colonien kostet der französischen Staatskasse durchschnittlich mehr, als Frankreich für einen Soldaten oder Matrosen aufwendet. Um diese Zahlen richtig zu würdigen, möchte ich noch anführen, daß in Preußen jeder Gefangene durchschnittlich an Unterhalt $31^{1}/_{5}$ Pf. täglich kostet und daß, wenn man sämmtliche anderen Kosten hinzurechnet neben dem Unterhalt, sie $54^{7}/_{10}$ Pf. täglich ausmachen. Der preußische Jahresetat für Gefängnisse und Zuchthäuser zusammengenommen beträgt durchschnittlich $12^{1}/_{2}$ Millionen Mark jährlich. Dagegen wendet Frankreich für die Deportation allein jährlich 10—11 Millionen an. Dazu kommt natürlich noch das innere Gefängnißwesen, das in Frankreich ca. 20 Mill. kostet. Bei Einführung der Deportation würde sich also meines Erachtens mindestens eine Verdoppelung der Ausgaben für das Gefängnißwesen ergeben. Die Transportkosten nach Südwestafrika belaufen sich, wenn ich nur den gegenwärtigen Passagierpreis für Zwischendeck zu Grunde lege, auf 320 Mk. Soviel wird von der Woermann'schen Dampferlinie berechnet. Viel billiger würden sich auch durch großen Massentransport die Kosten nicht stellen lassen. Dabei dauert die Fahrt nach Südwestafrika per Dampfer einen vollen Monat. Die Deportation legt also der ehrlichen Bevölkerung für die Verbrecherwelt einen sehr starken Tribut auf, einen Tribut, welchen meines Erachtens kein Staat auf die Dauer zahlen kann ohne Gefährdung wichtigerer Culturinteressen. In Frankreich fehlt es z. B. an Geld zu dem nothwendigen Umbau der Gefängnisse, wozu 35 Millionen Francs nöthig sind; diese 35 Millionen Francs sind trotz aller Mühe in Frankreich nicht aufzutreiben. Aber für die Deportation werden jährlich 10—11 Millionen geopfert, und welchen Nutzen hat dieser schwere finanzielle Aufwand für den deportirenden Staat gehabt? In England ist, so lange die Deportation dauerte, die Criminalität im Inlande fort und fort gestiegen. Als die Deportation eingestellt wurde und statt dessen eine Reform der Gefängnisse im Inlande durchgeführt wurde, seit dem Jahre 1853, sank die Zahl der wegen Verbrechen und Vergehen Verurtheilten und der Gefängnißinsassen mit derselben Stetigkeit, mit der sie vorher gestiegen war, und sie ist fortdauernd im Sinken geblieben bis zum heutigen Tage. In Frankreich hat man wegen der Deportation eine Gefängnißreform vernachlässigt in der Hoffnung, daß die Criminalität durch die starke Deportation abnehmen werde. Aber seit dem Jahre 1854, dem Beginne der französischen Deportation, hat die Criminalität sich mehr als verdoppelt, der Rückfall insbesondere ist im Steigen geblieben, die schweren Verbrechen haben nicht abgenommen. Ebenso wirkungslos wie das Gesetz von 1854, welches die zu travaux forcés Verurtheilten nach den Strafcolonien verbannte, ist auch das neuere Gesetz vom 27. Mai 1885 gegen die Rückfälligen geblieben. Die Politiker Frankreichs stehen völlig rathlos der anschwellenden Fluth der Verbrechen gegenüber. Eine ähnliche Erscheinung finden Sie auch in Rußland, wo die Deportation schon seit Jahren im Gange ist. Aber die Zahl der Deportirten nimmt deshalb nicht ab und die inländischen Gefängnisse sind andauernd so überfüllt, daß die größten Uebelstände in sanitärer und moralischer Beziehung die Folge sind. Nirgends hat die Deportation denjenigen Zweck erreicht, welchen doch die Staaten naturgemäß mit ihr in erster Linie verfolgen, nämlich die Entlastung der inländischen Gefängnisse, nirgends ist dieser Nutzen eingetreten.

Aber vielleicht war die Deportation dafür für die Colonien vortheilhaft? Wenn Sie, m. H., in den Strafcolonien selbst nachfragen würden, so würden Sie Antworten darauf erhalten, die an Deutlichkeit nichts zu wünschen übrig lassen würden. Alle freien Einwohner der Strafcolonien — mögen sie nun in Australien, Cayenne oder Neu-Caledonien sein — betrachten die Deportation geradezu als einen Fluch für ihre Colonie und würden je eher desto lieber ihr ein Ende machen. Es sind nicht etwa nur Empfindungen des verletzten Stolzes und Ehrgefühls, die den freien Ansiedler zur Feindschaft gegen die Sträflinge führen, sondern der Selbsterhaltungstrieb zwingt ihn dazu. Sibirien und Neu-Caledonien sind von entlassenen Verbrechern, die als Vagabunden herumlungern, geradezu überschwemmt, und die entsprungenen Sträflinge bilden eine ständige Gefahr für Leben und Gut der Ansiedler. In Cayenne ist die Zahl der entlassenen Sträflinge nicht so groß, weil der Tod nicht viele übrig läßt, aber die wenigen, welche übrig bleiben, werden fast durchweg Vagabunden, und die flüchtigen Verbrecher, deren Zahl in jeder Strafcolonie jährlich mehrere Hundert beträgt, bedrohen den Landfrieden. Nirgends hat bisher die Deportation eine Colonie zur Blüthe gebracht. In Australien waren die englischen Strafcolonien zeitweise verrufene Räuberhöhlen, nur durch fortwährendes Hängen und Erschießen konnte die Ruhe einigermaßen aufrecht erhalten werden. Wenn die Ansiedelung einer Minorität von Deportirten in Neu-Südwales Erfolg hatte, so erklärt sich dieses daraus, daß England damals nicht bloß Gewohnheitsverbrecher, sondern auch einfache Gelegenheits-Delinquenten deportirte, Leute, an deren Deportation heute Niemand denken würde. Einfacher Diebstahl, Körperverletzung genügte seiner Zeit, um aus England deportirt zu werden. Aber die Gewohnheitsdiebe hat man auch in Australien niemals brauchen können, und die schweren Verbrecher, Gewaltsmenschen und Einbrecher hat man auch in Australien stets nur eingesperrt, oder in Ketten gehalten wie in England selbst. Wenn Australien sich gut entwickelt hat, so hat es das nicht der Deportation zu verdanken, die es im Gegentheil Jahrzehnte hindurch geschädigt hat, sondern der Entdeckung der Goldfelder 1851 und der dadurch veranlaßten sehr starken Einwanderung. Nur ein geringer Theil der heutigen Einwohner Australiens stammt von ehemaligen Deportirten ab. Die überwältigende Mehrheit bilden die freien Einwanderer, und nur ihnen ist die wirthschaftliche und politische Entwickelung der australischen Colonien zu verdanken. Ebensowenig ist die Deportation in Sachalin, die ja neueren Datums ist, Erfolg versprechend.

Sachalin hat mit Ausnahme der südlichen Ecke ein Klima, welches an Rauhheit Lappland gleichkommt. Es hat einen fortwährenden Winter, die unsicheren Ernten und das eisige Klima treiben Jeden von der Insel fort, der nicht dort bleiben muß, die Bevölkerung nimmt nicht zu, die natürliche Vermehrung ist gleich null, die zwangsweise Angesiedelten thun möglichst wenig für den Anbau und verlassen ihr Stück Land, sobald sie nur irgend dazu im Stande sind.

Es bleibt nur noch übrig zu prüfen, ob die Deportation für die Gefangenen selbst etwa vortheilhafter ist als der Strafvollzug im Inlande. Diejenigen, welche den Colonien die Last der Sträflinge gern aufbürden möchten, salviren ihr Gewissen mit dem Troste, daß die Gefangenen in der Colonie gebessert und zu brauchbaren Menschen gemacht würden. Aber ich habe schon darauf hingewiesen, daß die Erfahrung diese optimistische Ansicht überall widerlegt. Man erwartet zu viel von der Ortsveränderung. Weshalb sollten Verbrecher ehrlich und arbeitsam werden, wenn sie nach einem fremden Lande kommen? Wird etwa ein Hecht ein Karpfen, wenn man ihn in einen entfernten Teich setzt?

Dazu kommt überall in den Colonien die entnervende Einwirkung des Klimas. entnervend sowohl, wenn das Klima sehr heiß ist, also auch wenn es sehr kalt ist. Wenn es sehr heiß ist, so ist körperliche Arbeit für Weiße außerordentlich schwer, fast unmöglich. Wenn es sehr kalt ist, wie in Sachalin, dann verfallen die Gefangenen erfahrungsmäßig der Trunksucht, die dort in einem furchtbaren Maße grassirt, und die ebenfalls die Leute sehr bald arbeitsunfähig macht.

Aus diesen Gründen hat nun die Deportation zum Zweck der Ansiedelung nur sehr wenig Anhänger mehr. Eher könnte noch in Frage kommen die Deportation lediglich zur Vollziehung von Zwangsarbeiten mit der Maßgabe, wie sie Herr Reg.-Rath Freund ja auch vorgeschlagen hat, daß nach Ablauf der Strafzeit der Deportirte wieder zurückbefördert wird, wenn er nicht in der Colonie freiwillig bleiben will. Als Strafmittel betrachtet, gleicht nun die Deportation einer Blancovollmacht an die Strafjustizverwaltung. Man kann die Strafe weder mild noch streng nennen, es kommt ganz darauf an, welchen Inhalt sie erhält durch die Art der Vollziehung und den Ort der Vollziehung. Eine Strafe unter ewig trübem Himmel in eisigem Klima, mit hartem Boden wirkt anders als ein Aufenthalt in mildem Klima und fruchtbarer Gegend. Eine Verbannung nach Cayenne ist fast sicherer Tod, nach Neu-Caledonien eher eine Erholung und Erfrischung, eine Badereise nach einem klimatischen Kurort. Für die Schwere der Strafe hängt alles weiter davon ab, welche Beschäftigung gewählt wird, welche Zucht und Disciplin gehalten, welche Verpflegung gewährt wird. Die Deportation kann, je nachdem sie eingerichtet ist, eine Wohlthat oder eine Grausamkeit sein.

Aber wie sie auch immer vollzogen werden wird, stets wird sie unvollkommener sein als der inländische Strafvollzug. Zunächst besteht der Strafvollzug überall in gemeinsamer Haft und gemeinschaftlicher Zwangsarbeit. Darüber ist schon zur Zeit der englischen Deportation geklagt worden. Man konnte aber gegen den Uebelstand nichts ausrichten. Es bildete sich ein fester Zusammenschluß aus, der Einzelne wird tyrannisirt durch die Gemeinschaft und die schlechtesten Elemente verderben die besseren. Nach der Entlassung findet Jeder seine früher entlassenen Freunde vollzählig in der Colonie vor. Will er arbeiten, so wird er von ihnen verspottet, und will er sich zurückziehen, so trifft er überall die Rotten der Sträflinge, seiner ehemaligen Mitgefangenen, die das Land durchziehen und ihn als guten Freund begrüßen. Einzelhaft ist in den Colonien undurchführbar, weil sie zu viel Geld kostet und große Gefängnißbauten nicht möglich sind. Aufsicht und Disciplin ist nothgedrungen laxer als im Inlande, denn einmal fehlt es überall an der nöthigen Zahl von Aufsehern, weil die Gehälter zuviel kosten, und dann gehen auch nicht gerade die besten und bewährtesten Beamten gern nach den Strafcolonien. Dazu kommt, daß die Arbeit im Freien sich überhaupt schwer controliren läßt, ein Schweigegebot ist gar nicht durchzuführen. Vor Allem aber fehlt die nothwendige Controle des Personals. Die größten Mißbräuche, Bestechungen, Mißhandlungen, Durchstechereien aller Art sind in allen Strafcolonien constatirt und können Jahre lang fortdauern, ohne daß ein Hahn danach kräht.

Unter der Einwirkung des heißen Klimas, des abgeschlossenen Lebens und in der fortwährenden Gesellschaft von Missethätern verlieren auch die Anfangs tüchtigen Beamten oft ihre Selbstbeherrschung und Ruhe, sie werden entweder tyrannisch oder schlaff. Meutereien sind daher häufig, und Fluchtversuche führen jährlich mehrere Hundert Sträflinge als gefürchtete Gäste in's Land. Sie werden zwar gewöhnlich wieder eingefangen, aber inzwischen, bis dieses geschehen kann, haben sie doch die Colonien gebrandschatzt. Einzelnen gelingt es natürlich vollständig zu entkommen, aber das sind Ausnahmen. Alle diese Verhältnisse sind unabänderlich, sie erklären genügend den geringen Erfolg, welchen die Deportation nicht bloß in Australien, nicht bloß in Neu-Caledonien und Cayenne, sondern überall gehabt hat, wo sie überhaupt versucht worden ist.

Vom Standpunkt der Gerechtigkeit aus ist die Deportation gleichfalls zu verwerfen. Sie ist eine Sonderstrafe für die körperlich kräftigen Verbrecher, während die schwächeren und älteren und die Frauen eine ganz andere Strafe erleiden: also es giebt thatsächlich für gleiche That verschiedene Strafen. Selbst innerhalb der Colonien wirkt die Beschäftigung ungleichmäßig je nach der Natur der Arbeit und nach der körperlichen Kraft der Arbeiter. Die stärksten und klügsten haben es am besten.

Ich halte es nach Allem, was ich über die Strafcolonien weiß, für gänzlich ausgeschlossen, daß ein Versuch der Deportation in Deutschland bessere Resultate erzielen würde, als bei anderen Völkern. Von allen deutschen Colonien käme zunächst nur Südwestafrika in Betracht. Denn darüber sind Alle einig, daß die Deportation nach anderen Colonien, welche ein tropischeres, heißeres Klima haben, nicht zu einer Ansiedelung oder zu einer Strafanstalt führen würde, sondern nur dazu, daß man dort einige große Hospitäler und einen großen Kirchhof einrichtet. Aber auch Südwestafrika kommt meines Erachtens nicht ernsthaft in Betracht. Der Boden dort ist im Ganzen wenig fruchtbar, das Klima immerhin recht heiß, und wenn auch wohlverpflegte Europäer dieses Klima ertragen können, so würden doch die Gefangenen dort nicht lange gesund bleiben und nichts leisten. Denn die Krankheiten, welche Afrika verheeren, die Malaria und Dysenterie, sind auch in Südwestafrika zu finden, und die Keime dieser Krankheiten haften gerade im Erdboden des Landes. Die Gefangenen würden hauptsächlich, wenn überhaupt, nur mit Erd- und Bodenarbeiten zu thun haben. Es ist mir ganz klar, daß dabei die Mehrzahl der Gefangenen dauernd im Hospital sich befinden würde. Zu den nothwendigen Hafen- und Wegearbeiten könnten sehr wohl Neger herangezogen werden, die in Südafrika weit billiger und leistungsfähiger zu haben sind, als weiße Arbeiter. Die Colonisten haben jedenfalls nicht die geringste Lust in Südwestafrika, mit Deportirten beglückt zu werden. Sowohl der Gouverneur Leutwein, als die besten Kenner des Landes, Dowe, von Bülow, Graf Pfeil, haben sich gegen die

Deportation erklärt. Weshalb also sich aufdrängen? Beneficia non obtruduntur! Wenn Herr Prof. Bruck aus jedem Sträfling einen Reichsfarmer machen will, so sehe ich nicht ein, weshalb die Herren Verbrecher vor unseren ehrlichen Soldaten und Bauern, die auch gern eine Reichsfarm haben möchten, den Vortritt haben sollen.

(Sehr richtig!)

So lange noch freie Einwanderer sich finden, sind sie als Ansiedler jedenfalls den Verbrechern vorzuziehen, denn diejenigen Eigenschaften, welche zum Pionier der Cultur in der Einöde gehören, Entsagung, unverdrossener Fleiß und Ausdauer, sind gerade unter den Strafgefangenen am seltensten zu finden. Wenn an der Deportation etwas Gutes ist, so ist es die Arbeit im Freien, welche sie ermöglicht. Diese hält die Gefangenen frisch und verhütet die vorzeitige Abstumpfung des Geistes und Körpers, der sie durch langjährige Einsperrung verfallen. Die Opposition gegen das nutzlose Einsperren liegt bewußt oder unbewußt zu Grunde bei dem Wunsche, daß die Deportation eingeführt werden möge. Aber, meine Herren, es ist möglich, unser eigenes Strafsystem, welches allerdings gegenwärtig den berechtigten Anforderungen der Menschlichkeit und der Zweckmäßigkeit nicht entspricht, zu vervollkommnen. Es ist möglich auch im Inland der Arbeit im Freien diejenige Stellung anzuweisen

(Sehr richtig),

welche ihr von Rechtswegen gebührt.

(Landgerichtsdirector Felisch: Sehr richtig.)

Wir haben im Inlande weitausgedehnte Moorflächen, die der Bearbeitung werth sind, die aber nicht in Angriff genommen werden, weil die Bearbeitung durch freie Lohnarbeiter sich zu theuer stellen würde. Es ist dagegen möglich, diese Flächen durch Gefangene bearbeiten zu lassen, und meine Herren, dieser Versuch ist auch von der preußischen Strafjustizverwaltung in den letzten Jahren in Angriff genommen worden. Ich freue mich, daß dieser Versuch gemacht worden ist, er wird — daran zweifle ich nicht — zu einem guten Erfolge führen. Er wird vielleicht der Ausgangspunkt werden zu einer vollständigen Reform unseres Strafsystems. In England ist die Regierung uns mit gutem Beispiel vorangegangen. In England bildet thatsächlich die Arbeit im Freien den Mittelpunkt der Bestrafung der schweren Verbrecher. Die Strafe in England beginnt mit einer Einzelhaft von 18 Monaten. An diese Einzelhaft, die zur Vorbereitung der Gefangenen dient, die dazu dient, sie moralisch zu heben, sie an Zucht und Ordnung zu gewöhnen, schließt sich dann schwere Arbeit im Freien durch Aufrichten von Festungswerken, Anlegen von Canälen, Bau von Gefängnissen u. dergl. Es werden in England thatsächlich alle Gefangenen, die nur Hand und Fuß haben, deren Gesundheitszustand und Körperkraft es zuläßt, zu dieser Arbeit herangezogen, und nur die Geschwächten und Unfähigen werden in besonderen Anstalten nach wie vor aufbewahrt. Ich meine, meine Herren, das ist der richtige Weg, zu einer Reform des Strafsystems und zu besseren Ergebnissen zu gelangen, als sie bisher erlangt werden konnten durch die ziemlich nutzlose und bei langer Dauer sogar schädliche Einsperrung, bei der wir uns bisher beruhigten. Was die öffentliche Meinung betrifft, so will ich nur nebenbei hervorheben, daß sie sich in Deutschland bis jetzt noch wenig klar geäußert hat, daß sie aber in Frankreich und Rußland überwiegend gegen die Deportation ist. Insbesondere sind die überwiegende Mehrzahl der Praktiker in Frankreich und Rußland gegen die Deportation, namentlich diejenigen, welche die Strafcolonien aus eigener Wissenschaft kennen.

Es wurde vorhin von Herrn Collegen Wilke der Name des Prof. Léveillé in Paris erwähnt, der der hervorragendste Vertreter der Deportation in Frankreich ist. Aber dieser Herr ist Theoretiker, und seine Schüler, die zum Theile Gouverneure in den Strafcolonien geworden sind, haben sich auf eine Umfrage, welche von der Société générale des prisons in Paris 1895 veranstaltet wurde, gegen die Deportation ausgesprochen. Die Gouverneure haben erklärt: ja so lange sie im Inland von der Deportation gehört hätten, seien sie überzeugt gewesen, daß damit etwas auszurichten sei. Aber nachdem sie selbst mit eigenen Augen gesehen hätten, wie die Dinge in den Colonien lägen, da seien sie entschiedene Gegner der Deportation geworden. Beide Gouverneure der französischen Strafcolonien von Neucaledonien sowohl wie von Cayenne haben sich bei dieser Umfrage gegen die Deportation als völlig wirkungslos und auch für die Zukunft völlig nutzlos ausgesprochen.

Meine Herren, eine Besserung der Strafvollziehung ist zu erreichen, aber die Deportation ist nicht der geeignete Weg, sie herbei zu führen. Ich bitte Sie deshalb, der These zuzustimmen, welche ich im Anfang meines Vortrags aufgestellt habe: die Deportation ist als Strafmittel für Deutschland nicht geeignet. Ein Versuch mit ihr ist nicht zu empfehlen.

(Lebhafter Beifall.)

Oberreichsanwalt **Hamm**: Ich möchte sowohl als Jurist wie als Colonialfreund jedes Wort unterschreiben, was der letzte Redner, der Herr Correferent, vorgebracht hat und möchte mir nur erlauben, einige kleine Bemerkungen hinzuzufügen. Ohne Zweifel hängt die Frage der Deportation und die Meinung der Herren, die sich für die Deportation aussprechen, wie schon der Herr Correferent hervorhob und auch der Herr Referent Eingangs erwähnte, zusammen mit der Unzufriedenheit über die Ergebnisse unserer jetzigen Strafvollstreckung. Ich bin aber durchaus der Meinung, daß da das Heil gesucht werden muß in einer ganz anderen Reform, als in der Einführung der Deportation, die uns nichts helfen kann. Der erste Referent hat bereits hervorgehoben, daß die Rückfälle fortwährend bei uns in Deutschland zunehmen. Ich möchte mir hier vorab die Bemerkung erlauben, daß die Statistik in diesem Punkte nicht ganz zuverlässig ist und zwar aus dem Grunde, weil wir erst Anfang der 80er Jahre das Strafregister bekommen haben, das französische casier judiciaire, und weil erst seitdem die Rückfälle in der jetzigen Vollkommenheit festgestellt werden. Vorher war die Feststellung des Rückfalls durchaus unzureichend, und wir dürfen dabei nicht übersehen, daß das Strafregister seine volle Wirkung noch lange nicht ausüben kann, sondern erst, wenn es so viel Jahre besteht, wie die Generation eines Verbrechers, also etwa 58 Jahre vom 12. bis 70. Jahre ausmacht. Es ist also die Feststellung der Rückfälligkeit viel zuverlässiger, seit das Strafregister eingeführt ist, aber diese Zuverlässigkeit und Vollständigkeit des Registers ist noch fortwährend im Wachsen. Wir haben sonach für die nächste Zeit eine beständige Zunahme der Rückfälle schon deswegen zu erwarten, weil die Vorbestrafungen immer vollständiger festgestellt werden und dürfen aus diesem Grunde nicht gar zu sehr erschrecken vor der Zunahme der Rückfälle. Das nur als beiläufige Bemerkung. Man wird zugeben müssen, daß immerhin in Deutschland die Criminalität überhaupt und auch die Rückfälligkeit fortwährend im Zunehmen begriffen ist, wenn auch nicht in dem Maße, wie es in Folge der fortwährend wachsenden Vollständigkeit des Strafregisters den Anschein hat.

Was aber die Strafreform betrifft, so sind wir wohl Alle im Ganzen über das einig, was wir wünschen, wenn ich die extremsten Wünsche außer Acht lasse. Was wir mindestens verlangen, ist eine bessere Classificirung der Verbrecher und womöglich im Zusammenhang mit einer Reform des Strafgesetzbuchs. Denn das ganze System ist doch wohl unrichtig, daß wir nicht nur die Dauer der Strafe, sondern auch die Art des Vollzugs nach der Schwere der That richten. Wir sehen heutzutage Alle ein, daß es ein großer Fehler ist, daß wir z. B. den betrügerischen Bankrotteur, weil der Bankrott als schweres Verbrechen gilt, zusammenbringen mit dem rückfälligen Einbrecher, mit dem gewaltthätigen Räuber oder Zuhälter, der sein ganzes Leben gewohnheitsmäßig Verbrechen begangen hat. Das ist ein großer Fehler und hat gar keinen Sinn. Es kommt für die Strafart, dafür, ob wir entehrende Strafe, Zuchthausstrafe und Arbeitszwang, oder ob wir einfaches Gefängniß mit Einzelhaft, individueller Beschäftigung und Bewegungsmitteln eintreten lassen wollen, vor Allem auf die Individualität, darauf an, ob der Thäter erstbestraft oder rückfällig ist, ob er das Verbrechen als gewerbsmäßiger Verbrecher, Gewohnheitsverbrecher oder als Gelegenheitsverbrecher begangen hat. In dieser Richtung gehen ja alle Reformvorschläge. Wir werden das Gesetzbuch und den Strafvollzug ändern müssen. Was wir wünschen, ist ein Strafvollzug voll Humanität, mit allen Mitteln der Besserung für die Erstbestraften, und ein ganz strenger Vollzug für die, an denen nach menschlicher Annahme nichts zu bessern ist, für die gewerbsmäßigen Verbrecher, die wir jetzt einige Jahre im Zuchthause kostspielig und überhuman verpflegen und dann wieder zur Fortsetzung ihres Verbrecherlebens loslassen. Wir haben ja Verbrecher, die ihr ganzes Leben mit kurzen Pausen im Zuchthause sitzen, solche Menschen verdienen die humane Behandlung nicht, die wir ihnen jetzt im Zuchthause geben müssen, weil mit ihnen im Zuchthause zugleich Erstbestrafte sitzen, ein betrügerischer Bankrotteur, ein Urkundenfälscher, vielleicht ein Beamter, der wegen qualificirter Unterschlagung im Amte bestraft ist. Es werden da eine Masse ganz verschiedenwerthiger Leute zusammengeworfen nach einer rein formalistischen Classificirung der Verbrechen. Eine humane und mehr auf Besserung gerichtete Einrichtung der Gefängnisse für die Erstbestraften, namentlich auch mit Einzelhaft, können wir nur dann durchführen, wenn wir anderseits gegen die gewerbsmäßigen Verbrecher rücksichtsloser vorgehen. Der alte schöne Spruch von Logau, der oft citirt wird: eine gute Strafe muß sein wie ein guter Salat, der mehr Oel als Essig hat, darf sich nur auf die Verbrecher beziehen, die noch zu bessern sind. Für die gewohnheitsmäßigen Verbrecher ist viel Oel Verschwendung und muß die Strafe recht viel Essig haben. Bei ihnen kommt es nur darauf an, sie auf möglichst lange unschädlich zu machen. Nun, in diesen Zusammenhang der Reform, die wir wollen, paßt meines Erachtens die Deportation durchaus nicht hinein. Die Herren, die sie befürworten, möchte ich vor Allem fragen: wen wollen Sie deportiren? Die Franzosen und die übrigen Staaten, welche Deportation haben, deportiren den unverbesserlichen Menschen, mit dem sie nichts mehr anfangen können. Es ist ja das Gesetz gegen die Recidiven, was in Frankreich die Deportation eingeführt hat. Wenn davon die Rede ist, daß ehemals von England mit großem Erfolge nach Australien deportirt worden ist, so darf man nicht aus dem Auge lassen, daß man damals ein ganz anderes Strafsystem hatte. Als

England noch Verbrecher nach Australien brachte, wurde der nicht vorbestrafte Dienstbote, der seiner Herrschaft einen silbernen Löffel gestohlen hatte, mindestens mit 5 Jahren Zuchthaus bestraft. Heutzutage bekommt er 8 Tage Gefängniß. Wir können keine Leute in die Strafcolonie schaffen, die 8 Tage oder selbst 3 Monate zu verbüßen haben, der Transport dauert schon länger. Wir können eben die Deportation nur verwenden für unverbesserliche Rückfällige mit jahrelangen Strafen, oder — was allerdings auch in Frage kommen kann — für Landstreicher und Bettler als Surrogat für die Correctionshaft. Bei ersteren fällt die Besserung als Zweck der Einrichtung in der Regel weg. An dem Volk ist meist nichts zu bessern, und ich sehe nicht ein, daß wir so kostbare Anlagen machen sollen für diese Art der Verbrecher, auf die ganz entfernte Hoffnung hin, daß vielleicht ein Einzelner von ihnen sich dort bessern könnte. Dazu kosten solche hoffnungslosen Versuche doch zu viel Geld. Die Franzosen benützen Cayenne. Daß wir das nachmachen sollen, irgend eine einsame Teufelsinsel kaufen und diese Leute hinsetzen, etwa in dem Gedanken, sie gehen dort rasch zu Grunde — wird wohl Niemand vorschlagen. Was aber Neu-Caledonien betrifft, wo die Franzosen die Deportirten zur Besiedelung verwenden, so hat der Herr Correferent einen Gesichtspunkt nicht erwähnt, der auch in Betracht kommt, die große Schwierigkeit der Heirathsfrage. Wenn diese gewerbsmäßigen Verbrecher, die verrottetste Gesellschaft von Paris und den großen Städten, Recidive, die früher auf die Galeere geschickt wurden, dahin kommen und nach jahrelanger Internirung zur Besiedelung freigegeben werden, da heißt es nun, um alles Mögliche zu verhindern: ihnen eine Frau verschaffen, und da ist es greulich zu lesen, wie in Paris die Acten genommen werden und eine ganz verkommene prostituirte Dirne der Nr. so und so in Neu-Caledonien als Frau zugewiesen wird. Ob die Generation, die daraus entsteht, für die Colonien heilsam ist, brauchen wir nicht zu fragen; das sind tolle Zustände. In Frage käme meines Erachtens viel eher die Einführung der Deportation für Landstreicher und Bettler, die möglicherweise noch zu bessern sind. Dafür haben wir die Arbeitshäuser, und wir wollen die Arbeitshäuser, soweit nöthig, regeneriren, insbesondere mehr Arbeit im Freien und in größerer Freiheit einführen. Versuche sind ja von Bodelschwingh gemacht; sehr glänzend sind die Ergebnisse bis jetzt nicht. Jedenfalls sind diese Versuche in Deutschland uns billiger, als sie in den Colonien gemacht werden können. Aber auch aussichtsvoller. In den Colonien wird es mit diesen Leuten nie viel werden, das sind meistens keine kräftigen Leute, weder physisch noch moralisch, es sind durchweg ganz energielose Menschen, das schlechteste Material für die harte und zähe Arbeit fordernde Besiedelung unserer Colonien. Muß ich mich deshalb als Freund der geplanten Strafreform gegen die Deportation erklären, da sie gar kein geeignetes Mittel für die Reform ist und im Gegentheil nur dazu beitragen kann, die Reform noch weiter hinauszuschieben, in dem Glauben, damit genug gethan zu haben, so bin ich als Colonialfreund erst recht ein Gegner der Deportation. Es haben sich die Herren dazu gerade das beste von unserem Colonialbesitz ausgesucht, das einzige oder doch das Hauptgebiet, das wir mit deutschen Einwanderern colonisiren können. Und da müssen wir uns vorerst gegenwärtig halten, daß wir ein Recht, uns fremdes Land zu nehmen, nur vom Gesichtspunkte der höheren Cultur haben, und daß es ein völliger Widerspruch ist, in ein Land, wo wir Missionare hinschicken, wo wir unsere Cultur hintragen wollen, solche verrottete Gesellschaft hineinzubringen. Das ist ruchlos, das nimmt uns unsern ganzen Rechtstitel, auf Grund dessen wir Besitz von dem Lande genommen haben, und das ist heutzutage auch ganz unmöglich. Die Nachbarstaaten würden sich das ernstlichst verbitten. Ein Land, wo man solche Gesellschaft am liebsten hinbrächte, Neu-Guinea, da sind wir schon durch den Vertrag mit England daran gehindert, wir dürfen da keine Deportirten hinbringen. Und dann — das hat der Herr Correferent schon mit vollem Rechte hervorgehoben — geht es doch über allen Scherz, daß wir vielen braven Leuten, namentlich kleinen Ackerwirthen, welche die Regierung und die Colonialgesellschaften überlaufen mit der Bitte: gebt uns Unterstützung, schafft uns in die Colonien, gebt uns dort ein kleines Stück Land, damit wir es bebauen können, antworten sollen: liebe Freunde, kommt wieder, wenn Ihr erst gewerbsmäßige Verbrecher geworden seid, dann machen wir Euch die Thüre auf,

(lebhaftes Bravo),

das halte ich für ganz unmöglich. Ich bitte Sie, die Anträge des Herrn Correferenten einstimmig anzunehmen.

Vorsitzender: M. H., es hat sich Niemand mehr zum Worte gemeldet, es scheint auch nicht weiter der Fall sein zu wollen. Ich schließe also die Debatte vorbehaltlich des Schlußwortes des Herrn Referenten. Ich frage Herrn Rechtsanwalt Wilke, ob er das Wort ergreifen will?

(Verzichtet.)

Herr Dr. Korn?

(„Verzichte ebenfalls.")

Dann können wir zur Abstimmung schreiten. Es ist aber dabei eine Eigenthümlichkeit. Es ist eine Doppelfrage, die gestellt ist, die lautet:

> Empfiehlt sich ein Versuch der Deportation nach den Colonien als Strafe, und empfiehlt sich der Vorschlag bedingter Begnadigung für den Fall der Auswanderung?

Ich wollte bemerken, daß weder die Herren Gutachter, noch die Herren Referenten sich mit dieser zweiten Frage irgendwie beschäftigt haben, und wollte eigentlich erklären, daß ich darnach nicht in der Lage bin, eine Abstimmung zu erzielen, da uns ein Antrag absolut nicht vorliegt und wir gezwungen wären, ganz gegen die Statuten über eine Frage abzustimmen, die weder behandelt noch vorbereitet war. Herr Landgerichtsdirector Felisch zur Geschäftsordnung.

Landgerichtsdirector **Felisch:** Ich möchte doch vorschlagen, da einmal die erste Frage allein behandelt ist, daß wir auch über sie allein abstimmen.

Vorsitzender: Ich gehe sehr gern auf diesen Vorschlag zur Tagesordnung ein, und bringe deshalb die erste Frage zur Abstimmung. Der Antrag des ersten Herrn Referenten hat, wenn ich richtig verstanden habe, einfach dahin gelautet: „ein Versuch der Deportation als Strafe empfiehlt sich", also Bejahung beantragt. Dagegen beantragt der Herr Dr. Korn: „die Deportation ist als Strafmittel für Deutschland nicht geeignet, ein Versuch mit der Deportation ist nicht zu empfehlen." Eigentlich liegt die Beantwortung dieser Frage einfach auf zwei Seiten. Man kann sich nach der einen oder anderen Richtung entscheiden. Es ist also, glaube ich, ziemlich gleichgiltig, ob ich das eine oder andere zur Abstimmung bringe. Da aber die Beantwortung des Herrn Dr. Korn ein vollständigere ist, so beabsichtige ich, diese zur Abstimmung zu bringen. Wenn kein Widerspruch erfolgt, werde ich das thun. Ich bitte also diejenigen Herren, die mit Herrn Dr. Korn beschließen wollen: „die Deportation ist als Strafmittel für Deutschland nicht geeignet, ein Versuch mit der Deportation ist nicht zu empfehlen" sich zu erheben, — jedenfalls eine große Majorität. Um aber bei dieser wichtigen Frage ein sicheres Resultat zu erzielen, bitte ich um die Gegenprobe. Ich bitte diejenigen, welche diese Frage ablehnen wollen, sich zu erheben. Es ist also jedenfalls gegen eine Minorität, aber durch starke Majorität die Frage verneint. Es fragt sich nun, wie die Frage weiter behandelt werden soll, ob im Plenum Bericht erstattet oder im Plenum nur Mittheilung gemacht werden soll.

Oberreichsanwalt **Hamm:** Ich stelle den Antrag, daß im Plenum Bericht erstattet werden soll wegen der Wichtigkeit der Frage.

Vorsitzender: Es ist also beantragt, im Plenum Bericht zu erstatten und die Beschlußfassung des Plenums hervorzurufen. Will sich über diese Frage noch einer der Herren äußern? Es scheint nicht. Ich bringe also auch diese Frage zur Abstimmung und bitte diejenigen Herren, welche entsprechend dem Antrage des Herrn Oberreichsanwalts Hamm die Sache vor das Plenum bringen wollen, sitzen zu bleiben, diejenigen, welche dagegen sind, sich zu erheben. Durch eine große Majorität ist beschlossen, die Frage vor das Plenum zu bringen. Ich darf wohl annehmen, daß Sie einverstanden damit sind, unseren Herrn Referenten Dr. Korn mit der Berichterstattung über die Frage an das Plenum zu beauftragen, und ich hoffe, derselbe wird die Güte haben, dieses Mandat zu übernehmen.

Nach dem soeben zur Geschäftsordnung gewordenen Beschlusse bleibt noch übrig, die zweite Frage zu behandeln: Empfiehlt sich der Vorschlag bedingter Begnadigung für den Fall der Auswanderung.

Ich weiß nicht, will Herr Rechtsanwalt Wilke das Wort darüber ergreifen?

(Wird verneint.)

Dann ertheile ich es Herrn Dr. Korn.

Dr. **Korn**: M. H., ich möchte Sie bitten, auch diese Frage mit Nein zu beantworten. Die Gnade muß meines Erachtens entweder eine vollständige sein, oder sie muß nicht sein; eine halbe Gnade ist schlimmer als gar keine Gnade, und eine Gnade, welche darin besteht, daß ein Staatsbürger gezwungen wird, das Vaterland zu verlassen und im Ausland sein Heil zu suchen, ist in Wirklichkeit keine rechte Gnade, sondern es ist eine verkappte Verbannungsstrafe. Schon aus diesem principiellen Grunde möchte ich gegen eine derartige Begnadigung sein. Sie wäre aber auch criminalpolitisch fehlerhaft, weil ohne die Gewährung von Geldmitteln für die Ueberfahrt und Niederlassung im Auslande sie fast niemals anwendbar sein würde, und weil es nur geringer Mittel bedarf, um diejenigen Personen, welche überhaupt einer Gnade würdig sind, im Inlande zu unterstützen. Die Colonien und das Ausland würden sich für unfreiwillige Einwanderer, wie die deutschen Verbannten, sehr bald energisch bedanken, Beschwerden würden meines Erachtens hierbei nicht ausbleiben; nur solche Personen, die aus eigenem Antrieb nach dem Auslande gehen, weil sie hoffen, dort durch eigene Kraft etwas erreichen zu können, die leisten überhaupt etwas Gutes. Ich meine also, die Unterstützung der freiwilligen Auswanderung Verurtheilter nach verbüßter Strafe ist in geeigneten Fällen sehr wohl zu empfehlen, die Begnadigung unter der Bedingung der Auswanderung aber nicht.

Reichsgerichtsrath a. D. Dr. **Stenglein** (Leipzig): M. H., ich kann mich nur auf den Standpunkt des Herrn Referenten stellen. Schon die erste Frage hatte eine an sich schwache Seite. Wenn man fragt: sollen wir einen Versuch irgend einer Art machen, so muß uns doch ein bestimmter Versuch vorschweben, um die Frage zu bejahen oder zu verneinen. Aber schon die Vorträge der Herren Referenten haben gezeigt, daß man sich unter diesen Versuchen alle möglichen Möglichkeiten denken kann, und wer soll nun die Frage beantworten: welche von all' diesen Möglichkeiten soll versucht werden? Etwas ganz Aehnliches ist es auch mit der zweiten Hälfte der Frage, mit der Frage der bedingten Begnadigung. Die Art und Weise, wie diese in's Werk gesetzt werden kann, ist eine so verschiedenartige, daß ich unmöglich glaube, daß wir in der Lage sind, die Frage zu bejahen. Man könnte nuh allerdings sagen: wenn wir auch nicht bestimmt bejahen können, so ist es doch eben so schwer zu verneinen. Es würde dann eigentlich die Sache dahin führen, daß wir beschließen, zur Tagesordnung überzugehen, weil die Frage sich überhaupt erschöpfend nicht behandeln läßt. Aber ich glaube, wir sind zu diesem etwas eigenthümlichen Schritte durchaus nicht gezwungen. Die Begnadigung, m. H., ist eine Sache des königlichen Vorrechts. Eine Begnadigung vorschreiben zu wollen, diese reglementiren zu wollen und dergleichen, widerspricht dem Begriff „Gnade", und ich kann mich deshalb unmöglich dazu entschließen, der Krone vorschreiben zu wollen, daß sie unter gewissen Voraussetzungen begnadigen soll. Ich glaube, die ganze Sache ist keine Aufgabe der Gesetzgebung, die Sache ist eine Aufgabe, die Se. Majestät der König bezw. der Regent jedes Bundesstaates überlegen und ausführen kann, aber wir haben uns, glaube ich, mit der ganzen Sache nicht zu beschäftigen.

Rechtsanwalt Dr. **Scherer** (Leipzig): Ich habe zu dieser Frage nur eine Bemerkung zu machen. Die Begnadigung nach Amerika ist ja gar nicht neu. Sie ist in Hessen-Darmstadt lange geübt worden. Es ist mir bekannt, daß einer, der wegen Mordes verurtheilt war (der bekannte Stauff), nach Amerika auswanderte und dort so und so viele Jahre lebte, daß derselbe öffentlich Dankschreiben an die hessische Regierung und alle Beamten, die zu seiner Begnadigung mitwirkten, gerichtet hat.

Warum soll man z. B. einem Mann, welcher einen Fehltritt gemacht hat, der an sich doch nicht so schlimm zu nehmen ist, nicht eventuell gestatten, daß er sich in deutschen Colonien ansiedelt? Es sind hierfür doch mancherlei Zweckmäßigkeitsgründe maßgebend. Wenn wir z. B. Colonien haben, wo kein Mensch wohnt, wo keine Ackerbauleute sind, wo der Boden frei liegt, warum soll man da nicht gestatten, daß der Mann, der bestraft ist, dorthin geht, ein besonderes Grundstück erhält, und daß dieses, nachdem er so und so viele Jahre darauf gearbeitet hat, sein Eigenthum wird? Schließlich zum Hauptbedenken. Es wird überall vorgekommen sein, daß Leute, die verurtheilt waren, nach Amerika geschickt wurden, in Hessen-Darmstadt war es gang und gäbe. Aus meiner Jugendzeit weiß ich, wenn einer bei einer Rauferei Jemanden todtgeschlagen hatte, so ging er nach Amerika, und vielfach sind es dort ganz anständige Leute geworden. Ein Württemberger war wegen Mordes verurteilt, er ging nach Amerika und wurde ein sehr reicher Mann. Mir ist die Sache daher bekannt, daß er in Amerika eine Schrift bezüglich seiner Verurtheilung geschrieben hat. Wegen der Verbreitung der Schrift wurde er strafrechtlich in Württemberg verfolgt, ich führte die Vertheidigung in der Revisionsinstanz. Man sieht hieraus, daß es Leute giebt, die Fehltritte gemacht haben und doch noch in der Lage sind, brauchbare Menschen zu werden. Also absolut sagen, Strafcolonien sind nicht richtig oder falsch, wäre verkehrt. Es ist Thatsache, daß eine ganze Reihe ausgewandert sind, die später brauchbare Menschen geworden sind.

Reichsgerichtsrath **Stenglein:** Meines Wissens enthält das Bürgerliche Gesetzbuch nichts von bedingter Begnadigung, und das zeigt gerade, daß man sich vom gesetzgeberischen Wege aus über die Frage nicht aussprechen kann.

Stellv. Vorsitzender: Ich nehme an, daß Niemand mehr das Wort ergreifen will. Hat der Herr Referent vielleicht Veranlassung? Mit Rücksicht auf den Modus bei der vorigen Abstimmung bezüglich der Frage wird es keiner Rechtfertigung weiter bedürfen, wenn ich Sie bitte, über die Frage, die Herr Dr. Korn gestellt hat, abzustimmen. Die Frage lautet: ein Versuch mit der bedingten Begnadigung für den Fall der Auswanderung ist nicht zu empfehlen.

Oberreichsanwalt **Hamm:** Ich möchte bitten, die Debatte noch einmal aufzunehmen, damit wir einen Antrag einreichen können. Diejenigen, die sich der Ansicht von Herrn Stenglein anschließen, müssen doch in der Lage sein, das auch zum Ausdruck zu bringen. Herr Stenglein ist vielleicht so freundlich, den Antrag zu formuliren.

Rechtsanwalt Dr. **Korn:** Soviel ich gehört habe, hat Herr Reichsgerichtsrath Stenglein gar nicht dem Antrage, daß ein Versuch mit der bedingten Begnadigung für den Fall der Auswanderung sich nicht empfehle, widersprochen, sondern er ist derselben Ansicht.

Oberreichsanwalt **Hamm:** Nein, er meint aber, wir sollten nicht in die Frage eintreten, weil das gar nicht nöthig sei.

Reichsgerichtsrath Dr. **Stenglein:** Ich würde meinen Antrag dahin formuliren: die Begnadigung für den Fall der Auswanderung entzieh sich der gesetzlichen Regelung.

Rechtsanwalt Dr. **Korn:** Ich ziehe meinen Antrag zu Gunsten desjenigen des Herrn Reichsgerichtsrath Stenglein zurück.

Stellv. Vorsitzender: Dann würde darüber abzustimmen sein, ob der Antrag angenommen wird: die bedingte Begnadigung für den Fall der Auswanderung entzieht sich der gesetzlichen Regelung. Es ist wohl allerseits Einverständniß.

Rechtsanwalt Dr. **Scherer** (Leipzig): Ich wollte vorschlagen zu formuliren: entzieht sich der Regelung durch Gesetz. Ich glaube, es bringt diese Fassung stärker zum Ausdruck, das was hier angeregt worden war: Erwägungen sollen stattfinden, aber gesetzliche Regelung soll nicht stattfinden. Hier würden wir also sagen: durch Gesetz soll es nicht geregelt werden.

Reichsgerichtsrath **Stenglein**: Ich bin auch mit dieser Fassung durchaus einverstanden.

Stellvertretender Vorsitzender: Dann würde also der Antrag dahin gehen: die bedingte Begnadigung für den Fall der Auswanderung entzieht sich der Regelung durch Gesetz. Diejenigen Herren, die für den Antrag sind, bitte ich zunächst sich zu erheben.

(Geschieht.)

Um die Probe auch hier wieder zu machen — das empfiehlt sich doch wohl — würde ich umgekehrt diejenigen bitten, die gegen den Antrag sind, sich zu erheben. Ich constatire also, daß danach der Antrag wohl als einstimmig angenommen zu gelten hat.

(Reichsgerichtsrath Stenglein übernimmt den Vorsitz wieder.)

Vorsitzender Dr. **Stenglein**: Wir haben noch die Frage zu erledigen, was mit diesem letzten Beschlusse geschehen soll. Ich für meinen Theil als Antragsteller glaube, wenn ich auch von dieser Stelle aus eigentlich nicht berufen bin, einen Vorschlag zu machen, daß dieser Beschluß dem Plenum nur mitgetheilt wird. Darf ich Einverständniß annehmen? Es erhebt sich keine Stimme dagegen. Dann glaube ich das als beschlossen annehmen zu können.

Meine Herren, wir sind nun am Schluß unserer Tagesordnung damit der gesammten Aufgabe, die uns das Plenum zugewiesen hat. Ich erinnere mich noch keines Juristentags, in dem in der III. Abtheilung ein so schönes Zusammenwirken, eine so glatte und klare Discussion stattgefunden hat, und infolgedessen auch eine so rasche und vollständige Erledigung desjenigen, was der III. Abtheilung, der ich nun schon seit vielen Jahrzehnten angehöre, zur Aufgabe gestellt wurde. Ich glaube berechtigt zu sein, Ihnen im Namen der ständigen Deputation den Dank für Ihre rege Theilnahme auszusprechen, und schließe hiermit die Sitzung.

(Schluß der Sitzung 11 Uhr.)

Zweite Plenarsitzung

Mittwoch, 14. September, Vormittags 9 Uhr.

Vorsitzender Reichsgerichtsrath a. D. Dr. **Stenglein:** M. H., ich eröffne die zweite Plenarsitzung des 24. Juristentages und begrüße Sie freundlichst bei Ihrem zahlreichen Erscheinen.

Wir haben eine einzige Nummer auf unserer Tagesordnung.

Ehe wir aber in dieselbe eintreten, habe ich Ihnen einige Mittheilungen zu machen.

(Geschäftliche Mittheilungen.)

Außerdem ist mir ein Antrag zugegangen von Herrn Dr. Benno Hilse, Kreisgerichtsrath a. D. (Berlin), welcher dahin geht:

Das Präsidium des 24. deutschen Juristentages wolle seinen geschäftsführenden Ausschuß beauftragen, die Fragen:

a) Ist das Errichten eines Reichsverwaltungsgerichtshofes für Streitfälle aus dem öffentlichen Reichsrechte zu empfehlen? und wie ist dessen Organisation und Zuständigkeit zu regeln?

b) Empfiehlt sich und in welchem Umfange die Ausdehnung der Haftpflicht auf Fahrzeuge, welche unabhängig von Schienensträngen auf öffentlichen Straßen durch elementare Kraft bewegt werden?

c) Empfiehlt es sich, Festungshaft neben Gefängniß als wahlweise zulässige Strafart für die Vergehen der fahrlässigen Tödtung und Körperverletzung in die §§ 222, 230 des Strafgesetzbuches aufzunehmen?

durch Einholen von Rechtsgutachten vorzubereiten und zur Berathung auf die Tagesordnung des nächst zusammentretenden 25. deutschen Juristentages zu setzen, zwecks Beschlußfassung mit dem gleichzeitigen Hinzufügen, daß der Antrag zu b) nicht von Dr. Benno Hilse selbst, vielmehr von seinem dem deutschen Juristentage gleichfalls seit seinem Entstehen im

Jahre 1868 als Mitglied angehörenden Bruder, dem Straßenbahnsyndicus und Lehrer des Straßenbahnrechts an der Königl. Technischen Hochschule, Dr. K. Hilse, herrührt.

Es wird also die Prüfung der gedachten Anträge zur eventuellen Behandlung auf dem nächsten Juristentag gewünscht. Diese Prüfung wird nun pflichtgemäß von der neu zu wählenden Deputation vorzunehmen sein, und ich glaube, der Herr Antragsteller wird damit vollständig befriedigt sein, wenn dieser Antrag an die neue Deputation hinüber gegeben wird, um demgemäß, wie er ja überhaupt nach den Statuten thun muß, zu verfahren wie beantragt ist. Wir können nunmehr in die Tagesordnung eintreten.

Ich habe Ihnen aber vorher noch eine Anregung mitzutheilen. Es wurde im Verlaufe der ersten Plenarsitzung zur Anregung gebracht, ob es nicht angemessen sei, bei dem schrecklichen Ereigniß, welches unmittelbar der Eröffnung des Juristentags vorherging, Se. Majestät dem Kaiser von Oesterreich unser vollstes und tiefstes Beileid auszusprechen.

Es wurde ferner angeregt, nachdem seit dem Tode unseres unvergeßlichen Staatsmannes, des Fürsten von Bismarck der erste Juristentag jetzt stattfindet, auch dem Fürsten Herbert von Bismarck die tiefste Theilnahme des Juristentags an dem Hinscheiden seines Vaters auszusprechen. Ich bitte Sie, meine Herren, sich darüber auszusprechen, und wenn, wie ich nicht zweifle, diese Anregungen ihre vollste Zustimmung haben, Ihr Präsidium zu ermächtigen, diese beiden Beileidsbezeugungen abgehen zu lassen.

(Lebhafte Zustimmung.)

Besteht dagegen ein Widerspruch? So nehme ich an, daß es der einstimmige Beschluß der Versammlung ist, und werde demgemäß verfahren.

Der erste Punkt unserer Tagesordnung ist die Berichterstattung über die Abtheilungsbeschlüsse. Ich bitte deshalb bezüglich der Beschlüsse der ersten Abtheilung zunächst das Wort zu nehmen Herrn Geh. Justizrath Wilke (Berlin).

Geh. Justizrath **Wilke:** Meine Herren, die erste Frage, welche die I. Abtheilung beschäftigte, lautete: Empfiehlt es sich, zum Schutze der Bauhandwerker die Ertheilung der Bauerlaubniß an den Unternehmer von einer durch diesen zu bestellenden Sicherheit (oder Sicherheitshypothek) abhängig zu machen? Es hatten von den beiden Gutachtern Herr Eckels sich im Wesentlichen für den sogenannten Wahlbrecht'schen Vorschlag ausgesprochen, wonach die Erlaubniß zur Errichtung von Neubauten von der durch ein Bauschöffenamt zu bestätigenden Zahlungsfähigkeit oder Zuverlässigkeit des Bauenden, eventuell von Sicherstellung für die

Forderungen der Bauhandwerker abhängig zu machen sei, während der andere Gutachter, Herr Thinius, den Bauhandwerkern helfen will durch Gewährung eines mit Eintragung des Bauvermerks verbundenen dinglichen Vorrechts nach Maßgabe des Entwurfs des Reichsgesetzes, eines Vorrechts, welches den Baugläubigern zustehen soll vor allen eingetragenen Rechten in Ansehung des den Baustellenwerth übersteigenden Theils des Meistgebots.

Herr Thinius will nur abweichen von dem Gesetzentwurf in den beiden Punkten: I, daß als Baugläubiger auch die Lieferanten von Baumaterial gelten sollen, und zweitens, daß die Rechte von Baugläubigern davon nicht abhängig sein sollen, daß die betreffenden Werkverträge von Eigenthümern abgeschlossen sein müßten.

Die I. Abtheilung hat mit dem ersten Referenten Herrn Brunner sich einverstanden erklärt mit der ersten Modification und hat weiter den Antrag, der unter Nr. 1 von dem Herrn Referenten, Geh. Rath Brunner, gestellt war, ziemlich einstimmig angenommen, der dahin geht: Es empfiehlt sich, zum Schutze der Baugläubiger in Neubaubezirken die Bauerlaubniß von der Eintragung eines Bauvermerks in das Grundbuch abhängig zu machen, an den die Sicherung der Bauforderungen zu knüpfen ist.

Dieser Satz hat das als gesunden Gedanken des Gesetzentwurfs anerkannt, daß der Bau abhängig zu machen sei von einem Bauvermerk und daß an diesen Bauvermerk Sicherheiten für die Baugläubiger zu knüpfen sein, ohne sich in Details einzulassen, in welcher Weise diese Sicherheit zu beschaffen sei. Aber es ist wohl jedenfalls daran gedacht, daß die Aenderungen, welche nach Eintragung des Bauvermerks mit dem Grundstück vorgenommen werden, den Rechten der Baugläubiger auf Befriedigung aus dem Grundstück unnachtheilig sein sollen, und das würde auch meines Erachtens schon eine große Hilfe für die Baugläubiger sein. Ebenso wurde angenommen von den drei Anträgen des Herrn Referenten die Nr. 3 mit einer kleinen Abweichung, die ich hier weglassen kann. So wie er angenommen ist, lautet die Nr. 3 jetzt so: Sind die Verträge mit den Baugläubigern und Arbeitern nicht im Namen oder für Rechnung des Bauherrn geschlossen, so können jene durch wirksame Anmeldung ihrer Ansprüche ein Pfandrecht an den angemeldeten Bauforderungen des Vormanns erwerben.

Damit weicht die Abtheilung bei der Frage, ob dem zwischen dem Eigenthümer und dem Baugläubiger tretenden Entreprise-Contract ein Einfluß gewährt werden soll, von dem Thinius'schen Vorschlage ab, sie sucht aber andererseits die Baugläubiger gegen Vorschiebung solcher Entrepreneure dadurch zu schützen, daß gewisse dingliche Rechte auf die Ansprüche der Entrepreneure eingeräumt werden sollen.

Abgelehnt wurde Nr. 2 des Antrags des Referenten, welcher dahin geht: Ueberschreiten die vor dem Bauvermerk eingetragenen Belastungen der Baustelle den Baustellwerth, so ist in Höhe der Differenz eine Caution zur Sicherstellung der Bauforderungen zu leisten.

Die Ablehnung dieses Antrags erfolgte nur mit geringer Mehrheit, und in der Ablehnung dürfte nicht schon eine Verwerfung des Prinzips des Antrags zu finden sein, sondern der Grund dafür ist wohl darin zu suchen, daß die Tragweite dieses Antrags, der den meisten doch bei der Verhandlung zum ersten Male vorlag, wohl nicht vollständig übersehbar erschien.

Vorsitzender: Ich glaube im Sinne der hohen Versammlung zu sprechen, wenn ich dem Herrn Referenten danke für die stattgehabte Mittheilung.

Rechtsanwalt Dr. **Baumert**: Es sind dem Herrn Berichterstatter zwei Mißverständnisse untergelaufen. Zu Nr. 1 haben wir in dem Antrage angenommen nicht „Bauhandwerker", sondern umgeändert „Baugläubiger", und zu Nr. 3 haben wir auch nicht Handwerker und Arbeiter, sondern „Baugläubiger" gesetzt. Aber ich möchte das gerade hervorheben, und deshalb habe ich hauptsächlich das Wort ergriffen, um zu constatiren, daß die Abtheilung davon ausging, und einig war, daß unter Baugläubiger auch die Lieferanten mit zu verstehen seien. Ich bitte das im Referat zum Ausdruck zu bringen.

Geh. Justizrath **Wilke:** Was der Herr Vorredner sagt, ist richtig; ich glaube das Vermißte auch — allerdings in nur sehr knapper Form — vorgetragen zu haben.

Vorsitzender: Zu der zweiten Frage, welche die I. Abtheilung beschäftigt hat, ertheile ich dem Herrn Geh. Justizrath Dr. Enneccerus das Wort.

Geh. Justizrath Dr. **Enneccerus:** Die Frage, nach welchem Rechte sind auf Grund des internationalen Privatrechts die Vertragsobligationen zu beurtheilen, gab zu einer eingehenden Discussion Veranlassung. Der Referent ging davon aus, daß das internationale Privatrecht, das seine Gebote unmittelbar an die Parteien und den Richter wendet, staatlicher Natur sei, daß aber daneben ein völkerrechtliches internationales Privatrecht bestehe oder zum mindesten bestehen könne, welches die einzelnen Staaten verpflichte, ihr staatliches internationales Privatrecht mit jenem völkerrechtlichen Gebot in Einklang zu bringen. Sei nun auch dieses völkerrechtliche internationale Privatrecht noch wenig entwickelt, so sei doch die Ausbildung desselben das Ziel, das jeder Staat bei der Ausbildung seines staatlichen internationalen Privatrechts im Auge haben müsse. Jeder Staat müsse daher im Interesse einer friedlichen Rechtsgemeinschaft der Völker die Anwendung seines Rechts auf diejenigen Rechtsfragen beschränken, welche mit seinem persönlichen und räumlichen Herrschaftsgebiete am engsten zusammenhängen und im Zweifel, was für die praktische Verwerthung unmittelbar von Bedeutung ist, sei anzunehmen, daß jeder Staat, sofern nicht abweichende Collisionsnormen existiren, sein Recht nur auf die Rechtsfragen und die Rechtsverhältnisse beschränken wolle, welche seine persönliche und gebietliche Herrschaft am stärksten berühren. Bestand über diesen Ausgangspunkt wenigstens anscheinend so ziemliches Einverständniß, so traten dagegen bezüglich der näheren Bestimmungen erhebliche Meinungsverschiedenheiten hervor, wenn dieselben sich auch nicht so sehr auf die praktische Beurtheilung der einzelnen Fälle bezogen, wie bei der Besprechung verschiedener Rechtsfälle sich zeigte, als vielmehr auf die theoretische Darstellung des Principes.

Der Herr Correferent Prof. Mitteis zu Wien und einer der Herren Gutachter entschieden sich im Zweifel für das Wohnsitzrecht; der Referent, dem ein anderer Redner zustimmte, trat im Zweifel für das Recht des Erfüllungsortes ein.

Für das Wohnsitzrecht des Schuldners wurde namentlich darauf hingewiesen, daß die Person des Schuldners es sei, die die Obligation trage, er habe die Erfüllung zu bewirken. Die Person des Schuldners aber sei da verkörpert, wo der Schuldner wohne, das Wohnsitzrecht sei also anzuwenden. Allein bei diesem Argumente kommt, wie von anderer Seite ausgeführt wurde, die active Seite der Obligation durchaus nicht zur Geltung. Die Obligation ist nicht nur eine Gebundenheit des Schuldners, sondern auch ein Recht des Gläubigers. Der Gläubiger hat eben ein Recht auf Befriedigung eines bestimmten Privatinteresses. Die Befriedigung dieses Privatinteresses bildet den Zweck und die Grundlage der Obligation, und es ist nicht einzusehen, weshalb diese wirthschaftliche Grundlage der Obligation gegen die passive Gebundenheit des Schuldners völlig zurücktreten soll. Wäre aber wirklich die Person des Schuldners der entscheidende Anknüpfungspunkt für die Vertragsobligationen, so würde man auf Grund des B.G.B. — so wurde weiter ausgeführt — doch wohl nicht das Wohnsitzrecht, sondern das Heimathsrecht für entscheidend halten müssen, denn das Heimathsrecht, nicht aber das Wohnsitzrecht entscheide nach den Bestimmungen des Einführungsgesetzes zum B.G.B. über die persönlichen Rechtsfragen.

Als Hauptgründe für das Recht des Erfüllungsortes wurden die folgenden geltend gemacht. Die Erfüllung sei der Endzweck der Obligation, um ihretwillen werde die Obligation begründet, sie ist das Ziel das die Parteien erwarten und das sie von vornherein vorwiegend im Auge haben; deshalb sei die Erfüllungshandlung das Hauptanknüpfungsmoment für die Bestimmung des internationalen Privatrechts der Vertragsobligationen. Die Erfüllungshandlung zu gebieten habe ferner in erster Linie doch wohl derjenige Staat, in dem sie vorgenommen werden solle, in dessen örtlichen Bereich also das wesentlichste Moment der Obligation falle. Zudem werde der Erfüllungsort auch von den Vertretern des Wohnsitzrechts für sehr viele Fälle für entscheidend erklärt, so für die Verträge über Immobilien oder Handlungen, die in Bezug auf Immobilien vorgenommen werden sollen, ferner für gewisse Modalitäten der Erfüllung, ferner in Bezug auf Prohibitivgesetze, welche die Erfüllungshandlung verbieten u. s. w. Endlich wurde darauf hingewiesen, daß das Reichsoberhandelsgericht und das Reichsgericht sich in constanter Praxis für den Erfüllungsort erklärt haben.

Nachdem sodann die besonderen Schwierigkeiten, welche die Annahme des Wohnsitzrechtes einerseits, die Entscheidung für den Erfüllungsort andererseits mit sich bringen, von den verschiedenen Rednern je nach ihrem Standpunkte hervorgehoben oder zu lösen versucht waren, unter Verwendung zahlreicher, zumal auch dem Handelsrechte zugehöriger Beispiele, entschied sich die Abtheilung mit ziemlich erheblicher Majorität für den Antrag des Referenten, also für das Recht des Erfüllungsortes.

Fast allgemein einverstanden war man übrigens, daß in gewisser Beziehung das Recht des Erfüllungsortes doch nur subsidiäre Bedeutung habe, daß das Recht des Erfüllungsortes (bezw. des Wohnsitzrechtes nach der anderen Ansicht) dem Parteiwillen in gewissem Maße zu weichen habe, zwar nicht in dem Sinne, daß der Parteiwille unmittelbar die Anwendung des Rechts vorschreiben und dadurch das Anwendungsgebiet des Rechtssatzes erweitern könne, aber in dem Sinne sehr wohl, daß die Parteien die ihrer Willkür unterstehenden Rechtsfolgen nach Maßgabe eines bestimmten Rechtes anordnen könnten.

Endlich wurde ausführlicher, namentlich von dem Herrn Correferenten, über die Frage der Rückverweisung und der Weiterverweisung auf dem Gebiete der Vertragsobligationen gesprochen. Hier ergab sich bei allen Rednern eine fast völlige Uebereinstimmung. Ich darf mich daher darauf beschränken, in dieser Beziehung auf die jetzt folgenden Thesen zu verweisen.

Die Thesen, welche dem Antrage des Referenten gemäß angenommen wurden, lauten:

1. Inhalt und Wirkung der Vertragsobligationen ist, soweit nicht zwingende Rechtsnormen entgegenstehen, nach demjenigen Rechte zu beurtheilen, dessen Anwendung die Parteien vereinbart oder stillschweigend vorausgesetzt haben.
2. Ist eine hiernach maßgebende Absicht der Parteien nicht vorhanden oder nicht erkennbar, so entscheidet das Recht des Erfüllungsortes.
3. Die Rück- und Weiterverweisung findet auf dem Gebiete der Vertragsobligationen keine Anwendung.

(Bravo!)

Vorsitzender: Ich danke auch Herrn Prof. Enneccerus für seinen Vortrag.

Was die 3. Frage betrifft, so hat die I. Abtheilung dieselbe unerledigt gelassen, sie geht also auf den nächsten Juristentag zur Erledigung über.

Die 4. Frage lautet:

> Ist nach den Vorschriften des B.G.B. die Verfolgung des dinglichen Rechts auch gegen den mittelbaren Besitzer zulässig?

Ich bitte Herrn Prof. Dr. Strohal-Leipzig, hierüber Bericht zu erstatten.

Berichterstatter Prof. Dr. **Strohal** (Leipzig): M. H., zur Frage 4 haben zwei Herren Gutachten erstattet, Prof. Wendt in Tübingen und Prof. Gierke in Berlin. Die Gutachten gehen auseinander. Professor Wendt verneint die gestellte Frage, Prof. Gierke bejaht sie. Die beiden Referenten, ich und Herr Oberlandesgerichtsrath Meisner, stellten übereinstimmend folgenden Antrag:

> Nach dem B.G.B. ist die Verfolgung dinglicher Ansprüche auf Herausgabe der Sache auch gegen den mittelbaren Besitzer zulässig.

Für beide Referenten waren wesentlich folgende Gesichtspunkte maßgebend: einmal die Redactionsgeschichte. Es konnte aus derselben, wie ich glaube, zur Evidenz klargelegt werden, daß die Frage in dem Sinne des früher erwähnten Antrages zu beantworten ist. Sodann wurden von mir und dem Herrn Correferenten zu Gunsten unseres Antrags verschiedene praktische Erwägungen geltend gemacht, welche ich hier nicht weiter verfolgen kann. Unsere Ausführungen stützten sich endlich auf die

Bestimmung des § 991 des B.G.B. Sie spielt für die Beurtheilung unserer Frage eine entscheidende Rolle. Denn es ließ sich feststellen, daß ein bei der Schlußrevision beschlossener Zusatz zu Abs. 1 von § 991 die Verfolgung des dinglichen Anspruchs auf Herausgabe der Sache gegen den mittelbaren Besitzer direct zuläßt.

Die Ausführungen der Referenten hatten den Erfolg, daß sich die Abtheilung einstimmig für den Antrag erklärte. Zu einer praktisch sehr wichtigen Frage des neuen Besitzrechtes ist hierdurch entschieden Stellung genommen worden und ich kann nur den Wunsch aussprechen, daß es dem Juristentage noch oft in ähnlicher Weise vergönnt sein möge, einer sicheren und einheitlichen Rechtsprechung Bahn zu brechen.

(Bravo!)

Vorsitzender: Ich sage dem Herrn Referenten besten Dank.

Was die 5. Frage betrifft, so verhält es sich mit derselben ebenso wie mit der dritten Frage. Sie wird auf die nächste Tagesordnung übergehen.

Wir kommen nunmehr zu den Beschlüssen der II. Abtheilung, und ich bitte Herrn Reg.-Rath Meyer-Bromberg, über die Frage zu berichten:

> Empfiehlt sich die Einführung eines Heimstättenrechts, insbesondere zum Schutze des kleinen Grundbesitzes gegen Zwangsvollstreckung?

Es ist, soviel ich weiß, lediglich die Mittheilung an das Plenum beschlossen worden, aber es war in Aussicht gestellt, daß hierüber besondere Anträge erfolgen würden.

Privatdocent Dr. **Grünberg** (Wien): Ich habe folgende Anträge eingereicht:

> Unterzeichneter stellt den im Sinne von § 6 der Statuten unterstützten Antrag:
>
> Die Plenarversammlung möge beschließen:
>
> es sei in eine Erörterung der Beschlüsse der zweiten Abtheilung des Deutschen Juristentages über die Frage einzutreten:
>
> Empfiehlt sich die Einführung eines Heimstättenrechts, insbesondere zum Schutze des kleinen Grundbesitzes gegen Zwangsvollstreckung?

Der Antrag ist geschäftsordnungsmäßig von 13 Herren unterstützt.

Für den Fall der voraussichtlichen Ablehnung

(Heiterkeit)

habe ich den weiteren Antrag gestellt:

> Die ständige Deputation wird aufgefordert, für die nächste Tagung auch die Erörterung der Frage vorzubereiten:
>
> Empfiehlt es sich, den Schutz gegen Zwangsvollstreckung über die bisherigen Grenzen hinaus, insbesondere im Interesse des kleinen Grundbesitzes, zu erweitern?

Vorsitzender: Ich muß zunächst, da der Herr Referent in der Lage sein muß, zu bemessen, ob er nur eine Mittheilung zu erstatten hat, oder ob in die Discussion eingetreten werden soll, den ersten Antrag des Herrn Dr. Grünberg zum Austrag bringen. Ich bitte vorläufig den Herrn Referenten, sich darüber auszusprechen.

Geh. Justizrath Prof. Dr. **Enneccerus** (Marburg): Ich wollte zur Geschäftsordnung darum bitten, daß die Beschlüsse der Abtheilung verlesen werden, da sie nicht allgemein bekannt sind.

Ref. Reg.-Rath **Meyer** (Bromberg): Es wird vielleicht nicht unnöthig sein, in ganz kurzer Weise hier zunächst vorzutragen, wie sich im Anschluß an das Referat die Berathung über das Thema abgespielt hat, und dann erst zu den Anträgen selbst überzugehen.

Es stand also die Frage zur Tagesordnung:

> Empfiehlt sich die Einführung eines Heimstättenrechts, insbesondere zum Schutze des kleinen Grundbesitzes gegen Zwangsvollstreckung?

Diese Frage schließt zwei Unterfragen in sich ein, die in dem Thema nicht getrennt zum Ausdrucke kommen, die aber thatsächlich zweifellos darin enthalten sind. Die eine Frage ist die, ob die allgemeine Einbeziehung eines Minimum an Grund und Boden in den Kreis der unpfändbaren Gegenstände sich empfiehlt, die zweite Frage die, ob zum Schutze des kleinen Grundbesitzes sich ein Sondergesetz empfiehlt nach Analogie derjenigen Vorschläge, die von verschiedenen Seiten für die mitteleuropäischen Staaten gemacht sind, oder nach Analogie der Einrichtungen, die in Amerika als sogenannte Heimstättengesetze geltendes Recht sind.

Der Referent hatte es insofern bequem, als er beide Fragen, die innerlich in dem Thema steckten, verneinte. Er war der Ansicht, daß weder die allgemeine Einbeziehung des Grund und Bodens in den Kreis der unpfändbaren Objecte im Sinne des § 715 Civilproceßordnung empfehlenswerth erscheine noch auch, daß ein Heimstättengesetz als Sondergesetz sich empfehle.

Was das Sonderrecht anlangt, so war es nothwendig — ich muß das betonen, da es später bei der Fragestellung von Belang sein wird, — den Begriff Heimstätte in dem Referat etwas näher zu präcisiren. Es sind in Amerika gesetzliche Einrichtungen in Geltung, welche unter gewissen Bedingungen ein Grundstück dem Zugriff der Gläubiger durch die Zwangsvollstreckung entziehen. Allerdings ist dieser Schutz kein unbedingter, insbesondere bleibt er hypothekarischen Belastungen gegenüber meist versagt, auch haben gewisse persönliche bevorrechtete Gläubiger — z. B. aus Darlehen zu Meliorationen, zu Geräthen, Materialien u. dgl. — ein Recht auf Befriedigung aus der Heimstätte. Zum Verkauf und zur Belastung der Heimstätte durch den Ehemann ist die Zustimmung der Ehefrau erforderlich. Das Heimstättenrecht wird in einigen Staaten kraft Gesetzes, in anderen durch Eintragung in ein Heimstätten-Register erworben. Der Schutz dauert im Falle des Todes des Heimstätters zu Gunsten der Kinder bis zur Großjährigkeit des jüngsten Kindes fort. Die Größe der Heimstätte schwankt zwischen 40 und 160 Acres — 1 Acre = 0,4 ha. — Läßt sich bei größeren Farmen im Falle der Zwangsversteigerung die Heimstätte nicht aussondern, ohne das ganze Grundstück zu schädigen, so hat der Schuldner einen dem Werth der eximirten Fläche gleichkommenden Geldanspruch frei. Man wollte durch diese Gesetze die Ansiedelung befördern, überdies aber auch wohl in einem Lande, wo Elemente aus allen Nationen zusammenströmen, theilweise der Landessprache und des Landesgesetzes unkundig, wo ein gewissenloses Landspeculantenthum sein Wesen treibt, vielleicht auch Spielhöllen und andere Versuchungen dem Siedler gefährlich sind und wo das ordentliche Gesetz zum Schutze der Familie nicht überall ausreichte, einen besonderen Schutz durch diese Einrichtungen schaffen, wobei freilich bemerkt werden muß, daß auch nach dem allgemeinen Rechte die Exemptionsgrenze in Amerika — auch für die fahrende Habe — ziemlich hoch ist. Jene Gesetzgebung hat Veranlassung gegeben zu ähnlichen Vorschlägen bei uns, die hauptsächlich hervorgerufen sind durch die landwirthschaftliche Nothlage. Man glaubte, durch ein den amerikanischen Gesetzen nachgebildetes Gesetz alle möglichen Nothstände, unter denen wir kranken, beseitigen zu können, die Verschuldung des ländlichen Grundbesitzes, die Flucht von dem Lande nach den großen Städten, den Landwucher, die Socialdemokratie u. s. w. So ziemlich alle socialen Mißstände sind angeführt worden zur Begründung des Heimstättenrechts. So zahlreich wie die

Gründe, die für ein Heimstättenrecht sprechen sollten, so zahlreich sind auch die Versuche, einem solchen Rechte gesetzliche Form zu geben. Reisende, Grandseigneurs und schriftstellernde Philologen, menschenfreundliche Landgeistliche und Nationalökonomen aus Passion haben derartige Vorschläge gemacht. Meist ist denselben äußerlich eine Art von Gesetzesform gegeben, insofern sie nach Paragraphen geordnet sind. Die Bedürfnißfrage ist bei diesen Versuchen vielfach nicht sehr streng untersucht worden. Die Herren haben dann ihr gutgemeintes Werk meist den Volkswirthen von Fach und den Juristen von Fach unterbreitet, um aus der Fülle der Geschichte vielleicht etwas herauszudestilliren, was für die Praxis unter Umständen verwendbar sein könnte. Bei dieser Sachlage ist es natürlich, daß der Goethe'sche Satz: „Denn eben wo Begriffe fehlen, da stellt ein Wort zur rechten Zeit sich ein" — wenn irgendwo — auf die Heimstätte paßt, so viel Entwürfe, so viel von einander verschiedene Bestrebungen, bei denen vielfach nur das Wort Heimstätte gemeinsam bleibt, im Uebrigen aber jeder der Gesetzesredactoren, der Reisende, der Grandseigneur, der wohlwollende Landgeistliche, wie auch der schriftstellernde Philologe sich etwas anderes denkt oder bezweckt. Es ist daher nothwendig, die Begriffsbestimmung für die Heimstätte zunächst zu geben, und die hat der Referent geglaubt, aus demjenigen Entwurf entnehmen zu sollen, der den Reichstag beschäftigt hat.

Dieser, von dem Kammerherrn von Riepenhausen dem Reichstag unterbreitete Entwurf verlangt, um es kurz zu sagen, ein bäuerliches Grundstück, welches mindestens etwas Land umfassen und höchstens die Größe eines Bauernhofes haben soll, welches nur beschränkt, nämlich nur bis zur Hälfte soll verschuldet werden können, welches mit der Zwangsvollstreckung theils überhaupt nicht, theils nur wegen gewisser bevorrechteter Forderungen und dann auch nur mit der Zwangsverwaltung, nicht mit der Zwangsversteigerung angreifbar sein, das nach Anerbenrecht vererben soll, und bei welchem der Ehegatte ein Mitbestimmungsrecht bei der Veräußerung, und beim Tode des anderen Ehegatten ein Nießbrauchsrecht haben soll. Die zulässigen Schulden müssen amortisable sein. — Der Referent hatte aus Gründen, die hier zunächst wohl nicht zu erörtern sein werden, ein derartiges Institut nicht für practisch erachtet und auch die Nothwendigkeit desselben verneint, weil er aus der neuesten preußischen Statistik nachweisen konnte, daß der kleine Grundbesitz nicht mehr, sondern erheblich weniger verschuldet ist, als der große, daß insbesondere der kleinste Grundbesitz, der in dieser Statistik mit 96 253 Stellen erscheint, mit 48 909 Stellen, also der größeren Hälfte, gänzlich schuldenfrei ist. So beantwortete der Referent die gestellte Frage: empfiehlt sich die Einführung eines Heimstättenrechtes insbesondere zum Schutze des kleinen Grundbesitzes gegen Zwangsvollstreckung? mit Nein.

Wenn man dagegen zu einer der beiden Unterfragen, die, wie gesagt, das Thema in sich schließt, eine mehr positive Stellung einzunehmen geneigt ist, wenn man etwa bereit ist, ein Minimum an Grundbesitz allgemein unter die unpfändbaren Gegenstände zu setzen, es also etwa der Milchkuh des Schuldners oder dem Werkzeug des Handwerkers gleichzustellen, oder wenn man ein Sonderrecht wie das geschilderte befürworten zu sollen glaubt, dann gestaltet sich die Sache nicht so einfach wie bei der bloßen Verneinung, es treten dann eine ganze Anzahl weiterer Fragen hervor, zu denen Stellung genommen werden muß. Ich will zunächst bemerken, daß von den eingegangenen beiden Gutachten das eine, dasjenige des Herrn Professor Weber-Freiburg ziemlich genau sich mit dem des Referenten deckt. Er lehnt glatt ab. Das andere Gutachten, das des Herrn Dr. Grünberg-Wien steht auf mehr positivem Standpunkt und da ergab sich naturgemäß, wie gesagt, eine weitere Fragenreihe. Der Auffassung des Herrn Dr. Grünberg trat insbesondere auch Herr Geh. Rath Gierke bei, und beide Herren haben dann vereint oder der Eine unter redactioneller Mitarbeit des Anderen verschiedene Anträge an die Versammlung gebracht. Zur Begründung des positiven Standpunktes wurde betont, daß doch das Land als solches bei einem Landbauer das zur Ausübung seiner Erwerbsthätigkeit nothwendige Object darstelle, nicht anders wie dies etwa hinsichtlich der Hobelbank beim Tischler der Fall sei, daß es auch Betriebe gebe, die untrennbar von einem Immobile seien — wie z. B. eine kleine Landschmiede — und daß daher Fälle, in denen man nothwendiger Weise zu einer Exemption von Grundbesitz werde gelangen müssen, sehr wohl denkbar seien. Demgegenüber betonte der Referent, daß eine Exemption der in Rede stehenden Art so lange als eine Ungerechtigkeit sich darstelle, als nicht auch allen anderen, in gleicher Bildung und Lebensstellung befindlichen Staatsbürgern ein ähnliches Vermögensobject in der Hand gelassen werde. Mit dem Handwerkszeug lasse sich das Land nicht in Vergleich stellen, das Handwerkszeug des ländlichen Arbeiters sei die Sense, der Spaten, die Harke u. s. w. Es ist nach längerer Debatte dann eine Anzahl von Anträgen an die Versammlung gestellt worden, die ich verlesen werde.

Im Ganzen war wohl, wenn ich nicht irre, die Haltung der Versammlung dahin gehend, daß der Juristentag nicht recht berufen sein möchte, über das Sonderrecht sich speciell zu äußern. Ich persönlich möchte eigentlich dieser Meinung nicht sein, denn ein solches Gesetz hätte zweifellos erheblich viel juristische Momente, es ist die Zwangsverwaltung als Vollstreckungsmittel zu behandeln, das Anerbenrecht, die Verschuldungsbeschränkung u. s. w., und ich glaube daher, der Juristentag wird kaum umhin können, eventuell unter Beirath von Nationalöconomen, Statistikern und Landwirthen, denen er einiges Vertrauen schenkt, wenn er die Frage der Exemtion vom Grund und Boden noch einmal behandeln will, auch zu jenem Sondergesetze Stellung zu nehmen. Die Versammlung schien dazu wenig Neigung zu haben, theils, wie gesagt, weil sie sich nicht für kompetent erachtete, theils (wie ich durch Herrn Justizrath Humser nach der Sitzung ausdrücklich gebeten worden bin, zu erklären) weil eine große Anzahl der Herren sich durch die Ausführungen des Referenten überzeugt hatte, daß ein Bedürfniß für ein solches Sondergesetz nicht vorläge. In der Abstimmung ist das nicht zum Ausdruck gekommen.

Die von Herrn Dr. Grünberg eingebrachten Anträge lauteten wie folgt:

1. Bei der Revision des 8. Buches der Civilproceßordnung zum besseren Schutze derjenigen Vermögenstheile, die zur Führung einer geordneten Wirthschaft und zur ausgiebigen Verwerthung der persönlichen Arbeitskraft des Haushaltungsvorstandes erforderlich sind, erscheint die Einführung eines Heimstättenrechts nach nordamerikanischem Muster nicht empfehlenswerth.

Die Abtheilung stimmte diesem Satze zu.

2. Der angestrebte Zweck ist vielmehr dadurch zu erreichen, daß durch zwingende Rechtsvorschriften ein gewisses, dem Werthe nach fixirtes Vermögensminimum für executionsfrei erklärt und zugleich der Kreis der unpfändbaren Mobilien — als Grenze des executionsfreien Vermögensbetrages nach unten zu — erweitert wird.

Der Herr Geh. Rath Dr. Gierke hatte hierzu einen Abänderungsvorschlag eingebracht, welcher lautete:

Es empfiehlt sich vielmehr, den kleinen Grundbesitz innerhalb einer bestimmten Werthgrenze, insoweit er dem Schuldner als Obdach für sich oder seine Familie, oder als Arbeitsstätte unentbehrlich ist, der Zwangsvollstreckung zu entziehen.

Diese Position 2 wurde abgelehnt. Dann wurden die übrigen Anträge 3, 4 und 5 unter Ablehnung dieses Antrages zurückgezogen. Ich will sie aber doch noch verlesen, da sie für den Fall der Bejahung der Frage 2 wesentlich gewesen wären. Sie lauteten:

3. Innerhalb der exempten Vermögenswerthgrenze soll der Schuldner auch Grund und Boden als unpfändbar reclamiren können; so-

bald derselbe landwirthschaftlich genutzt wird, aber nur dann, wenn die Exemption nicht zur Zersplitterung eines Complexes führen würde, der bis zur Zwangsvollstreckung eine wirthschaftliche Einheit gebildet hat.

Ein Abänderungsvorschlag lautete:

doch darf . . . . . .
nicht zur Zersplitterung eines Landgutes führen, das bisher eine wirthschaftliche Einheit gebildet hat.

Das ist zurückgezogen, weil die Frage, nicht den Kreis der Pfandobjecte zu erweitern, sondern ein Vermögensminimum als executionsfrei zu erklären, abgelehnt worden ist. Die Anträge 4 und 5 lauteten:

4. Dieser directe Schutz des Grundbesitzes im Wege des gemeinen Rechts ist durch folgerichtige Weiterbildung und Anwendung indirecter Maßregeln behufs Beschränkung der Zwangsvollstreckung zu ergänzen.
5. Ein weitergehender Schutz des Immobiliarvermögens im Allgemeinen und des kleineren und mittleren Grundbesitzes im Besonderen ist nur im Wege einer Sondergesetzgebung zu erreichen.

Ueber diesen Antrag ist dann nicht weiter debattirt worden. Hierzu waren noch Anträge des Herrn Justizrath Dr. Reatz aus Gießen gestellt:

1. Die Frage des eigentlichen Heimstättenrechts ist von der Beschlußfassung ganz auszuschließen.

Dieser Antrag ist angenommen worden. Der Antrag des Herrn Dr. Reatz:

2. Die Befreiung der für die wirthschaftliche Existenz eines Schuldners unbedingt nothwendigen Grundstücke von der Zwangsvollstreckung ist anzubahnen.

wurde abgelehnt. Das Resultat läßt sich wohl dahin zusammenfassen, daß die Abtheilung gesagt hat: mit dem Sonderrecht können wir uns nicht befassen, und eine allgemeine Vermehrung der pfandfreien Objecte oder die Ausdehnung der Pfändungsfreiheit auf ein Vermögensminimum ist zur Zeit auch nicht in unserem Sinne. Wenigstens glaube ich dies als das Resultat der Abstimmung über jene Anträge entnehmen zu sollen.

Ich glaube, daß eben nun noch Anträge ergangen sind, die eine Wiederholung dieser hier erörterten Frage in der einen oder anderen Form ermöglichen, und ich möchte bitten, daß vielleicht Herr Dr. Grün=

berg, der diese Anträge veranlaßt hat, sie seinerseits vorträgt und vertritt.

Vorsitzender: Da die Vorfrage zuerst zu erledigen ist, so gebe ich, nachdem der Antrag auf Discussion im Plenum die hinreichende statutenmäßige Unterstützung gefunden hat, also zur Discussion kommen muß, dem Herrn Antragsteller das Wort zur Begründung seines Antrages, des Antrages auf Erörterung im Plenum.

Privatdocent Dr. **Grünberg** (Wien): M. H., wie Sie aus den Ausführungen des Herrn Referenten entnommen haben, hat sich die II. Abtheilung überhaupt nicht entschließen können, irgend einen Beschluß zu fassen, es sei denn, daß sie gesagt hat: wir wollen über die Sache gar nicht beschließen. Alle meine Anträge, welche dahin gingen, daß die Unpfändbarkeitsgrenze in zwingender Weise derart erweitert werde, daß das bisherige System eines Kataloges unpfändbarer Gegenstände aufgegeben oder wenigstens neben diesem System auch noch ein anderes zugelassen werde, namentlich ein solches, wonach ein bestimmtes Vermögensminimum überhaupt dem Zugriffe der Gläubiger entzogen werde, und daß innerhalb dieser Schranke auch Grund und Boden in bestimmter Art reclamirt werden könne, sind abgelehnt worden. Ein Redner erblickte in meinen Anträgen sogar sehr weitgehende destructive Tendenzen gegen die bisherige Rechtsordnung. Ich möchte speciell auf diesen Einwand hier noch einmal zurückkommen, weil eventuell diese Frage neuerdings der Discussion unterbreitet werden wird und weil mir daran liegt, festzulegen, daß der Schutz des kleinen Eigenthumes gegen Untergang unmöglich collectivistisch und destructiv sein kann.

Aber item, es wurde Alles, was irgendwie darauf Bezug hatte, abgelehnt, und ich begreife bis zu einem gewissen Grade, daß das geschehen ist. Die Versammlung war sich über die Tragweite dieser Anträge und dieses Verlassens des bisherigen Systemes der Executionsexemtionen nicht ganz im Klaren. Sie erklärte deshalb: die Dinge sind nicht spruchreif. Aber sie ging doch auch andererseits noch darüber hinaus und sagte: wir wollen vorläufig überhaupt von dieser Sache nichts wissen. Daher wurden meine Anträge abgelehnt. Das gleiche Schicksal traf deren Abmilderung durch die Anträge des Herrn Geheimen Rathes Gierke. Nicht anders schließlich erging es den Anträgen des Herrn Abtheilungsvorsitzenden, welche besagten: wir wollen doch irgend etwas in der Richtung eines erweiterten Schutzes des kleinen Grundbesitzes thun und überlassen es dem Gesetzgeber, auszumitteln, was er eigentlich thun will, ohne daß mir klar geworden wäre, weshalb dieses Letztere besonders geschehen sei.

Es schien mir deshalb und bei der großen Wichtigkeit dieser Frage, bei der außerordentlichen Tragweite, welche dem Schutze kleinerer und mittlerer Existenzen zugemessen werden muß, nothwendig, daß die Voll-Versammlung des Juristentages diesen Gegenstand neuerdings in die Discussion ziehe. Es gehört allerdings eine gewisse Vorbereitung dazu, alle die Vorschläge, welche bisher von den verschiedenartigsten Seiten gemacht worden sind, zu prüfen und sich ein Urtheil über sie zu bilden. Ich sehe deshalb voraus, daß diese hochgeehrte Versammlung meinem Antrage, die Sache hier sofort zur Erörterung oder gar zur Erledigung zu bringen, nicht zustimmen wird,

(Heiterkeit)

und wenn ich ganz aufrichtig sein soll, so muß ich sagen, ich wünschte es eigentlich gar nicht einmal.

(Große Heiterkeit.)

Denn man würde wahrscheinlich vorläufig zu dem gleichen Resultate kommen, wie die II. Abtheilung, und es würde damit eine Frage von der Tagesordnung des Juristentages abgesetzt werden, die meiner Anschauung nach die allergrößte Bedeutung hat und doch noch weiterhin debattirt werden und nicht von der Tagesordnung und aus der Discussion verschwinden soll. Ich habe mir deshalb gestattet, für den Fall der Ablehnung meines Antrages, einen zweiten, einen Eventualantrag, der, wie Sie sehen, der eigentliche Hauptantrag ist, zu stellen: Es möge die ständige Deputation aufgefordert werden, für die nächste Tagung die Erörterung folgender Frage vorzubereiten: Empfiehlt es sich, den Schutz gegen Zwangsvollstreckung über die bisherigen Grenzen hinaus, insbesondere im Interesse des kleinen Grundbesitzes, zu erweitern?

Sie sehen, m. H., das zu erörternde Thema ist so weit ausgedehnt, daß für jede mögliche Meinung und Stellungnahme noch Raum geboten ist. Ich habe es absichtlich unterlassen, meine Anträge zur Discussion zu stellen, welche dahin gehen, in zwingender Weise ein Vermögensminimum neben den bisherigen Executionsexemtionen zuzulassen. Es soll vielmehr ganz allgemein erörtert werden, ob es sich überhaupt empfehle, den Schutz gegen Zwangsvollstreckung zu erweitern. Als Unterfrage wäre dann zu erwägen: ob eine solche Erweiterung auch im Interesse des kleinen Grundbesitzes als Grundbesitz stattfinden soll. Ich möchte bitten, daß, wenn mein erster Antrag abgelehnt würde, der zweite mindestens angenommen werde.

Vorsitzender: Der Herr Berichterstatter hat das Wort.

Berichterstatter Regierungsrath **Meyer** (Bromberg): M. H., persönlich bin ich der Meinung, daß speciell über die Heimstättenfrage, also über das Sonderrecht vielleicht schon etwas zu viel gesprochen und debattirt ist, allerdings nicht im Juristentage, wenn aber die Exemtionsfrage noch einmal erörtert werden sollte, so würde es nichts schaden, wenn auch dieses Sonderrecht noch einmal zur Erörterung käme, nur würde es sich dann vielleicht empfehlen, mindestens zwei, vielleicht auch noch einen dritten Referenten zu ernennen, die sich in die Arbeit auch nach der nationalökonomischen und statistischen Seite zu theilen hätten und die diejenigen Thatsachen, die sie dann anführen, doch mit einer gewissen größeren Wucht der Versammlung gegenüber zum Ausdruck bringen können, als ein einzelner bescheidener Referent dies vermag. Ich kann natürlich nicht verlangen, daß mir alles das geglaubt wird, was ich als thatsächlich angeführt habe, und auch unter dem Thatsächlichen ist wohl manches, was für eine verschiedene Beurtheilung Spielraum läßt. Es müßten jedenfalls mehrere Referenten vorhanden sein, und diese müßten vorher mit einander in Beziehung treten.

Für die Fragestellung würde ich dann aber dringend empfehlen, das Wort „Heimstätte" fallen zu lassen —

(Unterbrechung durch den Vorsitzenden)

Verzeihung, ich will mir selber einen Vorschlag erlauben, da Anträge auf eine nochmalige Verhandlung gestellt sind.

Ich würde also den Anträgen des Herrn Dr. Grünberg insofern zustimmen, als auch ich dafür bin, daß diese Frage in dieser Form noch einmal an den Juristentag gebracht wird, ich würde aber dann doch anheimgeben, noch eine dritte Frage zu stellen — etwa dahin lautend: Empfiehlt sich ein Sonderrecht, welches die Verschuldung des Grundstückes beschränkt und die Zwangsvollstreckung gegen dasselbe erschwert?

Die anderen Punkte — Anerbenrecht u. s. w. — sind mehr nebensächlicher Natur, die amortisable Schuld kein Essentiale der Heimstätte, die wesentlichsten beiden Punkte kommen in seiner Fragestellung, m. E., zum Ausdruck.

Ich glaube, wenn man dahin neigt, eine Vermögensgrenze anzunehmen für die Freiheit von der Zwangsvollstreckung, und wenn man dahin neigt, innerhalb dieser Vermögensgrenze eine Reclamation von Grund und Boden zuzulassen, so wird man kaum umhin können, auch jene dritte Frage in der vorgeschlagenen Einschränkung noch zu erörtern.

Geh. Justizrath Prof. Dr. **Enneccerus:** M. H., ich halte es auch für richtig, daß eine derartige Frage, die aber mir noch nicht ganz genügend reif zu sein scheint, der von dem Herrn Antragsteller befürworteten Frage eventuell hinzugefügt wird. Ich möchte aber glauben, weil die Formulirung noch nicht ganz vollständig genügend ist und weil doch vielleicht eine derartige Fragestellung einer sehr genauen Erwägung bedarf, die weitere Formulirung — über den allgemeinen Sinn sind wir uns ja klar — der Deputation zu überlassen, also im gegenwärtigen Moment den Antrag des Herrn Antragstellers anzunehmen und der Deputation eine Erweiterung auf die Heimstätte, die also dann in einer gewissen Weise abzugrenzen wäre, zu überlassen. Daß die Frage überhaupt noch einmal berathen werde, namentlich auch der erste Theil derselben, das scheint mir allerdings in höchstem Maße wünschenswerth.

Oberreichsanwalt **Hamm** (Leipzig): Ich glaube, wir müssen erst Beschluß fassen, ob die Frage heute verhandelt welden soll; nach den Statuten darf über diese Vorfrage keine Verhandlung stattfinden, es darf darüber nur der Antragsteller und der Berichterstatter sprechen.

Vorsitzender: Es hat sich nach meiner Auffassung der Herr Antragsteller über den ersten Antrag, die Sache zur Discussion und Beschlußfassung im Plenum zu bringen, nicht ausgesprochen, sondern nur für den Eventualantrag. Der Eventualantrag aber bedarf meines Erachtens keiner Beschlußfassung; es ist nach den Statuten der ständigen Deputation überlassen, für die nächsten Juristentage vorzubereiten, und die ständige Deputation hat es stets für ihre Pflicht erachtet, Anträge, die aus dem Juristentage gestellt worden sind, möglichst zu berücksichtigen. Es ist das um so mehr indicirt, als eine bestimmte Formulirung nicht überwiesen ist, im Gegentheil angeregt ist, dies der Deputation zu überlassen.

Ich bringe aber nunmehr die Frage zur Abstimmung: Will das Plenum in die Discussion und Beschlußfassung über die Frage des Heimstättenrechts eintreten oder nicht? Ich bitte diejenigen Herren, welche das nicht wollen, sitzen zu bleiben, und diejenigen, welche in die Discussion eintreten wollen, sich zu erheben. — Ist einstimmig abgelehnt. Wir werden also in die Discussion und Beschlußfassung nicht eintreten, und ich glaube, annehmen zu dürfen, daß der ausführliche Bericht, den der Herr Referent über die ganze Behandlung der Sache uns erstattet hat, auch als Mittheilung an das Plenum zu betrachten sei.

Ich frage nunmehr den Herrn Antragsteller, ob er auf einer Abstimmung über den zweiten Antrag besteht oder ob er die Sache dadurch für erledigt erachtet, daß die Deputation natürlich den Antrag entgegennehmen und möglichst berücksichtigen würde.

Privatdocent Dr. **Grünberg** (Wien): Ich möchte doch eine Abstimmung über diesen Antrag provociren, und zwar deshalb, weil mir darum zu thun ist, daß eine Abänderung des zu erörternden Themas, die durch die ständige Deputation erfolgen könnte, nicht erfolge, sondern daß diese hochgeehrte Versammlung sich präcise dahin ausspreche, daß in der That das Thema so wie ich es formulirt habe, zur Erörterung gelange. Der Herr Referent hat von mehreren Anträgen, die ich angeblich gestellt hätte, gesprochen. Das ist nicht richtig. Ich habe ganz einfach einen Satz aufgestellt: Empfiehlt es sich, den Schutz gegen Zwangsvollstreckung über die bisherigen Grenzen hinaus, insbesondere im Interesse des kleinen Grundbesitzes, zu erweitern? Von Heimstätten ist hier gar nicht mehr die Rede. In der Debatte in der zweiten Abtheilung ist allgemein die Abneigung gegen eine Reception des amerikanischen Heimstättenrechts sowohl wegen seines ungenügenden Charakters als auch wegen des Mangels einer Zwangsnorm in demselben zu Tage getreten. Und es liegt mir nun daran, daß gerade von Heimstätten nicht mehr gesprochen werde, sondern blos von Erweiterung der unseren continentalen Rechtssystemen eignenden Executionsexemtionen. Ich möchte, daß erörtert werde, inwieweit unsere europäischen Rechtsgedanken über die Zwangsvollstreckung resp. über die Exemtion gegen solche aus socialpolitischen Gründen und in einer technisch durchführbaren und unseren bisherigen Rechtssystemen leicht angliederbaren Weise schärfere und ausgedehntere Anwendung finden können. Deshalb ersuche ich den Herrn Vorsitzenden, den Antrag doch zur Abstimmung zu bringen. Es bliebe im Falle der Ablehnung natürlich immer noch der Güte der Deputation überlassen, meine Anregung doch zu berücksichtigen.

Vorsitzender: Ueber das Materielle dieses Antrages kann ich unmöglich zur Abstimmung schreiten, denn es ist weder discutirt noch begutachtet, es ist vollständig unvorbereitet.

Geheimer Justizrath Professor Dr. **Gierke:** Ich wollte den Herrn Präsidenten auch bitten, diesen Antrag zur Abstimmung zu bringen, und die Versammlung bitten, den Antrag anzunehmen. Der Grund dafür ist einfach der, daß meines Erachtens es für die ständige Deputation sehr wünschenswerth ist, wenn die Lage, wie sie durch die Nichtbeschlußfassung in der zweiten Abtheilung hergestellt ist, nun so von dieser souveränen Versammlung authentisch declarirt wird, eben dahin, daß die Sache nicht erledigt ist. Denn man kann, wie Sie sich aus dem Referat überzeugt haben werden, ja zweifeln, ob nicht die Sache nun so erledigt wäre, daß die Deputation gar nicht das Recht hätte, den Juristentag noch einmal damit zu behelligen, und diese Auslegung möchte ich durch Annahme des Antrags abgewiesen wissen. Nur aus diesem Gesichtspunkte haben wir auch den Antrag auf Discussion im Plenum gestellt und nachher selbst nicht für diesen Antrag gestimmt. Wir wünschen nur eine Declaration, daß die Sache nicht erledigt, sondern in diesen Grenzen, die ja ziemlich weite sind, noch einer weiteren Klärung auf dem nächsten Juristentage bedürftig ist.

Oberreichsanwalt **Hamm** (Leipzig): Es handelt sich jetzt um den Eventualantrag, darum, ob die Versammlung beschließen will, daß auf die Tagesordnung des nächsten Juristentages diese Frage zur Discussion gestellt wird. Auf diesen Antrag giebt es aber nicht zwei, sondern drei Antworten. Die eine Antwort lautet: die Versammlung lehnt den Antrag ab; dann würde die Consequenz sein, daß die Deputation die Frage auch ihrerseits nicht auf die Tagesordnung des nächsten Juristentages setzen könnte. Die zweite Antwort ist: die Versammlung nimmt den Antrag an; dann ist die Deputation verpflichtet, die Frage bei dem nächsten Juristentage anzusetzen. Es giebt aber noch eine dritte Antwort, die lautet — und dahin stelle ich den Antrag — die Versammlung überläßt der Deputation die Entscheidung, ob die Frage auf die Tagesordnung des nächsten Juristentages gesetzt werden soll.

(Beifall.)

Vorsitzender: Ich glaube, das, was Herr Dr. Grünberg angeregt hat, bedarf keiner besonderen Abstimmung. Er hat diesen Antrag weder formulirt noch schriftlich eingereicht, und es steht ihm ja vollständig frei, wenn ein Antrag dieser Art von der Versammlung angenommen wird, bei der Deputation bestimmt formulirte Anträge einzureichen, welche dann Berücksichtigung finden werden. Es ist nun aber ein Unterantrag gestellt, welcher dahin geht, die Versammlung wolle beschließen, es sei der ständigen Deputation zu überlassen, ob der angeregte Gegenstand nochmals auf die Tagesordnung gesetzt werden soll oder nicht. Diesen Antrag muß ich als abweichend von dem ursprünglichen zuerst zur Abstimmung bringen. Ich stelle also an die Versammlung die Frage: Wollen die Herren beschließen, daß derjenige Antrag, den Herr Dr. Grünberg wiederholt verlesen hat, der ständigen Deputation zur Erwägung überwiesen werde, ob derselbe beim nächsten Juristentage das Plenum oder die Abtheilung beschäftigen soll? Ich bitte diejenigen Herren, welche dafür stimmen, daß der Antrag der ständigen Deputation überwiesen werde, sich zu erheben.

(Geschieht.)

Ich bitte um die Gegenprobe.

Das Büreau ist nicht zweifelhaft, daß bei der Gegenprobe die Minorität sich erhoben hat; es ist also der Antrag der ständigen Deputation zur Erwägung überwiesen.

Wir gehen in der Tagesordnung weiter, und ich bitte Herrn Privatdocenten Dr. Schwartz-Berlin, über die 7. Frage zu referiren.

Referent Privatdocent Dr. **Schwartz** (Berlin): M. H., die Frage lautet wie folgt:

„Ist die Vorschrift des § 296 der Civilproceßordnung für das Deutsche Reich, kraft welcher der Richter bei der Schöpfung des Versäumnißurtheils gegen eine vom letzten Termine weggebliebene Partei Alles ignoriren muß, was sie in früheren Terminen vorgebracht hat, oder die Bestimmung des § 399 der österreichischen Civilproceßordnung, welche in diesem Falle Vollversäumniß nicht annimmt, innerlich gerechtfertigt?"

Mir war das Referat übertragen worden. Es lagen zwei Gutachten vor, die auseinander gingen. Im Referat wurde zunächst versucht, darzulegen, daß die Frage, ihrer Formulirung nach, uns nur ganz theoretisch gestellt worden sei, daß wir nach dem Gedanken, nach Wesen und Zweck des Contumacialverfahrens im Civilproceß uns darüber schlüssig zu machen hätten. Dann ging das Referat in diesem Sinn auf die Sache ein und suchte darzuthun, daß die rückwirkende Kraft des Versäumnißurtheils innerlich nicht gerechtfertigt erscheine, daß sie ungerechtfertigt sei, insofern als früher dem Richter bekannt gewordener Proceßstoff von der größten Wichtigkeit, unter Umständen sogar Beweismaterial, beseitigt werde, und daß dadurch dem idealen Gedanken unseres Proceßgesetzes Abbruch geschehe, weil der Richter in die Lage komme, bewußt über eine Menge Dinge hinwegzugehen, die ihm ebenso bekannt seien, wie dem Gegner der säumigen Partei. Endlich wies das Referat darauf hin, daß der Grundsatz besonders schädigend wirken müsse im amtsgerichtlichen Verfahren, das als Parteiproceß gedacht sei und das deshalb der Anschaulichkeit und Gemeinverständlichkeit bedürfe, wofern es segensreich wirken solle. Daß nun dieser noch in keiner Proceßordnung der Welt bisher durchgeführte Grundsatz für einen Laien nicht verständlich sei und sein könne, darüber schien Uneinigkeit in der Versammlung nicht zu walten. Der Antrag des Referenten ging dahin: die zweite Abtheilung wolle beschließen, daß nur die Bestimmung des § 399 der österreichischen Civilproceßordnung innerlich gerechtfertigt sei. Zu einer eingehenden Debatte hierüber ist es nicht gekommen. Herr Geh. Rath Vierhaus-Berlin stellte alsbald den Antrag: die Versammlung wolle, weil die zuverlässige Entscheidung über das Contumacialrecht nur erfolgen könne im ganzen Zusammenhang eines bestimmten Proceßsystems, die Beantwortung der Frage ablehnen. Es wurde dem entgegengehalten, daß doch die uns gestellte Aufgabe nach der Formulirung augenscheinlich die sei, eine theoretische Frage zu beantworten. Ferner wurde bemerkt: es sei ja nicht ausgeschlossen, daß, auch wenn die Versammlung jenen Satz des neuen deutschen Processes für innerlich nicht berechtigt erkläre, derselbe trotzdem aus anderen Gründen im System der Civilproceßordnung aufrecht erhalten werden könne. Darauf wurde jedoch von der Versammlung nicht weiter eingegangen. Noch zwei Anträge wurden entgegengenommen, von Herrn Oberlandesgerichtsrath Simon in Posen, so formulirt: wir sollten beschließen, „bei der Revision der Civilproceßordnung ist auf Beseitigung der bei dem Principe der Totalversäumniß sich ergebenden Bedenken Bedacht zu nehmen," und dann von dem Herrn Landgerichtsrath Albinus aus Posen:

> Bei Revision der Civilproceßordnung ist eine Aenderung des Grundsatzes des § 296 der deutschen Civilproceßordnung dahin anzustreben, daß das in früheren Terminen Vorgebrachte bei dem Ausbleiben einer Partei in einem späteren Termine nicht vollständig unberücksichtigt bleibt.

Danach wurde über den Antrag des Herrn Geh. Rath Vierhaus zuerst abgestimmt, und der zustimmende Beschluß lautete:

> In Erwägung, daß die Frage nach den Folgen der Versäumniß eines späteren Verhandlungstermins im engsten Zusammenhang mit der gesammten Gestaltung des Verfahrens steht, in Erwägung, daß die Frage nach dieser Gestaltung, insbesondere nach der Feststellung des Streitstoffes und den Rechtsmitteln gegen Versäumnißurtheile nicht zur Berathung steht, lehnt der Juristentag eine Beantwortung der gestellten Frage ab.

Hiermit waren die übrigen Anträge gefallen. Das ist also ein non liquet.

Vorsitzender: M. H, was die Fragen 8 und 9 betrifft, so hat Herr Dr. Goldschmidt-Berlin das Referat über diese beiden übernommen. Ich bitte ihn nunmehr das Wort zu ergreifen.

Justizrath Dr. **Goldschmidt:** Das Recht der deutschen Hypothekenbanken war bisher im Wege der particulären Verwaltungspraxis geordnet. Anläufe zu einer reichsgesetzlichen Regelung sind wiederholt gemacht worden, zuletzt in Gestalt des Gesetzentwurfs, welcher gegen Ende der 70er Jahre beim Reichstag eingebracht worden, aber nicht zur Berathung und Beschlußfassung gelangt ist, und welcher darauf abzielte, die Rechte der Pfandbriefbesitzer, das heißt der Inhaber der auf den Namen oder auch auf den Inhaber lautenden, von den Hypothekenanstalten emittirten Certificate, für den Fall des Concurses dinglich zu sichern. Aber über diesen Anlauf ist es nicht hinausgekommen.

Der erste umfassende Versuch nach dieser Richtung ist gegenwärtig gemacht worden und zwar in Gestalt von zwei Gesetzentwürfen, die im Reichsjustizamt ausgearbeitet worden sind, und von welchem der eine die reichsgesetzliche Regelung des Hypothekenbankwesens nach der juristischen und verwaltungstechnischen Seite sich zur Aufgabe gesetzt hat, und sodann der Entwurf eines ergänzenden Gesetzes, welches betrifft: die Organisation der gemeinsamen Rechte der Besitzer von Schuldverschreibungen überhaupt, also über den Zweck des ersten in den 70er Jahren eingebrachten Entwurfs zwar wesentlich hinausgeht, aber auf diese Schuldverschreibungen ganz besonders zur Anwendung kommen dürfte, weil die Zahl dieser Obligationen eine ganz ungeheuere ist. Nach bisheriger Schätzung existiren deren etwa zwischen 5 und 6 Milliarden. Die Bedeutung der Frage leuchtet somit ohne weiteres ein. Bei der Fülle verwaltungstechnischen Details, welche diese beiden Gesetzentwürfe im Hinblick auf die Natur des von ihnen zu ordnenden Stoffs enthalten, war die Beschränkung auf einige wesentliche rechtspolitische Momente von selbst gegeben, und diese Beschränkung hatte sich denn auch der Herr Referent Herr Justizrath Rießer auferlegt, indem er hauptsächlich den Gesetzentwurf nach zwei Richtungen beleuchtete: einmal nach der Richtung der grundlegenden Frage, ob sich denn überhaupt eine reichsgesetzliche Ordnung dieser Materien empfehle, und sodann in welcher Weise zunächst diese reichsgesetzliche Ordnung zum Ausdruck gelangen solle, ob nämlich das Aufsichtsrecht durch die Reichsbehörden oder im Wege der Delegation durch die Landesbehörden auszuüben sei. Die erste Frage hat der Herr Berichterstatter bejaht und zwar dahin: Eine reichsgesetzliche Regelung des Hypothekenbankwesens und der gemeinsamen Rechte der Besitzer von Schuldverschreibungen ist dringend empfehlenswerth. Er hat sodann einen weiteren Antrag gestellt:

2. Die in diesen beiden Materien seitens des Reichsjustizamtes ausgearbeiteten und veröffentlichten Gesetzentwürfe bilden unbeschadet des auf dem Gebiete der Schuldverschreibungen (Obligationen) auch nach anderen Richtungen vorliegenden Codificationsbedürfnissen und vorbehältlich der gegen einzelne Vorschriften zu erhebenden Bedenken eine gute und sachgemäße Grundlage für das gesetzgeberische Vorgehen;
3. Von den geltend zu machenden Bedenken sind zu dem Entwurfe eines Hypothekenbankgesetzes nachstehende hervorzuheben:
   a) Die Aufsicht über die Hypothekenbanken sollte dem Reich übertragen und nicht den Landesregierungen überlassen werden;

b) mindestens aber sind die Anweisungen über die Werthermittelungen der zu beleihenden Grundstücke oder Kleinbahnunternehmungen von dem Bundesrath oder von einer durch letzteren zu bestellenden Centralbehörde zu erlassen.

Es sind sodann zu dem zweiten Entwurfe, nämlich zu dem Entwurf eines Gesetzes betr. die gemeinsamen Rechte der Besitzer von Schuldverschreibungen eine Reihe von Detailvorschlägen gemacht worden, von denen ich nur bemerken will, daß sie zwar zur Erörterung, aber nicht zur Abstimmung gelangt sind. Zur Abstimmung gelangt sind nur die zuerst von mir verlesenen Anträge bezüglich der prinzipiellen Seite der Frage, und diese Anträge sind auch einstimmig angenommen worden.

Es ist im Laufe der Discussion eigentlich nur eine Frage aufgetaucht, in Bezug auf welche die, die sich an der Besprechung betheiligt haben, nicht ganz einer Meinung waren — sie waren es nämlich im Wesentlichen durchweg — das war die Frage, ob für die Deckung der zu emittirenden Obligationen nur Hypotheken oder auch Grundschulden zur Verwendung gelangen sollten; aber, wie gesagt, es ist diese Frage nicht in einem Antrage ausgeklungen, so daß ich mich darauf beschränken kann, diesen Punkt nur zu erwähnen.

Es ist sodann ein Antrag gestellt worden von dem Freiherrn von Pechmann, Director der Bayerischen Handelsbank, welcher dahin lautet:

> Es ist außer Zweifel zu stellen, daß sich die im Gesetze vorgesehene Aufsicht auf alle Hypothekenbanken gleichmäßig erstrecken soll, ohne Unterschied, ob sie durch die Aufsichtsbehörde selbst oder durch einen von dieser bestellten Commissar ausgeübt wird.

Auch dieser Antrag ist nicht zur Abstimmung gelangt, jedoch nicht etwa um deswillen, weil man ihn für aussichtslos erachtete, oder auch nicht aus dem Grunde, weil man mit der principiellen Seite desselben nicht einverstanden gewesen wäre, sondern der entscheidende Grund war der, daß es sich hier, wie auch bei den anderen Anträgen zu dem Gesetzentwurfe betr. die gemeinsamen Rechte der Besitzer von Schuldverschreibungen, um eine Detailbestimmung handelte und daß der Juristentag seinen Gepflogenheiten gemäß sich nicht veranlaßt sehe, über derartige Detailbestimmungen Beschlüsse zu fassen, daß es sich vielmehr lediglich darum handele, die principiellen Gesichtspunkte hier festzulegen.

Das ist dasjenige, was ich über die Verhandlung betr. die Frage, ob sich eine reichsgesetzliche Regelung der hier in Rede stehenden beiden Materien empfehle, vorzutragen habe.

Sodann hat dem Juristentage, wie Ihnen bekannt, auch die Frage zur Entscheidung vorgelegen, ob sich die reichsgesetzliche Regelung des Gewerbes der Grund- und Hypothekenmakler empfehle, und zwar auf welcher Grundlage.

Ueber diese Frage waren zwei Gutachten eingegangen, die zu entgegengesetzten Resultaten gelangten. Wie dies ja bei der Schärfe der Formulirung dieser Frage hier auch wohl zu erwarten war, lautete die eine Antwort mit einem runden „Ja" und die andere Antwort mit einem runden „Nein". Das Gutachten, welches das Bedürfniß einer Specialgesetzgebung für diese Materie rundweg bejahte, war erstattet von dem Privatdocenten Herrn Dr. Burchard in Berlin, welcher seinem Gutachten einen sehr detaillirten Gesetzentwurf anfügte und welcher von der nach seiner Auffassung unbestrittenen und unbestreitbaren Ansicht ausging, daß hier in der That ein dringendes Bedürfniß für eine specialgesetzliche Regelung vorliege.

Auf dem entgegengesetzten Standpunkte steht das Gutachten des Herrn Privatdocenten Dr. Tetzner in Wien, der allerdings zu seinem Schlußergebniß auf Grund derjenigen Erfahrungen gelangt, die mit einer derartigen Specialgesetzgebung in seinem engeren Vaterlande Oesterreich gemacht worden sind.

Der Berichterstatter der II. Abtheilung über diese Frage hat geglaubt die Nothwendigkeit und Ersprießlichkeit einer specialgesetzlichen Regelung gleichfalls verneinen zu müssen, und es hat auch die II. Abtheilung dem Antrage stattgegeben, welcher dahin lautete:

> Die Regelung des Gewerbes der Grund- und Hypothekenmakler im Wege eines Specialgesetzes ist nicht zu empfehlen; die gegenwärtig in Kraft befindlichen Bestimmungen der Gewerbeordnung §§ 35 und 38 in Verbindung mit den §§ 652—656 des B.G.B. gewähren eine ausreichende Grundlage für den Ausbau der das Immobilienmaklerwesen beherrschenden privatrechtlichen und öffentlichrechtlichen Grundsätze durch die Rechtsprechung und die Verwaltungspraxis.

Auf dem entgegengesetzten Standpunkte stand der Herr Mitberichterstatter Dr. Fuld, der im Wesentlichen den leitenden Gesichtspunkten des Dr. Burchard'schen Gutachtens zustimmte und dem entsprechend seine Anträge in der Richtung der Begründetheit des Concessionswesens für das Hypothekenmaklergewerbe gestellt und auch begründet hat. Durch Annahme des eben von mir verlesenen Antrages ist die Frage in verneinendem Sinne beantwortet worden.

(Bravo!)

Vorsitzender: Ich danke dem Herrn Berichterstatter.

Wir kommen nunmehr zu den Beschlüssen der III. Abtheilung, und ich gebe Herrn Oberreichsanwalt Hamm das Wort zu der Frage, die Behandlung des dolus eventualis im Strafrechte bezw. im Strafprocesse betreffend.

Berichterstatter Oberreichsanwalt **Hamm** (Leipzig): Die Berathung und Beschlußfassung über den dolus eventualis, die als I. Gegenstand auf der Tagesordnung der III. Abtheilung stand, verlief sehr friedlich und nahm nur sehr kurze Zeit in Anspruch. Man war allerseits der Meinung, daß der Begriffsbestimmung des dolus eventualis und der Behandlung des dolus eventualis, wie sie in der Wissenschaft und in der Rechtsprechung und namentlich auch in der Rechtsprechung des Reichsgerichtes gleichmäßig feststehen, durchaus beizutreten sei. Es wurde dann mit einer Majorität, die, wie ich denke, fast an Einstimmigkeit streifte, folgender von mir als Referenten gestellter Antrag angenommen:

> Der Erfolg einer Handlung, auf den der Wille des Thäters nicht direct gerichtet ist, der aber von dem Thäter als möglich erkannt war, ist strafrechtlich dem Thäter als vorsätzlich von ihm verursacht anzurechnen, wenn er die That auch für den Fall wollte, daß sie diesen Erfolg haben würde.
>
> Desgleichen ist der Thäter, der das Vorhandensein eines zum Thatbestande einer strafbaren Handlung gehörenden Merkmales nicht kannte, aber für möglich hielt, wegen vorsätzlicher Begehung der strafbaren Handlung zu verurtheilen, wenn er die That auch für den Fall gewollt hat, daß dieses Thatbestandsmerkmal vorliegt.

Von dem Herrn Rechtsanwalt Werner in Magdeburg war ein Zusatzantrag gestellt, der dahin lautete:

> Ist eine Handlung nach dem Gesetze nur strafbar, wenn der Thäter bestimmte Thatbestandsmomente gewußt hat, dann genügt betreffs dieser Thatbestandsmomente der dolus eventualis nicht.

Herr Rechtsanwalt Werner dachte speciell an die Bestimmung des Strafgesetzbuches über die Gebührenüberhebung eines Rechtsanwaltes und meinte, weil in diesem Paragraphen ausdrücklich von wissentlicher Gebührenüberhebung die Rede sei, so seien diese Strafbestimmung und alle die Strafbestimmungen, in welchen das „wissentlich" besonders hervorgehoben sei, bezüglich des dolus eventualis anders zu behandeln; hier könne der dolus eventualis nicht genügen. Dieser Auffassung bin ich entschieden entgegengetreten und habe ausgeführt, daß das „wissentlich“ in den meisten Fällen, namentlich in der in Bezug genommenen Bestimmung über Gebührenüberhebung, gar nichts Anderes sagen wolle, als was ganz allgemein gelte und als ganz allgemein in § 59 des Strafgesetzbuches ausgesprochen sei und was aus dem Begriffe der Vorsätzlichkeit von selbst folge. Es heißt bekanntlich in § 59, daß demjenigen, der das Vorhandensein eines Thatbestandsmerkmales, das zur Begriffsbestimmung der strafbaren Handlung gehört, nicht kennt, dieser Thatumstand nicht zuzurechnen ist. Es ist verlangt Wissentlichkeit für das Vorhandensein des Thatbestandes, und wenn in einigen Paragraphen das Wort „wissentlich“ wiederholt ist, so ist das aus besonderen Gründen geschehen, um jeden Zweifel auszuschließen, aber es hat damit in keiner Weise etwas Anderes gesagt werden können, wenigstens regelmäßig, als schon allgemein auf Grund des § 59 und auf Grund der Vorsätzlichkeit anzunehmen ist.

Diese Anschauung wurde von der weitaus größten Mehrheit angenommen und der Antrag des Herrn Rechtsanwalts Werner abgelehnt.

Vorsitzender: Ich danke dem Herrn Berichterstatter und gebe zu Nr. 11:

> Soll zur Verjährung der Strafverfolgung der bloße Ablauf einer gesetzlich bestimmten Frist seit Verübung der Strafthat genügen, oder soll diese Verjährung auch noch an andere Bedingungen geknüpft werden?

Herrn Landesgerichtsdirector Felisch das Wort.

Ref. Landgerichtsdirector Dr. **Felisch** (Berlin): M. H., die Frage, über welche ich zu berichten habe, lautete dahin, ob für die Bedingungen der Strafverfolgungsverjährung es ausreichend sein solle, daß ein bestimmter im Gesetze normirter Zeitablauf stattgefunden hat, oder ob und welche Bedingungen noch dem hinzuzutreten hätten. Es stellte sich heraus, daß die Grundlage dieser Frage in einer großen Versammlung überhaupt nicht discutirbar ist; denn hinsichtlich der Erwägungen, welche für uns maßgebend waren, gingen die Einen davon aus, daß ein bestimmter Rechtsgrund für die Verjährung überhaupt nicht erfindbar sei, sondern daß nur criminalpolitische Erwägungen den Gesetzgeber zur Festsetzung einer Verjährung der Strafverfolgung veranlassen. Auf diesem Standpunkte steht das Gutachten des Herrn Staatsanwalt-Vertreters Dr. Hoegel, und auf ihn stellte sich auch der Herr Mitberichterstatter Ober-Reichsanwalt Hamm. Die entgegengesetzte Auffassung, daß man bei der Beurtheilung der Frage von einem bestimmten Rechtsgrunde auszugehen habe, aus dem die Strafverfolgungsverjährung herzuleiten, hegte der erste Gutachter Herr Prof. Dr. Lammasch, und auch ich erachtete dafür, daß nur auf diesem Wege sichere Ergebnisse zu erzielen seien. Es hat naturgemäß über diesen Ausgangspunkt keinerlei Abstimmung stattfinden können; wir haben uns damit begnügen müssen, daß gleiche Endziele sehr wohl aus beiden Standpunkten sich gewinnen ließen, und wir sind trotz aller Meinungsverschiedenheit über die grundlegenden Punkte zu übereinstimmenden Resultaten fast einstimmig gelangt.

Es ist deshalb über die allgemeinen Erwägungen nur mit zwei Worten zu berichten.

Der Standpunkt, daß ein bestimmter Rechtsgrund der Strafverfolgungsverjährung zu Grunde liege, hat eine Reihe von Theorien hervorgerufen, vor allen Dingen diejenigen, welche an den Ablauf der Zeit und an die Kräfte, die innerhalb des Zeitablaufes wirksam werden, anknüpfen. Andere haben sich auf dem Boden einer Besserungstheorie gestellt und gesagt, daß der Verbrecher nach so langem Zeitraume als ein Mensch angesehen werden müsse, der sich gebessert habe, da inzwischen der Verdacht der That nicht auf ihn gefallen sei; und wieder Andere haben daran die Forderung angeschlossen, daß nunmehr diese Besserung einen bestimmten Ausdruck habe finden, ein greifbares Resultat habe zeitigen müssen, und dieses entweder in einem Wohlverhalten des Thäters, das namentlich in Straffreiheit während des Verjährungszeitraumes sich ausdrückt, oder aber darin gesucht, daß er einen Schadensersatz geleistet hat. Es ist nun von uns in der Abtheilung erwogen worden, ob man die aus diesen verschiedenen Standpunkten zu ziehenden Consequenzen dahin zum Ausdrucke bringen müsse, daß man der Bedingung des Zeitablaufes noch irgend ein anderes Moment als gesetzliches Erforderniß der Strafverfolgungsverjährung hinzufügt. Wir sind dazu gekommen, diese Frage zu verneinen, und ich habe es auch für meine Person aus dem Rechtsgrunde heraus gethan, den ich aufgestellt habe, nämlich, daß die Verjährung beruhe auf dem Wegfalle der Strafverfolgungspflicht des Staates, wofür die Voraussetzungen nicht auf Jahrtausende hinaus mit Flammenschrift in den ewigen Sternen vorgeschrieben seien, sondern ein Wechsel je nach den Culturzuständen verschiedener Zeiten und Völker eintrete. Es ist hervorgehoben worden, daß allerdings die moderne Reformbewegung auf dem Gebiete des Strafrechts von ihren Grundgedanken heraus es mit Freuden begrüßen müsse, wenn irgend ein Zeichen socialer Gesundung des Thäters oder mangelnder weiterer socialer Gefährlichkeit für die Allgemeinheit als Vorbedingung für die Verjährung hingestellt werden könne. Aber wir sind zu dem Schlusse gelangt, daß irgend ein praktischer Ausdruck dieses Gedankens sich nicht erzielen lasse; vor allen Dingen scheitert der Versuch, dem Zeitablauf irgend ein zweites Erforderniß hinzuzufügen, daran, daß dann nach dem Zeitablauf zunächst die Schuldfrage gegen den Thäter festgestellt, also die ganze Procedur der Strafverfolgung wieder aufgerollt werden müßte, um demnächst, nachdem man den Thäter als solchen ermittelt hat, festzustellen, ob denn nun die Bedingungen der Verjährung gegen ihn vorliegen. Man müßte dann also noch prüfen: „hat er sich wohl verhalten in der fraglichen Zeit, hat er Schadensersatz geleistet, und hatte er auch nicht die Flucht ergriffen? u. s. w.,“ und würde damit das Andenken an die That wieder aufrütteln, um nunmehr bei Bejahung der aufgeworfenen Fragen einen stark verdächtig Gewordenen wegen eingetretener Verjährung laufen zu lassen. Daß dann die Gründe der Beweismittelverdunkelung u. s. w. im Falle des Wohlverhaltens und dergleichen ausschlaggebend bleiben sollen, im entgegengesetzten aber wegfallen müssen, wird das Publicum, das sich für die wieder in das Gedächtniß zurückgerufene alte That interessirt, nimmermehr begreifen. Wozu also die allgemeine Beunruhigung?

Aus diesen praktischen Erwägungen haben wir gesagt: es muß auch in Zukunft genügen, daß aus dem bloßen Zeitablaufe zu beurtheilen ist, ob eine That des Weiteren verfolgt werden soll oder nicht.

Es hat aber unabhängig hiervon dann noch eine Ermittelung nach zwei anderen Richtungen stattgefunden. Die eine fußte auf einem Vorschlage von mir, zwar den Schadensersatz nicht als Bedingung der Strafverjährung hinzustellen, wohl aber für den Fall, daß der Thäter ihn seinem Opfer geleistet hat, eine Verkürzung der normalen Verjährungsfrist stattfinden zu lassen. Die Debatten haben sich im Wesentlichen hiermit beschäftigt, und dieser Antrag von mir ist abgelehnt worden aus der Erwägung heraus, daß dieses Princip gegen den Grundsatz: Gleiches Recht für Alle verstoßen würde. Man fand, daß der Reiche, welcher leichter Schadensersatz leisten kann, vor dem Aermeren bevorzugt werden würde.

Ein zweiter Punkt war der, daß ich in meinen Anträgen vorgeschlagen hatte, man möge den jetzigen Zustand beseitigen, wonach die Praxis es in der Hand hat, die gesetzliche Frist, welche für die Strafverfolgungsverjährung eingeführt ist, zu verlängern, zu verdoppeln nicht bloß, sondern zu vervielfachen in ungezähltem Maße durch Unterbrechung der Verjährung. Nachdem Erwägungen stattgefunden hatten, ob vielleicht diese Beantwortung der angeregten Frage außerhalb des Themas stände, hat sich doch die dritte Abtheilung bei der Wichtigkeit der Frage und der Unhaltbarkeit der bestehenden Zustände veranlaßt gesehen, es auszusprechen, daß ein Endtermin für die unterbrochene Verjährung eingeführt werden müsse, daß also nicht in alle Ewigkeit bis zum Tode des Thäters durch neue Unterbrechungshandlungen die Verjährungsfrist immer weiter laufend erhalten werden dürfe. Es ist gesagt worden, daß die gesetzliche Einrichtung des Fristablaufes durch die Unterbrechung der Verjährung zu einer Farce in der Praxis geworden ist. Aus diesen Erwägungen heraus hat die dritte Abtheilung folgende Beschlüsse gefaßt:

> Der seit Verübung einer Strafthat erfolgte Ablauf einer gesetzlich bestimmten Frist genügt zur Verjährung der Strafverfolgung.
>
> Es empfiehlt sich, einen Endtermin für unterbrochene Verjährungsfristen zu bestimmen.

(Bravo!)

Vorsitzender: Dem Herrn Referenten besten Dank! M. H., was die letzte Frage betrifft:

> Empfiehlt sich der Versuch der Deportation nach Colonien als Strafe?

so ist es die einzige, von welcher die Abtheilung beschlossen hat, sie im Plenum zur Discussion und Abstimmung zu bringen. Da uns vielleicht diese Frage etwas länger beschäftigen wird, so werden Sie mir wohl gestatten, abweichend von der Tagesordnung zunächst Herrn Justizrath Dr. Goldschmidt das Wort zu ertheilen, um den üblichen

Kassenbericht

an die Versammlung zu erstatten.

Justizrath Dr. **Goldschmidt** (Berlin): M. H., ich möchte mich der Aufgabe, den üblichen Kassenbericht zu erstatten, auch in der üblichen Weise entledigen, nämlich ganz kurz, und vielleicht wird es den Herren genügen, wenn ich mittheile, daß unser Vermögen sich gegenwärtig auf ca. 20—21 000 Mk. beläuft, und daß dieses Vermögen zum größten Theil in sicheren, zinstragenden Papieren und in Bankguthaben angelegt ist. Sollten die Herren irgend welche andere Wünsche haben, so bin ich bereit, sie möglichst zu erfüllen.

(Heiterkeit.)

Vorsitzender: Wir kehren nun zur Tagesordnung zurück, zur Berichterstattung über die letzte Frage bezüglich der Deportation.

Ich gebe das Wort Herrn Rechtsanwalt Dr. Korn.

Referent Rechtsanwalt Dr. **Korn** (Berlin): M. H., in der III. Abtheilung lag die Frage zur Beantwortung vor: Empfiehlt sich der Versuch der Deportation nach den Colonien als Strafe und der Vorschlag bedingter Begnadigung für den Fall der Auswanderung?

Dazu lagen zwei Gutachten vor von Herrn Prof. Dr. Bornhak (Berlin) und Herrn Regierungsrath Freund (Coblenz), welche darin übereinstimmten, daß ein Versuch mit der Deportation sich allerdings empfehle, im Uebrigen aber stark von einander abwichen. Herr Professor Bornhak hat eine Deportation zum Zwecke der Ansiedelung der Sträflinge im Auge, Herr Regierungsrath Freund dagegen will nur eine überseeische Strafanstalt in der Colonie Südwestafrika errichtet wissen, in welcher die Sträflinge so lange gehalten werden müßten, bis ihre Strafzeit abgelaufen sei, worauf sie dann wieder nach Deutschland zurückbefördert werden sollen, wenn sie nicht freiwillig in der Colonie bleiben. Dem Herrn Referenten Rechtsanwalt Wilke lagen außerdem noch vor schriftliche Mittheilungen des Prof. Bruck aus Breslau, der ja bekanntlich in der Deportationsfrage hauptsächlich Anregungen gegeben hat durch zahlreiche Brochüren, und der ursprünglich als Referent bestellt war, dann aber verhindert war zu erscheinen. Der Inhalt der Ausführungen des ersten Referenten, Rechtsanwalt Wilke, war im Wesentlichen folgender: Die Deportation sei nothwendig, weil sich die Gefängniß- und Zuchthausstrafe im Inlande bei längerer Dauer nicht bewährt habe. Sie habe es nicht hindern können, daß die Zahl der Rückfälle fortgesetzt zunimmt, und diese zunehmende Zahl der rückfälligen Verbrecher bilde geradezu eine sociale Gefahr. Der Referent führte statistisches Material zu diesem Punkt an. Die langjährige Einsperrung wirke geradezu schädlich, denn sie breche die geistige Kraft und die körperliche Leistungsfähigkeit der Gefangenen, so daß sie bei ihrer Entlassung keine Arbeit fänden.

Es sei ferner in Betracht zu ziehen, daß die Beschäftigung der Gefangenen in den inländischen Strafanstalten eine Concurrenz darstelle gegen die freie Arbeit, welche schon vielfach zu Beschwerden und Klagen dieser freien Industrie gegen die Gefängnißarbeit Veranlassung gegeben habe. Alles dies sei bei der Deportation so gut als ausgeschlossen. Die Strafe vollziehe sich durch Zwangsarbeit im Freien, der Gefangene bleibe deshalb gesund und frisch, er werde für seine künftige Aufgabe, durch eigene Arbeit Erwerb zu finden, innerhalb der Strafzeit gut vorbereitet, und finde dann, wenn er entlassen werde, durch Anweisung des leicht zu habenden freien Landes in der Colonie sofort eine selbständige Existenz. Bei gehöriger und sorgfältiger Organisation wirke die Deportation auch abschreckend. Sie sichere Deutschland gegen die Fluth der rückfälligen Verbrecher, während sie gleichzeitig den Colonien tüchtige

Arbeitskräfte zuführe, die dort gesucht und knapp seien. Als zweiter Referent habe ich mir dagegen erlaubt auszuführen, daß die schlechten Ergebnisse des bestehenden Gefängnißsystems sich auch ohne die zweifellos sehr schwierige und kostspielige Deportation durch Ausdehnung der Einzelhaft als allgemeines Anfangsstadium längerer Freiheitsstrafe und durch Einführung der Arbeit im Freien, Moor-Cultur, Landesmeliorationen und ähnliche Beschäftigungen der Gefangenen, wesentlich würde vermindern lassen, wie beispielsweise England beweise, welches eine fortwährend sinkende Criminalität seit 1853 erzielt habe durch Beseitigung der Deportation. Gegen die Deportation spreche erstens, daß sie unerträglich hohe Kosten verursache. Sie würde das Dreifache des inländischen Strafvollzugs kosten, wie die Erfahrungen in allen Ländern, Rußland, England und Frankreich gleichmäßig bestätigen. Zweitens, daß sie wirkungslos bleibe in Bezug auf die Verminderung der Criminalität. Auch dieses werde durch die Erfahrungen in England, Rußland, Frankreich gleichmäßig bestätigt. Drittens, daß sie eine schädliche Wirkung auf die Colonien ausübe. Diese Colonien würden ruinirt und fortwährend in Unruhe versetzt durch die zahlreichen Flüchtlinge, welche bei der Deportation unvermeidlich seien. Es habe sich herausgestellt, daß in jeder Colonie die Zahl der flüchtigen Verbrecher mindestens 3—400 jährlich betrage, und wenn diese Verbrecher auch nach einiger Zeit wieder eingefangen würden, so sei es doch nicht zu vermeiden, daß sie, so lange sie sich in Freiheit befinden, die einzeln wohnenden Ansiedler brandschatzten und eine allgemeine Unsicherheit hervorriefen.

Ebenso habe sich gezeigt, daß die entlassenen Strafgefangenen als Vagabonden ihr Leben fortsetzten und dazu beitrügen, die Criminalität in den Colonien wesentlich zu erhöhen. Endlich sei es eine Unmöglichkeit, ehrliche Leute den Verbrechern gegenüber innerhalb der Colonie zurückzusetzen.

Wenn es sich darum handele, ob das dort noch zur Verfügung stehende freie Land den Ansiedlern übergeben werden solle, welche aus dem Soldatenstand oder landwirthschaftlichen Ständen sich darum bewerben, oder ob sie hinter den Verbrechern zurückstehen sollen, so müsse man zweifellos sich für das erstere und gegen eine etwaige Bevorzugung der Verbrecher erklären. Vom Standpunkt des Strafzwecks ferner sei die Deportation keine gerechte Strafe, sie sei eine Sonderstrafe für gesunde und kräftige Leute, während die Weiber nach wie vor eine Einsperrung erleiden, weil sie zur Deportation sich als ungeeignet erwiesen haben, und ebenso sämmtliche schwache und kränkliche Sträflinge von der Deportation ausgeschlossen bleiben und im Inland eingesperrt gehalten werden. Es sei also für das gleiche Verbrechen eine verschiedene Strafe, wo die Deportation herrscht. Die Deportation wirke ferner nicht gleichmäßig. Es komme vor allen Dingen ganz auf den Ort der Deportation an. Eine Deportation nach Cayenne z. B. bedeute fast den sicheren Tod, während eine Verbannung nach Neu-Caledonien, wo ein ausgezeichnetes Klima und sehr guter Gesundheitszustand besteht, keineswegs abschreckend wirken könne.

Die Deportation habe auch den Abschreckungszweck, welcher ja hauptsächlich mit ihr verfolgt worden sei, nicht erfüllt, wie die Ergebnisse der Strafstatistik in Frankreich, England, Rußland übereinstimmend gezeigt hätten. Endlich werde durch die Deportation auch derjenige Zweck nicht erreicht, welcher mit dieser Strafe hauptsächlich verfolgt werde, nämlich der Besserungszweck. Der gute Einfluß, welchen die Arbeit im Freien habe, werde gelähmt und wieder wettgemacht durch die nothgedrungene Gemeinschaft der Sträflinge schon während des Transportes, der ja nach den Colonien je nach der Entfernung einen Monat bis zwei Monate dauere.

Diese enge Gemeinschaft der Sträflinge setze sich auch während der Strafverbüßung in der Colonie fort, denn es sei unmöglich, in der Colonie etwa einzelne Zellen in genügender Ansicht herzurichten, das verbiete sich aus finanziellen Gründen schon vollständig.

Ueberall sei die Vollziehung der Deportation eine Gemeinschaftshaft im Wesentlichen ohne Trennung der Gefangenen bei Nacht und bei Tag. Dazu komme die entnervende Wirkung des Klimas, welches die Gefangenen in der überwiegenden Anzahl unfähig mache, durch Arbeit ihren Unterhalt zu finden. Endlich sei zu bedenken die Unmöglichkeit, für die etwa anzusiedelnden Gefangenen Frauen zu finden, die Unmöglichkeit eines geordneten Familienlebens. Es habe sich gezeigt, daß die ganz überwiegende Mehrzahl der Deportirten nach ihrer Entlassung nichts weiter würden als arbeitsscheue Vagabunden, welche der Staatskasse nach wie vor zur Last fielen und einen Fluch der Colonien bilden, in denen sie nothgedrungen eben bleiben müßten. Diese schlechten Erfahrungen seien in allen Strafcolonien hervorgetreten, so daß deren Gouverneure selbst die Abschaffung der Deportation befürwortet hätten. Schließlich sei die Deportation für Deutschland deswegen nicht möglich, weil Süd-Westafrika, das allein in Betracht kommen könnte, kein geeignetes Land dafür sei. Nach der Bodenbeschaffenheit und dem Klima eigne es sich nicht für den Ackerbau, sondern höchstens zur Viehzucht.

Alle Kenner des Landes, wie Dowe, Graf Pfeil und von Bülow, hätten sich gegen die Deportation nach Süd-Afrika erklärt. Ich habe als Referent geschlossen mit der These: Die Deportation ist als Strafmittel für Deutschland nicht geeignet. Ein Versuch mit der Deportation ist nicht zu empfehlen. Dieser These stand gegenüber die von Herrn Rechtsanwalt Wilke befürwortete:

> „Die Frage, ob die Deportation als Strafmittel zu empfehlen sei, mit Ja zu beantworten."

Die Discussion führte nur zur Anführung weiterer Gründe gegen die Deportation, da von deren Anhängern keiner das Wort ergriff.

Gegen die Deportation führte namentlich Herr Oberreichsanwalt Hamm noch an, daß vor Allem nicht klar sei, wer deportirt werden solle. Die unverbesserlichen Gewohnheitsverbrecher könne man doch nicht gut deportiren, denn es sei vorauszusehen, daß diese Gewohnheitsverbrecher auch jenseits des großen Wassers unverbesserlich bleiben würden. Wen aber wolle man sonst deportiren? Die Landstreicher und Bettler, wie man vorgeschlagen habe, kämen auch nicht in Betracht, denn sie seien körperlich und geistig rückständige und verkommene Menschen, denen aller innerer Halt fehle und die deshalb zu Ansiedelungszwecken oder schwerer Arbeit in den Colonien absolut unbrauchbar seien. Endlich könne man die Gelegenheitsverbrecher auch nicht gut deportiren, denn für diese sei die Deportation eine viel zu schwere Strafe.

Die Abstimmung ergab die Annahme des gegen die Deportation gerichteten Vorschlages mit großer Majorität. Der Beschluß der III. Abtheilung lautet also:

> Die Deportation ist als Strafmittel für Deutschland nicht geeignet; ein Versuch mit der Deportation ist nicht zu empfehlen.

Es blieb dann der Abtheilung noch zu beantworten die 2. Frage:

> Ist die bedingte Begnadigung für den Fall der Auswanderung zu empfehlen?

In dieser Hinsicht hatte ich als Referent die Verneinung der Frage in Vorschlag gebracht, weil eine Gnade, welche gleichzeitig die Verbannung in sich schließe, keine rechte Gnade sei, sondern eine Strafe, weil sie criminalpolitisch fehlerhaft sein würde und sich besser ersetzen lasse durch die Unterstützung der freien Auswanderung. In der anschließenden Debatte führte Herr Reichsgerichtsrath Dr. Stenglein namentlich aus, daß die Frage, ob die Gnade an Bedingungen zu knüpfen sei oder nicht, sich der Regelung durch das Gesetz völlig entziehe, da die Gnade eben ein Vorrecht des Landesherrn sei und nothwendig bleiben müsse.

Es wurde der von ihm beantragte Beschluß dahin gefaßt, daß die bedingte Begnadigung für den Fall der Auswanderung sich der Regelung durch das Gesetz entziehe.

(Bravo!)

Vorsitzender: Ich eröffne nunmehr die Discussion über diejenigen Beschlüsse, welche die III. Abtheilung gefaßt und dem Plenum zur Beschlußfassung unterbreitet hat. — Es scheint niemand von den Herren das Wort ergreifen zu wollen.

(Rechtsanwalt Dr. Baumert: „Ich bitte um's Wort!“ — Oh, oh! Rechtsanwalt Dr. Baumert: „Soll ich nicht?“ „Nein, nein!“)

Ich ertheile Ihnen das Wort.

Rechtsanwalt Dr. **Baumert** (Spandau): M. H., die Anhänger der Deportation sind heute nicht gehört worden. Es fragt sich, ist es richtig, daß wir hier in der Versammlung einen Beschluß fassen, ohne daß ein Anhänger der Deportation gesprochen hat oder gehört worden ist?

(Zuruf: „Wilke hat ja gesprochen!“)

Ich meine, hier im Plenum. — Ich bin der Ansicht gewesen, daß, wenn wir Anhänger der Deportation überhaupt nicht reden, es den Anschein gewinnt, als wenn wir uns alle haben überzeugen lassen von der Triftigkeit und Richtigkeit der Gründe der Gegner der Deportation, daß es dann überhaupt so aussieht, als wenn der Juristentag ganz einmüthig beschlossen hätte: die Deportationsfrage ist beseitigt, und es giebt überhaupt nicht mehr Anhänger der Deportation im Juristentag oder in der Juristenwelt. Wenn ich das Wort ergreife, so geschieht es nur, um diesen Anschein nicht aufkommen zu lassen. Denn ich persönlich — bin im Gegensatz zu der hier vorhandenen Mehrheit nicht überzeugt worden von den Gründen des Herrn Referenten, weder in der Abtheilung, noch auch heute im Plenum. Ich bin auch nicht überzeugt worden von den Gründen, die der Herr Oberreichsanwalt Hamm in der III. Abtheilung vorgetragen hat. Ich werde ganz kurz die einzelnen Gründe einmal zu widerlegen versuchen.

Ich möchte zunächst den Hauptgrund hervorheben. Die Gegner der Deportation sagen: Die Deportation hat sich in keinem Lande bewährt; so hat der Herr Referent heute vorgetragen. Die Anhänger der Deportation — und dazu gehört Herr Prof. Bruck — behaupten: das ist nicht wahr. Prof. Bruck sagt: die Deportation hat sich in Australien bewährt, die Deportation hat sich auf der Insel Sachalin bewährt.

(Widerspruch.)

Vorsitzender: Ich bitte den Herrn Redner, fortzufahren.

Rechtsanwalt Dr. **Baumert** (fortfahrend): Auf der Insel Sachalin in Rußland. Ja, ich will also nur die Thatsache hervorheben, daß also, sagen wir, der Schriftsteller Prof. Bruck behauptet: Die Deportation hat sich in Sachalin bewährt. Ich bin in Sachalin nicht gewesen, ich bin nicht dorthin deportirt worden.

(Große Heiterkeit.)

Ja, m. H., der Herr Referent ist auch nicht dort gewesen; wem wollen wir also glauben? Wer hat Recht? Ich meine doch, ein Prof. Bruck kann ebenso viel Glauben verdienen als ein Rechtsanwalt Neumann.

(Ruf: „Hat gar nicht gesprochen!")

(Große Heiterkeit.)

Als ein Rechtsanwalt Dr. Korn. Nun ich habe mich versprochen.

(Wiederholte Heiterkeit.)

Ja, ich will also nur das Eine hervorheben, daß die Thatsache, daß die Deportation sich nirgends bewährt hat oder überall nur ganz schlecht sich bewährt hat, doch nicht eine Thatsache ist, die schlechterdings als eine richtige und unstreitige anerkannt wird, wenn sie auch als solche hier vorgetragen worden ist. Was Australien betrifft, so ist von Herrn Oberreichsanwalt Hamm in der Abtheilung hervorgehoben worden, die Deportation habe sich nur aus zwei Gründen in Australien bewährt, einmal weil später die Goldsucher hinzugekommen sind und die Colonie in Flor brachten, und zweitens, weil die Engländer sie auch bei kurzzeitigen Freiheitsstrafen bei Gelegenheitsverbrechern angewandt haben, und das sei nicht die Absicht der Deportationsanhänger. Immerhin hat sie sich auch danach bewährt Ich meine aber, die Frage überhaupt, ob sich in irgend einem Lande die Deportation bewährt hat, ist doch nicht so ohne Weiteres geeignet, sich schlechterdings für die Verwerflichkeit der Deportation auszusprechen, denn wenn zwei dasselbe thun, so ist es noch lange nicht dasselbe. Wenn wirklich in anderen Ländern sich die Deportation nicht bewährt hat, so fragt es sich, können wir es nicht besser machen, können wir nicht die Fehler, die die anderen Länder gemacht haben, vermeiden? Wenn beispielsweise Spanien mit seinen Colonien Unglück gehabt hat und schließlich an seinen Colonien zu Grunde geht und mit seinen Colonien nichts anzufangen gewußt hat, muß dann auch Deutschland ebenfalls keine Colonien erwerben und, wenn es solche erworben hat, sie schleunigst wieder abzuschaffen suchen? Müssen wir, weil andere Länder die Deportation so gestaltet haben, daß sie nichts getaugt hat, deshalb auch von der Deportation absehen?

Also, m. H., jene Schlußfolgerung ist nicht unbedingt richtig. Im Gegentheil könnten die Gegner der Deportation sagen: Wenn wo anders die Deportation sich bewährt hat, so brauchen wir sie in Deutschland erst recht deshalb nicht einzuführen, weil wir sie ja eben schlechter machen könnten und weil wir die Erfahrungen, die die anderen Länder mit der guten Deportation gemacht haben, bei uns nicht ebenso in gleicher Weise auszuführen verstehen würden, weil wir die Erfahrungen der anderen Länder nicht besitzen. Ich kann da als Jurist nur auf das Geschworenengericht exemplificiren. Das Schwurgericht hat sich in England außerordentlich bewährt und bei uns ganz und gar nicht.

(Oho! Heftiger Widerspruch.)

Ich nahm allerdings an, daß in Juristenkreisen Einigkeit darüber herrschen würde,

(Nein!)

daß sich das Schwurgericht in Deutschland nicht bewährt hat.

(Nein, nein!)

(Unruhe. Rufe: Schluß!)

Ja, ich sehe ein, es ist wohl richtiger —

Vorsitzender: Ich bitte, m. H., die Discussion nicht zu einem Zwiegespräch werden zu lassen. Ich bitte den Herrn Redner, fortzufahren und bitte, ihn nicht zu unterbrechen.

Rechtsanwalt Dr. **Baumert** (Spandau): Ich sehe in der That ein, daß entweder nicht das Interesse der Versammlung für die Frage der Deportation hier vorhanden ist, oder daß die Deportation schon von vornherein als abgethan gilt, sodaß es wohl nicht mehr nöthig ist, die dafür vorgebrachten Gründe zu widerlegen. Ich meine, es ist nicht angebracht, wenn die Versammlung dauernd die Gegengründe nicht anhören will, sie weiter vorzutragen; ich würde mich dann nur in Widerspruch mit der Versammlung setzen.

(Rufe: Fortfahren!)

Also ich meine, der Hauptgrund, den die Gegner der Deportation vorbringen, daß sie sich in anderen Ländern nicht bewährt hat, ist weder als richtig anzuerkennen noch ausschlaggebend; er kann in keiner Weise für uns maßgebend sein. Wenn ferner die Gegner der Deportation ausführen, in den einen Ländern ist es zu heiß, in den anderen zu kalt, so fragt es sich: ist es denn wirklich in unserem Westafrika zu heiß oder zu kalt? Was haben solche Gründe mit unserer Deportationsfrage zu thun?

(Lachen.)

Westafrika ist doch als ein Land anerkannt, das im Großen und Ganzen auch dem deutschen Klima entspricht, als ein Land, wo der Deutsche leben kann.

(Lebhafte Zurufe.)

In Rücksicht auf diese Unterbrechungen höre ich jetzt auf.

(Bravo!)

Vorsitzender: Wenn der Herr Redner auf das Wort verzichtet, so ist dagegen natürlich nichts einzuwenden. Will noch einer von den anderen Herren das Wort ergreifen?

Rechtsanwalt Dr. **Scherer** (Leipzig): Es unterliegt mir keinem Zweifel, daß das Brechen einer Lanze für die Deportation wohl keinen Erfolg erzielen wird; aber aus den Gutachten aller Referenten habe ich eins herausgenommen — und diese Thatsache ist doch von eminenter Wichtigkeit —, nämlich daß der Strafvollzug in Deutschland keine guten Erfolge aufzuweisen hat und daß Alles darin einig ist: die Strafen vermehren sich, und man weiß eben keinen weiteren Weg mehr als zwei Auskunftsmittel, die empfohlen worden sind. Erstens Verschärfung der Strafe. Ich weiß nicht, ob die Herren schon alle ein Zuchthaus gesehen haben. Ich habe ein solches gesehen in Halle, ich muß sagen, es ist mir kaum denkbar, wie die Strafe noch verschärft werden soll. Da heißt es immer „Einzelhaft". Im Allgemeinen herrscht aber schon die Einzelhaft. Ich glaube, daß eine zu lange Einzelhaft durchaus nicht erzieherisch wirkt, sondern den letzten guten Funken des Menschen einfach vernichtet. Es bleibt sonach als Verschärfung nur die Prügelstrafe übrig. Das zweite Mittel, das angerathen wird, ist: Urbarmachung der Moore in Deutschland. Das ist eine sehr dankenswerthe Arbeit, freie Beschäftigung in frischer Luft. Ich glaube aber, wenn aus den Mooren etwas zu machen wäre, so wäre das schon geschehen.

(Lachen.)

Insofern muß ich doch sagen, daß die Herren Professoren, die gesagt haben, wir schlagen als Versuch die Deportation vor, eigentlich einen sehr berechtigten Grund gehabt haben. Wenn unser Strafvollzug heute keine guten Resultate mehr erzielt, so muß jeder Mensch sich fragen: ist er zu verbessern und wie ist er zu verbessern? Bis jetzt hat noch keiner einen besseren Versuch anzugeben gewußt als die Deportation, daher ist der Gedanke der beiden Professoren an sich innerlich begründet, und die Gegner der Deportation haben alle Veranlassung, nunmehr Vorschläge zu machen, wie heute dem Strafvollzug die bessernde Wirkung beigebracht werden soll, daß die Leute nicht mehr als Verbrecher und prädestinirt zum Verbrechen aus dem Zuchthaus herauskommen. Mir scheint, daß eine Beschäftigung in frischer Luft mit Landarbeit eine ganz andere erzieherische Wirkung hat als die fabrikmäßige Beschäftigung im Zuchthause; diese ertödtet den gesunden Geist, der noch in dem einzelnen Manne steckt. Das Resultat des heutigen Juristentages ist insofern von Bedeutung, als an uns Alle die dringende Aufforderung ergeht, Mittel an die Hand zu geben, wie wir einen besseren Strafvollzug zu Wege bringen, und namentlich ergeht dieser Ruf an die Gegner der Deportation.

(Beifall.)

Referent Rechtsanwalt Dr. **Korn** (Berlin): M. H., ich werde Ihre Zeit nicht mehr lange in Anspruch nehmen. Aber Herr Rechtsanwalt Baumert hat in der That, so kurze Zeit er auch nur gesprochen hat, diejenigen Gründe angeführt, welche regelmäßig den Gegnern der Deportation entgegengehalten werden. Wenn sie auf die Mangelhaftigkeit der bisherigen Erfahrungen und die schlechten Ergebnisse der Deportation hinweisen, dann wird behauptet, ja die Deportation hat sich doch in Australien bewährt und ist auch auf Sachalin von gutem Erfolge begleitet gewesen. Ja, m. H., wenn ich diese Frage ausführlich beantworten wollte, dann müßte ich Ihnen die Geschichte der Colonisation Australiens vortragen, und dazu habe ich weder Zeit noch Lust. Aber ich möchte doch darauf hinweisen, daß diese Geschichte von Holtzendorff in seinem Werke über die Deportation in aller Ausführlichkeit behandelt worden ist. Holtzendorff kommt zu dem Ergebniß, daß die Deportation in Australien sich allerdings innerhalb der ersten 30 Jahre nach Beginn der Colonisation bewährt habe, aber nur deshalb, weil ganz ausnahmsweise günstige natürliche Vorbedingungen in Australien vorlagen, die Abgeschlossenheit des Landes, der Mangel an Verkehr in der damaligen Zeit, der außerordentlich fruchtbare Boden und das günstige Klima, Bedingungen, die sich voraussichtlich niemals in der Welt, wie Holtzendorff selbst hervorhebt, wiederholen würden. Es ist ferner zu betonen, daß auch Holtzendorff anerkennt, daß die Deportation in Australien nach Ablauf der ersten 30 Jahre überwiegend schädlich gewirkt habe und daß Australien seine Blüthe und seine Entwickelung nicht der Deportation verdankt, sondern im Wesentlichen der freien Einwanderung, welche seit Entdeckung der Goldfelder im Jahre 1851 colossale Massen von Einwanderern nach Australien führte, die die ehemaligen Sträflinge vollständig in sich absorbirten. Was Sachalin betrifft, so ist das eine Insel, die noch östlich von Sibirien liegt und ein Klima hat, welches demjenigen Lapplands an Rauhheit nicht nachsteht. Es ist ganz ausgeschlossen, daß Angesichts der klimatischen Verhältnisse in Sachalin irgend welche wirklichen colonisatorischen Erfolge dort erzielt werden können. Sachalin ist im Wesentlichen nichts weiter als ein Kerker in freier Luft, die Bevölkerung dort vermehrt sich nicht, weil es naturgemäß an Frauen fehlt, wie in anderen Verbrechercolonien, und kann nur aufrecht erhalten werden durch immer neuen Import von Verbrechern. Es hat sich aber gezeigt, daß auch in Sachalin die Verbrecher, nachdem sie entlassen sind, durchaus keine Lust haben, fleißig zu arbeiten; sie fügen sich nur dem dringendsten Zwange, und wenn ihre Strafzeit abgelaufen ist — denn es befinden sich auch in Sachalin durchaus nicht nur lebenslänglich verbannte Verbrecher, sondern auch solche auf 5—10 Jahre — so verlassen sie so schnell als möglich die Insel. Sie erwerben sich die Mittel dazu theils dadurch, daß sie sich als Matrosen oder Arbeiter auf Schiffe vermiethen, oder daß sie sich während ihrer Strafzeit das Reisegeld ersparen. Also die Wirkung ist nicht die, Rußland definitiv vor diesen Verbrechern zu sichern. Soviel über Sachalin!

Nun der zweite Einwand, den die Anhänger der Deportation erheben, wenn man ihnen die schlechten Erfahrungen mit der Deportation vorhält, ist: ja wir können es doch aber besser machen, als es bisher geschehen ist. Ich habe mir erlaubt, bei den Berathungen der Abtheilung III auf die unabänderlichen Ursachen hinzuweisen, welche den guten Erfolg der gutgemeinten Deportation nothwendig verhindern müssen. Es ist das der Einfluß des Klimas, welcher, wenn das Klima sehr heiß ist, wie in fast allen Strafcolonien, entnervend wirkt, sowohl auf die Gefangenen selbst als auch auf die Beamten, denen sie anvertraut sind, und wenn das Klima kalt ist, wieder zu einer starken Verbreitung der Trunksucht führt. Es ist das ferner die abgeschlossene Lage, welche die nothwendige Controle über die Gefangenen unmöglich macht, sodaß dort die gröbsten Mißbräuche und Grausamkeiten und Bestechlichkeiten Jahre lang fortbestehen können, ohne daß sich die Möglichkeit bietet, es zu verhindern. Es hat sich gezeigt, daß gerade in Folge dieser Mißbräuche überall die Mißstimmung gegen die Colonien im Wachsen ist, und daß Meutereien an der Tagesordnung sind, daß Fluchtversuche fortgesetzt stattfinden und nicht verhindert werden können, weil es an der nöthigen Anzahl von Wächtern fehlt. Es besteht die Schwierigkeit, ein geeignetes und genügendes zahlreiches Beamtenpersonal für die Bewachung der Sträflinge zu erwerben, und dieses Beamtenpersonal, welches sich der Controle in der Colonie entzieht, dauernd intact und leistungsfähig zu erhalten. An dieser Schwierigkeit muß jeder Strafvollzug in der Colonie nothwendig scheitern.

(Beifall.)

Vorsitzender: M. H., ich schließe die Discussion. Die Frage, über welche abzustimmen ist, geht dahin: „die Deportation ist als Strafmittel für Deutschland nicht geeignet. Ein Versuch mit der Deportation ist nicht zu empfehlen." Ich bitte diejenigen Herren, welche für diesen Antrag stimmen wollen, sich zu erheben.

(Geschieht.)

Es ist zwar, wie mir scheint, die große Majorität, ich bitte aber doch um die Gegenprobe, um sicher zu gehen.

(Geschieht.)

Jedenfalls steht jetzt die Minorität. Es kann also der mit überwiegender Majorität gefaßte Beschluß des Plenums erachtet werden, wie ich soeben verlesen habe. Es ist damit unsere materielle Tagesordnung erschöpft, es bleibt uns noch übrig, zur Wahl der ständigen Deputation zu schreiten. Ein Antrag, durch Stimmzettel die Deputation zu wählen, ist nicht gestellt, ich darf also wohl annehmen, daß Sie geneigt sind, diese Wahl durch Acclamation vorzunehmen. Die Vertrauensmännerversammlung, welche Sie in den Abtheilungen gewählt haben, hat sich heute Morgen zu einer Sitzung vereinigt, und hat Ihnen folgende Liste in Vorschlag gebracht. Es sind dies vor allem 15 Mitglieder der bestehenden Deputation. Dieselbe war auf 16 zusammengeschrumpft. Meine Person mußte von dieser Liste gestrichen werden, weil nach den Statuten des Juristentages der Vorsitzende des Juristentages unter allen Umständen an der künftigen Deputation theilzunehmen hat. Es blieben also:

1. Professor Dr. Brunner-Berlin.
2. Professor Dr. Eck-Berlin.
3. Professor Dr. Enneccerus-Marburg.
4. Professor Dr. Gierke-Berlin.
5. Justizrath Dr. Goldschmidt-Berlin.
6. Oberreichsanwalt Hamm-Leipzig.
7. Professor Dr. Pfaff-Wien.
8. Justizrath Dr. Reatz-Gießen.
9. Oberlandesgerichts-Senatspräsident Dr. von Stoeßer-Karlsruhe.
10. Professor Dr. Strohal-Leipzig.
11. Oberlandesgerichtspräsident Dr. Struckmann-Köln.

12. Landgerichtsrath Thinius-Berlin.
13. Landgerichtspräsident Thomsen-Münster.
14. Geheimer Oberjustizrath Vierhaus-Berlin.
15. Geheimer Justizrath Wilke-Berlin.

Um die Zahl 19 zu erreichen, welche statutenmäßig vorgeschriebeu ist, müssen 4 neue Herren in Vorschlag gebracht werden, und die Vertrauensmänner-Versammlung hat beschlossen, als diese 4 neu zu Wählenden Ihnen in Vorschlag zu bringen Herrn Oberlandesgerichtspräsident Gryczewski, Herrn Landgerichtspräsidenten Dr. Pfaff, Herrn Bankdirector Freiherrn von Pechmann, Herrn Reichsgerichtsrath Dr. Olshausen, welcher letztere ein Referat übernommen hatte für den Juristentag, aber leider durch Krankheit verhindert war, hier zu erscheinen. Ich frage die Versammlung, ob sie mit dieser Liste einverstanden ist, und bitte diejenigen Herren, welche einverstanden sind, sich zu erheben.

(Geschieht.)

Es scheint dies nahezu einstimmig die Versammlung zu sein. Ich danke Ihnen also für diesen Beschluß. Die Deputation wird sich danach constituiren und ihrer Pflicht weiter walten.

Wir sind nun an's Ende unserer Berathung gelangt. Zur Geschäftsordnung hat Herr Geh. Rath Dr. Gierke das Wort.

Geh. Justizrath Dr. **Gierke:** M. H., bevor unser verehrter Herr Vorsitzender unsere Verhandlungen schließt, möchte ich die Versammlung bitten, ihren letzten Lebensfunken dazu zu benutzen, um unserem verehrten Herrn Vorsitzenden ihren Dank auszusprechen für seine ebenso umsichtige, wie erfolgreiche Leitung unserer diesmaligen Verhandlungen. Wenn Sie einverstanden sind, so bitte ich Sie zum Zeichen des Dankes für den Herrn Vorsitzenden sich zu erheben.

(Geschieht unter lebhaftem Beifall.)

Vorsitzender: M. H., ich danke Ihnen herzlich für diese Anerkennung. Sie war leicht verdient, denn in einer Versammlung, welche so arbeitswillig und so arbeitslustig ist, wie diese, welche dem Präsidium so absolut keine Schwierigkeiten bereitet, ist es ja leicht, zu einem gedeihlichen Ende zu kommen. Und das können wir deutsche Juristen uns ja wohl nachsagen, wir sind Alle von dem Eifer erfüllt, dem Recht und der Wissenschaft zu dienen mit unseren Bemühungen, und es ist uns, glaube ich, auch in Posen gelungen. Es ist uns aber auch zugleich gelungen, dies unter den angenehmsten Verhältnissen zu thun, denn der

Verlauf des ganzen Juristentages hat gezeigt, daß die Wahl von Posen als Sitz des Juristentages eine wohlgelungene war.

(Bravo!)

M. H., ich lade Sie nun ein, in wenigen Stunden den Schlußstein unserer Bemühungen in noch angenehmerer Weise als bei der Arbeit zu vollziehen bei dem gemeinschaftlichen Mahl, welches ständig den Schluß des Juristentages gebildet hat, und wobei wir uns wieder treffen wollen. Im Uebrigen sind wir mit unserer Arbeit fertig und ich kann frohen Herzens sagen: ich schließe den Juristentag.

(Bravo!)

(Schluß $^1/_2$ 12 Uhr.)

Druck von Leonhard Simion in Berlin SW.

FSC
www.fsc.org
MIX
Papier | Fördert gute Waldnutzung
FSC® C083411

Kolibri 360 GmbH
Ferdinand-Jühlke-Straße 7
99095 Erfurt, Deutschland
produktsicherheit@kolibri360.de